大学赤本シリーズ

251

慶應義塾大学

法学部

教学社

は　し　が　き

おかげさまで，大学入試の「赤本」は，今年で創刊 70 周年を迎えました。

これまで，入試問題や資料をご提供いただいた大学関係者各位，掲載許可をいただいた著作権者の皆様，各科目の解答や対策の執筆にあたられた先生方，そして，赤本を使用してくださったすべての読者の皆様に，厚く御礼を申し上げます。

以下に，創刊初期の「赤本」のはしがきを引用します。これからも引き続き，受験生の目標の達成や，夢の実現を応援してまいります。

本書を活用して，入試本番では持てる力を存分に発揮されることを心より願っています。

編者しるす

＊　＊　＊

学問の塔にあこがれのまなざしをもって，それぞれの志望する大学の門をたたかんとしている受験生諸君！　人間として生まれてきた私たちは，自己の欲するままに，美しく，強く，そして何よりも人間らしく生きることをねがっている。しかし，一朝一夕にして，この純粋なのぞみが達せられることはない。私たちの行く手には，絶えずさまざまな試練がまちかまえている。この試練を克服していくところに，私たちのねがう真に人間的な世界がはじめて開かれてくるのである。

人生最初の最大の試練として，諸君の眼前に大学入試がある。この大学入試は，精神的にも身体的にも，大きな苦痛を感ぜしめるであろう。あるスポーツに熟達するには，たゆみなき，はげしい練習を積み重ねることが必要であるように，私たちは，計画的・持続的な努力を払うことによって，この試練を克服し，次の一歩を踏みだすことができる。厳しい試練を経たのちに，はじめて満足すべき成果を獲得できるのである。

本書は最近の入学試験の問題に，それぞれ解答を付し，さらに問題をふかく分析することによって，その大学独特の傾向や対策をさぐろうとした。本書を一般の参考書とあわせて使用し，まとはずれのない，効果的な受験勉強をされるよう期待したい。

（昭和 35 年版「赤本」はしがきより）

挑む人の、いちばんの味方

赤本創刊70周年

1954年に大学入試の過去問題集を刊行してから70年。赤本は大学に入りたいと思う受験生を応援しつづけてきました。これからも，苦しいとき落ち込むときにそばで支える存在でいたいと思います。

そして，勉強をすること，自分で道を決めること，努力が実ること，これらの喜びを読者の皆さんが感じることができるよう，伴走をつづけます。

そもそも赤本とは…

受験生のための大学入試の過去問題集！

70年の歴史を誇る赤本は，500点を超える刊行点数で全都道府県の370大学以上を網羅しており，過去問の代名詞として受験生の必須アイテムとなっています。

なぜ受験に過去問が必要なのか？

大学入試は大学によって問題形式や頻出分野が大きく異なるからです。

記述式?
マーク式?
問題のレベルは?
時間配分は?
自分に足りないのは？
頻出分野は?
どんな対策が必要？
どんな問題が出るの?
みんなの疑問に答える赤本！
赤本で志望校を研究しよう！

赤本の掲載内容

傾向と対策

これまでの出題内容から，問題の「**傾向**」を分析し，来年度の入試に向けて具体的な「**対策**」の方法を紹介しています。

問題編・解答編

- 年度ごとに問題とその解答を掲載しています。
- 「**問題編**」ではその年度の試験概要を確認したうえで，実際に出題された過去問に取り組むことができます。
- 「**解答編**」には高校・予備校の先生方による解答が載っています。

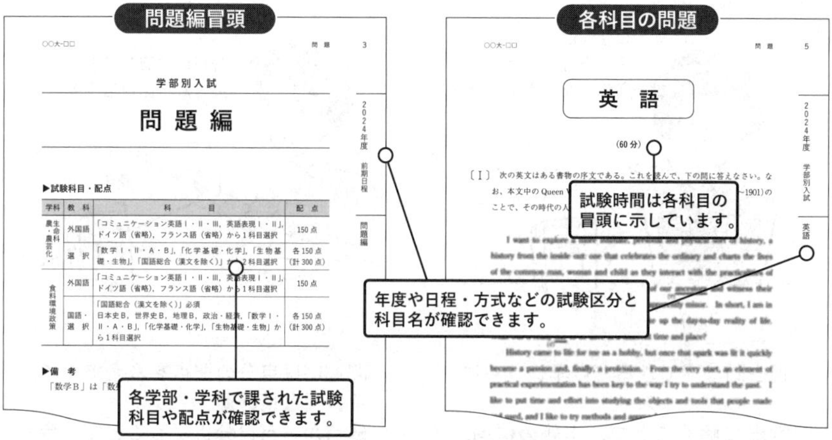

他にも，大学の基本情報や，先輩受験生の合格体験記，在学生からのメッセージなどが載っていることがあります。

掲載内容について

著作権上の理由やその他編集上の都合により問題や解答の一部を割愛している場合があります。なお，指定校推薦入試，社会人入試，編入学試験，帰国生入試などの特別入試，英語以外の外国語科目，商業・工業科目は，原則として掲載しておりません。また試験科目は変更される場合がありますので，あらかじめご了承ください。

受験勉強は

過去問に始まり，

STEP 1 なにはともあれ

まずは解いてみる

しずかに…
今，自分の心と
向き合ってるんだから
ムーン
それは
問題を解いて
からだホン!

過去問は，**できるだけ早いうちに解く**のがオススメ！
実際に解くことで，**出題の傾向，問題のレベル，今の自分の実力**がつかめます。

STEP 2 じっくり具体的に

弱点を分析する

分析の結果だけど
英・数・国が苦手みたい
スリー
必須科目だホン
頑張るホン

間違いは自分の弱点を教えてくれる**貴重な情報源。**
弱点から自己分析することで，**今の自分に足りない力や苦手な分野**が見えてくるはず！

合格者があかす 赤本の使い方

傾向と対策を熟読
（Fさん／国立大合格）
大学の出題傾向を調べるために，赤本に載っている「傾向と対策」を熟読しました。

繰り返し解く
（Tさん／国立大合格）
1周目は問題のレベル確認，2周目は苦手や頻出分野の確認に，3周目は合格点を目指して，と過去問は繰り返し解くことが大切です。

過去問に終わる。

STEP 3

志望校にあわせて

苦手分野の重点対策

明日からはみんなで頑張るよ！
参考書も！ 問題集も！
よろしくね！
呼んだ？
なにを!?
どこから!?
グッ
グッ

参考書や問題集を活用して，苦手分野の**重点対策**をしていきます。**過去問を指針**に，合格へ向けた具体的な学習計画を立てましょう！

STEP 1 ▶ 2 ▶ 3

サイクルが大事！

実践を繰り返す

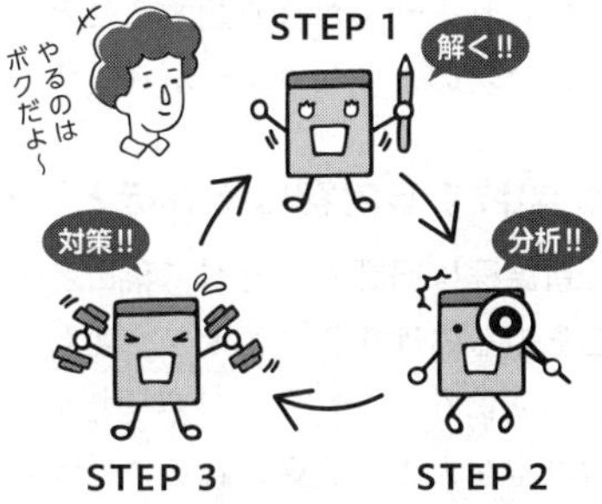

STEP 1～3を繰り返し，実力アップにつなげましょう！
出題形式に慣れることや，**時間配分を考えること**も大切です。

目標点を決める

（Yさん／私立大合格）

赤本によっては合格者最低点が載っているので，それを見て目標点を決めるのもよいです。

時間配分を確認

（Kさん／私立大学合格）

赤本は時間配分や解く順番を決めるために使いました。

添削してもらう

（Sさん／私立大学合格）

記述式の問題は先生に添削してもらうことで自分の弱点に気づけると思います。

新課程入試 Q&A

2022 年度から新しい学習指導要領（新課程）での授業が始まり，2025 年度の入試は，新課程に基づいて行われる最初の入試となります。ここでは，赤本での新課程入試の対策について，よくある疑問にお答えします。

Q1. 赤本は新課程入試の対策に使えますか？

A. もちろん使えます！

旧課程入試の過去問が新課程入試の対策に役に立つのか疑問に思う人もいるかもしれませんが，心配することはありません。旧課程入試の過去問が役立つのには次のような理由があります。

● 学習する内容はそれほど変わらない

新課程は旧課程と比べて科目名を中心とした変更はありますが，学習する内容そのものはそれほど大きく変わっていません。また，多くの大学で，既卒生が不利にならないよう「経過措置」がとられます（Q３参照）。したがって，出題内容が大きく変更されることは少ないとみられます。

● 大学ごとに出題の特徴がある

これまでに課程が変わったときも，各大学の出題の特徴は大きく変わらないことがほとんどでした。入試問題は各大学のアドミッション・ポリシーに沿って出題されており，過去問にはその特徴がよく表れています。過去問を研究してその大学に特有の傾向をつかめば，最適な対策をとることができます。

出題の特徴の例	・英作文問題の出題の有無 ・論述問題の出題（字数制限の有無や長さ） ・計算過程の記述の有無

新課程入試の対策も，赤本で過去問に取り組むところから始めましょう。

Q2. 赤本を使う上での注意点はありますか？

A. 志望大学の入試科目を確認しましょう。

過去問を解く前に，過去の出題科目（問題編冒頭の表）と 2025 年度の募集要項とを比べて，課される内容に変更がないかを確認しましょう。ポイントは以下のとおりです。科目名が変わっていても，実際は旧課程の内容とほとんど同様のものもあります。

英語・国語	科目名は変更されているが，実質的には変更なし。 ▶▶ **ただし，リスニングや古文・漢文の有無は要確認。**
地歴	科目名が変更され，「歴史総合」「地理総合」が新設。 ▶▶ **新設科目の有無に注意。ただし，「経過措置」（Q3参照）により内容は大きく変わらないことも多い。**
公民	「現代社会」が廃止され，「公共」が新設。 ▶▶ **「公共」は実質的には「現代社会」と大きく変わらない。**
数学	科目が再編され，「数学 C」が新設。 ▶▶ **「数学」全体としての内容は大きく変わらないが，出題科目と単元の変更に注意。**
理科	科目名も学習内容も大きな変更なし。

数学については，科目名だけでなく，どの単元が含まれているかも確認が必要です。例えば，出題科目が次のように変わったとします。

旧課程	「数学Ⅰ・数学Ⅱ・数学Ａ・数学Ｂ（数列・ベクトル）」
新課程	「数学Ⅰ・数学Ⅱ・数学Ａ・**数学Ｂ（数列）・数学Ｃ（ベクトル）**」

この場合，新課程では「数学Ｃ」が増えていますが，単元は「ベクトル」のみのため，実質的には旧課程とほぼ同じであり，過去問をそのまま役立てることができます。

Q3. 「経過措置」とは何ですか？

A. 既卒の旧課程履修者への対応です。

多くの大学では，既卒の旧課程履修者が不利にならないように，出題において「経過措置」が実施されます。措置の有無や内容は大学によって異なるので，募集要項や大学のウェブサイトなどで確認しておきましょう。

◯旧課程履修者への経過措置の例

- 旧課程履修者にも配慮した出題を行う。
- 新・旧課程の共通の範囲から出題する。
- 新課程と旧課程の共通の内容を出題し，共通範囲のみでの出題が困難な場合は，旧課程の範囲からの問題を用意し，選択解答とする。

例えば，地歴の出題科目が次のように変わったとします。

旧課程	「日本史 B」「世界史 B」から 1 科目選択
新課程	「**歴史総合**，日本史探究」「**歴史総合**，世界史探究」から 1 科目選択※ ※旧課程履修者に不利益が生じることのないように配慮する。

「歴史総合」は新課程で新設された科目で，旧課程履修者には見慣れないものですが，上記のような経過措置がとられた場合，新課程入試でも旧課程と同様の学習内容で受験することができます。

要チェックだホン

新課程の情報は WEB もチェック！
より詳しい解説が赤本ウェブサイトで見られます。
https://akahon.net/shinkatei/

科目名が変更される教科・科目

	旧課程	新課程
国語	国語総合 国語表現 現代文A 現代文B 古典A 古典B	現代の国語 言語文化 論理国語 文学国語 国語表現 古典探究
地歴	日本史A 日本史B 世界史A 世界史B 地理A 地理B	歴史総合 日本史探究 世界史探究 地理総合 地理探究
公民	現代社会 倫理 政治・経済	公共 倫理 政治・経済
数学	数学Ⅰ 数学Ⅱ 数学Ⅲ 数学A 数学B 数学活用	数学Ⅰ 数学Ⅱ 数学Ⅲ 数学A 数学B 数学C
外国語	コミュニケーション英語基礎 コミュニケーション英語Ⅰ コミュニケーション英語Ⅱ コミュニケーション英語Ⅲ 英語表現Ⅰ 英語表現Ⅱ 英語会話	英語コミュニケーションⅠ 英語コミュニケーションⅡ 英語コミュニケーションⅢ 論理・表現Ⅰ 論理・表現Ⅱ 論理・表現Ⅲ
情報	社会と情報 情報の科学	情報Ⅰ 情報Ⅱ

目　次

2020 年度

掲載内容についてのお断り

- FIT 入試（総合型選抜）は掲載していません。
- 著作権の都合上，下記の内容を省略しています。
  2023 年度「英語」〔４〕の英文・全訳
  2022 年度「英語」〔４〕の英文・全訳
  2021 年度「英語」〔４〕の英文・全訳

UNIVERSITY GUIDE

大学情報

基本情報

沿革

1858（安政 5）	福澤諭吉，江戸に蘭学塾を開く
1863（文久 3）	蘭学塾より英学塾に転向
1868（慶應 4）	塾を「慶應義塾」と命名，近代私学として新発足
	✐1885（明治 18）このころ塾生たちがペンの記章をつけ始める
1890（明治 23）	大学部が発足し，総合大学となる
1898（明治 31）	学制を改革し，一貫教育制度を樹立
	✐1903（明治 36）第 1 回早慶野球試合
1920（大正 9）	大学令による大学として新発足
	文学・経済学・法学・医学部から成る総合大学となる
1944（昭和 19）	藤原工業大学が寄付され，工学部設置
1949（昭和 24）	新制大学発足，文学・経済学・法学・工学部設置
1952（昭和 27）	新制大学医学部発足
1957（昭和 32）	商学部設置
1981（昭和 56）	工学部を改組し，理工学部を設置
1990（平成 2）	総合政策・環境情報学部を設置

2001（平成 13）　看護医療学部を設置
2008（平成 20）　学校法人共立薬科大学との合併により薬学部設置
　　　　　　　　創立 150 周年

ペンマーク

1885（明治 18）年ごろ，塾生が教科書にあった一節「ペンは剣に勝る力あり」にヒントを得て帽章を自分たちで考案したことからはじまり，その後多数の塾生・塾員の支持を得て公式な形として認められ，今日に至っています。ペンマークは，その発祥のルーツにも見られるように，学びの尊さを表現するシンボルであり，慶應義塾を指し示すだけでなく，広く認知された社会的な存在と位置付けられます。

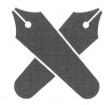

学部・学科の構成

大　学

●**文学部**　1 年：日吉キャンパス／2 〜 4 年：三田キャンパス

人文社会学科（哲学系〈哲学専攻，倫理学専攻，美学美術史学専攻〉，史学系〈日本史学専攻，東洋史学専攻，西洋史学専攻，民族学考古学専攻〉，文学系〈国文学専攻，中国文学専攻，英米文学専攻，独文学専攻，仏文学専攻〉，図書館・情報学系〈図書館・情報学専攻〉，人間関係学系〈社会学専攻，心理学専攻，教育学専攻，人間科学専攻〉）

＊各専攻には 2 年次より分属する。

●**経済学部**　1・2 年：日吉キャンパス／3・4 年：三田キャンパス

経済学科

●**法学部**　1・2 年：日吉キャンパス／3・4 年：三田キャンパス

法律学科

政治学科

●**商学部**　1・2 年：日吉キャンパス／3・4 年：三田キャンパス

商学科

●**医学部**　1 年：日吉キャンパス／2 〜 6 年：信濃町キャンパス

医学科

●**理工学部**　1・2年：日吉キャンパス／3・4年：矢上キャンパス
機械工学科
電気情報工学科
応用化学科
物理情報工学科
管理工学科
数理科学科（数学専攻，統計学専攻）
物理学科
化学科
システムデザイン工学科
情報工学科
生命情報学科
＊各学科には2年次より分属する。数理科学科の各専攻は3年次秋学期に選択する。

●**総合政策学部**　湘南藤沢キャンパス
総合政策学科

●**環境情報学部**　湘南藤沢キャンパス
環境情報学科

●**看護医療学部**　1・2・4年：湘南藤沢キャンパス／3・4年：信濃町キャンパス
看護学科

●**薬学部**　1年：日吉キャンパス／2年以降：芝共立キャンパス
薬学科［6年制］
薬科学科［4年制］

大学院

文学研究科 / 経済学研究科 / 法学研究科 / 社会学研究科 / 商学研究科 / 医学研究科 / 理工学研究科 / 政策・メディア研究科 / 健康マネジメント研究科 / 薬学研究科 / 経営管理研究科 / システムデザイン・マネジメント研究科 / メディアデザイン研究科 / 法務研究科（法科大学院）

（注）上記内容は2024年4月時点のもので，改組・新設等により変更される場合があります。

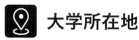

大学所在地

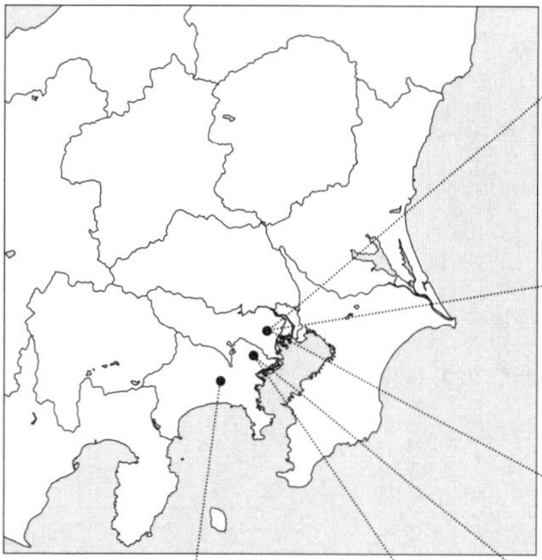

三田キャンパス

信濃町キャンパス

芝共立キャンパス

湘南藤沢キャンパス

日吉キャンパス

矢上キャンパス

三田キャンパス	〒108-8345	東京都港区三田 2-15-45
日吉キャンパス	〒223-8521	神奈川県横浜市港北区日吉 4-1-1
矢上キャンパス	〒223-8522	神奈川県横浜市港北区日吉 3-14-1
信濃町キャンパス	〒160-8582	東京都新宿区信濃町 35
湘南藤沢キャンパス	〒252-0882	神奈川県藤沢市遠藤 5322(総合政策・環境情報学部)
	〒252-0883	神奈川県藤沢市遠藤 4411(看護医療学部)
芝共立キャンパス	〒105-8512	東京都港区芝公園 1-5-30

入試データ

2024年度の合格最低点につきましては，大学ホームページや大学発行資料にてご確認ください。

入試状況（志願者数・競争率など）

○合格者数（第2次試験を行う学部は第2次試験合格者）と，補欠者許可数との合計が入学許可者数であり，実質倍率は受験者数÷入学許可者数で算出。

入試統計（一般選抜）

●文学部

年度	募集人員	志願者数	受験者数	合格者数	補欠者		実質倍率
					発表数	許可数	
2024	580	4,131	3,796	1,060	251	136	3.2
2023	580	4,056	3,731	1,029	288	143	3.2
2022	580	4,162	3,849	1,010	300	179	3.2
2021	580	4,243	3,903	932	276	276	3.2
2020	580	4,351	3,978	937	335	85	3.9
2019	580	4,720	4,371	954	339	79	4.2
2018	580	4,820	4,500	980	323	43	4.4

●経済学部

方式	年度	募集人員	志願者数	受験者数	合格者数	補欠者		実質倍率
						発表数	許可数	
A	2024	420	4,066	3,699	875	284	275	3.2
	2023	420	3,621	3,286	865	278	237	3.0
	2022	420	3,732	3,383	856	264	248	3.1
	2021	420	3,716	3,419	855	248	248	3.1
	2020	420	4,193	3,720	857	262	113	3.8
	2019	420	4,743	4,309	854	286	251	3.9
	2018	420	4,714	4,314	856	307	183	4.2
B	2024	210	1,853	1,691	381	138	52	3.9
	2023	210	2,015	1,844	380	138	100	3.8
	2022	210	2,086	1,905	380	130	82	4.1
	2021	210	2,081	1,913	368	132	132	3.8
	2020	210	1,956	1,768	367	148	39	4.4
	2019	210	2,231	2,029	364	141	38	5.0
	2018	210	2,417	2,217	362	143	69	5.1

●法学部

学科	年度	募集人員	志願者数	受験者数	合格者数	補欠者		実質倍率
						発表数	許可数	
法律	2024	230	1,657	1,466	334	79	46	3.9
	2023	230	1,730	1,569	334	60	18	4.5
	2022	230	1,853	1,633	330	48	48	4.3
	2021	230	1,603	1,441	314	53	30	4.2
	2020	230	1,511	1,309	302	51	40	3.8
	2019	230	2,016	1,773	308	53	23	5.4
	2018	230	2,089	1,864	351	51	0	5.3
政治	2024	230	1,363	1,212	314	64	10	3.7
	2023	230	1,407	1,246	292	52	37	3.8
	2022	230	1,323	1,190	289	49	12	4.0
	2021	230	1,359	1,243	296	49	40	3.7
	2020	230	1,548	1,369	295	53	0	4.6
	2019	230	1,472	1,328	300	50	12	4.3
	2018	230	1,657	1,506	315	55	0	4.8

●商学部

方式	年度	募集人員	志願者数	受験者数	合格者数	補欠者		実質倍率
						発表数	許可数	
A	2024	480	4,615	4,354	1,593	417	76	2.6
	2023	480	4,189	3,947	1,484	375	137	2.4
	2022	480	4,023	3,716	1,434	376	154	2.3
	2021	480	3,641	3,404	1,312	356	244	2.2
	2020	480	3,845	3,502	1,221	322	98	2.7
	2019	480	4,105	3,698	1,202	242	142	2.8
	2018	480	4,072	3,801	1,186	311	71	3.0
B	2024	120	2,533	2,343	385	164	0	6.1
	2023	120	2,590	2,404	344	141	38	6.3
	2022	120	2,867	2,707	316	185	89	6.7
	2021	120	2,763	2,560	298	154	51	7.3
	2020	120	2,441	2,234	296	158	21	7.0
	2019	120	2,611	2,390	307	105	0	7.8
	2018	120	2,943	2,746	289	124	12	9.1

●医学部

年度	募集人員	志願者数	受験者数	合格者数		補欠者		実質倍率
				第1次	第2次	発表数	許可数	
2024	66	1,483	1,270	261	139	96	30	7.5
2023	66	1,412	1,219	260	141	92	27	7.3
2022	66	1,388	1,179	279	134	119	44	6.6
2021	66	1,248	1,045	266	128	114	43	6.1
2020	66	1,391	1,170	269	125	113	41	7.0
2019	68	1,528	1,296	274	132	117	27	8.2
2018	68	1,525	1,327	271	131	111	49	7.3

●理工学部

年度	募集人員	志願者数	受験者数	合格者数	補欠者		実質倍率
					発表数	許可数	
2024	650	8,248	7,747	2,400	601	95	3.1
2023	650	8,107	7,627	2,303	534	149	3.1
2022	650	7,847	7,324	2,286	523	355	2.8
2021	650	7,449	7,016	2,309	588	0	3.0
2020	650	8,230	7,688	2,444	415	0	3.1
2019	650	8,643	8,146	2,369	488	42	3.4
2018	650	9,050	8,569	2,384	565	148	3.4

（備考）

- 理工学部はA～Eの5つの分野に対応した「学門」制をとっており，学門別に募集を行う。入学後の1年間は学門別に基礎を学び，2年次に進級する時に学科を選択する。
- 2020年度の合格者数には追加合格の81名を含む。

●総合政策学部

年度	募集人員	志願者数	受験者数	合格者数	補欠者		実質倍率
					発表数	許可数	
2024	225	2,609	2,351	396	101	37	5.4
2023	225	2,852	2,574	407	127	34	5.8
2022	225	3,015	2,731	436	129	82	5.3
2021	225	3,164	2,885	375	104	29	7.1
2020	275	3,323	3,000	285	108	71	8.4
2019	275	3,600	3,254	385	150	0	8.5
2018	275	3,757	3,423	351	157	0	9.8

●環境情報学部

年度	募集人員	志願者数	受験者数	合格者数	補欠者		実質倍率
					発表数	許可数	
2024	225	2,287	2,048	344	45	36	5.4
2023	225	2,586	2,319	296	66	66	6.4
2022	225	2,742	2,450	360	111	86	5.5
2021	225	2,864	2,586	232	142	104	7.7
2020	275	2,999	2,664	200	102	82	9.4
2019	275	3,326	3,041	302	151	0	10.1
2018	275	3,123	2,866	333	154	0	8.6

●看護医療学部

年度	募集人員	志願者数	受験者数	合格者数		補欠者		実質倍率
				第1次	第2次	発表数	許可数	
2024	70	514	465	231	143	55	39	2.6
2023	70	538	500	234	163	45	0	3.1
2022	70	653	601	235	152	55	8	3.8
2021	70	610	574	260	152	52	45	2.9
2020	70	565	493	249	151	53	7	3.1
2019	70	655	606	247	154	68	20	3.5
2018	70	694	637	249	146	63	10	4.1

●薬学部

学科	年度	募集人員	志願者数	受験者数	合格者数	補欠者		実質倍率
						発表数	許可数	
薬	2024	100	1,372	1,252	317	82	0	3.9
	2023	100	1,454	1,314	306	85	0	4.3
	2022	100	1,421	1,292	279	83	54	3.9
	2021	100	1,203	1,105	270	90	25	3.7
	2020	100	1,342	1,215	263	97	19	4.3
	2019	100	1,597	1,424	295	69	8	4.7
	2018	100	1,777	1,573	306	79	0	5.1
薬科	2024	50	869	815	290	98	0	2.8
	2023	50	854	824	247	92	48	2.8
	2022	50	782	726	209	77	63	2.7
	2021	50	737	683	203	77	16	3.1
	2020	50	759	700	204	82	27	3.0
	2019	50	628	587	187	84	42	2.6
	2018	50	663	616	201	70	41	2.5

合格最低点（一般選抜）

●文学部

（合格最低点／満点）

2023 年度	2022 年度	2021 年度	2020 年度	2019 年度	2018 年度
205／350	218／350	232／350	250／350	233／350	228／350

（備考）
- 「地理歴史」は，科目間の難易度の違いから生じる不公平をなくすため，統計的処理により得点の補正を行う場合がある。
- 「合格最低点」は，正規合格者の最低総合点である。

●経済学部

（合格最低点／満点）

年度	A　方　式	B　方　式
2023	248／420	266／420
2022	209／420	239／420
2021	231／420	262／420
2020	234／420	240／420
2019	265／420	259／420
2018	207／420	243／420

（備考）
- 採点方法について
  A方式は，「外国語」の問題の一部と「数学」の問題の一部の合計点が一定の得点に達した受験生について，「外国語」の残りの問題と「数学」の残りの問題および「小論文」を採点する。B方式は，「外国語」の問題の一部が一定の得点に達した受験生について，「外国語」の残りの問題と「地理歴史」および「小論文」を採点する。A・B両方式とも，最終判定は総合点によって合否を決定する。
- 「地理歴史」の科目間の難易度の違いを考慮した結果，統計的処理による得点の補正を行わなかった。
- 「合格最低点」は，正規合格者の最低総合点である。

●法学部

（合格最低点／満点）

年度	法　律　学　科	政　治　学　科
2023	247／400	252／400
2022	239／400	236／400
2021	234／400	235／400
2020	252／400	258／400
2019	227／400	224／400
2018	246／400	249／400

（備考）

- 採点方法について
「論述力」は，「外国語」および「地理歴史」の合計点，および「地理歴史」の得点，いずれもが一定の得点に達した受験生について採点し，３科目の合計点で合否を決定する。
- 「地理歴史」は，科目間の難易度の違いから生じる不公平をなくすため，統計的処理により得点の補正を行った。
- 「合格最低点」は，正規合格者の最低総合点である。

●商学部

（合格最低点／満点）

年度	A　方　式	B　方　式
2023	237／400	278／400
2022	240／400	302／400
2021	252／400	288／400
2020	244／400	309／400
2019	258／400	288／400
2018	265／400	293／400

（備考）

- 「地理歴史」は，科目間の難易度の違いから生じる不公平をなくすため，統計的処理により得点の補正を行った。
- 「合格最低点」は，正規合格者の最低総合点である。

●医学部（第１次試験）

（合格最低点／満点）

2023 年度	2022 年度	2021 年度	2020 年度	2019 年度	2018 年度
315／500	308／500	251／500	303／500	303／500	305／500

（備考）

- 「理科」の科目間の難易度の違いを考慮した結果，統計的処理による得点の補正を行う場合がある。

●理工学部

（合格最低点／満点）

2023 年度	2022 年度	2021 年度	2020 年度	2019 年度	2018 年度
290／500	340／500	266／500	309／500	280／500	260／500

（備考）

•「合格最低点」は，各学門における正規合格者の最低総合得点を各学門の合格者数で重み付けして平均した値である。

●総合政策学部

（合格最低点／満点）

年度	「数学」選択		「情報」選択		「外国語」選択		「数学・外国語」選択	
	数　学	小論文	情　報	小論文	外国語	小論文	数学・外国語	小論文
2023	258／400		264／400		257／400		268／400	
2022	261／400		269／400		260／400		275／400	
2021	254／400		261／400		243／400		260／400	
2020	246／400							
2019	267／400		285／400		261／400		277／400	
2018	301／400		272／400		277／400		300／400	

（備考）

• 採点方法について
選択した受験科目（「数学または情報」あるいは「外国語」あるいは「数学および外国語」）の得点と，「小論文」の採点結果を組み合わせて，最終判定を行う。

• 合格最低点は，選択した試験科目によって異なっているが，これは 4 種の試験科目の難易度の違いを表すものではない。

•「数学」「情報」「外国語」「数学および外国語」については統計的処理による得点の補正を行った。

●環境情報学部

（合格最低点／満点）

年度	「数学」選択		「情報」選択		「外国語」選択		「数学・外国語」選択	
	数　学	小論文	情　報	小論文	外国語	小論文	数学・外国語	小論文
2023	246／400		246／400		246／400		246／400	
2022	234／400		248／400		234／400		238／400	
2021	254／400		238／400		248／400		267／400	
2020	246／400							
2019	250／400		274／400		263／400		277／400	
2018	257／400		260／400		258／400		263／400	

（備考）

- 採点方法について
  選択した受験科目（「数学または情報」あるいは「外国語」あるいは「数学および外国語」）の得点と，「小論文」の採点結果を組み合わせて，最終判定を行う。
- 合格最低点は，選択した試験科目によって異なっているが，これは 4 種の試験科目の難易度の違いを表すものではない。
- 「数学」「情報」「外国語」「数学および外国語」については統計的処理による得点の補正を行った。

●看護医療学部（第 1 次試験）

（合格最低点／満点）

2023 年度	2022 年度	2021 年度	2020 年度	2019 年度	2018 年度
294／500	310／500	270／500	297／500	273／500	293／500

（備考）

- 選択科目（数学・化学・生物）は，科目間の難易度の違いから生じる不公平をなくすため，統計的処理により得点の補正を行った。
- 第 1 次試験で小論文を課すが，第 1 次試験の選考では使用せず，第 2 次試験の選考で使用する。

●薬学部

（合格最低点／満点）

学科	2023 年度	2022 年度	2021 年度	2020 年度	2019 年度	2018 年度
薬	169／350	204／350	196／350	196／350	208／350	204／350
薬科	171／350	209／350	195／350	195／350	207／350	204／350

（備考）

- 「合格最低点」は，正規合格者の最低総合点である。

学問のすゝめ
奨学金
返済不要
2025年度入学者対象 申請受付
10.28 ▸ 11.25
●首都圏(一都三県)を除く地方出身者対象
●奨学生候補者数約550名以上
●一般選抜出願前に選考結果が分かる
年額60万円支給
(医学部は90万円、薬学部は80万円)
初年度は入学金相当額(20万円)を加算
入学2年目以降は成績優秀者の奨学金額を増額
国による「高等教育の修学支援新制度」との併用により、一部の学部では実質"無料"での入学が可能となります。
お問い合わせ
慶應義塾大学 学生部福利厚生支援(月～金 8:45 ～ 16:45)
[TEL] 03-5427-1570 [E-mail] lifeshogaku@info.keio.ac.jp
https://www.students.keio.ac.jp/other/prospective-students/scholarship-gakumon.html
慶應義塾大学

募集要項（出願書類）の入手方法

2025 年度一般選抜要項は，大学ホームページで公開予定です。詳細については，大学ホームページでご確認ください。

一般選抜・文学部自主応募制による推薦入学者選考・法学部 FIT 入試に関する問い合わせ先

慶應義塾大学　入学センター
〒 108-8345　東京都港区三田 2-15-45
TEL　(03)5427-1566
慶應義塾大学ホームページ　https://www.keio.ac.jp/

理工学部 AO 入試に関する問い合わせ先

慶應義塾大学
理工学部学生課学事担当内　アドミッションズ・オフィス
〒 223-8522　神奈川県横浜市港北区日吉 3-14-1
TEL　(045)566-1800

総合政策学部・環境情報学部 AO 入試に関する問い合わせ先

慶應義塾大学　湘南藤沢事務室　アドミッションズ・オフィス
〒 252-0882　神奈川県藤沢市遠藤 5322
TEL　(0466)49-3407
SFC ホームページ　https://www.sfc.keio.ac.jp/

看護医療学部 AO 入試に関する問い合わせ先

慶應義塾大学　湘南藤沢事務室　看護医療学部担当
〒 252-0883　神奈川県藤沢市遠藤 4411
TEL　(0466)49-6200

慶應義塾大学のテレメールによる資料請求方法

スマートフォンから　QRコードからアクセスしガイダンスに従ってご請求ください。
パソコンから　教学社 赤本ウェブサイト(akahon.net)から請求できます。

合格体験記
募集

2025年春に入学される方を対象に，本大学の「合格体験記」を募集します。お寄せいただいた合格体験記は，編集部で選考の上，小社刊行物やウェブサイト等に掲載いたします。お寄せいただいた方には小社規定の謝礼を進呈いたしますので，ふるってご応募ください。

応募方法

下記URLまたはQRコードより応募サイトにアクセスできます。
ウェブフォームに必要事項をご記入の上，ご応募ください。
折り返し執筆要領をメールにてお送りします。

※入学が決まっている一大学のみ応募できます。

☞ http://akahon.net/exp/

応募の締め切り

総合型選抜・学校推薦型選抜	2025年2月23日
私立大学の一般選抜	2025年3月10日
国公立大学の一般選抜	2025年3月24日

受験にまつわる川柳を募集します。
入選者には賞品を進呈！
ふるってご応募ください。

応募方法　http://akahon.net/senryu/　にアクセス！☞

気になること、聞いてみました！

在学生メッセージ

大学ってどんなところ？ 大学生活ってどんな感じ？
ちょっと気になることを，在学生に聞いてみました。

以下の内容は 2020～2023 年度入学生のアンケート回答に基づくものです。ここで触れられている内容は今後変更となる場合もありますのでご注意ください。

メッセージを書いてくれた先輩　［経済学部］R.S. さん　M.Y. さん　島田優也さん
［法学部］関口康太さん　［総合政策学部］T.N. さん
［理工学部］M.H. さん

大学生になったと実感！

大きく言うと自由と責任が増えました。大学生になるとどの授業を取るかもすべて自分で決めることができます。一見自由で素晴らしいことかもしれませんが，これは誰も決めてくれないということでもあります。高校のときより，どれがどのような内容や難易度の授業なのかといった正確な情報を得るということがより重要になったと感じました。また，高校まではバイトをしていなかったので，大学生になってからは金銭的な自由と責任も増えたと感じています。少しずつ大人になっていく感覚を嬉しく思いつつも，少しだけ寂しいです（笑）。（R.S. さん／経済）

出会う人の幅が大きく変わったと思います。高校までは地元の子が集まったり，遠くても隣の県まででしたが，慶應に入り，全国からはもちろん帰国子女や留学生など，そのまま地元にいれば絶対に会えないだろう人材に多く出会えたことが，高校までとは比べものにならないほど変わったことだと感じました。全員が様々なバックグラウンドをもっているので，話

を聞いていて本当に楽しいです！（関口さん／法）

大学生活に必要なもの

タッチペンで書き込みが可能なタブレットやパソコンです。授業形態は教授によって様々ではありますが，多くの授業はアップロードされたレジュメに自分たちで書き込んでいくスタイルです。なかには印刷して書き込む学生もいますが，大半はタブレットやパソコンに直接タッチペンで板書を取っています。自分は基本的にタブレットだけを大学に持って行き，プログラミングやプレゼンのスライドを作成するときにパソコンを持って行くようにしています。タブレットのみだと若干心細いので，両方購入することにためらいがある人はタッチペン付きのパソコンにしておくのが無難だと思います。（R.S. さん／経済）

パソコンは必須。他には私服。高校までは制服があったので私服を着る頻度が低かったが，大学からはそういうわけにもいかないので春休みに何着か新調した。（M.H. さん／理工）

この授業がおもしろい！

マクロ経済学です。経済学を勉強したくて経済学部に入学したということもあって以前から楽しみにしていました。身の回りの金銭の流通について，モデル化した図を用いて説明されると改めて経済が合理性をもった動きをしているとわかります。（R.S. さん／経済）

理工学概論。毎回異なる大学内外の講師が，自身のお仕事や研究内容を話してくださり，今後携わることになるであろう学問や業界の実情を知ることができる。また，あまり関心をもっていなかった分野についても，教養として目を配る必要性に気づくことができた。（M.H. さん／理工）

自分が最もおもしろいと思った授業は，「生活者の社会参加」という授業です。この授業では，自分が提案した様々なプロジェクトについて実際に NPO 法人や行政と協力していき，その成果を発表するという，究極のフィールドワーク型の授業です。教授からは実際の進捗に対してのアドバイスくらいしか言われることはなく，学生が主体的に学べる授業になっています。SFC ではこういった授業が他の学部や大学に比べて多く開講されており，SFC に入らなければ経験できない学びを多く得ることができます。（T.N. さん／総合政策）

大学の学びで困ったこと＆対処法

履修登録です。先輩などの知り合いがほとんどいない入学前から考え始めないといけないので大変でした。自分は SNS を用いて履修の仕組みを調べたり，興味深い授業や比較的単位の取得がしやすい授業を聞いたりしました。先輩方も同じ道を辿ってきているので，入ったら先輩方が受けたい授業の情報を共有してくれるというサークルも多いです。また，ただ単に授業をたくさん取ればよいわけではなく，進級条件や卒業条件でいくつ単位が必要か変わってくる点も考慮する必要があります。１年生では自分がどうしても受けたい授業が必修科目と被ってしまうということが多々あります。（R.S. さん／経済）

部活・サークル活動

ダンスサークルと，行事企画の立案・運営を行う委員会に所属しています。ダンスサークルでは三田祭やサークルのイベント公演に向けて週３，４回の頻度で練習しています。委員会は，立案した企画が承認されると大学の資金で活動ができるので規模の大きいものが運営できます。例年ではスキーハウスの運営をして塾生に還元するといったこともしています。公的な活動にもなるので就職の実績にも役立つと思います。（R.S. さん／経済）

謎解きをしたり作ったりするサークルに所属している。新入生は春学期の新入生公演に向け制作を行う。経験を積むと外部向けに販売も行う活動に関われる。単に謎を作るだけでなく，ストーリーやデザインなども本格的であり，やりがいを感じる。（M.H. さん／理工）

体育会の部活のマネージャーをしています。シフト制のため，週 2 回ほど稽古に参加し，学業やアルバイトと両立しています。稽古中の業務は主に，洗濯，掃除，動画撮影，勝敗の記録などです。時々，週末に大会が行われることもあり，選手と同行します。大会では，動画撮影と勝敗の記録，OB へのメール作成を行います。夏季休暇中には合宿があり，料理をしました。慶應には多くの部やサークルがありますので，自分に合った居場所を見つけることができると思います。（M.Y. さん／経済）

交友関係は？

クラスやサークルで築きました。特に入学当初はほとんどの人が新たに友達を作ることになるので，話しかけたら仲良くしてくれる人が多いです。また，初回の一般教養の授業では隣に座った人に話しかけたりして友達を作りました。サークルの新歓時期に話が弾んだ相手と時間割を見せ合って，同じ授業があれば一緒に受けたりして仲を深めました。みんな最初は大体同じようなことを思っているので，そこまで不安になる必要はないと思います。（R.S. さん／経済）

第二外国語のクラスが必修の授業においても一緒になるので，そこで仲良くなった。私は入学前に SNS などで友達探しをしなかったが，友達はできた。私もそうだが内気な人は勇気を出して話しかけることが大事。1 人でも知り合いがいると心のもちようが全く違うと思う。（M.H. さん／理工）

いま「これ」を頑張っています

サークル活動です。ダンスサークルに所属しているのですが，公演前などは毎日練習があったりとハードなスケジュールになることが多いです。しかし，そんな日々を乗り越えた後は仲間たちとより親密になった気がして頑張るモチベーションになります。受験勉強はどうしても孤独のなか頑張らなければいけない場面が多いですが，大学に入学した後は仲間と団体で何かを成し遂げる経験を積むのもよいかもしれません。（R.S. さん／経済）

免許の取得とアルバイト。大学生は高校生よりも一般的に夏休みが長いので，こうした時間がかかるようなこともやりやすい。その一方で支出も増えるので，お金の使い方はより一層考えるようになった。高校までは勉強一本であったが，こうしたことを考えるようになったのも大学生であるという自覚をもつきっかけの１つだと思う。（M.H. さん／理工）

大学生活を無為に過ごさないために，公認会計士の資格の取得を目指しています。オンライン授業やバイトと資格の勉強の両立はかなりハードですが，自分のペースでコツコツと続けていきたいと思います。（島田さん／経済）

普段の生活で気をつけていることや心掛けていること

時間や期限を守ることです。当たり前のことではありますが，大学はレポートや課題の提出締め切りを自分で把握し，それまでに仕上げなくてはなりません。前日にリマインドしてくれる人もおらず，ほとんどの場合，どんな理由であっても締め切り期限を過ぎたものは受理してもらえません。欠席や遅刻が一定の回数に達するとテストの点が良くても単位をもらえないこともあります。また，時間を守るということは他人から信頼されるために必要なことでもあります。このように大学は社会に出るにあたって身につけなくてはならないことを少しずつ培っていく場でもあります。（R.S. さん／経済）

大学に入学した意義を忘れないように心掛けている。大学生は人生の夏休みと揶揄されることもあるが，自分では賄えない額を両親に学費として払ってもらっていることを忘れず，学生の本分をわきまえて行動するようにしている。（M.H. さん／理工）

おススメ・お気に入りスポット

メディアセンターという勉強やグループワークができる図書館です。塾生からはメディセンという愛称で親しまれています。テスト前や課題をやる際に友達と一緒に勉強する場所として活用しています。メディセンで共に頑張った後は，日吉駅の商店街，通称「ひようら」でご飯やデザートを楽しむ人も多いです。（R.S. さん／経済）

私が大学で気に入っている場所は，「鴨池ラウンジ」と呼ばれる施設です。ここはたくさんの椅子が並べられた多目的スペースになっています。一部の座席は半個室のような形になっていて，様々なことに１人で集中することができます。窓からは SFC のトレードマークである鴨池を一望することができ，リラックスすることも可能です。また，ローソンと学食の隣にあるので，利便性も高い施設になっています。（T.N. さん／総合政策）

入学してよかった！

慶應義塾大学の強みは人脈と言われるだけあり，人数も多ければ様々なバックグラウンドをもつ人々が存在します。起業をしている人や留学生，芸能人もいます。そのような人たちと話すと，自分の価値観が変わったりインスピレーションを受けたりすることが多くあります。在籍してる間になるべく多くの人々と交流をしたいと考えています。（R.S. さん／経済）

総合大学なのでいろいろな人がいる。外交的な人が多いというイメージが世間的にはあるだろうが，それだけでなく，問題意識であったり意見であったりをもったうえで自分の目標をしっかりもっている人が多いと感じる。極論すれば，入試は勉強だけでも突破可能だが，プラスアルファでその人の強みというものをそれぞれが備えているのは互いに良い刺激になっている。（M.H. さん／理工）

高校生のときに「これ」をやっておけばよかった

英会話の勉強をもっとしておきたかったです。慶應義塾大学には留学生もたくさんいるので外国人の友達も作りたいと思っていました。しかし，受験で英語の読み書きは上達したものの，実際に海外の人と交流するには話す・聞く技術が重要になってきます。大学からでも決して遅いわけではありませんが，やはり早くからやっておくに越したことはないと思います。（R.S. さん／経済）

自分にとって後悔のない高校生活を送るのが一番だと思う。私個人は小学校，中学校，高校と，節目で過去を振り返るたびにそれまでの環境が一番であったと思っているので，後に大切な思い出になるであろうその一瞬を大事にしてほしいと思う。（M.H. さん／理工）

体育祭や修学旅行といった行事をもっと楽しめばよかったと思いました。こんな言い方はよくないかもしれませんが，勉強はいつでもできます。でも，高校の行事はもう一生ないので，そのような貴重な体験を無駄にしてほしくないと思います。（関口さん／法）

合格体験記

みごと合格を手にした先輩に，入試突破のためのカギを伺いました。
入試までの限られた時間を有効に活用するために，ぜひ役立ててください。

（注）ここでの内容は，先輩方が受験された当時のものです。2025 年度入試では当てはまらないこともありますのでご注意ください。

・アドバイスをお寄せいただいた先輩・

Message

R.Y. さん　法学部（政治学科）
一般選抜 2024 年度合格，東京都出身

合格のポイントは，ヘルシーな人間関係です。私のクラスでは受験のストレスから親友同士の衝突などが多発し，人間関係でたくさん揉めていました。マイナスな人間関係を築いていた人はことごとく第一志望に落ち，全員とそれなりの距離感を取りつづけた自分が合格できたのには相関関係があったと思うので，特に現役生は頑張りあえる仲間ともそうではない人とも良い人間関係を築きながら，受験に集中するべきだと思います。

その他の合格大学　慶應義塾大（経済，文），早稲田大（商），上智大（総合グローバル，法〈国際関係法〉），青山学院大（国際政治経済〈国際政治〉共通テスト利用）

Message

徳永皓一郎さん　法学部（政治学科）
一般選抜 2023 年度合格，錦城高等学校（東京）出身

浪人が決まり，高校卒業と同時に文転し，スマホを解約し，自習室に年中閉じこもりました。驚く人もいるかもしれませんが，受験は世間で喧伝されているほどドラマチックで厳かなものではありません。自分が決めた教材を日々淡々と，完璧に身につけることを目指して着実にこなす。このような「当たり前」に日々欠かさず取り組むことが受験で勝つ最大のカギです。

その他の合格大学　早稲田大（法），上智大（法），明治大（法〈共通テスト利用〉），立教大（法〈共通テスト利用〉）

Message

N.O. さん　法学部（法律学科）
一般選抜 2023 年度合格，愛知県出身

過去問を徹底的に研究しました。合格するために自分はあと何点取るべきなのか，その点数はどの大問で取るのかなど，自分なりの対策を立てて，試験本番まで苦手な大問を 10 年分くらいやり込みました。過去問演習では最後まで合格点は超えることができなかったのですが，本番では合格点を超えることができたので，最後まで諦めずに過去問研究を続けることをおすすめします。

その他の合格大学　日本大（法）

K.T. さん　法学部（政治学科）
般選抜 2023 年度合格，佐賀県出身

いつでも標的を意識して，普段の勉強でサボりそうになった時に，「絶対に第一志望校に合格するんだ！」と踏ん張ることが大事です。そのような経験の積み重ねが，「自分は誰よりも勉強してきたんだ」という自信につながり，本番で大きな味方になってくれます。地道な努力は，時に退屈で苦痛なものかもしれませんが，合格を勝ち取るためには必要なことだと思います。頑張ってください！！

その他の合格大学　慶應義塾大（文），早稲田大（文化構想，教育，人間科），同志社大（社会），青山学院大（法〈共通テスト利用〉）

関口康太さん　法学部（政治学科）
一般選抜 2022 年度合格，本庄東高等学校（埼玉）出身

私は 9 月までに早慶レベルの『基礎』を全力で固めました。その後，赤本に取り組みましたが，慶應法学部以外の早慶の他学部も 10 年分近く取り組み，全般的に英語，日本史を鍛えました。たしかに，先も見えず本当に辛いかもしれません。しかし，合格の喜びはおそらく人生で 1 番だと思います。だから，前を向いて，全力で栄冠をつかみ取ってください！　応援してます！！！

その他の合格大学　慶應義塾大（文），早稲田大（商，文化構想，人間科），明治大（国際日本，文）

入試なんでもQ＆A

受験生のみなさんからよく寄せられる，
入試に関する疑問・質問に答えていただきました。

Q 「赤本」の効果的な使い方を教えてください。

A 夏休みが始まるタイミングで，第一志望校の過去問を解きました。そこで自分と第一志望校の距離がどれくらいあるのかを知りました。11月からは，慶應義塾大のほかに早稲田大などの赤本も使い，過去問に取り組みました。ただ解くだけでおしまいにするのではなく，解説を活用しながら復習をすることがポイントです。特殊な問題が出題される場合は，その問題形式に慣れるために，過去問をたくさん解きました。

（K.T. さん）

A 過去問は大学側がどのような生徒に来て欲しいかを教えてくれる合格への最大のヒントの1つだと思います。だから，傾向を調べ，そこから何が必要なのか対策を自分で考え，それを実行するというトライ＆エラーを繰り返すための道具として使いました。あとは，全般的な英語力を鍛えたかったので，問題演習として早稲田大や京大，慶應義塾大の他学部の赤本を解いていました。解く際は，赤本ノートに答えを書いて，丸つけをして，①敗因，②自分がよくするミスの種類の分析，③次回どうすればそのミスを防げるのかをノートの右側に書いて次回解く際に振り返りました！　これもトライ＆エラーですね！

（関口さん）

Q 1年間の学習スケジュールはどのようなものでしたか？

A 4～7月の上旬頃までは，難しい問題をたくさん解くのではなく，英単語や英文法，古文単語などの基礎を固めるようにしました。日本史も過去問には手をつけず，教科書を使って勉強していました。7月下旬の夏休みに入るタイミングで，第一志望校の過去問を1年分だけ解き，自分と志望校の距離を知りました。夏休みの間に1学期にやり残したことを消化して，2学期からは少し難しい問題集などを使って応用力を身につけるようにしました。11月からは過去問をたくさん解くようにしました。時間配分や特殊な問題形式に慣れ，合格力を高めることを目指しました。小論文は5月から毎週1題ずつ解いて，添削をしてもらうようにしていました。（K.T. さん）

Q どのように学習計画を立て，受験勉強を進めていましたか？

A 決められた時間内に勉強すべきことを手帳に全部書き出し，勉強時間に制限を設けていました。ToDo リストを作りさらにタイムアタック式で勉強することによって，高い集中力で効率的に成すべき課題に取り組むことができました。時間制限を設けて勉強することには多少の苦労が伴いますが，それを乗り越えられれば大きな達成感を得ることができるに違いありません。反対に時間が無限にあると錯覚し無計画で闇雲に学習を進めると，勉強のゴールを見失いただぼんやりとした不安に脅かされる羽目になるでしょう。（徳永さん）

Q 慶應義塾大学法学部を攻略するうえで，特に重要な科目は何ですか？　また，どのような勉強をしましたか？

A 配点が高い英語が重要なのは間違いないのですが，社会を侮ってはいけないと思います。私は日本史で受験をしたのですが，60分でかなり多くの問題をこなす必要があり，演習が足りていないと本番で対応できないと思います。慶應法学部の日本史で点数を稼ぐためには，多くの過去問を時間内に解く演習をすることが大切だと思います。また，ハイレベルな知識を身につけるために，早稲田大の過去問を解くことも有効だと思います。（K.T. さん）

Q 模試の上手な活用法を教えてください。

A 私は模試の判定はあまり気にしていませんでした。なぜかというと，本番の問題形式と模試の問題形式は違うからです。模試で点数が取れなくても，本番の試験で合格点を取ったら合格できるので，あくまで模試は知らなかった知識の補充や，知っているのに解けなかった問題を洗い出すために受けていました。1カ月に1回くらい模試があると思うので，模試を受けるたびにそうした知識をストックしておき，入試本番前に復習すると，自分の間違いやすい問題がわかったり，気をつけるポイントが見えてきたりするのでおすすめです。（N.O. さん）

**Q 併願をするうえで重視したことは何ですか？
また，注意すべき点があれば教えてください。**

A 連続受験などハードな日程を避けるため，共通テスト利用を活用することをおすすめします。2月の短期間に多くの大学を受験することは身体だけでなく精神的にも疲労がたまるものです。傾向が異なる試験の対策には時間が必要で，第一志望の対策が疎かになってしまうことへの不安も生まれます。一方，共通テストは1つの試験の結果だけで多くの大学に挑戦できます。共通テストで結果を残せば安心して本命の大学の対策に打ち込むことができるのでおすすめです。（徳永さん）

Q 苦手な科目はどのように克服しましたか？

A 苦手な科目を得意にするのはとても難しいと思います。しかし，放置したままにしていては受験では勝てないので，割り切ることも大切だと思います。私の場合は，「これから先の大学生活や，社会人になった時，きっとやりたくないことや面倒なこともやらされるんだろう。その予行演習として，苦手科目に取り組んでおこう」と考えるようにしていました。決してポジティブな考え方ではないですが，苦手科目を無理に好きになろうとするよりは近道だと思います。（K.T. さん）

Q 受験生のときの失敗談や後悔していることを教えてください。

A 身の程をわきまえない学習法は破滅の道へと進むことになります。文転し世界史初学者だった私は，愚かにも用語集を完璧に覚えようなどという大それたプランを立て，教科書で扱うような基礎レベルの学習が疎かになり，成績も不振でした。夏頃に過ちに気づき，基礎重視の学習へと方向転換したためなんとか救われましたが，あの方法で学習を進めていたら，ここに体験談を書くことはなかったでしょう。自分の学習段階を把握し，見栄を張らず，自分に見合った学習法を選ぶことこそが合格への第一歩だということです。（徳永さん）

Q 普段の生活の中で気をつけていたことを教えてください。

A 生活リズムを一定にすることを心がけていました。同じ時間に起き，朝ご飯を食べ，同じ時間にお昼ご飯・晩ご飯を食べて，同じ時間に寝ることを繰り返していると，試験本番でもいつも通りの心持ちで試験に臨むことができます。また，試験当日のお昼ご飯は自分がいつも食べているものが一番ですが，食べ過ぎて眠くならないように注意が必要です。私は寝る前に必ず暗記物の勉強をしていました。起きてすぐ前日の夜に暗記したことを復習すると，記憶の定着がはやいと思います。（N.O. さん）

科目別攻略アドバイス

みごと入試を突破された先輩に，独自の攻略法や
おすすめの参考書・問題集を，科目ごとに紹介していただきました。

英　語

慶應法学部は英語の配点が高く，点数が合否に直結します。単語力を強化するには，慶應の他学部や早稲田レベルを完璧にする必要があります。最後の読解は難しくないので，過去問演習では時間制限を短めに設定し，満点を取る気持ちで臨むのが効果的です。（R.Y. さん）

おすすめ参考書　『速読英単語』（Z 会）

慶應法学部の英語は大問のうち 2 ～ 3 題は傾向が安定していませんでしたが，2020 年度以降はインタビュー問題，会話表現の問題が，2021 年度以降は単語の合体のような語彙力に関する問題が連続で出題されており，受験生は少なくともこれらは重点的に対策するべきだと思います。これら以外の形式の問題（慣用句や文法，アクセント，熟語など）は過去問を遡ることで慣れていくのがおすすめです。大問のうち 2 題は長年形式が変わっていません。語の定義は品詞分解や自動詞，他動詞の見極めが求められます。最後の長文問題は一般に配点が高いと言われ，ここでのミスを最小限に抑えることが合格への近道です。（徳永さん）

おすすめ参考書　『英検準 1 級 でる順パス単』（旺文社）

慶應法学部の英語はかなりボリュームがあります。素早く問題を処理するためには，高いレベルの語彙力を身につけることが大切です。単語帳を本番まで繰り返しチェックしたり，過去問で出合った知らない英単語を小さいノートにまとめたりして，単語をたくさん身につけると，迅速に問題を解けるようになります。（K.T. さん）

おすすめ参考書　『速読英単語 上級編』（Z 会）

日本史

慶應法学部の日本史は難問も出題されますが，教科書を軸に勉強することはやはり大事です。なぜなら教科書に掲載されている範囲の問題を落としてしまうと差をつけられてしまうからです。基礎事項を丁寧に勉強しつつ，用語集や早稲田大の過去問を使って，少しずつ知識を広げていけばいいと思います。 (K.T. さん)

おすすめ参考書 『日本史用語集』（山川出版社）

世界史

私立文系のなかで圧倒的に難しいです。教科書レベルでは太刀打ちできないと断言できます。少なくとも 11 月までには通史を終わらせ，そこから用語集の内容をすべて暗記する気でやれば合格点には十分届くと思います。 (R.Y. さん)

おすすめ参考書 『世界史用語集』（山川出版社）

慶應法学部の世界史では非常に細かい知識まで出題されます。しかし極端に難しい問題はほとんどの受験生が解けないため怯える必要はありません。むしろ教科書レベルの標準的な知識を確実に押さえていくことが絶対に必要です。私は世界史の教材を 1 つに絞り，重要用語に青マーカーを引き，赤シートで隠し，何十回も確認テストを繰り返しました。決めた教材を完璧に身につけるべく毎日向き合う気概こそが難関を突破するカギなのです。 (徳永さん)

おすすめ参考書 『詳説世界史』（山川出版社）

論述力

小論文は，たくさん添削を受けることが大切です。誰かに客観的に自分の答案を見てもらい，自分では気づかない癖を直していくといいと思います。また最低限の時事問題の知識はあったほうがいいので，ニュースを定期的にみたり，新聞の社説などを読んだりしていました。　（N.O. さん）

TREND & STEPS

傾向と対策

科目ごとに問題の「傾向」を分析し，具体的にどのような「対策」をすればよいか紹介しています。まずは出題内容をまとめた分析表を見て，試験の概要を把握しましょう。

注　意

「傾向と対策」で示している，出題科目・出題範囲・試験時間等については，2024年度までに実施された入試の内容に基づいています。2025年度入試の選抜方法については，各大学が発表する学生募集要項を必ずご確認ください。

来年度の変更点

2025年度入試では，以下の変更が予定されている（本書編集時点）。

- 「地理歴史」の試験時間が60分から90分に，配点は100点から150点に変更される。また，解答方式が全問マークシートからマークシートによる解答と記述式による解答となる。
- 「論述力」は「小論文」に変更され，試験時間も90分から60分となる。

英　語

年度	番号	項　目	内　容
2024 ●	〔1〕	語彙・文法	単語の完成，空所補充
	〔2〕	読解・語彙	語の定義
	〔3〕	会 話 文	空所補充
	〔4〕	会 話 文	適切な応答文
	〔5〕	読　　解	内容真偽，内容説明，文整序，空所補充，発言者の特定
2023 ●	〔1〕	語　　彙	単語の完成
	〔2〕	読解・語彙	語の定義
	〔3〕	会 話 文	空所補充
	〔4〕	会 話 文	適切な応答文
	〔5〕	読　　解	内容説明，空所補充，文整序，内容真偽，語句整序，段落の主題，主題
2022 ●	〔1〕	語　　彙	単語の完成
	〔2〕	読解・語彙	語の定義
	〔3〕	会 話 文	空所補充
	〔4〕	会 話 文	適切な応答文
	〔5〕	読　　解	内容説明，語句・文整序，空所補充，内容真偽，主題
2021 ●	〔1〕	語　　彙	単語の完成
	〔2〕	読解・語彙	語の定義
	〔3〕	会 話 文	空所補充
	〔4〕	会 話 文	適切な応答文
	〔5〕	読　　解	段落の主題，内容真偽，内容説明，語句整序，空所補充，主題
2020 ●	〔1〕	発　　音	綴りと発音の異同
	〔2〕	読解・語彙	語の定義
	〔3〕	会 話 文	空所補充
	〔4〕	会 話 文	適切な応答文
	〔5〕	読　　解	内容真偽，内容説明，段落の主題，同意表現，語句整序

（注）●印は全問，◑印は一部マークシート法採用であることを表す。

読解英文の主題

年度	番号	類 別	主 題	語 数
2024	〔2〕	小 説	私の友人である探偵シャーロック	約 280 語
	〔5〕	社会論	虚偽のニュースのほうが速く拡散する理由	約 800 語
2023	〔2〕	小 説	地下室で見つけた不思議なランプ	約 280 語
	〔5〕	社会論	TikTok：日本での成功への道のり	約 970 語
2022	〔2〕	小 説	相続財産を受け取れなかった女性の憤怒	約 170 語
	〔5〕	社会論	隠された関係：広告とマスメディア	約 740 語
2021	〔2〕	小 説	爆撃現場の跡地を訪ねて	約 300 語
	〔5〕	社会論	貧困層の肥満による健康被害問題	約 790 語
2020	〔2〕	社会論	フェミニズム批判の根底にある考え方	約 410 語
	〔5〕	芸術論	複製技術によって変化した芸術のとらえ方	約 910 語

傾向 速読・内容把握力が必要 豊富な語彙・熟語力の養成を

01 基本情報

試験時間：80分。
大問構成：2020～2024年度は大問5題。
解答形式：全問マークシート法。

02 出題内容

2020年度以降は会話文が2題，長文読解問題が2題，（文法）語彙または発音が1題の大問5題の出題である。2021～2024年度は，2つの単語を組み合わせて別の単語を作るという新傾向問題が出題されており，2024年度は新たに空所補充形式の英文完成問題も出題された。また，2020年度以降，2014年度以前に出題されていたインタビュー形式の会話文問題が出題されている点にも注目である。例年，設問の指示文も含め，問題はすべて英語である。

① 読解問題

英語長文の総語数は900～1400語程度と幅があるが，2020年度以降はおおむね約700～1000語の長文と約200～300語の短文の2文の出題となった。英文のテーマとしては，時事問題・社会・文化・科学技術・医療・健康・法律・経済など，多岐にわたる分野から出題されている。日本における移民政策といった問題から，ネット上での偽ニュースの拡散問題，TikTokの話題，広告とメディアの関係，肥満防止，薬物の合法化，フェミニズム問題など，社会的な問題が取り上げられることが多いが，小説の一部が出題される年度もある。いずれも直読直解方式の速読力を要する問題で，設問は語の定義，空所補充，内容説明，同意表現，内容真偽，主題，語句・文整序など多様である。本文から判断して正しいと「いえない」記述を選ばせる設問があるなど，設問の処理に注意を要する問題が多い点も特徴のひとつとなっている。2024年度〔5〕では，登場人物のうち誰が特定の発言をしそうか答える問題が出題された。

②　会話文問題

2020年度以降，インタビュー形式の会話文も含め2題出題されている。空所補充形式の問題については，以前は会話の流れを正確にたどらなければ正解の得られない空所が多く，難問が多かったが，近年は易化傾向にある。2019年度は単語・熟語の挿入と文の挿入に分かれ，2020・2021年度は単語のみの挿入となって，易化傾向は続いていたが，2022～2024年度は語句や文の挿入となり，やや難化した。難しい表現やなじみのないイディオムも含まれている点には注意が必要。

③　発音，文法・語彙問題

2020年度は綴り・発音・語義の組み合わせ，2021～2024年度は2つの単語を組み合わせて別の単語を作るという形式となって，発音は出題されていない。

文法問題は，独立した問題としては2019年度以降出題されていなかったが，2024年度は〔1〕の後半が文法問題となった。空所に副詞・前置詞を入れて英文を完成させるものであった。

03 難易度と時間配分

読解問題の語彙・熟語レベルが高いことに加え，設問の選択肢にも紛らわしいものがあるため，高度な英語力が必要である。2019 年度は英文量がやや増加し，設問の一部に新傾向のものが複数あったため，難化した感があったが，2020 年度は設問自体はやや易化し，2021 年度以降もその傾向が続いた。2023 年度は読解問題の語彙問題が難化し，インタビュー形式の問題もインタビュー側の英文がわかりにくく難化した感があったが，2024 年度は 2022 年度以前の水準に戻っている。全体としては標準よりやや難しいレベルの問題である。

設問文を含む英文量の多さと 80 分という試験時間を考慮すると，解答しやすい問題から手をつけていくなど，時間配分に工夫が必要である。

対策

01 読解問題対策

例年長文読解問題の比重が大きく，また英文量も非常に多いので，読解力の養成には最大限の時間をさく必要がある。慶應義塾大学のように語彙レベルが非常に高い英文を読みこなすには，まず単語・熟語力の強化を図る必要があるのは当然のことであるが，たとえ未知の語句に出くわしたとしても文脈をしっかりたどり，大まかに内容をとらえていく力も必要となる。『大学入試 ぐんぐん読める英語長文』（教学社）などの読解用の問題集を用いて，500～1000 語程度の英文を，パラグラフごとにその内容を要約しながら読み進める練習を積み重ねることが重要である。また，紛らわしい選択肢が含まれることがあるので，設問から本文の該当箇所を特定し，細部まで注意深く読む慎重さも求められている。

英文のテーマは実に多岐にわたっているので，日頃から英文・和文を問わず，新聞・雑誌も含めて幅広い読書に努め，一般教養を高めておくことが，すばやく正確に内容を把握する上で有効である。陪審制，司法取引制度，ロボットの問題，人種問題，貧困問題，ソーシャルメディア関連など，時事問題，医療・社会問題，法律関係の話題は頻出テーマである。予備知識があれば論旨を予測しながら読み進めることができ，時間的にも気持ちの上でも余裕をもって問題にあたることができるだろう。

02 会話文対策

会話文問題はかなり長めの会話文の空所補充形式が中心であるが，ほとんどの設問は会話の流れを正確にたどることで解答できる。ただし，近年はイディオムやことわざの知識を求められる設問が増えており，この点にも注意が必要である。選択肢の中に会話文独特の言い回しが多用されている年度もあるので，『英会話問題のトレーニング』（Z会）や『大学入試 肘井学の英語会話問題が面白いほど解ける本』（KADOKAWA）のような問題集をこなしておくことも有効であろう。

03 高度な語彙・熟語力をつけよう

長文読解問題の語彙レベルが非常に高いことから，語彙力の増強は必ずやっておかなければならない。『システム英単語』（駿台文庫）といったオーソドックスなものから『究極の英単語 SVL Vol. 3［上級の 3000 語］』（アルク）などのハイレベルなものまで，自分に合う単語集を入手して暗記に努めよう。イディオムに関わる問題に難解なものが多いのが特徴なので，熟語力の強化も必要である。単語を覚える際には，アクセントの位置にも注意を払うこと。文法については，受験生が間違えやすいポイントを完全網羅した総合英文法書『大学入試 すぐわかる英文法』（教学社）などを手元に置いて，調べながら学習すると効果アップにつながるだろう。また，語法にも注意が必要である。速読力を高めるためにも，基本的な文法事項は押さえ，すばやく文の構成を見抜く力を養っておきたいものである。

04 過去問をやってみよう

例年，出題傾向の似た問題が多いので，本シリーズを利用して，他学部の問題も含め，多くの過去問にあたっておくことがきわめて有効である。

その際，80 分という試験時間を意識して，適切な時間配分ができるようになるまで繰り返し練習しておくこと。

慶應「英語」におすすめの参考書

Check!

- ✓『大学入試 ぐんぐん読める英語長文』（教学社）
- ✓『英会話問題のトレーニング』（Z 会）
- ✓『大学入試 肘井学の英語会話問題が面白いほど解ける本』（KADOKAWA）
- ✓『システム英単語』（駿台文庫）
- ✓『究極の英単語 SVL Vol.3』（アルク）
- ✓『大学入試 すぐわかる英文法』（教学社）
- ✓『慶應の英語』（教学社）

赤本チャンネルで慶應特別講座を公開中

実力派講師による傾向分析・解説・勉強法をチェック →

日本史

年度	番号	内　　容	形　　式
2024 ●	〔1〕	「愚管抄」「吾妻鏡」など－古代から近世の書物　　✓史料	選　択
	〔2〕	「近衛上奏文」「近衛声明（一次～三次）」「英米本位の平和主義を排す」－近衛文麿が生きた時代　　✓史料	選択・配列
	〔3〕	「椿説弓張月」「近代における沖縄の衆議院議員選挙を実施するための施策」「沖縄における女性の参政権を認める法改正の議事録」－中世から近代の琉球・沖縄史　　✓史料	選択・配列
	〔4〕	鈴木善幸が語る昭和戦後史　　✓史料	選　択
2023 ●	〔1〕	古代から現代の災害や飢饉　　✓史料	選　択
	〔2〕	近代の経済と産業	選択・配列
	〔3〕	「日本政記」－藤原北家の歴史・太政大臣論　　✓史料	選　択
	〔4〕	古代から現代における婚姻関係の解消形態とそれに伴う法律	選　択
2022 ●	〔1〕	海外で評価された日本美術　　✓史料	選　択
	〔2〕	古代から幕末までの貨幣・金融	選　択
	〔3〕	図書館の歴史　　✓史料	選　択
	〔4〕	「吉田茂の書簡」－近現代の外交・政治・文化　　✓史料	配列・選択
2021 ●	〔1〕	古代～近代の文化・政治・社会	選択・配列
	〔2〕	古代～近代の女性・政治・外交・貿易　　✓史料	選択・配列
	〔3〕	古代～近現代の宗教・文化・政治・外交	選択・配列
	〔4〕	「サンフランシスコ平和条約」「日ソ共同宣言」「日韓基本条約」「日中共同声明」－現代の外交・政治・社会　　✓史料	選択・配列
2020 ●	〔1〕	中世～近世の政治・争乱・文化	選　択
	〔2〕	古代～近世の外交・貿易	選択・配列
	〔3〕	「政談」「折たく柴の記」「経済録拾遺」－近世の政治・経済　　✓史料	選　択
	〔4〕	近現代の政治・経済・社会　　✓グラフ・表	選　択

（注）　●印は全問，◖印は一部マークシート法採用であることを表す。

傾向　語群の多い選択問題が特色　史料問題や政治・外交・文化史が頻出

01 基本情報

試験時間：60分。

大問構成：大問4題，解答個数50個。

解答形式：全問マークシート法で，選択肢の2桁の番号を1桁ずつマークする形式。他大学にはあまりない形式なので，マークミスのないように注意したい。

なお，2025年度は出題科目が「歴史総合，日本史探究」となる予定であり，また試験時間は60分から90分に，配点は100点から150点に，解答方式は全問マークシート法からマークシート法+記述式となる予定である（本書編集時点）。

02 出題内容

リード文・引用史料中の空所補充問題と，リード文下線部に関連した設問からなる。2つの正文または誤文の組み合わせを選ぶ設問が2020年度は7問，2021年度は2問，2022年度は7問，2023年度は2問出題されていたが，2024年度には出題はみられなかった。年代配列を問う問題は確実な知識を必要とするものが多い。空所補充では，語群の選択肢が大問ごとに解答個数の4～8倍程度の多さで設定され，類似のものや1字違いの人名・用語などもあるので負担感がある。選択肢は例年五十音順に並べられている。

① 時代別

単年度では偏りがみられることもあるが，数年単位でバランスをとり，原始・古代から戦後史まで全時代にわたって出題されている。2024年度も含めて原始からの出題がないこともある。近現代史は政治史や外交史を主体に戦後史が頻出しており，最近年の出来事にまで及ぶことがあることに留意したい。

② 分野別

政治・法制史，経済史，外交史からの出題が多い。文化史も頻出で，2020 年度は中世～近世のさまざまな分野，2021 年度は歴史書・文学・宗教分野，2022 年度は古代～近代の美術史，近世・近代の教育史，2024 年度は古代から近世の書物の問題が出された。各分野とも，設問の中には，教科書の範囲を超えた細かい知識や，歴史理解のカギとなる概念化された用語を求めるものが含まれているので要注意だが，このような設問にとらわれすぎて基本をおろそかにしないようにしたい。また，あるテーマについていくつかの時代を通して問うテーマ史が頻出しているのも特色で，災害，婚姻関係，貨幣，女性，政治，外交，貿易，裁判などが取り上げられている。

③ 史料問題

例年，多くの問題でリード文または設問文に史料が引用されているので，史料対策は必須である。史料そのものを題材にしたものと，リード文中の各所や選択肢に史料を引用したものの 2 つのタイプがある。初見の史料をしっかり読み取ることによって，選択肢の文の内容の正誤判断をする問題が中心となっている。

03 難易度と時間配分

大部分は教科書や山川出版社の『日本史用語集』に記載されているレベルの語句を答えさせる問題であるが，リード文から正答を判断することが難しいものも多い。そういう意味で難度の高い出題といえる。1 つの語句でもさまざまな面からの理解が必要であり，1 冊の教科書だけでの学習では不十分なので，参考書や問題集，図説集を活用したい。

2024 年度までの出題では試験時間に対して選択肢が多いため，時間の余裕は少なかった。2025 年度は記述問題も含まれることを考えると，判断に迷うものは後回しにして確実なものから解答するなど，効率よく時間配分を行うことが要求される。

対策

01 用語集を併用しながら教科書を精読する

専門的なことや細部にわたる問題も気にはなるが，あくまで教科書を中心に，重要事項の整理を徹底的に行うこと。本文だけでなく，脚注や写真，統計資料などにも十分に留意しよう。教科書学習の際には用語集（山川出版社『日本史用語集』など）を参照し，基本重要語句はそのつど確認して理解を深める習慣を身につけたい。用語集の重要語句の前後にある語句にも十分に留意し，関連知識を増やすことで，系統的な理解を深めていく学習を心がけよう。

02 時代別の学習からテーマ史の学習に発展させる

まず，政治史・外交史・社会経済史・文化史などの基本事項を軸に，時代ごとに歴史を整理しよう。近世〜近現代には特に力を入れ，昭和戦後史もおろそかにしないこと。時代別の学習が一段落したら，次はテーマ史の学習である。外交史ならば国別，社会経済史ならば土地制度や金融・貨幣といった具合に，分野をさらに細分化したテーマで時代を超えてまとめあげ，学習の精度を高めていこう。解説が充実したテーマ史の問題集を仕上げるのも１つの方法である。

03 史料集で史料読解力をつける

史料集は常に座右に置いて活用し，史料をもとに歴史を考え，関連・派生事項を類推する学習習慣を身につけたい。初見の史料が出されることもあるが，その場合は史料そのものを知っていることが要求されているわけではない。近代政治家の回想録などを用いた史料問題も，史料と設問文を丹念に読み込んでいけば，正解の手がかりが得られるようになっている。『詳説 日本史史料集』（山川出版社）などを活用して基本史料を学習し，史料読解力や歴史の考察力を培うことが大切である。

04 多様な教材を利用して幅広い知識を獲得する

教科書などではあまり扱われないような細かい知識も時に問われることがある。用語集や史料集・図説集などを活用して，知識の肉づけを図ることが大切である。さらに，読書を通じて幅広い知識を身につけていけば，学習の理解が一層深化するであろう。そうしていれば，難問にあたった場合，たとえ直接答えがわからなくても，類推や消去法で選択肢を絞り込んで正解に至ることができる。余裕があれば，「日本史リブレット」シリーズ（山川出版社）や，時事問題では『朝日キーワード 2025』（朝日新聞出版）などを活用するとよいだろう。

05 過去問演習で問題形式に慣れる

選択法の問題では，語群の選択肢が非常に多く，慣れていないと答えを選び出すのに時間がかかってしまう。語群の多さに惑わされないように，たとえば，語群を同類事項に整理し直した上で正解を選択するなど，自分なりに効率のよい方法を工夫したい。1字違いの人名や用語が含まれることもあるので，すべての選択肢を注意深く吟味しなければならない。その点からも過去問の学習はきわめて大切である。かなりの難問の部類でも，過去に重複して出題されている事例があり，本シリーズを十分に活用して，他学部も含めた慶應義塾大学全体の過去問にあたっておこう。

世 界 史

年度	番号	内　　容	形　式
2024 ●	〔1〕	人の移動と宗教の歴史	選択・配列
	〔2〕	世界遺産の歴史的背景	選択・配列
	〔3〕	綿花をめぐる歴史　　　　　　　　　　✅史料	選　択
	〔4〕	蒋介石の書簡と中国近現代史　　　　　✅史料	選択・配列
2023 ●	〔1〕	第二次世界大戦後の国際関係	選択・配列
	〔2〕	古代ギリシア・ローマ史	選択・配列
	〔3〕	近現代史における革命　　　　　　　　✅史料	選択・配列
	〔4〕	古代〜現代におけるアルメニア人関連史	選択・配列
2022 ●	〔1〕	大航海時代の世界	選択・配列
	〔2〕	ペルシア語文化圏の歴史	選　択
	〔3〕	冷戦期・冷戦終結後の難民問題　　　　✅地図	選択・配列・正誤
	〔4〕	科学革命に始まる自然観の変化	選　択
2021 ●	〔1〕	感染症の歴史	選択・配列
	〔2〕	ヤスパースによる時代区分	選択・配列
	〔3〕	アフリカの植民地化と独立	選択・配列
	〔4〕	世界史上の「飛び地」	選　択
2020 ●	〔1〕	古代〜14 世紀における宗教の影響力	選　択
	〔2〕	アメリカ合衆国とラテンアメリカ	選択・配列
	〔3〕	近代以前の交易をめぐるインド洋から南シナ海地域	選　択
	〔4〕	19〜20 世紀初頭の中国	選択・配列

(注)　●印は全問，◐印は一部マークシート法採用であることを表す。

傾向　現代史重視 多彩な選択問題と配列問題が特徴

01 基本情報

試験時間：60 分。

大問構成：大問 4 題。解答個数は 50 個。

解答形式：全問マークシート法で，選択肢の 2 桁の番号を 1 桁ずつマークする形式。他大学にはあまりない形式なので，マークミスのないように注意したい。

なお，2025 年度は出題科目が「歴史総合，世界史探究」となる予定であり，また試験時間は 60 分から 90 分に，配点は 100 点から 150 点に，解答方式は全問マークシート法からマークシート法＋記述式となる予定である（本書編集時点）。

02 出題内容

空所補充問題に加え，配列問題や正文・誤文選択問題，選択肢のなかから当てはまるものを過不足なく答える問題など，多彩な選択問題で，その比率は年度によってばらつきがみられる。地図や複数の史料を用いた問題もある。語群の選択肢は例年五十音順に並べられているが，解答個数の 4～6 倍ほどもあり，紛らわしい選択肢も多数混在しているので，正解を見つけたと思っても，他に最適な選択肢がないか確認すること。時間の許す限り語群中のすべての選択肢をチェックしておきたい。

①　地域別

欧米地域とアジア地域の割合は年度による変動が大きく，多地域混合問題の出題もみられる。欧米地域では，西ヨーロッパからの出題が多いが，現代史を中心にアメリカ，ラテンアメリカ，ロシア，東欧からの出題も目立つので，非西欧地域まで押さえておく必要があろう。アジア地域では，中国史からの大問が目立つ。他に 2022 年度〔２〕のようにその他の単独の地域から出題されたり，2021 年度〔４〕，2022 年度〔２〕〔３〕，2023 年度〔３〕，2024 年度〔１〕〔２〕のように複数の地域にまたがる広域から出題されたりすることも多く，いずれも難度は高い。また，他大学に比べてアフリカやオセアニアからの出題頻度が高いので，周辺地域まで含めた学習を心がけたい。

② 時代別

いくつかの時代にまたがる通史的な出題が多い。また，多くの大問で「現代」の視点が求められており，近現代重視の傾向がみられる。現代史に関しては第二次世界大戦後からの出題も多く，現代史の学習を抜きにしては高得点は望めない。戦後史については，2020 年度〔2〕，2021 年度〔2〕，2022 年度〔3〕，2023 年度〔3〕，2024 年度〔1〕のように 2000 年代の時事問題を含む出題があり，学習が手薄になりがちなので十分な対策が必要であろう。

③ 分野別

近年，「統治制度」をテーマとした政治史や「国際関係」をテーマとした外交史などの出題が目を引くが，以前から文化史の比重も大きく，難度も高いので注意を要する。特に，過去に出題された近代以降の文化・思想や法学史・社会思想史・科学史・史学史などは内容の掘り下げも深いので，学習上のすきまをつくらないように注意しておきたい。また，日頃から時事問題への興味と関心を高めておくことも必要である。

03 難易度と時間配分

出題される時代・地域・分野に工夫が凝らされ，毎年のように一部の教科書の欄外や注にしか記載がない事項や高校の学習レベルを超える難問も出題される。ただ単に教科書の知識を記憶しているだけでは対応できず，その知識を深く掘り下げて理解し，関連事項にまで学習を発展させていなければ答えられないような問題が多い。また，正確な年代の把握を重視した選択肢が多いため，正誤判定で迷いやすい。2020 年度は，現代史や地域史に難問がみられ，2021 年度は，現代史の難問が減少したが，全体の難度は高いままであった。2022 年度は，年代の知識を問う出題が多くみられ，配列問題や地図を使った問題も出題された。2023 年度は，現代史の比重が大きく，複数の資料を使った出題や複雑な組合せ問題もみられた。2024 年度は，現代史重視の傾向は変わらず，年代の知識を必要とする問題や配列問題が多く出題され，正解を導くのに時間を要した。

正文・誤文選択問題は判断すべき情報量が多く，史料問題や配列問題とともに時間をとられやすい。消去法を使ったり，解きやすい問題を優先したりと，効率のよい時間配分を工夫したい。

対策

01 教科書・用語集・辞典の活用

教科書の精読が基本となるが，教科書は各社から何種類も出版されており，自分の使用している教科書で言及されていない歴史事項も数多くみられるだろう。また実際に『世界史用語集』（山川出版社）の頻度数①（掲載している教科書が１冊のみ）の用語もかなり出題されており，あえてそうした用語を問うような傾向もみられる。こうしたやや細かい事項を確実に確認・理解するためにも，上述の『世界史用語集』や『山川 世界史小辞典』（山川出版社）などは必ず利用したい。

02 テーマ別学習を

さまざまなテーマによる文化史や各国史・地域史などは，『体系世界史』（教学社）などの問題集を利用して十分に研究しておきたい。文化史は事項を丸暗記するのではなく，用語集などでその内容まで理解しておくこと。『各国別世界史ノート』（山川出版社）などのサブノートを利用すれば，各国史・地域史はかなりの部分をカバーできるだろう。

03 現代史の重点学習を

得点差の開きやすい戦後史まで含めた現代史の学習には，特に重点的に取り組んでおきたい。その際，上述の『各国別世界史ノート』は現代史が充実しており，利用しやすいと言える。特に，第二次世界大戦後の国際政治は，国際紛争や世界経済，環境問題など時事的な要素を含んだものまで出題されているので，平素から時事問題に関心をもち，ニュースや「政治・経済」「地理」などの関連科目の授業からも積極的に知識を吸収していく意欲をもつこと。

04 文化史に注意

文化史では，芸術や文学史とともに，宗教や哲学，歴史学，法学，政治思想などの思想史が重視されている。人名や作品名の単純な暗記では歯が立たないような，内容の掘り下げの深さも特徴である。哲学や思想については，01で述べたように，用語集などを利用して内容まで理解するように努めたい。入試問題とは別次元の，受験生の教養を問うような問題も年度によってはみられるので，芸術家や文学者などについて幅広い教養を身につけておくと有利であろう。

05 年代問題への対応

近年，配列法や語句選択形式で年代の知識を要求する問題が散見される。中には5～6個の事項の配列順を問う問題もあり，2024年度は8個の史料の配列順が問われた。解答に時間がかかり，当然難度も高い。もちろんすべての年号を暗記することは不可能であるが，重要な年代はできる限り暗記し，過去問を通じて配列法の問題を十分に研究して備えとしたい。

06 過去問の研究を

過去に繰り返し出題されているテーマや内容を自分自身で確認し，出題形式や難問のパターンを理解するためにも，ぜひとも早い時期に，本書を利用して過去の問題に取り組んでおこう。既出問題が形を変えて出題されることがあるので，選択肢の語群中に不明な用語があったり，疑問点や自信のない事項があれば，必ず納得のいくまで調べておくこと。そのような学習が，知識の幅と理解の深さにつながる。

論 述 力

2025年度は「論述力」に代えて「小論文」が課される予定である（本書編集時点）。

年度	内 容
2024	**革命の正当性と民主主義における多数派の暴力** 意見論述（500字2問）
2023	**現代政治における新たな情報技術の可能性** 要約・意見論述（1000字：うち要約が400字）
2022	**道徳問題としての戦争と平和** 要約・意見論述（1000字；うち要約が400字）
2021	**個人と社会の緊張と対立** 要約・意見論述（1000字；うち要約が400字）
2020	**アジアとその近代化** 要約・意見論述（1000字；うち要約が400字）

傾向 法学部系統の基礎知識と現代社会に関する問題意識を問う

01 基本情報

試験時間：2024年度までは90分であったが，2025年度の「小論文」は60分となる予定である。
大問構成：大問1題。
解答形式：1000字の論述。

02 出題内容

2024年度までは，3000～5000字程度の課題文を読んでの論述であり，論述量は1000字であった。課題文の筆者の見解を要約し，自身の見解を展開する形式が中心である。

法学部系統の専門領域に関わる基礎知識や現代社会に関する問題意識を問う内容が多い。2024年度は革命の正当性と民主主義における多数派の暴力の可能性について，架空の議論に参加した自分自身の発言を想定して創作させるものであり，要約がなくなるなど形式上は大きな変更があったが，課題文の理解を踏まえて意見論述を行うという点では例年と同様であった。

03 難易度と時間配分

例年，課題文のレベルが高く，分量も多い。また，課題文の読解力やテーマの理解力に加え，構成力や表現力，発想力など高度なものが求められており，難度は高いと言える。課題文の内容を箇条書き的に羅列することは避けたい。

時間配分については，課題文の読み取りと，要約と意見論述の構成に時間をかけたい。書くべき内容が決まれば文章化すること自体にはさほど時間はかからないだろう。

対策

01 理解力・分析力

課題文は，例年，論理的な文章が出題されている。したがって，論理的な展開を把握する力をつけておく必要がある。硬質で読みづらい課題文が出題されることも多く，日頃から読み慣れていないと，解読は困難である。大切なのは，課題文の論理構造・論理展開を正確に把握することと，課題文の論点を自分の知識や問題意識と関連させて理解することである。まず，筆者の主張はどのような根拠に基づいているか，どのような論理展開になっているかなど，筆者の考え方をきちんと理解・把握しなければならない。

次に，把握した展開に飛躍はないかをチェックする。筆者の論理展開に疑いを抱いたり，飛躍が認められたりした場合には，その部分を検討することになる。展開に疑問や飛躍がないと判断したら，筆者の述べている内容を自分の問題としてとらえ直さなければならない。これは02の思考力とも関係することだが，自分の問題としてとらえる中で論点をみつけ，自分の考えを展開するのである。

02 思考力

課題文の内容をどれだけ自分の問題として考えることができるか，どれだけ自分にしか書けない個性的なものが書けるか，ということである。課題文に取り上げられている問題を，自分の問題としてとらえ直すには，柔軟な思考が根ざすための器がなければならない。つまり，自分の内側にどれだけ多くの知識や見識を身につけているかということが重要になる。法学部系統の学問の入門書や社会科学系の新書，古典的な著作などを読んで，知識と論点を確認しておきたい。特に，政治思想と法哲学の入門書を１冊は読んでおこう。単に多くの本を読むというのではなく，読んだ内容を現実の社会と関連づけて考えることが大切である。また，法学部では現代社会の問題や国際関係に関する問題が出題されているので，現代社会と法との関係についてコンパクトにまとめられた参考図書にも目を通しておくとよいだろう。

法学の基本的な考え方を知る上で有益な図書として，

①『法と社会－新しい法学入門』碧海純一（中公新書）

②『AI の時代と法』小塚荘一郎（岩波新書）

③『法哲学入門』長尾龍一（講談社学術文庫）

を挙げておく。また，民主主義にかかわる問題について現代的な問題意識の下に対話形式あるいは対談形式で書かれた図書として，次の２冊も有用である。

④『デモクラシーの論じ方－論争の政治』杉田敦（ちくま新書）

⑤『実験の民主主義－トクヴィルの思想からデジタル，ファンダムへ』宇野重規，聞き手：若林恵（中公新書）

03 表現力

言いたいことが読み手にわかるように明快に表現すること，これが表現力の本質である。接続詞の使い方，文末表現などの細かい点も含めて，論理的に一貫性のある文章を書くよう心がけたい。法学・政治学の基礎知識とともに，ある程度の語彙力がないと内容の濃い答案は書けない。普段から論説文や新聞の社会・文化・国際関係の記事などを読んで，知識を身につけるとともに，表現力の充実を目指したい。

04 総合力の養成

小論文試験は 01 ～ 03 に示した能力を問うものであるが，それらをうまく総合できるように実戦的な演習もしておきたい。設問にさまざまな条件が付されることがあり，論述の際にはその条件を満たすことが何よりも大切となる。総合力の養成のためには，新書の1章を読んだら，その内容を400字程度でまとめて，自分の考えを600字程度で書くというような訓練が役に立つだろう。複数の新書から同一テーマに対して相反する意見を抽出し，それらに対する自分の意見を論述することができれば，なおよい。また，国立大学を中心に他大学の法学部で出題されている小論文の問題をチェックして，そのテーマについて自身の見解を500～600字程度で書いてみることも有益である。その上で，自分に不足している知識を補い，サブノートを作成する。総合力は一朝一夕には身につかない。こうした日々の積み重ねが大切である。

2024年度

解答編

一般選抜

解答編

英語

I　解答

[A] (1)―7　(2)―8　(3)―2　(4)―4　(5)―9

[B] (6)―0　(7)―3　(8)―3　(9)―1　(10)―1

解説

[A] (1)〜(5)にはそれぞれ空所を挟んで2つの単語が書かれており，右の枠内の0〜9の単語のいずれかを入れ，他の2語とそれぞれ組み合わせることで別の2つの単語を作る問題。解答は(1)〜(5)のそれぞれの空所に入れる語を，枠内の0〜9の番号で答える。問題文に具体例があり，設問の意味はわかるだろう。できあがる単語が頭に浮かびやすい組み合わせが多いので，それらを解答したのちに枠内に残った数語を残る空所に順に当てはめてみることを繰り返せば全問正解も難しくないだろう。

(1)　7の ship であれば，hardship「困難」と，shipwreck「難破，〜を難破させる」という2語ができるので，これが正解。

(2)　8の side であれば，hillside「丘の中腹」と sidewalk「歩道」という2語ができるので，これが正解。

(3)　2の break であれば，outbreak「発生，勃発」と breakfast「朝食」という2語ができるので，これが正解。

(4)　4の hand であれば，shorthand「速記」と handwriting「手書き」という2語ができるので，これが正解。

(5)　9の some であれば，wholesome「健全な，健康によい」と somewhat「幾分」という2語ができるので，これが正解。

[B]　英文の空所に，それぞれ0〜3の語から適切なものを入れる問題。

(6)「彼女はそのことを隠そうと精一杯頑張ったが，彼がしゃべっている間，彼をじっと見つめる様子で，心の内はばればれだった」

give *A* away は「*A*（人）の内心をばらす〔の正体を現す〕」などの意味を持つイディオムであり，0 の away が正解。

(7)「私の母は，お皿を洗いながら，ラジオでかかっているどの曲にでも合わせていつも口笛を吹いていたものだ」

whistle along to ～ は「～に合わせて口笛を吹く」という意味の表現であり，3 の to が正解。

(8)「私は韓国語を流ちょうにしゃべれたとは言えないが，韓国で暮らしていた短期間で，韓国語を少なくとも少しはなんとか身につけることができた」

空所の前の pick と空所の少し後にある a little of the language に注目すると，pick up ～ で「～(言語）を身につける，～を習得する」という意味になることから，3 の up が正解。I wouldn't say ～ は「～とは言えない」という謙遜の意味を込めた表現。I did manage の did は後の動詞の意味を強調する用法。

(9)「ちょうど君のお父さんとの電話を切ったばかりなんだ。遅れそうだって言ってたよ」

get off the phone with ～ は「～との電話を終える，～との電話を切る」という意味の表現であり，1 の off が正解。get on the phone to ～「～に電話をかける」という表現も合わせておさえておきたい。run late「遅れる」という表現が現在進行形で用いられているが，ここでは現在進行形が〈未来の予定〉を表す用法となっている。

(10)「彼は気配りのできる夫で，いつも妻の話を熱心に聞いていたものだ」

hang on *one's* every word は「～(人）の話を熱心に聞く〔の話に一心に耳を傾ける〕」という意味の表現であり，1 の on が正解。attentive「気配りができる，注意深く聞いている」

Ⅱ　解答

(11)―7　(12)―9　(13)―6　(14)―8　(15)―1　(16)―4
(17)―3　(18)―0　(19)―5　(20)―2

全訳

《私の友人である探偵シャーロック》

私の良き友人，シャーロックについて，どのように説明を始めればいいだろう？　彼の外見に関していうと，額が丸く張り出してはいるものの，顔はもっぱらカギ鼻と鋭い目つきのせいで，ワシのような風貌をしていた。細身でありながら運動能力の高さを示す体つきは，その才能が単に頭脳面にとどまらない人物であるばかりか，習慣的に頭だけでなく身体も動かしている人物であることも示していた。いつもは，彼はお気に入りの肘掛け椅子に座り，哲学者然としてパイプをくゆらせながら，時折，さりげなく手を振って，お椀型のパイプの先から立ち昇る煙を顔からふわりと払いのけていたものだ。毎日昼下がりには，彼の書斎にひどく嫌な臭いの濃い霧が立ちこめていたし，足元には煙草の灰が積もっていたが，彼はそこでトルコ風のスリッパを履いていた。機嫌のいい時は，ほんのちょっとおだてるだけで，彼はバイオリンのケースの埃を払い，弓の弦をしっかり張ってから，息を吞むような演奏でブラームスを奏でて，私を楽しませてくれた。彼の性格はというと，もともと一人ですごす傾向があったし，さらにいうと，自分の周りの人たちが熱く，長々とおしゃべりをしている間は，ずっと黙っているのが常だった。しかし，彼が黙っているのは自信がないせいだなどと思うなら，とんでもない間違いだ。というのも，彼は自分の周囲で行われている会話の中で，何かの捜査の話題が出るといつも，自分だけの物思いから脱して，突然，積極的に議論に加わり，かなり熱くなっていたからである。実際，そのような場合，彼は複雑な事件の解決に関する自らの取り組みや手法について，気の向くまま，かなり長々と熱弁をふるった。このあと続けて，ロンドンの犯罪者の傾向に関する自分の詳しい知識を披露することも多く，聞き手を大いに楽しませてくれた。

解説

下線のある⑾～⒇の語の，辞書に記載されている定義として適切なものを０～９から選択する問題。下線部の数と選択肢の数は同じなので，わかるものから選んでいく。難度の高い語がほとんどだが，文脈から判断できるものも多い。接頭語・接尾辞の意味や語根が共通する語の意味から類推したり，単語の語形や文中における位置から品詞を特定したりして，選択肢から候補を絞り込み，あてはめて確認していく方法が有効。

０.「入念に長時間よく考えたことに関して瞑想にふけったり，思い巡らせたりすること」

１.「誰かを優しく説得したり促したりして，特にその人の抵抗感を克服させるためにお世辞を使って，何かをさせること」

2．「何かをしやすい傾向や気質；いつも決まってあるものを選んだり，何かをしたりする傾向」

3．「情報を探し求めたり，発見したりすること；不可思議な出来事や犯罪を調査する行為」

4．「内気で自分の能力に自信が持てないという資質」

5．「あるテーマに関して，長々と語ったり，広範囲にわたって論評したりすること」

6．「空気の流れを作りだすことで，何かを押し流したり，運び去ったりすること」

7．「ワシの，ワシに関係する，ワシに似た」

8．「ひどく嫌な臭いのする；極めて不快でひどい臭いのする」

9．「頭脳や知性の，あるいは頭脳や知性に関わる」

⑾　aquiline は「ワシのような」という意味の形容詞で，7が正解。この部分はシャーロックの顔つきを説明している部分であり，aquiline quality の主な要因として，このあとで hooked nose「カギ鼻」や piercing eyes「鋭い眼」が挙げられていることからも判断できるだろう。

⑿　cerebral は「（大）脳の，知的な」という意味の形容詞で，9が正解。前に the がついていることから，ここでは「頭脳，知性」を意味している。下線部を含む文では冒頭でシャーロックの運動能力が高そうな身体つきに言及したあと，彼の才能が単に the cerebral に限定されたものではなかったと述べていることから，cerebral が身体能力とは別の能力を意味すると気づくことができれば，正解に至りやすくなるだろう。

⒀　wafting は waft「～を漂わせる，～をふわりと運ぶ」という意味の他動詞が，〈付帯状況〉を表すために現在分詞形で使われている。6が正解。waft の目的語は前置詞句を2つ挟んだあとの the smoke で，occasionally wafting 以下全体としてはパイプの煙を顔から手でそっと払いのけている動作を説明している。選択肢6の中の by producing a current of air もヒントになるだろう。

⒁　fetid は「悪臭のする，臭い」という意味の形容詞で，8が正解。シャーロックがかなりのヘビースモーカーであることは下線部直後の内容からも明らかで，パイプで吸う煙草の煙が書斎に充満して霧のようになって

いるのを，a dense and fetid fogと説明していると推測できることから，fetidがいい意味ではない形容詞だと判断はつくだろう。

⒂ cajolingはcajole「～をおだてる，～を丸め込む」という意味の動詞が動名詞形で用いられており，1が正解。下線部を含む文の中で，When in good humor「機嫌のいい時に」と述べられていることや，バイオリンのケースに埃が積もっていることが書かれていることからも，シャーロックは普段はあまり演奏を披露する人ではないことが推測されるため，そのシャーロックに演奏してもらうには「ちょっとした」何が必要かを考えると正解に至りやすいだろう。

⒃ diffidenceは「内気，自信のなさ，気後れ」などの意味を持つ名詞で，4が正解。attribute *A* to *B*は「*A*を*B*のせいにする」という意味のイディオム。下線部を含む文でシャーロックが黙っていることをdiffidenceのせいにするのは間違いだと述べたあとで，直後の文（For, whenever the …）で捜査の話題が出た際には彼は積極的に議論に参加するといった内容が書かれていることから判断できるだろう。

⒄ sleuthingはsleuth「探偵」という意味の名詞から派生した語で「調査，捜査，探偵活動」という意味の名詞であり，3が正解。これが話題になると，それまで黙っていたシャーロックが突然，会話に割り込んでくるという状況であることが下線部を含む文から読み取れるため，シャーロックの関心の中心は何かを考えると，正解に至りやすいだろう。

⒅ musingsはmusing「物思い，沈思，黙想」という名詞の複数形であり，0が正解。それまで沈黙していたシャーロックが議論に積極的に参加しはじめる，という場面なので，shake *oneself* free from ～「～から自分を解放する，～を脱する」の意味をふまえたうえで，シャーロックが何から脱した状況といえるか考えると，fromの後に続く語として適切なものを選ぶことができるだろう。

⒆ descantingはdiscant「長々と語る，詳しく述べる」という動詞の動名詞形で，5が正解。discantはここではindulge *oneself* in ～「～にふける，～に興じる」という表現の中で用いられている。直前の文（For, whenever the …）から，捜査に関する話題になるとシャーロックが会話に加わり，かなり興奮した様子になることが読み取れる点をふまえたうえで，複雑な事件の解決に関する取り組みや手法について彼がどういう行為

をする可能性が高いかを考えれば，正解に至りやすいだろう。

⒇　proclivities は，proclivity「（よくない）傾向」の複数形で，2が正解。名探偵であるシャーロックが，ロンドンの犯罪者たちの何に関する詳細な知識を持っているかを考えると，正解に至りやすいだろう。

語句・構文

in terms of～「～に関しては」 physical appearance「外見」 domed「ドーム状に張り出した」 forehead「額」 be possessed of～「～(性質など）を持っている」 in large part「大部分は，もっぱら」 owing to～「～のために，～が原因で」 point to～「～を指し示す」 be confined to～「～に限られている」 be accustomed to *doing*「～するのを習慣にしている，～するのに慣れている」 gymnastics「運動」 typically「いつもは」 would は本文中では〈過去における習慣や習性〉を表す。philosophically「哲学者風に」 occasionally「時折」 casual「さりげない」 bowl-shaped「お椀形の」 study「書斎」 in good humor「上機嫌で」 breath-taking「息を呑むような」 performance「演奏」 as for～「～に関しては」 by nature「もともと，生まれつき」 incline towards～「～の傾向がある」 at length「長々と」 insert *oneself* into～「～に加わる」 case「事件」 much to *one's* delight「～(人）にとって大いに喜ばしいことに」 detailed「詳細な」

Ⅲ 解答

[A] ㉑－5　㉒－2　㉓－4　㉔－3　㉕－1
[B] ㉖－3　㉗－4　㉘－5　㉙－2　㉚－1

全訳

《ChatGPT をめぐる学生の会話》

［2人の学生が人工知能を使った自動会話プログラムの ChatGPT について語り合っている。］

ミウ（以下M）：あなたは ChatGPT のことをどう思う？

レン（以下R）：本当にすごいよ！　君はもう使ったことある？

M：いいえ，でも話にはいろいろ聞いてるわ。

R：すばらしいものだと思う。世界を変えることになるよ！

M：確かにそうね！　でも，いい方向にかな，悪い方向にかな？

R：そりゃまあ，いい方向にだよね，多分。

M：本当に？　じゃ，あなたはまったく心配してないってこと？

R：ああ，全然。どうしてさ？　それの何が心配なの？

M：そうねえ，まず第一に，私たちみたいな人たちからすれば，筆記課題となると，ずるをしたいっていう誘惑があるのよね。

R：つまり，君は，僕たちのような学生がChatGPTに課題を代筆させるだけで済ませるようになるのを心配してるってこと？

M：その通り！　もし私が進度で遅れをとっていて，レポートの締め切りが刻一刻と近づいているとなると，自分がまさにそれをやりたくなってるのが目に見えるようだし，それって，ずるをしてることになるわ！

R：それは君の見方次第だよね。僕たちはみんな，もうどのみちレポート用の調べものにはインターネットを利用してるよね？　僕はChatGPTって，その延長線上にあるものだと思ってるだけさ。

M：あら，私は違うわ！　もしあなたが友達に自分のレポートを代筆してもらったら，それってずるをしてることになるわよね？

R：ああ，もちろんさ。

M：じゃあ，友達に自分のレポートを代筆してもらうのと，ChatGPTにそれをやらせるのとで何が違うというの？

R：僕はそれについて，あまりそんなふうに考えたことはなかったな。でも，もしChatGPTをみんなが利用できるなら，それの何が悪いの？別に，誰かが他の誰かに対して不当に有利になるってわけじゃないし。

M：まあ，私はそういう見方はしてないけど，それはともかくとしても，他にも心配なことはあるの。ChatGPTはプライバシーや個人情報への懸念や，特に芸術や音楽となると，それが創作する内容の所有者は誰かっていう懸念も引き起こすわ。

R：確かにそうだけど，新たな技術はすべて，新たな難問を生みだすよね。僕は，政治家や政府の役人たちなら，すぐにそういう問題に対処する方法を考えつくと確信してる。だって，今までは，かなり効果をあげてきてるよ。

M：私は同意しかねるわ。それに私の言い分が正しいってことを証明するために，例を挙げるわね。政府は実際，これまでソーシャルメディアに伴う害に対処するのにとても手間取ってるのよ。それに，法律にしても，インターネット上で起きていることに対処する際は，いつも二歩は遅れてるように思えるの。

解説

空所(21)～(25)については［A］の選択肢から，空所(26)～(30)については［B］の選択肢から，最も適した語句を1つずつ選ぶ問題。

［A］ (21)　レンは，ミウに ChatGPT が世界をいい方向に変えるか，悪い方向に変えるかを尋ねられて，「いい方向に」と答えてから，この語句を追加で述べている。5の I should say は発言の最初か最後に用いて自分の意見を述べる際に言い添える表現で，「まあ～だろう」という意味になり，これが正解。

(22)　ミウは第5発言（Well, for starters, …）で，自分たちのような人たちは筆記課題となるとずるをしたいという誘惑にかられるという内容の発言をしており，それを受けてレンは第5発言（You mean you're …）で，自分たちのような学生たちが ChatGPT に課題を代筆させるようになるという意味かと聞き返している。ミウはそのあとの第6発言の冒頭で Precisely!「その通り！」と答えていることから，続く空所を含む文では自分がレポートの締め切りに迫られていると仮定したうえで，自分ならそうしたくなる（=ChatGPT に課題を代筆させたくなる）だろうという主旨の発言をしたものと判断できる。空所のあとの being tempted という語形に注目すると，知覚動詞の see であれば，see *A doing* の形で「*A* が～しているのを目にする」という意味になることから，2の I could see myself「私は自分が（～するところを）目にすることができるだろう」が正解。be tempted to *do* は「～したくなる」という意味。

(23)　an extension of that の that は（to use）the Internet（to do research for our essays）を指しており，extension は「拡大，延長」という意味で，直訳すると「それの延長，それの拡大」だが，ここでは「その延長線上にあるもの，その拡大版」というような意味。空所直前の2つの文の内容（That depends on … don't we?）からレンが ChatGPT をインターネット（で調べものをすること）と似たものと捉えていると推測できることや，空所の直後に as があることに注目すると，see *A* as *B*「*A* を *B* と見なす」というイディオムの一部となる4の I just see ChatGPT であれば，「僕は ChatGPT をその延長線上にあるものだと見なしているだけだ」という意味になるため，これが正解。

(24) この小問では空所(27)を含むミウの発言を参考にする必要があるので，先に(27)を解答してからこの問題を考えるとよい。ミウが空所(27)を含む発言（Then, …）で，友人にレポートを代筆してもらうのと，ChatGPT に代筆させるのはどう違うのか，とレンに問うており，ミウがどちらもずるい行為だと考えているのは，第 7 発言（Well, I don't！…）からも明らか。一方，レンは空所(24)のあとの 2 つの文（But if ChatGPT … anyone else.）で，ChatGPT はみんなが利用できるのだから，誰が不当に得をするというわけでもないという主旨の発言をしていることから，3 の I hadn't really thought about it like that「あまりそれをそういうふうに考えたことはなかった」であれば，そもそもその 2 つの行為は別であり，比較対象とすることは考えたことがなかったという意味の発言だと考えられるので，これが正解。

(25) ミウはこのあと，直前のレンの意見とは逆の内容の自論を展開している。1 の I beg to differ は，相手に失礼にならないように異論を唱えるときに用いて，「私は同意できない〔同意しかねる〕」という意味になることから，これが正解。

[B] (26) ミウはレンに ChatGPT を使ったことがあるかを尋ねられて，空所の直前で No と答えてはいるが，このあとに出てくる一連の発言（ミウの第 5 発言～最後の発言）では，ChatGPT に関する懸念を述べていることから，ChatGPT に関する知識はあったはずなので，3 の but I've heard a lot about it「でも，それについてはいろいろ聞いたことはある」が正解。

(27) ミウはこのあと，between *A* and *B*「*A* と *B* の間に(は)」の形で，友人にレポートを代筆してもらうという行為と，ChatGPT に代筆させるという行為の 2 つを挙げている。ミウは第 6 発言第 2 文（If I were …）で，ChatGPT に自分の課題を書かせるのはずるをしていることになると述べていることから，この 2 つの行為を似たようなものだと考えていることがわかる。4 の what's the difference であれば，「何が違うの？」という意味で，反語的に「たいした違いはないでしょ？」という意味になることから，これが正解。

(28) in it の it は直前のミウの発言（Then, …）の中の getting ChatGPT

to do so という行為を指すと考えられる。レンは空所を含む文とその直後の文（It's not like …）で，ChatGPT は誰でも利用できるという点と，ChatGPT だと誰かが誰かに対して不当に有利になるわけではないという点を述べていることから，その使用には肯定的であることがわかる。5の what's the harm (in it?)「(それの) 何が悪いの？」であれば，「何の害もないから，別にいいじゃないか」というニュアンスになることから，これが正解。

(29) ミウは空所のあとで，ChatGPT に代筆させることの是非という話題から，ChatGPT の使用にまつわる別の懸念へと話題を変えている。2の but even leaving that aside であれば「それはともかくとしても」という意味になり，会話の流れとして適切であることから，これが正解。leave *A* aside は「*A* は脇に置く，*A* のことはしばらく置いておく」という意味の表現。

(30) レンは空所の直後の文（I'm certain that …）で，政治家や政府の役人がそういう問題に対処する方法を考えだすと発言していることから，such matters「そういう問題」について言及している，1の but all new technologies create new challenges「でも，新たな技術はすべて，新たな難問を生みだす」が正解。True, but ～ は「なるほど～だが」という〈譲歩〉の表現であり，話者の主張が後に続くことが多い。challenge はここでは「難問，課題」という意味。

語句・構文

以下，ミウの1つ目の発言に関する項目は（**M1**），レンの1つ目の発言に関する項目は（**R1**）と示す。

（**M1**）What do you make of ～?「～のことはどう思う？」

（**M3**）That's for sure!「確かにそうだ，それは間違いない」 本来，for the better と for the worse は change とともに用いて change *A* for the better「*A* をいい方向に変える〔好転させる〕」／change *A* for the worse「*A* を悪い方向に変える〔悪化させる〕」というように用いるが，ここでは直前のレンの発言に It's going to change the world! とあるのを受けて，重複する内容が省略されている。

（**R4**）concern「懸念材料，心配事」

（**M5**）guys「みんな，やつら」 guy は通常，男性を指すが，複数形では女性が混じっていても使用できる。When it comes to ～「～となると」 assignment「課題」

(R5) get *A* to *do*「*A* に～させる，*A* に～してもらう」

(M6) cheat「不正をする，ずるいことをする」

(R6) That depends on how you look at it.「それは君の見方次第だ」

(R8) It's not like S V「別にSがVするというわけじゃない」 have an unfair advantage over ～「～に対して不当に有利である」

(M9) misgiving(s)「懸念，心配」

(R9) come up with ～「～を思いつく，～を考えだす」 after all「だって，ともかく」 up to now「今までのところ，現時点では」

(M10) prove *one's* point「自分の言い分を証明する，自分が正しいとはっきりさせる」

Ⅳ 解答

(31)― 6　(32)― 4　(33)― 7　(34)― 5　(35)― 2　(36)― 1
(37)― 3　(38)― 0

全訳

《著名ジャーナリストへのインタビュー》

インタビュアー：カレン=ダビラ（以下K）
インタビュー対象者：マリア=レッサ（以下M）

K：では，あなたはどういう経緯で国際的に評価の高い調査ジャーナリストになり，ノーベル賞を受賞されるに至ったのでしょうか？

M：私は意味のある人生を送ることを考えます。私たちはそれぞれ，意味を捜し求めながら人生を構築しようとする。ソーシャルメディアの時代にはなおさら，意味を見つけるのはとても難しい。でも，意味とは，誰かがみなさんに与えてくれるものではなく，ご自身の人生における意味を構築しているのは，自分が行うちょっとした選択の一つ一つなのです。みなさんにとって，賞を獲得することを目標に始めるということはなかなかできないと思います。そんなことではなくて，みなさんがやろうとしているのは，意味のある人生を構築することであり，しかるのちに，こういうことが起きるのだと思うのです。ジャーナリズムは私に使命感と目的意識を与えてくれました。私の人生に意味を与えてくれたのです。みなさんも自分にできると思う最高の人生を送る，そして自分以外のところに目標を設定することで，それをする。影響力に目を向け，利益に目を向けないことです。

K：非常に力強い，ノーベル賞の受賞スピーチでは，科学技術がもたらした弊害に焦点を当てておられました。スピーチ原稿を書かれた際のことに関してもっと教えて下さい。

M：私はそれを勝利の瞬間だとは思っていません。人がこれが祝うべき機会だと思っても，それは同時に事態がひどく悪化しかねないという警告でもあるのです。前回ジャーナリストがこの賞を授与されたのは，ほぼ80年前の1936年のことで，ヒトラー政権下のドイツにおいてでした。それがカール=フォン=オシエツキーで，彼は自身の報道ゆえに，ナチスの収容所に送られました。だから，それを私の講演の冒頭の発言にしたのです。実のところ，私はそれを書き上げるのにとても苦労しました。なぜなら，フィリピンにとって，ジャーナリストにとって，そして率直に言うと世界にとって，何が危機に瀕しているのか，私にはわかっていたからです。私は5年にわたり，民主主義の破壊においてソーシャルメディア・プラットフォームが果たしてきた役割について語ってきましたから。

K：あなたは明らかに勇敢です。フィリピン当局は，2年という期間に，あなたに10件の逮捕状を発行しましたし，ご自身のお仕事ゆえに，何度も刑事告訴されてきました。個人的に，怖くなることはありませんか？

M：いつもですよ。法の支配は脆弱で，私たちが，こういう攻撃を繰り返し受けていると…私たちが政治的理由で訴訟の申し立てがなされるのを許すと，みなさんが法の支配のシステム全体を弱体化させることになる。それでも，私たちは法廷で闘うつもりです。そして，私は判事，裁判官たちに，法の支配に立ち戻るよう訴えます…。法律が武器になるなんて私が考えたことなどあったでしょうか？　いいえ。でも，みなさんならどうしますか？　それを受け入れますか？　いいえ。私は自分の権利が侵害されたとわかっています。そして，侵害されたからこそ，私は，確信を持って声を大にして発言できるのです。

K：ご自身の生い立ちはあなたにどう影響したのでしょうか？

M：父は私が1歳の時に亡くなり，その後，母はアメリカに移住しました。

フィリピンからアメリカの真冬の時期に公立学校のこの教室に転校するのはショックでした。だから，私の最大の学びは，世界の見方は一つだけじゃないということだったと思います。それに，多分それが私があらゆることに疑問を抱く理由の一端でしょう。それから，私たちを育ててくれた継父はイタリア系アメリカ人です。だから，私たちの家庭生活そのものがこういう異なる文化が混じり合ったものでした。これはジャーナリストにとっては大きな学びです。つまり，何事にも解釈の仕方は複数あるということ，結論を急ぐのではなく，根本的な原因を理解したいと思うということですね。

K：もしジャーナリストになっていなければ，何になっているでしょう？

M：わかりません！　私が演劇や音楽の仕事を選ばなかった理由は，それだと一つのことにあまりにも特化してるからでした。例えば，私が音楽のコンクールに向けてピアノやバイオリンの練習をしていた時など，一日に6時間は練習したものですから。そんなにも打ち込みすぎると，自分の他の部分を奪ってしまいます。それは他の人たちに認めてもらうために自分を作り上げているということにもなります。私は絶対にそんな人生は送りたくなかった…。今，自分がやっていることの本質は，世界に影響を与えることです。世界をよりよくすることなのです。あなたがこの世界に生まれた時よりも，世界をよりよい状態にしておくということなのです。

K：ジャーナリストとして後悔していることはありますか？

M：いいえ，全然！　なぜなら，私たちジャーナリストも間違いを犯しますが，透明性を保つことで，完全ではないことの埋め合わせをしていますからね。私たちが間違いを犯したら，人々にあるがままを伝えます。それが私の権力に対する見方です。権力を持っている人は，自分自身にガードレールをつける必要があります。なぜなら，一番大きな権力を持つ人たちは，最も厳しい自覚を持っていなければならない人たちだからです。その権力を自身の利益のために使ってはなりません。

K：他にどんなことをやりたいですか？

M：最終的には，活力ある民主主義，機能している制度，抑制と均衡，腐敗が耐えられるレベルまで減っているのを目にしたいですね。正しいことを行うことで，フィリピンの人々がよりよい世界を構築し続けるための十分な動機づけをする必要があります。やらなければいけないことはほんとにたくさんありますよ，カレン！　私は次世代のことをとても心配しています。彼らはソーシャルメディアで育ち，ソーシャルメディアとソーシャルメディアが強化するものの影響を受けている世代ですから。それは人間の本性としては最悪の形です。怒り，憎しみ，そして悪意に対して見返りを与えるわけですから。

K：で，あなたはそれでもまだ楽観的だと？

M：私たちはそうあらねばなりません。さもないと，何も残りません。それが私たちが「ラップラー」という形でその立場をとった理由の一つなのです。なぜなら，私たちが歴史的に見て正しい側にいることも私はわかっているからです。では，みなさんなら真実のために何を犠牲にしますか？　ここが大事なところです。今こそ，善良な人たちがともに集い，前へ歩を進めるべき時なのです。もし耳を傾けてくださっているのなら，今がその時なのです！

解説

インタビュアーのカレン=ダビラの質問に対し，受ける側のマリア=レッサの応答を選ぶ問題。

(31)　マリア=レッサが国際的に評価の高い調査ジャーナリストになり，ノーベル平和賞を受賞するに至った経緯についての質問である。自分は意味のある人生について考えたと述べ，賞の獲得を目指すよりも自らの手で意味のある人生を構築することを心掛けるよう勧めて，ジャーナリズムが自分に使命感や目的意識を与えてくれたと答えている6が正解。

(32)　ノーベル賞を受賞した際のスピーチで，科学技術がもたらした弊害についてマリア=レッサが語ったということにインタビュアーが触れ，その原稿を書いたときのことについてさらに詳細な説明を求めている場面。スピーチの冒頭で，ジャーナリストの報道がわが身に危険が及ぶ可能性も秘めていることを，ナチス時代のあるジャーナリストの例を挙げて述べたという経緯について語っている4が正解。

(33)　マリア=レッサ自身が，これまで何度も逮捕状を出されたり，刑事告訴されたりしていることに関して，怖くないかとインタビュアーから尋ねられている場面なので，Always.「いつも（怖い）」という答えで始めて，法廷での闘争についても語っている7が正解。

(34) 自らの生い立ちが与えた影響についてマリア=レッサが問われている場面。父親の死後アメリカに渡った母親のことや，自分も後に公立学校に通うような年齢の時にアメリカに渡って母の再婚相手であるイタリア系アメリカ人に育てられたことで，さまざまな文化を体験し，何事にもいろいろな解釈の仕方があると学んだと，生い立ちが自分に与えた影響について語っている5が正解。

(35) ジャーナリストになっていなければ何になっているかと問われているので，最初にそれはわからないと答えつつも，他の職業を選ばなかった理由とジャーナリストの仕事の本質（≒選んだ理由）について言及している2が正解。

(36) ジャーナリストとして後悔していることはないかと問われているので，最初にNo, no! と強く否定し，ジャーナリストも間違いを犯すが，透明性を保つことでそれを補っていると答えている1が正解。

(37) 他に何がやりたいかと問われているので，活力ある民主主義などの最終的に目にしたいことをいくつか例に挙げ，自分のやっているのは，フィリピンの人々がよりよい世界を構築するよう動機づけをすることだとも述べている3が正解。

(38) マリア=レッサが今後も楽観的でいられるのかと問われているが，これはこの直前の発言，すなわち選択肢3の最後の3文（I'm so worried … and nastiness.）で彼女がソーシャルメディアの弊害の影響下で育つ次世代の心配をしていることを受けたもの。それに対し，楽観的でなければならないし，みんなで前に歩を進めるのは今だと，人々を鼓舞している0が正解。

語句・構文

(31) internationally esteemed「国際的に評価の高い」 investigative「調査の」

(32) acceptance speech「受賞スピーチ」

(33) arrest warrant「逮捕状」 in the space of ～「～という期間で」 criminal complaint「刑事告訴」

(34) upbringing「生い立ち」

0. *Rappler*「ラップラー」 レッサが他の仲間と立ち上げたフィリピンのオンラインニュースウェブサイト。This is it には「ここが大事なところだ，まさにこれなんだ，これで終わり」などの意味があり，通常，発言の終盤で用いられる。come together「集まる」

1．make up for ～「～の埋め合わせをする」 self-gain「私益」

2．be focused on ～「～に特化している，～に焦点を合わせている」 S is about ～「Sの本質は～だ」

3．第1文のseeの前にはI want toが省略されている。checks and balances「抑制と均衡」

4．have the hardest time *doing*「～するのに一番苦労する」 be at stake「危機に瀕している，問題となっている」

5．stepfather「継父」 root cause「根本的な原因」 jump to conclusions「結論を急ぐ，慌てて結論を出す」

6．set out to *do*「～することを目指す，～し始める」 a sense of mission「使命感」 impact「影響力」

7．legal case「訴訟」 speak out「正々堂々と意見を述べる」

V 解答

(39)―4 (40)―3 (41)―5 (42)―3 (43)―2 (44)―3
(45)―8 (46)―2 (47)―1 (48)―4 (49)―3

全訳

《虚偽のニュースのほうが速く拡散する理由》

A マサチューセッツ工科大学（MIT）の3人の学者が行った新たな研究によって，ソーシャルネットワークであるツイッター上では，虚偽のニュースは真実のニュースより速く拡散する――しかも大差でそうなることが判明した。「虚偽は真実より，あらゆるカテゴリーの情報において，しかも多くの場合，桁違いに，はるかに遠くまで，より速く，より深く，より広範囲に拡散することがわかりました」と，その発見の詳しい記載がある新たな論文の共著者であるシナン=アラル教授は言う。デブ=ロイ准教授は，以前，2013年から2017年までツイッター社の主任メディアサイエンティストとして働いており，研究の共著者でもあるが，研究者たちは真実のニュースと虚偽のニュースのツイッター上での広まり方の違いに，「驚いたとも唖然としたともつかない」気持ちになったと付け加えている。さらに，興味深いことに，研究者たちは，虚偽の情報が拡散するのは基本的には，不正確な話を拡散するようプログラムされているボット（自動化されたタスクを実行するコンピューターのプログラム）のせいではないということも発見した。むしろ，虚偽のニュースがツイッター上での拡散スピードが速いのは，人々が不正確なニュース記事をリツイートすることによるものなのだ。

B その研究から次のような発見が得られている。虚偽のニュース記事は真実の記事より，リツイートされる可能性が 70 パーセント高い。また，実話が 1,500 人に届くには，嘘の話が同人数の人に届くのに比べて，約 6 倍時間がかかる。ツイッターの「カスケード」，つまり，リツイートの切れ目のない連鎖に関して言えば，虚偽は事実の約 20 倍の速さで，カスケードの深さが 10 に達する。さらに，カスケードのどの深さにおいても，虚偽は真実の発言より，ユニークユーザーによって広範囲にリツイートされている。

C その研究の発端となったものの中には，ツイッター上で大きな注目を集めた，2013 年のボストンマラソン爆破事件と命に関わる結末がある。「ツイッターは人々の主要な情報源となりました」と，新しい論文のもう一人の共著者であるソルーシュ＝ヴォソギは言う。しかし，その悲劇的な出来事の結果，「私は自分がソーシャルメディアで読んでいる内容のかなりの部分が噂だと気づきました。それは虚偽のニュースだったのです」と彼は付け加えている。その後，彼はアラルやロイとチームを組んで，その 3 人でニュース記事の真偽を客観的に識別し，それからツイッター上での広がり方を図表で示すことに着手した。その研究を行うために，研究者たちは，ツイッター上で拡散したニュース記事の約 12 万 6 千のカスケードを追跡調査したが，それらは 2006 年から 2017 年の間に約 300 万人によって合計 450 万回以上ツイートされたものだった。さらに，記事が真実か嘘かを特定するために，チームは 6 つの事実検証機関の査定を利用し，自分たちの判断が 95 パーセント以上の確率で一致していることがわかった。

D 12 万 6 千のカスケードのうち，政治が約 4 万 5 千で最大のニュースのカテゴリーを占め，都市伝説（つまり，人々がまるで実話であるかのように広めた架空の逸話），ビジネス，テロリズム，科学，娯楽，自然災害と続いた。虚偽の記事の広まり方は，他のカテゴリーの中のニュースよりも政治のニュースで顕著だった。これらの調査結果は，根本的な疑問を提起する。なぜツイッター上では，虚偽の情報のほうが真実の情報よりも速く広まるのだろうか？ アラル，ロイ，ヴォソギは，その答えは人間の心理にあるかもしれないと示唆している。つまり，人は新しいものが好きなのだ。「虚偽のニュースのほうがより目新しく，また，人々は目新しい情報のほうを共有する可能性がより高いのです」とアラルは言う。しかも，ソーシャルメディア上では，誰にも知られていないが，ことによると誤りかもしれない情報を最初に共有することで，注目や地位を得ることができる。かくして，アラルが言うように，「新しい情報を広める人々は，内情に通じていると見なされる」のである。

E　3人の研究者はいずれも，自分たちが発見した影響の規模は非常に大きいと考えており，誤報の拡散を抑える方法について考えることが重要だという点で意見が一致している。彼らは自分たちが出した結果がそのテーマに関するさらなる研究を後押しすることを願っている。アラルは，ボットではなく，人が虚偽のニュースをより急速に拡散しているのだとの認識が，その問題に対する一般的な取り組み方をどう示唆するかという点に言及している。「今や，人の振る舞いを変えるための行動が，虚偽のニュースの拡散をくいとめる戦いでは，より一層重要となります。一方，もしそれがボットだけの話なら，私たちには技術的な解決策が必要なのでしょうがね」と彼は言う。ヴォソギは，彼個人としては，もし，一部の人が故意に虚偽のニュースを広げていて，他の人たちはそんなつもりはなくそういうことをしているのであれば，その現象は2つの部分からなる問題で，それに応じて複数の戦略が必要ではないかと述べている。

F　その3人のマサチューセッツ工科大学の学者たちは，フェイスブックを含む他のソーシャルメディア上でも同様の現象が起きる可能性があると言いつつも，その問題や他の関連する問題には慎重な研究が必要だと強調している。ロイは，今の調査結果は，ソーシャルネットワークや広告主，他の団体にとっての「確立された基準となりうる測定値や指標」を作成するのに役立つかもしれないと考えており，アラルは「科学は，さらなる研究を行うために，産業界と政府の両方からこれまで以上の支援を受ける必要がある」と切に訴えている。今のところ，ロイの言葉を借りると，善意のツイッターの利用者でも「リツイートする前に考える」というシンプルな発想について真剣に考えてもいいだろう。

解説

(39) ［A］段で述べられていないものを選ぶ問題。

1.「虚偽のニュースは，ツイッター上では真実のニュースより速く，しかもかなり速く拡散する」

2.「研究を行った学者たちは，ツイッター上での実話と嘘の話の広まり方にそのような違いがあるとは予想していなかった」

3.「ツイッター上では，嘘は真実よりはるかに広範囲に拡散する」

4.「人々はボットほどは，ツイッター上での不正確なニュースの拡散に対する責任はない」

［A］段最後から2つめの文（Moreover, interestingly, the …）に，虚偽の情報が拡散するのは基本的にはボットのせいではないと述べられており，続く最終文（Instead, false news …）でも，それは人々が不正確なニュース記事をリツイートするからだと述べられていることから，4が［A］段の内容に一致しないと判断できる。［A］段第1文（A new study …）に，ツイッター上では虚偽のニュースは真実のニュースよりずっと速く拡散すると述べられているので，1は不適。［A］段第3文（Associate Professor Deb …）では，研究者たちは真実のニュースと虚偽のニュースのツイッター上での広まり方の違いに驚くと同時に唖然としたといった内容が述べられているので，2も不適。［A］段第2文（"We found that …）では，ツイッター上での話の一環として，虚偽が真実より桁違いに遠くまで，速く，深く，広範囲に拡散すると述べられているので，3も不適。

(40) ［B］段の内容から確実に導き出せる記述を選ぶ問題。

1.「ツイッター上では，ニュース記事の30％しか真実ではない」

2.「ツイッター上において，虚偽はカスケードの深さが20に達するのにかかる時間が，事実の10分の1である」

3.「ツイッター上では，真実の発言は，カスケードの各レベルにおいて，個人によってあまり広くリツイートされない」

4.「ツイッター上では，実話は嘘の話より6倍長い傾向がある」

［B］段最終文（Moreover, falsehoods are …）には，虚偽はカスケードのどの深さにおいても，真実の発言よりユニークユーザーに広範囲にリツイートされると述べられており，つまり，逆に言えば真実の発言は虚偽の発言にくらべてあまり広範囲にリツイートされないということになるので，

3が正解。[B]段はツイッター上での情報の拡散に関する話題であり，ニュース記事がどれくらいの割合で真実かに関する記述はないので，1は不適。[B]段最後から2つめの文（When it comes …）に，虚偽は事実の約20倍速くカスケードの深さが10に達すると述べられており，数値的に一致しないので，2も不適。[B]段第3文（It also takes …）には，実話は嘘の話にくらべて，1,500人に届くのに約6倍時間がかかると述べられており，6倍というのは「かかる時間の長さ」のことであって「話の長さ」のことではないので，4も不適。

(41) [C]段の空所に，①～⑤の番号のついた英文を並べ替えて挿入する場合に，最も論理的に適切な流れの段になる順番を，与えられた1～5の選択肢から選ぶ問題。

①「しかし，その悲劇的な出来事の結果，『私は自分がソーシャルメディアで読んでいる内容のかなりの部分が噂だと気づきました。それは虚偽のニュースだったのです』と彼は付け加えている」

②「さらに，記事が真実か嘘かを特定するために，チームは6つの事実検証機関の査定を利用し，自分たちの判断が95パーセント以上の確率で一致していることがわかった」

③「その後，彼はアラルやロイとチームを組んで，その3人でニュース記事の真偽を客観的に識別し，それからツイッター上での広がり方を図表で示すことに着手した」

④「その研究を行うために，研究者たちは，ツイッター上で拡散したニュース記事の約12万6千のカスケードを追跡調査したが，それらは2006年から2017年の間に約300万人によって合計450万回以上ツイートされたものだった」

⑤「『ツイッターは人々の主要な情報源となりました』と，新しい論文のもう一人の共著者であるソルーシュ=ヴォソギは言う」

まず①の英文はHowever「しかしながら」で始まり，ソーシャルメディアで読む内容のかなりの部分は虚偽のニュースだったと述べられているが，これが，⑤のツイッターが人々の主な情報源となっているという，①と対照的な内容の後に続くのであれば，Howeverがあることとの整合性がうまくとれると考えられる。よって，⑤の後に①が続く。さらに②からは，研究者たちが報道記事が真実か虚偽かの特定を事実検証機関を使って行い，それを自分たちの（真偽の）判断と比較したことが読み取れるので，②の内容は調査を行った後の話だとわかる。④ではその調査内容が具体的に述べられているので，④の後に②が続く。③については，Subsequently「その後」で始まっており，主語の he がアラルやロイとチームを組んでいることから，he はヴォソギを指すとわかる。ソーシャルメディア上の話のかなり多くの部分が嘘だと気づいて，ヴォソギがこの2人と真偽を特定し始めたという流れであれば意味が通るので，③が①の後に続く。また，④の the study「その研究」は，③で述べられている「ニュース記事の真偽を客観的に識別し，ツイッター上での広がり方を図表で示す」という内容を受けたものと考えられるため，③の後に④が続く。したがって，⑤—①—③—④—②の順となり，5が正解。

⑷2 ［D］段の空所（　X　）に挿入する語句を選ぶ問題。

1.「黒字で」 2.「暗闇で」 3.「内情に通じて」

4.「光の中で」 5.「赤字で」 6.「間違って」

空所を含む箇所は，see *A* as *B*「*A* を *B* と見なす，*A* を *B* と考える」という表現が受動態となっている。*A* に相当するのが主語の people who circulate new information「新情報を広める人々」なので，そういった人々がどう見なされるかを考えると，3が適切。

⑷3 ［E］段で述べられていないものを選ぶ問題。

1.「虚偽のニュースを拡散している人たちの全部が全部，その目的を念頭に置いて，意識的にそうしているわけではない」

2.「研究者たちの一人は，この問題に対処する際は，特定の，科学技術を中心とする手法が必要だと考えている」

3.「研究の著者たちは，自分たちの調査結果がこの分野のさらなる研究を促進することを期待している」

4.「この問題に対処するには，いくつかの手法を取り入れる必要があるかもしれない」

［E］段第3文（“Now actions to …）後半の whereas 以下で，アラルの発言の一部として，もしもボットだけの話なら技術的な解決策が必要だろうと述べているが，if it were や we would といった仮定法過去の表現が用いられていることからもわかる通り，これは仮定の話であって，実際には彼は人の振る舞いが問題と考えていることから，2が正解。1について

は[E]段最終文（Vosoughi, for his …）前半で，虚偽のニュースを意図的に拡散している人と意図せずそうしている人がいる可能性への言及があるので，［E］段の内容に一致するため不適。3については[E]段第1文（All three researchers …）後半の they hope 以下に，4については[E]段最終文（Vosoughi for his …）の the phenomenon is 以下に同様の内容が述べられているので，いずれも不適。

(44)　[F]段第1文（The three MIT …）の4つの空所に入る名詞の順序の組み合わせを選ぶ問題。

最初の similar（　　）occur については，研究結果を受けて3人の研究者たちが,「同様のどういったもの」が他のソーシャルメディア（の何か）において生じる可能性があると考えているかを推測すると，選択肢の中では phenomena「現象」が適切。2つ目の social media（　　）については，Facebook が例にあがっていることから判断して platforms「プラットフォーム」が適切。3つ目の careful（　　）are needed は，問題の解決に向け,「慎重な」(careful) 何が必要かを考えると，studies「研究」が適切。最後の and other related（　　）については，questions であれば「関連する問題」となって文脈上も適切。したがって，この順番で名詞が並ぶ3が正解。

(45)　[F]段第2・3文の4つの空所に入る前置詞の順序の組み合わせを選ぶ問題。

最初の空所については，直前に standards(”）とあり，空所の直後には social networks, advertisers, … といったものが続いているので，for が適切。standards for ～「～に対する基準，～(にとって）の基準」 2つ目の（　　）Aral urging については，urging という語形に注目すると，ここでは with＋名詞＋*doing* の形で独立分詞構文のように用いられる用法が使用されている（意味としては and Aral urges … とほぼ同意）と推測できるため，with が適切。3つ目の both（　　）industry and government については，この直前に，さらなる支援が必要だと述べられていることから，この2つ（industry and government）からの支援と推測できるため，from が適切。最後の reflect（　　）については，reflect on ～ で「～についてよく考える」という意味になることから，on が適切。したがって，この順番で前置詞が並ぶ8が正解。

(46)〜(49)　4つの発言がそれぞれ誰が最もしそうな発言かを1〜4の番号で答える問題。

(46)「以前，その産業界で働いた経験があったけれども，それでも私はそんな結果を予想してはいなかった」

［A］段第3文（Associate Professor Deb …）で，デブ=ロイが2013年から2017年までツイッターの主任メディアサイエンティストとして働いていたことや，研究結果に（デブ=ロイを含めた）研究者たちが驚き唖然としたことが述べられている点から判断して，彼がしそうな発言だとわかるので，2の「デブ=ロイ」が正解。

(47)「もし，ここで見られたことが同じようにソーシャルメディア上の他のどこかで見られるかどうかを解明し，もし見られるなら，ツイッター上と比べて，あまり大規模には起きていないのか，もっと大規模に起きているのかをはっきりさせたら面白いだろう」

［F］段第1文（The three MIT …）で，他のソーシャルメディアでも同様の現象が起きる可能性があり，慎重な研究が必要と3人が述べていることから，研究を担当した3人全員がしそうな発言と考えられるので，1の「3人のマサチューセッツ工科大学の学者たち全員」が正解。

(48)「あの恐ろしい公共の場での悲劇から，個人的な認識，つまり，私が他の人たちと共同研究をして，虚偽の情報がソーシャルメディア上でどの程度広まるかを説明し，知らしめる研究を始めることにつながった認識が生まれた，と言えるのではないかと思います」

［C］段第1〜4文（The origins of … circulation on Twitter.）に，その研究のそもそものきっかけとなった爆破事件や，ソルーシュ=ヴォソギがアラルやロイとチームを組んで，情報の拡散状況を調査し始めた経緯が述べられていることから，(48)はヴォソギがしそうな発言だとわかるため，4の「ソルーシュ=ヴォソギ」が正解。

(49)「人はまず，人々はあまり広く知られていない情報を持っているように見せることで，より高い社会的地位と社会的評価を手に入れたがるという事実を受け入れ，それから自分たちの行動のしかたを変えることに焦点を当てる必要がある」

［D］段最終3文（"False news is … in the know."）で，アラルが，人はソーシャルメディアにおいて，誤りである可能性があっても新たな情報

を最初に広めることで注目や地位を得ることができるという点に言及しており，加えて［E］段第３文（“Now actions to …）で，虚偽のニュースが拡散するのを防ぐには人の振る舞いを変えるための行動が重要だと述べていることから，(49)はアラルがしそうな発言であるとわかるので，３の「シナン=アラル」が正解。

語句・構文

［**A**］ by a substantial margin「大差をつけて」 significantly「著しく，大幅に」 by a great degree「大いに」 serve as ～「～として働く〔勤務する〕」 somewhere between *A* and *B*「*A* とも *B* ともつかない，*A* と *B* の中間（のような）」 due to ～「～による」 news item「ニュース記事」

［**B**］ When it comes to ～「～となると，～に関して言えば」 cascade「カスケード」とは何かが階段状に連鎖的に連結された状態やその構造を表し，ネット用語としては，ある情報が拡散していく様を表現するために用いられる。falsehood「虚偽，デマ」 unique user「ユニークユーザー」とは，一定期間内にあるウェブサイトにアクセスしたユーザーのことで，アクセス回数等に関係なく「１」として計算される。

［**C**］ bombing「爆破事件」 fatal consequences「致命的結果」とは，ここではボストンマラソン爆破事件で多数の死傷者が出たことを指す。in the aftermath of ～「～の結果，～の余波で」 a good portion of ～「～のかなりの部分」 subsequently「その後」 set out to *do*「～するのに着手する，～し始める」 identify「～を識別する」 chart「～を図表にする，～(変化など）を記録する」 assessment「査定，評価」 fact-checking organization「事実検証機関」 in agreement「一致して，意見が合って」 *A* percent of the time「*A* %の確率で」

［**D**］ comprise「～を占める」 provoke「～を引き起こす」 novel「新しい」 as S puts it「Sが言うように」

［**E**］ misinformation「偽情報，デマ，がせネタ」 for *one's* part「～(人）としては，～(人）に関するかぎり」 without intending to「知らず知らず，そんなつもりはなかったのに」 tactics「戦略」 in response「応じて」

［**F**］ measurement「測定（値）」 indicator「指標」

講評

2024年度はほぼ例年通りの出題形式で，2021年度以降，出題が続いている語彙問題が語彙・文法問題となって1題，会話文が1題，インタビュー形式の問題が1題，長文読解問題が2題の計5題の出題となった。2024年度は長文読解問題の総語数は2023年度よりやや少なく，およそ1000語であった。解答数は2023年度と同じ49問であった。個々の設問が易しめのものが増えたため，全体的なレベルとしてはやや易化した感がある。

Ⅰの語彙問題は2年連続の出題形式で，2語に共通する部分を補って単語を完成する形であった。問題は2023年度より平易で，わかるものから解答していくのが時間の節約につながるだろう。新たに登場した文法問題である空所補充問題は，文法・熟語力を問うもので，熟語の問題に難問がある。

Ⅱの長文読解問題は例年出題されている，英文中の下線のある語の定義を選ばせる問題。英文は短いが，難解な語がほとんどなので，例年通り品詞も考慮しつつ定義文を本文に挿入していき，前後の文脈から推測すれば正解には至りやすいだろう。

Ⅲの会話文問題も例年通り空所補充問題だが，単語挿入形式から変化した2022・2023年度に続き，短文挿入形式となった。会話の流れから判断できるものが多いが，一部に会話文独特の表現も含まれる。全体的には標準的な出題である。

Ⅳは2020年度から続く，インタビュー形式の会話文問題であった。質問とその質問に対する適切な応答を組み合わせる形式だが，質問，応答ともに直接的な表現ではない部分があり，解答に時間がかかる問題となっている。応答の最初の部分に注目して，明らかに質問とつながるものから処理するなど，工夫が必要。

Ⅴの長文読解問題は虚偽のニュースがソーシャルメディア上では真実のニュースより速く拡散する現象をテーマとしており，比較的読みやすい英文であった。2023年度より段落数・語数ともに減少したが，設問数に変化はなく，内容真偽，空所補充，文整序などの他に，誰の発言である可能性が高いかを問う形式が登場した。語句整序やタイトル選択は出題されなかった。設問形式は多様であるが，各段落に対応したわかりやすいものも多い。段落内の文整序問題には時間がかかるが，難度的には標準レベル。

例年，英文，問題文，選択肢がすべて英文であり，問題英文の総語数は会話文と読解問題を合わせると2500～3000語前後となっており，速読力が要求されている。マークすべき設問数は49問で，80分という試験時間からすると，難度的には標準レベルよりやや難しい問題と言えよう。

日本史

I 解答

(1)(2)―09 (3)(4)―52 (5)(6)―55 (7)(8)―54
(9)(10)―44 (11)(12)―16 (13)(14)―13 (15)(16)―24
(17)(18)―49 (19)(20)―45 (21)(22)―03 (23)(24)―04 (25)(26)―05

解説

《古代から近世の書物》

(1)(2) 『愚管抄』は慈円が著した歴史書。慈円は同著で，道理による歴史の解釈を試みた。

(3)(4) 保元の乱は，1156年に起こった，崇徳上皇・後白河天皇兄弟を中心とする皇位継承などをめぐる争い。この争いに関与した武士の勢力拡大を受けて，慈円は『愚管抄』で，保元の乱を機に「ムサ(武者)ノ世」になったと評した。

(5)(6) 「仙覚」をヒントに『万葉集』を導きたい。仙覚は1269年に，『万葉集』の注釈書である『万葉集註釈』を著した。

(7)(8) 江戸時代にまとめられた歴史書であること，「後陽成天皇まで」の歴史をまとめたこと，から『本朝通鑑』を想起したい。『本朝通鑑』は，林羅山・林鵞峰親子が幕命によって編集した歴史書で1670年に成立した。

(9)(10) 「6代将軍や7代将軍の時期に政治を担った人物」とは，新井白石。新井白石は九変五変論にもとづいた歴史書『読史余論』を著し，武家政治と江戸幕府の歴史的正当性を主張した。

(11)(12) 「基経外舅ノ親ニヨリテ，陽成ヲ廃シ……ヲ建シカバ」から，陽成天皇の次に即位した，光孝天皇が求められていると判断できる。摂政藤原基経は，乱行のあった陽成天皇を廃位させ，光孝天皇を擁立した。

(13)(14) 史料Bは，武士土着論を唱えた荻生徂徠の『政談』。「8代将軍の求めに応じて著された」もヒントにできる。蘐園塾は，荻生徂徠が江戸茅場町に設けた私塾。

(15)(16) 「上無ケレバ下ヲ責メ取ル奢欲モ無シ」などから，身分制が否定されていることが読み取れる。『自然真営道』の著者安藤昌益は，武士が年貢を収奪する社会を法世として批判し，万人が直接生産者となる万人直耕の自然世を理想に掲げた。

⒄⒅ 史料Cは林子平の『海国兵談』。同著で海岸防備を説いたことが幕政への批判であると捉えられ，寛政の改革で処罰された。

⒆⒇ 林子平は『海国兵談』のなかで，大砲が長崎に備えられているのに，「安房，相模の海港」（江戸湾）に備えがないことに対して警鐘を鳴らした。

(21)(22) 正解は［03］。［01］不適。日本に茶をもたらし，『喫茶養生記』を著したのは栄西。［02］不適。侘茶を創始したのは村田珠光。［03］適切。北野大茶湯は，肥後国で起こった検地反対一揆によって，わずか1日で中止となった。［04］不適。妙喜庵は臨済宗の禅院。［05］不適。桂離宮は後陽成天皇の弟八条宮智仁親王が江戸初期に造営した別邸で，「南北朝時代」に作られたものではない。

(23)(24) 正解は［04］。［01］不適。上げ米では，大名に対して1万石当たり100石の上納を命じた。［02］不適。田中丘隅は東海道川崎宿の名主で，代官として登用された。［03］不適。「収穫量を予測して定めた同じ年貢率」とするのは定免法，「その年の収穫量に応じて年貢率を定める」のは検見法。［04］適切。「元和元年以降の法令を集成」したものを，御触書寛保集成という。［05］不適。人足寄場が設置されたのは，11代将軍徳川家斉在位中の出来事で，寛政の改革の一環。

(25)(26) 難問。正解は［05］。［01］不適。「菜の花や月は東に日は西に」は与謝蕪村の作品。［02］不適。『笈の小文』は松尾芭蕉の俳諧紀行文。［03］不適。蜀山人の戯号を有するのは大田南畝。また，「侍が来ては買ってく高楊枝」は柄井川柳の作品。［04］不適。「白河の……」の狂歌の作者は不明であるが，柄井川柳が編み出した川柳が五七五の音で構成されたことを把握していれば誤りであると判断できる。［05］適切。「雀の子」は季語で春を表現する言葉。俳句には必ず季語が必要とされた。

Ⅱ 解答

(27)(28)—06　(29)(30)—18　(31)(32)—10　(33)(34)—17
(35)(36)—32　(37)(38)—38　(39)(40)—36　(41)(42)—16
(43)(44)—14　(45)(46)—06　(47)(48)—05　(49)(50)—05

解説

《近衛文麿が生きた時代》

(27)(28)　史料Cは「黄白人の無差別的待遇是なり」や解説文Cの「国際会議」から，パリ講和会議に関する史料であると判断したい。第一次世界大戦終結後に開かれたパリ講和会議で日本は人種差別撤廃案を提出したが，「英米」の反対によって採択されなかった。

(29)(30)　やや難。史料Aは，1945年に空欄(X)に該当する「近衛文麿」が太平洋戦争終結を天皇に意見した近衛上奏文。なお，空欄(Y)には「国体」が該当する。史料Aの「(29)(30)解散以来，赤化の危険を軽視する傾向顕著なる」から，共産主義的組織が該当すると判断したい。「コミンフォルム」「コメコン」は戦後の組織，「第2インターナショナル」は1920年に事実上消滅しているため解答とはならないが，その判断はやや難しい。

(31)(32)　「学説を否定する声明」「貴族院議員でもあったこの学者は，議員辞職に追い込まれることになった」から，岡田啓介内閣の国体明徴声明を想起したい。国体明徴声明とは，貴族院で反国体的学説として非難を浴びた美濃部達吉の天皇機関説を，岡田啓介内閣が否定した声明。この出来事は美濃部達吉の著書発禁と貴族院議員の辞任によって結着した。

(33)(34)　史料Bは3次にわたる近衛声明について示したもの。③の「帝国政府は爾後(33)(34)を対手とせす」とする第一次近衛声明のフレーズから「国民政府」を導きたい。

(35)(36)　①の第二次近衛声明では，戦争の目的は日満支の3国連帯による東亜新秩序の建設にあることが声明された。

(37)(38)　「(37)(38)の精神に則り，日支防共協定の締結」から，当時結ばれていた防共協定を想起したい。1936年の広田弘毅内閣のもと，ソ連を仮想敵国とする日独防共協定が締結されていたが，史料Bが声明された時期にはこれにイタリアを加え，日独伊三国防共協定（1937年）が第1次近衛文麿内閣のもとで締結されていた。

(39)(40)　③の第一次近衛声明は，日中戦争のさなか，中国の国民政府の首都南京を占領した直後に出された。

(41)(42)　やや難。第一次世界大戦後の英米本位の「平和主義」は，「国際連盟」を中心に目指されていくが，史料の情報から「国際連盟」を選択するのはやや難しい。

(43)(44)　「貧乏」を主題とする「評論」から，『貧乏物語』の河上肇を想起したい。同著は，大戦景気のさなか，貧富の差が広がった1917年に刊行された。

(45)(46)　正解は［06］。史料C（「英米本位の平和主義を排す」，1918年）→史料B（「近衛声明」，1938年）→史料A（「近衛上奏文」，1945年）の順。

(47)(48)　正解は［05］。③（第一次近衛声明）→①（第二次近衛声明）→②（第三次近衛声明，第三次近衛声明では「善隣友好，共同防共，経済提携」の近衛三原則が唱えられた）の順となる。

(49)(50)　正解は［05］。「ある戦争」とは，1937年7月に勃発した日中戦争のことで，第一次近衛声明は1938年1月に発せられた。［01］不適。「小学校が『国民学校』に改称された」のは1941年。［02］不適。トラウトマンはドイツの駐華大使。［03］不適。石川達三の著書で発禁処分を受けたのは，『生きてゐる兵隊』。南京大虐殺を描いたことで発禁となった。［04］不適。「紀元二千六百年記念式典」が挙行されたのは1940年。［05］適切。企画院は戦争遂行のための物資動員を計画するための組織で，1937年10月に設置された。

Ⅲ　解答

(51)(52)—33　(53)(54)—01　(55)(56)—04　(57)(58)—04
(59)(60)—06　(61)(62)—30　(63)(64)—08　(65)(66)—26
(67)(68)—01　(69)(70)—03　(71)(72)—05　(73)(74)—03　(75)(76)—05

解説

《中世から近代の琉球・沖縄史》

(51)(52)　やや難。「鎮西八郎」「伊豆大島に流罪」「読本」などから，「源為朝」が想起できるがやや難しい。保元の乱のあと，伊豆大島に流罪となった源為朝の武勇伝を『椿説弓張月』という。同著は挿絵が葛飾北斎によって描かれたことでも知られている。

(53)(54)　「按司」は，12世紀頃に琉球に出現した豪族。「琉球」「領主」から判断したい。

(55)(56)　正解は［04］。［01］不適。十三湊は陸奥国（現在の青森県）に所在した港町。［02］不適。玉城城は山南（南山），今帰仁城は山北（北山）に位置したグスク。［03］不適。尚巴志は，父とともに第一尚氏王朝を築いた人物。第二尚氏王朝は，尚氏の家臣の金丸が起こしたクーデタのあと，金丸が王権を奪い 1470 年に始まった。[04] 適切。第一・第二尚氏王朝を把握できていなくとも，琉球王国が室町時代の 1429 年には成立していたこと，明治時代の 1879 年に行われた琉球処分で琉球王国が消滅したことを想起できれば，琉球王国が江戸幕府よりも長く続いていたと判断できる。[05] 不適。癸亥約条は 1443 年に朝鮮と対馬の宗氏が結んだ条約で，琉球王国は関係ない。

(57)(58) 正解は [04]。[01] 不適。1609 年の中国王朝は清ではなく，明。明は 1644 年に滅亡した。[02] 不適。『おもろさうし』は琉球の古代歌謡を集成したもの。[03] 不適。薩摩藩は琉球王国を服属させたあと，検地を行って石高制による農村支配を確立させた。[04] 適切。慶賀使と謝恩使は 1710 年の第 7 回と 1714 年の第 8 回の二度，同時に派遣されている。[05] 不適。琉米修好条約は日米和親条約が締結された約 4 カ月後の 1854 年 7 月に締結された。

(59)(60) 正解は [06]。①の『椿説弓張月』は曲亭（滝沢）馬琴の読本。②の『雨月物語』は上田秋成の読本であるが，「大坂の国学者」であったかどうかの判断は難しい。③の『偐紫田舎源氏』は柳亭種彦の合巻で，天保の改革によって幕府の取り締まりを受けた。

(61)(62) 空欄(X)に「小選挙区制」が該当すると判断できれば，「原敬」が解答となると判断できた。他の設問と密接に関連しているが，解説文だけで原敬と判断することは難しかっただろう。

(63)(64) 大日本帝国憲法には，帝国議会は天皇の「協賛」機関であると規定されていた。

(65)(66) 重要な「勅令」は，枢密院の諮詢事項とされた。

(67)(68) 難問。正解は [01]。(61)(62)が原敬であると想起できていれば解答を導きやすいが，その判断が難しい。[01] 適切。「日本社会党の結成を認めた」のは，第 1 次西園寺公望内閣。西園寺公望は立憲政友会の第 2 代総裁を務めた人物であり，原敬がのちに立憲政友会を率いて組閣することを把握していれば正答と判断できる。[02] 不適。「郵便制度に全国均一料金」が導入されたのは，1873 年。内閣制度は 1885 年に成立しているため，1873 年時点に内閣は存在しない。[03] 不適。「工場法を制定・公布」したのは，第 2 次桂太郎内閣。同内閣は政党を基盤とした内閣ではないため誤り。[04] 不適。「台湾総督に，文官の田健治郎を就任させた」のは，原敬内閣時。設問文には「所属する政党の総裁が初めて政権を担った時」とあるため，該当の総裁は複数回組閣した人物であると想起できる。原敬は1度しか組閣していないため該当しない。[05] 不適。「治安維持法を制定・公布」したのは，第1次加藤高明内閣。加藤高明は立憲同志会（のちの憲政会）の初代総裁を務めた人物であるため，「所属する政党の総裁が初めて政権を担った時に内務大臣に就任」したという部分に該当しない。

(69)(70) 正解は [03]。[01] 適切。枢密院の諮詢事項は，皇室に関する事項や憲法に関する法律・勅令・対外交渉などの重要国務事項とされていた。[02] 適切。大日本帝国憲法の起草には，伊藤博文やロエスレルも関与した。[03] 不適。大日本帝国憲法に附属する法律も枢密院の諮詢事項であった。[04] 適切。皇室典範は，1907年に改正された際は官報に掲載されていたが，大日本帝国憲法とともに作成された際には，官報には掲載されていない。[05] 適切。枢密院は日本国憲法が施行されたあとに廃止となった。また，枢密院顧問美濃部達吉が日本国憲法に反対したように，制定の手続きに異議を申し立てた者もいた。

(71)(72) やや難。正解は [05]。[02] ミッドウェー海戦敗北（1942.6）→[01] ガダルカナル島撤退（1943.2）→[05] アッツ島陥落（1943.5）→[03] サイパン陥落（1944.7）→[04] 硫黄島陥落（1945.3）の順となる。

(73)(74) やや難。正解は [03]。[01] 適切。勅令により小学校令が改正され，義務教育が6年に延長された。[02] 適切。金融恐慌に対処するため，田中義一内閣時に，支払猶予令（モラトリアム）が勅令のかたちで出された。[03] 不適。日本発送電株式会社は，帝国議会の審議を経て成立した日本発送電株式会社法によって設立されたため，勅令ではない。[04] 適切。公定価格制は，阿部信行内閣時に勅令のかたちで出された価格等統制令によって定められた。[05] 適切。勅令により定められた公職追放令によって，のちに鳩山一郎や岸信介らが公職から追放された。

(75)(76) 難問。正解は [05]。空欄(X)には「小選挙区制」が該当するが，(61)(62)が原敬であると判断できなければ難しい。空欄(Y)は「1900年にも導入されたことがある」から，第2次山県有朋内閣時に採用された「大選挙区制」であると判断でき，解答は [01] [03] [05] まで絞り込むことができる。[03] の「比例代表制」は戦後にみられた選挙区制度であるため，正答ではないと判断できたであろうが，[01] と [05] の判断に悩んだだろう。

Ⅳ　解答　(77)(78)—21　(79)(00)　01　(81)(82)—02　(83)(84)—03
(85)(86)—01　(87)(88)—13　(89)(90)—05　(91)(92)—03
(93)(94)—14　(95)(96)—03　(97)(98)—19　(99)(100)—04

解説

《鈴木善幸が語る昭和戦後史》

(77)(78)　第1次鳩山一郎内閣の直前に組閣していたことから，空欄(B)には「吉田茂」が該当すると判断できる。造船疑獄事件とは，造船会社と自由党幹事長佐藤栄作らの贈収賄事件に対して，吉田茂首相が犬養健法相に指揮権を発動させて事件に介入したという出来事。第5次吉田茂内閣退陣の背景となった。

(79)(80)　正解は［01］。［01］適切。サンフランシスコ平和条約では，南西諸島や小笠原諸島のアメリカの信託統治が約されていた。［02］不適。「治安維持法や特別高等警察の廃止をはじめとする自由化政策」は幣原喜重郎内閣時にとり行われた。［03］不適。自衛隊の中枢の幹部には，旧陸海軍の軍学校を卒業した旧軍将校が多かった。［04］不適。MSA協定は，第5次吉田茂内閣時に締結された。［05］不適。「警察法が改正され，全国の市町村に自治体警察が設置された」のは1948年。米軍基地に反対する住民運動が激化するのは，1952年の日本の独立以降のこと。

(81)(82)　正解は［02］。［01］不適。九カ国条約が締結されたのは高橋是清内閣時のこと。また，9カ国にソ連は含まれていない。［02］適切。極東委員会は，米・英・仏・ソ・中・蘭・印・カナダ・オーストラリア・ニュージーランド・フィリピンの11カ国で構成された。［03］不適。日ソ中立条約を締結したのは，第2次近衛文磨内閣時。［04］不適。ポツダム会談に参加したアメリカ大統領はトルーマン。また，ポツダム宣言は，米・英・中の3カ国の名で発表された。［05］不適。ソ連は平和条約調印後の歯舞群島・色丹島の日本への引き渡しには同意したが，国後島・択捉島の返還には触れていない。

(83)(84)　正解は［03］。［01］不適。「日米安全保障条約の改定」から，空欄(C)には「岸信介」が該当すると判断できる。日米地位協定によって「毎年度GNP比1％以上の防衛費支出を強いられた」という事実はない。［02］

不適。安保改定によって事前協議制が導入されたが，1960年当時の沖縄はアメリカの施政権下にあったため，「沖縄への核兵器持込みも事前協議の対象となった」は誤り。沖縄の施政権が返還されるのは1972年のこと。［03］適切。2024年現在，いずれの締約国も条約の終了の意思を通告していないため，新安保条約はいまだ効力を持ち続けている。［04］不適。安保条約の改定によって，内乱条項が削除された。［05］不適。改定前の安保条約では，アメリカの日本防衛義務は明文化されておらず，改定後に初めて明文化された。

(85)(86)　正解は［01］。［01］適切。民主社会党は，日本社会党から初めて分派した政党である。［02］・［03］・［04］不適。「連合」（日本労働組合総連合会）が組織されたのは1987年，「ベ平連」（ベトナムに平和を！市民連合）が発足したのはアメリカがベトナム戦争に介入した1965年，「よど号ハイジャック事件」は1970年に起こった出来事であるため，1960年頃の安保改定反対運動とは関係がない。［05］不適。安保改定反対運動が激化すると，アメリカのアイゼンハワー大統領の訪日が中止となった。

(87)(88)　「寛容と忍耐」「所得倍増計画」などから空欄(D)には「池田勇人」が該当すると判断できる。池田勇人内閣時に公布された新産業都市建設促進法は，産業の大都市集中を緩和して地域間の格差を是正する意図で成立した。

(89)(90)　正解は［05］。池田勇人は1960～1964年にかけて3次にわたって組閣した。［01］不適。「カラーテレビの普及率が，白黒テレビの普及率を上回った」のは1970年代前半頃。［02］不適。「新潟水俣病」が発生したのは1965年。［03］不適。「スミソニアン体制に移行した」のは1971年。［04］不適。傾斜生産方式が閣議決定されたのは1946年。［05］適切。池田勇人内閣時には，IMF8条国への移行や，OECD（経済協力開発機構）への加盟もなされた。

(91)(92)　難問。「大蔵大臣」や「宏池会」，「大型間接税」をめざした時期などから「大平正芳」を導くのは難しい。

(93)(94)　航空機購入をめぐる汚職が発覚して田中角栄前首相が逮捕されるロッキード事件が起こると，自民党の一部議員は脱党し，河野洋平を中心に「新自由クラブ」を結成した。

(95)(96)　正解は［03］。［01］不適。この時期の民主党政権は，鳩山由紀夫，菅直人，野田佳彦内閣と続いた。「政権を失った」とあるため，菅直人内閣ではなく，野田佳彦内閣の説明であると判断できる。［02］不適。中曽根康弘内閣は，衆議院で自民党の単独過半数を得ていたが，大型間接税導入には失敗した。［03］適切。消費税率を5％に引き上げたのは，橋本龍太郎内閣。［04］不適。日米構造協議は日米間の貿易摩擦を解消するために開かれた会議。1989年に開始されため，1980年に死去した大平正芳とは関係がない。［05］不適。消費税率が8％に引き上げられたのは，第2次安倍晋三内閣時。

(97)(98) 鈴木善幸内閣時に開かれた第2次臨時行政調査会で打ち出された「増税なき財政再建」の方向性は，つづく中曽根康弘内閣のもとで行われた3公社の民営化によって実現した。

(99)(100) 正解は［04］。［01］不適。「乗用車の国内旅客輸送分担率が国鉄」を「上回った」のは1970年代前半頃。［02］不適。「上越新幹線」が東京－新潟間に開通したのは1991年のこと。1970年代に組閣した田中角栄内閣は関係がない。［03］不適。国鉄が民営化されたのは，1987年。［04］適切。東海道新幹線は，第18回オリンピック東京大会に合わせて東京－新大阪間に開通した。［05］不適。「戦後初めて赤字国債（特例国債）を発行」したのは，佐藤栄作内閣。

出典追記：『元総理鈴木善幸　激動の日本政治を語る』株式会社IBC岩手放送

講評

2023年度に文章の正誤を判定する問題が3問減少し，2024年度もさらに3問減少して，文章の正誤を判定する問題は50問のうち16問となった。しかし，その設問事体の難度は高く，全体の難易度を高めている。また，用語を選択する問題も例年通り，難解なものが多くみられた。標準的な問題を確実に得点できる力が求められたと考えられる。

Ⅰは古代から近世の書物を主題とする問題が出題された。史料が多く扱われたが，頻出史料も多く，他の大問と比べて標準的な用語が問われることが多かったため，この大問で確実に得点することが求められた。

Ⅱは近衛文麿が生きた時代を主題としていた。「コミンテルン」などやや選択しづらい問題もあったが，史料や解説文から用語のキーワードをしっかりと探し出せれば，正答を導くことはそこまで難しくなかっただろう。

Ⅲは中世から近代の琉球・沖縄史が主題であった。琉球・沖縄史はテーマ史で定番のものではあるが，問われた問題のレベルはかなり高かった。特に近代の沖縄の選挙制度を題材とした設問には苦戦した受験生も多かったと思われる。

Ⅳは鈴木善幸が語る昭和戦後史が主題とされた。戦後史を正面から扱う問題であったため，現代史の学習が進んでいたかどうかが重要な鍵であった。また，2010 年代までの出題がみられたことも特徴としてあげられる。適切な文章を選択する問題も小問 12 問のうち 7 問で出題されていたため，より正確な現代史の把握が必要であっただろう。

世界史

I 解答

(1)(2)—25　(3)(4)—05　(5)(6)—12　(7)(8)—04
(9)(10)—27　(11)(12)—10　(13)(14)—03　(15)(16)—04
(17)(18)—03　(19)(20)—04　(21)(22)—08　(23)(24)—04　(25)(26)—07

解説

《人の移動と宗教の歴史》

(1)(2)　セム語系のアムル人は，シリア方面からメソポタミアに侵入し，バビロンを都として古バビロニア王国（バビロン第1王朝）を建てた。

(3)(4)　中王国・新王国の首都となったテーベの守護神アモン神は，中王国以降最高神として扱われた。国王アメンホテプ（アメンヘテプ）4世（アクエンアテン）は，テーベの神官団と対立して宗教改革を断行し，アトン神の一神教を興したが，王の死後はアモン信仰が復活した。

(5)(6)　北京条約でキリスト教の布教・伝道の自由が認められ，この結果，外国人宣教師が中国内地に進出したことから，キリスト教に対する中国人の排外運動が激化した。これを仇教運動と呼び，その最大のものが義和団運動であった。

(7)(8)　やや難。シク教徒の総本山である黄金寺院（ゴールデンテンプル）は，パンジャーブ地方のアムリトサル（アムリットサール）にある。アムリトサルは，1919年にローラット法に対する抗議集会にイギリス軍が発砲して多数の死者を出した虐殺事件の舞台でもある。

(9)(10)　ビン=ラーディンは，イスラーム武装組織アル=カーイダを率いて2001年の同時多発テロ事件を起こした主犯として国際手配され，パキスタン北部に潜伏中アメリカ軍部隊に急襲され殺された（2011年）。

(11)(12)　難問。(d)誤文。シャープール1世はササン朝第2代の国王で，彼が3世紀にインダス川西岸の地を争ったのはグプタ朝ではなくクシャーナ朝。

(e)誤文。ササン朝美術を代表する獅子狩文錦は法隆寺に所蔵されているが，漆胡瓶は東大寺の正倉院に所蔵されている。

(13)(14)　やや難。(a)誤文。ロシア・ヨーロッパ遠征を行ったバトゥは，オゴタイの息子ではなくチンギス=ハンの長子ジュチの息子。

(d)誤文。プラノ=カルピニとルブルックはモンゴル帝国の首都カラコルムに派遣された。

(15)(16)　(A)　サキャ派はチベット仏教の一派でモンゴル帝国・元の保護を受けて栄えたが，元の衰退とともに衰えた。

(B)　フランチェスコ会修道士モンテ=コルヴィノは，教皇の命を受けて大都に赴き，この地の大司教に任ぜられ，中国における最初のカトリック布教に努めた。

(C)　中央アジアから南ロシアを支配したキプチャク=ハン国は，早い時期にイスラーム教に改宗した。

(17)(18)　[03] 誤文。イタリア戦争は1494年にフランス王シャルル8世が，ナポリ王国の王位継承権を主張してイタリアに侵入し始まった。その後，神聖ローマ皇帝位をめぐってフランス王フランソワ1世とスペイン王カルロス1世の間に対立が起こり，カルロス1世が勝利して神聖ローマ皇帝（カール5世）として即位し，両者の間でイタリア戦争が激化した。

(19)(20)　[01] 誤文。『キリスト教綱要』はルターではなくカルヴァンの著作。ルターの主著は『キリスト者の自由』。

[02] 誤文。エドワード6世の姉で，イギリスにカトリックを復活させたのはメアリ2世ではなくメアリ1世。

[03] 誤文。1572年のサンバルテルミの虐殺は，旧教徒が新教徒（ユグノー）を虐殺した。また，虐殺を扇動したことを苦に早世したのはシャルル8世ではなくシャルル9世。

[05] 誤文。ステュアート朝を開きイングランド王を兼ねたのはチャールズ1世の父ジェームズ1世。

(21)(22)　(c)誤文。遠近法や陰影法などの西洋絵画の技法を伝えたイタリア人宣教師は郎世寧（カスティリオーネ）。白進はフランス人宣教師ブーヴェのことで，中国実測図の『皇輿全覧図』や『康熙帝伝』で知られる。

(d)誤文。銭大昕は清の考証学者。大砲鋳造の技術を伝えたベルギー人宣教師は南懐仁（フェルビースト）。

(23)(24)　難問。独立の早い順に並べていくと，[07] フィリピン（1946年）→[01] パキスタン（1947年）→[06] ビルマ（1948年）→[03] ラオス（1949年，完全独立は1953年）→[04] マラヤ連邦（1957年）→[02] シンガポール（1965年）→[05] バングラデシュ（1971年）で，5番目にあたるのはマラヤ連邦。マラヤ連邦はマレーシアの前身国家で，イギリス連邦から1957年に独立した。その後，マラヤ連邦とイギリス領ボルネオ・シンガポールが連合して1963年にマレーシアが成立した。さらにその後，1965年にシンガポールがマレーシアから分離独立した。バングラデシュは第3次インド=パキスタン戦争の結果，パキスタンから東パキスタンが分離して独立した。1971年で選択肢中最も新しい独立国。古い方から数えて5番目は，新しい方から数えて3番目に当たるので，バングラデシュ→シンガポール→マラヤ連邦と考えても正解にたどり着ける。

(25)(26)　難問。(b)誤文。国連安保理では，武力行使に賛成する米・英と反対する仏・中・露が対立し，米・英軍は安保理決議を経ずにイラクを一方的に攻撃し，イラク戦争を始めた。

(e)誤文。アメリカの対テロ戦争の論理に影響を与えた「文明の衝突」は政治学者サミュエル=ハンティントンの著作。ミルトン=フリードマンは新自由主義経済学者。

II　解答

(27)(28)—07　(29)(30)—15　(31)(32)—24　(33)(34)—39
(35)(36)—41　(37)(38)—12　(39)(40)—29　(41)(42)—03
(43)(44)—01　(45)(46)—03　(47)(48)—04　(49)(50)—03

解説

《世界遺産の歴史的背景》

(27)(28)　「ダーウィンが『種の起源』の着想を得た諸島」とはエクアドルのガラパゴス諸島。キトは，エクアドルの首都。15世紀はインカ帝国の最盛期で，アンデス高地を中心にキトを含む地域も支配していた。

(29)(30)　難問。クラクフはヤゲウォ朝のポーランド王国の首都。ピアスト朝のカジミェシュ（カシミール）大王が14世紀に創設したクラクフ大学は，チェコのプラハ大学とともに東欧最古級の大学で，地動説を唱えたコペルニクス等を輩出している。

(31)(32)　難問。ドレスデンは，長くザクセン選帝侯国の中心として栄えた歴史都市。歴史的建造物のほとんどは，第二次世界大戦末期の連合国による無差別爆撃（ドレスデン大空襲）で失われたが，戦後復元された。

(33)(34)　やや難。モザンビーク島は，ヴァスコ=ダ=ガマも訪れたことがあるインド洋交易で栄えた港市。国家としてのモザンビークは，1975年にポルトガルから独立した。

(35)(36)　ヨルダンは第1次中東戦争で東イェルサレムとヨルダン川西岸地区を占領して統治下に置いたが，第3次中東戦争で大敗して両地域はイスラエルの占領下に置かれた。

(37)(38)　難問。百年戦争中にカレーを救った市民をモチーフとした「カレーの市民」は，ロダンの代表作であるが，「国立西洋美術館本館」前という展示場所だけでは思い浮かべるのは難しい。

(39)(40)　ハンザ同盟の在外商館は，イギリスのロンドン，ロシアのノヴゴロド，ノルウェーのベルゲンとフランドルのブリュージュに置かれた。

(41)(42)　難問。クシュ王国とエジプト王国の関係がわからなければ，正しい順に並べることは難しい。古いものから順に並べると，[02] 王国の中心がメンフィス（古王国の都）からテーベに移った（テーベは中王国の都）→[05] ヒクソスが侵入（中王国末期）→〈この後新王国が成立し，前11世紀に滅亡〉→[03] クシュ王国が都をテーベに置いた（前8世紀）→[01] アッシリアがエジプトに侵入したことでテーベが陥落（前7世紀）→[04] クシュ王国が南のメロエを都とした（前7～6世紀頃）で，3番目は [03] である。

(43)(44)　難問。オセアニアという地域に加えて，出題頻度の低い先史時代からの出題であり，正解はかなり難しい。[01] 誤文。ウィランドラ湖群地域はオーストラリア内陸部の約4万年前の湖沼遺跡。ここで生活していた新人の火葬場が発見されたのは正しいが，新人が登場したのは約20万年前のアフリカなので，この時代のオセアニアに新人はいないと判断したい。

(45)(46)　[01] 誤文。奴隷解放法は，イギリスおよびイギリス植民地内での奴隷解放を実現したが，他国の奴隷制プランテーションとの交易は禁じていない。

[02] 誤文。奴隷解放法（1833年）は，ヴィクトリア女王即位（位1837～1901年）以前に成立した。

[04] 誤文。奴隷貿易禁止法制定（1807年）から奴隷解放法（1833年）まで25年以上を要した。

(47)(48)　(b)イスラエルが分割決議を超える領土を得て，多くのパレスチナ難民を出したのは第1次中東戦争（1948～49年）。
(c)イスラエル・イギリス・フランスの3国がエジプトに侵攻して国際的非難を浴び，撤退したスエズ戦争は第2次中東戦争（1956～57年）。
(a)イスラエルが短期決戦で大勝して六日間戦争と呼ばれたのは第3次中東戦争（1967年）。
(d)エジプトとシリアがイスラエルを攻撃し，失地回復を狙ったのは第4次中東戦争（1973年）。
以上から，(b)→(c)→(a)→(d)の順となる。
(49)(50)　[01] 誤文。1985年に採択されたオゾン層保護のための条約はオタワ条約ではなくウィーン条約。なお，モントリオール議定書は1987年に採択されているので正しい。
[02] 誤文。中距離核戦力（INF）全廃条約は，国連で採択されたものではなく，米ソ両国間で締結されたものである。
[04] 誤文。包括的核実験禁止条約は，国連で採択されたが核保有国や核保有が疑われる国家の批准が進まず，2024年3月時点でも発効していない。

Ⅲ　解答

(51)(52)―42　(53)(54)―41　(55)(56)―46　(57)(58)―04
(59)(60)―26　(61)(62)―35　(63)(64)―37　(65)(66)―04
(67)(68)―17　(69)(70)―12　(71)(72)―19　(73)(74)―02　(75)(76)―14

解説

《綿花をめぐる歴史》

(51)(52)　難問。サントメはポルトガル語で「聖トマス」の意。聖トマスが伝道に訪れたとの伝承からインド南東岸地方をポルトガル人がサントメと呼んだ。ポルトガル領サントメはその後，隣接するイギリス領マドラス（チェンナイ）の一部となった。
(53)(54)　マカオは1557年にポルトガルが明から居住権を得て以来，イエズス会のアジア伝道の根拠地となり，清によってキリスト教布教が禁止された後も，マカオに外国人の居住が許されていた。
(55)(56)　難問。選択肢の語群には1820～1860年までの年代が10年刻みで示されている。イギリスの産業革命により，18世紀後半にはミュール紡績機や力織機などが発明され，イギリス国内での綿織物生産が急増し，

1800 年頃から広大な海外市場に向けて綿織物の輸出が始まった。対インド貿易では 1820 年頃にはすでに綿織物の輸出がインド産綿布の輸入を上回った。

(57)(58)　[01] 誤文。インド南西部の港市コーチンは，ポルトガルの交易拠点となり，その後オランダ，イギリスなどの支配を受けたが，アウラングゼーブの支配下に入ったことはない。

[02] 誤文。マイソール王国はイスラーム教国ではなく，ヒンドゥー教国。

[03] 誤文。ナーナクがシク教を興したのは，17 世紀ではなく 16 世紀初頭のこと。

(59)(60)　天山山脈を挟んで北側にジュンガル，南側にタリム盆地が広がる。タリム盆地のさらに南にはクンルン（崑崙）山脈を挟んでチベット高原が広がる。

(61)(62)　難問。ベグは元来，遊牧民の部族長を意味したが，一般にはイスラーム教を受け入れたトルコ系の遊牧部族の長の称号として使われる。セルジューク朝の建国者トゥグリル=ベクのベクもベグが転訛したもの。1871 年に清とロシアの間で起こったイリ事件の原因となった新疆のイスラーム教徒の反乱を率いたヤクブ（ヤークーブ）=ベクもベクの称号を用いている。

(63)(64)　難問。タリム盆地の南には西域南道と呼ばれるオアシス=ルートが通っており，ホータン（于闐）はそのルートの重要オアシス都市。語群にあるカシュガルとクチャはタリム盆地の北の天山南路に位置する。

(65)(66)　難問。[04] 誤文。中国で散逸した書物が日本で保存されていて逆輸入された代表的なものは，明末に宋応星が著した実学書『天工開物』。李時珍の『本草綱目』は，中国でも薬草学の重要書物として版を重ねた。

(67)(68)　フランスは，イギリスがカルカッタ（コルカタ）を拠点としたベンガル地方ではシャンデルナゴルを拠点とし，イギリスがマドラス（チェンナイ）を拠点としたインド東南岸ではポンディシェリを拠点とした。

(69)(70)　イギリス東インド会社のクライヴは，プラッシーの戦いでフランス・ベンガル太守軍を破った。

(71)(72)　エジプトのムハンマド=アリーは，シリアの領有権を要求して 2 度にわたってエジプト=トルコ戦争を戦ったが，ヨーロッパ列強の干渉でエジプトのシリア領有はならなかった。

(73)(74)　［02］誤文。ベルリン会議（ベルリン=コンゴ会議）の結果，ベルギー国王レオポルド2世の私有地としてコンゴ自由国の成立が認められた。コンゴ自由国が正式な植民地としてベルギー領コンゴとなったのは1908年のこと。

(75)(76)　やや難。南ベトナム解放民族戦線が結成されたのは1960年のことで，その翌年にアメリカ大統領に就任したのはケネディ（任1961～63年）。ベトナム戦争では，北ベトナム爆撃（北爆）（1964年開始）によって本格的にベトナム戦争に介入したアメリカ大統領ジョンソンが有名であるが，アメリカの南ベトナムへの介入はそれ以前から続いていた。

Ⅳ　解答

(77)(78)—01　(79)(80)—05　(81)(82)—04
(83)(84)—03（04も可）※　(85)(86)—08　(87)(88)—01
(89)(90)—08　(91)(92)—18　(93)(94)—04　(95)(96)—01　(97)(98)—05　(99)(100)—09

※(83)(84)については，大学から「選択肢03または04がマークされている場合を正解したものとして採点した」という発表があった。

解説

《蔣介石の書簡と中国近現代史》

(77)(78)　難問。史料Aは，中国共産党の進出に対してアメリカに軍事援助を求めている内容から，第二次世界大戦後に再開した国共内戦中に，蔣介石からアメリカ大統領に宛てた書簡と考えられる。第二次世界大戦終了時のアメリカ大統領はトルーマン（任1945～53年）であり，(a)～(e)の選択肢はすべて戦後の冷戦期の出来事と考えられるので，トルーマン退任後の出来事を2つ選べばよい。(a)バグダード条約機構発足（1955年）と(b)東南アジア条約機構発足（1954年）は，トルーマンの後任で反共「巻き返し」政策を進めたアイゼンハワー大統領（任1953～61年）の在任中の出来事。

(79)(80)　問題の「扶助工農」に注目したい。これは孫文が1923年に確認し翌1924年広州（広東）で開催された中国国民党一全大会で採択された「連ソ・容共・扶助工農」である。史料Bは，ソ連およびコミンテルンの代表として広州にボロディーンが派遣された1923年の出来事について書かれた書簡であると考えられる。

(81)(82)　やや難。出来事を古い順に並べると，［02］チェカ設置（1917年）→［01］コミンテルン設立（1919年）→［03］シベリアから英仏米軍が撤退（英仏は1919年，米は1920年）→［05］第2次カラハン宣言発出（1920年）→［04］イギリスと国交を樹立（1924年）となり，ソヴィエト連邦成立（1922年）後の［04］が最後となる。

(83)(84)　難問。「三民主義」を確立し提唱した人物Xは孫文。

［03］誤文。孫文の洗礼はハワイではなく香港で行われた。

［04］誤文。孫文は広州起義（蜂起）（1895年）に失敗し日本に亡命した。戊戌の政変（1898年）で日本に亡命したのは孫文ではなく康有為や梁啓超である。

(85)(86)　やや難。史料Dは，「父同様，総統の職に就いた人物」から晩年の蔣介石が，後に台湾の総統となる当時59歳の息子蔣経国に宛てたものと判断したい。

(b)誤文。台湾の戒厳令が解除されたのは蔣介石の死後のことで，蔣経国総統の時である。

(e)誤文。朱子学は明代を通じて官学の地位を失ったことはなかった。

(87)(88)　史料Eは，(89)(90)の問題文の「講和会議の内容を不服とし，北京大学の学生たちが火付け役となって」が五・四運動を指しているため，第一次世界大戦中の中国の外交政策について述べていると判断できる。選択肢の内容も考えるとYは当時の最高実力者袁世凱を指している。したがって，袁世凱の記述として誤っているものを選べばよい。

［01］誤文。第三革命は，袁世凱の独裁と帝政復活に反対して起こったもので，国内外の非難を浴びて袁は帝政宣言を取り消して失意のうちに1916年急死した。したがって袁は存命中に第三革命を失敗させていない。

［02］正文。1912年に袁世凱を臨時大総統に選出したのは臨時参議院と呼ばれる議会であるが，広い意味での国会ととらえた。

(89)(90)　1919年5月4日，北京大学の学生たちがヴェルサイユ条約反対を唱えて起こした大衆運動は五・四運動と呼ばれ，広範な大衆を組織した中国民衆運動のはじまりとなった。

(91)(92)　難問。史料Fは，満州国の経費を補うため，華北に防共を名目に冀東防共自治政府（1935～38年）という傀儡国家を建設しようとする関東軍の企てについて言及しており，満州事変後の1930年代の書簡と考えられる。この防共自治政府の首都が通州である。

⑼⑼ 史料Gは，長征の結果，延安が中国共産党の根拠地となったことを知っていれば，この書簡が蔣介石から毛沢東「先生」に宛てて出されたものとわかる。「『倭寇の降伏』を目前に」という言葉から，書簡は日本の降伏が現実のものとなった1940年代前半のものと考えられる。

[04] 誤文。「先生」が毛沢東であることがわかれば，中華革命党を結成したのは孫文であるから誤りとわかる。

⑼⑼ 「倭寇」を屈服させるべく連合国の首脳が集まったとの表現から，対日戦の方針を確認したカイロ会談とわかる。カイロ会談にはアメリカ大統領フランクリン=ローズヴェルト，イギリス首相チャーチル，中華民国総統蔣介石が出席した。

⑼⑼ やや難。史料Hは，「日本軍の侵略についてはすでに国際連盟に提起」という表現から満州事変（1931年）直後の書簡と考えられる。満州事変後の出来事を古い順に並べると，[05] 日本の国際連盟脱退（1933年）→満州帝国誕生（1934年）→八・一宣言（1935年）→西安事件（1936年）となる。満州国ではなく満州帝国の誕生が問われていることに注意。溥儀を執政として満州国が成立したのは1932年であるが，溥儀が皇帝に即位して満州が帝国となったのは1934年である。

⑼⑽ 史料の数が多いので難問。古い年代から史料を順に並べると，史料E．第一次世界大戦中（1914～18年）→史料B．第1次国共合作の前年（1923年）→史料C．北伐の完成（1928年）→史料H．満州事変(1931年)→史料F．冀東防共自治政府樹立（1935年）→史料G．カイロ会談（1943年）→史料A．第二次世界大戦後の国共内戦期（1946～49年）→史料D．蔣介石の晩年（1949～75年）となる。

講評

2024年度は，正文・誤文選択問題の選択肢が5つ（一部は6つ）のものが多くなり，その中で，複数の組み合わせを問う形式も採用された。このため，正誤判定のための負担が大きくなり全体的な難度を押し上げた。

I は，「人の移動と宗教の歴史」をテーマに，世界各地の宗教に関する出来事について問われた。出題範囲が極めて広く，リード文では2021年まで言及している。空所補充問題は(7)(8)シク教徒の総本山のあるアムリトサルがやや難しい。(11)(12)ササン朝の銀経済圏の正誤や漆胡瓶の所蔵場所，(25)(26)アメリカ合衆国の対テロ戦争の論理に影響した「文明の衝突」を提唱した思想家は難問。また，(23)(24)の独立年代の配列問題も難問であった。

Ⅱは，「世界遺産の歴史的背景」をテーマに，古代から現代までの世界各地から出題されている。空所補充問題は，(29)(30)ポーランドの古都クラクフ，(31)(32)無差別爆撃を受けたドレスデン，(33)(34)奴隷貿易で繁栄したモザンビーク島，(37)(38)ロダンの代表作「カレーの市民」など高水準の問題が揃った。正文・誤文選択問題は，(43)(44)ウィランドラ湖群地域の判断が難しい。また，(49)(50)も現代の国際問題からの詳細な知識が求められており難問であった。配列問題は，(41)(42)テーベに関する問題は難しいが，(47)(48)中東戦争の配列は基礎問題である。

Ⅲは，「綿花をめぐる歴史」をテーマとした問題で，インド・中国・中央アジアなど主としてアジア史に関する知識を問うもの。空所補充問題の(51)(52)マドラス，(55)(56)の1820年は難問であった。後者のような出題に対応するためには教科書や資料集のグラフを理解しておく必要がある。また，(61)(62)中央アジアの遊牧社会の有力者の呼称ベグ，(63)(64)タリム盆地のオアシス都市ホータン，(75)(76)ベトナムで枯葉剤の使用を承認したアメリカ大統領ケネディを問う問題も難しい。誤文選択問題の(65)(66)は明代の文化史に関する出題で難度が高かった。

Ⅳは，「蔣介石の書簡と中国近現代史」。本格的な史料問題で，「いずれも同一人物の別々の書簡の一部を抜き出した」とあり，設問5の「父同様，総統の職に就いた」から「蔣介石の書簡」と判断できれば解答の方向性が見えてくる。(83)(84)の孫文に関する誤文選択は複数解答が大学側から発表されたが，日本史関連の選択肢が含まれているため判断が難しかったと思われる。配列問題は，(81)(82)は第2次カラハン宣言，(97)(98)は満州帝国誕生などの年代を判断しなければならず，(99)(100)は8つの書簡の年代をすべて確定する必要があるため，それぞれ難度が高く，特に(99)(100)は最後の問題であるため時間との戦いになる恐れがあった。また，組み合わせ問題の(77)(78)は正確な年代把握が，(85)(86)は台湾現代史の理解が求められており難度が高かった。(91)(92)の冀東防共自治政府は歴史用語としても難しく，その本拠地を問われているため語群から消去法を使ってもかなり正解は難しい。

ス革命の知識に加えて「公共」などで学ぶ民主政治の基本原理の位置づけなどを押さえておけば、裏づけの材料に困ることはない。ただし、発言内容の整合性だけでなく、他の三名の発言との対応関係も要求されるという意味で、二〇二三年度とは異なる難しさがある。

これらを踏まえ、自分の発言を考える。設問文に「バークの見解に賛同するかあるいは反論を加えなさい」とあるとおり、B後⑧に対する賛否を明確に示すこと。

〈解答例〉では、Ⅰにおいてペインの見解に反論しバークを擁護した立場から、バークの見解に賛同する立場をとった。ただし、大衆観についてはバークではなくウルストンクラフトを支持して富者が統治者として大衆に勝るとは言えないとしつつ、統治者としての資質のいかんにかかわらず理性が失われる可能性を指摘している。そして、多数決原理が多数派による暴力にお墨付きを与える危険性を指摘してバークの主張を支えている。また、現代のポピュリズムに通ずる事例を提示したり、フランスが民主制を志向しているという現実を踏まえての二院制を提案したりするなど、独自の内容で論の補強を行っている。

バークの見解に反論する場合、Ⅰの解説で触れたとおり、民主制下では他人の権利を尊重し、万人の権利を広く保障し擁護する義務が生じるため、抑止力を持たない君主や富者の統治より抑圧度が高くなることはないという立論が考えられる。

講評

二〇二三年度までの出題は、課題文を読み、それを四〇〇字で要約したうえで、それに基づく意見論述を行うという形式であったが、二〇二四年度は、課題文として鼎談が与えられ、受験生自身が議論に参加することが要求された。形式上は大きな変更であり要約こそなくなったものの、課題文の理解を踏まえて意見論述を行うという根本は不変である。ただし、架空の鼎談にさらに発言を加えるという点で、例年に増して発想力・表現力が問われる出題であったと言える。

二〇二四年度の課題文は登場する三名の立場も意見も明快であるため、フランス革命について「歴史総合」や「公共」で学ぶレベルの背景知識があれば、内容把握は難しくない。自分自身の発言内容を論述するにあたっても、フラン定」あるいは現代という立ち位置から述べるとするような工夫が必要である。

Ⅱ　バークの見解に続けて発言するにあたって、まずB後⑧（Ⅰに続く課題文後半におけるバークの第八＝最終発言）の内容を確認する。

〈バークの民主主義観〉

• 国民の多数派が最も残虐な抑圧を少数派に対して加えうる
→ただ一人の統治者から懸念されうるいかなる抑圧にもましてはなはだしい害悪
→人類の共感の情を得て自らの傷の痛みを癒すことができない

次に、課題文後半における議論の内容について、ウルストンクラフトとバークの大衆に対する評価に注目して確認する（ペインの発言はバークに対する質問が中心）。

〈ウルストンクラフトの大衆観〉

• 今日のフランス国民の信念によれば、髪結い人や脂蠟燭商人（＝大衆）は侯爵や公爵（＝富者である上流階級）よりも立派な統治者たりうる（W後③）
• 自らの利益のための立法に英知を発揮したとさえ言えず、近視眼と愚行によって破滅を招いた上流階級よりも、大衆のなかにむしろいっそう多くの英知と常識を見出しうる（W後⑤）

〈バークの大衆観〉

• 大衆が国家の圧政を受けることは許されないが、大衆が個人的にせよ集団的にせよ国家を統治するなら、国家自体が抑圧される（B後③）
• 大衆には選挙人や立法者にとって必要な英知（＝富があがなう閑暇によって導かれる反省）がなく、賢明な統治者ではありえない（B後④・⑤）
• 大衆（＝貧乏人）は抑圧を癒す術を知るほどの英知はなく、財産を持たないために責任感がない（B後⑦）

●フランス人が求める自由は、各個人が社会契約によって結合しているすべての他人の自由と両立しうる限りでの、一定の社会的・宗教的な自由にほかならない（W③）

〈バークの自由観〉

●すべての種類の自由が祝福されるべきだと信じることはできない（B①）

●雄々しい道徳的な統制ある自由を愛する（B②）

●自由は、統治、公共的権力、軍隊内の規律・服従、効果的な歳入、道徳・宗教、社会的安定・所有権、平和・秩序・公序良俗との結合を抜きにして長続きしない（B③）

●社会における他人の欲望によって制限される自由は、絶対的で譲るべからざる自由とは大違いのものである（B④）

これらを踏まえ、自分の発言を考えることになるが、議論としての整合性を持たせるためには、指定箇所直前の発言W⑥（フランス革命において偶然生じたにすぎぬ悪に何故Bは立腹するのか）およびP⑤（革命における暴力は正常な政治の一部分である）に対する自分自身の見解が中心となるべきである。なお、Ⅰでの解答に応じてⅡの解答の方向が決まるので、目配りが必要である。

〈解答例〉では、ペインの見解に反対する立場をとった。まず、三者のいずれも言及していない「政治」の定義を確認したうえで、革命は正常な政治の一部分ではなく非常手段であると主張し、P⑤への反論を行っている。そして、P③を逆手にとり、フランスの旧体制が非常手段をとるに足る状況ではなかった可能性を論じて、さらに生命権にも言及してW⑥への回答につなげる形で発言を締めくくっている。

ペインの見解に与して発言する場合は、自由・生命・財産を含む固有権が政府によって侵害された場合の革命権（抵抗権）を主張したロックの説を援用することなどができる。なお、解答作成にあたっては、ペインの見解に対する賛否を問わず、時代設定（フランスでは、国民議会による封建的特権の廃止や人権宣言の発出が行われていた）に留意したい。第一共和政やナポレオン帝政などその後の事態や、現代の視点を根拠とする場合は、「事実」として述べるのではなく、「想

〈ペインのフランス革命観〉
●旧体制は腐敗しすぎて改革が不可能であったがゆえに破壊されねばならなかった（P①）
●人権宣言はそれ自体で人間義務（＝他人の権利を尊重する義務）の宣言である（P③）
●フランス革命は位階制度と特権という古い社会秩序に代わるに、社会正義と友情と自由と平等の新しい考えをもってした（P④）
〈ウルストンクラフトのフランス革命観〉
●イギリス革命もフランス革命も自由という同じ至上目的を持っている（W①）
●フランス革命の道徳的高貴さは、自己一個の権利の享受だけでなく、万人の権利を広く保障し擁護することが自らの義務となる点にある（W④）
●フランス革命において暴力が振るわれたとすれば、特権階級が自らの特権を放棄することを拒否したためである（W⑤）
●フランス革命における悪は、さまざまな善のなかに偶然生じたものである（W⑥）
　これらより、ペインならびにウルストンクラフトは革命に肯定的、バークは否定的であることがわかる。次に、三者の「自由」に対する見解を確認する。
〈ペインの自由観〉
●自由というものは一般に善である（P②）
●人間には自由を要求する絶対的で譲るべからざる権利があり、その自由は状況に応じて他人の権利によって限定される（P③）
〈ウルストンクラフトの自由観〉
●非理性的な少数の例外的人間の束縛の問題を取り上げても、人間の自由に関する問題の理解は広がらない（W②）

観視しうる外部の者も、内政干渉のそしりを恐れて多数派の決定を尊重せざるを得ないからです。たとえば、特定の民族を共通の敵に仕立て、現状に不平不満を抱く民衆を多数派として動員するような動きにつながりかねません。ですから、フランスが民主制を目指すなら、複数の合議体を設けて相互にチェックさせるなど、多数派による不当な決定を立法に直結させない仕組み作りが必要です。（五〇〇字以内）

解説

《革命の正当性と民主主義における多数派の暴力》

二〇二四年度は、イギリスの政治思想家モーリス＝クランストンがBBCラジオ放送のために書いた架空の鼎談集『政治的対話篇』（みすず書房、一九七三年）からの出題であった。課題文はバーク、ペイン、ウルストンクラフトの三名による鼎談であり、自分自身も議論に加わっていると仮定して、指定された箇所（課題文前半部末尾のⅠおよび後半部末尾のⅡ）においていかなる発言をするか、それぞれ五〇〇字以内で述べることが求められている。Ⅰにおいては、ペインの見解（革命は正常な政治の一部分である）に与しても反対してもかまわないが、Ⅱにおいては、Ⅰで述べたのと同じ立場に立って、バークの見解（民主主義においては国民の多数派が最も残虐な抑圧を少数派に対して加えうる）に賛同するか反論を加えるのが条件である。

Ⅰ　まず、課題文前半での議論の内容をフランス革命（一七九〇年時点の状況）に対する三名の評価に注目して確認する。

〈バークのフランス革命観〉

- フランスにおける新しい自由について祝福を述べることを当分差し控えなければならない（バークの第三発言＝B③、以下同様に表示）
- フランス革命を引き起こし維持するために、あらゆる種類の圧政と残虐が行われた（B⑤）
- フランスに起こったさまざまな革命には、礼節の革命（＝王族に対する暴力）も含まれている（B⑥）

論述力

解答例

Ⅰ　ペインさん、そもそも政治とは社会におけるルールや政策の意思決定をする活動です。革命は政治活動を行う基盤の転覆であり、政治活動そのものではありません。革命と革命に付随する暴力は、限界が明白となった体制をリセットするため止むを得ず用いる非常手段であり、正常な政治の一部分ではないのです。フランスの旧体制は果たして非常手段を用いるにふさわしい状況だったでしょうか。ペインさんは人間には自由を要求する絶対的で譲るべからざる権利があるとおっしゃいます。しかし要求する自由の内容は人によって異なります。旧体制下の民衆には、自由の獲得のために暴力が付随する革命までは要求しない人々もいたはずです。また為政者やそれに連なる階級に、ある程度の不満を抱きつつ、それを甘受して人生をまっとうするという「安定」を望んだ者もいたのではないでしょうか。革命はそうした多様な人々の望みをふみにじり、革命に賛同しない民衆の命を奪ったのです。革命は自由の権利の前提であるべき生命の権利を奪う行為です。ウルストンクラフトさんがおっしゃる、革命の必要悪にバークさんがいきどおっておられるのは、まさにこうした理由によるのではないでしょうか。（五〇〇字以内）

Ⅱ　民主主義においては国民の多数派が最も残虐な抑圧を少数派に対して加えうる、というバークさんの主張に賛同します。私は統治者としての民衆の資質について、ウルストンクラフトさん同様、高く評価します。農民も商人も、庶民は自らの暮らしが多様な生業を持つ人々との関わりで成立することをよく知っています。租税や地代で代々生計を立ててきた人々より政策の結果への想像力が高いはずです。しかし、どれだけ理性的な人も熱狂の渦に飲まれて正常な判断を失うことはありえます。バークさんのおっしゃる「暴徒」にもそうした民衆が多数いたでしょう。民主主義における数の暴力は革命の暴力よりたちが悪いと私は考えます。多数決という規定手続きを経るだけに少数者は異議を唱えにくく、状況を客

//////////////////// · memo · ////////////////////

/////////////////// · memo · //////////////////

2023年度

解答編

解答編

英語

I

解答 (1)―1 (2)―3 (3)―4 (4)―6 (5)―5 (6)―8 (7)―7 (8)―2 (9)―9 (10)―0

◀解 説▶

(1)～(10)には空所を挟んで2つの単語が書かれており，下の枠内の0～9までの単語のいずれかを入れ，他の2語とそれぞれ組み合わせることで別の単語を作る問題。解答は(1)～(10)のそれぞれの空所に入れる語を，枠内の0～9の番号で答える。問題文に具体例があり，設問の意味はわかるだろう。できあがる単語が浮かびやすい組み合わせもあるので，見つかったものから候補として解答していき，残りの語で調整するとよい。

▶(1) 1の ground であれば，battleground「戦場」と groundwork「基礎，土台」という2語ができるので，これが正解。

▶(2) 3の house であれば，courthouse「裁判所」と household「家庭，世帯」という2語ができるので，これが正解。

▶(3) 4の land であれば，fairyland「おとぎの国，理想郷」と landlady「女主人，おかみ」という2語ができるので，これが正解。

▶(4) 6の note であれば，footnote「脚注」と notebook「ノート」という2語ができるので，これが正解。

▶(5) 5の man であれば，foreman「親方，監督，職長」と mandate「権限（を与える），委任統治」という2語ができるので，これが正解。

▶(6) 8の ward であれば，homeward「帰途の」と wardrobe「洋服箪笥，衣装箱」という2語ができるので，これが正解。

▶(7) 7の suit であれば，lawsuit「訴訟，案件」と suitcase「スーツケース」という2語ができるので，これが正解。

▶(8) 2の head であれば，letterhead「レターヘッド（文書の上部にある部分）」と headline「見出し」という2語ができるので，これが正解。

▶(9)　9のyardであれば，shipyard「造船所」とyardstick「物差し，尺度」という2語ができるので，これが正解。

▶(10)　0のfareであれば，warfare「戦争」とfarewell「別れ，さようなら」の2語ができるので，これが正解。

II　解答

(11)—2　(12)—9　(13)—6　(14)—8　(15)—4　(16)—7
(17)—3　(18)—0　(19)—5　(20)—1

◆全　訳◆

≪地下室で見つけた不思議なランプ≫

言葉巧みに老婦人の家に入り込み，信頼も得ていたジョンは，彼女がやかんをかけに台所に行った隙に，右手にある謎めいたドアの奥に何があるのかを探った。地下室につながる階段を下りながら，ジョンが最初に気づいたのは悪臭だった。吸い込むと，すぐさま，明らかに長きにわたってずっと誰の侵入も，少なくとも人の侵入は受けていない部屋の，よどんだ空気が鼻の奥にツーンときた。ジョンはちょっと立ち止まり，その部屋の明るさ，いや，より正確に言えば，明るさが足りないのに目が慣れるのを待った。そうこうするうち，部屋のじめじめした空気が，手や顔や首の後ろなど，肌のあらゆるところで感じられるようになった。母なる自然が人間に与えてくれた五感のうちの四つを使っていると，それぞれが自分の周囲の状況にかなり慣れてきたので，彼は目の前に広がるガラクタの山をせっせとくまなく探し始めた。長い間忘れ去られていた子供時代の，積み上がった残骸に足をとられながらも，手足のとれた人形，サドルのない揺り木馬，車輪のないローラースケート，他にもたくさんの壊れたおもちゃをかきわけて進むと，彼は地下室のずっと奥の片隅に，年代物のくすんだランプを見つけた。一瞬，動きを止め，もう一度自分の周りを入念に見渡してから，彼はその品物を拾いあげた。近くにあったおもちゃ箱を引き寄せて，そこに腰かけると，ハンカチを取り出し，その不思議な真鍮の容器を磨き始めた。突然，ランプから光が放たれ，その直後に容器の注ぎ口から青い煙がもくもくと渦を巻きながら立ちのぼったので，ジョンは愕然とした。

◀解　説▶

下線のある(11)～(20)の語の，辞書に記載されている定義として適切なものを0～9から選択する問題。下線部の数と選択肢の数は同じなので，わかるものから選んでいく。難度の高い語がほとんどだが，文脈から判断できるものも多い。接頭語・接尾辞の意味や語根が共通する語の意味から類推したり，単語の語形や文中における位置から品詞を特定したりして，選択肢から候補を絞り込み，あてはめて確認していく方法が有効。

0．「純度や光沢が色あせてしまうこと，輝きが薄れ，くすんで見えたり，違う色に見えたりすること」

1．「突然，ドキッとしたり，不安感でいっぱいになって，恐怖，戦慄，驚きなどの思いに駆られて」

2．「巧妙に手に入れること，お世辞で心をつかむこと」

3．「誰か，あるいは何かに気づいたり，発見したり，目に留めたりすること」

4．「徹底的にだが，手あたり次第，乱雑に探すこと」

5．「とりわけ，こすることでつやを出したり，なめらかにすること」

6．「何かが非常に少ないか，十分にない状態」

7．「どんな類であれ，何かの残り物からなるゴミや廃棄物の山」

8．「不快なほど湿気が多い，嫌になるほど湿って冷たい」

9．「悪臭，強烈で不快な臭い」

▶(11) inveigle は「ずるをして～を得る，～をそそのかす」という意味の動詞で，2が正解。ここでは inveigle *one's* way into ～ の形で「ずるをして～（場所・地位など）に至る」という意味になっている。老女の信頼を得ている状況がわかれば正解に至るだろう。

▶(12) stench は「悪臭」という意味の名詞で，9が正解。後続文中の inhale「吸い込む」という動詞や，stale air of a room「部屋のよどんだ空気」などの表現からも判断はつくだろう。

▶(13) paucity は「不足」という意味の名詞で，6が正解。ジョンが居るのは地下室で，十分な明かりはないと想像できる。また，この直前に目が明るさに慣れるまで待つと述べられていることからも it つまり the light の不足だと判断がつくだろう。

▶(14) dank は「じめじめした」という意味の形容詞で，8が正解。dank atmosphere が皮膚で感じ取れるというのだから，この語はその部屋の空気がどんな感じかを表す形容詞だと判断でき，正解に至るだろう。

▶(15) rummaging における rummage は「引っかき回して探す，徹底的に探す」という意味で，4が正解。このあと床に散らばった山のようなガラクタをかき分けながらあたりを見回しているところから，正解に至るだろう。

▶(16) detritus は「破片，ばらばらにされたもの（の山)」という意味の名詞で，7が正解。このあと，手足のとれた人形など，さまざまな壊れたおもちゃや道具が登場していることも参考になる。

▶(17) descried は descry「(遠くにあるもの）を見つける」の過去形で，3が正解。ジョンがさまざまなガラクタの山を引っかき回しており，地下室の隅にランプがあるのを見つけたという状況は読み取れるだろう。

▶(18) tarnished はもともと tarnish「変色させる」の過去分詞だが，「色あせた，錆びた」という意味の形容詞としても用いられ，0が正解。

▶(19) burnishing における burnish は「～を磨く，(こすって）つやを出す」という意味の動詞で，5が正解。ジョンがハンカチを取り出してランプをどうし始めたのかを考えると，正解に至るだろう。

▶(20) aghast は「仰天して」という意味の形容詞で，1が正解。古びたランプをこすってみると，光が放たれ，青い煙が立ちのぼったのだから，驚いたはずで，そのことからも判断はつくだろう。

●語句・構文●

take advantage of ～「～を利用する，～につけこむ」 cellar「地下室，地下貯蔵庫」 nostril「鼻孔」 assault「～を強襲する」 stale「不快な，よどんだ」 intruder「侵入者」 become accustomed to ～「～に慣れる」 patch「部分」 vigorously「精力的に」 junk「ガラクタ」 stumble over ～「～につまずく」 push *one's* way「押し分けて進む」 limb「手足」 a host of ～「多数の～」 brass「真鍮の」 plume「(煙・炎などの）柱」 coil up「渦を巻いてたちのぼる」 spout「注ぎ口」

III 解答

［A］(21)—4 (22)—3 (23)—5 (24)—1 (25)—2
［B］(26)—5 (27)—3 (28)—4 (29)—2 (30)—1

◆全　訳◆

≪成人年齢引き下げをめぐる高校生の会話≫

［状況：高校生のヒロ（以下H）とユリ（以下Y）は，授業のあと，会話を始める。］

H：政府が成人年齢を 18 歳に引き下げたのをどう思う？

Y：そうね，それって 1 年前に施行されたばかりだから，実際，どうこう言うのはちょっと時期尚早だわ。でもどうして？

H：僕には，それって，僕たちの負担が増えるだけで，その見返りとしては実際に何のメリットもないように思えてならないんだ。

Y：あら，どうしてそう思うの？

H：まあ，僕たちはもう 5 年以上前から 18 歳で投票できるようになってるんだから，成人年齢を引き下げたところで，僕たちにそれ以上得られるものなんてあるかな？　つまりさ，僕たちはまだ法律上はお酒を飲んだりタバコを吸うことはできないわけだし。

Y：でも，私たちはもうクレジットカードも持てるし，アパートを借りる契約も結べるし，車のローンも組めるし，スマホとか，英語のレッスンの講座の受講契約だって結べるわよ。

H：君の話だと，僕たちは今や好き勝手に借金できるってことになるよ！

Y：まあ，私個人としては自立していて，そういう類のことにいちいち両親の許可を求めなくてすむのがいいわ。それってなんだか解放感を覚えるもの。

H：気をつけないと，ユリ！　そういう契約の中にはこっちにとても不利なものがあって，いったん署名したら，そこから抜け出すのは極端に難しいことだってあるんだからさ。

Y：ええ，わかってるわ。でも，私はとっても用心深いし，いつも文言も条件もくまなく読んでるのよ。いずれにしても，私は今はアルバイトをしていて自分でお金を稼いでいるから，いちいち親に相談なんかしなくても自分の欲しいものに自由にそのお金を使ってもいいんじゃない？

H：なるほど，それは一理あるね。でも，僕たちは今やこれまで以上に自由があるかもしれないけど，それと同時に，責任だってものすごく重くなってるんだよ。

Y：どういうふうに？

H：今は僕たちが重大な裁判事件で裁判員を務める資格があるという事実とか，どう？

Y：そうね，重大な刑事事件で裁判員になる可能性があるとなると，私は心配だという点は否定しないけど。

H：君は，もし 18 歳や 19 歳で強盗などの犯罪を犯せば，刑事裁判にかけられることもあるし，それに今は，少年法が最近改正されたおかげで，正式に起訴されると，名前と顔がマスコミで報道されることだってあり得るようになったってことも知ってるかい？

Y：まあ，おそらくいいタイミングってことでしょうね。つまり，選挙権があって，さらに言うと，結婚もできる年齢なら，自分の行動に公的に責任を負うべきでしょうし。いずれにせよ，18 歳なら善悪の区別はつくはずよね？

H：善悪の区別ならね，多分。合法か非合法の区別となると，必ずしもできないよ。

Y：まあ，それは私には問題にはならないだろうけど。

H：それは君次第だけどさ，君はそういうところがいささか世間知らずだなって気がしてならないんだよ，ユリ。

◀解　説▶

空所(21)～(25)については［A］の選択肢から，空所(26)～(30)については［B］の選択肢から，最も適した語句を 1 つずつ選ぶ問題。

▶(21)　ヒロは最初にユリに成人年齢の引き下げについての意見を求めており，ユリからその理由を尋ねられている。ヒロは空所のあとで自分の意見を述べているが，ヒロはこの後も，成人年齢の引き下げについては責任も増すという持論に基づく意見を繰り返し述べている。したがって，空所に続くヒロの意見はかなり強くそう考えていると判断でき，4 の I can't help thinking that ～「～と思わないではいられない」が正解。

▶(22)　ユリは第 3 発言（But we can …）で，成人年齢の引き下げによって，自分たちもさまざまな契約ができると述べたのに対し，ヒロはそれだと自分たちが借金することになると反論めいた意見を述べている。ユリはこの後，一般論としての議論を避けて，個人的な話をしており，3 の I for one「私個人としては」が正解。

▶(23)　ヒロが，若者の責任が増す例として，裁判員になる場合を挙げ，その点についてユリに意見を求めている。ユリはこのあとの第 8 発言（Well, perhaps it …）で，選挙権がある年齢なら「自分の行動に責任を負うべきで，善悪の区別もつくはず」だとの意見を述べていることから，この発言でも，裁判員になることは問題ないと考えているはずだが，空所のあとにはその可能性があることに不安もあるという内容が続いていて，その点は認めていると判断できるので，5 の I won't deny「否定する気はない」が正解。

▶(24)　空所の直前の and を挟んで vote という動詞と marry という動詞が続いている点に注目すると，この部分は if you are old enough to vote and marry と続いていることがわかり，vote と言ったあとで marry をつけ足していると判断できるので，1 の I'd add「言い足すと」が正解。

▶(25)　ユリは第 8 発言（Well, perhaps it …）から，自分たちは選挙権のある年齢なのだから，公的に責任を担うべきだと考える立場であり，善悪の判断をすることは自分にとっては問題ではないと考えているはず。したがって，it will be a problem for me を否定する内容となるような発言が入るはずで，2 の I don't think「～とは思わない」が正解。

▶(26)　ヒロはこの発言の後半（so what extra …）で，成人年齢の引き下げにはそれ以上のメリットがないという主旨の発言をしている。つまり，空所を含む前半部分は，5 年以上前から 18 歳で投票できるようになっていることを根拠にした発言と判断でき，5 の we've already been able to が正解。

▶(27)　ユリは成人年齢が 18 歳に引き下げられると，自分たちでクレジットカードを持てるとか，ローンで車が買えるなど，自由にお金のかかる買い物ができる例を挙げている。それに対し，ヒロは，それだと借金も自由にできるということになると皮肉を込めて反論したと考えられる。したがって，be free to *do* で「自由に～できる」という意味の表現を含む 3 の we're now free to が正解。

▶(28)　ヒロはこの第 5 発言（You should be …）の前半で契約の一部は契約者側に非常に不利なものがあると話している。それに続ける形で，once signed「いったん署名すると」のあとに続く内容としては，4 の they can be extremely hard to get out of「そこから抜け出すのは極端に難しいことだってありうる」が正解。この they は some of those contracts を指す。

▶(29)　ヒロは空所(21)で始まる第 2 発言から，成人年齢の引き下げにはあまりメリットがないという立場であることは明らか。したがって，ここでも，自由を手にすれば，同時に責任も増えるという主旨の発言をしたと考えられ，2の we've got an awful lot more responsibility too「責任だってものすごく重くなってるんだよ」が正解。

▶(30)　ヒロはこの発言の前半で，もし18歳や19歳で強盗などの犯罪を犯せば，という条件を述べていることから，空所ではその場合どうなるかを述べたと判断でき，1の they can be tried in criminal courts「刑事裁判にかけられることもある」が正解。

●語句・構文●

以下，ヒロの1つ目の発言に関する項目は（H1），ユリの1つ目の発言に関する項目は（Y1）と示す。

（Y1）come into effect「施行される」

（H2）in return「その見返りに，見返りとして」

（H3）What extra does *A* give us? は修辞疑問文で内容としては *A* doesn't give us any extra. とほぼ同意。

（Y3）sign a lease「賃借する，賃貸する」 take out a loan「ローンを組む」 enter into a contract「契約を結ぶ」

（H4）get *oneself* into debt「借金する」

（Y4）kind of ～「すこし，なんだか」

（H6）You have a point.「それは一理ある」

（H7）be eligible to *do*「～する資格がある」 serve as ～「～を務める」 lay judge「裁判員」 court case「裁判事件」

（Y7）criminal case「刑事事件」

（H8）revision「修正，改正」 the Juvenile Act「少年法」 charge「～を起訴する」

（Y8）It is about time「もう～してもいい頃だ」 tell right from wrong「善悪の区別がつく」

（H10）be up to ～「～次第だ」 naive「甘い，世間知らずの」

Ⅳ　解答

(31)—3　(32)—7　(33)—1　(34)—4　(35)—2　(36)—6
(37)—0　(38)—5

◆全　訳◆

≪英国人俳優へのインタビュー≫

著作権の都合上，省略。

著作権の都合上，省略。

著作権の都合上，省略。

◀解　説▶

インタビュアーの質問に対し，受ける側のベン=キングスレイの応答を選ぶ問題。

▶(31)　カメラを前にして演じる楽しさについて問われた応答としては，「アクション」と「カット」という声がかかる間の時間，つまりカメラが回っていない時間が自分だけの空間になるという思いを伝えている 3 が正解。

▶(32)　演技とは何か教えられるものというより直感や才能の問題か，というやや抽象的な質問がなされている。この質問に対しては，俳優としての自分は何度もテイクを重ね，演技を細かく調整することで良いものができるという面があるが，画家だと一筆で描いたものに何かを加えただけで方向性を失うこともあるという例も挙げて，労力をかければよいというものでなく，直感や才能を生かすほうがよい場合もあり，その「経済性」については学ぶことができるという応答をしている 7 が正解。

▶(33)　何度もテイクを重ねているのに，最終決定は監督という点をどう思うかという質問に対する応答としては，自分は役になりきることで俳優としての責任を果たしており，編集作業が行われているとき，そこにあるフィルムには自分のその演技が映っているのだから，という発言において，俳優が蚊帳の外に置かれているわけではないという主旨の発言になっていると解釈できる1が正解。

▶(34)　ベン自身が「いじくり回す」と称した，「演技をしすぎる」という点をどう思うかという質問に対する応答としては，まず，カメラ，つまり映画撮影の場合は自然な動きが求められるので，それは好まれないという点を述べ，一方の舞台の場合は大きな声や仕草などで観客に伝える必要性があるため，映画撮影とは違うという主旨の4が正解。

▶(35)　トム=ストッパードの発言を取り上げて，さまざまな役を演じる場合，自分の重心をどう維持するかという質問に対して，まずそれをstruggle「闘い」という言葉で表してから，物理学の「弾性点」の法則を例にとり，自分は才能をその弾性の極限まで使って演じわけるが，限度を超えると正気を失ってしまう可能性にまで言及している2が正解。

▶(36)　警告のサインはあるかという質問だが，これは直前の限度を超えると正気を失ってしまうというベンの発言を受けての質問と考えられる。この質問に対する応答としては，Yeahと肯定してから，「特に理由もないのに疲労困憊」という，警告のサインと判断できる言葉が続いている6が正解。発言の最後から2文目（If I become …）でI'm not stretching myself too much.と述べている点も参考になる。

▶(37)　マーロン=ブランドを例に，極限状況でこそ最高の演技ができるのかという質問に対しては，まず，Yes. Me too.という発言で，自分もマーロン=ブランドと同じタイプだと答え，それでもバイオリンの調弦を例に，極限を超えると壊れる危険性や，そこまでやる崇高さについても述べている0が正解。

▶(38)　芸術家としての人生に悔いはないかと問われたのに対し，Noと断言して，人生の素晴らしさについて語っている5が正解。

●語句・構文●

(32)　instinct「直感，本能，生まれ持った才能」　talent「才能」

(33)　live with ～「～を（我慢して）受け入れる，～を抱えて生きる」

(34)　fiddle around「いじくり回す，ちょっといじってみる」

0．snap「（緊張などで精神が）耐えられなくなる，切れる，心が折れる」　tuning「調弦，チューニング（音程を合わせること）」　note「音符，（ピアノなどの）キー」　sublime「崇高な，高尚な」

1．take responsibility for ～「～に対して責任を負う，～に責任を持つ」

ones は takes「テイク（1つのカットまでの1回分の撮影)」を指す。
editing room「編集室」 in character「役にはまって」 be at one with 〜「〜と見解が一致する」
2．elasticity「弾力性，弾性」 let go「手を放す」 distorted「変形した，ゆがめられた」 insane「正気でない，頭がおかしい」
3．film set「撮影現場，映画のセット」 paradoxically「逆説的に言えば，逆説的になるが」 no 〜 whatsoever「全く〜がない」
4．well motivated「十分やる気がある」 mannerism「型にはまった表現の仕方，決まりきった物事のやり方」
6．exhaustion「疲れ果てること，疲労困憊」 economical「経済的な」という語は，ベン自身は演技において，何でもむやみに力んで演じるのではなく，力を抜くべきところでは抜くというやり方を指し，さらにはストーリーや役の本質的な部分から離れないでおくだけというやり方も指していると考えられる。
7．in terms of 〜「〜の観点から（言うと，見ると)，〜の面で」 I bet「確かに」 still「静止して」 stillness「静止，静寂」 he is lost の lost は「道に迷って」という意味で用いられることが多いが，ここではその後，どう描き進めていいかわからなくなるという意味で「方向性を失う」というような訳が考えられる。

V 解答

(39)—2　(40)—3　(41)—4　(42)—4　(43)—2　(44)—7
(45)—1　(46)—3　(47)—5　(48)—4　(49)—1

◆全　訳◆

≪TikTok：日本での成功への道のり≫

［A］ 中国のインターネット企業が国際化を進める際に，通常，まず最初に目を向けるのは，自分たちの裏庭にあたるアジア，世界人口の半分以上が住むところである。多くのアジア諸国は，1990 年代から 2000 年代の Web 1.0 や 2.0 のデスクトップ・インターネット時代をすっ飛ばして，最初に手にしたのが携帯電話という利用者層を抱えており，中国と多くの面で共通点を有している。一般的に，アジア諸国ではソーシャルメディアの利用が非常に活発で，オンライン・エンタテインメントへの根強い需要もあるが，それは TikTok の拡大にとっては非常に将来に期待の持てそうな

特徴でもある。TikTok は地域限定のプロモーション・チャンネルや母国語のインフルエンサー・エコシステムを活用して，各国に合わせてやり方を調整する必要があると理解していた。他と比べてやりやすい市場もあったが，そのうちの一国は，最も対処しにくい市場として突出していた——日本である。

［B］　TikTok の中国国外での最初のオフィスは，日本の流行に敏感な若者にとってのメッカ，東京都渋谷区のにぎやかな通り，どこまでも続く商店街，活気ある夜の歓楽街の奥深くに隠れるように存在していた。「ここはちょっと狭くてすみませんね」と，当惑気味の社員は来社したジャーナリストに詫びた。6 階にある共有のオフィス内には，TikTok ジャパン現地運営スタッフが陣取っている。一番最初のチームは 5 人足らずだったが，それでも部屋が狭すぎて，スタッフ全員が同時に中で仕事をすることはできなかった。多量の資料が机の下に積み上がっていた。白い紙に切り抜いて壁に貼られていたのは，経営陣からスタッフへの次のような激励の言葉だった。「懸命に働け，楽しめ，歴史に残ることをせよ！」

［C］　条件が悪い日本の環境では，中国のインターネットサービスはほとんどうまくいっていなかったので，その市場は試金石のようなものとなった。「もし何かが日本人に受け入れられるなら，基本的には東南アジアのユーザーや他のアジア諸国もみなそれを受け入れられるということだ」と，中国人でベテランのソフトウェア責任者は説明する。問題は，日本人は自意識過剰でプライバシーを尊重することで有名だという点だった。ネット上では匿名のままでいるほうがよく，Twitter や Instagram のような広くアクセス可能なソーシャルメディアのアカウントに本名を使ったり，顔をさらすことには抵抗のある人が多い。TikTok はというと，ユーザーが自分の顔をさらすだけでなく，自分自身を撮影することを想定していたのである。

［D］　もう一つの難題は，日本の労働力に余裕がないことだった。日本の有能な若者は，大企業や公的機関への就職に強くこだわっていた。TikTok のように，中国からやってきた無名の新規参入組が，現地の非常に優秀な人材を採用するなどというのはほぼ不可能だとわかるだろう。このことを考慮して，TikTok は日本社会について深い学識と理解のある中国人スタッフを雇うやり方を採用した。WeChat Pay や深圳に本社がある

ドローン製造会社のDJIなど，他の中国系ハイテク企業に勤めてそれまでに日本で働いた経験のあるスタッフも何人かいた。最後になるが，日本人は東アジアのライバル国製のインターネット関連の製品を警戒しているという評判もあった。その顕著な例が日本で圧倒的シェアを誇るメッセージアプリのLineで，親会社のNaverのルーツが韓国にあることが極力わからないようにしたのである。

［E］ 東京のチームは，新たなプラットフォームにふさわしいネット上のインフルエンサーが誰かを特定して，交渉を始めることに多くの力を注いだ。このグループは，自社の既存のフォロワー・ベースの一部を新プラットフォームに移行させることに加えて，質の高いコンテンツを作成し，認知度を高めることができた。インフルエンサーには2種類あって，著名なスターと，専門家のKOL（キー・オピニオン・リーダー）たちである。セレブには，通常は数百万人にもなる，より広範囲の視聴者がいる一方で，料理やダンスといった，狭い分野に特化したKOLは，人数的には少ないものの忠実で熱心なフォロワー・ベースを持っていた。大きな問題は，ゲートキーパー，つまり，有名人や優秀なKOLへのアクセスを管理するタレントマネジメント代理店であった。TikTokにとって，これらの組織は難攻不落の要塞のようなものだった。誰もTikTokなど知らなかったし，それはどの代理店も真剣に取り合わないだろうということを意味した。

［F］ そしてついに，女性タレントの木下優樹菜の登場で突破口が開いた。運営チームは彼女がユーザーになったことがわかると，即座に彼女が所属する事務所に連絡した。木下はTikTokを非常に気に入って利用しており，コラボに前向きだったが，所属事務所は強い懸念を示した。「6，7回は話し合いを重ねて，やっとのことで契約にこぎつけましたよ。日本の芸能事務所は特に慎重なので，私たちの製品を知ってもらうためには何度も何度も声をかけて，協力に対する私たちの誠意を示す必要があります」と，当時のTikTokジャパンの取締役は説明した。苦労して最初のスターを確保したことで，他のスターたちを説得する道のりもそれほど険しいものではなくなった。Twitterで500万人のフォロワーを持つきゃりーぱみゅぱみゅ，ガールズバンドの「E-girls」，有名ユーチューバーの「Fischer's」などは，TikTokを公式に支持した初期の有名人たちの一部だった。

［G］ さらに，運営チームは他のプラットフォームでもプロモーション・

アカウントを運営した。TikTok ジャパンの Twitter アカウントは 2017 年 5 月に登録され，おそらく一番最初の TikTok のプロモーション・アカウントとなった。投稿された動画からは，初期の Douyin（中国版元祖 TikTok）と同様のコンテンツスタイル，つまり，若者向けのダンスやリップシンクが見て取れる。しかし，TikTok が日本で驚くほどうまくいった主な理由は，市場に類似製品がなかったことだった。MixChannel のような国内のショートビデオの競合相手も，Facebook，Snapchat，YouTube という有名なシリコンバレーからの提供も，同様のものは何も提供できなかったのだ。

［H］ 広範囲に及ぶ個人主義を嫌う文化に対処するため，運営チームはグループで一緒に参加できるようにする取り組みや，顔をわかりにくくするのに使えるフィルターを力説して，自意識や外見に関する不安を軽減した。運用のためのノウハウの多くは，すでに培われていたが，それはもともと Douyin から TikTok ジャパンに引き継ぐことができたものだった。この中には，オンラインでバズり，ネット上で話題を呼び，国内のスターや有名人をより多く呼び込むことになる，非常に魅力的なチャレンジの実績があるバック・カタログも含まれていた。

［I］ 前述の通り，TikTok の初期のスタッフは，国内の事情に詳しい中国人だったが，やがて方針を変えて現地の人だけを採用するようになった。プラットフォームの評判が少しずつ高まるにつれ，採用もさらに自分たちで何とかできるようになり，徐々に意思決定権も北京から日本支社へと移っていった。その後，TikTok の親会社である中国の ByteDance 社はさらに自信をつけ，東京メトロに広告をいっぱい出して，オフラインでのプロモーションも開始した。その間に，日本のテレビ局でプロダクトプレイスメントの禁止をうまく回避するために，運営チームは，プロデューサーに面白くて報道する価値のあるストーリーを提供する方が容易というやり方で何とか切り抜けた。TikTok ジャパンのスタッフの話だと，TikTok の逸話に関するテレビ報道は増え始め，2018 年 6 月初旬には「ほぼ毎日の出来事」になったそうだ。

◀解　説▶

▶(39) ［A］段で述べられている考えを選ぶ問題。

1．「中国の国際化は，自国の裏庭であるアジアまでにしか及ばない」

2.「アジア諸国に共通するインターネットの傾向として，TikTok がアジアで成功する可能性があることが示唆された」
3.「中国やアジア諸国ではデスクトップパソコンの使い方を知らない人が多い」
4.「日本のナッツ市場は参入が難しいが，うまくいけばその努力の価値は十分にある」
5.「TikTok は基本的に，アジア諸国では全体としては同じ事業計画を採用している」

［A］段の第 3 文（In general, Asian …）には，アジア諸国ではソーシャルメディアの利用が活発で，オンライン・エンタテインメントへの根強い需要があるので TikTok の拡大にとって期待が持てそうだと述べられており，2 が正解。1 は，第 1 文では中国のインターネット企業が国際化にあたってまず最初に目を向けるのはアジアだと述べられているが，アジアだけに目を向けているわけではなく不適。第 4 文（TikTok saw it …）に，TikTok は各国に合わせてやり方を調整する必要性があると理解していたと述べられており，5 も不適。最終文の toughest nut to crack は「難問題，難物」という意味で，ナッツとは関係ないので 4 も不適。

▶⑽ ［B］段において，壁に貼られた白い紙に書かれていたメッセージはどれかを選ぶ問題。最終文にはそのメッセージは経営陣からスタッフへの激励の言葉だったと述べられている。したがって，スタッフのやる気をかき立てる言い方としては命令文の形と考えられ，動名詞形の 4 と 5 は不適。1 は have work は「仕事を持つ」という意味で不適。2 の hard work はこの部分だけ名詞なので不適。したがって 3 が正解。make history は「歴史に残ることをする」という意味の表現。

▶⑾ ［C］段として，①～⑤の番号のついた英文を並べ替えて，論理的に適切な流れの段とする問題。
①「問題は，日本人は自意識過剰でプライバシーを尊重することで有名だという点だった」
②「TikTok はというと，ユーザーが自分の顔をさらすだけでなく，自分自身を撮影することを想定していたのである」
③「『もし何かが日本人に受け入れられるなら，基本的には東南アジアのユーザーや他のアジア諸国もみなそれを受け入れられるということだ』と，

中国人でベテランのソフトウェア責任者は説明する」
④「条件の悪い日本の環境では，中国のインターネットサービスはほとんどうまくいかなかったので，その市場は試金石のようなものとなった」
⑤「ネット上では匿名のままでいるほうがよく，Twitter や Instagram のような広くアクセス可能なソーシャルメディアのアカウントに本名を使ったり，顔をさらすことには抵抗のある人が多い」

まず①の英文では日本人の国民性が問題となっており，⑤はその具体的な説明となっていることから①の後には⑤が続く。さらに，②はその国民性に対して，相反する TikTok の特徴となっているので⑤の後に②が続く。残る③と④については，④では，中国のインターネットサービスが日本で苦戦する状況が述べられており，文末の test case「試金石」という語に注目すると，③の，日本でうまくいけば，他のアジア諸国でもうまくいくだろうという内容につながるので④の後に③が続く。この後に①，⑤，②という日本についての話につながることから，④—③—①—⑤—②の順となり，4が正解。

▶(42)［D］段で述べられていない考えを選ぶ問題。
1．「日本の求職者には，TikTok は無名で馴染みのない企業と見なされるだろう」
2．「Line は努めてもとは外国企業であることを公表しないようにした」
3．「日本人は外国の競合他社が現地で作ったウェブサービスや商品に警戒心を抱いていると考えられている」
4．「日本では少子化が原因で有能な若い労働者は少数しかいない」
5．「TikTok より前に，日本で雇用を提供している中国のハイテク企業は他にもあった」

［D］段第2文（Talented young Japanese …）には，日本の有能な若者は，大企業や公的機関への就職に強くこだわっていた，とは述べられているが，有能な若い労働者がいないとは述べられておらず，4が正解。1については第3文（An unknown new …）に，2については最終文（A prominent example …）の後半の which 以下に，3については第6文（Lastly, the Japanese …）に，5については第5文（Several had previously …）にそれぞれ同様の内容が述べられている。

▶(43)［E］段における KOLs の意味を問う問題。

KOLsはKey Opinion Leaders「キー・オピニオン・リーダー（商品を販売するにあたって影響力を持つ人たち）」を指し，2が正解。［E］段第1文（The Tokyo team …）から，TikTokの東京のチームが事業を展開するにあたってネット上のインフルエンサーを求めていたことがわかり，第3文（There were two …）に，インフルエンサーには2種類あって，著名なスターとKOLだと述べられていることからも判断はつくだろう。

▶⑷・⑷5 ［F］段の空所Xに，0～9の番号のついた語を適切な語順で並べ替えて補充し，完成した文の4番目と8番目の語を番号で答える問題。

完成英文：once the operations team discovered she had become a user

空所の後のコンマ以下には接続詞のない文が続いていることから，空所には接続詞で始まる文が入る。選択肢の中で，onceは「いったん～すると，～するとすぐ」という意味の接続詞として用いることができるので，onceが最初とわかる。主語は，コンマの後がtheyであることに注目すると，［G］段第1文（Additionally, the operations …）の主語でもあるthe operations teamなら代名詞はtheyであることから，これが主語だとわかる。［F］段第1文に木下優樹菜の名前が出ており，sheは木下を指す。第3文（Kinoshita enjoyed using …）から彼女がuserとなっているのは明らかで，she had become a userというつながりがわかる。残るのは動詞のdiscoveredであり，これがthatの省かれた名詞節のshe以下の文を目的語にしていることがわかる。したがって4番目は7のteam，8番目は1のbecomeが正解。

▶⑷6 ［G］段でどういう主張がなされているかを選ぶ問題。

1．「日本の消費者はスタイル上の理由から，米国のソーシャルメディア企業よりもアジアのソーシャルメディア企業のほうを好む」

2．「日本では，MixChannelはTwitter，Facebook，YouTubeよりも人気がある」

3．「TikTokジャパンは，他のソーシャルメディア会社を通して自社を宣伝する一方で，ほぼ直接的な競合がないという状況に恵まれていた」

4．「TwitterとTikTokジャパンは互恵的な関係にあり，おのおの相手会社のプラットフォームに広告を出していた」

5．「日本のMixChannelは，最終的にはあまりにも地域が限られて規模が小さすぎ，中国や米国の巨大ハイテク企業とは戦えなかった」

［G］段第１文（Additionally, the operations …）で，TikTok ジャパンの運営チームは他のプラットフォームでもプロモーション・アカウントを運営したと述べられており，第４文（However, a key …）には，成功の主な理由は市場に類似製品がなかったことだとも述べられていることから，３が正解。

▶(47)　［H］段の５カ所の空所に入る語の組み合わせを選ぶ問題。

いずれも空所の前後にある単語とのつながりから判断することになる。最初の空所は，前後の aversion「嫌悪」と individualism「個人主義」という語から「個人主義に対する嫌悪」となる to が適切。２つ目の空所は participate together「一緒に参加する」と group とのつながりから，「グループで一緒に参加する」となる in が適切。３つ目の空所は，concern「不安，懸念」と physical appearance「外見」とのつながりから，「外見に関する不安」となる about が適切。４つ目の空所は，運用のための expertise「専門技術，専門知識，ノウハウ」の多くは，中国版元祖 TikTok である Douyin から引き継がれたものが元になっているという文脈であり，be build up from ～ で「～から作り上げる」という意味になる from が適切。５つ目の空所は be transferred over to ～ で「～に引き継がれる」という意味になる over が適切。したがって，この順番になっている５が正解。

▶(48)　［I］段の要約文として適切な英文を選ぶ問題。

１．「TikTok ジャパンはスタッフは日本人社員のみの独立した会社となったため，テレビのニュース番組やドラマ，日本映画にも登場し，地元民に大人気となった」

２．「TikTok ジャパンはすべて自分たちで判断できるようになったため，日本人だけを雇い，日本のテレビ会社や鉄道会社を使って宣伝を行い，電車の中やテレビのニュース番組の合間のコマーシャルの時間に広告を出すことが多くなった」

３．「TikTok ジャパンは，日本人スタッフの雇用を増やして自信をつけ，日本のテレビ局や東京メトロに広告を出して評判を高めてから，親会社である ByteDance 社から独立した」

４．「時が経つにつれ，TikTok ジャパンは日本人スタッフのみを雇用する方針に変え，より高い評価を受けるようになると，諸事の運営方法により多くの発言の機会が与えられ，直接，間接両方のマーケティング戦略を駆使して自社のプロモーションを行うようになった」

5．「TikTok ジャパンが東京メトロで広告を出したり，日本のテレビドラマの中で自社製品を登場させたり，北京からさらに自由に意思決定を任されると，多くの若い日本人求職者が，急に同社で働きたいと思うようになった」

　［Ⅰ］段では，初期の中国人スタッフから日本人だけを採用するように方針が変わり，プラットフォームの評判が高まると，意思決定権も北京から日本支社に移ったという経緯や，親会社の中国の ByteDance 社が自信をつけて，東京メトロに広告を出したり，テレビ局でもプロダクトプレイスメントの禁止をかいくぐるやり方で，テレビで TikTok の逸話が報道されるようになったという経緯が述べられており，4 が正解。

▶(49)　本文のタイトルとして最も適切なものを選ぶ問題。

1．「TikTok：日本での成功への道のり」

2．「TikTok：アジアでは Facebook や Twitter は時間切れに」

3．「TikTok：アジアにおけるソーシャルメディアのブーム」

4．「TikTok：米国の巨大ハイテク企業にとって残り時間はわずか」

5．「TikTok：中国の技術が日本人の羞恥心をどう克服したのか」

　この英文全体を通して，TikTok が日本で大成功を収めた経緯が述べられており，1 が正解。

━━━●語句・構文●━━━

［A］　share broad similarities with 〜「〜と幅広い類似点がある」 mobile-first users「最初に手にしたのが携帯電話という人たち」　Web 1.0 and 2.0 はいずれもウェブの利用法を指す流行語で，Web 2.0 は 2000 年代中頃によく使用された。 in general「一般的に，概して」　tailor *A* to *B*「*A* を *B* に合わせて調整する」　localized「地域限定の」　influencer ecosystem「インフルエンサー・エコシステム」とはインフルエンサーが作成したコンテンツを利用，展開して自社ブランドの支持を高めるシステムのこと。stand out「突出する，目立つ」

［B］　bustling street「繁華街」　vibrant「活気ある」　mecca「メッカ，憧れの地」　fashion-conscious「流行に敏感な」　stacks of 〜「多量の〜，〜の積み重ね」　Cut out から wall までは，主語の the following message

以下と倒置された形となっており，the following message 〜 was cut out … と考えるとよい。

［C］ thrive「成功する，うまくやる」 inhospitable「人を寄せ付けない，不愛想な」 test case「試金石」 self-conscious「自意識過剰の，人目を気にする」 anonymous「匿名の」

［D］ labor pool「労働力」 Given this「これを考慮すると」 Shenzhen-based「深圳に本社を置く」 obscure「〜をあいまいにする」

［E］ gatekeeper「ゲートキーパー」とは直訳すれば「門番」だが，ここでは企業の境界を越えて，内部と外部とを情報面からつなげる役割を果たす人や会社を指す。

［F］ express strong reservations「強い懸念を示す」 seal the deal「契約を結ぶ」 time and again「何度も」 painstakingly「苦心して，骨身を惜しまず」 big names「有名人」

［G］ lip-sync「リップシンク」とは，映像作品やアニメーション作品に登場する人物の口の動きとセリフを合わせる，いわゆる「口パク」。MixChannel「ミクチャ」はライブ配信ストリーミングや動画共有コミュニティサイトで，日本製のSNSである。

［H］ address「〜に対処する」 engaging「魅力的な」 generate online buzz「ネット上で旋風を巻き起こす，ネット上で噂になる」 このbuzzが「バズる」という日本語に取り入れられている。

［I］ As mentioned「前述の通り，すでに述べたように」 advert「広告」 get around 〜「〜をうまく逃れる」 product placement「プロダクトプレイスメント」とは広告手法の一つで，映画やテレビドラマの劇中や小道具や背景の中で，実在する企業名や商品名や商標を表示させる手法のこと。anecdote「逸話」

❖講　評

2023年度は，2021・2022年度に続き，新形式の語彙問題が１題，会話文が１題，インタビュー形式の問題が１題，長文読解問題が２題の計５題の出題となった。長文の英文量が，2022年度より約350語増加し，約1,250語となった。解答数は2022年度より１問増の49問であった。英文量は増加したものの，全体的なレベルとしてはほぼ例年並みである。

Ⅰの語彙問題は3年連続の新形式問題で，2語の共通する部分を補って単語を完成する形であった。問題間に難易度的にかなり差があるので，わかるものから解答していくのがよいだろう。

Ⅱの長文読解問題は例年出題されている，英文中の下線のある語の定義を選ばせる問題。英文は短いが，難解な語がほとんどなので，例年通り品詞も考慮しつつ定義文を本文に挿入していき，前後の文脈から推測すれば正解には至るだろう。

Ⅲの会話文問題も例年通り空所補充問題だが，単語挿入形式から変化した2022年度に続き，語句・文挿入形式となった。会話の流れから判断できるものが多いが，一部に会話文独特の表現も含まれる。全体的には標準的な出題である。

Ⅳは2020～2022年度に続いて，インタビュー形式の会話文問題であった。質問とその質問に対する適切な応答を組み合わせる形式だが，質問，応答ともに直接的な表現ではない部分があり，解答に時間がかかる問題となっている。明らかにつながるものから処理するなど，工夫が必要。

Ⅴの長文読解問題はTikTokが日本で成功した経緯をテーマとしており，比較的読みやすい英文ではあるが，段落数，語数が増加し，選択肢の数もすべて5つに統一された。設問は内容真偽，空所補充，整序，主題など多様であるが，各段落に対応したわかりやすいものも多い。段落内の文整序問題には時間がかかるが，難度的には標準レベル。

例年，英文，問題文，選択肢がすべて英文であり，問題英文の総語数は会話文と読解問題を合わせると2500～3000語前後となっており，速読力が要求されている。マークすべき設問数は50問近くあり，80分という試験時間からすると，難度的には標準レベルよりやや難しい問題と言えよう。

日本史

I 解答

(1)(2)—38 (3)(4)—37 (5)(6)—07 (7)(8)—06 (9)(10)—18
(11)(12)—29 (13)(14)—35 (15)(16)—09 (17)(18)—03 (19)(20)—03
(21)(22)—05 (23)(24)—03 (25)(26)—01

◀解 説▶

≪古代から現代の災害や飢饉≫

▶(1)(2) 盧舎那仏は梵語のVairocanaで光明遍照の意味を持つ。743年，聖武天皇は近江紫香楽宮で盧舎那仏の大仏造立を宣言した。同出来事について記述された『続日本紀』の記述も確認しておきたい。

▶(3)(4) 養和の大飢饉は，西日本を中心に1181年に発生した。西日本を基盤とする平氏に大きな打撃を与えた。

▶(5)(6) 寛喜の大飢饉は，気候不順によって1231年に発生した。飢饉にともなって所領紛争が頻発化したため，3代執権北条泰時は御成敗式目を制定して裁判の基準とした。

▶(7)(8) 寛永の大飢饉は，干ばつ・長雨などによって起こった江戸時代最初の大飢饉。1641～42年に発生し，全国的な大凶作を引き起こした。

▶(9)(10) 田畑永代売買の禁止令は，寛永の大飢饉を背景に1643年に発令された。史料の大意は，「暮らし向きの良い農民は田地を買い取ってますます裕福になり，家計の苦しい農民は田畑を売却してさらに暮らし向きが悪くなる」となる。このような農民間の格差を是正するために，田畑の売買を禁止したのだと想起できれば，正答は導ける。

▶(11)(12) 藤田東湖は，水戸藩主徳川斉昭に仕えた人物。『弘道館記述義』で尊攘思想を説き，水戸学の中心となった。1854年に発生した安政の大地震によって，江戸藩邸で圧死した。

▶(13)(14) 村山富市内閣は，1994年6月から1996年1月にかけて組織された。同内閣時には，阪神・淡路大震災（1995年1月）や地下鉄サリン事件（1995年3月）などが発生した。

▶(15)(16) 菅直人内閣は，2010年6月から2011年9月にかけて組織された。2011年3月に発生した東日本大震災にともなう東京電力福島第一原子力発電所事故への対応で，国民の信頼を失い退陣した。

▶⒄⒅　正解は［03］。人物Aとは，史料1（国分寺建立の詔）や史料2（大仏造立の詔）を発したということから聖武天皇であると判断できる。長岡京への遷都は，桓武天皇の時代に行われた。

▶⒆⒇　正解は［03］。戒律を重視した旧仏教勢力である華厳宗の明恵（高弁）や法相宗の貞慶（解脱）が法然批判を行ったことを想起できれば誤文と判断できる（「法然…は，戒律の護持を提起した」は誤り）。

▶(21)(22)　正解は［05］。「振袖火事」とは，4代将軍徳川家綱時（1657年）に発生した明暦の大火を指す。「『いろは』47組とも呼ばれる組織」とは，町火消のこと。町火消は8代将軍徳川吉宗時に設置された。

▶(23)(24)　正解は［03］。日米修好通商条約では，一般外国人の国内旅行は禁止された。

▶(25)(26)　正解は［01］。平沢計七ら10名の労働運動家が殺害されたのは，亀戸事件でのこと。甘粕正彦が関与したのは，甘粕事件である。

Ⅱ　解答

(27)(28)―13　(29)(30)―09　(31)(32)―20　(33)(34)―34　(35)(36)―03
(37)(38)―08　(39)(40)―04　(41)(42)―03　(43)(44)―05　(45)(46)―04
(47)(48)―02　(49)(50)―02

◀解　説▶

≪近代の経済と産業≫

▶(27)(28)　難問。小坂鉱山は，現在の秋田県に所在した銅山。1869年に官営となり，1884年に藤田組に払い下げられた。

▶(29)(30)　難問。三国干渉の結果をうけて「嘗胆臥薪」の論説を発表したのは新聞『日本』。『日本』は陸羯南を社長兼主筆として創刊された新聞であった。

▶(31)(32)　難問。鉄鋼研究所は，1917年にKS磁石鋼を発明した本多光太郎の主唱で，1919年に東北大学に創立された。KS磁石鋼から鉄鋼を想起できなくもないが，確信をもって正答とするのは難しい。

▶(33)(34)　理化学研究所は，物理・科学の研究および，その応用を目的とする研究機関で，政府の援助を受けて，1917年に創立された。大河内正敏所長のもとで研究成果を工業化するため，理研コンツェルンへと発展した。

▶(35)(36)　正解は［03］。1880 年代初頭，政府の奨励する 2000 錘紡績は不振であった（「政府が奨励した 2000 錘紡績は一貫して好調」は誤り）。

▶(37)(38)　難問。(a)の「兵庫」は選択したいが，(b)の「醸造酒」と(c)の「従量税」の判断は難しい。1866 年，列強は条約勅許によって兵庫開港が認められなかったことの代償に，日本に改税約書の締結を迫った。改税約書締結により，これまでの輸入関税率（醸造酒は 35％，米は 5％など）が改められ，輸入関税は従価税から一律 5％の従量税方式に変化した。なお，従価税とは，価格に関税率がかけられる仕組み，従量税とは，商品の容量・重さ・面積などを対象に関税率がかけられる仕組みのことを指す。

▶(39)(40)　難問。正解は［04］。正しい順に並べると，［03］「官営の郵便制度が発足」（1871 年 3 月），［02］「開拓使庁が札幌に移された」（1871 年 5 月），［04］「屯田兵条例が制定された」（1875 年），［01］「品川硝子製造所が官営として創業された」（1876 年），［05］「日本が万国郵便連合条約に加盟した」（1877 年）の順となる。

▶(41)(42)　正解は［03］。1893 年，インド綿花輸送を主目的として，日本郵船会社によってボンベイ航路が開設された。1896 年には，航海奨励法が出され，政府も航路開設を後押しした（「航海奨励法が制定されたのち，…ボンベイへの航路を開いた」は誤り）。

▶(43)(44)　正解は［05］。下線部の松方財政期に銀本位制は確立したが，貨幣法に基づいたものではない。貨幣法は 1897 年に制定され，同法に基づき，金本位制が確立した。

▶(45)(46)　正解は［04］。正しい順に並べると，［05］「日清通商航海条約が締結された」（1896 年），［01］「台湾銀行が設立された」（1899 年），［04］「日露講和条約が締結され」た（1905 年），［03］「東洋拓殖株式会社が設立された」（1908 年），［02］「日英通商航海条約が，満期を迎えた」（1911 年）の順となる。

▶(47)(48)　やや難。正解は［02］。ヴェルサイユ条約が締結された 1919 年，東京卸売物価指数は前年を上回っている。一部の教科書に掲載されているグラフに注視できていなければ，正答の判断は難しかった。

▶(49)(50)　正解は［02］。地磁気の測定を行ったのは，田中館愛橘。藤沢利喜太郎は，近代数学の確立に貢献した人物。

Ⅲ 解答

⑸⑸—10 ⑸⑸—03 ⑸⑸—55 ⑸⑸—48 ⑸⑹—03

(51)(52)—10 (53)(54)—03 (55)(56)—55 (57)(58)—48 (59)(60)—03
(61)(62)—42 (63)(64)—37 (65)(66)—01 (67)(68)—04 (69)(70)—35
(71)(72)—02 (73)(74)—22 (75)(76)—01

◀解　説▶

≪藤原北家の歴史・太政大臣論≫

▶(51)(52)　史料１の「前右大臣…大宰権帥 (X) 薨（こう）ず」から(X)は菅原道真，(Y)は左大臣とあることから，藤原時平が該当すると判断できる。(Y)が時平と判断できれば，延喜格を導くのは容易であっただろう。延喜格は醍醐天皇の命で，藤原時平らが編集した。

▶(53)(54)　「（大宝）二年」「遣唐執節使」などから粟田真人が正答と判断できる。702（大宝２）年に派遣された遣唐使船には，山上憶良らも同乗した。

▶(55)(56)　頼山陽は，『日本外史』『日本政記』で勤王思想を主張した儒者・史論家。

▶(57)(58)　(Y)が藤原時平であると判断できれば，その父の藤原基経が正答になると導ける。

▶(59)(60)　正解は［03］。安和の変は 969 年，冷泉天皇（上皇）は 1011 年に死去した。消去法で判断したい。

▶(61)(62)　設問文の「後に４人の娘を中宮（皇后）や皇太子妃とし」は藤原道長を指す。道長の父の兄が問われているので，藤原兼通が正答となる。なお，道長の父は藤原兼家。

▶(63)(64)　『日本三代実録』は，醍醐朝に藤原時平・菅原道真らによって編纂された最後の六国史。

▶(65)(66)　仁和寺の創建者から宇多法皇を想起するのは難しいが，史料が醍醐朝であると判断できれば，醍醐朝の頃の法皇として，醍醐天皇の父である宇多法皇が該当するのではないかと想像はできただろう。宇多天皇の時代には，藤原基経が天皇の出した勅書に抗議したとされる阿衡の紛議が起こった。

▶(67)(68)　正解は［04］。最古の勅撰漢詩集は，『懐風藻』ではなく，『凌雲集』。

▶(69)(70)　空欄 (e) に該当するのは高市皇子。高市皇子の子である長屋王は，藤原４兄弟と対立し，最終的に自害に追い込まれた（長屋王の変）。

▶(71)(72)　正解は［02］。少納言は令外官ではない。

▶(73)(74)　「孝謙の僧」から，空欄 (f) には称徳天皇（孝謙天皇が重祚）から寵愛を受けた道鏡が該当すると判断できる。称徳天皇が崩御すると，道鏡は下野薬師寺に左遷された。

▶(75)(76)　［01］が正解。

［01］　適切。(Z)には「太政」が該当する。「主将」とは「武門」と記されていたことから，武士で初めて太政大臣に就任した平清盛を想起したい。平清盛は，平治の乱後，蓮華王院本堂の造営など後白河上皇に奉仕した結果，1167年に太政大臣に就任した。

［02］　不適。観応の擾乱が起こったのは室町時代。

［03］　不適。天慶の乱とは，平将門の乱・藤原純友の乱を指す。

［04］　不適。後白河法皇が崩御した1192年には，すでに平清盛は死去している。

［05］　不適。延久の荘園整理令は後三条天皇時代に出された。

Ⅳ　解答

(77)(78)―34　(79)(80)―20　(81)(82)―18　(83)(84)―42　(85)(86)―08
(87)(88)―31　(89)(90)―01　(91)(92)―07　(93)(94)―01　(95)(96)―14
(97)(98)―10　(99)(100)―04

◀解　説▶

≪古代から現代における婚姻関係の解消形態とそれに伴う法律≫

▶(77)(78)　房戸は，10人程度の小家族で編成された。実際の家族単位ではなく，25人程度で編成された郷戸と区別したい。

▶(79)(80)　「公家，武家，寺社」が「国政機能を分担したと評される」から，権門体制のことである。

▶(81)(82)　難問。下知状とは，幕府が土地の譲渡・売却を認めた公式文書。永仁の徳政令の史料などに下知状の語がみられる。

▶(83)(84)　承久の乱以降，地頭の荘園侵略が進行すると，幕府は当事者間の取り決めによる解決を勧めた。これを和与という。

▶(85)(86)　難問。返り一札は，慰謝料・財産分与などの争いを避けるため三行半を渡した夫が妻方から，離縁を承諾したことや約束通りの金銭を受領したことなどを記した証文のこと。

▶(87)(88)　5代将軍徳川綱吉によって出された武家諸法度天和令では，第

1条が「文武弓馬の道」から「文武忠孝を励し，礼儀を正すべき事」に改められた。

▶(89)(90)　正解は［01］。調は男性のみが負担した。

▶(91)(92)　正解は［07］。

［b］　不適。御成敗式目第41条には，奴婢の子については男子は父親に，女子は母親に属すとされた。

［e］　不適。御成敗式目第27条では，未処分の遺産については，働きや器量をふまえて分配することが定められている。

▶(93)(94)　やや難。正解は［01］。

［02］　不適。三問三答は，口頭ではなく，当事者双方の書面（陳状）によるやり取りを指す。

［03］　不適。判決文となる将軍の下知状は勝訴したものにのみ与えられた。

［04］　不適。判決原案の作成は，評定衆から選ばれた引付頭人のもと，引付衆が審理を行い作成した。最終的な判決は，評定会議で決定された。

［05］　不適。奥州探題は室町幕府の職制。

▶(95)(96)　難問。北沢楽天は，福沢諭吉が創立した時事新報社に，絵画担当の記者として招かれた人物。「漫画」という言葉を定着させた人物として知られる。一部の教科書にコラムとして掲載されているが，判断は難しい。

▶(97)(98)　正解は［10］。

［a］　不適。罪刑法定主義は，1880年にボアソナードが起草した刑法で初めて採用された。当時の刑法は，フランス法系であった。

［b］　不適。戸主は「家」の一切の財産を家督相続したが，前戸主から相続した財産と戸主個人の私有財産とが区別されたわけではない。なお，戸主以外の家族個人の私有財産は各自のものとされた（「先祖伝来の土地については，戸主個人の私有財産とは区別した」は誤り）。

［c］　不適。刑法・治罪法は1880年，憲法公布・施行は1889年のこと（「憲法公布・施行後ただちに刑法と治罪法が公布・施行された」は誤り）。

▶(99)(100)　正解は［04］。

［01］　不適。川崎造船所・三菱造船所の大争議は，日本労働総同盟友愛会が指導した。

［02］　不適。治安警察法5条の改正を実現させたのは，婦人参政権獲得期

成同盟会ではなく，新婦人協会。また，赤瀾会は女性初の社会主義者団体で，婦人参政権獲得期成同盟会の母体になった組織ではない。

[03]　不適。友愛会は，階級闘争主義ではなく，労使協調主義を掲げて1912年に設立された。

[05]　不適。日本労働組合評議会は，日本労働総同盟が分裂したあとに，右派ではなく，左派が結成した組織。

❖講　評

2022年度に比べて，文章の正誤判定問題が3問減少したが，同形式の小問は，50問のうち19問を占めており，全体の難度を高めている。また，単語を選択する問題も例年通り，難解であった。標準的な問題を確実に得点できる力が求められたと考えられる。

Ⅰは古代から現代の災害や飢饉を主題とする問題が出題された。災害や飢饉の歴史は慶應義塾大学では定番のテーマの1つであるため，過去問などで対策をしていた受験生は解答しやすかっただろう。藤田東湖が安政の大地震で圧死したという内容など，過去にみられた問題も出題された。

Ⅱは近代の経済と産業が主題とされた。「小坂」鉱山や，「陸羯南」，「鉄鋼研究所」などを語群から選択する問題は難しかった。また，改税約書締結以前の輸入関税項目や明治初期の年代を並び替える配列問題も難解に感じた受験生は多かったと思われる。

Ⅲは藤原北家の歴史・太政大臣論を主題とした史料問題が出題された。他大問に比べて，標準的な用語が正答となっていたため，史料の内容をしっかりと把握できたかが重要であった。大問ごとのバランスを考えて，Ⅲにどれだけの時間をかけることができたかどうかが得点差につながったと考えられる。

Ⅳは古代から現代における婚姻関係の解消形態とそれに伴う法律が主題とされた。「下知状」や「返り一札」，「北沢楽天」を選択する問題は難しかったが，「北沢楽天」は福沢諭吉と関係した人物であるため，慶應義塾大学の出題としては当然出題されうる内容であったと考えるべきだろう。

世界史

I 解答

(1)(2)—13　(3)(4)—28　(5)(6)—20　(7)(8)—24　(9)(10)—03
(11)(12)—04　(13)(14)—03　(15)(16)—06　(17)(18)—01　(19)(20)—04
(21)(22)—02　(23)(24)—01　(25)(26)—03

◀解　説▶

≪第二次世界大戦後の国際関係≫

▶(1)(2)　人民民主主義は，第二次世界大戦後の東欧諸国や朝鮮民主主義人民共和国・中華人民共和国などで採用された政治体制。ソ連型社会主義に至る過渡的政治形態とされた。

▶(3)(4)　マーシャル=プランの受け入れ機関となったヨーロッパ経済協力機構（OEEC）は，西ヨーロッパの復興・経済協力・貿易自由化などを目的として設立され，1961年に経済協力開発機構（OECD）に改組された。

▶(5)(6)　難問。偵察機撃墜事件（U 2 型機撃墜事件）は，アメリカの偵察機U 2 型機がソ連領空内で撃墜され，パイロットがソ連に逮捕されてスパイ飛行を自白した事件。ソ連の謝罪要求をアメリカが拒否し，米ソ関係が悪化した。

▶(7)(8)　難問。ヨーロッパの緊張緩和と安全保障を討議するためにヘルシンキで開催された全欧安全保障協力会議では，人権尊重と東西間の関係改善などが規定されたヘルシンキ宣言（1975年）を採択した。この宣言は，ソ連・東欧諸国に予想を超える影響を与えることになり，自由化や民主化が進むことになった。

▶(9)(10)　[03] 誤文。ドイツ連邦共和国（西ドイツ）のアデナウアー首相は，社会民主党ではなくキリスト教民主同盟に所属した。

▶(11)(12)　難問。[04] 誤文。1947年の国家安全保障法によって，国家安全保障会議・中央情報局（CIA）・国家軍事機構などが創設された。国防総省（ペンタゴン）は，この時設立された国家軍事機構をもとに1949年に設立された。

▶(13)(14)　[03] 朝鮮戦争は朝鮮民主主義人民共和国（北朝鮮）軍が北緯38度線を越えて始まり，当初は北朝鮮軍が優勢で，(b)釜山近郊にせまった。

この後，アメリカ軍を主力とする(a)国際連合軍の仁川上陸によって形勢は逆転し，国連軍が北緯38度線を越えて中国国境にまで迫ったため，(c)中国は人民義勇軍を派遣して北朝鮮を支援した。

▶(15)(16)　難問。[06] 自由党と日本民主党が合同して(c)自由民主党が結成（1955年）され，同年に結成された日本社会党とともに長期にわたる「55年体制」と呼ばれる政治体制が確立した。自由民主党初代総裁となったのが鳩山一郎である。サンフランシスコ講和会議（1951年）で西側諸国と講和条約を結んで独立を回復した日本は，講和条約に調印しなかったソ連との国交回復を目指し，モスクワで日本の鳩山一郎首相とソ連のブルガーニン首相が会談して(b)日ソ共同宣言（1956年）を調印し，両国の第二次世界大戦の戦争状態を終結させた。その結果，日本の国連加盟に拒否権を行使していたソ連が賛成に回ったため，日本の(a)国際連合加盟（1956年）が実現した。

▶(17)(18)　[01] 誤文。ポーランドのポズナニ暴動を鎮圧したのはポーランド政府で，ソ連軍は出動していない。

▶(19)(20)　難問。[04] 誤文。米ソ間の第2次戦略兵器制限交渉は，1979年に調印された。しかし，直後に起こったソ連のアフガニスタン侵攻のため，アメリカ議会はその批准を拒んだ。

▶(21)(22)　[02] 誤文。西ドイツがオーデル=ナイセ線を国境とした国交正常化条約を結んだのはチェコスロヴァキアではなくポーランドである。

▶(23)(24)　全欧安全保障協力会議にはアルバニアを除く全西ヨーロッパ諸国が参加した。アルバニアは平和共存路線をとるソ連を修正主義として批判する中国を支持し，1961年以来国交を断絶していた。

▶(25)(26)　難問。[03] 誤文。ニクソン訪中（1972年）は米中和解を実現したが，中国の国連代表権の交代はニクソン訪中の前年（1971年）に国連ですでに承認されている。

II 解答

⑵⑵⑻—10　⑵⑶⑽—15　⑶⑴⑶⑵—23　⑶⑶⑶⑷—03　⑶⑸⑶⑹—02

(27)(28)—10　(29)(30)—15　(31)(32)—23　(33)(34)—03　(35)(36)—02
(37)(38)—05　(39)(40)—18　(41)(42)—02　(43)(44)—03　(45)(46)—12
(47)(48)　02　(49)(50)—17　(51)(52)—07

◀解　説▶

≪古代ギリシア・ローマ史≫

▶(27)(28)　カイバル峠はアフガニスタンのカブール（カーブル）とパキスタンのペシャワール（旧名プルシャプラ）を結ぶ交通の要衝。アーリヤ人だけでなく，アレクサンドロス大王やバーブルもこの峠を通ってインドに侵入した。

▶(29)(30)　古代ギリシアでは征服地が「くじ」で市民に分配されたことから市民の世襲の所有地はクレーロス（ギリシア語の「くじ」の意）と呼ばれた。

▶(31)(32)　タレントゥム（現タラント）は南イタリアにスパルタが建設したギリシア人植民市。前 272 年にローマに征服され，イタリア半島はローマ人によって統一された。

▶(33)(34)　[03] 正文。

[01] 誤文。「カースト」はイタリア語ではなくポルトガル語の「カスタ」に由来する。

[02] 誤文。漢の武帝が実施したのは九品中正制度ではなく郷挙里選。

[04] 誤文。同職ギルドの組合員は親方のみで職人は組合員になれなかった。

▶(35)(36)　難問。[02] 正文。

[01] 誤文。民会に出席できるのは，18 歳以上だけでなく，男性で市民であることが条件とされた。女性や奴隷は民会に参加できなかった。

[03] 誤文。民衆裁判所の陪審員は選挙ではなく抽選によって選ばれた。

[04] 誤文。弾劾裁判では，役人だけでなく政治家の不正も告発できた。

▶(37)(38)　[05] (c)マラトンの戦い（前 490 年）に敗れたペルシアは再度遠征軍を送り，(a)テルモピレーの戦い（前 480 年）でスパルタ軍を破ったが，サラミスの海戦（前 480 年）および(b)プラタイアの戦い（前 479 年）に敗れてギリシアから撤退した。

▶(39)(40)　パルテノン神殿に代表される簡素で四角い柱頭を持つドーリア式，渦巻き状の装飾された柱頭を持つイオニア式に次いで現れたのがコリント式で，柱頭部の華麗な装飾が特徴となっている。

▶(41)(42)　[02] 正文。

[01] 誤文。リキニウス・セクスティウス法では，２名のコンスルのうち１名は平民から選ぶことが定められた。

[03] 誤文。護民官は，元老院の決定にもコンスルの決定にも拒否権を持っていた。

[04] 誤文。非常時に全権を掌握したディクタトルの任期は１年ではなく６カ月。

▶(43)(44)　[03] 誤文。第１回ポエニ戦争の結果，ローマの最初の属州となったのはコルシカ島ではなくシチリア島。

▶(45)(46)　後漢時代，西域都護班超の命により部下の甘英が大秦国に派遣された。

▶(47)(48)　[02] 正文。

[01] 誤文。ユダ王国を征服してバビロン捕囚を行ったのは，新バビロニア（カルデア）王ネブカドネザル２世。

[03] 誤文。ヘブライ語で救世主（油を注がれた者）を意味するメシアがギリシア語に訳されてキリストと呼ばれた。

[04] 誤文。ユリアヌス帝は，宗教寛容令を出してキリスト教優遇を廃止したため「背教者」と呼ばれた。キリスト教を国教とし，それ以外の宗教を禁じたのはテオドシウス帝。

▶(49)(50)　コプト教会は，エジプトの単性論派のキリスト教会。単性論が異端とされたカルケドン公会議以後，正統派キリスト教会から独立を強めた。エチオピア教会はこのコプト教会の統制下から独立した。

▶(51)(52)　教父エウセビオスは，コンスタンティヌス帝の時代に開催されたニケーア公会議で活躍した聖職者。『教会史』のほかに『年代記』『コンスタンティヌス大帝伝』などの著作がある。

III 解答

(53)(54)—02　(55)(56)—06　(57)(58)—21　(59)(60)—20　(61)(62)—18　(63)(64)—01　(65)(66)—03（01も可）※　(67)(68)—08　(69)(70)—14　(71)(72)—35　(73)(74)—01　(75)(76)—05

※(65)(66)については，大学から「(65)(66)の正答は03であるが，解釈によっては01も正答となり得るため，いずれかがマークされていれば正答として採点した」という発表があった。

◀解　説▶

≪近現代史における革命≫

▶(53)(54)　難問。まず資料Aの［　ア　］共和国がどこであるのかを確定しなければならない。「中東の軍事同盟は中央条約機構と改称した」に着目すれば，中央条約機構（CENTO）の前身であるバグダード条約機構（中東条約機構，METO）が想起できる。バグダードを首都とするイラクでカセムを指導者とするイラク革命が起こり，イラクがバグダードに本部を置いたバグダード条約機構から脱退したことを思い浮かべれば，［　ア　］はイラクと特定できる。また，各選択肢の内容もイラクを示している。

[02] 誤文。1979年から2003年まで続いたバース党のサダム=フセインの独裁政権は，イスラーム教スンナ派によって支えられ，シーア派の隣国イランと対立していた。

▶(55)(56)　難問。ここでも資料Bから［　イ　］の国名を特定しなければならない。資料中のマイダン・ドンバス・沿ドニエプルの鉱山・黒海の港湾といった地名から，［　イ　］はウクライナと判断したい。2004年の大統領選挙の結果に対する抗議運動から始まったウクライナの民主主義革命は，野党指導者ユシチェンコの支持者がオレンジカラーをシンボルとして使用したためオレンジ革命と呼ばれた。

▶(57)(58)　難問。ウクライナのオレンジ革命の翌年2005年に中央アジアのキルギスで議会選挙結果に対する抗議運動から始まった民主主義革命は，キルギスを代表する花であるチューリップにちなんでチューリップ革命と呼ばれる。ちなみに2003年にグルジア（現ジョージア）で起こった革命は，革命派がシンボルとしたバラの花にちなんでバラ革命と呼ばれた。

▶(59)(60)　やや難。2011～2012年にかけて起こった「アラブの春」と呼ばれる一連の政治変動はチュニジアで独裁政権が倒れた革命に始まる。この革命は，チュニジアを代表する花ジャスミンにちなんでジャスミン革命と呼ばれる。なお，［　ウ　］の国名は，イスラーム共和国を国号に用いるイスラーム共和制の国は，アフガニスタン・イラン・パキスタンなどが考えられるが，シーア派の指導者である「イマーム」の語に着目すればシーア派イスラーム教を国教とするイランと特定できる。

▶(61)(62)　難問。シリアでは「アラブの春」の影響を受けて 2011 年から政府軍と反体制派の間で長期にわたる内戦が続いている。イスラム国（ＩＳ）はイラクとシリアにまたがる地域で活動したイスラーム過激派組織（2023 年段階では壊滅している）で，シリアの一部を一時支配した。

▶(63)(64)　やや難。各選択肢の内容からロシアと判断できる。また，資料Ｄは，「土地改革」「憲法制定会議」などからロシア革命に際してレーニンが発表した「土地に関する布告」と判断したい。

[01] 正文。「土地に関する布告」と同時にレーニンは第一次世界大戦の全交戦国に向けて「平和に関する布告」を発表した。

[02] 誤文。ソヴィエト政権は，ジェノヴァ会議に参加しドイツとラパロ条約を結んだ。

[03] 誤文。ドイツはロシアの革命家レーニンが敵国ロシアに帰国することが戦局に有利と判断し，レーニンが列車での帰国途上でドイツ国民と接触しないことを条件に国内通過を認めた。

[04] 誤文。ロシア革命後の内戦時には戦時共産主義（1918～21 年）が行われた。集団農場建設（農業の集団化）は 1928 年から始まる第 1 次五カ年計画で実施されている。

▶(65)(66)　選択肢の内容から［　ウ　］はイランと判断できる。

[01] 正文。パフレヴィー朝は 1943 年に連合国側に立ってドイツに宣戦布告している。

[03] 正文。石油国有化を実施したモサデグ政権が倒れた後，パフレヴィー 2 世のもとで，アメリカ合衆国系資本が進出し，アメリカと軍事的友好政策を維持した。

[02] 誤文。第二次世界大戦後もイランの石油を独占管理したのは，イギリス系石油資本であるアングロ=イラニアン石油会社。民族主義者のモサデグ首相は，アングロ=イラニアン石油会社の国有化を実行したが，国王派のクーデタで失脚した。

[04] 誤文。「化学兵器」が誤り。核開発問題をめぐってイランとアメリカは緊張関係にあったが，2015 年にイランが核開発を制限することを条件に，欧米諸国は経済制裁を解除するという妥協が成立した。

▶(67)(68) 難問。「農民指導者のサパタ」とあるので，資料Ｆはメキシコ革命に関連すると判断できる。メキシコ革命は，ディアス独裁政権が倒された後，後継の指導者をめぐって混迷を続け，アメリカの支持を得たカランサと対立したビリャは，ニューメキシコ州コロンバスで国境侵犯事件を起こした。

▶(69)(70) 難問。資料Ｇの「パリ講和会議」や「ロシアのプロレタリアに軍事同盟を提案する」といった表現から，[　オ　] は第一次世界大戦後，ロシア革命に共鳴して革命が起こったハンガリーと判断できる。ハンガリー革命の指導者クン=ベラは，ハンガリー=ソヴィエト共和国を樹立し社会主義政策を進めたが，隣国ルーマニアの侵攻を受けて倒れた。

▶(71)(72) やや難。軍人ホルティは，ハンガリー王国摂政として国王を置かず長期独裁体制を築き，第二次世界大戦中は枢軸国側についた。

▶(73)(74) 国名アは資料Ａからは特定が難しいが，設問１の文章から比較的容易にイラクと特定できる。国名イは，資料Ｂの中の地名からウクライナと特定したい。国名ウは，資料Ｂのイスラーム共和国やイマームからイランと特定できる。国名エは，資料Ｆや設問６の文章中のサパタやビリャといった人名からメキシコと特定できる。国名オは，資料Ｇのパリ講和会議やロシアのソヴィエト政府といった語からハンガリーと特定できる。

▶(75)(76) [05] 資料Ｆはメキシコ革命（1910～17 年），資料Ｄはロシア革命（1917 年），資料Ｇはハンガリー革命（1918～19 年），資料Ａはイラク革命（1958 年），資料Ｅはイラン白色革命（1963 年開始），資料Ｃはイラン革命（1979 年），資料Ｂはウクライナのオレンジ革命（2004 年）。Ｅのパフレヴィー２世による西欧化を目指した白色革命の資料は年代の特定が困難であるが，Ｃがパフレヴィー朝を倒したイラン革命であるから，それより古いことはわかる。

Ⅳ 解答

(77)(78)―25 (79)(80)―33 (81)(82)―35 (83)(84)―15 (85)(86)―01
(87)(88)―20 (89)(90)―01 (91)(92)―01 (93)(94)―13 (95)(96)―02
(97)(98)―08 (99)(100)―16

◀解 説▶

≪古代～現代におけるアルメニア人関連史≫

▶(77)(78) 難問。年号以外の判断材料がないが，66年はローマの元首政期で，96年に始まる五賢帝時代よりも前にあたる。その時期の皇帝を語群から選び出すと，オクタウィアヌス（位前27～14年）とネロ（位54～68年）の2人に絞られる。ネロによるキリスト教徒大迫害が64年であることからネロと判断したい。

▶(79)(80) 難問。バシレイオス1世はクーデタで前王朝を倒し，867年にマケドニア朝を開いた。

▶(81)(82) オスマン帝国は，ギリシア正教・アルメニア教会・ユダヤ教などの異教徒にミッレトと呼ばれる宗教別共同体を組織させ，自治と信仰を認めて支配した。

▶(83)(84) ロシアが併合した1783年はエカチェリーナ2世の治世（位1762～96年）で，女帝は黒海沿岸に領土を広げ，クリミア半島のクリム=ハン国を併合した。

▶(85)(86) 難問。[01] 誤文。衛満は斉ではなく燕に仕えていた。

▶(87)(88) やや難。タバリーはアッバース朝治下のバグダードで活動したウラマー。歴史学やクルアーン解釈に業績を残し，いずれも後世に大きな影響を与えた。

▶(89)(90) [01] 誤文。征服地に建設された軍営都市はミスルと呼ばれ，イラクのバスラ，クーファ，エジプトのフスタート，チュニジアのカイラワーンなどが知られ，いずれもその地域の拠点となった。

▶(91)(92) [01] 誤文。ウマイヤ朝はアラブ人を優遇し，非アラブ人のイスラーム教徒であるマワーリーに対しては税負担をはじめとして不平等で差別的な扱いをした。

▶(93)(94) 『永遠平和のために（永久平和論）』は，ドイツの観念論哲学者カントの晩年の作品で国際平和について言及している。

▶(95)(96) 難問。[02] 誤文。1848年にパラツキーがスラヴ民族会議を開いたプラハは，モラヴィアではなくチェコ西部のボヘミア（ベーメン）に属する。モラヴィアはチェコ東部の地方で中心都市はブルノ。

▶(97)(98) ［08］(f)エジプトのウラービー運動（1881～82年）→(c)イランのタバコ=ボイコット運動（1891～92年）→(b)アギナルドのフィリピン革命（1896～1902年）→(e)ベトナムの維新会結成（1904年）→(a)ベンガル分割令の撤回（1911年）→(d)チベット独立の布告（1913年）の順になるが，維新会の結成・ベンガル分割令の撤廃・チベット独立の布告の年号は特に難しく，難問である。

▶(99)(100) 難問。アルメニアと国境を接し，その北に位置するグルジア（現ジョージア）は，1991年に旧ソ連から独立後は独立国家共同体に参加しなかったが，国内の南オセチア紛争が激化し，1993年に独立国家共同体に加盟した。その後2009年に脱退している。

❖講　評

Ⅰは，「第二次世界大戦後の国際関係」からの大問。ほとんどが欧米からの出題だが，朝鮮・中国・日本からも出題されている。空欄補充問題は，米ソ関係を悪化させた(5)(6)偵察機（U2型機）撃墜事件や(7)(8)ヘルシンキ宣言などが難問である。誤文選択問題は年号も含めて判断すべき情報量が多く，正誤判断は慎重さを要求される。(11)(12)アメリカ国防総省の設立年代や(19)(20)米ソ間の第2次戦略兵器制限交渉の調印・批准問題，(25)(26)中国の国連代表権交代とニクソン訪中の前後関係などは難度が高い。配列問題は比較的取り組みやすいが，(15)(16)は日本の自由民主党の結成年が問われており世界史受験生には難しかった。語句選択問題の(23)(24)アルバニアは2022年度も出題されている。

Ⅱは，歴史上の格差・不平等・差別をテーマに，「古代ギリシア・ローマ史」に関する知識を問う大問。空欄補充問題ではどれも基本的な知識が問われた。文章選択問題は，細かな事項について正誤判断が求められる高水準の問題が揃ったが，知識が豊富な時代・地域であり，受験生にとっては比較的取り組みやすかっただろう。(35)(36)アテネの民主政を問う問題は，500人評議会についての正確な知識が問われており難問であった。

Ⅲは，「近現代史における革命」をテーマとした大問で，2022年度Ⅲ「冷戦期・冷戦終結後の難民問題」と時代・地域が重なる部分が多い。

2010年代までの現代史の知識が要求されていることも共通している。空欄補充問題は，A～Gの資料を読み，ア～オの国名を特定していく過程で解答できるように工夫されているが，難度が高く解答までに時間をとられる。(55)(56)ウクライナのオレンジ革命，(57)(58)キルギスのチューリップ革命，(59)(60)「アラブの春」などは教科書で学ぶ知識というより，受験生の時事問題に対する関心度が問われている。2023年段階で紛争が続いている中東や中央アジア・ロシアなどの動向は今後も目が離せない。正文・誤文選択問題3問も難度が高い。その他，ア～オの国名の正しい組み合わせを答えさせる問題や，A～Gの資料が示す革命を時代順に並べる配列問題も時間と手間のかかる問題であるが，選択肢をよく見ればある程度答えを絞り込むことができるので，根気強く問題に取り組んでほしい。

Ⅳは，「古代～現代におけるアルメニア人関連史」。アルメニア人の活動については2022年度Ⅱでも出題されており，西アジア・中央アジアといった地域も共通している。空欄補充の語句選択問題は，(77)(78)ネロ帝，(79)(80)マケドニア朝，(87)(88)タバリー，(99)(100)グルジアを答えさせる問題は難しい。4問ある誤文選択問題は，(85)(86)の衛満と(95)(96)スラヴ民族会議が開かれた地方名を問う問題の難度が高い。(97)(98)の配列問題は，19世紀末から20世紀初頭の6つの民族運動を時代順に並べるもので，「チベット独立の布告」の年代を特定することが難しいが，1880年代のウラービー運動が最も古いことがわかれば，正解の選択肢を3つに絞ることができる。

❖講　評

二〇二一～二〇二三年度の出題について見ると、二〇二一年度は、与えられたテーマについてあなたの考えを具体的に論じなさいという簡潔な指示であったが、二〇二二年度は、課題文の立論に連関して考察を深めること、また、論旨を補強するために、あるいは思考を深めるために的確と考えられる具体的事例への言及を行うことが細かく指示されており、二〇二三年度も含め、設問文の見た目は大きく変化している。しかし、課題文を読み、それを四〇〇字以内で要約した上で、それに基づく意見論述を行うという根本の出題形式は変わっていない。設問文中の細かい指示は、むしろ、要約の論旨をより明確にするため、あるいは、意見論述をより説得力のあるものとするための、補助線を提供していると考えられよう。

二〇二三年度の課題文は、二〇二二年度の道徳論の立場から戦争と平和を論じた文章よりは読みやすく、論理展開も明快なため、相応の読解力が備わっていれば、「膜」と「核」という概念を正確に理解し、論旨を把握することは難しくない。一方で、現代政治における多様な問題の中から「膜」と「核」の概念を用いて分析可能なものを選定し、その解決策について新しい情報技術を関連させながら論じるには、昨今の政治状況に対する深い関心に加えて高度な発想力と表現力が求められ、全体としてはやはり難度の高い出題であった。

う「膜」の内外で敵と味方が区別される一方、「核」である国家の執行権力は国民から委任されたはずの意志から離れ、権力者が政治を制御することになると説明される。第十六段落では、経済と政治の歴史で反復されている問題系を「膜」と「核」の問題として捉え直し、新しい情報技術を用いてそれらに変容を迫るとして、議論のねらいが総括されている。

次いで、これらの内容を踏まえた上で、「膜」と「核」がもたらす現代政治上の弊害と、新しい情報技術による解決策について考察する。既に見たように、近代政治の基本枠組み、すなわち国民国家と間接民主制については課題文が論じているので、その分析を手がかりとしつつも現代の事象を扱う必要がある。「歴史で反復されている問題系」（第十六段落）とある以上、近代から続く弊害を扱ってもよいが、単なる課題文の焼き直しに留まらないためには、それが現代においてどのような形をとって現れているか、という視点が欠かせない。

また、新しい情報技術による弊害の克服については、課題文が指摘するインターネットの「オープンな特性」や「自律分散性」（第九段落）、コンピュータの計算能力のほか、人工知能やビッグデータを利活用する手法も考えられよう。ただし、設問条件に「その限界も含めて」とあるので、インターネットやＳＮＳにおけるフェイク情報の拡散やエコーチェンバー現象、人工知能が下す判断の根拠は不透明であること、コンピュータを含む情報通信技術全般におけるデジタル・デバイドなど、用いる技術についてよく言及される問題点を手がかりに論じる必要がある。

〔解答例〕では、現代政治上の弊害として政治課題の単純化を挙げ、オープンな議論のプラットフォームの構築による克服の可能性を、エコーチェンバー現象の誘発に伴う限界も含めて論じた。他にも、ビッグデータ解析による民意の可視化や、人工知能を用いた国際的な利害関係の最適化など、様々なものが考えられる。いずれにせよ、「膜」と「核」の概念について正しく理解していることを明示し、一貫した論旨の中で自分のアイデアを簡潔に提示できるよう、構成を工夫すること、そのために、論じやすい問題を逆算的に選んで取り上げることが肝要である。

模で得られた合意について、政治当局が速やかに応答することを義務づければ、執行権力の動きが人々の意志に沿うことにもつながる。しかし、議論がオープンであるからといって、人々が同じ意見を持つ者だけのコミュニティを形成する可能性は否定できない。人々がその新たな膜の内側で同じ主張の繰り返しに終始するようでは、プラットフォームがむしろ扇動政治の温床となってしまうだろう。（二〇〇〇字以内）

▲解　説▼

≪現代政治における新たな情報技術の可能性≫

二〇二二年度は、日本の複雑系研究者で企業家でもある鈴木健の著書『なめらかな社会とその敵』（勁草書房、二〇一三年）からの出題であった。課題文の内容を「膜」と「核」という概念を用いて四〇〇字以内で要約した上で、「膜」と「核」がもたらす現代政治上の弊害を新しい情報技術によって克服しようとする場合、どのような解決策があり得るかを、その限界も含めて述べることが求められている。

まずは課題文の議論を正しく把握する必要がある。第一～四段落では、人間には認知限界があるために、複雑な世界を複雑なまま理解し対応することは困難であり、世界を単純なものとして見なさざるを得ないこと、翻って、人間の認知・対策能力が向上するにしたがって、単純化の必要性は薄れることが述べられている。「帰責性」（第二段落）や「自由意志」（第二段落）や「国境」（第四段落）といった概念は、世界の単純化の産物である。第五～八段落では、インターネットやコンピュータの登場が、先に見た認知・対策能力を増大させる機会をもたらすことから、新しい情報技術によって新たな概念を構築し、複雑な世界を複雑なまま生きることができるような社会をデザインできる可能性が示唆される。

「膜」と「核」という概念の定義が示されるのは第九段落である。すなわち、「膜」とは社会における資源の囲い込みの現象、「核」とは中央集権的な組織化の現象である。第十～十二段落では、近代経済について、資本が資源を企業という「膜」の中に囲い込み、その企業が経営陣という「核」に制御されるために、資本を生み出すのは末端の人々の力であるはずが、逆に人々が資本のなすがままになると説明される。第十三～十五段落では、近代政治について、国境や国民とい

論述力

解答例

課題文によれば、人間の認知能力には限界があり、複雑な世界を単純なものとみなして理解し対応するために、資源の囲い込みである「膜」、中央集権的な組織化である「核」という二つの社会現象が生じる。近代の経済システムは、資本が資源や労働力を企業という膜の中に囲い込むことによって成立し、企業組織の中では、経営陣という核が資源の分配を決定している。そのため、人々は資本に制御され、資本蓄積が自己目的化する。近代政治では国民国家の概念の成立とともに、国境や国民という膜の内側と外側で、敵と味方を明確に区別するようになる。そして、国民の意志の委任の流れは複雑な権力構造の中で断ち切られ、核たる国家の執行権力は独自の論理で動き始める。だが、人間の認知能力や対策能力を桁違いに増大させる情報技術の登場により、二つの社会現象を打破し、複雑な世界を複雑なまま生きることができるような社会を構想することが可能かもしれない。

これをふまえて「膜」と「核」がもたらす現代政治上の弊害を考えると、大衆迎合的な扇動政治の横行がそれに妥当する。民主主義制度において、選挙は人々の意志の委任を成立させるための重要な手続きである。しかし、その過程で複雑な政治課題が単純な二元論に落とし込まれ、候補者が自らに賛同する人々を膜の中に囲い込む一方、それ以外の人々を敵として対立をあおり、単なる人気集めに終始する事態が散見される。そのため、手続き上は核たる権力が形成されても、それがますます多様化・複雑化する人々の声を代弁し得るとは言い難い。

こうした弊害を新しい情報技術によって克服しようとする場合、インターネットを介して多くの人々に開かれた、誰もが自由に政策を立案し議論に参加できるプラットフォームを構築することが考えられる。そこでの議論の過程は常時公開・共有され、さらなる議論を促すことにより、政治課題を単純化する動きに対抗するのである。さらに、一定以上の規

2022
年度

解答編

解答編

英語

I

解答　(1)—9　(2)—0　(3)—7　(4)—2　(5)—4　(6)—1
(7)—8　(8)—5　(9)—6　(10)—3

◀解　説▶

(1)〜(10)の単語のあとに，下の枠内の0〜9までの単語のいずれかをつなぎ，別の単語を作る問題。解答は(1)〜(10)のそれぞれにつながる単語を，枠内の0〜9の番号で答える。問題文に具体例があり，設問の意味はわかるだろう。できあがる単語が浮かびやすい組み合わせもあるので，見つかったものから候補として解答していき，残りの語で調整するとよい。

(1)　9の ton であれば，button「ボタン」という語になるので，これが正解。

(2)　0の and であれば，errand「使い，用事」という語になるので，これが正解。

(3)　7の red であれば，hatred「憎しみ，憎悪」という語になるので，これが正解。

(4)　2の end であれば，legend「伝説，伝説的人物」という語になるので，これが正解。

(5)　4の here であれば，nowhere「どこにも〜ない」という語になるので，これが正解。

(6)　1の bit であれば，orbit「軌道，軌道を回る」という語になるので，これが正解。

(7)　8の sure であれば，pleasure「楽しみ，娯楽」という語になるので，これが正解。

(8)　5の king であれば，ranking「ランキング，順位」という語になるので，これが正解。

⑼ 6のledであれば，startled「びっくりして，ぎょっとして」という語になるので，これが正解。

⑽ 3のherであれば，wither「しおれる，枯れる」という語になるので，これが正解。

Ⅱ

解答 ⑾－6 ⑿－7 ⒀－5 ⒁－8 ⒂－9 ⒃－3 ⒄－2 ⒅－4 ⒆－0 ⒇－1

◆全 訳◆

≪相続財産を受け取れなかった女性の憤怒≫

ソフィアは，自分の正当に権利を有する相続財産を奪われたことで，激怒していた。一生分の残酷な出来事や不当な仕打ちが全部，期待に対するこの裏切りに集約されているみたいだった。いったい誰が自分のことをこれほどの悪意をもって，しかも完璧なまでに悪く言って，彼女が確実に遺言の相続人から外れるようにしたのだろうと，彼女は思い巡らせた。それに，その連中の動機は何だったのだろう？ 自分が親戚の中の誰をそれほどひどく，それも知らず知らずのうちに軽んじていたから，その連中が自分にこんなことをしようという気になったというのだろうか？ その答えを見つけようと，彼女は必死に自分の記憶をくまなく探った。それは，何気なく口にしたものなのに，深刻に受け止められた何らかの発言にあったのだろうか？ もちろん，それが何にせよ，当面は，どうでもいいことだった。そんなことより，今は，自分が将来，財産面での保証が得られる見込みが痕跡すらなきまでないことに突然気づいたというのに，彼女は，親戚に対して自分のとげとげしい感情を何も外には出さないようにする必要があると判断した。しかし，心の内では，誰が自分に対してこんなことをしたのかを特定しようと心に決め，その連中に気味のいい甘い復讐をしてやらねばと誓うのだった。

◀解 説▶

下線のある⑾～⒇の語の，辞書に記載されている定義として適切なものを0～9から選択する問題。下線部の数と選択肢の数は同じなので，わかるものから選んでいく。難度の高い語がほとんどだが，文脈から判断できるものも多い。接頭語・接尾辞の意味や語根が共通する語の意味から類推したり，単語の語形や文中における位置から品詞を特定したりして，選択肢から候補を絞り込み，あてはめて確認していく方法が有効。
0.「特に言葉や態度や感情の，手厳しく痛烈なとげとげしさ」
1.「非常に心地よく，楽しい」
2.「以前にあった何かの最後のわずかの部分として残っている」
3.「平然と何の関心も興味もないことを示すさりげなさで」
4.「～にとって必要，適切，ふさわしい，有利であること」
5.「高熱で，際立って明るい，光を放つ，白熱した，光り輝く」
6.「特に財産，権力，肩書きなどを奪ったり，取り上げたりすること」
7.「不動産を含め，父親から相続したり，得られるもの全般」
8.「～について不当に誤解を招くような，あるいは虚偽の報告をすること，～の悪口を言うこと」
9.「往々にして荒っぽい方法で，くまなく探すこと」

▶(11)　divest は「～を奪う」という意味で，6が正解。この動詞は divest *A* of *B*「*A* から *B* を奪う」という形で用い，*B* には主に所有物，権利，地位などが入る。ここでは be divested of～という受動態で用いられている。後続文からソフィアが激怒していることを読み取り，この分詞構文はその原因を述べている部分だとわかると，動詞の説明となっている選択肢6，8，9から正解を選べるだろう。

▶(12)　patrimony は「世襲財産，家督」という意味で，7が正解。前置詞の of の後に続き，rightful「正当な権利がある」という形容詞で修飾されていることからも判断がつく。patron「後援者」と語根を共有していることに気づけば，参考になるだろう。

▶(13)　incandescent は「白熱する，光り輝く」という意味の形容詞で，5が正解。この語は be incandescent with rage の形で「激怒している」という意味になる。形容詞の説明となっている選択肢の中で，最後の部分に with intense heat があり，それと本文の with rage との関連に気づけば正解に至るだろう。

▶(14)　malign は「～の悪口を言う，～を中傷する」という意味で，8が正解。後に so as to *do*「…するほど（までに）～」の形の構文が続いており，そこで viciously「悪意をもって」という副詞が用いられている点がヒントとなる。また，mal が「悪い」という意味をもつ接頭語であるという知識があれば malign の意味が類推しやすくなるだろう。結果的に，彼女がどうなったかについては，will に「遺言，遺言書」という意味があることがわかれば，be cut out of the will が「遺言で（人）を相続者から外す」という意味だと類推でき，この後の英文の内容も理解しやすくなるだろう。

▶(15)　ransack は「〜をくまなく探す」という意味で，9 が正解。この後に seeking to discover the answer「答えを見つけようとして」という語句があることから判断がつくだろう。

▶(16)　nonchalantly は「何気なく，平然と」という意味の副詞で，3 が正解。副詞の説明となっている選択肢は 3 のみで，比較的容易に正解に至るだろう。but 以下の profoundly とは文脈上，意味的に大きく離れるはずであり，その点も参考になる。

▶(17)　vestigial は「痕跡の，退化した」という意味の形容詞で，2 が正解。形容詞の説明となっている選択肢のうち，without に続き，hope of future financial security「将来，財産面での保証が得られる見込み」を修飾することから類推できるだろう。

▶(18)　behove は behoove とも表記される語で，it behoves *A* to *do*「*A*（人）が〜することを必要とする」という形で用い，4 が正解。it は，その行為をするのが必要となる状況を指す。彼女がどういう決心をしたかを考え，選択肢から絞り込むことになるが，to exhibit nothing という行為との関連を考えれば正解に至るだろう。

▶(19)　acrimony は「とげとげしさ，辛辣さ」という意味の名詞で，0 が正解。ソフィアが不当な仕打ちを受けたという話の流れから，どういう感情を表に出さないことにしたのかを考えれば正解に至るだろう。

▶(20)　delectably は本来，delectable「楽しい，愉快な，おいしい」という意味の形容詞の副詞形で，delectably sweet で「おいしくて甘い」という意味になっており，選択肢の中では 1 が正解。ここでは彼女にとっては楽しく感じられる復讐だとわかれば，正解に至るだろう。

●語句・構文●

cruelty「残酷さ，残虐な行為」　come together「集合する」　betrayal「裏切り」　この betrayal of expectations は，父親の死によって自分が相続できる財産に関して抱いていたさまざまな期待が裏切られたことを表す。Who, she wondered, … 以下は彼女の強い疑問を表しており，「彼女はいったい誰が～だろうと思った」という意味。Who among her relatives had she … 以下は，Who が slight「～をないがしろにする，疎んじる」の目的語だが，文脈から判断してこの疑問文全体が修辞疑問文で，内容的には She had not slighted anyone という意味だと判断できる。また，後続文は so ～ that …「非常に～なので…，…なほどに～」という構文となっており，that 節中に would have *done*「～しただろう」という過去の事柄に対する推量を表す表現が用いられていることから，英文全体としては「いったい彼女が誰をそれほどまでに…したから，彼らが～したというのだろうか」というような訳が考えられる。significantly「ものすごく」unintentionally「つい，知らず知らずのうちに」 feel moved to *do*「～する気にさせられる」 desperately「必死に」 lie in ～「～にある」profoundly「完全に，心底から」 matter「重要である，問題である」for the time being「当面，さしあたり」 identify「～を特定する」 vow to *do*「～することを誓う」 exact はここでは動詞で「～を要求する」という意味。

III 解答

［A］(21)－3　(22)－5　(23)－4　(24)－1　(25)－2
［B］(26)－3　(27)－5　(28)－1　(29)－4　(30)－2

◆全　訳◆

≪映画を見終えた男女の会話≫

［状況：サイモン（以下Ｓ）とルーシー（以下Ｌ）は，最新のハリウッドの公開作品を見終えたばかりで，映画館を出ようとしている。］

Ｓ：それで，君は映画をどう思った？

Ｌ：正直に言うと，それはまだ決めかねている段階よ。あなたはどうなの？

Ｓ：まあ，君ならわかるだろ，僕はスーパーヒーローものの映画ならいくらでも見てられるよ。

Ｌ：そうね，わかるけど，どうしてかな。それって「男の見るもの」よね，そう思わない？

Ｓ：たぶん，そうだろうね。でも，僕はそういうのが大好きな女の子もいっぱい知ってるよ。

Ｌ：ほんとに？　それは驚きだわ。

S：僕の場合，子供の頃にいつもアクション映画ばかり見て育ったからだと思うんだ，単に僕が男性だからというだけじゃなくてさ。

L：あら，でも，おそらくあなたは男の子だからそういう類の映画を見せられてたんじゃないかしら，つまり，私は女の子として育ったから，見た映画はたいてい，マーメイドとか，プリンセスとか，妖精とかポニーがでてくるものだったもの。

S：なるほど。でも僕たちが見たばかりの映画に話を戻すと，そこにはパワーのある女性の主人公も何人かいたから，でっかい筋骨隆々の男性が互いに戦ってるだけの映画じゃなかったよね。

L：あら，それはそう，だから私も決めかねてるって言ったのよ。たぶん，私が気になるのは，女性の役柄が男性のそれとまったく同じだったってことね，大きくて，強くて，運動神経抜群で，感情的にならないっていう。彼女たちは，皮肉を込めたコメントをする以外，ほとんどしゃべらなかったわよ。

S：これまでの話を整理させてもらうよ。君が言ってるのは，女性の登場人物は，典型的に男らしい特徴を身につけることでしかヒーローになれないってことだね。

L：その通りよ！　女性の登場人物が男性の登場人物以上に，従来どおりの男らしさでいようと常に競い合ってるように思えたの。

S：で，それなら君はその代わりに映画でどんなのを見たいの？

L：そうねえ，一度でいいから，私たちで，女性のスーパーヒーローとか，それは御免こうむりたいけど，男性のスーパーヒーローでも，その価値観がまさしく，典型的に女性らしい資質をもつことにあるというようなのを見ることはできないかしら？

S：まあ，そういう男性の登場人物が，僕の世代の男性にとっては，いったいどれほど魅力的かはよくわからないけど，確かに，それって身体的な暴力や残酷な侮蔑以外のやり方で，自分の感情を表現できるような次世代の男の子を育てるのには，ひょっとして役に立つかもしれないね。

◀解　説▶

空所(21)～(25)については［A］の選択肢から，空所(26)～(30)については［B］の選択肢から，最も適した語句を1つずつ選ぶ問題。

(21) サイモンに映画の感想を聞かれたが，ルーシーはこの後，意見を決めかねているというあいまいな返事をしている。会話の流れから，実はルーシーはこの映画には気がかりな点があるとわかるが，相手が気に入る返事はできないからあらかじめ断っておく発言ともなる，3のI must confess「正直に言うと，実を言うと」が正解。

(22) サイモンは4つ目の発言（In my case, …）で，自分は子供の頃からアクション映画ばかり見て育ったと述べており，空所の直後のofに注目して，can't get enough of～で「～をいくら得ても十分ではない，～をもっと欲しい」という意味の表現を含む5のI can't get enoughにすれば，スーパーヒーローものの映画は大好きという内容になり，これが正解。

(23) ルーシーにスーパーヒーローものの映画はguy thing「男の楽しみ，男の見るもの」だと言われたサイモンは，直後に「でも，僕はそういうのが大好きな女の子もいっぱい知ってるよ」と言っていることから消極的に同意せざるを得なかったと判断できるので，It could well be a "guy thing"を省略した形で，「その可能性は十分にある，多分そうかもしれない」という意味になる4のCould well beが正解。このcouldは現在，または未来の事柄に対する推量を表す。

(24) 空所の直後に完全文が続いていることから，空所にはあとに節を続けることのできる表現が入る。また，ルーシーは空所直前に「それはそう，だから私も決めかねてるって言ったのよ」と言っており，以降の文は，ルーシーが映画の感想を求められた際に，あいまいな返事をした理由が述べられていることから，1のI guess my concern is that「たぶん，私が気になるのは～ということだ」が正解。このthatは名詞節を導く接続詞。

(25) サイモンはこのあと，You're saying…とルーシーのそれまでの発言を要領よくまとめていることから判断して，2のLet me get this straight「これまでのところを整理させてもらうよ」が正解。get *A* straightは「*A*を整理する，*A*をはっきりさせる」という意味。

(26) このサイモンの発言は，自分がなぜスーパーヒーローものの映画が好きかという理由を述べたもの。前半部分がit is because～「それは～だからだ」で始まっている点に注目すると，もう一つ，理由をつけ足す発言となる3のmore than just because I am a guy「単に僕が男性だからというだけじゃなく」が正解。

(27) ルーシーがこの後，自分の例を挙げて女の子の場合はどういう映画を見て育つかという話をしていることから判断して，空所の部分では男の子の場合の話をしたと考えられ，5の perhaps you were fed those kinds of movies because you were a boy「おそらくあなたは男の子だからそういう類の映画を見せられてたんじゃないかな」が正解。be fed ～ は直訳すると「(食事など) を与えられる」だが，この後の目的語が movies であることから「映画を与えられる，映画を見せられる」という意味だとわかる。those kinds of ～「そういう類の～」

(28) ルーシーが5つ目の発言第2文（(24) the female characters …）で，サイモンと見たスーパーヒーローものの映画で気になる点として，女性の登場人物がまるで男性の登場人物と同じだと述べていることから判断して，ここでも女性の登場人物がどういうふうに思えると述べているかを考えると，1の more traditionally masculine than the male characters「男性の登場人物以上に，伝統的に男らしい」が正解。

(29) サイモンに映画でどんな登場人物を見たいかを尋ねられたルーシーは，従来の男性的イメージが優位なものとは違うタイプのスーパーヒーローを見たいと答えたはずであり，どんな価値観をもつヒーローかを考えると，4の in having typically feminine qualities「典型的に女性らしい資質をもつことに」が正解。最初の in は，空所の前にある lies とで lie in ～「～にある」という表現になっている。

(30) この発言の直前にルーシーが述べたような価値観をもつスーパーヒーローものの映画を次の世代の男の子たちが見たらどういうふうに自分の感情を表現できるように育つかを考えると，2の in ways other than physical violence and cruel insults「身体的な暴力や残酷な侮蔑以外のやり方で」が正解。other than ～「～以外の」

●語句・構文●

以下，サイモンの1つ目の発言に関する項目は（S1），ルーシーの1つ目の発言に関する項目は（L1）と示す。

(L1) make up *one's* mind about ～ は「～について態度を決める」という意味で it はサイモンと見た映画についてどう思うかを指す。

(S3) be into ～「～が好きだ，～に夢中である」

(S4) on a diet of ～ は「～を常食として」という意味だが，ここでは映画に関する話なので，「常に～を見ていて」という意味。

(L4) I mean「つまり，と言うのは」は，このあと言い換えて説明するときに用いる表現。

(S5) getting back to ～「～に話を戻すと」 lead character「主人公」 muscle-bound「筋骨隆々の」

(L5) that's why ～「だから～，そういうわけで～」 athletic「運動神経の発達した」 unemotional「感情的でない」 make a comment「コメントする」 ironic「皮肉な」

(S6) by *doing*「～することで」 take on ～「～を身につける」

(L6) be in a competition「競い合っている」

(S7) instead「そのかわりに」

(L7) just for once「一度だけは，今度だけは」 heaven forbid は「そういうことはあってはならないのだが」という意味だが，ここではルーシーは，そういう男性の登場人物は見たくもないという気持ちで言っていると考えられ，「そういうのは御免こうむりたいけど」というような意味と解釈できる。

(S8) appealing「魅力的な」 contribute to ～「～に役立つ，～に寄与する」

Ⅳ 解答

(31)―2　(32)―5　(33)―7　(34)―4　(35)―6　(36)―0
(37)―3　(38)―1

◆全　訳◆

≪シンガーソングライターへのインタビュー≫

著作権の都合上，省略。

著作権の都合上，省略。

著作権の都合上，省略。

◀解　説▶

インタビュアーのエマの質問に対し，受ける側のビョークの応答を選ぶ問題。

▶(31)　エマはビョークに音楽で勇敢ということの意味を問うており，安全策を取ったら成長しない，自分があえて歌いにくいメロディーを作ろうとしていると答えている 2 が正解。

▶(32)　エマは一般論としての勇敢さについて改めて問い直しており，それに対して，自分が何度も試行錯誤してきたこと，失敗してもその価値があったことを述べている 5 が正解。エマの質問の Is that … とビョークの答えの I think that's more … が対応していることからも確認できる。

▶(33)　エマは，人は有名人も傷つくということを忘れがちと伝えた上で，ビョークがいまも発言するのを怖れているかを問うており，彼女の発言が世間からバッシングを受けたこともあるとわかる。この質問に対しては，発言の最初に，正直に言うとちょっときついと答えている 7 が正解。彼女はこれに続けて，それでも言うべきことは言うべきだとも答えており，会話の流れとして適切。

▶(34)　ビョークの直前の発言 7 の中に，彼女の母親の話が出てきたことからなされた質問だが，それに対しては，自分の父親もそうだった，と答えている 4 が正解。労働組合の幹部だった父親とは違い，自分は自然環境を守る活動をしてきたことを語っているが，この前の発言では男女間の平等についても訴えていることがわかるので，ビョークの活動の幅広さもうかがえる。

▶(35)　エマはビョークが語るさまざまな活動における自身の責任を自覚するきっかけを問うたのに対し，それを an interesting feeling「面白い意識」と答えた上で，それは，自分が成長して，政府や誰か他の人のせいにはできないとわかるときの意識だと答えている 6 が正解。この後も，自分自身が声をあげる側になるべきだと続けており，質問に対応する応答として適切。

▶(36)　エマは，ビョークにとって，音楽以外にも，さまざまなやりかたで声をあげることが重要かを問うており，これに対しては，自分なら 7 通りの異なる答え方ができるだろうという発言で始まる 0 が正解。エマの質問の important にビョークの返答の crucial が対応している。この発言の最後に dynamics「強弱法」と surprise「驚き」がもつ力について語っているのを受けて，この後のエマの質問が続いている点も参考になる。

▶(37)　エマは強弱法と驚きがもつ力の意味を問うており，これに対しては，いつも同じやり方だと潜在的な力や爆発的なエネルギーをそぐことになると述べた後，強弱法と驚きが，音楽の中でどういう形で表れるかを具体的に説明している 3 が正解。

▶(38)　エマはさまざまな活動を支援するのは，芸術家次第だと思うかと問うたのに対して，今はグローバリズムの時代で，みんなで一緒にやろうとしていること，誰もが自分なりのやり方ですべきだと答えている1が正解。

●語句・構文●

(32) in general「一般に」

(33) for some reason「何らかの理由で，なぜか」 celebrity「有名人」 vulnerable「弱い，傷つきやすい，無防備で」

(34) activist「活動家」

(36) literal「文字通りの」

(38) it's up to *A* to *do*「～するのは*A*次第だ」 champion「～を擁護する」

0．crucial「決定的な，極めて重要な」

1．go *one's* own way「自分なりのやり方でいく」 diversity「多様性」

2．play it safe「安全策を取る，安全第一でいく」 as opposed to～「～とは対照的に，～とは反対に，～とは違い」

3．all *one's* life「生涯を通じて」 potential「潜在的な力」 Me Too movement「Me Too運動」セクシャルハラスメントや性的暴行の体験をSNSで『私も』と告白，共有することで，加害者を告発し，被害の撲滅を訴える運動のことで，2017年にアメリカで始まり世界に広がったとされる。counter「～に反対する」

4．union leader「労働組合の幹部」 go through～「～を経験する」 transformation「変革」 solar「太陽光の」 swap「～を交換する」

5．more of～「どちらかというと～，むしろ～」 gut feeling「勘，第六感，直感」 downfall「破綻，失墜」 be guilty of～「～の罪を犯している」 early on「早い段階で，早くから」 experiment「試してみる」 but then「とはいうものの，しかしその一方で」 once in a blue moon「ごくまれに」 work well「うまくいく」

6．get verbal about～「～について口に出す，発言する」

7．long for～「～を心から望む」 ～as well「～も」 fruit「成果」

V 解答

(39)— 2　(40)— 5　(41)— 1　(42)— 6　(43)— 1
(44)— 3　(45)— 1　(46)— 4　(47)— 5　(48)— 2

◆全　訳◆

≪隠された関係：広告とマスメディア≫

［A］　もしあなたが米国の大多数の人と同じなら，広告には何の影響力もないと考える。広告はあなたがこう信じてくれることを望んでいる。しかし，もしそれが事実なら，いったいなぜ企業は，広告に年に2千億ドル以上をつぎ込むのだろう？　なぜ企業は，通常のテレビのコマーシャルの制作に25万ドル以上かけ，それを放映するのにもう25万ドルかけるのも厭わないのだろう？　もし企業が，年に一度のアメリカンフットボールの王座決定戦であるスーパー・ボウルの最終戦の間に自社のコマーシャルを放映したければ，その制作に100万ドル以上かけ，それを放映するのに150万ドル以上を喜んで払うだろう。何しろ，企業としては，1999年のスーパー・ボウルの期間中に，ある有名な下着の会社がおさめたような成功がひょっとして手に入るかもしれないのだ。その企業は下着を身につけたモデルにたった30秒間，テレビの画面を闊歩させただけなのに，100万人が試合から目を離して，広告で宣伝されたホームページにログインしたのである。これでも影響力はないと？

［B］　広告代理店である，ボストンのアーノルド・コミュニケーションズは，金融サービスグループに対し，1999年のスーパー・ボウルの期間中に，11カ月にわたる計画立案と1万2千「人時」分の労働を代行するという広告キャンペーンを始めた。30時間分のフィルム映像が編集されて30秒間のスポット広告になった。社員は，まるで国家機密を運んでいる外交官か王冠用の宝石を持った密使みたいに，その広告を鉛で内張りされたカバンに入れてロサンゼルスに飛んだ。なぜだろう？　それは，スーパー・ボウルが，大勢の視聴者——特に，広告主にとっては最も貴重な商品である男性の視聴者——が確実に得られる数少ない出所の一つだからである。確かに，スーパー・ボウルはフットボールよりむしろ広告目的なのだ。それにかかる4時間のうち，実際にボールが動いているのはわずか20分ほどなのだから。

［C］　映画賞の授賞式であるオスカーは，女性向けのスーパー・ボウルとして知られているが，30秒間のスポット広告に対し100万ドルを要求で

きるのは，それで全国の女性の 60 パーセント以上を広告主に届けられるからである。間違いない。マスメディアの主な目的は聴衆を広告主に売ることなのだ。私たちは商品なのである。人は数年前と比べても，今では広告に関してはるかによく事情を知っているが，大抵の人はこのことを知ればいまだにショックを受ける。

［D］ 雑誌，新聞，ラジオやテレビの番組は私たちを，牛の群れのように，一網打尽にし，そのあと制作者や出版社は，通常は宣伝や業界の出版物に載せる広告を通して，私たちを広告主に売りつける。「貴社がお望みの人々を，貴社に代わりすべて包装済みです」という文言は，シカゴ・トリビューン紙が，広告業界の主要な出版物であるアドバタイジング・エイジに載せた広告で宣言しているもので，そこには所得水準に応じて箱詰めにされた数名の人々が描かれている。

［E］ 私たちは広告なんて重要ではないと考えたがるが，実のところ，それはマスメディアの最も重要な側面である。そこが重要な点なのだ。広告は雑誌や新聞の制作の 60 パーセント以上の資金源となっており，それが電子メディアだとほぼ 100 パーセントだ。広告収入では，年間 4 百億ドル以上がテレビとラジオ向けに発生しており，雑誌や新聞向けだと 3 百億ドル以上になる。アメリカン・ブロードキャスティング・カンパニーの幹部の一人が語ったように，「ネットワークは，番組ではなくネットワーク広告を配信する目的でアフィリエイターにお金を払っています。当社の今の姿は，プロクター・アンド・ギャンブルのような会社にとっては流通システムなのです」そして，コロンビア・ブロードキャスティング・システムのオーナーである，ウェスティングハウス・エレクトリックの最高経営責任者はこう語っている。「当社は広告主にサービスを提供するためにここにいます。それが当社の存在理由なのです」

［F］ 新聞社は人々にニュースを提供することを業務にするよりむしろ，視聴者を売ることを業務にしているが，それは特にますます多くの新聞社がますます少数の同一資本企業の所有となるにともなってのことである。新聞社は，車の販売店や，不動産業者，百貨店のオーナーといった地元の広告主を後押しするために存在するのだ。ニューヨーク・タイムズ紙の全面広告には「人々が新聞を下に置くと，おかしなことが起きる。お金を使い始めるのだ」と出ている。その広告はこう続ける。「新聞ほど人々に買

い物をしようという気にさせるものはない。実際，ほとんどの人が，それが何であれ，派手に買い物をする前のほぼ第一段階と考えている」締めはこうだ。「新聞，それは取引を成立させるのに最善の方法なのだ」今時の新聞は，かの有名なニューヨーク・タイムズ紙ですら，本音のところでは商人だとわかると，とりわけ心配になる。

［G］　いったん数を数え始めると，雑誌は，本編の内容に充てられているページ数は半分以下（そしてその大半が広告主のためのもの）で，基本的には商品のカタログなのだとわかる。おそらく，私たちは，雑誌がただの封筒にすぎないことに驚きはしないだろう。確かに，私たちの多くはケーブルテレビやインターネットに対する期待を高めていた。しかしながら，これらの新技術はもっぱら，高機能な，標的を絞りこむ装置となっている。「今や，あなたは自分の対象市場を囚われの視聴者にすることができる」というのが，自分の会社の椅子にロープで縛られた男が主役の，インターネットのニュースと情報サービス業の広告なのである。

◀解　説▶

▶(39)　［A］段の内容に基づいた意見を選ぶ問題。

1.「人々が広告は自分たちに影響を与えないと考えるのは正しい」

2.「人々は広告が自分たちに影響を与えないと考える」

3.「広告はスポーツ関連のものである場合，さらに効果的である」

4.「広告は下着関連のものである場合，さらに効果的である」

［A］段の第1文（If you're like …）には，米国の大多数の人なら，広告には何の影響力もないと考えると述べられており，2が正解。どういう商品の広告が効果的かに関する記述はないので3と4は不適。

▶(40)　［B］段の内容に基づいた意見を選ぶ問題。

1.「広告のキャンペーンは大部分，男性が立案している」

2.「スーパー・ボウルの試合には，12分のコマーシャルが含まれている」

3.「広告主は自分たちのコマーシャルで男性以上に女性を引きつけることにますます意欲的になっている」

4.「男性は女性より貴重な品物を運ぶことに慣れている」

5.「男性は女性よりアメリカンフットボールの試合を見る可能性が高い」

［B］段の第5文（Because the Super …）には，スーパー・ボウルが特に，広告主にとっては最も貴重な商品である男性の視聴者を得る場だと述

べられており，男性の方が視聴する可能性が高いと判断できるので5が正解。広告の立案者に関する記述はないので1は不適。コマーシャル1本は30秒とは述べられているが，総時間数に関する記述はないので2も不適。

▶(41)　テレビ番組に当てはめて考えると，［C］段における「私たちは商品なのだ」という表現はどういう意味かを問う問題。

1．「番組の視聴者は広告会社に売るために提供されている」

2．「番組は視聴者の意見を反映するために制作されている」

3．「番組は視聴者全員に同じような考え方をさせるために制作されている」

4．「番組の視聴者自身が広告キャンペーンに一枚かんでいる」

この表現の直前にある，［C］段の第2文のコロン以下（The primary purpose …）には，マスメディアの主な目的は聴衆を広告主に売ることだと述べられており，1が正解。

▶(42)―(43)　［D］段の空所Xに，0～8の番号のついた語を適切な語順で並べ替えて補充し，完成した文の1番目と5番目の語を番号で答える問題。

完成英文：<u>pictures</u> several people boxed <u>according</u> to income level

選択肢の中のaccordingとtoに注目すると，according to ～「～により，～に応じて」というイディオムだとわかり，何に応じてかを考えると，income level「所得水準」がふさわしいと見当がつく。whichの後に続く文の動詞は，英文全体の時制から考えて一致する現在時制のはずなので，ここではpicturesが「～を描く」という意味の動詞で用いられていると考えられ，目的語としてこの後にseveral peopleが続くこともわかる。ここで話題となっている広告のキャッチコピーである［D］段の第2文（“The people you …）中の，人を包装してあるという表現から判断して，boxedは「所得水準に応じて箱詰めされた」という意味でseveral peopleを修飾して，この直後に続くとわかる。

▶(44)　［E］段として，①～⑧の番号のついた英文を並べ替えて，論理的に適切な流れの段とする問題。

①「広告は雑誌や新聞の制作の60パーセント以上の資金源となっており，それが電子メディアだとほぼ100パーセントだ」

②「私たちは広告なんて重要ではないものと考えたがるが，実のところ，それはマスメディアの最も重要な側面である」

③「そして，コロンビア・ブロードキャスティング・システムのオーナーである，ウェスティングハウス・エレクトリックの最高経営責任者はこう語っている。『当社は広告主にサービスを提供するためにここにいます」
④「アメリカン・ブロードキャスティング・カンパニーの幹部の一人が語ったように，『ネットワークは，番組ではなくネットワーク広告を配信する目的でアフィリエイターにお金を払っています」
⑤「そこが重要な点なのだ」
⑥「広告収入では，年間4百億ドル以上がテレビとラジオ向けに発生しており，雑誌や新聞向けだと3百億ドル以上になる」
⑦「それが当社の存在理由なのです』」
⑧「当社の今の姿は，プロクター・アンド・ギャンブルのような会社にとっては流通システムなのです』」
引用符の存在に注目すると，③と④の後にはそれぞれ⑦と⑧のいずれかが続くことがわかる。③は And で始まっており，発言の例を挙げる部分としては後の方，つまり④の方が③より先であり，ネットワークを用いて広告を伝える現在の姿を反映している⑧が④の後に続くことがわかるので，④―⑧―③―⑦の順が決まる。また，マスメディアの資金源の割合を述べた①の後には，具体的な金額が述べられている⑥が続くはず。②は広告の重要性についての話題を提示しているので，これが段の最初と考えられ，それが重要な点だとした⑤がこの後に続く。①―⑥のつながりは，それを具体的に数値化した部分なので⑤の後に続き，金額の後に，発言の例として④～⑦が続くと考えられるので，全体の順番としては3が正解。
▶(45)　[F] 段において，著者が「特に心配」と考えていることを言い替えている英文を選ぶ問題。
1.「評判のいい新聞でさえ主に関心があるのは売上だ」
2.「評判のいい新聞でさえ主に関心があるのは不動産と百貨店だ」
3.「評判のいい新聞でさえイラストに頼らなければならない」
4.「評判のいい新聞でさえ変な広告を掲載しなければならない」
[F] 段の最終文（It is especially …）には，今時の新聞は，かの有名なニューヨーク・タイムズ紙ですら，本音のところでは商人だという点が特に心配だと述べられており，商人は取引をして利益を上げることを仕事としていることから，1が正解。

▶(46) ［G］段で，引用符で囲まれた空所に入る英文として適切なものを選ぶ問題。

1.「今や，あなたは自分の視聴者を市場の囚われ人として対象にすることができる」

2.「今や，あなたは自分の対象を視聴者の囚われ人として市場に売り込むことができる」

3.「今や，あなたは自分の囚われの市場を対象視聴者にすることができる」

4.「今や，あなたは自分の対象市場を囚われの視聴者にすることができる」

空所の前後には，ケーブルテレビやインターネットに代表される新技術が（広告の）標的を絞り込む装置となっている話と，自分の会社の椅子にロープで縛られた男性が登場するネット広告の話が述べられている。この男性が captive audience「囚われの視聴者」，すなわち，インターネットなどの新技術を利用する限り，いやでも広告を見たり聞いたりしなければならない視聴者を象徴すると判断できるので，4が正解。他の選択肢はいずれも audience「視聴者」，market「市場，市場に出す」，target「対象，対象にする」，captive「囚われ人，囚われの」などの語が置かれた位置が不適。

▶(47) ［A］段から［G］段までを全体として見た場合，著者の主張ではない英文を選ぶ問題。

1.「会社は，通常はテレビのコマーシャルを作り，放映するのに 50 万ドル以上を使うだろう」

2.「米国の女性の半数以上がオスカーを見る」

3.「新聞と雑誌は，生き残るために広告収入に大きく依存している」

4.「メディアは広告主に潜在的な顧客を売ることを業務にしている」

5.「広告に使われる大金は，望ましい視聴者のもとには届かないので無駄になっている」

6.「新聞は読者にニュースを売るよりも，読者を広告主に売ることを優先させている」

1は［A］段の第 4 文（Why would they …）に，企業はテレビコマーシャルの制作に 25 万ドル，その放映にもう 25 万ドル使うのも厭わないと述べられており，著者の主張に一致。2は［C］段の第1文（The movie award …）に，女性の60パーセント以上がオスカーを見ると述べられており，著者の主張に一致。3は［E］段の第3文（Advertising supports more …）に，広告が雑誌や新聞，電子メディアの重要な資金源となっていると述べられており，著者の主張に一致。4は［C］段の第2文のコロン以下（The primary purpose …）に，マスメディアの主な目的は視聴者を広告主に売ることだと述べられており，［D］段の第1文（Magazines, newspapers, and …）にも，メディアが視聴者を取り込み，広告主に売りつけると述べられており，著者の主張に一致。5については，広告費が望ましい視聴者のもとに届かないという記述は本文になく，むしろ，［G］段の最終文の空所に入る英文（⑷6の解答）に captive audience「囚われの視聴者」という言い方で，視聴者は広告を目や耳にせざるをえない状況に置かれていることも読み取れ，著者の主張とは異なるので，これが正解。6は［F］段の第1文（Newspapers are more …）に，新聞社は人々にニュースを提供する仕事より，視聴者を売ることを業務にしていると述べられており，著者の主張に一致。

▶⑷8　本文のタイトルとして最も適切なものを選ぶ問題。

1.「視聴者を捕らえよ：魅力的な広告の作り方」
2.「隠れた関係：広告とマスメディア」
3.「ボウルと映画：テレビのコマーシャルの成功」
4.「地元中心に広告すること，地球的視野で考えること」
5.「ニュースは何処へ？：新聞事業の衰退」

英文全体は，人はほとんど気づいていないが，マスメディアの資金源の多くが広告収入であり，視聴者は実はメディアから広告主に対して商品として売られているという現状について述べられており，2が正解。

●語句・構文●

［A］ be willing to *do*「～するのを厭わない」 after all「結局，つまるところ」 parade「練り歩く」 undergarment-wearing「下着を身につけた」 log on to ～「～にログインする，～にアクセスする」

［B］ kick off ～「～を始める」 man-hour「人時」 footage「フィルム映像」 spot「スポット」とは放送局が定めたCM時間枠に放送されるCMを指す。lead-lined「鉛ライニングの施された（鉛で内張りされた）」

state secret「国家機密」 courier「運搬人」 more A than B「B というよりむしろ A」

［C］ the Oscars「オスカー」はここでは映画のアカデミー賞授賞式を指す。Make no mistake.「確かに，間違いなく」 sophisticated「世の中の事情に精通して，高機能の，最新の」

［D］ round A up「A を一網打尽にする，A をひとまとめにする」 wrap A up「A を包装する」

［E］ point「要点，核心」 ad revenue「広告収入」 affiliate「加盟系列局，関連会社」 distribution system「流通システム」

［F］ chain「チェーン」とは同一資本で経営される店や企業のこと。real-estate agent「不動産業者」 full-page ad「全面広告」 put A in the mood to *do*「A（人）を～する気にさせる」 spending spree「派手な買い物，消費ブーム」 illustrious「有名な」

［G］ with less than half of their pages devoted to … は付帯状況を表す with の用法で，「ページ数の半分以下が～に充てられて，～に充てられているのはページ数の半分以下で」という意味。magazines are only envelopes とは雑誌のページの多くが広告に割かれ，雑誌が広告の入った封筒のようなものになっていることを表現したもの。

❖講　評

2022 年度は，2021 年度に続き，新形式の語彙問題が 1 題，会話文が 1 題，インタビュー形式の問題が 1 題，長文読解問題が 2 題の計 5 題の出題となった。近年増加傾向にあった長文の英文量は，減少に転じた 2021 年度とほぼ同量の約 1000 語となった。解答数は 57 から 48 に減少したが，設問量としてはほぼ同じで，近年続いた易化傾向からすると，やや難化したと言える。

Ⅰの語彙問題は 2021 年度に続く新形式問題で，2 つの単語をつないで別の単語を作る形であったが，問題そのものは平易。

Ⅱの長文読解問題は例年出題されている，英文中の下線のある語の定義を選ばせる問題。英文は短くなったが，難語が多いため，前半部分では話の経緯が読み取りづらかったものと思われる。難解な語がほとんどだが，例年通り品詞も考慮しつつ定義文を本文に挿入していき，前後の文脈から推測すれば正解には至るだろう。

Ⅲの会話文問題は例年通り空所補充問題だが，２年続いた単語挿入形式から，2019年度以前に出題されていた語句・文挿入形式となった。会話の流れから判断できるものが多いが，一部に会話文独特の表現も含まれる。全体的には標準的な出題である。

Ⅳの長文読解問題は2020・2021年度に続いて，2014年度まではときどき出題されていたインタビュー形式の会話文問題であった。質問とその質問に対する適切な応答を組み合わせる形式だが，2022年度は質問に対する応答が，直接的な言い方でなされておらず，例年よりかなり難化した。時間配分に注意が必要な問題となっている。

Ⅴの長文読解問題は広告とマスメディアの関係をテーマとしており，比較的読みやすい英文であった。設問は多様であっても各段に対応したわかりやすいものも多い。しかし，選択肢の英文が紛らわしい設問と，段内の文整序問題，英文全体に関わる内容真偽に時間をとられたかもしれず，難度的にはやや高めとなった。

例年，設問文，選択肢がすべて英文であり，問題英文の総語数は会話文と読解問題を合わせると2500語前後となっており，速読力が要求されている。マークすべき解答数は50問近くあり，80分という試験時間からすると，難度的には標準レベルよりやや難しい問題と言えよう。

日本史

I 解答

(1)(2)―40　(3)(4)―09　(5)(6)―39　(7)(8)―14　(9)(10)―11
(11)(12)―02　(13)(14)―21　(15)(16)―47　(17)(18)―02　(19)(20)―03
(21)(22)―04　(23)(24)―25　(25)(26)―44

◀解　説▶

≪海外で評価された日本美術≫

▶(1)(2)　慶應義塾を設立した福沢諭吉は，適塾で蘭学を学び，その後1860年に万延遣米使節に参加する機会を得た。海外渡航の経験から西洋文明の摂取の必要性を感じて『西洋事情』『文明論之概略』などを著した。このほかに福沢の著書として『国会論』や世界の地理や歴史をわかりやすく記述した『世界国尽（くにづくし）』などがある。

▶(3)(4)　対馬占拠事件は1861年のできごとであり，この時のイギリス公使はオールコックであった。彼は四国艦隊下関砲撃事件を主導したため，1864年にイギリス公使を解任された。彼の後任がパークスである。

▶(5)(6)　岡倉天心とともに日本の伝統美術の保存に尽力したフェノロサは，お雇い外国人として来日し，東京大学で哲学・政治学・経済学などを講じた。

▶(7)(8)　狩野派は正信を祖とし，室町幕府・織田信長・豊臣秀吉・江戸幕府に仕えた。

▶(9)(10)　難問。「漫画」「白河上皇」の語がリード文に見られる。院政期の文化の中で，漫画に類似した戯画の作品は『鳥獣戯画』であり，鳥羽僧正覚猷が描いたとされている。

▶(11)(12)　正解は［02］。安藤信正は坂下門外の変で負傷した。

［01］　適切。1863年の八月十八日の政変の際に7名の公卿も都落ちした。

［02］　不適。井伊直弼が死亡した後に老中となった安藤信正は，幕府の権威を再び回復しようと公武合体政策をとったが，和宮降嫁に憤慨した水戸浪士らに襲われ，負傷したために失脚した。

［03］　適切。生麦事件は1862年のできごとで，翌年の薩英戦争のきっかけとなった。

［04］　適切。長州藩外国船砲撃事件は 1863 年 5 月 10 日に起きた。この後長州藩は 1864 年の四国艦隊下関砲撃事件で報復を受けた。

［05］　適切。天誅組の変は 1863 年のできごとである。直後に八月十八日の政変が起き，後ろ盾を失った天誅組は追討された。

▶⒀⒁　難問。微粒子病は蚕の病気で，幕末にヨーロッパで流行した。このため健全な蚕が求められ，蚕の卵を産みつけた蚕卵紙は，日本の重要な輸出品となった。

▶⒂⒃　難問。「大はしあたけの夕立」や「亀戸梅屋舗」が描かれている作品は，歌川広重の『名所江戸百景』である。

▶⒄⒅　難問。正解は［02］。斑鳩寺とは法隆寺のことであり，「時の天皇の摂政を務めたといわれる人物」は厩戸王。

［01］　適切。三経義疏のうち，『法華経義疏』は厩戸王の自書とされる。

［02］　不適。法隆寺金堂釈迦三尊像は，厩戸王を弔うためにつくられたとされている。

［03］　適切。

［04］　適切。冠位十二階が律令制度における位階制の起源となった。

［05］　適切。穴穂部間人（はしひと）皇女は厩戸王の母である。彼女の宮跡に中宮寺が創建された。天寿国繡帳は厩戸王の死を悼んで妃の橘大郎女が作らせた。

▶⒆⒇　やや難。正解は［03］。藤原信頼が挙兵した戦いは平治の乱。信頼・源義朝が挙兵したが，平清盛によって滅ぼされた。

［01］　不適。『承久記』の承久の乱における二位殿，つまり北条政子の演説の場面である。

［02］　不適。『平家物語』の壇の浦の戦いにおける「安徳天皇の入水」の場面。二位殿は安徳天皇の祖母の平時子である。

［03］　適切。『平治物語』の義朝が敗北して落ち延びている場面である。

［04］　不適。前九年合戦を記した『陸奥話記』の，官軍が清原氏の助力を得て安倍貞任を敗北させた場面である。

［05］　不適。『保元物語』の保元の乱における義朝・清盛らの戦闘開始の場面である。

▶(21)(22)　正解は［04］。この放火事件は応天門の変，当時の摂政は藤原良房である。

［01］　不適。橘広相の非を宇多天皇が認めたのは阿衡の紛議。

［02］ 不適。伴健岑・橘逸勢が流罪となったのは承和の変。

［03］ 不適。菅原道真が左遷となった事件は昌泰の変という。

［04］ 適切。事件当時，源信が左大臣，伴善男が大納言であった。

［05］ 不適。源高明が左遷となった事件は安和の変である。

▶(23)(24) 難問。4 代将軍足利義持の命で禅機画（『瓢鮎図』）を描いた画僧とは如拙である。代表的な水墨画家のうち，明兆が東福寺の僧，如拙・周文・雪舟が相国寺の僧であった。

▶(25)(26) 松方正義の三男，松方幸次郎は印象派の作品など西洋美術のほかに，浮世絵なども収集した。これらの美術作品は松方コレクションと呼ばれる。解答にあたっては「日本銀行を設立した」のが松方正義であることから松方姓の人物を語群から選べばよい。

II 解答

(27)(28)―29 (29)(30)―27 (31)(32)―12 (33)(34)―16 (35)(36)―26
(37)(38)―03 (39)(40)―08 (41)(42)―03 (43)(44)―04 (45)(46)―03
(47)(48)―07 (49)(50)―07 (51)(52)―02

◀解 説▶

≪古代から幕末までの貨幣・金融≫

▶(27)(28) 難問。リーマン=ショックとは，2008 年にアメリカの投資銀行大手であったリーマン=ブラザーズが巨額の負債を抱えて倒産したことをきっかけとする世界的な金融危機のことである。

▶(29)(30) 乾元大宝は 958 年，村上天皇の時代に発行された。

▶(31)(32) 後醍醐天皇は大内裏造営計画ととともに，財政補塡のために乾坤通宝や楮幣（ちょへい）とよばれる紙幣の発行を計画した。

▶(33)(34) 出挙のうち国家による公出挙は，当初は貧民救済策であったが，利稲が国衙の重要財源となったため，強制貸付となって租税化した。

▶(35)(36) 鎌倉時代以降の相互扶助金融として頼母子や無尽があった。講が組織され，参加者は定期的に出資金を出し，くじなどで当たると受け取る権利を得た。

▶(37)(38) 徳川綱吉の治世における財政逼迫解消の手段として，勘定吟味役であった荻原重秀が，元禄金銀の鋳造を献策した。小判の金の含有率は約 57％に落とされ，幕府は出目（差額収入）で利益を得た。

▶(39)(40) 正解は［08］。710 年から 784 年までに当てはまらないものを選ぶ。

(a)　適切。なお対馬では銀が採掘された。

(b)　適切。蓄銭叙位令発令は711年であった。

(c)　不適。三善清行が意見封事十二箇条を上奏したのは914年である。

(d)　不適。最初の荘園整理令は902年の延喜の荘園整理令である。

(e)　適切。百万町歩の開墾計画は722年，三世一身法は723年に出された。

▶(41)(42)　正解は［03］。

(a)　不適。平忠盛が日宋貿易に着手し，忠盛の子である清盛は音戸の瀬戸の開削や大輪田泊の修築を行った。

(b)　適切。日本の輸出品は金・刀剣・漆器のほか硫黄・扇などで，宋からは宋銭・書籍・香料・陶磁器・薬品などが輸入された。

(c)　適切。

(d)　不適。三別抄は3編制で構成された高麗の特別編制軍であった。

(e)　適切。宋の工人陳和卿は大仏の首を修復した。また源実朝に渡宋を勧め，大船を建造した。

▶(43)(44)　正解は［04］。

(a)　適切。1485年に山城の国一揆が起き，畠山政長・義就両軍は国外に退去して，南山城では8年間月行事による自治が行われた。

(b)　不適。6代将軍足利義教の代始めに近江坂本の馬借の蜂起が契機となって起こったのは正長の徳政一揆。義教は嘉吉の変で暗殺され，次の7代将軍足利義勝の代始めに嘉吉の徳政一揆が起きた。

(c)　不適。柳生の徳政碑文は，正長の徳政一揆の際に神戸（かんべ）4カ郷から負債がなくなったことが石に刻まれている碑文である。

(d)　不適。正長の徳政一揆の際には幕府は徳政令を発布しなかった。嘉吉の徳政一揆で幕府は初の徳政令を発布した。

(e)　適切。播磨の土一揆は守護赤松満祐によって鎮圧された。

▶(45)(46)　正解は［03］。

(a)　不適。永仁の徳政令は1297年に9代執権北条貞時によって発布された。

(b)　適切。

(c)　適切。1454年の享徳の徳政一揆で幕府は初の分一徳政令を発布した。

(d)　不適。第2次山本権兵衛内閣は1923年の関東大震災直後に30日間のモラトリアムを実施した。また1927年には田中義一内閣が金融恐慌収束のために3週間のモラトリアムを実施した。

(e) 適切。越後頸城(くびき)郡高田と出羽長瀞(ながとろ)で質地騒動が起きた。

▶(47)(48) 正解は［07］。

(a) 適切。

(b) 不適。寛永通宝が江戸幕府によって鋳造され，これにより中国銭が一掃された。

(c) 適切。

(d) 適切。

(e) 不適。金座の管轄を命じられた人物は後藤庄三郎光次であった。以降後藤庄三郎家が金座の管轄を世襲した。

▶(49)(50) 正解は［07］。田沼時代に関する問題。

(a) 適切。南鐐とは「良質の」という意味である。

(b) 不適。株仲間の解散は天保の改革の際に行われた。

(c) 適切。印旛沼・手賀沼干拓は利根川の大洪水で失敗に終わった。

(d) 適切。出羽の探検家最上徳内らが蝦夷地に派遣された。

(e) 不適。勘定所御用達は寛政の改革の際に設置され，米価調整のほか江戸町会所の運営を担った。

▶(51)(52) 正解は［02］。

(a) 不適。日露和親条約では下田・箱館・長崎の開港が定められた。

(b) 適切。

(c) 不適。地租改正反対一揆は明治時代に起きた。

(d) 適切。五品江戸廻送令に在郷商人や外国人が反発をした。

(e) 適切。庶民生活が圧迫されたことが，攘夷運動の一因となった。

III 解答

(53)(54)—03 (55)(56)—05 (57)(58)—30 (59)(60)—04 (61)(62)—29 (63)(64)—04 (65)(66)—04 (67)(68)—02 (69)(70)—03 (71)(72)—01 (73)(74)—02 (75)(76)—02

◀解 説▶

≪図書館の歴史≫

▶(53)(54) 石上宅嗣は旧邸宅を寺とした時に書籍を収蔵して好学の者に閲覧させた。この日本最初の図書館を芸亭という。

▶(55)(56)　難問。足利学校は上杉憲実によって再興された。その際に円覚寺の僧快元が庠主（しょうしゅ）（校長）となった。

▶(57)(58)　日露戦争後，政府は戊申詔書を発布するとともに内務省主導で地方改良運動を行い，民心の国家主義復活を企図した。

▶(59)(60)　正解は［04］。

［01］　適切。

［02］　適切。

［03］　適切。

［04］　不適。民部省が戸籍・計帳や田図・田籍の管理などを行った。

［05］　適切。

▶(61)(62)　難問。「玄宗皇帝の絵六巻」は藤原通憲（信西）が後白河法皇のために制作した絵巻で宮中に所蔵されていた。この日記が書かれた治承三年，つまり 1179 年は高倉天皇の治世であった。

▶(63)(64)　中央官庁のいわゆる二官八省一台五衛府は令制に規定された官司であった。五衛府とは衛門府・左右衛士府・左右兵衛府のことであった。

▶(65)(66)　正解は［04］。

［01］　適切。

［02］　適切。

［03］　適切。

［04］　不適。新恩ではなく新補地頭の解説である。承久の乱後，後鳥羽上皇方から没収した所領に対して新たに地頭が任命された。

［05］　適切。

▶(67)(68)　難問。正解は［02］。

［01］　適切。

［02］　不適。伊東巳代治は長崎出身であった。

［03］　適切。

［04］　適切。

［05］　適切。

▶(69)(70)　難問。正解は［03］。

［01］　適切。

［02］　適切。19 世紀初頭に寺子屋は農山漁村でも激増した。

［03］　不適。男女共学の寺子屋が一般的であった。

［04］　適切。

［05］　適切。

▶(71)(72)　正解は［01］。

［01］　不適。小学校設置費用などを地元住民に負担させようとしたため，学制反対一揆が起きた。

［02］　適切。

［03］　適切。1880年の改正教育令により，教育の国家統制が強化されていった。

［04］　適切。1886年開始の検定教科書制度は，1903年に国定教科書（文部省著作の教科書を使用させる）制度に移行した。

［05］　適切。

▶(73)(74)　難問。正解は［02］。

［01］　適切。

［02］　不適。1875年制定の新聞紙条例では，外国人が新聞の持主・社主・編集人になることを禁じた。『日新真事誌』はイギリス人ブラックが創刊した新聞で，民撰議院設立の建白書がこの新聞に掲載されたが，この1875年に廃刊となった。

［03］　適切。

［04］　適切。

［05］　適切。

▶(75)(76)　難問。正解は［02］。

［01］　適切。

［02］　不適。1つの学部のみからなる単科大学の設立も認められた。

［03］　適切。

［04］　適切。大学令によって公立・私立大学の設立が公認された。

［05］　適切。

Ⅳ 解答

(77)(78)—02 (79)(80)—03 (81)(82)—02 (83)(84)—03 (85)(86)—02
(87)(88)—08 (89)(90)—01 (91)(92)—37 (93)(94)—39 (95)(96)—35
(97)(98)—01 (99)(100)—41

◀解 説▶

≪近現代の外交・政治・文化≫

▶(77)(78) 正解は［02］。やや難問。書簡Aにおける「蘇」はソ連のことである。書簡の筆者はソ連との国交回復による「赤禍」（共産主義によるわざわい）を懸念した。ソ連との国交回復を達成した鳩山一郎は戦前立憲政友会に属し，戦後日本自由党総裁となったが公職追放を受けた。

▶(79)(80) 正解は［03］。池田勇人内閣は「低姿勢」「寛容と忍耐」をスローガンとして革新勢力との対立を回避し，国民所得倍増計画を掲げて国民の関心を政治から経済に転換させた。また大都市における人口と産業の集中を防止し，都市機能の地方分散を図って，1962年に新産業都市建設促進法が制定された。環境庁は佐藤栄作内閣の時の1971年に設置された。

▶(81)(82) やや難問。正解は［02］。池田勇人内閣は1960年に成立し，1964年に総辞職をした。

［01］ 不適。国内旅客輸送分担率で乗用車が国鉄を上回ったのは1960年代後半のことであった。

［02］ 適切。日本が部分的核実験禁（停）止条約に調印したのは1963年であった。

［03］ 不適。日中覚書貿易は1968年から始められた。

［04］ 不適。沖縄の日本復帰は1972年のことであった。

［05］ 不適。工業生産が戦前の水準の2倍に達したのは1950年代後半にかけてのことであった。

▶(83)(84) 正解は［03］。書簡Cの「全学連，総評，社会党等，騒動」や「アイク（アイゼンハワー）大統領来朝」から，当時の首相は安保闘争時の岸信介であることがわかる。岸信介はA級戦犯として身柄を拘束され，1948年12月24日に釈放されたため，1948年に起きた昭和電工事件には関わっていない。

▶(85)(86) 難問。浅沼稲次郎は1960年に日本社会党の委員長となったが，同年，右翼の少年に暗殺された。

▶(87)(88) 書簡Dに「独軍ノ反撃奏効米英軍ハ意外ノ難関」とあり，1939

年からの第二次世界大戦以降の状況が述べられている。ほぼ同時期の1940 年に汪兆銘が南京に新国民政府を樹立した。

▶(89)(90)・(99)(100)　書簡Eおよび設問7から，「政権争奪」の状況の中で「自由党」の人物であろうと考えられる当時首相であった「小生」が辞任を迫られたことがわかる。吉田茂は，造船疑獄事件によって内閣への不満が強まり，また鳩山一郎らが自由党を離党して日本民主党を結党すると，1954 年に首相を辞任した。公安調査庁は 1952 年の破壊活動防止法制定時に設置された。

▶(91)(92)　難問。「保守新党」とは民主自由党のことで，民主自由党は日本自由党と幣原喜重郎などの民主党の離党者により結党された。民主党では日本社会党との連立に不満な反芦田派があいついで離党していた。芦田均内閣の総辞職後，民主自由党の第 2 次吉田茂内閣が成立した。

▶(93)(94)　難問。安田靫彦（ゆきひこ）は大正・昭和時代に活躍をした，歴史画を多く残した日本画家である。

▶(95)(96)　書簡Hにある「日独軍事協定」とは，1940 年に締結された日独伊三国同盟のこと。またドイツは 1940 年にイギリス上陸作戦を開始したが上陸を果たせなかった。書簡Hは 1940 年に書かれた。時の内閣は第 2 次近衛文麿内閣で，外務大臣は松岡洋右であった。

▶(97)(98)　正解は［01］。書簡Dと書簡Hは戦前に書かれた。書簡Fが民主自由党結党の頃なので 1948 年に，書簡Eが第 5 次吉田茂内閣総辞職の頃なので 1954 年に，書簡Aが日ソ共同宣言の頃なので 1956 年に，書簡Gが明仁親王ご成婚の頃なので 1959 年に，書簡Cが安保闘争の頃なので 1960 年に，書簡Bが池田勇人内閣の時（1960 年から 1964 年の間）に書かれた。したがって，5 番目は書簡Aである。

❖講　評

2021 年度に比べ年代順を判定させる問題が減ったことと，全体的に難易度が下がったことで，取り組みやすくなった。しかし文章の正誤判定問題や語群から選択する問題において深い知識を必要とするものもあり，基礎事項で取りこぼしを防ぎ，さらに難問もできるだけ得点できる総合力が求められた。

Ⅰは海外で評価された日本美術を主題とする文化史を中心とした問題

であった。空所補充問題においては年代を特定する能力が求められた。文化史の問題では難問もみられる。文章で絵画の説明がなされ，教科書の精読や図録を使った学習がきちんとなされているかが問われた。史料を読み取って合戦を見極める問題はやや難問であった。

Ⅱは古代から幕末までの貨幣・金融の問題であった。最初の空所に入る 2000 年代のリーマン=ショックは難問だが，その他については，空所補充問題も，文章の正誤判定問題も標準的な問題であったので，確実に得点したい。

Ⅲは図書館の歴史を主題として，政治史・教育史の問題が多く出題された。空所補充問題・語群選択問題・文章の正誤判定問題それぞれに難問が見られた。なお，律令の統治機構に関する問題や令制の官司に関する問題は，選択肢あるいは語群を冷静に吟味すれば解答できたと考えられる。判断が難しそうな問題が続いても落ち着いて対処してほしい。

Ⅳは 2021 年度と同様に史料を用いた問題で，近現代の外交・政治・文化からの出題であった。ただし書簡という初見であろう史料からの出題で，年代や人名の特定が難しかった。できごとがどの内閣の時，あるいは西暦何年のことであるかの知識が問われた。年代順の配列問題も教科書にない知識を必要としたため，難問であった。

世界史

I 解答

(1)(2)—16　(3)(4)—03　(5)(6)—37　(7)(8)—07　(9)(10)—29
(11)(12)—04　(13)(14)—02　(15)(16)—32　(17)(18)—03　(19)(20)—01
(21)(22)—02　(23)(24)—04　(25)(26)—04

◀解　説▶

≪大航海時代の世界≫

▶(1)(2)　ジョアン2世（位1481～95年）は，次王であるマヌエル1世（位1495～1521年）とともに海洋王国ポルトガルの黄金時代を築いた国王。喜望峰到達・トルデシリャス条約はジョアン2世，インド航路の発見はマヌエル1世の時代のこと。

▶(3)(4)　難問。インカ帝国は，15世紀の皇帝20．パチャクテクの時に最盛期を迎えたが，スペイン人征服者ピサロに皇帝アタワルパが殺されて滅亡した。

▶(5)(6)　ネーデルラント17州は，スペイン王フェリペ2世の圧政に対して1568年反乱を起こしたが，カトリックが多数を占める南部10州が脱落，残る北部7州はユトレヒト同盟を結成して抗戦を継続した。

▶(7)(8)　南ネーデルラントのアントウェルペン（アントワープ）は，15世紀以降，28．ブルッヘ（ブリュージュ）に代わって西ヨーロッパ随一の貿易港として発展したが，オランダ独立戦争の際，スペインに占領・破壊され，繁栄はネーデルラント北部のアムステルダムに移った。

▶(9)(10)　難問。プレスター=ジョンは，ヨーロッパから離れたアジアやアフリカの地にキリスト教王国を建てたと言われる伝説上の人物。中世ヨーロッパでは，プレスター=ジョンの国がアジアのモンゴルやインドにあればイスラーム教徒を挟撃できると考え，後にはアフリカのエチオピアがプレスター=ジョンの国と考えられた。

▶(11)(12)　難問。マスカットはオマーン湾に面する港市だが占領年代は細かい。また，セイロン島占領は1505年と1518年の2説があり，前者は交易所を開設した年，後者はセイロン島のコロンボをポルトガルが占領した年である（この時点では各地に王国が割拠していて全島を征服したわけではない)。後者をとれば,［04］(b)マスカット占領（1508年)→(c)マラッカ占領（1511年)→(a)セイロン島占領（1518年）の順となる。前者では,［01］(a)セイロン島占領（1505年)→(b)マスカット占領（1508年)→(c)マラッカ占領（1511年）の順となる。

▶(13)(14) ［02］誤文。スペインはエンコミエンダ制を実施して，先住民のキリスト教化と保護を条件に植民者に先住民の強制労働を認めたが，ラス=カサスの運動などもあって先住民保護の立場から奴隷化を禁止している。

▶(15)(16) ポトシ銀山はボリビア南部，アンデス山脈高地にあり，ラテンアメリカ最大の銀山であった。

▶(17)(18) ［03］誤文。フッガー家の本拠地はニュルンベルクではなくアウクスブルクである。

▶(19)(20) ［01］誤文。ベトナムの黎朝は明軍を撃退して独立したが，その後は明と朝貢関係を結んだ。

▶(21)(22) ［02］誤文。土木堡は，西安近郊（陝西省）ではなく北京の西（河北省）にある。

▶(23)(24) ［04］誤文。ザビエルは中国布教をめざす途上，広州港外の上川島で病死した。

▶(25)(26) ［04］誤文。オランダ東インド会社を台湾から駆逐したのは，スペインではなく鄭成功である。

II 解答

(27)(28)—61 (29)(30)—01 (31)(32)—21 (33)(34)—04 (35)(36)—40
(37)(38)—15 (39)(40)—46 (41)(42)—33 (43)(44)—05 (45)(46)—26
(47)(48)—10 (49)(50)—45 (51)(52)—08

◀解 説▶

《ペルシア語文化圏の歴史》

▶(27)(28) 難問。ホラーサーン地方はイラン東北部からアフガニスタン・トルクメニスタンに広がる地域。パルティア発祥の地でもある。

▶(29)(30) 難問。「カスピ海西部」からアゼルバイジャンと判断したい。現在のアゼルバイジャン共和国とイラン西北部に広がる地域で，イランの中心都市タブリーズは古くから東西交易で栄え，イル=ハン国やサファヴィー朝初期の都として知られる。

▶(31)(32) 難問。サファヴィー朝のイスマーイール1世は神秘主義教団の教主で，キジルバシュと呼ばれるトルコ系遊牧民を軍事力に用いて建国した。その後，キジルバシュの専横が目立つようになったため，アッバース1世が軍制改革を行っている。

▶(33)(34)　難問。アフシャール朝は，トルコ系アフシャール族がナーディル=シャーに率いられてサファヴィー朝滅亡後のイランに建国した。カージャール朝が建国されると，その攻撃を受けて滅亡した。

▶(35)(36)　難問。ドゥッラーニー朝は，イランのアフシャール朝から独立したアフガン人の王国。最盛期にはアフガニスタンからパキスタン，インド北西部を支配下に置き，現在のアフガニスタンの国家の基礎を築いた。

▶(37)(38)　難問。第1回十字軍に参加したフランス人貴族ボードゥアンは，小アジア南部の都市エデッサを中心にエデッサ伯領を建国し，ボードゥアンは後にイェルサレム王国を建て初代イェルサレム王となった。

▶(39)(40)　ニザーム=アルムルクは，セルジューク朝最盛期のスルタンであるマリク=シャーの宰相（ワズィール）を務め，教育機関ニザーミーヤ学院を創設したことでも知られる。

▶(41)(42)　難問。セリム3世がイェニチェリに代わる西洋式軍隊ニザーム=ジェディットを創設し，その後マフムト2世がイェニチェリを廃止した。

▶(43)(44)　(a)トゥールーン朝は，アッバース朝のエジプト総督代理が自立して建国した。(b)アフガニスタンのガズナ朝は，サーマーン朝に仕えたマムルークのアルプテギンが自立して建国した。(c)ホラズム朝は，アム川下流のホラズム地方でセルジューク朝のマムルークが自立して建国した。

▶(45)(46)　敬虔なヒンドゥー教徒であったシヴァージーは，ムガル帝国のアウラングゼーブ帝と抗争し，デカン高原にマラーター王国を建国した。

▶(47)(48)　難問。アルメニアの故地は，小アジアとカスピ海の間の地域であるが，サファヴィー朝の保護を受けたアルメニア商人は，中国・イラン・ヨーロッパを結ぶ絹貿易を独占して繁栄し，その一部は商業活動を通じて世界に拡散した。イスファハーンのジョルファー（アルメニア人居住区）には，キリスト教の一派アルメニア教会が数多くあった。

▶(49)(50)　難問。黒海とカスピ海の間にあるカフカス地方は，ロシアの文豪トルストイの時代にはロシア領となっていた。トルストイは一時カフカスの砲兵旅団に志願兵として駐屯し，カフカスを舞台とした小説を多く残した。

▶(51)(52)　イラン大統領アフマディネジャド（任2005～13年）は，イランの核開発をめぐってアメリカ合衆国と激しく対立し，強硬な反米政策で知られる。

III 解答

(53)(54)―11　(55)(56)―14　(57)(58)―16　(59)(60)―01　(61)(62)―09
(63)(64)―02　(65)(66)―04　(67)(68)―04　(69)(70)―10　(71)(72)―08
(73)(74)―06　(75)(76)―07

◀解　説▶

≪冷戦期・冷戦終結後の難民問題≫

▶(53)(54)　1956年に起こったハンガリー反ソ暴動（ハンガリー事件）は，ソ連軍の大規模な侵攻を受けて鎮圧された。

▶(55)(56)　2番目の空欄の直前から1992年に独立を宣言したボスニア=ヘルツェゴヴィナと判断したい。

▶(57)(58)　2番目の空欄の直後に「新ユーゴスラヴィア連邦を結成した」とあるのでモンテネグロと判断したい。

▶(59)(60)「2008年に［　D　］共和国の独立が宣言された」とあるのはコソヴォ共和国の独立を指している。コソヴォ自治州で多数を占めたのはムスリム系のアルバニア系住民。

▶(61)(62)　難問。［09］(b)コミンフォルムの結成（1947年）→(c)大韓民国の成立（1948年）→(a)経済相互援助会議（コメコン）の結成（1949年）→(d)中華人民共和国の成立（1949年）の順になるが，(a)と(d)が同じ1949年なのでどちらが先かを判断するのが難しい。コメコン結成が1949年1月，中華人民共和国の成立が同年10月である。

▶(63)(64)　難問。［02］誤文。ニカラグアでは1979年に革命が成功してサンディニスタ左翼政権が生まれたが，「人権外交」を唱えるアメリカのカーター政権（1977～81年）はこれに干渉せず，代わったレーガン政権（1981～89年）はこれを敵視し，干渉政策を実施した。

▶(65)(66)　［04］誤文。民族主義者ルムンバが独立後最初の首相となると，間もなくコンゴ動乱が勃発し，ルムンバはクーデタでとらえられ処刑された。

▶(67)(68)　［04］誤文。非同盟諸国首脳会議は，1961年の第1回以来加盟国を増やしながら，ほぼ3年ごとに首脳会議を開催し，冷戦終結後の現在にまで至っている。

▶(69)(70) ベトナム民主共和国の独立を宣言して初代大統領に就任したのはホー=チ=ミン（任1945～69年）。彼は，はじめフランスとインドシナ戦争を戦い，後にはアメリカとベトナム戦争を戦ったが，ベトナム戦争終結前の1969年に亡くなった。(d)ベトナム共和国の終焉（1975年）や中国と戦った(a)中越戦争（1979年）は，ホー=チ=ミンの死後の出来事である。(b)ディエンビエンフーの戦い（1953～1954年）はインドシナ戦争でのフランスの敗北を決定づけた出来事で，(c)トンキン湾事件（1964年）はベトナム戦争の発端となった事件。

▶(71)(72) 難問。[08]「1991年から2000年」の10年間に起こった出来事は(a)エリトリアのエチオピアからの独立（1993年）と(d)国連平和維持活動のルワンダ支援団の派遣の決定（1993年）の2つ。(b)南スーダン共和国独立（2011年）と(c)アフリカで最初の女性大統領となったリベリアのサーリーフ大統領の就任（2006年）は，2000年以後の出来事。

▶(73)(74) 難問。ソ連のアフガニスタン侵攻時の最高指導者はブレジネフ書記長（任1966～82年〈1964～66年は第一書記〉）。(a)核拡散防止条約締結（1968年）と(c)ダマンスキー島事件（1969年）の2つがブレジネフ時代の出来事。(b)中ソ技術協定破棄（1959年）と(d)部分的核実験禁止条約締結（1963年）は，ブレジネフ時代以前のフルシチョフ時代（1953～64年）の出来事。

▶(75)(76) 難問。Aはセルビア，Bはクロアティア，Cはスロヴェニア，Dはコソヴォを示している。Aは「新ユーゴスラヴィア連邦」を(57)(58)のモンテネグロと結成したことからセルビアと判断できる。BとCは旧ユーゴスラヴィア連邦から1991年に離脱したクロアティアとスロヴェニアとわかるが，Bを3番目の空欄でボスニア内戦の当事者となったクロアティアと判断しなければならない。なお，地図上の①はスロヴェニア，②はクロアティア，③はボスニア=ヘルツェゴヴィナ，④はセルビア，⑤はモンテネグロ，⑥はコソヴォ，⑦はアルバニア，⑧はマケドニアを示している。

Ⅳ 解答

(77)(78)—15 (79)(80)—27 (81)(82)—05 (83)(84)—13 (85)(86)—07
(87)(88)—01 (89)(90)—02 (91)(92)—01 (93)(94)—10 (95)(96)—03
(97)(98)—28 (99)(100)—37

◀解 説▶

≪科学革命に始まる自然観の変化≫

▶(77)(78) 大陸合理論を打ち立てたのはフランスの哲学者・物理学者・数学者のデカルト。彼はすべてを疑うことから出発（方法的懐疑）し，「われ思う，ゆえに我あり」の命題にたどり着いた。

▶(79)(80) イギリスの化学者・物理学者のボイルは，気体の圧力と体積の関係を研究してボイルの法則を発見した。

▶(81)(82) 惑星の運行の法則を発見したドイツ人天文学者はケプラー。彼は，師のティコ=ブラーエの残した観測資料を基に，惑星の運行に関するケプラーの第一・第二・第三法則を発見した。

▶(83)(84) ダーウィンの生物進化論を社会に適用して社会進化論を唱えたのはイギリスの哲学者スペンサー。

▶(85)(86) 7つの事項を勃発年の順に並べると，［03］三十年戦争（1618～48年）→［01］イギリス革命（1640～60年）→［06］フロンドの乱（1648～53年）→［07］南ネーデルラント継承戦争（1667～68年）→［02］オランダ侵略戦争（オランダ戦争）（1672～78年）→［04］第3次イギリス=オランダ戦争（1672～74年）→［05］ファルツ戦争（1688～97年）の順になり，4番目にあたるのは［07］南ネーデルラント継承戦争。

▶(87)(88) ［01］正文。

［02］誤文。万物の根源を水と主張したのはヘラクレイトスではなくタレス。ヘラクレイトスは万物の根源を変化自体としており，その象徴を火と考えた。

［03］誤文。アルキメデスの大型投石器が活躍したのはペロポネソス戦争ではなくポエニ戦争。

［04］誤文。ヒッポクラテスはレスボス島ではなくコス島の出身。

▶(89)(90) ［02］誤文。シチリア王ルッジェーロ2世に仕えて世界地図を作ったイスラームの地理学者はイドリーシー。フィルドゥシーは『シャー=ナーメ（王の書）』で知られるペルシアの叙事詩人。なお，［04］は，アッバース朝における翻訳機関として有名な知恵の館（バイト=アルヒクマ）

は，第7代カリフのマームーンの時代に設立されているが，第5代カリフのハールーン=アッラシードのときにすでにその前身となる機関が設置されているため正文と判断できる。

▶(91)(92) 難問。[01] 誤文。ニュートンはホイッグ党の推薦を受けてケンブリッジ大学代表議員として約1年間庶民院に在籍した。

▶(93)(94) 16世紀に地動説を主張して宗教裁判で処刑されたのはイタリアの哲学者ジョルダーノ=ブルーノ。

▶(95)(96) 難問。[03] 誤文。ラミダス猿人の化石には「アルディ」という名前が付けられた。「トゥーマイ」は，2001年にチャドで発見されたサヘラントロプスの化石に付けられた名前。サヘラントロプスはラミダス猿人よりもさらに古いと考えられている。

▶(97)(98) 人口増加に対して十分な食糧を増産することの困難を説いたのは，『人口論』の著者であるイギリスの古典派経済学者のマルサス。

▶(99)(100) 『自然の体系』を著したのはスウェーデンの博物学者リンネ。『自然の体系』の書名では難しいが，「1735年」当時に自然関係の研究を行った人物としてリンネが適当と判断したい。

❖講　評

Ⅰは，大航海時代というオーソドックスなテーマによる出題で，近世西ヨーロッパを中心にアジア・アメリカまで広い地域から出題されている。4問あるリード文中の空所補充は(3)(4)のアタワルパ以外は基本的な知識で答えることができる。誤文選択問題6問は，判断すべき情報量が多く，正誤判断は慎重さを要求されるが，誤りのポイントが比較的わかりやすく，取り組みやすかった。[設問2] の配列問題は，16世紀初めにポルトガルがアジア進出を果たした順序を問う問題で，マラッカ占領・セイロン島占領・マスカット占領，いずれも正確な年代が確定しづらいために難問であった。

Ⅱは，「ペルシア語文化圏」を切り口に，イラン・アフガニスタン・中央アジアに関する知識を問う問題。各設問の掘り下げが深いうえにイスラーム世界の辺縁部にあたる中央アジアに関する地理的知識も要求され，難問が揃った。5問あるリード文中の空所補充はどれも格段にレベルの高い問題で，[設問1] エデッサ伯領，[設問3] セリム3世は難問。

［設問６］アルメニア商人は一部の教科書に記述があるが，難問であろう。［設問７］の『ハジ=ムラート』も一部の教科書に記述はあるが，これをトルストイと結びつけるのは語群があってもかなり難しい。確実に得点できる問題でケアレスミスしないことが本大問では重要である。また，チャルディラーンの戦い，バンダレ=アッバース，ニザーム=ジェディット，ジョルファー，『ハジ=ムラート』などの用語は，再び形を変えて出題されることがあるかもしれないので，疑問点を残さないように学習しておきたい。

Ⅲは，現代の世界各地の紛争と難民をテーマとした問題で，2010 年代までの現代史の知識が要求されている。４問ある空所補充は，直接問われていない［A］～［D］の国名が伏せられているため問題を複雑なものにしている。また，ユーゴスラヴィア紛争をきちんと整理していなかった受験生は苦戦したと思われる。他は４問が年代関連問題，３問が誤文選択問題で，残る１問はこれまでほとんど出題のなかった地図を使用した組み合わせ問題であった。４つの事項を年代順に配列させる［設問１］は同じ年代内の事項の前後関係を判断させる難問。［設問５］～［設問７］の３問は，あらかじめ正解の数が示されず，指定された期間内に含まれる出来事をすべて「過不足なく」選ばせる新形式の年代問題で，［設問５］はほぼ標準レベルだが，［設問６］［設問７］は難度が高い。［設問８］の４つの国の組み合わせで地理的知識を問う問題は，複雑で時間をとられやすい。全問を通して細かな年代や地理的知識が要求され，時事問題まで含めた現代史の知識が求められる難問が揃った。

Ⅳは，「科学革命に始まる自然観の変化」を切り口としたテーマ問題。［設問１］の配列問題を除いて，ほとんどすべてが文化史問題。空所補充や語句選択は，ほぼ教科書の知識で対応できる基本的な問題である。配列問題は，正解に至るまでにかなりの時間を要すると思われる。４問ある文章選択問題は，１問が正文選択，３問が誤文選択で，［設問４］ニュートンの所属党派と［設問６］ラミダス猿人の愛称を問う先史時代の問題が難しいが，他は基本的な知識で対応できる。

立論に連関して考察を深め」ること、「論旨を補強するために、あるいは思考を深めるために的確と考えられる具体的事例への言及を行」うことが、細かく指示されているのである。設問要求の実質は例年通りとも言えるが、著者の立論に依拠することが強調されている点は注目に値する。「戦争と平和」というデリケートなモティーフを扱うに当たり、受験生に対して、あくまでも課題文を足掛かりとした論理的な考察を行うよう、念押ししていると見ることができるだろう。

課題文の分量は例年より約一〇〇〇字程度多く、戦争と平和について善‐悪と正‐邪の二軸から考察する入り組んだ論旨の展開を正しく把握するには、高度な読解力が求められる。その上で、本問では、社会に対する深い関心と柔軟な発想力から適切な具体例を案出し、確かな構成力に裏打ちされた一貫した論旨の中で、単なる課題文の焼き直しを超えて考察を深化させられるかどうかが問われていたと言えよう。

を「罪」とし、平和を主張するならば、われわれ自身が明確な正邪の意識をもち、まず自分自身を道徳の立場におかなければならないと説く。最終部分である第十四・十五段落では、戦争が「悪」であり不幸である以上、その原因を研究し、それを防ぐための積極的な方策をたてなければならないとして、そのためには、平和で幸福な社会の必要条件を法的に規定し、法的秩序を築いていく仕事という、政治の本来性を回復することに協力しなければならないと主張する。

次いで、著者の立論（論旨や議論の筋道、論理展開）に連関して考察を深めていくことになる。右に述べたとおり、著者の立論の中心は、善悪の区別（悪であること）と正邪の区別（罪であること、正義か不正か）を分けた上で、正邪の考えが独立の拘束力をもち、自分自身を道徳の立場におく本来の道徳、および、正義と善が（混同ではなく）結合する本来の政治の回復を求めることにある。したがって、意見論述の方針としては、具体的事例にこの論理枠組みを当てはめて分析することで、通俗的な見方を超えて異なる見方を示すというのが、最も書きやすいだろう。

〔解答例〕では、世界的な課題として国際連合の構造的問題を扱ったが、他にも、国内の立法に限局して論じ、自衛隊法や周辺事態安全確保法などの在り方に対して批判的に考察することができるだろう。あるいは、核兵器禁止条約批准に関する議論なども、悪が直ちに罪とされるわけではない具体例として分析できよう。また、設問要求上は戦争と平和の問題を直接論じる必要はないので、問題を単純化して二項対立を煽るような政治の在り方を批判することもできる。一方で、課題文は道徳や政治の本来性はどこにあるのかを論じているので、現実にそれが実現していないからといって、直ちに著者の主張が誤りであるとすることはできない。いずれにせよ、要約と意見論述の接続において著者の立論を適切に汲み取ったことを明示し、一貫した論旨の中で自らの主張を簡潔にまとめるためにも、構成を工夫することが肝要である。

❖講　評

二〇二二年度の設問文には、例年とはやや異なる文言が記されていた。たとえば、二〇二一年度は「個人と社会の緊張と対立について、あなたの考えを具体的に論じなさい」と簡潔な指示であったのに対し、二〇二二年度は、「著者のすためには、加盟各国が明確な正邪の意識をもち、まず自らを道徳の立場においた上で、戦争を防ぐ法的秩序を築いていく組織でなければならない。さらに、その前提として、各国市民が同様の本来的な道徳論をもち、平和で幸福な国際社会の実現に向けて、為政者に継続的に働きかけていかねばならないだろう。（一〇〇〇字以内）

◀解　説▶

≪道徳問題としての戦争と平和≫

二〇二二年度は、日本の哲学者・西洋古典学者であり、京都大学名誉教授である田中美知太郎の『直言、そして考察―今日の政治的関心』（講談社、昭和四六年）からの出題であった。課題文の著者の議論を四〇〇字程度に要約した上で、著者の立論に関連して考察を深め、全体で一〇〇〇字以内の意見論述を行うことが求められている。論述に際しては、論旨を補強するために、あるいは思考を深めるために的確と考えられる具体的事例への言及を行うことが条件となっている。

まずは課題文の議論の骨子を正しく把握する。課題文は十五の段落により構成されているが、大きな枠組みとしてこれを鳥瞰すると、「戦争は悪である」というテーゼから発する三つの群（第一～七段落、第十一～十三段落、第十四・十五段落）と、ペルシア戦争という具体例を扱う一つの群（第八～十段落）が見て取れる。

冒頭から第七段落においては、「道徳的な思想として」の「戦争を悪とする考え」について、「戦争が悪であるというのは…われわれが不幸と呼ぶところのものが、それに結びついて考えられるからである」とし、戦争が「悪」であることと、戦争について「罪」を定めることは、まったく別のことであると指摘する。そして、なにがなんでも戦争を「罪」として告発しなければならない、という感情論に疑問を投げかけた上で、道徳が他者を非難するための手段として利用されているにすぎない現状を批判し、政治論や道徳論の本来性の回復が必要であると説く。これに続く第八～十段落は、戦争において「善悪」の区別と「正邪」の区別とは一致しないという論旨を補強するものである。

第十一～十三段落では、戦争が「悪」であり不幸である以上、戦争をきらって悲鳴をあげても道徳的行為をしていることにはならないと指摘した上で、正邪の考えが独立の拘束力をもって、はじめて道徳が意味をもつとする。そして、戦争

解答例

戦争が悪であるというのは、それが悲惨や破壊、損失や苦痛に結びついて考えられるからである。しかしながら、戦争が害悪であり、不幸であるということと、戦争について加害者と被害者を区別し、罪を定めることは、まったく別のことである。善悪の区別に対して正邪の考えが独立の拘束力をもつとき、はじめて道徳が意味をもつ。ところが、われわれの道徳論は、他を非難するための手段に堕している。戦争を罪悪とし、平和を主張しようと思うなら、われわれ自身が明確な正邪の意識をもち、自らを道徳の立場におかねばならない。そして、戦争が悪であり不幸である以上、その原因となるものを究明し、それを防ぐための積極的な方策をたてねばならない。本来の政治とは、平和で幸福な社会を目指して、その必要条件を法的に規定し、法的秩序を築いていく仕事である。このような政治の本来性を回復することこそが、世界平和への最も有効な努力となるはずだ。

著者の議論は傾聴に値する。戦争における善悪の区別と正邪の区別を混同してしまえば、正義の仮面の下に行われる不正を許してしまうことになるだろう。たとえば、国際連合について見ると、そこでは確かに、持続可能な開発目標の策定など、平和で幸福な社会を目指し、その必要条件を規定していくような仕事も行われている。しかし、世界平和に主要な責任を負うはずの安全保障理事会は、構造的問題を抱えていると言わざるを得ない。まず、平和への脅威が生じてから大きく動く機関であるため、そこでの議論は、脅威の元凶を定めて断罪するという、単なる法廷弁論に陥りやすい。また、常任理事国に拒否権がある等、大国の利害に強く影響されるため、平和を乱すとして大国が他国を攻撃する場合、それを阻止することができない。各国が戦争の悪から独立した正邪の考えに依拠していない限り、小国間の戦争や地域紛争への介入の裏で、大国が経済的な利益を得るということも、十分にあり得るのである。国際連合が真に世界平和の実現を目指

2021年度

解答編

解答編

英語

I

解答　(1)―3　(2)―5　(3)―8　(4)―9　(5)―0　(6)―6
(7)―1　(8)―4　(9)―2　(10)―7

◀解　説▶

4語ずつ(1)～(10)のグループに分かれた単語の，各語の最初につけ足すと新しい単語を作ることができる単語を，0～9の選択肢から選んで番号で答える問題。具体例があり，設問の意味はわかるだろう。4語のうちの2～3語でも正解につながる組み合わせが見つかれば，候補として解答していき，残りの語で調整するとよい。

▶(1)　3の life であれば，それぞれ lifetime「一生涯，寿命，一生涯の」，lifestyle「生活様式，生き方」，lifeline「命綱，ライフライン」，lifelong「一生の」という語になるので，これが正解。

▶(2)　5の over であれば，それぞれ overcast「曇る，雲で覆われた」，overboard「船外に」，overhaul「～を分解修理する，～を総点検する」，overflow「あふれる，氾濫」という語になるので，これが正解。

▶(3)　8の under であれば，それぞれ underline「下線，～に下線を引く」，understand「～を理解する」，undertake「～を引き受ける，～に着手する」，undergo「～を経験する，～を受ける」という語になるので，これが正解。

▶(4)　9の water であれば，それぞれ waterproof「防水，防水の」，watertight「水を通さない，防水の」，watercolour「水彩絵の具，水彩画」，waterfall「滝」という語になるので，これが正解。

▶(5)　0の foot であれば，それぞれ footstep「足跡，足音，階段」，football「フットボール，サッカー」，footprint「足跡」，footpath「小道，歩道」という語になるので，これが正解。

▶(6)　6の play であれば，それぞれ playground「遊び場」，playgroup

「遊び仲間」，playtime「遊び時間」，playhouse「劇場」という語になるので，これが正解。

▶(7)　1 の fore であれば，それぞれ forewarn「あらかじめ警告する」，forehead「額，前面」，forebear「先祖，祖先」，foretell「～を予言する」という語になるので，これが正解。

▶(8)　4 の out であれば，それぞれ outlook「見解，将来の展望，見晴らし」，outstrip「～より勝る，～をしのぐ」，outlet「出口，直販店，河口」，outlaw「～を追放する，無法者」という語になるので，これが正解。

▶(9)　2 の land であれば，それぞれ landfill「～を埋め立てる，埋め立て地，ごみ廃棄場」，landline「地上通信線，固定電話」，landslide「地すべり，山崩れ」，landlord「家主，大家」という語になるので，これが正解。

▶(10)　7 の post であれば，それぞれ postmark「消印，消印を押す」，postcode「郵便番号」，postbox「郵便ポスト」，postscript「追伸，追記」という語になるので，これが正解。

II　解答

(11)—6　(12)—1　(13)—4　(14)—8　(15)—9　(16)—0
(17)—7　(18)—3　(19)—2　(20)—5

◆全　訳◆

≪爆撃現場の跡地を訪ねて≫

一角にある爆破されたパブ脇の道路を横切り，破壊されたドアによって縁どられた景色全体にただよう謎めいた雰囲気に思いをめぐらせながら，私はその場所がまだ再建されていないことを何となくうれしく思った。直撃を受けて，一階ですら跡形もなくなっていたので，地階が，一段低い所にある庭か，長い間放置された考古学の発掘現場のごとくむき出しになっており，そこにはヤナギソウの生い茂った小枝がひび割れた敷石の隙間から伸びて，花を咲かせていた。数本の割れた牛乳瓶と靴紐のとれたブーツだけが，現代の生活を想起させた。この場所の真ん中には，5，6段の砕けた階段が爆発の後も残り，石造りの突き出た島のようになっていて，そのてっぺんにドアが突っ立っていた。両側の壁は崩れ落ち，そのまぐさ石に沿って，「女性用」という語がまだ読み取れた。その先の，対になった柱と横木の向こう側には，そこにあるはずの憩いの場が跡形もなくなっており，敷居が大きく傾いてがれきの底知れぬ深い穴に落ち込んでいた。それは，小人たちが苦労して建てた凱旋門，あるいはどこか知られざる禁断の地，魔法使いたちの隠れ家への入り口のようだった。

そのとき，出し抜けに，まるでそのような贅沢な幻想ではまだ足りないとでもいうように，この未開の国から松葉杖をついた金髪の女性の心地よい声がした。あの高速道路の旅回りのプリマドンナで，その声を私はモアランドが結婚する話をした何年も前の，その日以来，聞いたことがなかった。そのとき，私たちはトーニー・ワインというラベルのついたボトルを買ったのだが，それはモアランドでさえその後飲みたがらなかったしろものだった。今，もう一度，往来する車の轟音をしのいで，その同じ声の調子が埃っぽい空気に乗って増幅し，そういう辺ぴな地域を東洋の夢の国の光景に作り直すための早変わりの場面を作り出していたのだが，その光景は，そう言ってよければ作りものっぽいものの，それでもなお陰鬱な空の流れゆく雲の下ではかなり魅力的だった。

◀解　説▶

下線のある⑾～⒇の語の，辞書に記載されている定義として適切なものを０～９から選択する問題。下線部の数と選択肢の数は同じなので，わかるものから選んでいく。難度の高い語がほとんどだが，文脈から判断できるものも多い。接頭語・接尾辞の意味や語根が共通する語の意味から類推したり，単語の語形や文中における位置から品詞を特定したりして，選択肢から候補を絞り込み，あてはめていく方法が有効。

０.「秘密の避難所や基地，野生動物にとっての隠れ場所」
１.「きれいさっぱり取り去ったり，切除したりすること」
２.「埃や煤に関係する，不快な」
３.「あちこちを旅して回る」
４.「出入口の上にわたされて，通常は重さを支える水平の梁」
５.「人里離れた，あるいは隣接する地域」
６.「大通りや空き地越しや，その沿道の遠景」
７.「目や耳にしたり，感じたりして楽しいとか，心地のよい」
８.「ドアの底辺の下にあって，家に入る際にはまたがなければならない一本の木材，あるいは石」
９.「廃棄物や石やレンガやコンクリートなどの粗い破片」

▶⑾　vistaは「眺め，景色」という意味の名詞で６が正解。このあとの

framed by a ruined door が，破壊されたドアの枠だけが残って，そこから額縁に入った絵のようにその向こうの光景が見えているという状況を読み取ることができれば正解に至るだろう。

▶⑿ excise は「～を切除する，～を削除する」という意味で 1 が正解。このあと，地階がむき出しになっていることがわかるので，一階がどうなったかを考えると判断がつく。

▶⒀ lintel は「まぐさ，まぐさ石」という意味の名詞で，4 が正解。かなりの難語だが，前に its があるので名詞とわかり，この直前部分に，両側の壁が崩れて，残った部分であることや，そこに「女性用」という文字が書かれていたことなどがヒント。定義文の beam が「梁」という意味だとわかれば正解に至るだろう。

▶⒁ threshold は「敷居，戸口」という意味の名詞で，8 が正解。⒀との関連で，壁が崩れた時に残った下の部分だと想像がつく。

▶⒂ rubble は「がれき」という意味の名詞で，9 が正解。直前の abyss「底知れぬ深い穴，奈落の底」も難語だが，一階部分が破壊されて地階がむき出しになっている状況では，そこに破壊された一階部分のがれきがたまっているはずで，その点もヒントになる。

▶⒃ lair は「隠れ家，巣」という意味の名詞で，0 が正解。直前に unknown, forbidden domain「知られざる禁断の領地」とあり，the lair はそれを言い換えていることがわかれば，ヒントになる。

▶⒄ dulcet は「心地よい」という意味の形容詞で，7 が正解。voice を修飾する形容詞と判断でき，それがヒントになるだろう。

▶⒅ itinerant は「旅回りの」という意味の形容詞で，3 が正解。prima donna を修飾する語であることから，形容詞と判断できる。of the highways もヒントになり，正解には至るだろう。

▶⒆ grimy は「埃まみれの，薄汚れた」という意味の形容詞で 2 が正解。この辺りは廃墟になっていることから，どんな空気がただよっているかを考えれば正解に至るだろう。

▶⒇ purlieus は「周辺地域，場末」という意味の名詞で，5 が正解。those purlieus を vision of an oriental dreamland「東洋の夢の国の光景」に作り直すという文脈からも判断は可能。

●語句・構文●

(第１段) bombed-out「爆破された」 public house「居酒屋，パブ」 for some reason「何となく，どうしたことか」 excavation「発掘」 spray「小枝」 willow herb「ヤナギソウ」 only a few 以下は独立分詞構文の形となっており，and only a few ～ recalled … と考えるとよい。projecting「突き出た」 masonry「石造建築，レンガ造りの建造物」 could still be 以下は主語の the word "Ladies" と述語動詞とが倒置形となっている。 pillar「柱」 nothing remained of ～「～は跡形もなくなっていた」 retreat「避難所，休養の場所，撤退」 triumphal arch「凱旋門」

(第２段) there came 以下は主語の the dulcet voice と述語動詞が入れ代わった倒置形となっている。that itinerant prima donna 以下は，the blonde woman を言い換えて説明した部分。この後に prima donna を先行詞とする whose voice 以下の関係代名詞節が続き，さらに，関係代名詞節中の the day を先行詞とする when 以下の関係副詞節が続く形となっている。セミコロン以下の when we 以下の節は直前の when Moreland 以下の関係副詞節をさらに言い換えた関係副詞節と考えられ，その節中の Tawny Wine にもこれを先行詞とする関係代名詞節が続いており，この段落の最初の部分から unwilling to drink まで続くたいへん長い文となっている。 note「声の調子，響き，音符」 swell「大きくなる」 contrive「～を考案する，～を作る」 transformation scene「早変わりの場面」 recast「～を作り直す」 if you like「そう言ってよければ」 alluring「魅力的な」

III 解答

［A］(21)－8　(22)－3　(23)－2　(24)－4
［B］(25)－4　(26)－7　(27)－9　(28)－2

◆全　訳◆

≪職場で出会った二人の会話≫

ドナルド（以下Ｄ）：おや，今日は誰が早くから仕事をしてるかと思ったら！

エイミー（以下Ａ）：あら，私はもう以前のような夜更かしじゃ全くないのよ。

D：それはよかった！　よく言われているように，早起きは三文の得だからね。

A：その通りよ！　ずいぶん久しぶりね。どうしてたの？

D：実は目が回るほど忙しくしてたんだ。獣医学のオンライン講座を取り始めてね。

A：どうして？

D：君に言わなかったっけ？　この仕事にうんざりしていて，それで仕事をやめて，夢を追いかけようとしてるんだ。

A：本気なの？

D：まだ他の誰にも言わないで。あまり早いうちからうっかり秘密を洩らしたくないからね。

A：あなたがやめたら残念でしょうに。実は社長があなたを今度の事業計画の責任者にしようかと思うって言ってるのを小耳にはさんだばかりなの。

D：君はいつどこでそれを耳にしたの？　だとしても僕はやめるよ。この会社にいると，自分が水からあげられた魚みたいな気がするんだ。

A：それがあなたの思いなら，私もあなたを引き留めようとするのはやめておくわ。

D：実は，僕はなんだか，君がその計画の責任者になるような気がするよ。

A：どうしてそう思うの？

D：それはほら，お客さんは，炎に飛び込む蛾のように次々に君のところにやってくるからさ。

A：それはどうかしら。

D：ほんとだよ，君ってほんとに人当たりがいいからね。それに比べて僕はこれまでずっと，どちらかというと一匹狼だった。そのせいもあって，僕は社長に我慢ならないんだ。何にでも首を突っ込んでくるからね！

A：あなたは社長の話となるとどうかしてるんじゃないかと思うの。マイクはそれほど悪い人じゃないわよ。

D：まあ，君の言うことが正しいかもしれないけど，僕の考えでは，人ってほんとにわけがわかんないんだもの。動物の方がずっと話が通じやすいよ。あいつらは嘘をついたり，自分の本心を隠したりしないもの！

A：それはその通りね！

◀解　説▶

空所(21)～(24)については［A］の選択肢から，空所(25)～(28)については［B］の選択肢から，最も適した語を1つずつ選ぶ問題。

▶(21)　night owl は「夜のフクロウ」から転じて「夜更かしをする人」という意味であり，8の owl が正解。

▶(22)　the early bird catches the worm は「早起きをする鳥は虫を捕らえる」から転じて「早起きは三文の得」という意味のことわざであり，3の bird が正解。

▶(23)　as busy as a bee は直訳すると「ミツバチのように忙しい」だが，働きバチが蜜をせわしなく集める様子から，「目が回るほど忙しい」という意味になり，2の bee が正解。

▶(24)　let the cat out of the bag「袋からネコを出す」は，袋に入れたネコを豚だと言って売ろうとしたが，袋を開けられて中からネコが出てしまったという昔話から，「うっかり秘密を漏らす」という意味の表現になっており，4の cat が正解。

▶(25)　like a fish out of water は「水からあげられた魚のように」という意味で，このままでもある程度意味は通じるが，「場違いな，勝手が違って」という意味になり，4の fish が正解。like a fish to water は「水を得た魚のように」という逆の意味になる。

▶(26)　like a moth to a flame は直訳すると「炎に引きつけられる蛾のように」だが，日本語の表現では「飛んで火にいる夏の虫」にあたり，自ら進んで災いの中に飛び込むことのたとえに用いられる。7の moth が正解。

▶(27)　a lone wolf の lone は「周りに誰もいない，孤立した」という意味。lone wolf は「一匹狼」という意味であり，9の wolf が正解。

▶(28)　get a bee in *one's* bonnet の bonnet はここでは「婦人用の帽子」のことで，帽子にハチが入ると動揺してそれを追い払うのに頭が一杯になることから，「奇妙な考えに取りつかれている，頭がどうかしている」という意味になり，2の bee が正解。

●語句・構文●

以下，ドナルドの1つ目の発言に関する項目は（D1），エイミーの1つ目の発言に関する項目は（A1）と示す。

(D1) Look who is ～! は「おや，誰が～しているかと思ったら！」という意味で，意外な人物が意外なことをしているのを見つけたときの慣用表現。 at work「仕事中で」

(D2) As they say「よく言われるように，諺に言うように」

(A2) You said it!「全くその通り！」 I haven't seen you for a while.「久しぶりだね」はしばらく会っていない知人に出会ったときの慣用表現。

(D3) veterinary medicine「獣医学」

(D4) get sick and tired of ～「～にうんざりする，飽き飽きする」

(A5) overhear「たまたま耳にする，小耳にはさむ」 put *A* in charge of ～「*A* を～の担当にする」

(A6) dissuade「～に思いとどまらせる」

(D7) have a hunch that ～「～という気がする，予感がする」 oversee「～を監督する」

(A8) I don't know about that.「それはどうでしょう」

(D9) more of ～「どちらかというと～」 That's why ～「そういうわけで～」 stand「～を我慢する」 nosy「おせっかいな，詮索好きの」

(A9) that bad の that は副詞で「それほど」という意味。

(A10) You can say that again!「全くその通りだ！」

Ⅳ　解答

(29)—5　(30)—7　(31)—1　(32)—6　(33)—4　(34)—9
(35)—2　(36)—8　(37)—0　(38)—3

◆全　訳◆

≪ヒップホップ歌手へのインタビュー≫

著作権の都合上，省略。

著作権の都合上，省略。

著作権の都合上，省略。

◀解 説▶

インタビュアーの発言に対する，受ける側の応答を選ぶ問題。

▶(29) インタビュアーは史上最もすぐれたヒップホップ歌手が誰かを尋ねているので，ヒップホップ歌手はまず，名前を挙げたはずであり，Shakespeare だと答えている 5 が正解。

▶(30) インタビュアーは歌手がシェイクスピアだと答えたことが意外で，反論していることから，その反論に対して，まず「みんな最初はそう言う」と返している 7 が正解。

▶(31) この直前で，歌手は歌詞らしい一行を挙げて，ヒップホップの歌詞の一行か，シェイクスピアの詩の一行かという質問をしたのに対し，インタビュアーはヒップホップと答えている。インタビュアーはこの次の発言で「そうなんですか？」と応じていることから，その答えは間違っていたはずであり，正解はシェイクスピアの『マクベス』だと答えている 1 が正解。

▶(32)　インタビュアーが質問の　行は現代風に聞こえると答えたのに対し，歌手は It does (＝It sounds so modern), … と相槌を打ってから，次の質問となる別の一行を挙げたと考えられ，6 が正解。インタビュアーはこの次の発言で，シェイクスピアと答えているのもヒントとなる。

▶(33)　インタビュアーが，今度はシェイクスピアと答えたのに対し，この答えも間違っていたことは，インタビュアーのこの後の発言からも明らか。歌手は相手がまた間違えたことを思わず笑ってしまい，質問の正解はエミネムだと教えている 4 が正解。

▶(34)　インタビュアーはまた間違えた，とやや自虐的に答えているのに対し，それに対する慰めともとれる Don't worry. で始まる 9 が正解。インタビュアーがこの後の発言で，シェイクスピアの時代の言葉遣いについて具体的に述べている点もヒントとなる。

▶(35)　インタビュアーは正解を聞いたあとも，それでもシェイクスピアの劇はヒップホップのようではない，と自分の印象から反論しているのに対し，歌手はさらに説得力のある理由を述べたはずであり，声に出して読んでみればわかる，と続けている 2 が正解。

▶(36)　インタビュアーがシェイクスピアが使ったリズムのビートについて言及しているのに対し，同様にビートについて詳しく言及してシェイクスピアの作品がヒップホップに通じると説明している 8 が正解。

▶(37)　インタビュアーはテーマや内容について質問しており，同様に取りあげられるテーマについてふれ，シェイクスピアとヒップホップを比較している 0 が正解。

▶(38)　インタビュアーが，シェイクスピアは学者向け，ヒップホップは街の不良グループ向けと分類してしまうことに批判的な発言をしたのに対し，歌手はシェイクスピアが大衆向けに書いたと応じたと判断でき，3 が正解。

●語句・構文●

(29) of all time「史上」

(30) Give me a break.「ちょっと待って，もうやめてよ」 playwright「劇作家」

(31) aggressive「攻撃的な，挑戦的な」

(34) get it wrong「早とちりする，誤解する」
(35) green-eyed「緑色の眼をした」
(37) get rid of ～「～を取り除く」
(38) academic「学者，研究者」 street gang「街の不良グループ」
0．Good point!「いい指摘だ！」 get across ～「～をわからせる」 predecessor「前任者，先行者」
2．throughout *one's* entire career「生涯を通じて」
5．for sure「確かに」
6．spew「～を吐く，吐き出す」
7．line「(劇や詩や歌詞の) 一行」 spite「～を困らせる」 I am reckless 以下は直訳すると「私は世間を困らせるために何をするかについては見境がない（向こう見ずになっている）」だが，内容としては世間に恨みのある人物が「世間を困らせるためなら無謀であっても何でもしてやる」という趣旨の発言と考えられる。
8．resonate「反響する，共鳴する」

V 解答

(39)―3 (40)―4 (41)―1 (42)―4 (43)―4 (44)―3
(45)―7 (46)―2 (47)―1 (48)―3 (49)―2 (50)―4
(51)―6 (52)―5 (53)―3 (54)―3 (55)―1 (56)―2 (57)―2

◆全　訳◆

≪貧困層の肥満による健康被害問題≫

［A］ 1946年，英国の貧しい子供たちは，11歳の時点では裕福な子供たちより，平均して体重が2キログラム軽かった。現在『ランセット公衆衛生』誌の分析によると，貧しい子供たちは2キログラム重くなっている。当時も今も，貧しい人々は十分な量の栄養価の高い食べ物を食べようと四苦八苦している。しかしながら今日では，そういう人たちは安価で，糖分が多く，塩気の強い，加工度の高いジャンクフードを過度に摂取する。こういう食生活が，予防可能な病気と早死にの最も一般的な要因となってきた肥満の蔓延につながっており，今や公共医療サービスの危機を招いている。英国の2歳から15歳の子供たちのほぼ3分の1は体重が多めか肥満であり，若い世代はますます早い時期から肥満になり，さらに長期間肥満のままになりつつある。

［B］ ここ 40 年にわたる戦略は「一人一人に健康に良い選択をするよう促すこと」だったが，その間に，人々に誤った情報を与え，食品業界がやりたい放題に振る舞うことを許してきた。しかしながら，食品産業に責めを負わせるのはあまりにも短絡的である。医薬品業界の後押しを受け，医師たちは数十年にわたってもっぱらコレステロールを下げることに重点的に取り組んできたが，それは食事では飽和脂肪と呼ばれる，ある特定のタイプの脂肪を取るのをやめ，スタチンと呼ばれる薬の類を処方することで，心臓病のリスクを低減するためだった。今度はこれが追い風となって，食品業界は「心臓に良い」がうたい文句だが，砂糖がしこたま入っていて，心臓に良いどころではない，脂肪分ゼロあるいは低脂肪食品を積極的に市場に出す結果となった。「低コレステロールとスタチンを皆さんに」というメッセージをこのようにやみくもに繰り返したことで，食品会社と医薬品会社が何百万ももうけたが，肥満と 2 型糖尿病の大幅な増加の一因となった。その解決策は新たな，より良い薬ではなく，より良い食べ物なのだ。

［C］ 問題なのは，例えばイングランドの北東部にある都市のゲーツヘッドで，地中海風の夢の暮らしをするのは難しいという点だ。多種多様な季節ごとの果物，野菜，豆類，ナッツ類，シード類や，一番搾りのオリーブ油，持続可能な漁業で獲れる魚，有機飼育による肉といったものは，必ずしも簡単には手に入らないかもしれない。こういう生の食材で食事を用意するのは，時間と技術が必要である。新鮮な食べ物はより早く腐りやすいので廃棄物が増える。しかも，そういう食材は，たとえば大パック入りの冷凍チキンナゲット，ハンバーガー，フライドポテト，ピザよりはるかに高くつく。たとえ自分の子供たちを説き伏せて，確実に毎日 7 種類の異なる色の果物と野菜を食べるように，冷蔵庫に張った虹色の表に記入させることができたとしても，その子たちが学校でみんなからのけ者にされる公算が大きい。

［D］ 保健財団による健康の社会的大義に関する優れた報告書によると，私たちが必要とするエネルギーを健康に良い食べ物からとるのは，健康に悪い食べ物からとるよりも 3 倍高くつくそうだ。財政的な貧困地域で健康に良い食べ物を買うのはさらに難しいだけでなく，ファストフード業界の比率もまたさらに高くなっている。毎年，費やされる広告費で，野菜に回る分はたった 1.2 パーセントにすぎないのに対して，菓子類，ケーキ，ビ

スケットやアイスクリームに費やされる分は 22 パーセントなのだ。

［E］　大臣たちは，健康に悪い食べ物に関しては，広告や，袋の大きさ，食材，1 個の値段で 2 個買えるお買い得品などに対する制限を「考慮する」としているけれども，より貧しい子供たちは食べ過ぎて不健康になり早死にしている。ロンドンの富裕層が住む地域で生まれる女の子の赤ちゃんは，マンチェスターのもっと貧しい北部の都市で生まれる女の子の赤ちゃんより 17.8 年は健康に暮らせるだろうし，ほぼ 10 年は長生きできる見込みである。この差の多くは食事が関係しているのだ。

［F］　ゲーツヘッドの地方議会は，少なくともできる限りのことはしている。温かい食べ物の持ち帰りができる店の申請は，もしその店が 6 年生の子供たちの 10 パーセント以上が肥満である地域にあったり，中等学校やその他の地域施設から 400 メートル圏内にあったり，その地域の温かい食べ物の持ち帰りができる店の数が英国の全国平均並みかそれ以上であったりすれば，その申請が確実に却下されるような地方計画政策を取り入れてきた。学校や病院も，高加工食品や砂糖入りの飲み物を施設から締め出すべきだ。あまりにも多くの病院が加工食品業界を受け入れており，中には施設内にファストフードの直販店がある病院すらある。今でも，誰かが，脂肪で詰まった心臓の動脈をきれいにするための救命手術を受けたのに，結局あとで食事にハンバーガーとフライドポテトを出されることも珍しくはないのである。

［G］　しかし，世界的な肥満の蔓延に関する最も重要な教訓は，「より健康に良い選択を促すこと」がうまく機能してこなかったということだ。政治家たちはきちんと準備をして，より健康に良い食べ物のための法律を，特にそれが最優先事項ではないかもしれない地域でこそ，可決しなければならない。もしあなたに仕事も，家も，自尊心も，未来もないのであれば，高級スーパーマーケットにひと走りして，脂ののった魚をいくらかとかご一杯分の旬のベリーを買い求めるなんてことはしそうにないわけである。

［H］　政府による小児期の肥満対策計画では，少なくとも，大衆向けで市場規模の大きい食べ物の 9 つの部門を再明確化して，それらの糖分含有量を減らすことを約束している。もしあなたが人々を変えることができないのであれば，食べ物を変えなければならない。国が行動に出て，食品業界もそれに応じるべき時なのである。

◀解　説▶

▶(39) 段落［A］において筆者が述べている主要な点を選ぶ問題。

1.「英国の貧しい子供たちは以前はやせすぎで健康だったが，今では太りすぎで健康である」

2.「英国の貧しい子供たちは以前はやせすぎで健康だったが，今では太りすぎで不健康である」

3.「英国の貧しい子供たちは以前はやせすぎで不健康だったが，今では太りすぎで不健康である」

4.「英国の貧しい子供たちは以前はやせすぎで不健康だったが，今では太りすぎで健康である」

段落［A］の第1・2文（In 1946, poor …）には，英国の貧しい子供たちは，1946年には裕福な子供たちよりやせていたが，今では逆に太っていると述べられている。さらに第3文（Then and now, …）には，当時も今も貧しい人々が十分な栄養をとれていないことが述べられており，3が正解。

▶(40) 段落［B］では述べられていない主張を選ぶ問題。

1.「英国における肥満はある程度，食品業界の責任である」

2.「英国における肥満はある程度，医者の責任である」

3.「英国における肥満はある程度，医薬品業界の責任である」

4.「英国における肥満はある程度，個人の選択の責任である」

1は，段落［B］の第1文（The strategy for …）には健康的な選択に関して誤った情報が流れ，食品業界がやりたい放題をしたという点，第2文（However, blaming the …）には，食品業界を責めるのは短絡的だと述べられており，責任の一端は食品業界にあると判断できるので，一致。2と3については，第3・4文（Encouraged by the …）に，医薬品業界の後押しで，医者もコレステロールを下げることに重点的に取り組み，薬を処方したことで，結果的に食品業界が実際には心臓に良くない低脂肪食品を売り，医薬品業界も薬を売ったので，一致。4は，第1文に，政策によって人々に健康に良い選択を促してきたという経緯は述べられているが，それが誤った情報であり，第5文（This blind repetition …）には，誤ったメッセージが繰り返されたことで肥満や2型糖尿病が増加したとは述べられているが，個人の選択のせいで肥満や病気になったわけではないので，これが正解。

▶(41)　段落［B］に見られる考え方を選ぶ問題。

1．「糖分の多い食べ物は心臓病の原因の一つである」

2．「コレステロール値の低い人々はスタチンを服用している」

3．「飽和脂肪は心臓病の原因とはならない」

4．「低脂肪食品はスタチンを含んでいる」

1については，第4文（This in turn …）に，低脂肪食品には砂糖がいっぱい入っていて心臓に良いどころではない，と述べられていることから，糖分は心臓病の原因になると判断でき，これが正解。2は，コレステロール値の低い人たちについての記述はないので不適。3は，第3文（Encouraged by the …）に，医者が，飽和脂肪をカットすることで心臓病のリスクを減らそうとしたことが述べられており，飽和脂肪は心臓病の原因と考えられるので，不適。4については低脂肪食品とスタチンのつながりについては述べられていないので不適。

▶(42)　段落［B］に述べられている内容から考えて，2型糖尿病の定義はどれかを選ぶ問題。

1．「患者の血流の中に十分な脂肪分がない内科疾患」

2．「脂肪が患者の血流に蓄積する内科疾患」

3．「患者の血流の中に十分な糖分がない内科疾患」

4．「患者の血流の中で糖分，つまりブドウ糖のレベルが高まっていく内科疾患」

段落［B］の第4文（This in turn …）に，低脂肪食品には糖分が大量に含まれていること，また，第5文（This blind repetition …）に，低コレステロールを目的とした低脂肪食品により肥満と2型糖尿病が増大したと述べられていることから，2型糖尿病は糖分の摂取過多が引き金となる疾患と判断でき，4が正解。

▶(43)　段落［C］に述べられている内容から考えて，「ゲーツヘッドで地中海風の夢のような暮らしをするのは難しい」と述べた筆者の真意を選ぶ問題。

1．「地中海と，イギリスの北東部に同時に住むのは難しい」

2．「イギリスの北東部出身の人たちが，地中海で暮らすことを夢見るのは難しい」

3.「地中海出身の人たちが，イギリスの北東部で暮らすことを夢見るのは難しい」
4.「イギリスの北東部にいる人たちが，地中海風の食事に倣うのは難しい」
段落［C］の第2・3文（A wide variety …）には地中海風の食事はバラエティに富んだものであることがわかるが，手に入りにくく，食事を作るにも時間と技術が必要であると述べられており，4が正解。
▶(44) 段落［C］で，健康に良い食べ物を食べるのが難しい理由として挙げられていない文を選ぶ問題。
1.「健康に良い食べ物は腐るのがより早いことがある」
2.「健康に良い食べ物はより高額のことがある」
3.「健康に良い食べ物を食べるのは時間の無駄となることがある」
4.「健康に良い食べ物を食べるのは社会的に受け入れられないことがある」
1については，第4文（Wastage is higher …）前半に，新鮮な食べ物は腐りやすいと述べられている。2についても，同文の後半にそういう食べ物は高くつくと述べられている。3については，wastage は廃棄物を指し，段落中には健康に良い食べ物を食べるのは時間の無駄とは述べられておらず，これが正解。4は最終文（Even if you …）に，健康に良い食べ物を食べるように子供をしつけると，学校ではのけ者にされるかもしれないと述べられている。
▶(45)・(46) 段落［D］の空所Xに，0～9の番号のついた語を適切な順に並べ替えて補充し，完成した文の3番目と8番目の語を番号で答える問題。
完成英文：it is three times more expensive to get the energy
選択肢の中にある three times と more expensive に注目すると，この文が比較級の倍数表現を用いた英文だと見当がつく。it と to に注目すると，英文全体は，to 不定詞が真主語の形式主語構文であることに気づくだろう。そこで，形式主語の補語として「3倍高額だ」という three times more expensive を置けばよいとわかる。
▶(47) 段落［E］で，筆者が consider に引用符をつけた理由を問う問題。
1.「今は考慮ではなく行動に移すべき時だと強調したい」
2.「大臣たちには何の配慮もないことを暗に意味したい」

3．「これは考慮する必要のある問題だと強調したい」

4．「大臣たちはあまり思いやりがないと暗に意味したい」

第 2 文（A baby girl …）に，実際には貧富の格差により子供たちの健康寿命が大きく異なっている状況が述べられており，「考慮する」だけでは何の効果も上がっていないことが読み取れるので，1が正解。

▶(48)　段落［F］によると，ゲーツヘッドの地方議会が，ファストフードの販売者に新たなビジネスを始める許可を与える前に考慮しないのはどれかを問う問題。

1．「地元で何人の太りすぎの子供たちがいるか」

2．「学校までの距離」

3．「各学年度における肥満の子供たちの割合」

4．「同じような既存企業の数」

段落［F］の第 2 文（It has used …）には，温かい食べ物の持ち帰りができる店の申請を却下する条件として，地域の 6 年生の子供たちの肥満率が 10 パーセント以上であることや，学校や地域施設から 400 メートル以内にあること，同様の店の数が全国平均以上であることが述べられているが，各学年度の肥満の子供たちの割合についての記述はないので，3が正解。

▶(49)　段落［F］の内容の要約文として最も適切なものを選ぶ問題。

1．「病院は子供の肥満を減らす策を講じてきたが，地方自治体ならそれ以上のことができるだろう」

2．「地方自治体は子供の肥満を減らす策を講じてきたが，病院ならより多くのことができるだろう」

3．「地方自治体と病院は子供の肥満を減らす策を講じている」

4．「地方自治体と病院はファストフードレストランとあまりにも密接なつながりがある」

第 1・2 文（Gateshead Council is …）には，ゲーツヘッドの地方議会が肥満を減らすためにさまざまな点を考慮して，できるかぎりのことはしている点が述べられている。一方，第 3・4 文（Schools and hospitals …）では，病院がファストフードを提供したり，敷地内に直販店があったりする現状が述べられており，2が正解。

▶(50)〜(56)　段落［G］から［H］にかけての空所(50)〜(56)に入れるのに適切

な動詞を選んで，それぞれ番号で答える問題。1語だけは2回使わなければならないとの条件がある。
(50)は，動詞の目的語が law「法律」であることから，「(法律など) を可決する，～を通過させる」という意味をもつ4の pass が正解。(51)は，空所の後の down to a high-class supermarket というつながりに注目すると，run down to ～で「～まで一走りする」という意味になる6の run が正解。(52)は，肥満防止のために，糖分の含有量をどうするべきかを考えると，5の reduce「～を削減する」が正解。(53)と(54)は，文の構成から2つの節が対比される形になっている点に注目する。肥満防止のために，人を変えることができなければ，食べ物を変えるべきだ，となれば文脈上も適切であり，どちらも3の change が正解。(55)と(56)も国と食品産業を対比させる形になっており，(55)は国がどうすべきで，(56)は食品産業がどうすべきかを考えると，(55)は1の act が正解，(56)は「応じる，従う」の意味をもつ2の comply が正解。

▶(57)　この記事のもとのタイトルの可能性が高いものを選ぶ問題。
英文全体として，国内の貧困層で肥満の人が増えている問題を取り上げており，2の Fat of the Land が正解。この Fat は「肥満」という意味。Land は「国」，ここでは英国を指す。

●語句・構文●

［A］struggle to *do*「必死に～しようとする，～するのに四苦八苦する」 highly-processed「加工度の高い」 junk「ジャンクフード，高カロリー低栄養食品」 premature death「早死に」

［B］without control「勝手放題に」 simplistic「短絡的な，おざなりの」 pharmaceutical「医薬品の」 cut out ～「～を断つ，～を除外する」 saturated fat「飽和脂肪」 heart healthy「心臓に良い」 were anything but の後には heart healthy が省略されている。 anything but ～「～どころではない」 be crammed with ～「～がぎゅうぎゅう詰めである」 blind「やみくもな」

［C］The trouble is that ～「問題なのは～ということだ」 extra-virgin「一番搾りの」 get hold of ～「～を手に入れる」 raw ingredient「生の食材」 outcast「のけ者」

［D］deprived area「貧困地域」 confectionery「菓子類」

［E］curb「制限」 two-for-one「1 個の値段で 2 個買える，1 個買ったら 1 個おまけがついてくる」 deal「お買い得品」

［F］council「地方議会」 takeaway「持ち帰りのできる店」 amenity「生活を快適にする施設」 ban *A* from *B*「*A* を *B* から追放する」 outlet「直販店」 on site「施設内で」 fat-blocked「脂肪が詰まった」 artery「動脈」 only to be ～以下は to 不定詞の結果を表す用法。

［G］global obesity epidemic「世界的な肥満の蔓延」 get organised「きちんと準備を整える」 top priority「最優先」

［H］commit to ～「～を約束する，～に全力を注ぐ」 reformulation「再公式化，再明確化」 sugar content「糖分の含有量」

❖講　評

2021 年度は，アクセント・発音問題が姿を消し，新形式の語彙問題が出題され，会話文問題が 2 題（うち 1 題がインタビュー形式の問題），長文読解問題が 2 題の計 5 題の出題となった。近年増加傾向にあった長文の英文量は 2020 年度より減少した。解答数は増加したが，設問は解答しやすいものが増えている。

Ⅰの語彙問題は 2 つの単語をつないで別の単語を作るという新形式の問題となった。解答方法にとまどった受験生もいたかもしれないが，問題そのものは標準的。

Ⅱの長文読解問題は例年出題されている，英文中の下線のある語の定義を選ばせる問題。2021 年度は英文の内容自体が大変わかりにくいうえ，難解な語がほとんどだが，例年通り，定義文を本文に挿入していき，前後の文脈から推測すれば正解に至るだろう。

Ⅲの会話文問題は，例年通り空所補充問題だが，2020 年度と同様，前半の 4 カ所と後半の 4 カ所ともに，名詞 1 語を挿入するというシンプルな形式で，2021 年度は動物や昆虫を指す名詞ばかりであった。いずれも英語のことわざやイディオムの知識を問う問題となっており，ごく標準的な出題である。

Ⅳは 2020 年度に続いて，2014 年度まで時々出題されていたインタビュー形式の会話文問題となった。質問とそれに対する適切な応答を組み合わせる形式で，いくつかのキーワードに注目しながら選べば，全問正解も可能であろう。

Ｖの長文読解問題は貧困層の肥満という社会問題をテーマとする英文で，比較的読みやすかった。設問は多様であるが各段落に対応したわかりやすいものが多く，難度は標準であった。

例年，課題文，問題文，選択肢がすべて英文であり，会話文問題と読解問題を合わせると大量の英文を読まなければならず，速読力が要求される。問題は全体的にはやや易化した感はあるものの，マークすべき設問数は 50 問以上あり，80 分という試験時間からすると，難度としては標準よりもやや高いと言えよう。

日本史

I 解答

(1)(2)—07　(3)(4)—44　(5)(6)—13　(7)(8)—25　(9)(10)—36
(11)(12)—26　(13)(14)—18　(15)(16)—04　(17)(18)—04　(19)(20)—03
(21)(22)—13　(23)(24)—05　(25)(26)—03

◀解　説▶

≪古代～近代の文化・政治・社会≫

▶(1)(2)・(3)(4)　難問。赤染衛門の作とされる歴史物語とは『栄華物語』であり，同書は宇多天皇から堀河天皇までの歴史が記述されている。

▶(5)(6)　矢野竜渓（龍渓）が著した政治小説は『経国美談』である。古代ギリシャの都市国家テーベの市民たちが民主政治を獲得していく過程を描いて，日本の自由民権運動を後押ししようとするものであった。竜渓は立憲改進党の結成に参加し，ジャーナリズムや政界で活動した。

▶(7)(8)　やや難問。末広鉄腸は政治小説の『雪中梅』を著し，自由民権運動に情熱を注いだ主人公を描いた。鉄腸は自由党結成に関わり，のちには立憲改進党の代議士となった。

▶(9)(10)　やや難問。『あめりか物語』は永井荷風の短編集である。荷風は1903年に渡米し，フランス経由で1908年に帰国直後，同書を刊行すると，作家として注目を集めるようになった。

▶(11)(12)　やや難問。「自然主義に反對の態度を鮮明にした」永井荷風に共鳴した谷崎潤一郎は，荷風とともに耽美派と称される芸術至上主義的な作品を生んだ。

▶(13)(14)　やや難問。「大阪の旧家の生活」を描いた谷崎潤一郎の作品とは『細雪』である。大阪船場の旧家蒔岡家の四姉妹の生活を，三女雪子の結婚までの日々をとらえて描いた美しい長編小説である。1943年，『中央公論』紙上で連載が始まったが，軍部などの圧力によって掲載禁止となった。発表の機会が失われても谷崎は粛々と執筆を続け，終戦後，中央公論社から全巻刊行にこぎつけた。

▶(15)(16)　正解は［04］。『方丈記』（鴨長明）の成立は13世紀初頭。

［01］　適切。三浦泰村一族が滅亡した宝治合戦は1247年。

［02］　適切。公暁による源実朝暗殺は 1219 年。
［03］　適切。永仁の徳政令発令は，1297 年の執権北条貞時の時。
［04］　不適。「土佐」と「隠岐」が逆である。1221 年の承久の乱後，後鳥羽上皇は隠岐，土御門上皇は土佐，順徳上皇は佐渡にそれぞれ流された。
［05］　適切。侍所別当和田義盛が滅ぼされた和田合戦は 1213 年。
▶⒄⒅　正解は［04］。人物Ａは「市聖」から空也とわかる。
［01］　適切。空也の創建と伝えられる六波羅蜜寺には，鎌倉時代前期の仏師集団・慶派を率いた運慶の四男とされる康勝作の「空也上人像」がある。
［02］　適切。空也は諸国を遍歴（遊行）しつつ庶民に念仏の教えを広め，橋や井戸を造るなどの社会事業を行った。また，踊念仏は時宗の開祖一遍の布教方法で知られるが，もともとの創始者は空也だとされている。
［03］　適切。空也は，阿弥陀如来に帰依して来世における極楽浄土への往生を願う浄土教を広めた。
［04］　不適。『日本往生極楽記』の著者は慶滋保胤である。
［05］　適切。空也の活動に次いで，天台宗の源信（恵心僧都）が 985 年に『往生要集』を著し，浄土教の拡大に大きな影響を与えた。
▶⒆⒇　正解は［03］。人物Ｂは藤原道長である。
［01］　適切。藤原道長は，甥の藤原伊周（道長の兄・関白藤原道隆の子）との争いを制して，995 年に内覧となった。
［02］　適切。『小右記』は右大臣藤原実資の日記である。同日記の寛仁２（1018）年 10 月 16 日の記録に，道長の三女藤原威子が後一条天皇の中宮に立てられたその日，道長が実資を招き寄せて「望月」の和歌を披露したことが記されている。
［03］　不適。「関白に就任」は誤り。道長は内覧・左大臣・摂政・太政大臣などの地位には就いたが，関白には就任していない。ただし，建立した法成寺にちなみ「御堂関白」と称された。
［04］　適切。道長には８人の娘がおり，そのうち彰子・妍子・威子は皇后，嬉子は皇太子妃となった。後一条・御朱雀・後冷泉の三天皇は道長の外孫であり，三女の威子が後一条天皇の中宮（皇后と同じ）に立てられると，太皇太后（彰子）・皇太后（妍子）とともに一家三后となった。
［05］　適切。『御堂関白記』と称される道長の日記は，当時，貴族たちに配られていた具注暦の余白や裏面に記された日記で，自筆本 14 巻と古写

本 12 巻が現存しており，2013 年，ユネスコの「世界の記憶」に登録された。

▶(21)(22)　難問。正解は［13］。四鏡の成立年代は，『大鏡』（平安後期），『今鏡』（1170 年ごろ），『水鏡』（鎌倉初期），『増鏡』（南北朝期）の順とされているので，成立年代の 3 番目は『水鏡』となる。またその内容は，『水鏡』が神武～仁明天皇の神代から 850 年，『大鏡』が文徳～後一条天皇の 850～1025 年，『今鏡』が後一条～高倉天皇の 1025～1170 年，『増鏡』が後鳥羽～後醍醐天皇の 1180～1333 年の歴史となっている。したがって，物語が対象とする時代を年代順に並べると 3 番目は『今鏡』となる。

▶(23)(24)　正解は［05］。人物 C は大田南畝であり，活躍時期は 18 世紀後半～19 世紀初頭である。

［01］　適切。国後・択捉間の航路を開拓し，漁場経営や交易に従事していた淡路の商人高田屋嘉兵衛は，ゴローウニン事件の報復として 1812 年にロシア軍艦に捕らえられ，カムチャツカに連行された。その後，嘉兵衛自らゴローウニン釈放に尽力し，日露の緊張緩和に役割を果たした。

［02］　適切。天明の飢饉（1782～87 年）のことである。老中田沼意次の政権下で発生し，東北地方に甚大な被害をもたらした。浅間山の噴火はこの飢饉の最中に起こり（1783 年），被害の拡大をもたらした。全国で百姓一揆が増発し，江戸では大規模な天明の打ちこわしが発生した（1787 年）。

［03］　適切。垂加神道を学び，江戸で私塾を開いて兵学・儒学を教えていた山県大弐は，朝廷政治の復活を主張する尊王思想を説いていたが，門弟の密告によって江戸幕府に謀反の嫌疑を掛けられ，死罪となった（明和事件・1767 年）。著書に『柳子新論』がある。

［04］　適切。間宮林蔵は，幕命により 1808 年から松田伝十郎とともに樺太探検に従事し，樺太が島であることを発見した。日本では樺太・大陸間を間宮海峡と呼称している（諸外国ではタタール海峡）。

［05］　不適。「日新館」は「明徳館」の誤り。秋田藩主の佐竹義和は 18 世紀後半，藩政改革に成果を上げた名君の一人である。なお，日新館は会津藩や対馬府中藩などの藩校名である。

▶(25)(26)　正解は［03］

［01］　適切。『花月草紙』はこの改革を主導した松平定信の随筆である。

［02］　適切。「楽翁」は定信の号である。『楽翁公伝』は渋沢栄一が執筆し

た定信の伝記である。
[03]　不適。「武陽隠士が記した随筆」は誤り。『宇下人言』は定信が著した自伝である（書名は，「定信」の文字を分解したもの）。
[04]　適切。定信は寛政の改革において，両替商などの豪商を登用して勘定所御用達とし，彼らの資金を利用して米価調節をはかるとともに，物価引き下げ令により諸物価を強制的に引き下げさせた。このような物価引き下げ令は，老中水野忠邦による天保の改革でも発令された。
[05]　適切。寛政異学の禁に見られるように，朱子学による封建秩序の維持を重んじた定信は，民衆教化のため，孝行者・忠義者・貞節者を顕彰し，その記録集の編纂を命じた。それが『孝義録』である。

II 解答

(27)(28)—24　(29)(30)—23　(31)(32)—06　(33)(34)—42　(35)(36)—04
(37)(38)—13　(39)(40)—37　(41)(42)—11　(43)(44)—41　(45)(46)—05
(47)(48)—04　(49)(50)—04

◀解　説▶

≪古代～近代の女性・政治・外交・貿易≫

▶(27)(28)　やや難問。式家出身の藤原薬子は後宮に仕える尚侍（ないしのかみ）という地位にあり，平城天皇に寵愛された。律令体制のもと，後宮で働く女性官人には尚侍（ないしのかみ）・典侍（ないしのすけ）・掌侍（ないしのじょう）などの官職があった。天皇への上奏や天皇の命を取り次ぐ役割を負っていた女性官人たちは，天皇に対し一定の影響力をおよぼしたと考えられる。

▶(29)(30)　後一条天皇・後朱雀天皇の母は，藤原道長の娘で一条天皇中宮の藤原彰子である。両天皇の国母とされ，上東門院の称号が与えられた彰子は，道長亡き後の摂関家を支え，朝廷政治に影響力をもった。

▶(31)(32)　「地方武士らの日常生活や武芸の訓練の様子を具体的に描いた」から，笠懸の場面などで知られる『男衾三郎絵巻』が導ける。これは，吉見二郎・男衾三郎兄弟を主人公とする鎌倉時代の絵巻物である。

▶(33)(34)　『日本史』を執筆したのはイエズス会宣教師ルイス=フロイスである。織田信長・豊臣秀吉ら当時の諸大名と親交をもち，1597 年，長崎で死去した。『日本史』はポルトガル国王の命を受けたイエズス会の執筆活動の一環として，フロイスが書き上げた日本におけるキリスト教布教の歴史書であるとともに，当時の日本のさまざまな状況を記録した第一級史料として重要視されている。

▶(35)(36)「14 世紀に九州探題として活躍した」から今川了俊（貞世）が導ける。了俊は足利義満の命で 1371 年九州探題に就任し，九州の南朝勢力をほぼ一掃することに成功した。また，『難太平記』などの歴史書や歌論書を著し，養子の今川仲秋には治者としての心構えや道徳的教訓を記した『今川状』を与えた。江戸時代の女訓書の一つである『女今川』は，この『今川状』になぞらえて著されたものである。

▶(37)(38)　難問。自由民権運動に携わり，「函入娘」と題して女子教育を訴える演説を行ったのは，岸田俊子である。

▶(39)(40)「明星派」から与謝野晶子が導ける。与謝野晶子と平塚らいてうの母性保護論争は 1918～19 年のことである。山川菊栄も社会主義の立場から論争に加わり，階級格差の観点から女性問題の根本的解決が必要であると主張した。

▶(41)(42)　正解は［11］。

(a)　適切。

(b)　適切。

(c)　不適。「朱雀天皇」は「醍醐天皇」の誤り。醍醐天皇は 902 年に延喜の荘園整理令を出すなど律令体制の再建をめざしたが，914 年，三善清行は意見封事十二箇条を醍醐天皇に提出し，地方の厳しい現状を訴えた。

(d)　適切。

(e)　不適。「院内」は「大森」の誤り。院内銀山は秋田藩の藩営鉱山である。

(f)　適切。

▶(43)(44)　後醍醐天皇は，所領安堵をすべて天皇の綸旨によって行うと定めたため，「二条河原落書」で「謀綸旨（にせりんじ）」が横行したことが皮肉られた。

▶(45)(46)　やや難問。正解は［05］。

(a)　不適。「堺商人」は「博多商人」の誤り。1401 年に僧の祖阿・博多商人の肥富らが明に派遣された。

(b)　適切。

(c)　適切。1419 年の応永の外寇の説明である。

(d)　適切。

(e)　適切。

(f)　不適。「勝山館」は「志苔館」の誤り。「14世紀末から15世紀初めに埋められた30万枚を超える中国銭が発掘された」のは志苔館の付近である。コシャマインの蜂起は1457年。勝山館は，この蜂起鎮圧に活躍した蠣崎氏の客将武田信広が娘婿として蠣崎氏を継承し，新たに築いた館である。

▶(47)(48)　難問。正解は［04］。

［01］　1915年。「山東省に関する条約」,「南満州及東部内蒙古に関する条約」は，第2次大隈重信内閣が中華民国・袁世凱政権に提示した二十一カ条要求によって交わされた条約である。

［02］　国際連盟の成立は1920年1月。

［03］　1919年。コミンテルンは，世界の共産党勢力がモスクワで結成した組織で，第3インターナショナルとも称された。

［04］　1917年。石井・ランシング協定は，寺内正毅内閣がアメリカと結んだ対中関係の協定である。

［05］　1920年。尼港事件は，シベリア出兵中，ニコラエフスク（尼港）で日本兵が抗日パルチザンによって殺害された事件である。

［06］　第2次大隈重信内閣の総辞職は1916年10月。

［07］　第1次山本権兵衛内閣の総辞職は1914年4月。

［08］　第4次日露協約の締結は1916年7月。

したがって，［07］→［01］→［08］→［06］→［04］→［03］→［02］→［05］の順となり，5番目は［04］となる。

▶(49)(50)　正解は［04］。

［01］適切。大日本帝国憲法の公布は1889年2月11日，黒田清隆内閣のときである。このとき，議院法・衆議院議員選挙法・貴族院令もあわせて公布された。

［02］　適切。

［03］　適切。

［04］　不適。「3％」は「1％」の誤り。初の衆議院議員総選挙の頃の有権者数は，全人口の1.1％であった。

［05］　適切。

III　解答　(51)(52)—11　(53)(54)—35　(55)(56)—14　(57)(58)—12　(59)(60)—33
(61)(62)—29　(63)(64)—03　(65)(66)—04　(67)(68)—05　(69)(70)—03
(71)(72)—04　(73)(74)—04　(75)(76)—02

◀解　説▶

≪古代～近現代の宗教・文化・政治・外交≫

▶(51)(52)　大仏造立の詔は紫香楽宮で743年に発令された。

▶(53)(54)　夢窓疎石は臨済宗僧侶であり，京都五山第1位となる天龍寺を開山し，五山の別格に位置づけられた南禅寺の住持も勤めた。

▶(55)(56)　「祭政一致」「神仏分離令」から神祇官が導ける。明治政府は，1868年閏4月，政体書を発布し，太政官の七官の一つとして神祇官を再興した。

▶(57)(58)　やや難問。1869年，東京九段に建立された招魂社は1879年に靖国神社と改称され，戦没者の御霊を祀る神社とされた。

▶(59)(60)　『古事記伝』を著した国学者は本居宣長である。

▶(61)(62)　政教社は，三宅雪嶺・志賀重昂・杉浦重剛らが1888年に設立し，国粋保存をとなえて（近代的民族主義）雑誌『日本人』を発行した。

▶(63)(64)　正解は［03］。

［01］　不適。「神職は除外された」は誤り。江戸時代の神職は1665年発令の諸社禰宜神主法度のもと公家の吉田家・白川家の統制を受けるとともに，檀那寺の檀家となる必要があった。

［02］　不適。「日親」は「日奥」の誤り。日親は，室町幕府第6代将軍足利義教に『立正治国論』を献上して処罰された，室町時代中期の日蓮宗の僧侶。

［03］　適切。江戸幕府は当初，高野山金剛峰寺あて，身延山久遠寺あてなど個別の寺院法度を発令していたが，1665年，各宗派共通の諸宗寺院法度を定めた。

［04］　不適。「長崎」は「宇治」の誤り。黄檗宗寺院には，本山である宇治の万福寺のほか長崎の崇福寺などがある。

［05］　不適。「飛鳥井家」は「土御門家」の誤り。飛鳥井家は和歌と蹴鞠を家道とする公家であった。

▶(65)(66)　正解は［04］。

［01］は1837年。［02］は1886年。［03］は1891年。［04］は1839年。［05］は

1808 年。
したがって，［05］→［01］→［04］→［02］→［03］の順となり，3 番目は［04］となる。

▼(67)(68)　難問。正解は［05］。

［01］　不適。薬師寺僧形八幡神像は僧形の神像であるが，東大寺法華堂執金剛神像・（薬師寺）神功皇后像は僧形ではない。神仏習合が進んだ結果，本来，姿形の無い神々の像も造られるようになったが，神像が必ずしも僧形とは限らない。

［02］　不適。西大寺十二天像は彫刻ではなく絵画（絹本着色）である。

［03］　不適。弘仁・貞観文化期の薬師寺僧形八幡神像・神護寺薬師如来像はともに一木造であるが，天平文化期の東大寺法華堂執金剛神像は心木と粘土によって造形された塑像である。

［04］　不適。園城寺の不動明王像（現在は曼殊院に模写がある）は全体の色合いから黄不動，高野山明王院のものが赤不動，青蓮院のものが青不動と呼ばれている。

［05］　適切。現在の日光菩薩像・月光菩薩像は，不空羂索観音像のある法華堂から 2011 年に完成した東大寺ミュージアムに移されている。

▶(69)(70)　正解は［03］。

足利義満のときに確立した五山は，南禅寺を別格最高位，京都五山は天龍寺・相国寺・建仁寺・東福寺・万寿寺，鎌倉五山は建長寺・円覚寺・寿福寺・浄智寺・浄妙寺の序列となった。したがって，正解は［03］となる。

▶(71)(72)　正解は［04］。

［01］　不適。「この結果を受けて」は誤り。黒田清隆首相が「超然主義」演説を行ったのは 1889 年 2 月 12 日，大日本帝国憲法発布翌日のことである。翌 1890 年 7 月，第 1 次山県有朋内閣のときに第 1 回衆議院議員総選挙が行われた。

［02］　不適。「イギリス流」と「フランス流」が逆である。

［03］　不適。『民権自由論』は『民約訳解』の誤り。『民権自由論』は植木枝盛の著作である。

［04］　適切。『日新真事誌』は英人ブラックが 1872 年に創刊した新聞で，1874 年に民撰議院設立の建白書を掲載した。しかし，政府が 1875 年に讒謗律・新聞紙条例を発令すると，同年，廃刊に追い込まれた。

［05］　不適。枢密院は憲法草案を審議するため 1888 年に設置された。大日本帝国憲法第 56 条により，憲法制定後は天皇の最高諮問機関と位置づけられた。

▶(73)(74)　やや難問。正解は［04］。

［01］　不適。「陳重」は「八束」の誤り。兄の穂積陳重は民法典論争でボアソナードが起草した民法の施行に反対した。一方，弟の穂積八束は上杉慎吉と同じく天皇主権説を唱え，美濃部達吉の天皇機関説に反対の立場をとった。

［02］　不適。歴史学者の津田左右吉は早稲田大学教授。『神代史の研究』のほか 3 冊の著書が発禁処分となった。

［03］　不適。「処分を免れた」は誤り。文部省は辞表を提出した京都帝国大学法学部教授たちの分裂を図り，一部の教授の辞職しか認めなかった。学生たちの反対運動も弾圧され，滝川幸辰教授も休職処分を免れることはなかった。滝川は戦後復職し，1953 年に京都大学総長に就任。

［04］　適切。矢内原忠雄は内村鑑三の無教会主義に共鳴したクリスチャンであり，『帝国主義下の台湾』などで政府の大陸政策を批判した。戦後は復職し，1951 年に東京大学総長に就任。

［05］　不適。『帝国主義下の台湾』は矢内原忠雄の著書なので誤り。発禁処分となった河合栄治郎の著書は，『社会政策原理』など。

▶(75)(76)　正解は［02］。

［01］　適切。

［02］　不適。「公民」は「修身」の誤り。GHQ は地理・修身・国史の授業停止を命じた。また，社会科の設置は 1948 年ではなく 1947 年。

［03］　適切。

［04］　適切。

［05］　適切。

Ⅳ　解答

(77)(78)—29　(79)(80)—20　(81)(82)—27　(83)(84)—07　(85)(86)—04
(87)(88)—15　(89)(90)—02　(91)(92)—28　(93)(94)—04　(95)(96)—07
(97)(98)—16　(99)(100)—01

◀解 説▶

≪現代の外交・政治・社会≫

▶(77)(78) やや難問。外交文書Aはサンフランシスコ平和条約である（1951 年）。アジア太平洋戦争によってアメリカの占領地域となった南西諸島（琉球諸島・大東諸島を含む）は北緯 29 度以南である。

▶(79)(80) やや難問。アメリカの占領地域となった南方諸島（小笠原群島などを含む）は孀婦岩の南の地域である。なお，アメリカはこれらの地域を信託統治制度の下におくとする提案を国際連合に提案せず，施政権下においた。

▶(81)(82) 1954 年，吉田茂首相は 1951 年のサンフランシスコ平和会議に出席しなかったビルマ（現ミャンマー）と平和条約を締結した。中華民国・インドとは 1952 年に平和条約を締結した。

▶(83)(84) やや難問。サンフランシスコ平和条約は資本主義国 48 カ国とのみ調印するいわゆる単独講和（片面講和）であった。それに対し，すべての交戦国との全面講和を主張したのは革新勢力や南原繁（当時東大総長）・安倍能成・大内兵衛・矢内原忠雄ら学者たちであった。1938 年の第2次人民戦線事件で検挙された経歴をもつのは，もと労農派の大内兵衛である。

▶(85)(86) 正解は［04］。

［01］は 1954 年。第五福龍丸は，アメリカのビキニ環礁沖での水爆実験で被ばくした。

［02］は 1952 年 5 月。血のメーデー事件は，単独講和・日米安全保障条約締結による対米従属・吉田内閣の逆コースと称せられた保守的政策に反対する革新勢力や大学生らが，この年のメーデーに際し皇居前広場で警官隊と衝突し，死傷者が出た事件である。

［03］は 1947 年。二・一ゼネストは，官公庁労働者が中心となって呼びかけた戦後最大のスト計画で，1947 年 2 月 1 日を決行日としたが，その前日に GHQ が中止を命じた。

［04］は 1951 年。日本社会党は単独講和を認める右派と認めない左派に分裂した。

［05］は 1950 年。日本労働組合総評議会（総評）は，共産党指導の産別会議から離脱した産別民主化同盟を母体とし，反共の立場で結成された労働

組合であった。
[06]は 1952 年 7 月。破壊活動防止法は，血のメーデー事件から 2 カ月後，第 3 次吉田茂内閣によって制定された暴力的活動を行った団体を取り締まる法律である。
[07]は 1949 年。松川事件は，GHQ による経済安定九原則の実行指令にもとづくドッジ=ラインが実施されるなか，国鉄労働者の大量解雇が発表された直後，立て続けに起こった怪事件の一つである。解雇を発表した国鉄総裁下山定則の轢死事件に続き，東京の三鷹駅構内で無人列車暴走事件，東北線松川駅付近で列車転覆事件が起こった。いずれも国鉄労働組合員の犯行とされたが，真相解明には至らなかった。
したがって［03］→［07］→［05］→［04］→［02］→［06］→［01］の順となり，4 番目は［04］となる。
▶(87)(88)　外交文書 B は日ソ共同宣言（1956 年）である。これによりソ連が同意したのは，平和条約締結後の歯舞群島・色丹島の 2 島返還である。今日まで平和条約が未締結であるため，返還は実現していない。
▶(89)(90)　正解は［02］。
［01］　適切。日ソ共同宣言で，ソ連は日本の国際連合加盟を支持すると表明した。このため同年（1956 年）12 月に日本の国連加盟が実現した。
［02］　不適。鳩山一郎内閣のもと，1956 年，教育委員は公選制から地方自治体の首長による任命制に改められた。
［03］　適切。石原慎太郎は 1955 年に『太陽の季節』を発表し，芥川賞を受賞。
［04］　適切。日本民主党と自由党は，1955 年に保守合同し自由民主党（自民党）を結成した。自民党第 2 代総裁は石橋湛山で，鳩山の後継首相となったが，病気のため 2 カ月で退陣した。
［05］　適切。鳩山首相は目標とした憲法改正と再軍備を推進するため 1956 年に憲法調査会・国防会議を発足させた。しかし憲法改正については 1955 年 10 月に再統一した日本社会党が衆議院で 3 分の 1 の議席を確保していたため，実現は困難となっていた。国防強化についてはのちの岸信介内閣のもとで防衛力整備計画が決定され，自衛隊の強化が推進された。
▶(91)(92)　日ソ共同宣言を調印したソ連首相はブルガーニンである。
▶(93)(94)　正解は［04］。外交文書 C は，日韓基本条約（1965 年）である。

[01]　適切。軍人出身の朴正熙は 1963 年に大統領に就任すると，独裁体制のもとで外資導入による経済発展をめざしたが，政治腐敗が進み，1979 年，側近に暗殺された。

[02]　適切。日韓基本条約締結の際には，日韓請求権ならびに経済協力協定・在日韓国人の法的地位と待遇に関する協定・日韓漁業協定・文化財および文化協力に関する日本国と大韓民国との間の協定の 4 つも調印され，あわせて日韓の紛争解決に関する交換公文が交わされた。

[03]　適切。

[04]　不適。「総督府」は「統監府」の誤り。第 2 次日韓協約（1905 年）により大韓帝国の外交権を掌握した日本政府は漢城に統監府を設置し，元老の伊藤博文を初代統監に任命した。その後 1910 年の日韓併合条約の結果，統監府は総督府に改組された。日韓基本条約において 1910 年以前の大日本帝国と大韓帝国のすべての条約・協定が「もはや無効」とされた。

[05]　適切。李承晩ラインとは，大韓民国初代大統領の李承晩が 1952 年に韓国の主権のおよぶ範囲として示した水域であり，以後，日本漁船の拿捕が相次ぎ，深刻な日韓問題となっていたが，日韓漁業協定で撤廃された。

▶(95)(96)　難問。正解は [07]。当時の首相は佐藤栄作である。

[01] 1970 年 3 月 15 日～ 9 月 13 日。[02] 1971 年 7 月。[03] 1966 年 7 月。[04] 1970 年 2 月。[05] 1968 年 1 月。[06] 1968 年 6 月。[07] 1969 年 6 月。

したがって，[03]→[05]→[06]→[07]→[04]→[01]→[02] の順となり，4 番目は [07] となる。

▶(97)(98)　外交文書 D は日中共同声明である。調印した中国側首相は周恩来，日本側首相は田中角栄である。

▶(99)(100)　難問。正解は [01]。

[01]　適切。塘沽停戦協定は 1933 年 5 月 31 日，関東軍と中国国民政府との間で結ばれた。日中軍事停戦協定ともいう。

[02]　不適。「広田弘毅」は「近衛文麿」の誤り。第 1 次近衛文麿内閣の 1937 年 7 月，北京郊外の盧溝橋付近で日中両軍が衝突した。

[03]　不適。「北京」は「奉天」の誤り。柳条湖事件は奉天郊外で起こった。

[04]　不適。中国国民党（蔣介石）と中国共産党（毛沢東）による第 2 次

国共合作は1937年9月で，これにより抗日民族統一戦線が結成された。合作の契機となったのは，1936年12月に起きた張学良らによる蔣介石監禁事件すなわち西安事件である。蔣介石がこの事件によって国共内戦の停止を約束したことで，国共合作への道が開かれた。第1次上海事変が起こったのは1932年1月。満州事変にともなって上海でも日中両軍が衝突する事態となった。

［05］　不適。「国民徴用令」は誤り。国家総動員法・電力国家管理法は1938年，第1次近衛文麿内閣のもとで成立したが，国民徴用令は1939年，平沼騏一郎内閣のもとで成立した。

❖講　評

大問4題・解答個数50個で空所補充問題を中心としている。このほか文章の正誤判定問題は16問あり，2つの誤文の組み合わせを選ばせる問題も含まれていた。歴史事項の年代順を判定させる問題も5問あり，全体として難問が多かったといえる。教科書にない知識が必要とされる問題も含まれており，日本史に関する深い知識が求められた。

Ⅰは，歴史書・文学を主題にした古代～近代の文化・政治・社会に関する問題であった。空所補充問題の難しさが際立っており，『栄華物語』の内容や『大鏡』以下の四鏡の制作年代・内容に関する設問などはかなり難問であった。

Ⅱは，女性を主題にした古代～近代の政治・外交・貿易に関する問題であった。土地制度・中世の外交と貿易・近代の議会制度に関する文章の正誤を判定する問題は，詳細で正確な知識を必要とした。近現代の政治・外交に関する年代順を判定する問題は，世界史に関する知識も必要とする難問であった。

Ⅲは，宗教を主題にした古代～近現代の文化・政治・外交に関する問題であった。空所補充問題は基本語句が中心であったが，江戸時代の宗教政策・古代の仏教文化・近代の学問弾圧事件に関する文章の正誤判定問題は内容が詳細であり，難問が含まれていた。

Ⅳは，史料として提示された4つの条約および外交文書にもとづく現代の外交・政治・社会に関する問題であった。空所補充問題では条約に関する正確な知識が求められ，また，文章の正誤判定問題も教科書にない知識を必要とする内容が含まれていた。さらに，年代順を判定する問題は政治・社会分野にまたがり，しかもかなり細かい知識が必要となっていたので難問であった。

世界史

I 解答

(1)(2)—35　(3)(4)—32　(5)(6)—24　(7)(8)—03　(9)(10)—33
(11)(12)—01　(13)(14)—01　(15)(16)—※　(17)(18)—03
(19)(20)—05　(21)(22)—02　(23)(24)—02　(25)(26)—05

※(15)(16)については，選択肢に不備があったため全員に加点したと大学から発表があった。

◀解　説▶

≪感染症の歴史≫

▶(1)(2)　モンゴル帝国第2代皇帝のオゴタイは，バトゥに命じてヨーロッパ遠征を行わせ，第4代皇帝モンケはフラグに命じて西アジア遠征を行わせた。フラグはチンギスハンの末子トゥルイ家の出身で，モンケや第5代皇帝フビライの弟。

▶(3)(4)　「1334年」「1347年」当時，エジプトを支配していたのはマムルーク朝（1250～1517年）。

▶(5)(6)　ボッカチオの小説『デカメロン（十日物語）』は，ペスト（黒死病）流行に際し，フィレンツェ郊外の別荘に避難した10人の男女が10夜にわたって物語を語る形式をとっている。

▶(7)(8)　難問。アシュケナジム（単数形はアシュケナージ）は離散（ディアスポラ）したユダヤ人のうち，主に東欧に居住したユダヤ人を指す。これに対して，南欧・トルコ・北アフリカなどに居住したユダヤ人はセファルディム（単数形はセファルディー）と呼ばれる。

▶(9)(10)　シュリーフェン=プラン（作戦）とは，ドイツの参謀総長シュリーフェンが，フランス・ロシアとの戦争に備えて立案した作戦。まず全勢力をフランス戦に投入して短期でこれを降伏させ，その後ロシア軍と対戦するというもの。第一次世界大戦では，ドイツ軍の進撃はマルヌの戦いでフランスに敗れて挫折し，その後ドイツは西部戦線と東部戦線の二正面作戦を強いられた。

▶(11)(12)　[01] 誤文。ササン朝のホスロー1世はビザンツ帝国のユスティニアヌス大帝との戦いを優位に進め，有利な条件で講和している。

▶⒀⒁　難問。ユスティニアヌス大帝（位 527～565 年）は 6 世紀前半から半ばのビザンツ皇帝。下線部(イ)の「約 70 年後」にペストの流行した中国の王朝は，7 世紀（618 年）に滅亡した隋と推定できる。下線部(ウ)の 1334 年（14 世紀前半）の中国は元の時代。

[01] 正文。隋は陳を，元は南宋を滅ぼして中国の南北統一支配を達成している。

[02] 誤文。隋の都は大興城（現在の西安），元の都は大都（現在の北京）。

[03] 誤文。元は高麗を属国としたが，隋は高句麗遠征に失敗した。

[04] 誤文。隋は儒学の知識を問う科挙を創始して重視したが，元は科挙を軽視した。

[05] 誤文。隋は反乱の中でほろび，李淵が禅譲を受ける形で唐が成立した。元は，明に追われてモンゴル方面に逃れ，王朝を維持した（北元）。

▶⒄⒅　[03] 誤文。ジャックリーの乱は，封建領主に脅威を与えたものの，短期間で鎮圧され，農奴制は維持されている。

▶⒆⒇　[05] 誤文。ヘンリ 8 世はカトリックから離脱するまでルターの宗教改革を批判し，教皇から「カトリック擁護者」の称号を得ていた。

▶(21)(22)　ガレオン船によってフィリピンとメキシコを結ぶ貿易はアカプルコ貿易と呼ばれ，使用された船からガレオン貿易とも呼ばれた。

▶(23)(24)　フロリダは 1513 年にスペインが植民地を開き，フレンチ=インディアン戦争後のパリ条約（1763 年）でスペインからイギリスに割譲された。その後，アメリカ独立戦争を終結させたパリ条約（1783 年）でスペインに返還され，1819 年にアメリカ合衆国がスペインから買収して領土に加えた。したがって [02] スペイン→イギリス→スペイン→アメリカ合衆国の順になる。

▶(25)(26)　難問。[05] (c)無制限潜水艦作戦の宣言（1917 年 2 月）→(a)バルフォア宣言（1917 年 11 月）→(b)ロシア「平和に関する布告」の採択（1917 年 11 月）→(f)ウィルソン「十四カ条」の発表（1918 年 1 月）→(d)ブレスト=リトフスク条約の成立（1918 年 3 月）→(e)日本のシベリア出兵（1918 年 8 月）が正しい配列となる。このうち，アメリカ大統領の名で発表された「十四カ条」はレーニンの「平和に関する布告」に対抗して発せられたもので，(f)は(b)より後となる。また，ブレスト=リトフスク条約でドイツとソヴィエト政権が単独講和を結んだ後，ロシア領内のチェコ兵救出を名目にシベリア出兵が行われたので，(e)は(d)よりも後になる。

II　解答

(27)(28)—12　(29)(30)—05　(31)(32)—04　(33)(34)—01　(35)(36)—29
(37)(38)—18　(39)(40)—02　(41)(42)—02　(43)(44)—01　(45)(46)—23
(47)(48)—03　(49)(50)—05

◀解　説▶

≪ヤスパースによる時代区分≫

▶(27)(28)　やや難。これまで最古の人類と考えられていたラミダス猿人よりもさらに古く，現在最古の人類と考えられている化石猿人がサヘラントロプス（サヘルの人の意）である。

▶(29)(30)　[05] 誤文。「知恵の館（バイト=アルヒクマ）」を作ったのはアッバース朝第7代カリフのマームーン。第2代カリフのマンスールはバグダードを建設して首都とした。

▶(31)(32)　難問。リード文から春秋・戦国時代の始まり（前770年），ホメロスの叙事詩（前8世紀頃），バビロン捕囚（前6世紀）などが対象となっている。また，諸子百家の荀子は前3世紀の人物であるから，Aが800で，Bが200の [04] が正解となる。

▶(33)(34)　難問。[01] (a)ソロンの改革（前594年）→(b)韓，魏，趙が周王から諸侯と認められる（戦国時代の開始：前403年）→(c)アレクサンドロス大王の急死（前323年）→(d)マウリヤ朝の創立（前317年頃）→(e)陳勝・呉広の乱が始まる（前209年）→(f)第2次ポエニ戦争の終了（前201年）の順となる。時期の重なっている(e)と(f)の順序が特に難しい。

▶(35)(36)　マガダ国は，前5世紀にコーサラ国を征服し，前4世紀のナンダ朝の時代にガンジス川流域を初めて統一した。さらにその後成立したマウリヤ朝のもとで，全インドを統一している。

▶(37)(38)　難問。小アジアのミレトスがエジプトに建設したといわれる植民市ナウクラティスは，19世紀末に発掘された。語群から消去法で選択したいが，02. ウガリト（シリアにある古代オリエントの都市），04. キュレネ（リビアにあったギリシア人植民市）もあるので困難であろう。

▶(39)(40)　[02] 誤文。中世スコラ学の実在論と唯名論の論争は普遍論争と呼ばれる。単子（モナド）論は17～18世紀に活躍したドイツの哲学者ライプニッツの学説。

▶⑷⑷⑷⑷⑷⑷⑷⑷⑷ 省略

▶(41)(42)　[02] 誤文。アケメネス朝ではダレイオス 1 世時代も含めて，支配下の諸民族の信仰に関しては比較的寛容であった。

▶(43)(44)　[01] 誤文。秦との連衡策を説いたのは張儀，蘇秦は秦に対抗して合従策を唱えた。

▶(45)(46)　難問。後漢の女流学者班昭は，『漢書』の作者班固，西域都護班超の妹にあたる。班固は『漢書』が未完成のまま死去し，その後，班昭が完成させている。

▶(47)(48)　難問。円仁は平安時代の僧で，唐に留学して会昌の廃仏に遭遇している。帰国後は天台宗の高僧となった。日本史では頻出の人名であるが，世界史では難問。

▶(49)(50)　難問。[05] 誤文。2015 年の気候変動枠組み条約の第 21 回締約国会議では，一律の温室効果ガス排出量半減の目標は示されず，加盟各国が独自の削減目標を作成・提出・維持する義務を負うことなどが確認された（パリ協定）。

Ⅲ　解答
(51)(52)—14　(53)(54)—04　(55)(56)—24　(57)(58)—19　(59)(60)—10
(61)(62)—04　(63)(64)—04　(65)(66)—15　(67)(68)—29　(69)(70)—05
(71)(72)—02　(73)(74)—03

◀解　説▶

≪アフリカの植民地化と独立≫

▶(51)(52)　ザンベジ川はアフリカ南部を東流してインド洋にそそぐ大河。この流域のモノモタパ王国はインド洋貿易で栄えている。

▶(53)(54)　小説『カンディード』の作者としてヴォルテールを問うのは難しい印象かもしれないが，選択肢に啓蒙思想家はヴォルテールしかいないので容易。

▶(55)(56)　やや難。マフディー運動の指導者ムハンマド＝アフマドは，スーダンのハルツームで，かつて常勝軍を率いて太平天国軍を破ったイギリスのゴードン将軍を敗死させた。

▶(57)(58)　難問。デュボイスは，アメリカの黒人解放運動家。パン＝アフリカ会議の開催を成功させ，晩年はガーナに移住して活動した。

▶(59)(60)　セク＝トゥーレは，19 世紀末にギニアの反フランス闘争を指導したサモリ＝トゥーレの曾孫で，ギニア共和国の初代大統領となった。

▶(61)(62)　[04] 誤文。国際連合発足時に安全保障理事会の常任理事国となったのは中華人民共和国（1949 年成立）ではなく，蔣介石の率いる中華民国。

▶(63)(64)　[04] 正文。

[01] 誤文。ベーメンは現在のチェコに位置する。

[02] 誤文。ヴァレンシュタインは皇帝と契約して旧教徒側につき，新教同盟と戦った。

[03] 誤文。ウェストファリア条約（1648 年）時点でプロイセンは公国である（1701 年に王国となった）。また，首都はベルリン。

[05] 誤文。グスタフ=アドルフは 30 年戦争中に戦死している。

▶(65)(66)　難問。アメリカ合衆国の解放奴隷がアフリカのリベリアに入植したことは頻出であるが，18 世紀後半からイギリスの解放奴隷がシエラレオネに入植している。西アフリカのシエラレオネは，リベリアの北西に位置し国境を接している。首都フリータウンは，イギリスの解放奴隷によって建設された。

▶(67)(68)　イギリスの奴隷貿易で栄えた貿易港としてはリヴァプールが代表的。リヴァプールの東に位置して綿工業で栄えた都市はマンチェスターである。このマンチェスター・リヴァプール間で，1830 年にスティーヴンソンの開発した蒸気機関車ロケット号が初めて営業運転を行った。

▶(69)(70)　[05] 正文。

[01] 誤文。バルトロメウ=ディアスはアフリカ南端の喜望峰に到達したが，東アフリカのモザンビークには至っていない。

[02] 誤文。ヴィクトリア滝を発見した探検者は，スタンリーではなくリヴィングストン。

[03] 誤文。「南側」が誤り。ローデシアは，トランスヴァール共和国やオレンジ自由国の北側に位置する。また，ローデシアはイギリス植民地なので「建国」も誤り。

[04] 誤文。エチオピアはフランスの支援を受けてイタリアに勝利した。

▶(71)(72)　やや難。[02] 正文。

[01] 誤文。ヒヴァ=ハン国，ブハラ=ハン国の順が逆になっている。

[03] 誤文。フランスはベトナムを侵略し，1862 年にコーチシナ東部 3 省を直轄植民地とし（1867 年にコーチシナ西部も占領），その後，アンナン

（ベトナム中部），トンキン（ベトナム北部）を保護国化した。

［04］誤文。ハワイは米西戦争でスペインから獲得したものではない。独立王国であったハワイは，アメリカの圧力でカメハメハ王朝が倒れ，独立共和国となった後アメリカに併合された。

［05］誤文。アチェ戦争は，スマトラ島北西部のアチェ王国をオランダが侵略，征服した戦争。

▶(73)(74)　難問。［03］(b)アラブ連盟（1945年）→(e)ヨーロッパ経済協力機構（OEEC）（1948年）→(c)石油輸出国機構（OPEC）（1960年）→(a)アフリカ統一機構（OAU）（1963年）→(d)東南アジア諸国連合（ASEAN）（1967年）の順になる。

Ⅳ 解答

(75)(76)―58　(77)(78)―08　(79)(80)―53　(81)(82)―43　(83)(84)―44　(85)(86)―16　(87)(88)―09　(89)(90)―23　(91)(92)―41　(93)(94)―26　(95)(96)―04　(97)(98)―03　(99)(100)―01

◀解　説▶

≪世界史上の「飛び地」≫

▶(75)(76)　李鴻章は清朝末期の最大の実力者。淮軍を率いて太平天国の乱鎮圧に活躍し，漢人官僚のトップとして洋務運動を推進した。外交でも活躍しており，天津条約（1885年）・下関条約（1895年）・北京議定書（1901年）でも清朝全権を務めた。北洋艦隊（北洋海軍）は，李鴻章が洋務運動期に創設した近代装備の艦隊。

▶(77)(78)　やや難。仁川（インチョン）は，首都ソウルの西方に位置し，その外港として発展した。朝鮮戦争中，韓国のほぼ全土を北朝鮮軍に制圧された国連軍は，仁川上陸作戦を成功させて反転攻勢に出た。

▶(79)(80)　難問。「イギリスがユーラシア大陸に領有し続けている飛び地」とはイベリア半島南端のジブラルタル（1713年のユトレヒト条約で獲得）のこと。「その返還を求めている国もまた別の大陸に飛び地を領有」とは，スペインがジブラルタル対岸の北アフリカに領有しているセウタのこと。モロッコはセウタの返還をスペインに要求している。

▶(81)(82)　インドネシア南部にあるティモール島は東西に長く，西部をオランダ，東部をポルトガルが領有していた。インドネシアがオランダから独立した際に東ティモールの領有が問題となり，1975年に東ティモールがポルトガルから独立宣言した際にも領土問題が再燃した。「直後に隣接する国の軍事侵攻を受け」とあるのはインドネシアによる東ティモール併合（1976年）を指す。その後，2002年に東ティモールは独立を達成している。

▶(83)(84)　やや難。東プロイセンは第一次世界大戦後，ポーランドにバルト海への出口を保障するためにポーランド回廊を設けたため，ドイツ本土と分断されて飛び地となった。

▶(85)(86)　やや難。アメリカ合衆国の領土が太平洋岸に達した時期としては，アメリカ=メキシコ戦争の結果メキシコからカリフォルニアを獲得（1848年）したことを想起するだろうが，それより2年早く，イギリスとアメリカの間で交わされたオレゴン協定でオレゴンを獲得（1846年）したことでアメリカの領土は初めて太平洋岸に達した。間違えやすい問題である。

▶(87)(88)　インドのインディラ=ガンディー首相は，初代インド首相ネルーの娘。東パキスタンのパキスタンからの分離独立にあたり，独立を支援して第3次インド=パキスタン戦争を勝利に導いた。

▶(89)(90)　難問。アラブ連合共和国は，1958年シリアとエジプトの国家連合によって成立した。エジプト主導の国家運営に反発して1961年にシリアでクーデタが起こり，連合から脱退して解消した。

▶(91)(92)　難問。パレスチナ解放運動をめぐっては，イスラエルとの和平を求める穏健派のファタハの指導に対して，急進派のハマース（1987年成立）が台頭し，抵抗運動を指導している。

▶(93)(94)　「1954年に5カ国首脳が集まり，アジア=アフリカ会議（バンドン会議）の開催を提唱した会議」とは，インド・インドネシア・パキスタン・セイロン（当時）・ビルマ（当時）の5カ国首脳を集めたコロンボ会議のこと。コロンボはスリランカ（セイロン）の首都で，上記5カ国はコロンボ=グループと呼ばれた。

▶(95)(96)　1860年，アロー戦争の講和として結ばれた北京条約（1860年）で，清朝はイギリスに香港の対岸にあたる九竜半島南部を割譲した。これにより「イギリスが清の領土と陸続きで接する形で初めて飛び地を獲得した」。1898年には，さらに九竜半島の残り全域（新界）を99年間租借することが定められ，九竜半島全域がイギリス領となった。

▶(97)(98) やや難。[03] 正文。
[01] 誤文。セルジューク朝は小アジアに進出してビザンツ帝国に脅威を与えたが，ヨーロッパ側には領土を拡大していない。
[02] 誤文。コンスタンティノープル陥落以前に，オスマン帝国は 14 世紀後半にヨーロッパ内のバルカン半島に位置するアドリアノープル（エディルネ）を占領して遷都している。
[04] 誤文。レパント沖の海戦は，セリム 2 世治下の出来事。また，レパント沖の海戦に敗戦したが，オスマン帝国は地中海での優位を保っている。
[05] 誤文。歩兵と騎兵が逆になっている。チャルディラーンの大会戦では，イスマーイール 1 世率いるサファヴィー朝の騎兵軍を，セリム 1 世率いるオスマン帝国の歩兵常備軍が破った。この戦いでは，イェニチェリの使用する火砲が，最強と恐れられたサファヴィー朝の騎兵軍を圧倒した。
▶(99)(100) [01] 正文。カナダ連邦は 1867 年にイギリスの自治領となった。
[02] 誤文。トルストイはクリミア戦争に従軍し，その体験をもとに『セヴァストーポリ物語』を書いた。『戦争と平和』では，19 世紀初めのナポレオン戦争前後のロシア社会を描いている。
[03] 誤文。オーストリア=ハンガリー帝国では，それぞれ個別の議会や政府をもちながら，外交，財政，軍事を共通としていた。
[04] 誤文。明治天皇の即位は 1867 年，翌 1868 年が明治維新である。第 2 回パリ万博は，1867 年に開かれ，徳川幕府が初めて参加・出品している。岩倉使節団が視察したのは 1873 年のウィーン万博で，これが日本政府が参加した最初の万博であった。
[05] 誤文。1864 年に第 1 インターナショナルが結成されたのはロンドンで，パリで結成されたのは第 2 インターナショナル。また第 1 インターナショナルでマルクスと対立した無政府主義者は，プルードンではなくバクーニン。

❖講　評

Ⅰは，過去の人類が経験した感染症についての知識を問うもの。ペスト，天然痘，スペイン風邪の流行を扱っており，近代以前の出題が中心となっている。空所補充問題は，東欧のユダヤ人の呼称を問う問題が難しいが，他はほぼ基本的な知識で答えることができる。5つの文章の正誤を判断する文章選択問題は4問中3問が誤文選択，1問が正文選択で，判断すべき情報量が多く，時間を取られると思われる。中国史の隋と元の共通点を問う設問2は，判断すべき王朝名である隋と元が伏せられているため難問となっている。年代配列問題でも，1917～18 年の2年間に起きた6つの事項を正しく配列させる設問8は，かなり慎重さを要求され，時間もかかる難問である。

Ⅱは，哲学者ヤスパースによる時代区分である「軸の時代」を切り口に，「最古の人類」から「現代の環境問題」までの長いスパンで，人類史における文化史を中心とした知識を問う大問。語句選択問題は，最古の人類サヘラントロプス，エジプトのギリシア植民市ナウクラティス，班昭，円仁と難問揃いだった。設問3はリード文の詳細な読解と年代把握が求められた難問で，相当苦労したと思われる。比較的長い文章の正誤を判断する文章選択問題は，いずれも誤文を選ぶ問題で，誤りのポイントがはっきりしており比較的取り組みやすいが，設問 12 は相当細かな内容を問うており受験生にはかなり厳しい設問であった。設問4の配列問題も解答に時間を要する難問である。

Ⅲは，アフリカの植民地化と独立をテーマとして，主として近現代史の知識を問う大問。アフリカに限らず，広くアジア・アメリカ・ヨーロッパ史の知識も問われている。空所補充問題はハルツームとデュボイスの難度が高いが，慶應大の受験生であれば正解してほしいレベルの問題である。設問4のシエラレオネは難問。文章選択問題は，基礎的知識を確実にしておけば対応できる問題となっているが，正しい文を選ぶ設問3・6・7には時間がかかる可能性がある。設問8は第二次世界大戦後に結成された5つの国際機構を年代順に並べる問題で，正確な年代把握が求められる難問であった。

Ⅳは，世界史上の「飛び地」をテーマとする大問。空所補充の語句選択問題は，高水準の問題が揃っており，60 ある選択肢の中から粘り強く答えを探し，正解にたどりつきたい。特に(85)(86)のオレゴンは，カリフォルニアと間違えやすいので要注意である。正しい文を選ぶ設問２・３は，判断すべき情報量が多いため，丁寧に問題文を読み込み，見落としのないように気をつけたい。

げられる。また、原典の三分の一程度に抜粋されており、原典において著者が設定した主題、およびそれに対する明確な主張とは、若干異なるところに議論の焦点が置かれる形になっていることもある。旧仮名遣いも交じるため、読解に難儀した受験生も多かったことだろう。

それを踏まえた上で、本問では、政治と文学との対立から社会と個人との原理的な矛盾対立、およびその矛盾対立を前提とした両者の融合に至る論理展開を理解できるかどうかが問われていたと言える。また、意見論述のテーマが明確に指定されているため、課題文を要約する段階からテーマとの関連をあらかじめ想定しておき、全体の論旨の一貫性を保てるだけの構想力が求められた。加えて、抽象的なテーマについて具体的に論じる際には、ある具体例に対して、通俗的な見方を超えて異なる見方ができるか否か、発想力が試されていたと言えよう。

このように著者の議論の枠組みを整理した上で、「個人と社会の緊張と対立について」自身の意見を論述することになるが、問題には「具体的に」という条件が付されている。テーマそのものは抽象的であるため、何らかの具体例を取り上げ、著者の議論の枠組みを用いてそれを見直しながら論を展開していく、というのが基本方針となる。課題文に、社会との緊張と対立にさらされる「失意と疑惑と苦痛と迷ひ」（第三段落）を抱える個人は「どこにでも」いる（第十段落）とあるので、考えられる具体例は様々であろう。

〔解答例〕では、社会との対立の中で抹殺されようとする個人は現代においても容易に見出せるとして、新型コロナウイルス感染症拡大に伴う非正規労働者の窮状を扱った。この他に、同様の時事問題として、外出・通学自粛による家庭内ストレスの増加と、それに伴う女性の自殺者数の増加が挙げられる。そこから、社会通念としての「妻」像や「母親」像に縛られた女性たちが、自らの固有の価値を社会から認められず、あるいは自分自身でも認めることができなくなっている状況を読み取ることもできるだろう。また、近年ようやく注目されるようになった子どもの貧困の問題について、社会を担う大人と保護・管理される子どもという構造の中で、個々の子どもが抱える不安が大人のそれ以上に無視されやすくなっていることを話題にすることもできるだろう。さらに、二〇一三年から二〇一五年に実施された生活保護基準の引き下げの問題について、憲法第一三条の幸福追求権や憲法第二五条の生存権が脅かされているにもかかわらず、社会正義として自己責任が強調され、「自助努力を欠いた個人」が否定されていると分析することもできよう。いずれにせよ、問題が求めるテーマはあくまで「個人と社会の緊張と対立について」であるので、課題文の要約から意見論述に至るまで、このテーマにおいて論旨の一貫性が保たれるよう、構成を工夫することが肝要である。

❖講　評

二〇二一年度の課題文は、これまでの出題と比べてもやや難解であった。その要因としては、まず、一九四七年という終戦直後の日本の混乱のただ中で書かれた文学論であり、その社会的・文化的な時代背景が汲み取りにくいことが挙そして、それが他者の内に見出されるのと同様に、自己の内にも見出されることを認めなければならないだろう。自分自身も社会の枠の内に入りきってはいないという自覚があってはじめて、社会の限界を意識しつつ主体的に社会を構築していこうとする個人の在り方が成り立つと考えられる。（一〇〇〇字以内）

▲解　説▼

≪個人と社会の緊張と対立≫

二〇二一年度は、日本の評論家・劇作家である福田恒存の「一匹と九十九匹と――ひとつの反時代的考察」『福田恒存全集』第一巻（文藝春秋、一九八七年）からの出題であった。出題形式は例年通りであり、課題文の著者の議論を四〇〇字程度に要約した上で、全体で一〇〇〇字以内の意見論述をするというものである。

本問において著者の議論（主張）をまとめる上で重要なのは、まず、イエスの言葉における〝九十九匹の羊と失せたる一匹の羊〟という比喩の解釈について言及することである。著者はこの比喩において「政治と文学との差異を……感取した」（課題文第二段落）という。すなわち、政治の意図は九十九匹の羊を救うことにあり、そこにはかならず失せたる一匹が残存する（第三段落）。一方、文学はその一匹を九十九匹のそとに見出し、それを救うことですべてを救おうとする（第四段落）。善き政治はおのれの限界を意識し、失せたる一匹の救いを文学に期待するが、悪しき政治は文学を自らの手段として動員し、文学にも一匹の無視を強要するのである（第三段落）。

次いで、こうした文学と政治との緊張と対立の根底には、個人と社会との緊張と対立がある（第六段落）という論理を指摘する必要がある。現代において、社会はその外に一匹の残余すら持たないものとして規定され、残余としての個人は社会と矛盾対立するものとして拒否されている（第七段落）。しかし、個人とはいかに抑圧しようとしても消滅しきれない自我・私心・野望・秘密をもつ小宇宙であり、社会によって個人を完全に包摂することはできない（第八段落）。社会と個人とを融合させるためには、こうした矛盾対立を認めて両者が截然と区別され、互いの存在と方法とを是認し尊重する在り方が求められる（第九段落）。

論述力

解答例

イエスが説いた〝九十九匹の羊と失せたる一匹の羊〟の比喩の中には、政治と文学の差異が何であるかが見て取れる。政治の意図は九十九匹のためにその善意を働かせることにあり、そこには必ずや失せたる一匹の羊が残存する。しかし、善き政治は自らの限界を意識し、失せたる一匹の救いを文学に託すが、悪しき政治は大多数と進歩の名分のもとに、文学にその一匹の無視を強いる。このような文学と政治の対立の根底には、実は個人と社会の対立が潜んでいる。現代の風潮は、社会の名において個人を抹殺しようともくろんでいる。しかし、社会の外には必ず個人という残余が存在し、両者は矛盾対立するものであって、一方が他方に還元されうるものではない。政治と文化の一致、社会と個人の融合という理想を実現するためには、両者の截然たる区別が必要であり、両者が互いの存在と方法とを是認し尊重した上で、それぞれの場にいるという在り方が求められる。

著者の議論は概略右のようなものである。そして、社会との緊張関係において抑圧され、行き場を失った一匹としての個人は、こんにちの社会にも容易に見出すことができる。特に、新型コロナウイルス感染症の拡大に伴う社会の変化は、個人と社会の緊張と対立を一層顕在化させていると言えよう。たとえば、経済活動の自粛の裏で、非正規労働者の解雇や雇い止めが急増している。そこには、企業や経営者が自らの利益を守るため、非正規労働者を雇用の調節弁として手段化したというエゴイズムが見え隠れする。また、すべては感染拡大を防ぐという社会正義のための、やむを得ない犠牲として扱われ、個人が抱える失意や苦痛が顧みられることもない。このように、社会はその存続にとっての危険が近づくほどに、自らが包摂しきれないもの、矛盾対立する残余としての個人をますます拒否するようになるのである。

それでもなお、社会と個人の融合を目指すのであれば、まずは社会が包摂しきれないものの存在を認めることが重要だ。

・memo・

2020年度

解答編

解答編

英語

I

解答 (1)―2 (2)―4 (3)―2 (4)―4 (5)―5 (6)―3 (7)―1 (8)―3 (9)―1 (10)―3

◀解 説▶

(1)〜(10)の2語の組み合わせに関して，1〜5の記述のうち適切なものをその番号で答える問題。

1．この2語は，綴りと発音は同じだが，まったく異なる意味を持つことがある。

2．この2語は，綴りは同じだが，異なる発音だとまったく異なる意味を持つことがある。

3．この2語は，綴りが異なり，まったく異なる意味を持つが，発音は同じである。

4．この2語は綴りが異なり，発音も異なり，異なる意味を持つ。

5．この2語は綴りが同じ，常に発音も同じで，同じ意味だけを持つ。つまり，この場合，同じ語が2回書かれているだけである。

▶(1) close は，動詞で「閉まる，〜を閉める」という意味の場合は［klouz］，形容詞で「近い，親しい」という意味の場合は［klous］と発音するので，2が正解。

▶(2) power「権力，力」の発音は［pauə(*r*)］，pour「降り注ぐ，〜を注ぐ」の発音は［pɔː(*r*)］なので，4が正解。

▶(3) wound は，動詞で「〜を傷つける」や名詞で「外傷」という意味の場合は［wuːnd］と発音する。動詞の wind「〜を巻く」の過去形・過去分詞形の場合は［waund］と発音するので，2が正解。

▶(4) career「職業，経歴」の発音は［kəríə(*r*)］，carrier「運搬装置，運ぶ人」の発音は［kǽriə(*r*)］なので，4が正解。

▶(5) severe「厳しい，厳密な」には同音異義語や，綴りが同じで意味や発音［səvíə(*r*)］が異なる語はないので，5が正解。

▶(6) peer は「同輩，同業者」や「じっと見る」という意味で，pier は「埠頭，桟橋，橋脚」という意味だが，2語とも発音は［píə(*r*)］なので，3が正解。

▶(7) seal という語の発音は［síːl］だが，動詞の場合は「～を封印する，～を密封する」，名詞の場合は「印鑑，封印」の他にも「アザラシ」などの意味があり，1が正解。

▶(8) dew は「露，しずく」という意味で，due は「会費，税」や「～する予定で，期限がきて」という意味だが，2語とも発音は［d(j)úː］なので，3が正解。

▶(9) mine という語の発音は［máin］だが，「私のもの」以外にも「鉱山」や「～を採掘する」などのさまざまな意味があり，1が正解。

▶(10) feint は「フェイント（をかける）」という意味で，faint は動詞の場合は「失神する」，名詞の場合は「失神」，形容詞の場合は「かすかな」などの意味があるが，2語とも発音は［féint］なので，3が正解。

II 解答

(11)―9 (12)―1 (13)―2 (14)―0 (15)―3 (16)―7
(17)―8 (18)―6 (19)―4 (20)―5

◆全 訳◆

≪フェミニズム批判の根底にある考え方≫

フェミニズムに反対する立場の伝統主義者たちを結びつけている確信とは，男性と女性は当然，それぞれ別の領域にいるというものだ。この信条には異なる解釈がいろいろあり，その領域は本来どのようなものであるべきか，そのどちらの領域にも属さない中立的な領域はどれくらいあるべきか，さらには，もう一方の性の領域にどの程度踏み込んでも許容されるかという点に関しては，意見が割れている。それでも，細かい点では違いのあるものをすべてひっくるめると，根底にあるテーマは今もって不変である。伝統主義者たちはみな，男性と女性には，少なくともある程度は，社会において異なる役割があり，どちらの性の人も，もう一方の性にふさわしい領域となっている特徴や行動を避けるべきだと考えている。

ほぼ同じくらい不変なのが，そのような区別を擁護するためになされる主張である。いわく，二つの性は異なるという議論の余地のない理由で，機能も扱い方も異なっているべきだというのだ。領域が別という論を擁護する弁の立つ人の言葉を借りると，「双方がもう一方の性にはないものを持っており，互いに補完し合っているのだ」となる。現在，フェミニズムに反対する人たちは，このような考え方の極端なものからは少しは離れたかもしれないが，その立場は本質的には今もって同じである。今も広く，二つの性は別のものであり，したがって当然のことながら，正しい判断をする社会なら双方に異なるものを期待し，異なる扱いをしなければならないのは明白だと考えられているのだ。

このような意見は，その考え方全体をとても心地よい，配慮の行き届いたものに聞こえるような言い方で表現されることが多い。つまりそれは，各人が何であれ自分がもっとも提供するにふさわしいものを提供するよう後押しされているわけだから，すべての人にとって利益となる賢明な労働区分なのだ。しかし，領域が別だということを説明するために「平等だが，異なる」という甘ったるいうわべだけの言葉が使われることが非常に多いけれども，フェミニストにしてみれば，そんな言葉を並べても平等のかけらもないように思われるのだ。上っ面をほんのちょっとでも引っかけば，両性の間にある役割の違いはすべて，女性は男性より力が弱く，理性的ではなく，創造性に劣り，他の価値あるものほぼすべてにおいて劣る，ということを前提としたもののように思われ，こういう弱点とされている点は，昔からずっと，男性が自分たちのために確保しておきたいと思ってきたものすべてから女性を排除するための口実だったのだ。その回りくどい言い方すべてにおいて，今もその由来となっているのは，さまざまな資質がある程度欠如しているがゆえに女性は女性なのだと述べたときに，違いにおける平等などという非常にそつのない言い方などしようとしなかったアリストテレスの考え方であり，また，女性は男性のできそこないだと思っていたトマス=アキナスの考え方である。

◀解　説▶

下線のある⑾～⒇の語の，辞書に記載されている定義として適切なものを０～９から選択する問題。空所の数と選択肢の数は同じなので，わかるものから選んでいく。難度の高い語がほとんどだが，文脈から判断できるものも多い。接頭語・接尾辞の意味や語根が共通する語の意味から類推したり，単語の語形や文中における位置から品詞を特定したりして，選択肢から候補を絞り込み，あてはめていく方法も有効。

0．「ある特定の人や集団に属すると考えられている場所や活動」

1．「正当な部分あるいは特性として，何かに属しているか関連があるということ」

2．「許可なく，自分から乗り込んでいったり出しゃばったり，自分の考えを押し付けたりすること」

3．「否定したり反証したりすることができない」

4．「うわべだけの，あるいは一見魅力的にみえる見かけ」

5．「非常に回りくどい話しぶり」

6．「甘すぎるあるいは丁寧すぎる」

7．「ある進路や主題から外れたり，脱線したりすること」

8．「賢明な，理にかなった」

9．「一般に本当だと考えられている信条」

▶(11)　tenet は「教義，信条」という意味の名詞で，9が正解。this tenet は，直前の文の主語である conviction「確信，強い信念」を受けたものである点がヒント。

▶(12)　appertain「属する」は，appertain to ～ の形で belong to ～ とほぼ同じ意味になるので，1が正解。

▶(13)　obtrude の動名詞。obtrude は obtrude upon〔on〕～ の形で「～を侵害する，～に出しゃばる」という意味になるので，2が正解。upon 以下の the other sex's sphere「もう一方の性の領域」がヒント。

▶(14)　名詞としての preserve には「領分，領域，禁漁区，自然保護地域」などの意味があるが，この文脈では「領分，領域」の意味で使われていると判断でき，0が正解。

▶(15)　incontrovertible は「議論の余地がない」という意味で，3が正解。

▶(16)　divagate は「脇道にそれる，脱線する」という意味で，7が正解。このあとの，from the extremity of this view「この極端な考え方から」がヒントとなる。

▶(17)　sapient は「賢明な」という意味で，8が正解。この直前の make the whole idea sound very nice and considerate という部分の nice や considerate という形容詞がヒントとなる。

▶(18)　saccharine はここでは「甘ったるい，気味悪いほど丁寧な」という意味の形容詞として用いられており，6が正解。この部分も前問と同様，第3段第1文（Sentiments such as…）の very nice and considerate がヒントになる。

▶(19)　veneer には「化粧板，見かけ，うわべだけのもの」などの意味があり，4が正解。直前の動詞の scratch「～を引っかく，～に傷をつける」がヒントとなる。

▶(20)　circumlocution は「遠回しな表現，回りくどい言い方」という意味で，5が正解。

●語句・構文●

（第1段）conviction「確信」 traditionalist「伝統主義者」 第2文セミコロン（；）以下 opinions differ の次が，about *A*, about *B*, and about *C* と3つ並んでおり，*A* は what SV ～，*B* は how much ～ V …，そして *C* は the extent to which SV である。tolerate「～を容認する」 to some extent「ある程度」

（第2段）Almost as constant is the argument 以下は，argument が主語，constant が補語の倒置形となっており，as constant という表現は，第1段第3文（Still, through all …）で，remains constant と述べられている部分と関連づけて，「同じくらい不変で」という意味になっている。for the incontrovertible reason that …「…という議論の余地のない理由で」における that 節は reason の内容を表す同格の節。silver-tongued「弁の立つ」 defender「擁護者」 in essence「本質的に」 as a matter of course「当然のことながら」

（第3段）sentiment「心情，意見」 with each individual being encouraged … 以下は，付帯状況を表す with の用法。gloss of ～「うわべだけの～」 nothing like ～「～とはまるで違う，～とは別物の」 Scratch ～, and …「～を引っかけば，…」は「命令文, and …」の形で，命令文の部分が条件を表す。alleged「そう思われている，いわゆる」 failing「弱点」 there still comes the view … は comes が述語動詞，the view が主語の倒置形となっている。that of Thomas Aquinas の that は the view を指す。

III 解答

［A］(21)— 3　(22)— 6　(23)— 7　(24)— 8

［B］(25)— 7　(26)— 5　(27)— 3　(28)— 2

◆全　訳◆

≪真夜中にコンビニで出会った友人同士の会話≫

ジョン（以下Ｊ）：なんだ，スコットじゃないか！　真夜中にこんなところで一体何をしてるの？

スコット：（以下Ｓ）：それが，明日の試験に備えて夜遅くまで勉強してたんだ。

Ｊ：君，無理するなよ！　そろそろ午前 3 時 30 分だぜ。

Ｓ：わかってるよ。ドクターになるのは短距離走というよりむしろマラソンみたいなものだって言うからね。たぶん，僕も少し休憩した方がいいんだけど，腹ペコなんだ！

Ｊ：それでここに来たってわけか。なるほど。君は，ここのフローズンヨーグルトを食べてみたことある？

Ｓ：いいや。一度もないよ。それって少しはおいしいのかな？

Ｊ：何言ってるのさ？　最高だぜ！

Ｓ：まあ，僕はそれほどヨーグルトが好きな方じゃないからね。

Ｊ：それでも，このヨーグルトは一度食べてみなくちゃ。後悔しないからさ！

Ｓ：わかった，食べてみたくなったよ。君はそのためにここに来たの？

Ｊ：もちろん，そうさ！　それに，このプリントのコピーをとろうと思ったから，一石二鳥ってわけ。

Ｓ：こんなこと聞いて何だけど，それって「凍った」だけのヨーグルトだよね？　一体どうしてそれが普通のヨーグルトと差がでるの？

Ｊ：おいおい，君！　それはむしろアイスクリームに近いんだぜ！

Ｓ：アイスクリームが好きなら，どうしてアイスクリームを買わないの？

Ｊ：知らないのかい？　フローズンヨーグルトはアイスクリームよりずっと脂肪分が少ないから，君がこんな遅い時間にそれを食べたとしても，太る心配をしなくてすむんだよ。

Ｓ：なるほどね。でも，トッピングはどうなのさ？　その中身はグラノーラとチョコレートじゃないの？

Ｊ：わかった，君はいい点をついてるけど，それでも僕としてはまだ，フローズンヨーグルトの方が，アイスクリームよりずっといいと主張するだろうね，だって，プロバイオティクスが豊富だからね。

S：なるほど。で，君はヨーグルトが凍っていると，そのプロバイオティクスが，胃の中では実はあまり機能しないかもしれないって考えたことはある？

J：君ってほんとに嫌なこと言うね！

S：いや，僕はただ自然に頭に浮かんだ疑問を口にしてるだけだけど。

J：もし君の理論が完璧なら，ここ数年，健康になることを目指してやってきた僕の努力は無駄だったかもしれないよ。

S：まあ，僕が間違ってるってこともあるし。

J：ともかく君の方は何を買おうとしてるのさ，医者志望君？

S：えーと，君が尋ねたから言うけど，ここに来てるのはチョコチップクッキーと炭酸飲料を買うためなんだ。

J：今の話，わが耳を疑うよ！　君は医者になろうとしてるんだよね？

S：言っとくけど，僕はお医者さんの「ドクター」になろうとしてるんじゃない。意味論の研究をして，言語学の博士号を取ろうとしてるんだ。

J：それって何？

S：さまざまな意味を扱う言語学の分野だよ。

J：ああ，君はまさにそういうのにうってつけだよ。

S：君もそう思う？

J：もちろんさ。そんなの，まったく僕の好みじゃないけどね。

S：でも，ともかく何か口にしたいな。空腹にまずいものなしって言うし，君の好物を食べてみようよ。

J：フローズンヨーグルトってこと？　君の気が変わってうれしいね。さあ食べるぞ！　お楽しみあれ！

S：やばい！　カップを落としちゃったよ。どうしよう？

J：こぼれたミルクのことを嘆いても無駄さ。この場合はヨーグルトだけどね。ともかくもう１個買おうよ。

◀解　説▶

空所(21)～(24)については［A］の選択肢から，空所(25)～(28)については［B］の選択肢から，最も適した語を１つずつ選ぶ問題。

▶(21)　on earth「一体（全体）」は疑問詞の直後において，疑問を強調する表現であり，3 の earth が正解。

▶(22) burn the midnight oil は「夜遅くまで働く，夜遅くまで勉強する」という意味の表現であり，直前のジョンの質問への返答としても適切なので，6 の oil が正解。

▶(23) kill two birds with one stone は「一石二鳥」という慣用表現。店に来たらフローズンヨーグルトを買って，コピーをとるという 2 つが一挙にできると述べたもので，7 の stone が正解。

▶(24) put on weight は「太る」という表現。夜遅くに甘いものを食べたら，太ると考えられるので，8 の weight が正解。

▶(25) hold water は「完璧である，筋が通る，理屈に合う」という意味の表現であり，直前のスコットの発言に対する表現として適切なので，7 の water が正解。

▶(26) *one's* cup of tea の tea には「好きなもの，お気に入り」という意味があり，ジョンは意味論には興味を示していないことから「好きじゃない」と答えたと判断できるので，5 の tea が正解。

▶(27) hunger is the best sauce「空腹は最高のソース」とは「お腹が空いていると食べ物がおいしい（空腹にまずいものなし）」という意味の慣用表現。スコットはあまりヨーグルトが好きではないが，何か食べたいと言っており，3 の sauce が正解。

▶(28) It's no use crying over spilt milk は「覆水盆に返らず（こぼれたミルクのことを嘆いても無駄だ）」という諺であり，2 の milk が正解。

●語句・構文●

以下，ジョンの 1 つ目の発言に関する項目は（J1），スコットの 1 つ目の発言に関する項目は（S1）と示す。

(J2) take it easy「気楽に構える，無理をしない」

(S2) more of *A* than *B*「*B* というよりむしろ *A*」

(J4) Are you kidding me?「からかってるの？，何言ってるの？」

(J5) give *A* a try「*A* を試してみる」 *A* は this one，つまりこの店の frozen yogurt である。

(J7) Come on!「おいおい，いいかげんにしろよ」

(J9) make a good point「いい質問をする」 probiotics「プロバイオティクス（人体に好影響を与えるとされる微生物）」

(J10) You are impossible!「君とは付き合いきれないよ」 impossible にはある人物やその行動，発言が「我慢のならない，不愉快な，ひどく変わった」という意味がある。ジョンはスコットが自分の発言にいちいちケチをつけるようなことを言うために，この発言をしたと考えられる。

(J12) would-be ～「～志望の，～になるつもりの」

(S13) Mind you,…「いいかい，念のために言っておくけど…」 semantics「意味論」

(J15) be cut out for ～「～に向いている，～にぴったり合う」

Ⅳ 解答

(29)― 5　(30)― 8　(31)― 4　(32)― 0　(33)― 3　(34)― 2
(35)― 1　(36)― 7　(37)― 6

◆全　訳◆

≪映画俳優へのインタビュー≫

トレバー=スミスが俳優のオマル=アビオラにインタビューをしている。

トレバー（以下T）：(29)まず，国際映画賞主演男優賞の受賞，おめでとうございます，オマル。

オマル（以下O）：5．どうもありがとうございます，トレバー。その意味が十分理解できるようになるにはまだ少し時間が必要ですが。

T：(30)「青い月の下で」が6部門でノミネートされたときは驚かれましたか？

O：8．いろんな意味でね。私たちはその映画が，ひとたび多くの観客のもとに届いたら，多くの人の心をとらえる「だろう」という確信はかなりありましたよ。映画のシナリオは素晴らしい，映画撮影術も見事，それに，私がこう言うのも何ですが，演技の質もね。とはいえ，私たちは作品が世界中で公開されることになろうとは思いもしませんでした。

T：(31)それはまたどうしてですか？

O：4．まあ，その映画は評判のいいヒット作になるための定石にあまり沿うものではありませんからね。出演者は全員黒人ですし，物語も主に小さなアフリカの村で展開します――スーパーヒーローもヒロインもいなければ，興味をかきたてるラブストーリーでもありませんしね――それに，何より，この映画は保守的なアフリカ社会における性的少数者の問題を扱っていますから。それに加えて，原作はほとんど無名で，しかももうこの世にいない若いアフリカ人の作家が書いたものですからね。

T：(32)それでも，今作はたしか，あなたが出演しなければならない，と感じた映画なんですね。

O：0．実を言うと，最初は制作チームに加わりたいとは思っていなかったんです。スティーブ=ノドアのこの小説を初めて読んだときの自分の気持ちは，今も覚えていますよ。それをただのフィクションだとか，誰か他の人の話として読み終えることはできなかったのです。彼がその本で描いたことはすべて，私，若かりし頃のオマルについてのものでしたからね。もしある物語から自分を切り離すことができないなら，その物語を他の芸術形式にするのはとても困難です。

T：(33)その映画の監督であるメアリー=ムボマは，私に，あなたをその企画に加わるよう説得するのに苦労したとも語っておられましたよ。

O：3．私たちは昔からの友達なんです。彼女は長きにわたって，私が自分自身の性同一性をめぐって戦っているのを知っていましたし，彼女がそのアイデアを持ち出したら，私が最初，どう反応するかを予測していました。私たちはその本のテーマと，なぜ筆者が投獄される危険性があるにもかかわらず，それを書かざるを得なかったかについて話し合ったのです。

T：(34)しかもそれが実際に起こったのですよね？　スティーブ=ノドアは投獄されましたから。

O：2．悲しいことですが，その通りです。メアリーの申し出にどう応えるべきかを決める前，スティーブに会って，その本について話をしたいと本当に思いました。それが，その映画に出るべきか否かの決断をするきっかけになるだろうと思ったからです。でも時すでに遅しでした。彼は投獄され，1週間後に肺炎で亡くなったのです。

T：(35)その出来事が実際，最終的にあなたの背中を押したのですか？

O：1．もしあなたが，私がその映画の主演を務めるという点について話しておられるなら，そうかもしれませんね。彼に会っていたら，ひょっとすると私はその企画に加わらないよう説得されていたかもしれません。しかし，自由と人権を求める戦いに関して言えば，それは一押しではすまないものでした。本物の警鐘だったのですから。その悲しい知らせを耳にしたとき，私はメアリーに電話をして，自分は喜んで何でもするつもりだと伝えました。

T：(36)それでも，その映画は多様な視点を提示していますよね。

O：7．本も映画も，誰が間違っていて，誰が正しいかをはっきりさせているわけではありません。また，主人公を受け入れなかった人たちに対してもある程度の理解を示しています。その人たちは自分たちに馴染みのない思想や考え方を恐れただけなのです。小さな共同体の一員である限り，そこの習慣に縛られてしまいます。まず，自分が他とは違うことに気づき，次に，違っていても大丈夫だと自分を納得させ，三番目に，他の人たちにあなたがどういう人かを受け入れてもらう，それには，大きな勇気が必要です。どの一歩も本当に大きなものなのです。

T：(37)あなたのメッセージは，自分が他とは違うと思っている人たちだけでなく，初めてふれる馴染みのない考え方を恐れる人たちにも届いていると私は確信していますよ。

O：6．私たちも本当にそう願っています。そして，それこそまさにスティーブが望んだであろうことなのです。

◀解　説▶

インタビュアーの発言に対する，受ける側の応答を選ぶ問題。

▶(29)　トレバーはオマルに対して，主演男優賞受賞のお祝いを述べていることから，オマルは謝意を表すものと考えられ，Thank you で始まる 5 が正解。

▶(30)　オマルの主演映画の「青い月の下で」が 6 部門でノミネートされたことについて，それに驚いたかと問われての返事なので，ある程度自信があったこと，さらにはその作品の優れている点を挙げている 8 が正解。

▶(31)　And why was that ? の that は，この直前のオマルの発言の最後に述べられている「その映画が世界中で公開されるだろうとは思わなかった」という部分を指すと判断できる。したがって，オマルがその映画が大衆向けのヒット作にはならないだろうと考えた理由を述べている 4 が正解。

▶(32)　トレバーは，オマル自身がその映画に主演すべきだと決心した理由を問うていることがわかるので，その映画のもととなった本にオマル自身を投影してしまい，作品との距離を保つことができないので映画に出ることに乗り気ではなかったという経緯が述べられている 0 が正解。

▶(33)　映画監督のメアリーに関する話題なので，彼女が旧友であるという発言から始めている 3 が正解。

▶(34)　it did happen の it は，その直前のオマルの発言の最後に述べられている，原作の著者であるスティーブ=ノドアが，投獄される危険を顧みずその本を書いたという内容から，imprisonment「投獄」を指していると判断できる。したがって，スティーブが獄死したことにも言及している 2 が正解。

▶(35)　final push「最後の一押し」とは，オマルが映画に主演することを最終的に決断したきっかけを指すと考えられるので，自分が主演することになった経緯を述べている 1 が正解。

▶(36)　トレバーは映画には多様な視点があるという発言をしていることから，主人公を拒絶する登場人物についても理解を示している，と述べている 7 が正解。

▶(37)　トレバーは映画が伝えるメッセージはさまざまな思いを持つ人々に届いているはずだと述べていることから，その意見に同調している 6 が正解。

●語句・構文●

(29)　congratulations on ～「(～に対して) おめでとう」

(30)　category「部門」

(33)　have a hard time *doing*「～するのに苦労する」

(36)　all the same「でもやはり，まったく同様に」

0．As a matter of fact「実を言うと」 depict「～を描写する」 narrative「物語」

1．star in ～「～に主演する」 who knows?「ひょっとしたらね，そうかもしれないね」 wake-up call「警鐘，緊急な注意を促すもの」 be ready to *do*「喜んで～する，すぐにも～する」

2．be put behind bars「投獄される」 pneumonia「肺炎」

3．sexual identity「性同一性」 bring up the idea「その案を持ち出す，提案する」

4．fit the formula「公式に合わせる」 unfold「展開する」 intriguing

「興味をそそる，面白い」 most of all「何より」 LGBT「性的少数者」 conservative「保守的な」 on top of that「それに加えて，果ては」 little-known「ほぼ無名の」

5．sink in「十分に理解される，身に染みる」

7．as long as ～「～である限り」

8．in some ways「いろいろな意味で，いくつかの点で」 once「ひとたび～すれば」 if I may say so「こう言っては何ですが，言わせてもらえば」

V 解答

(38)—4 (39)—2 (40)—3 (41)—1 (42)—1 (43)—4
(44)—2 (45)—2 (46)—3 (47)—1 (48)—7 (49)—1

◆全 訳◆

≪複製技術によって変化した芸術のとらえ方≫

［A］ 芸術作品の独自性は，それが伝統という織物の一部であるということから切り離すことはできない。この伝統自体，完全に生きものであるだけでなく，極めて変わりやすいものでもある。たとえば，古代のヴィーナス像は，それを恐ろしい偶像と見なした中世の僧侶たちとは異なり，それを崇拝の対象としたギリシャ人との，伝統的状況において作られた。しかしながら，その両者とも，像の独自性，つまりその像が持つオーラと正面から向き合う必要があった。私たちが知っているのは，最も初期の芸術作品は儀式――つまり，もともとは魔術の類，その後は宗教の類――を執り行うことに端を発していたという点だ。そこにオーラがあるかどうかを基準にした芸術作品の存在は，その儀式としての機能から完全に切り離すことはできなかったという点は重要だ。言い換えると，「本物の」芸術作品の独自の価値は儀式にその土台があるということなのだ。

［B］ この儀式的土台は，どれほど遠く昔のものでも，宗教とは最も縁遠い形態の美の礼賛においてさえ，今なおはっきり見て取ることができる。しかしながら，この宗教とは無縁の美の礼賛は，ルネッサンス期に発達し，3世紀にわたって浸透したもので，芸術の儀式的土台がいかにして衰退していったかを明確に示した。最初の真に革新的な複製の手段である写真撮影術が発見され，時を同じくして社会主義が生まれたことで，芸術は1世紀後に明白となる，迫りくる危機を感じ取っていた。当時，芸術は「芸術

のための芸術」という教義で反応した。これは「純粋」芸術という考え方を生んだが，それは芸術のいかなる社会的機能も否定しただけでなく，テーマによるいかなるカテゴリー化をも否定するものだった。

［C］　機械的複製の時代にあって芸術を分析すれば，私たちは極めて重要な洞察に至る。つまり，世界史上初めて，機械的複製が芸術作品を儀式への依存から解き放つということなのだ。たとえば，写真のネガから人は何枚でも印画を作ることができる。「本物の」プリントを求めることなど意味をなさない。しかし本物かどうかという基準が芸術作品に適用されなくなるやいなや，芸術の機能全体が覆されることになる。それは儀式に基づくものでなくなり，代わりに，別のやり方，つまり政治に基づき始めるのだ。

［D］　芸術作品はさまざまなレベルで受け入れられ，評価される。二つの正反対のタイプが際立っている。その一つでは，礼拝的価値に重きが置かれており，もう一方では，作品の展示的価値に重きが置かれている。芸術制作は，宗教的儀式でその役割を果たすべく作られた儀式用の品物に始まる。推測するに，肝心なのはそれらがそこにあるということであって，それらを展示しておくことではなかったのかもしれない。石器時代の人間が洞窟の壁に描いた鹿はまじないの道具だった。それを描いた人は仲間にそれを見せたのは確かだが，主に霊のために作られたものだった。今日では，礼拝的価値を持つには，その芸術作品を秘めたままにしておくことが求められているように思われるだろう。神々の像の中でも特定のものは寺院の僧侶だけしか目にすることはできず，中世の大聖堂に彫られた彫刻の一部は，地上の高さだと見物人からは見えないところにある。これらのさまざまな芸術実践が儀式から解き放たれると，作品を展示する機会は増える。寺院の屋内の定まった場所に置かれている神像を展示するより，あちこちに送ることができる半身の肖像を展示する方が簡単である。絵画以前のモザイク画やフレスコ画と比べて，絵画についても同じことがあてはまるのだ。

［E］　芸術作品を技術的に複製するさまざまな方法によって，二つの両極端の片方からもう一方へ移行したことで，芸術作品の本質が変わってしまうほど，芸術作品は展示向けのものになった。この状況は，その礼拝的価値を絶対的に重視することで，何はさておき，それがまじないの道具であ

った先史時代の芸術作品の状況と比較対照することができる。先史時代の作品は，後になって初めて，芸術作品として認められるようになった。同様に，現在でも，展示的価値を絶対的に重視することで，芸術作品はまったく新たなさまざまな機能を持つ創作物となる。その機能のなかで，私たちが意識している機能，つまり芸術的機能は，後に付随的なものと認識されるかもしれない。ここまでは確かだ。つまり，今日の写真や映画はこの新たな機能の最も有用な例となっているのだ。

［F］　写真においては，展示的価値があらゆる点で礼拝的価値に取って代わり始めている。しかし，礼拝的価値も何の抵抗もせず，道を譲っているわけではない。それは究極の守備位置，つまり人の表情に逃げ込んでいる。初期の写真では肖像写真がその中心であったのは偶然ではない。その場にいない人であれ，故人であれ，最愛の人を思い出させる儀式が写真の礼拝的価値の最後の逃げ場となっているのだ。最終的には，人間の顔の表情をとらえた初期の写真からはオーラが出ている。これが，その独自の哀愁を帯びた美しさを作り出す。しかし，人が画像から姿を消すとき，初めて展示的価値が礼拝的価値に対する優位性を示すことになるのである。

［G］　今日，絵画対写真という芸術的価値に関する 19 世紀の論争は混乱しているように思われる。しかしながら，このことでその重要性が下がるわけではなく，それどころか，この混乱はその重要性を明確に示すものとなっている。この論争は，実は，歴史的な転換の兆候を示すもので，その普遍的な影響に，論争のどちら側の立場の人たちも気づかなかった。機械的な複製の時代が，芸術を儀式という基盤から分離させたとき，芸術は他のあらゆるものから独立している，という考え方が永遠に姿を消した。それ以前の非常に無益な考え方は，もっぱら写真は芸術かどうかという疑問を扱うものだった。最も重要な疑問，つまり，まさしく写真の発明そのものが芸術の本質をまるごと変えてしまわなかったのかという疑問は，生じてもいなかったのだ。

◀解　説▶

▶(38)　段落［A］では述べられていない考え方を選ぶ問題。

1．「伝統は布地にたとえることができる」

2．「魔術と宗教は歴史上別の時代のものである」

3．「芸術作品はもっと昔の時代には儀式の一部だった」

4.「芸術作品は美しいものと恐ろしいものが混じり合ったものでなければならない」

1は，段落[A]の第1文に fabric of tradition「伝統という織物」という表現があり，伝統が織物，すなわち布地にたとえられていることがわかる。2は，第5文（We know that …）に，最も初期の芸術作品は，最初は魔術，その後は宗教を執り行う儀式に端を発していたと述べられており，魔術と宗教は時代が違うと判断できる。3は，第6・7文（It is significant … basis in ritual.）に芸術作品と儀式的な機能は切り離せないという点が述べられている。4は，第3文（An ancient statue …）で，ヴィーナス像がギリシャ人にとっては崇拝の対象，中世の僧侶にとっては恐ろしい偶像だったと述べられているが，芸術作品が美しいものと恐ろしいものが混じり合ったものという記述はない。よって4が正解。

▶(39)　段落[B]で述べられている考え方を選ぶ問題。

1.「芸術の儀式的要素は常に不変のままである」

2.「芸術作品が宗教的なものでない場合でも，芸術の儀式的要素は見られる」

3.「芸術の儀式的要素は写真が発明されるまでずっと不変だった」

4.「多くの社会主義的考え方は写真技術にたとえることができる」

段落[B]の第1文（This ritualistic basis, …）における this ritualistic basis「この儀式的土台」とは，段落[A]の最終文の，芸術作品は儀式に土台があるという内容を受けており，それは最も宗教とは縁遠い形態の美の礼賛においてさえ，今なおはっきり見て取れると述べられていることから，2が正解。第2文（However this secular …）から，ルネッサンス期に儀式的土台が衰退していったことがわかり，1は不適。ルネッサンス期に儀式的土台が衰退した後に写真が発明されたので，写真の発明まで儀式的土台に変化はなかった，とする3も不適。4については，社会主義と写真技術との関連については記述がないので不適。

▶(40)　段落[B]に見られる「それ（『純粋』芸術という考え方）は芸術のいかなる社会的機能も否定しただけでなく，テーマによるいかなるカテゴリー化も否定するものだった」という部分の意味を問う問題。

1.「芸術は社会にとって何らかの役に立つが，それは芸術が何か特定のものをテーマにしている場合だけだという考え方」

2.「芸術は社会にとって何らかの役に立つが，それは芸術家がそう思っている場合だけだという考え方」
3.「芸術は社会の役には立たず，特に何かをテーマにしたものでなくてもよいという考え方」
4.「芸術だけがいかなるカテゴリーにおいても社会の役に立てるという考え方」
段落［B］の最終文の記述に関する問題。第3・4文（With the discovery … for art's sake."）には，写真という複製技術が発明されたのをきっかけに「芸術のための芸術」という考え方が生まれたという経緯が述べられており，「純粋」芸術とはこれを指すとわかるので，「いかなる社会的機能も否定する」とは，芸術が芸術以外の何かの役割を果たすものではないという意味だとわかる。「テーマによるカテゴリー化も否定する」とは，何を芸術のテーマにしていても同様だという意味だと解釈でき，3が正解。
▶(41)　段落［C］の内容の要約文として適切なものを選ぶ問題。
1.「いったん芸術が機械的に複製されると，その役割は完全に変化した」
2.「いったん写真が発明されると，芸術作品は不要になった」
3.「写真は政治的儀式を完全に変えた」
4.「芸術は儀式から解放されたが，単に悪い方向にそうなっただけだった」
段落［C］の第1文（An analysis of …）のコロン以下（for the first …）には，世界史上初めて，機械的な複製が芸術作品を儀式への依存から解き放ったという内容が述べられており，第3文（But the instant …）の後半でも，複製技術によって芸術の機能が覆されたと述べられているので，1が正解。2は，芸術作品が不要になったという記述はないので不適。3は，最終文（Instead of being …）に芸術は政治に基づくようになる，とあり，儀式と政治が対極に置かれており，「政治的儀式」という概念は見られないので不適。4は，negative という語は第2文で photographic negative「写真のネガ」という形で用いられているだけなので，不適。
▶(42)　段落［D］で説明されている洞窟の動物画の役割を述べた文を選ぶ問題。
1.「それらを人が見ることはできたが，その機能は主に超自然的なものだった」

2.「それらには超自然的な機能があったかもしれないが，主に人が見るものだった」
3.「それらを人が見ることはできたが，魔法の道具を用いるという手段によるしかなかった」
4.「それらは霊が魔法の道具を使うことで目に見えた」
段落[D]の第5・6文（The deer portrayed … for the spirits.）に，石器時代の人間が洞窟の壁に描いた鹿はまじないの道具で，仲間にそれを見せたのは確かだが，一般的には霊のために作られたものだったと述べられており，1が正解。
▶(43)　段落[D]で，塑像やフレスコ画が胸像や絵画と異なる理由として述べられている文を選ぶ問題。
1.「それらはその所有者以外の誰からも見えない状態でなければならない」
2.「それらは狩猟などの動きのある場面を示す傾向がある」
3.「それらには異なる霊的価値がある」
4.「それらは運ぶのが難しい」
段落[D]の最終2文（It is easier … that preceded it.）に，寺院内に固定された神像を展示するより，あちこちに送ることができる半身の肖像を展示する方が簡単であり，モザイク画やフレスコ画と比べて，絵画についても同じことがあてはまると述べられていることから，塑像やフレスコ画はあちこち運ぶのは難しいと判断でき，4が正解。
▶(44)　段落[E]の冒頭にある「両極端」の内容を問う問題。
1.「礼拝的価値と大きさ」　2.「礼拝的価値と展示（的価値）」
3.「展示と儀式」　4.「儀式と礼拝的価値」
段落[D]の第2文（Two opposite types …）から，評価基準が正反対の芸術作品の典型例として，礼拝的価値に重きが置かれたものと，展示的価値に重きが置かれたものがあることがわかる。段落[D]に続いて，段落[E]でもその点がテーマとなっていることから，2が正解。exhibition は exhibition value のことと判断できる。
▶(45)　段落[E]で筆者はなぜ，現代の機械的に複製された芸術を先史時代の芸術と比較対照できると述べているのかを問う問題。
1.「どちらの場合も，芸術的要素が最も重要だった」

2.「どちらの場合も，芸術的要素はさほど重要でなかった」
3.「どちらの場合も，芸術家が芸術作品より重要だった」
4.「どちらの場合も，芸術作品が芸術家より重要だった」
段落[E]の第2～4文（This is comparable … entirely new functions.）に，両者が比較対照できる理由として，先史時代の芸術作品ではまず礼拝的価値が重視され，後に芸術作品として認められるようになり，現在の機械的に複製される芸術作品では，まず展示的価値が重視され，後にその芸術的機能が認められるようになるかもしれないと述べられていることから，2が正解。

▶(46)　段落[F]における"all along the line"の意味を問う問題。
1.「狭義では」 2.「どの美術館でも」 3.「どの面でも」 4.「どの普通の家庭でも」
all along the line には「あらゆる点で，至る所で，常に」などの意味があるが，ここでは3の in every aspect が意味的に近い。

▶(47)　段落[F]によると，人間の顔はなぜ礼拝的価値の最後の頼みの綱だったのかを問う問題。
1.「最愛の人たちを思い出すことには，常に儀式的要素がある」
2.「人間の顔は常にオーラに包まれている」
3.「人間の顔は身体の他の部位より耐久性がある」
4.「人間の顔の表情は最もとらえにくい」
段落[F]の第3文（It retires into …）に，礼拝的価値は究極の守備位置として人間の表情に逃げ込んだ，とあり，第5文（The cult of …）には最愛の人を思い出す儀式が礼拝的価値の最後の逃げ場となる，とも述べられている。この2文における ultimate position of defence や last refuge は問題文の resort「頼みの綱」に相当すると考えられる。礼拝的価値は本来，儀式と結びついたものであったことから，1が正解。

▶(48)・(49)　段落[G]の空所Xに，0～9の番号のついた語を適切な語順で並べ替えて補充し，完成した文の3番目と8番目の語を番号で答える問題。6の of は2回使用することに注意。
完成英文：invention of <u>photography</u> had not transformed the <u>entire</u> nature of art
この段落では絵画と写真との芸術的価値に関する19世紀の論争が取り上

げられている。第 3 文（The dispute was …）の中に a historical transformation という表現があることや，第 5 文（Earlier much futile …）中の whether photography is an art という疑問との比較を考えると，whether the very に続く主語は，invention of photography だとわかる。the very ～は「まさしく～」という意味。動詞の部分は transformed が not を伴う過去完了形で用いられているとわかる。残された語から判断して，まず nature of art というつながりがわかり，the entire をこの前に置くと，transformed の目的語として適切だと判断できる。

●語句・構文●

［A］different ～ than = different ～ from　view *A* as *B*「*A* を *B* とみなす」 face up to ～「～と正面から向き合う」 with reference to ～「～に関連して，～を基準にして」 in other words「言い換えると」 authentic「本物の，れっきとした」 ritual「儀式」

［B］cult「カルト，崇拝，儀式」 cult of beauty で「美の礼賛」の意。reproduction「複製」 art for art's sake「芸術のための芸術」 give rise to ～「～を生じさせる，～を引き起こす」 subject matter「主題，テーマ」

［C］all-important「極めて重要な」 make no sense「意味をなさない」 artistic production「芸術作品」は work(s) of art とほぼ同義で用いられている。

［D］cult value「礼拝的価値」 exhibition value「展示的価値」 on view「展示されて」 be meant for ～「～のために作られている」 medieval「中世の」 portrait「肖像画，肖像彫刻」 bust「上半身像，胸像」 hold for ～「～に対して成り立つ，当てはまる」 as against ～「～に比べて，～に対して」

［E］to such an extent that SV「S が V するほどまでに」 be comparable to ～「～に比較できる，匹敵する」 first and foremost「何よりもまず」 this much「これだけ」

［F］give way「負ける，道を譲る」 It is no accident that SV「S が V するのは偶然ではない」 loved ones「最愛の人たち」 for the last time「最終的に」 photographic image「画像」

［G］diminish「～を減少させる」 the universal impact of which … は

and the universal impact of the historical transformation … と考えるとよい。futile「無益な，つまらない」

❖講　評

2020 年度は，発音問題が新形式で復活し，他に会話文が 2 題，長文読解問題が 2 題の計 5 題の出題となった。会話文のうち 1 題はインタビュー形式の長いもので，実質的には長文読解問題といえ，読解量は 2019 年度よりさらに増加したが，解答個数は 58 から 49 に減少しただけでなく，設問も解答しやすいものが増えている。

Ⅰの発音問題は発音と綴りのどちらか，または両方が同じである異義語に関して，2 語の 10 組を分類するという新形式の問題となった。解答方法にとまどった受験生もいたかもしれないが，問題そのものは，発音問題としては標準的。

Ⅱの長文読解問題は例年出題されている，英文中の下線のある語の定義を選ばせる問題。難解な語がほとんどだが，例年通り，定義文を本文に挿入していけば正解に至るだろう。

Ⅲの会話文問題は，例年通り空所補充問題だが，前半の 4 カ所と後半の 4 カ所ともに，名詞 1 語を挿入するというシンプルな形式で英語の諺やイディオムの知識を問う問題となっており，かなり易化した感がある。

Ⅳは 2014 年度までは時々出題されていたインタビュー形式の会話文問題が復活した。質問とその質問に対する適切な応答を組み合わせる形式で，いくつかのキーワードに注目しながら慎重に選ぶ必要がある。

Ⅴの長文読解問題は芸術をテーマとする英文で，テーマ自体が受験生にはあまり馴染みのないものであっただけでなく，難解な語や指示語が多用されていることもあって，かなり読みづらい英文であった。ただし，設問自体は各段落に対応したわかりやすいものが多く，難度的には標準レベルであった。

例年，問題文，選択肢もすべて英文であり，読解英文量が多く速読力が要求されている。問題は全体的にはやや易化した感はあるものの，マークすべき設問数は 50 問近くあり，80 分という試験時間からすると，難度的には標準レベルよりやや難しい問題と言えよう。

日本史

I　解答

(1)(2)―36　(3)(4)―25　(5)(6)―33　(7)(8)―07　(9)(10)―04
(11)(12)―22　(13)(14)―42　(15)(16)―05　(17)(18)―29　(19)(20)―12
(21)(22)―04　(23)(24)―02　(25)(26)―05

◀解　説▶

≪中世～近世の政治・争乱・文化≫

▶(1)(2)　源頼朝が粛清した「一門の武将」は，弟の源範頼である。1193年，頼朝の命を受けた鎌倉幕府の手の者によって伊豆で殺害された。

▶(3)(4)　北条時政は1205年に畠山重忠とその一族を滅ぼした。しかし，時政も娘婿の平賀朝雅を将軍に擁立しようとして失敗し，伊豆に追放された。

▶(5)(6)「宝治合戦」は1247年に起こった5代執権北条時頼のときの事件で，滅ぼされたのは三浦泰村とその一族である。

▶(7)(8)「御内人との争い」「平頼綱」から，霜月騒動で滅ぼされた安達泰盛が導ける。1285年，9代執権北条貞時のときの事件である。

▶(9)(10)　室町幕府当初の二頭政治とは，足利尊氏と弟の足利直義が政務を分かち合っていたことをさす。その後，直義と，尊氏の執事高師直との対立に端を発した観応の擾乱（1350～52年）の過程で直義は死去した。

▶(11)(12)　一族で「美濃・尾張・伊勢の守護を兼ねていた」のは土岐氏であり，足利義満に滅ぼされたのは土岐康行である（土岐康行の乱・1390年）。

▶(13)(14)　西国11カ国の守護を兼ね「六分一殿」と称された山名氏は，惣領の地位をめぐって深刻な内紛を起こし，義満の怒りを買った山名氏清は堺で挙兵して幕府軍に敗れた（明徳の乱・1391年）。

▶(15)(16)「反抗的な鎌倉公方」とは足利持氏である。足利義教の6代将軍就任に不満を持った持氏は，関東管領上杉憲実と対立を深め，憲実の要請で派遣された幕府軍によって討たれた（永享の乱・1438年）。

▶(17)(18)　福島正則は1619年，広島城の修築をとがめられ，2代将軍徳川秀忠に改易された。1615年発令の武家諸法度（元和令）で，城の新築および無許可の修築が禁じられていたからである。

▶(19)(20) 「17 世紀の半ば以降，異様な風体」で横行していたのはかぶき者である。「かぶき」はアウトローを意味する「傾く」に由来する言葉である。

▶(21)(22) やや難問。正解は［04］。

［01］ 不適。「浄土真宗」は誤り。源平争乱の時期に活動した民間布教者の聖や上人たちは，おもに浄土教を広めた。

［02］ 不適。「律宗を批判することはなかった」は誤り。日蓮は，「念仏無間・禅天魔・真言亡国・律国賊」と唱えて律宗も批判した。

［03］ 不適。「僧侶たちが政治に関与することはなかった」は誤り。足利義満・義持の側近であった醍醐寺三宝院の満済のように，室町幕府の政治に深く関与した僧侶もいた。

［04］ 適切。浄土真宗（一向宗）本願寺派の蓮如は 1471 年に越前の吉崎に道場を開き，ここを拠点に北陸・東海方面に教線を拡大した。

［05］ 不適。江戸幕府は仏教においても，日蓮宗の不受不施派を禁止した。

▶(23)(24) 正解は［02］。

［01］ 不適。西行は俗名を佐藤義清と言い，もと鳥羽上皇の北面の武士であったが，一方の鴨長明は下賀茂神社の神官・賀茂（鴨）氏の生まれで武士ではなかった。また，「現世のむなしさを禅の修行で克服」は誤り。2 人の共通点は出家して俗世を離れたこと（遁世）である。

［02］ 適切。鎌倉時代後半の京では有職故実の研究がさかんになり，南北朝期には後醍醐天皇『建武年中行事』，北畠親房『職原抄』などが著された。また，北条実時（義時の孫）は和漢の書を集めて金沢文庫を設け，文化志向を高めつつあった関東の武士たちに便宜を図った。

［03］ 不適。「延暦寺」「金春座」は誤り。観世・金春・金剛・宝生の大和猿楽四座は，藤原氏の氏寺および氏神である興福寺・春日神社を本所とした。また，観阿弥・世阿弥父子は観世座に所属し，足利義満の保護を得て猿楽能を大成した。

［04］ 不適。桂庵玄樹は薩摩で朱子学を講じ，薩南学派の祖となった。下野国足利学校は，創設時期は不明であるが，関東管領上杉憲実が再興した。

［05］ 不適。「武家の出身」は誤り。浮世草子作家の井原西鶴は大坂の庶民層の出身である。

▶(25)(26)　やや難問。正解は［05］。

［01］　不適。足利義視は 8 代将軍義政の弟である。義政の実子は義尚。

［02］　不適。「義尚を支持し続けた」は誤り。西軍を率いる山名宗全は，応仁の乱勃発の翌年に，室町御所から逃れてきた義視を新将軍として担ぎ，西幕府と称して細川勝元率いる東軍と対峙した。

［03］　不適。「細川氏」は誤り。応仁の乱は，管領家の畠山氏・斯波氏の家督争いが主たる要因で，1467 年 1 月に畠山政長と畠山義就が京の上御霊社で合戦を始め，それが契機となって全国的争乱へと拡大した。

［04］　不適。「西軍」と「東軍」が逆である。義政の養子として次の将軍位を約束されていた義視は，応仁の乱勃発当初は，室町御所で義政・日野富子・義尚と同居しており，細川勝元の東軍のもとにあった。しかし義視は 1468 年 11 月に山名宗全の西軍に走った。

［05］　適切。畠山氏は政長が東軍，義就が西軍に分かれていた。東軍総大将の細川勝元は，義政実子の義尚を擁して西軍の畠山義就と争った。なお，義尚は応仁の乱が続いていた 1473 年に 9 代将軍に就任した。

Ⅱ　解答

(27)(28)—05　(29)(30)—08　(31)(32)—11　(33)(34)—04　(35)(36)—31
(37)(38)—07　(39)(40)—03　(41)(42)—07　(43)(44)—04　(45)(46)—08
(47)(48)—03　(49)(50)—05　(51)(52)—06

◀解　説▶

≪古代～近世の外交・貿易≫

▶(27)(28)　『宋書』倭国伝によると，倭王武（雄略天皇に比される）が 478 年に宋の順帝から与えられた称号は「使持節都督倭・新羅・任那・加羅・秦韓・慕韓六国諸軍事安東大将軍倭王」である。

▶(29)(30)　ヤマト政権で大連に任じられたのは大伴氏と物部氏である。ともに「連」の姓を与えられ，軍事を担当する有力豪族であった。5 世紀末～ 6 世紀前半に大連の地位にあった大伴金村は，512 年に加耶西部の任那 4 県を百済に割譲した責任を問われて 540 年に失脚した。

▶(31)(32)　「服属を示す貢物を献上」から，当てはまる語句は天皇であることが想起できる。『日本書紀』によると，蘇我入鹿は皇極天皇の飛鳥板葺宮で朝鮮三国の使節が貢物を献上する儀式の最中に殺害され，それを知った父の蝦夷は自邸に火を放ち自殺した（乙巳の変・645 年）。皇極天皇は推古天皇に次ぐ２人目の女性天皇で中大兄皇子・大海人皇子の母であり，のちに重祚して斉明天皇となった。

▶(33)(34)　足利義持も当初は義満の方針を継承して明に朝貢船を派遣したが，1411 年以降，国交を断絶した。明の永楽帝は幕府に入貢を促したが，義持は応じなかった。その後，６代将軍義教は 1432 年に朝貢を再開した。幕府財政のためには貿易利益が必要だったからである。

▶(35)(36)　やや難問。宋希璟は応永の外寇の翌年，室町幕府との交渉のため来日した朝鮮使節の一員であった。その紀行文『老松堂日本行録』には，摂津尼崎で見た三毛作の様子など当時の日本の状況が記録されている。

▶(37)(38)　難問。1543 年，鉄砲を所持するポルトガル人を乗せて種子島に漂着した中国船は，王直の船であったとされる。中国出身の王直は五峯・老船主などとも名乗り，五島列島や平戸を拠点に密貿易を行い，中国沿岸を荒らす倭寇の頭目（首領）の一人であった。

▶(39)(40)　正解は［03］。

(a)　不適。第１回遣唐使派遣は 630 年，白村江の戦いは 663 年である。

(b)　適切。894 年，菅原道真は宇多天皇から遣唐大使に任命されたが，唐の衰退や航海の危険を理由に派遣停止を建議した。それによって派遣はいったん停止され，やがて唐は 907 年に滅亡した。

(c)　適切。752 年，遣唐大使藤原清河・副使大伴古麻呂・副使吉備真備が唐に派遣された。翌年，日本の招請に応じた鑑真は，大伴古麻呂が乗る船に同乗して来日を果たした。

(d)　不適。藤原仲麻呂は唐に派遣されていない。

(e)　適切。帰国できなかった阿倍仲麻呂は玄宗に重用された。

▶(41)(42)　やや難問。正解は［07］。

(a)安史の乱は 755 年から 763 年の出来事。(b)大仏開眼供養会は孝謙天皇のときの 752 年。(c)第一回遣渤海使は 728 年（最初の渤海使来日が 727 年である）。(d)最澄・空海の渡唐は 804 年の遣唐使派遣のとき。したがって，(c)→(b)→(a)→(d)の順となる。世界史Ｂを履修していない受験生には唐の政争である安史の乱は難しかった。

▶(43)(44)　正解は［04］。

［01］　適切。成立直後の明の洪武帝は，征西将軍懐良親王を日本国王に冊封し，倭寇禁圧を求めた。

［02］　適切。日明貿易は，博多・堺その他地域の商人も多数加わった。

［03］　適切。日本では高級織物・書画・陶器など中国からの輸入品を唐物と呼んで珍重し，それらは室町文化に大きな影響を与えた。足利氏の歴代の将軍が集めた書画・陶器などは東山御物と総称される。

［04］　不適。「倭寇」は誤り。1523年の寧波の乱は，細川氏と大内氏の遣明船が寧波の港で貿易の先を争い，大内氏側が細川氏の船を焼き払った事件である。旧勘合しか所持していなかった細川氏の船が賄賂を用いて貿易優先権を得たことが原因であった。

［05］　適切。1551年，大内義隆が家臣の陶晴賢に滅ぼされて大内氏が滅亡し，以後，勘合貿易も途絶えた。大内船の最後の派遣は1547年である。

▶(45)(46)　やや難問。正解は［08］。

(a)は三浦の乱で1510年。(b)は朝鮮と対馬の宗氏が結んだ壬申約条で1512年。三浦の乱後，朝鮮は貿易をさらに縮小したのである。(c)は応永の外寇で1419年。(d)は朝鮮と宗氏が結んだ癸亥約条で1443年。したがって，(c)→(d)→(a)→(b)の順となる。朝鮮と宗氏の間で交わされた貿易規定は教科書にほとんど記述がないので難問であった。

▶(47)(48)　やや難問。正解は［03］。

［01］　不適。「筑前」は「肥前」の誤り。豊臣秀吉は，現在の佐賀県唐津市鎮西町に朝鮮出兵の拠点として名護屋城を築城した。

［02］　不適。「仁川」は「釜山」の誤り。

［03］　適切。和平交渉の明使節として，正使楊方亨・副使沈惟敬が来日し，秀吉を「日本国王」に封じる旨の内容が記された国書がもたらされた。

［04］　不適。「朝鮮全土」は誤り。秀吉が提示した条件は，天皇と明皇女の婚姻，日明貿易の再開，朝鮮王子の来日，朝鮮南部の割譲などであった。交渉の過程で，結局，秀吉は明の冊封を受け入れ，日本が占領している朝鮮南部もあらためて朝鮮王子に下賜するなどの妥協を示した。しかし交渉は決裂し，秀吉は再度の出兵（慶長の役）を命じた。

［05］　不適。「補給路は完全に途絶した」とまでは言えない。

▶(49)(50)　正解は［05］。

［01］　不適。「商場も廃止」「すべての貿易は長崎に集中」は誤り。アイヌとの交易は，松前氏の統括のもとに蝦夷地で行われた。松前氏は家臣にアイヌとの交易権を分け与える商場知行制を敷き，のちに内地商人の蝦夷地

進出にともなって，商人に交易を請け負わせ，運上を徴収する場所請負制に移行した。また，長崎で行われた対オランダ・中国貿易以外にも，対馬藩は釜山で対朝鮮貿易を行い，薩摩藩は支配下においた琉球を通じて中国製品を入手するなど，鎖国体制下の貿易窓口は長崎だけではなかった。

[02] 不適。「江戸」は誤り。オランダは 1609 年に平戸に商館を設けた。1641 年，江戸幕府はそれを長崎出島に移設させ，長崎奉行管轄のもとで特定商人との取引を継続させた。幕府がオランダを通商国として認めたのは，商館長が毎年江戸に来て将軍に拝謁するという儀礼を受け入れ，また，世界布教を目指していないプロテスタント国であったからである。

[03] 不適。1636 年，幕府は長崎町人に築かせた出島にポルトガル人を収容するとともに日本人女性との間に生まれた子孫をすべて追放した。そして，島原の乱後の 1639 年にはポルトガル船の来航を全面禁止した。

[04] 不適。「商館」はオランダ東インド会社の出先機関である。したがって「商館を通じ」て貿易を行ったのはオランダだけである。中国人との貿易も長崎奉行の管轄下におかれたが，来航した中国人は当初自由に長崎市中に宿泊できた。しかし 1688 年に長崎郊外の十善寺村に唐人屋敷が設営されて居住地が限定され，貿易もその管内で行われるようになった。

[05] 適切。元禄期にオランダ商館医として日本に滞在したケンペル（独）が著した『日本誌』の一部を 19 世紀初めに元オランダ通詞で蘭学者の志筑忠雄が翻訳し，その中で「鎖国」という訳語を用いた。

▶(51)(52) やや難問。正解は [06]。

(a) 適切。江戸時代を通じて中国とは国交がなく，貿易のみが行われた。

(b) 不適。「清」は「明」の誤り。清の成立は徳川家康の死後である。家康は琉球を介して明との国交回復を図ろうとしたが実現しなかった。なお，女真（のち満州と改称）は 1616 年に建国し，国名を金（後金）と定めた。1636 年には国名を清と改め，1644 年，李自成の乱で明が滅亡すると，代わって北京を占領し，中国全土に支配を広げた。

(c) 適切。古学派（聖学）の山鹿素行は，『中朝事実』を著し，王朝の交代がなく万世一系の天皇のもとにある日本こそ「中朝」（中華と同じ意味）であるとして中国崇拝を排し，日本主義を唱えた。

(d) 不適。オランダ商館の出島移設は 1641 年，唐人屋敷設営は 1688 年。

(e) 適切。鄭成功（国姓爺ともいう）は平戸で鄭芝龍と日本人女性との間に生まれ，台湾を拠点に明の復興運動を行った。そのため清は，鄭成功の貿易による財源を断つべく海禁政策を強化した。しかし鄭成功の死後，その一派が降伏すると，清は 1683 年に台湾を領有し，翌年海禁を解除した。

III 解答

(53)(54)—47　(55)(56)—58　(57)(58)—49　(59)(60)—37　(61)(62)—46
(63)(64)—26　(65)(66)—16　(67)(68)—05　(69)(70)—27　(71)(72)—04
(73)(74)—07　(75)(76)—44

◀解　説▶

≪近世の政治・経済≫

▶(53)(54)　「大地震」とは 1703 年，関東地方に発生した元禄大地震のことで，江戸幕府は「御蔵の金」すなわち幕府財源を土木・建築工事などの復興事業に投じた。したがって，空所には土木・建築を意味する普請が入る。

▶(55)(56)　［史料Ｘ］は８代将軍徳川吉宗に示された『政談』である。著者の荻生徂徠は，５代将軍綱吉の側用人柳沢吉保に仕えた経験を持つ古文辞学派の儒学者である。荻生徂徠は，武士が知行地を離れて城下町で暮らし，貨幣経済に依拠した消費生活を送っていることを「旅宿の境界」と呼んで，それが武家財政窮乏の原因であるとみなし，解決のため武士の帰農を説いた。また，身分別の生活規律を制度としてきちんと確立すべきことを主張し，特に民間の経済活動を統制する必要性を説いた。

▶(57)(58)　江戸時代，店舗を持たない零細の行商人は，天秤棒をかついで商品を売り歩いたことから棒手振と呼ばれた。

▶(59)(60)　やや難問。下線部(イ)「当時金銀半分より内にへりて」とは通貨の発行量が半分に縮小されたことを意味する。それが読み取れれば，発行量を縮小させた正徳金銀が想起でき，その発行に関わり，６代将軍徳川家宣に日本史を講義した人物として，新井白石とその著書『読史余論』が導ける。なお，［史料Ｙ］は白石の自伝『折たく柴の記』である。

▶(61)(62)　やや難問。新井白石の建議によって閑院宮家が創設されるまで，宮家は皇室の財政難から桂宮・有栖川宮・伏見宮の三家にとどめられていた。武家は朝廷に仕える義務があり，皇位継承の安泰は武家政権の維持にも利するとの白石の意見が採用され，幕府の支援により宮家が増設された。

▶(63)(64)　やや難問。後桃園天皇の急死後，閑院宮典仁親王の子が即位し，光格天皇となった。

▶(65)(66)　［史料Z］は，太宰春台の『経済録拾遺』である。春台は荻生徂徠の弟子なので，古文辞学派に属する。

▶(67)(68)　対馬藩に仕えて外交を担当し，『交隣提醒』を著したのは雨森芳洲であり，芳洲は新井白石と同じく朱子学者木下順庵の弟子であった。朝鮮国書における将軍呼称問題（「日本国大君殿下」から「日本国王」への改変）で白石と論争したことで知られる。

▶(69)(70)　薩摩藩の藩校は，島津重豪が18世紀末に設立した造士館である。

▶(71)(72)　正解は［04］。

［01］　適切。農村部に成立した商工業集落を在郷町もしくは在方町という。また，そこで商工業に従事する人々を在郷商人もしくは在方商人という。

［02］　適切。村八分とは，村掟の違反者に対する制裁で，村民がその人物および家族との交際を断つことであった。

［03］　適切。江戸幕府の直轄領では，8代将軍吉宗のとき検見法から定免法に切り替えられた。

［04］　不適。「踏車」は千歯扱の誤り。踏車は水田への揚水用として水路に取り付ける道具である。「穀粒から籾殻を取る」すなわち脱穀の道具は千歯扱である。

［05］　適切。このような農村の商品作物栽培の活発化は問屋制家内工業の発達を促した。

▶(73)(74)　正解は［07］。

「金銀の位悪敷なる故に，高直に成たる」「金銀の員数ふゑたる」から，荻原重秀の建議によって品位（金銀の含有量）を下げた元禄金銀が鋳造され，発行量も増やされたため物価が上昇したことを想起し，(a)には「元禄」が入ることを導きたい。また，「金銀半分より内にへりて」「昔に返れども」から，発行量を縮小させ，昔の慶長金銀と同じ品位に戻した正徳金銀への改鋳によって物価を引き締めようとした新井白石の政策を想起し，(b)には「慶長」が入ることを導きたい。

▶(75)(76)　やや難問。半紙は，日常に用いられる汎用性の高い和紙のことで，石見・土佐・駿河などが産地であった。

Ⅳ　**解答**

(77)(78)—26　(79)(80)—21　(81)(82)—24　(83)(84)—38　(85)(86)—03
(87)(88)—34　(89)(90)—04　(91)(92)—05　(93)(94)—02　(95)(96)—07

(97)(98)—01　(99)(100)—01

◀解　説▶

≪近現代の政治・経済・社会≫

▶(77)(78)　やや難問。長塚節（ながつかたかし）は伊藤左千夫らと短歌雑誌『アララギ』を創刊し，小作農民の生活・心情を描いた長編小説『土』は夏目漱石から高く評価された。

▶(79)(80)　明治政府が進める欧化政策と井上馨による内地雑居・外国人判事採用などの条件付き条約改正交渉に反対し，第1次伊藤博文内閣の農商務大臣を辞職したのは谷干城である。国粋主義・農本主義の立場に立つ谷干城は，日清戦争後，政府が地租増徴を目指すようになると，中小自作農民保護の観点からそれにも反対した。しかし第2次山県有朋内閣は，憲政党（旧自由党）の協力を得て，地租を地価の2.5％から3.3％に増徴した（1898 年）。

▶(81)(82)　難問。［企業A］は日本窒素肥料会社，［財閥B］は日窒コンツェルン（代表経営者野口遵）である。日窒は，大正末から昭和初期に朝鮮に進出し，朝鮮北部の赴戦江（プジョン）に水力発電所，興南に化学工場を建設し，新興財閥の地位を獲得した。進出先が朝鮮北部であることについて，一部の教科書には記述があるが難問である。

▶(83)(84)　やや難問。［財閥C］は森コンツェルン，［企業D］は昭和電工であり，代表経営者は森矗昶（のぶてる）である。戦後の高度成長期，チッソ株式会社・昭和電工はそれぞれ水俣病・新潟水俣病を発生させ，公害訴訟の被告となった。

▶(85)(86)　1948 年の昭和電工疑獄事件により総辞職したのは，民主党・日本社会党・国民協同党3党連立の芦田均内閣である。収賄容疑で閣僚にも逮捕者が出たため内閣総辞職となった。

▶(87)(88)　傾斜生産方式を推進するために設立された政府金融機関が復興金融公庫（金庫）である。昭和電工は，そこから融資を受けるための審査の過程で政治家や官僚に賄賂を贈っていたことが発覚した。

▶(89)(90)　やや難問。正解は［04］。

(a)　不適。札幌農学校は 1876 年，開拓使の管轄下に設立され，1881 年の農商務省の発足後，その管轄下に移された。北大農学部の前身にあたる。

(b)　適切。駒場農学校は 1874 年，内務省の管轄下に設立された。東大農学部の前身にあたる。

(c) 適切。三田育種場は1874年，内務省の管轄下に設立され，洋式農具の製造・販売も行うようになって，のちに民間に払い下げられた。

(d) 不適。農事試験場は1893年，農商務省の管轄下に設立された。

▶(91)(92) 難問。正解は［05］。

(a) 不適。「自作・小作を問わず」は誤り。小作人の場合は，高率の小作料を現物で地主に納めることが一般的であったので，米価高などのインフレの恩恵を受けることはなく，むしろ家計負担が増して生活が苦しくなった。ちなみに明治政府は1872年，ドイツ製造の新紙幣を発行しており，西南戦争当時は太政官札などの旧紙幣の回収が進み，これらの新紙幣が流通するようになっていた。また，政府は地租改正反対一揆の高揚を受けて，1873年の地租改正条例で地価の3％と決められた地租を1877年，2.5％に下げる決定を行った。

(b) 適切。デフレになると農業収入が減るので，地租の負担は相対的に重くなる。弱小の自作農の中には土地を手放して小作人に転落する者も出た。

(c) 不適。グラフの第二則によると，小作人に残るのは収穫物の32％である。小作人が生活費に使える純益は，手元に残る32%の収穫物から翌年の栽培に必要な種籾や経費（肥料・農具など）を差し引いた残りとなる。

(d) 適切。地租は金納である。したがって，その基準となる地価の決定後に反収（1反当たりの収穫量）が増えると収穫量全体に占める地租の比率は下がる。しかし，小作料の比率は変わらない（下がらない)。

▶(93)(94) やや難問。正解は［02］。

(a) 適切。ロエスレル（独）起草の商法は1890年に公布されたが，同年に起きたボアソナード（仏）起草の民法に対する民法典論争の影響を受け，日本の商慣習と合わない点が多いと指摘されたことから，1892年，松方正義内閣の第三議会で民法とともに施行延期が決議された。修正された商法は1899年に公布・施行された。

(b) 不適。「小村寿太郎」は誤り。領事裁判権の撤廃に取り組んだ外務大臣は井上馨・大隈重信・青木周蔵・陸奥宗光らであり，1894年，陸奥外相のもとで，領事裁判権の撤廃と関税自主権の一部回復を定めた日英通商航海条約が締結され，他国とも同様の条約改正が進められた。

(c) 適切。初期議会当時の民党（自由党・立憲改進党）が小作人の権利強化につながるとしてボアソナード起草の民法に反対したことは，教科書に記載がなく，難問である。15 円以上の直接税を納める 25 歳以上の男子にのみ選挙資格が認められていた当時，民党勢力はそれに該当する地主階級の利益を優先したのである。

(d)　不適。「民法出デヽ忠孝亡ブ」と題する論文を発表したのは穂積八束（穂積陳重の弟）である。戸主権を強化した修正民法は 1896～98 年に公布・施行された。

▶(95)(96)　やや難問。正解は［07］。

このルポルタージュ作品とは，1968 年に山本茂実が発表した『あゝ野麦峠』である。野麦峠は岐阜県・長野県の県境にある。「豪雪地帯」の岐阜県飛騨地方から野麦峠を越えて，「器械製糸の興隆によって日本で最大の生糸産地となっていた」長野県諏訪地方まで 140 キロの道のりを歩き，働きに出た若い女性たちの辛苦を描いたものである。

▶(97)(98)　正解は［01］。

(a)　適切。産業組合法は 1900 年に公布され各地に産業組合が設立された。

(b)　適切。農会法は 1899 年に公布され各地に農会が設立された。

(c)　不適。「農商務省」は内務省の誤り。地方改良運動は第 2 次桂太郎内閣が推進した地方の行財政強化政策である。

(d)　不適。「農山漁村経済更生運動」は昭和恐慌からの回復を図って，斎藤実内閣のもとで推進された農村の自力更生運動である。

▶(99)(100)　難問。正解は［01］。

(a)　適切。表から，日本農民組合が結成された大正 11（1922）年と時を同じくして小作争議が増加していることがわかる。この時期の小作争議の「要求Ｘ」とは小作料引下げ要求である。「多くの農民に共有」され，「団体交渉で取り扱いやすい」小作料引下げは，大正期における小作争議の中心的要求であった。

(b)　適切。期間後半の昭和 5（1930）年～は経済恐慌の時期にあたる。この時期には米価の下落傾向が続き，収入減となった地主の中には小作人の土地を取り上げて売却してしまう者も現れ，地主と小作人の対立が先鋭化した。「要求Ｙ」とは，小作地の返還・小作権の保障要求である。したがって，この時期の小作争議に関して「要求Ｘが減って要求Ｙが増加した」は正しい。また，小作権は「直接契約関係にある地主と小作の個人間の問題」として法廷などで争われたため，争議件数は増加しているものの，1件あたりの参加人数は激減した。

(c) 不適。「要求Xを掲げた争議件数は大正期の3分の1程度になった」は誤り。昭和9（1934）年以降，争議件数全体に対する「要求X」の小作料引下げ要求の割合は確かに減っている。しかし，争議件数6406件の32.7％は2094件となり，件数そのものは大正期よりも増えている。

(d) 不適。「統制派」は「皇道派」の誤り。

❖講　評

大問4題，解答個数50個で空所補充問題を中心としているが，選択肢の文章の正誤を判定する問題は2019年度の9問よりもさらに出題数が増え，14問となった。この中には，2つの適切でない文の組合せを選ばせる問題も含まれる。選択肢には教科書にない記述や初見史料も出題され，知識とともに読解力・思考力が問われた。空所補充問題は2019年度と比較すると難問の割合が少なかったが，Ⅳに関しては難問も見られ，地租・小作争議に関する問題では，グラフや表の読み取りの力に加えて確実な知識・思考力も必要とされた。

Ⅰは，武家政権の権力の維持を主題にした中世～近世の政治・争乱・文化に関する標準的レベルの問題であった。設問3は，応仁の乱に関係した人物の動向について細かい知識を必要とするため，やや難問であった。

Ⅱは，日本と東アジアとの関係を主題にした古代～近世の外交・貿易に関する諸問題であった。遣唐使派遣に関する年代配列問題や室町時代の日朝貿易，豊臣秀吉の朝鮮出兵に関する設問は，知識とともに歴史的洞察力・思考力が問われた。

Ⅲは，徳川将軍に近侍した儒学者による3つの史料を用いて，近世の政治・経済に関する諸問題が出題された。史料とリード文をしっかり読み，前後から空所の内容を類推する力と人物の来歴に関する知識が必要であった。

Ⅳは，農業政策・農民の動向を主題にした近現代の政治・経済・社会の総合問題であった。空所補充問題もグラフ・表の読み取り問題も知識・思考力を必要とする難度の高い問題であった。

世界史

I　解答

(1)(2)—06　(3)(4)—39　(5)(6)—45　(7)(8)—16　(9)(10)—38
(11)(12)—05　(13)(14)—42　(15)(16)—15　(17)(18)—50　(19)(20)—35
(21)(22)—17　(23)(24)—07

◀解　説▶

≪古代～14 世紀における宗教の影響力≫

▶(1)(2)「3 世紀，イラン高原に建国された王朝」とはササン朝（224～651 年）のこと。パルティアを滅ぼして建国した初代国王はアルダシール 1 世。

▶(3)(4)　カニシカ王はクシャーナ朝の王。クシャーナ朝はインダス川流域のプルシャプラ（現ペシャワール）を都とした。

▶(5)(6)　バグダードを造営して新都としたのは，アッバース朝第 2 代カリフのマンスール。

▶(7)(8)　難問。はじめにチャド湖東のカネム，後にチャド湖西のボルヌーに都を置いたことから，カネム=ボルヌー王国と呼ばれる。

▶(9)(10)　フビライの弟フラグが西アジアに建国したのはイル=ハン国。この国の第 7 代君主とはガザン=ハンのこと。

▶(11)(12)　難問。インドは 1947 年にインド連邦としてイギリスから独立し，その後 1950 年に新憲法の施行とともにイギリス連邦から離脱してインド共和国（インド連邦共和国）となった。憲法制定が 1949 年 11 月で，その施行が 1950 年 1 月なので，1950 年代を正確に答えることは相当な難問である。

▶(13)(14)　やや難。宗教 B は仏教，宗教 C はヒンドゥー教。薄い衣をまとったマトゥラー様式の仏像は，ガンダーラ様式と同時代に作られた純インド的な仏教美術として知られる。マトゥラー地方で信仰されていたクリシュナは，後にヒンドゥー教の 3 大神の 1 つであるヴィシュヌの化身として崇められるようになった。

▶(15)(16)　カナウジはガンジス川流域の都市。ヴァルダナ朝を訪れた玄奘は，この町を曲女城と漢訳している。

▶(17)(18) ワズィールは通常「宰相」と訳される。本来はカリフの補佐者であったが，次第にカリフの代理人の役割を果たすようになって権力が強大化した。

▶(19)(20) 難問。奴隷王朝を倒して建国したハルジー朝（1290～1320年）は，デリー=スルタン朝の中でも比較的短命な王朝で，「13世紀から14世紀にかけて」という条件のみで特定するのはかなり困難である。

▶(21)(22) シリア教会やエジプトのコプト教会はイエスの神性を強調する単性論の立場をとる。カルケドン公会議（451年）は，この単性論が異端として批判された。

▶(23)(24) 宗教Aはゾロアスター教，宗教Bは仏教，宗教Cはヒンドゥー教，宗教Dはイスラーム教，宗教Eはキリスト教を指している。このうち特定の教祖を持たない宗教はCのヒンドゥー教であり，一神教ではない宗教は，Aのゾロアスター教，Bの仏教，Cのヒンドゥー教である。これより，アとイに当てはまるのはヒンドゥー教である。

II 解答

(25)(26)—04 (27)(28)—29 (29)(30)—34 (31)(32)—21 (33)(34)—09
(35)(36)—16 (37)(38)—04 (39)(40)—03 (41)(42)—04 (43)(44)—04
(45)(46)—07 (47)(48)—02 (49)(50)—01

◀解 説▶

≪アメリカ合衆国とラテンアメリカ≫

▶(25)(26) イダルゴ神父は，フランス革命の影響を受け，1810年にスペインに対する反乱を起こした。

▶(27)(28) ナポレオン3世によってメキシコ皇帝に据えられたのはオーストリア皇帝フランツ=ヨーゼフ1世の弟マクシミリアン。フランス軍が撤退した後，マクシミリアンはメキシコ軍にとらえられて処刑された。

▶(29)(30) スエズ運河の開削に成功したフランス人技師レセップスは，パナマ運河の開削にも着手したが，技術的な困難と資金難で失敗した。

▶(31)(32) バティスタはキューバの軍人，大統領。アメリカの支援を得て親米独裁政権を維持したが，1959年のキューバ革命でカストロらによって倒された。

▶(33)(34) 難問。ガルシア=マルケスはコロンビア出身の作家。ノーベル文学賞を獲得し，代表作『百年の孤独』や『族長の秋』は世界的なベストセラーとなった。

▶(35)(36)　難問。チャベス大統領（任 1999～2013 年）は，在任中に病死するまでベネズエラ大統領を務めた。貧民の救済を唱えて独裁的支配を続け，強烈な反米姿勢で知られた。

▶(37)(38)　難問。[04] 誤文。天体観測器アストロラーベは，ラテンアメリカで発明されたものではなく，古代ギリシア・ヘレニズム時代に発明されたと考えられ，イスラーム世界で発達した。中世ヨーロッパにはイスラーム世界から伝えられた。

▶(39)(40)　[03] 誤文。17 世紀にヨーロッパでペストが流行しているが，スペイン領植民地で伝染病や過酷な労働で先住民が激減し，ラス=カサスがその保護を訴えたのは 16 世紀のこと。

▶(41)(42)　[04] 誤文。武装中立同盟に参加したのはロシア，スウェーデン，デンマーク，ポルトガル，プロイセン，オーストリアの各国で，オランダは参加していない。オランダは 1780 年に単独で植民地側で参戦している。

▶(43)(44)　[04] 誤文。ホセ=リサールはカティプーナンの蜂起の直後に，その関与を疑われて処刑（1896 年）された。カティプーナン党はボニファシオを中心に結成された。

▶(45)(46)　[07] 冷戦期に西側で成立した軍事同盟の中で最も早くに結成されたのは，チェコスロヴァキア=クーデタ（1948 年）をきっかけとして結成された西ヨーロッパ連合条約が拡大した NATO（北大西洋条約機構）（1949 年）である。その後，冷戦の進行とともに，ANZUS（太平洋安全保障条約）（1951 年），SEATO（東南アジア条約機構）（1954 年），CENTO（中央条約機構）（1959 年）の順で結成された。このうち ANZUS は対日警戒心からサンフランシスコ平和条約（1951 年）の直前にオーストラリア・ニュージーランド・アメリカが結成したもの。SEATO は，インドシナ戦争のジュネーヴ休戦協定（1954 年）の後に東南アジア諸国によって結成された。CENTO は，その前身である METO（中東条約〈バグダード条約〉機構）（1955 年結成）が，イラク革命（1958 年）でイラクが脱退したことを受けて再結成された。

▶(47)(48)　難問。アメリカ合衆国がキューバと断交したのはアイゼンハワー大統領退任直前の 1961 年 1 月のこと。同じ年の 1 月にケネディ大統領が就任しているのでその判断が難しい。[02] 正文。「バス乗車ボイコット運動」は 1955 年にアラバマ州モントゴメリーでキング牧師の指導によって始まったもので，アイゼンハワー大統領の任期中（1953～61 年）のことである。［01］の部分的核実験禁止条約（1963 年）はケネディ大統領の任期中（1961～63 年），［03］の国家安全保障法制定と中央情報局（CIA）の設置（1947 年）はトルーマン大統領の任期中（1945～53 年），［04］の「進歩のための同盟」の提案（1961 年）は中南米諸国の社会主義化を防止する反共同盟でケネディ大統領が呼びかけたもの。

▶(49)(50)　［01］誤文。北米自由貿易協定（NAFTA）は，1988 年のアメリカとカナダの自由貿易協定に，1994 年にメキシコが加わって成立した。

III　解答

(51)(52)―43　(53)(54)―41　(55)(56)―44　(57)(58)―34　(59)(60)―14
(61)(62)―19　(63)(64)―20　(65)(66)―09　(67)(68)―54　(69)(70)―12
(71)(72)―15　(73)(74)―03

◀解　説▶

≪近代以前の交易をめぐるインド洋から南シナ海地域≫

▶(51)(52)・(53)(54)　ともに年代しかヒントがないため難問。パーンディヤ朝とパッラヴァ朝はタミル系の王朝。語群には他に，チェーラ，チャールキヤ，チョーラと南インドの王朝があるうえ，見慣れない名称も多いので，かなり判断に迷うと思われる。

▶(55)(56)　やや難。イラワディ川流域はインドに隣接するビルマ地方。この地域では，早くからチベット=ビルマ系と考えられるピュー人，オーストロアジア系と考えられるモン人が活躍した。

▶(57)(58)　ドヴァーラヴァティーはタイのチャオプラヤ川流域に栄えたモン人の国家連合。インド文化の影響を受けたが，中国の史書でも堕和羅（堕羅鉢底）の名で隋唐時代に知られた。

▶(59)(60)　難問。ドンソン文化と混同しやすい。サーフィン文化は，南シナ海周辺一帯に広がっていた漁撈文化。

▶(61)(62)　難問。マレー半島とスマトラ島の港市国家連合と言えば 7 世紀成立のシュリーヴィジャヤ王国が有名であるが，選択肢の語群中にシュリーヴィジャヤの名はなく，リード文の「9 世紀半ば」という年代も合致しない。かつてシュリーヴィジャヤ（中国名は室利仏逝）と同じと考えられていた中国の史料に見られる三仏斉が，近年の研究によるとインドの史料に見られるジャーヴァカに該当し，10世紀以降マレー・スマトラに形成された国家連合を指すものと考えられるようになっている。

▶(63)(64) 難問。シャーバンダルはペルシア語で「港の王」を意味する。

▶(65)(66) 語群中からローマの文人を拾い出すとエピクテトス，キケロ，セネカの3人で，このうちローマ共和政末期の文人はキケロに絞られる。

▶(67)(68) 難問。古マタラム朝がジャワ島中部に建造したヒンドゥー教寺院をプランバナン寺院群と呼び，そのうち最も有名なものがロロジョングランである。

▶(69)(70) クディリ朝は，古マタラム朝がジャワ島東部のクディリに移って建てた王朝。11世紀が最盛期で，海上貿易で繁栄し，『マハーバーラタ』などの叙事詩，ジャワ文学，影絵芝居ワヤンなどの文化が発達した。

▶(71)(72) 難問。スマトラ島北端の港市国家サムドゥラ=パサイ（13～16世紀）は，マラッカ王国より早くイスラーム教を受け入れた東南アジアで最初のイスラーム国家とされ，13世紀にはマルコ=ポーロ，14世紀にはイブン=バットゥータ，15世紀には鄭和がこの地を訪れている。

▶(73)(74) やや難。【A】はジョホール王国。ジョホールはジョホール水道（海峡）を挟んでシンガポールの対岸にあり，マラッカ王国がポルトガルに滅ぼされた際にスルタンがこの地に逃れて建国した。イギリス人ラッフルズは，ジョホールのスルタンと交渉してシンガポールを買収した。【B】は北スマトラのアチェ王国。オランダの侵略によってアチェ戦争が起こり，激しい抵抗の末に征服された。【C】はジャワ島西端のバンテン王国。バンテン王国はオランダの干渉を受けて滅亡した。【D】はスラウェシ島南西部のマカッサル。17世紀の全盛期には米や香辛料の集散地として繁栄したが，オランダとの抗争に敗れて滅んだ。【A】のジョホールと【B】のアチェを特定できれば［03］と判断できる。

Ⅳ 解答

(75)(76)―19 (77)(78)―28 (79)(80)―02 (81)(82)―05 (83)(84)―17
(85)(86)―14 (87)(88)―07 (89)(90)―02 (91)(92)―02 (93)(94)―01
(95)(96)―04 (97)(98)―35 (99)(100)―04

◀解 説▶

≪19～20世紀初頭の中国≫

▶(75)(76) 清末の公羊学派の知識人としては康有為が有名。公羊学派は，儒教の経典『春秋』の注釈「公羊伝」の解釈を通じて政治指針を見出そうとした。

▶(77)(78)　難問。団練は，清朝で組織された民間自警団。白蓮教徒の乱や太平天国の乱の鎮圧にあたった郷勇は，この団練から形成されたもの。清朝末期に仇教運動を行った義和団も団練のひとつ。

▶(79)(80)　義和団事件における 8 カ国連合軍では，日本・ロシアの 2 カ国が派兵の中心で，イタリアは 8 カ国中最も参加規模が小さかった。

▶(81)(82)　孫文の興中会，宋教仁・黄興らの華興会，章炳麟・蔡元培の光復会が大同団結して中国同盟会が結成された。

▶(83)(84)　1911 年に起こり辛亥革命の発端となった民衆蜂起は四川暴動と呼ばれる。

▶(85)(86)　在留邦人の保護を名目に日本軍が出兵して北伐軍と衝突した出来事を済南事件と呼ぶ。済南は山東省の省都。

▶(87)(88)　やや難。冀東防共自治政府は，日本が華北を中国から分離しようとする華北分離工作のもとで，国民政府から分離独立した政権として河北省に建設した傀儡政権。

▶(89)(90)　難問。(a)九竜半島南部がイギリスに割譲されたのは，アロー戦争後の 1860 年の北京条約による。(b)ドイツは宣教師殺害事件を口実に 1898 年に膠州湾を租借した。(c)ポルトガルは明から 1557 年にマカオの居住権を得ていたが，その後 1887 年に清からマカオの割譲を受けた。(d)遼東半島南端部にある大連・旅順は，日清戦争後の三国干渉で遼東半島が日本から清に返還されたのち，1898 年に南下政策を進めるロシアの租借地となった。したがって，(a)→(c)の順が特定できれば［02］が正解と判定できる。なお，その後は，(b)膠州湾租借→(d)大連・旅順租借の順。マカオ割譲の年代が難しい。

▶(91)(92)　［02］不適。外交を担当する総理各国事務衙門は，アロー戦争後の北京条約で外国使節の北京駐在を認めたことに対応するため 1861 年に設置されたもので，光緒新政とは無関係。

▶(93)(94)　［01］誤文。安徽派の段祺瑞は，軍閥抗争である安直戦争で直隷派の呉佩孚に敗れた。

▶(95)(96)　［04］誤文。白話文学の提唱者である胡適は，アメリカに留学してデューイのプラグマティズムを学んだ。

▶(97)(98)　日中戦争中に蔣介石の国民政府は武漢（1937～38年）から重慶（1938～46年）に移動して日本軍に抵抗した。

▶(99)(100)　難問。［04］イギリスは，労働党のアトリー内閣の下で1950年に中国を承認した。→フランスは，ド=ゴール大統領の下で1964年に中国と国交を樹立した。→アメリカは，共和党のニクソンが1972年に中国を訪問して共同声明を発表し，事実上中華人民共和国を承認した。その後，1979年に民主党のカーター大統領の下で米中国交正常化を果たした。アメリカが最も遅い［04］か［06］に絞れるがイギリスとフランスの順序が難しいと思われる。

❖講　評

Ⅰは，宗教を切り口として，主として古代から14世紀までのアジアの王朝について問う大問。問題で取り上げられている5つの宗教はごく基本的なもの。空所補充問題は，アフリカのカネム=ボルヌー王国を問う問題が難しいが，他は基本的な知識で答えることができる。単答式の7つの設問は語句選択を中心とし，他に年代を答える問題や5つの宗教の組み合わせ選択などの工夫が凝らされている。中でも，インド連邦共和国の新憲法の施行年を問う問題が最も難しく，そのほかにもガンダーラ様式と同時代の純インド的仏像様式が生まれた都市マトゥラーや，デリー=スルタン朝の中からハルジー朝を選ぶものなどが難しい。

Ⅱは，2019年度に多民族国家アメリカのマイノリティを切り口に，建国から第二次世界大戦までのアメリカ合衆国についての知識を問う大問が出題されたのに続いて，アメリカ合衆国を含めたラテンアメリカ史について問う大問が出題された。空所補充問題は，現代コロンビアの作家ガルシア=マルケスを問う問題や2000年代のベネズエラ大統領チャベスを問う問題などが難しい。また，近年出題されるようになった，比較的長い文章の正誤を判断させる問題が5問出題された。判断すべき情報量が多く，非常に細かな内容の正誤を問うものもあるが，慎重に判断して正解にたどり着きたい。2020年度は5問すべてが誤文を選ぶ問題であった。アストロラーベは資料集などを相当学習していないと判断が難しい。冷戦期の反共軍事同盟の成立年を問う配列問題や，同じく冷戦期のアメリカ大統領の任期中の出来事を問う問題など，年号に関する知識を問う問題は時間をとられやすいので要注意。

Ⅲは，海上交易を切り口として近代以前のインドや東南アジアの王朝・国家について問う大問。空所補充問題は難度が高いものばかりで，教科書の知識だけでは完答は難しい。その他の単答式の問題もいずれも難度が高い。もともと学習の手薄になりがちな地域であるが，それ以上に設問の掘り下げが深く，2020 年度の出題の中で最も難度の高い大問となった。あきらめず，選択肢の中から正解を絞り込んでいく努力を大切にしたい。

Ⅳは，清朝末期から中華人民共和国の成立を中心に扱った中国近現代史の大問。空所補充問題は，個々の設問の難度は高いが，慶應義塾大学受験生であれば選択肢の中から粘り強く正解を選び出してもらいたいレベルのものである。単答式問題は，４つの文章から誤文を選ぶ文章選択問題と，年代の知識を問う配列問題が特徴的で，難度も高い。

❖講　評

本問に触れ、まず気づくのは、二〇二〇年度の出題と二〇一九年度の出題の関連性であろう。二〇一九年度はあくまでも、国際人権問題への日本の対応の特徴を明らかにすることが求められており、「人権論」であるが、二〇二〇年度の「近代化論」にも関わりがある。なぜならば、二〇一九年度の出題の根底にあるものが、ひとえに欧米中心の文明観から人権の全地球的妥当性を探るのではなく、むしろ非欧米諸国の文明観をも加味し国際的公共価値を模索することを是としているからである。いわゆる「文際的人権観」と呼ばれるものであるが、本問の視点からすると、その人権観を理解できるのは、近代化を経たアジア諸国であると言えるであろう。アジアの近代化を理解する上で重要であるのは、西欧文明との単純な同化ではなく、「折衷」あるいは「融合」という概念であり、この点は今後も注視しておくべきである。

の人々の眼には「普遍性」をもつものとして映ったとするのである。その遭遇は単なる異質な文化との遭遇ではなく、「普遍性」のみならず「優越性」を具備するものとの出逢いであった。影響力は多大で、「普遍性」と「優越性」の両者を兼ね備えた外部の基準によって「遅れたアジア」という自己評価が生じ、それがアジアに危機感をもたらしたのである。

そして第三に、このように西欧中心主義を礎とした西欧的世界観を受容するには、工業化という物質面の変革と新しい自己の模索という精神面の変革の両者が必要であり、工業化を推進する啓蒙教育が、アジア人の自己を統合的に制御できない状態に貶めたとする。この点も筆者の主張の特徴であろう。そして、ひいては、自己本位が前面に溢れ出て、それを統御する新しいアイデンティティを明確化することができず、侵略的拡張主義や閉鎖的排外主義などの台頭を許すことになったと位置づけるのである。筆者はこのように近代化の道のりをややネガティブに概観しつつも、アジアの近代化は「普遍性」という単一の物差しで測られるものではなく、それぞれの国が同時に近代化の道を辿りながらもその道筋が多様である事実に着目し、この点に、近代以降のアジアが相互承認し共存していく契機を見出している。

以上が筆者の議論〈主張〉の骨子だが、要約する上では、抽出した骨子をどのように組み換えれば一つのまとまりとなるかを一考するとよい。

その後に自身の意見論述を具体的に展開せねばならない。「あなたの考えを具体的に論じなさい」とあるが、何をどう論じたらいいのか躊躇した向きもあったろう。その上で、記述のヒントを探るとすれば、圧倒的な西欧文明と遭遇し、危機意識を感じ苦痛と不安に苛まれてきた歴史的プロセスをもつアジア諸国が、その近代化を実現する上では、それぞれの地域、国、文化の中で独自性を醸成してきた点に着目する必要があろう。すなわち筆者が末尾に述べている近代化とは「普遍性」といった単一の物差しで測られるべきものではない、との主張が重要である。その独自性と多様性に思いを致すならば、アジアの内外における国際的な相互依存の度合いはますます高まり、また、その認識が重要である、との主張は鍵となろう。〔解答例〕では、この方針に立って、現代の基礎科学研究の分野においてアジアが存在感を高めるためにはどうすればよいかという課題に取り組んだ。

筆者が述べるアジアでの「共存」という提言である。すなわち、基礎科学研究の領域で言えば、アジアは、各国の研究成果を国や地域ごとに異なるそれぞれの文脈において理解し、研究の違いを互いに認めていかなければならない。このような協調を通して、西欧中心主義的な単一性に風穴を開け、アジアの独自性と多様性が維持されるとともに、西欧が見落としている可能性も保全されるのである。（一〇〇〇字以内）

◀解　説▶

≪アジアとその近代化≫

二〇二〇年度は、中国政治史の研究者で慶應義塾長（一九七七～一九九三年）を務めた石川忠雄氏の『私の夢　私の軌跡』（慶應義塾大学出版会、一九九三年）からの出題であった。出題は近代以降西欧との接触を通じての近代化を余儀なくされてきたアジアの様相についての論文（上記著書所収の講演録「アジア、日本そして福澤－文化的地平の融合－」より抜粋）からのもので、文字通り「アジアの近代化」が中心命題となっている。形式的に本問で求められているのは、「アジアの近代化」に対する筆者の議論（主張）を四〇〇字程度に要約した上で、自身の見解を具体的に論じることである。

要約する上で重要なのは、筆者が主張する骨子を可能な限り拾うということである。まず、なぜ、アジアが近代化の途を模索したのか、そのモチベーションを明確にせねばならない。すなわち、西欧近代との接触以前のアジアにはすでに優れて独自な体系的な世界観と歴史認識が存在し形成されていたのであるから、なにゆえにその方途を変更したのかについて言及せねばならないであろう。筆者は新たなアジア観の模索の原動力を「危機感」と表現しており、この点も記述する上で看過できない点である。

第二に、以上の議論を踏まえ、なぜ西欧文明との遭遇がアジアに危機感をもたらしたのかを抽出する必要がある。この点について筆者は、近代西欧の包括的な世界観の背後にはそれまで夢想しなかった技術体系と、それを運営するための社会組織ならびにイデオロギーが存在したと位置づける。そして、その中でも殊にまばゆいばかりの科学技術体系がアジア

論述力

解答例

西欧との接触を通じ、アジアが直面した西欧の科学技術体系、社会組織、イデオロギーは、アジア人にとっては、「普遍性」と「優越性」を具備するものであった。アジアは、西欧の視点を取り込み、外部の基準に照らして自らを位置づけることで、〝遅れたアジア〟という危機認識をもつに至った。この危機意識は、工業化という物質面の変革に加えて、新たな自己の模索という精神面の変革へとアジアを駆り立てた。

しかし、それまでの伝統の否定と工業化推進のための啓蒙教育はアジアの精神的支柱を崩壊させ、自己本位を全面に溢れさせることになった。だから、アジア諸国は侵略的拡張主義や民族差別主義の台頭を許してしまった。一方で、近代化をアジア各地域とそれぞれの文化における自己変革と研鑽として把握するならば、そこには独自性や多様性が見られ、アジアの近代化は「普遍性」といった単一の尺度で測られるべきものではない。自らと異なる人々の存在とその尊厳を重んじ相互に共存を図ることの重要性が導かれる。

上記したように、筆者によれば、アジアの近代化は、それぞれの地域による西欧文明を通しての独自の自己変革と研鑽である。言い換えれば、私たちは、近代以降のアジア諸国の独自性を、それぞれの国が西欧文明を取り入れる過程に見出すことができる。この視点をたとえば現代におけるアジア諸国の基礎科学研究に当てはめてみよう。たしかに、学問の潮流は西欧が中核であり、アジアの主要国は、おしなべて、知識人を欧米へと留学させようとする。しかし、この事実でもって、アジアの基礎科学研究が単一化しているとは言えない。持ち帰った成果の意義づけや応用の仕方は、それぞれの国や地域で異なっているはずだからである。その独自性に、西欧がいまだ気がついていない豊かな可能性が隠れている。この可能性を明らかにし世界に発信できれば、基礎科学研究におけるアジアの存在感は増すだろう。そこで参考になるのは、

· memo ·

大学赤本シリーズ

慶應義塾大学

法学部

別冊問題編

2025

矢印の方向に引くと
本体から取り外せます

教学社

目　次

問題編

2024年度

問題編

一般選抜

問題編

▶試験科目・配点

教　科	科　　　　目	配　点
外国語	コミュニケーション英語Ⅰ・Ⅱ・Ⅲ，英語表現Ⅰ・Ⅱ	200 点
地　歴	日本史Ｂ，世界史Ｂのうち１科目選択	100 点
論述力	資料を与えて，理解，構成，発想，表現の能力を問う	100 点

▶備　考

「論述力」は，「外国語」および「地理歴史」の合計点，ならびに「地理歴史」の得点，いずれもが一定の点数に達した受験生について採点する。合否の決定は，３科目の合計点で行う。

英 語

(80 分)

I . [A] *Questions (1)—(5) below contain five pairs of words. In each case, choose a word from the list (0 — 9) in the box next to them to insert into the underlined space in order to create two single words, and mark the appropriate number on your answer sheet. For example, in the case of the pair "candle _________ house," the word "light" can be inserted to form "candlelight" and "lighthouse."*

(1) hard _________ wreck

(2) hill _________ walk

(3) out _________ fast

(4) short _________ writing

(5) whole _________ what

0. arm	5. like
1. bar	6. scene
2. break	7. ship
3. friend	8. side
4. hand	9. some

[B] *In each of the following sentences (6)—(10), a word has been removed and replaced with an underlined space. Choose the most appropriate word from the list (0 — 3) below each sentence to insert into the underlined space to complete that sentence.*

(6) She did her best to hide it, but the way that she gazed at him while he was speaking gave her _________.

0. away 1. in 2. off 3. out

(7) While washing the dishes, my mother would always whistle along _________ whatever tune was playing on the radio.

0. away 1. by 2. on 3. to

(8) I wouldn't say I was fluent in Korean, but I did manage to pick _________ at least a little of the language in the short time that I lived in Korea.

0. at 1. off 2. on 3. up

(9) I just got _________ the phone with your father; he told me he's running late.

0. into 1. off 2. out 3. over

(10) He was an attentive husband and would always hang ________ his wife's every word.

0. in 1. on 2. out 3. over

Ⅱ. *Read the text below and answer the questions that follow.*

My Friend, Sherlock the Detective

How should I begin to describe my good friend Sherlock? In terms of his physical appearance, he had a domed forehead, while his face was possessed of an **aquiline**(11) quality, in large part owing to his hooked nose and piercing eyes. His thin yet athletic body pointed to a person whose talents were not confined to the merely **cerebral**(12), but who was also accustomed to undertaking physical as well as mental gymnastics. Typically, he would sit in his favorite armchair, puffing philosophically on his pipe and occasionally **wafting**(13) from his face, with a casual wave of his hand, the smoke that rose from its bowl-shaped end. By the middle of each afternoon, a dense and **fetid**(14) fog had filled his study and a heap of tobacco ash lay accumulating at his feet, upon which he wore slippers of the Turkish fashion. When in good humor, and with only a little **cajoling**(15), he would dust off his violin case, tighten his bow, and then entertain me with a breath-taking performance of Brahms. As for his character, by nature he inclined towards solitude, and would, moreover, commonly remain silent while those around him conversed passionately and at length. It would be wholly incorrect, however, to attribute his silence to **diffidence**(16). For, whenever the subject of **sleuthing**(17) arose in conversations taking place around him, he would shake himself free from his private **musings**(18) and suddenly insert himself actively into the discussion, becoming rather excited. Indeed, in those instances, he would indulge himself considerably in **descanting**(19) on his approach and methods regarding the solving of complex cases. This was frequently followed, much to his audience's delight, by a display of his detailed knowledge of the **proclivities**(20) of London's criminals.

If you looked up the basic forms of the underlined words (11)—(20) *in a dictionary, you would find the following definitions* (0—9). *In each case, decide which definition matches the underlined word and mark that number on your answer sheet.*

0. meditations on or thoughts about something contemplated carefully and for a long time
1. to gently persuade or urge someone to do something, especially using flattery to overcome their reluctance
2. an inclination or disposition towards something; a tendency to choose or do something regularly
3. to search for or discover information; the act of investigating a mysterious event or crime
4. the quality of being shy and not confident of your abilities

5. to discourse at length or comment expansively on a theme

6. to drive or carry away something by producing a current of air

7. of, relating to, or resembling an eagle

8. having a heavily offensive odor; smelling extremely stale and bad

9. of or relating to the brain or intellect

Ⅲ. *In the dialogue that follows, words have been removed and replaced by spaces numbered* (21) — (30). *From the boxed lists* [A] *and* [B] *below, choose the most appropriate phrase to fill in each of the* ***underlined bracketed numbers*** *and the* ***boxed bracketed numbers****, respectively.* ***All choices must be used; the choices should be made to produce the most natural conversation overall.***

[Two students are talking about the artificial-intelligence chatbot ChatGPT.]

Miu: What do you make of ChatGPT?

Ren: It's really cool! Have you used it yet?

Miu: No, [(26)].

Ren: I think it's amazing. It's going to change the world!

Miu: That's for sure! But for the better or for the worse?

Ren: Oh, for the better, ___(21)___.

Miu: Really? It doesn't worry you at all then?

Ren: No, not at all. Why? What concerns do you have about it?

Miu: Well, for starters, for guys like us, there's the temptation to cheat when it comes to our written assignments.

Ren: You mean you're afraid that students like us will just get ChatGPT to write their assignments for them?

Miu: Precisely! If I were behind and had an essay deadline rapidly approaching, ___(22)___ being tempted to do just that, which would be cheating!

Ren: That depends on how you look at it. We all already use the Internet to do research for our essays anyway, don't we? ___(23)___ as an extension of that.

Miu: Well I don't! If you got a friend to write your essay for you, that would be cheating, wouldn't it?

Ren: Yes, of course.

Miu: Then, [(27)] between getting your friend to write your essay for you and getting ChatGPT to do so?

Ren: ___(24)___. But if ChatGPT is available to everyone, then [(28)] in it? It's not like anyone has an unfair advantage over anyone else.

Miu: Well, I don't see it that way, [(29)], I have other misgivings. ChatGPT raises concerns over privacy and personal information, as well as about who owns the content that it creates, especially when it comes to art and music.

Ren: True, [(30)]. I'm certain that politicians and government officials will soon come up with ways to deal with such matters. After all, they have done so quite effectively up to now.

Miu: ___(25)___, and to prove my point, I'll give you an example. Governments have actually been very slow so far to address the harms that accompany social media. And the law always seems to be two steps behind when responding to what is taking place on the Internet.

[A] *To fill in each of the* ***underlined*** *bracketed numbers, that is* ___(21)___ — ___(25)___, *choose the most appropriate phrase from the list below:*

1. I beg to differ
2. I could see myself
3. I hadn't really thought about it like that
4. I just see ChatGPT
5. I should say

[B] *To fill in each of the* ***boxed*** *bracketed numbers, that is* [(26)] — [(30)], *choose the most appropriate phrase from the list below:*

1. but all new technologies create new challenges
2. but even leaving that aside
3. but I've heard a lot about it
4. what's the difference
5. what's the harm

Ⅳ. *The sequence of remarks below, numbered* (31) — (38), *are those made by a journalist, Karen Davila, talking to 2021 Nobel Peace Prize winner and journalist, Maria Ressa, who founded and heads* Rappler, *the Philippines' leading digital media organization. Ressa's responses that follow have been rearranged and numbered* (0 — 7). *Choose the number of the response that most appropriately follows each remark to produce the most natural conversation overall, and mark that number on your answer sheet.* ***All numbers must be used.***

(Interviewer: Karen Davila)

(31) So, how did you get to become an internationally esteemed investigative journalist and win a Nobel Prize?

(32) Your very powerful Nobel Prize acceptance speech addressed the harm that technology has done. Tell us more about writing that.

(33) You're obviously brave. The Philippine authorities issued you with ten arrest warrants in the space of two years and you have had several criminal complaints brought against you because of your work. Do you personally get scared?

(34) How did your upbringing influence you?

(35) If you weren't a journalist, what would you be?

(36) Is there anything you regret as a journalist?

(37) What else do you want to do?

(38) So, are you still optimistic?

(Interviewee: Maria Ressa)

0. We have to be, otherwise, there's nothing left. That's part of the reason we took the position we did in *Rappler*, because I also know that we're on the right side of history. So, what will you sacrifice for the truth? This is it; now's the time for the good guys to come together and step forward. If you're listening, this is the moment!

1. No, no! Because although we journalists make mistakes, we make up for not being perfect by being transparent. When we make a mistake, we tell people what it is. That's the way I look at power: the person holding the power needs to turn the guardrails on themselves, because the people with the greatest power are the ones who must have the strictest consciences; they cannot use that power for self-gain.

2. I don't know! The reason I didn't choose a career in theatre or music was because it was so focused on one thing; like when I was practicing the piano or the violin for music competitions, I would practice six hours a day. When you put that much of yourself in, then you take away other parts of yourself. It also means you're building yourself for other people's approval. I really didn't want to live a life like that... What I am doing now is about impact in our world. It's about making the world better. It is about leaving it better than when you came into it.

3. Ultimately, see a vigorous democracy, working institutions, checks and balances, corruption brought down to sustainable levels. Doing the right thing needs to be enough of an incentive to keep our people in the Philippines building a better world. There's so much that needs to be done, Karen! I'm so worried about the next generation, growing up on social media, who are shaped by social media and what social media reinforce. It is the worst of human nature. It rewards anger, hate and nastiness.

4. I don't think it's a triumphant moment: people think this is a chance to celebrate, but it's also a signal that things could get a lot worse. The last time a journalist was given this prize was almost 80 years ago, in 1936, in Germany under Hitler. That was Carl von Ossietzky, who was sent to a Nazi prison camp because of his reporting. So that was what I began my lecture with. Actually, I had the hardest time composing it, because I knew what was at stake for the Philippines, for journalists and, frankly, for the world. I've been talking for five years about the role social media platforms have played in destroying democracy.

5. My father died when I was a year old and then my mother migrated to the United States. It was a shock to go from the Philippines to this classroom in a public school in the middle of winter in the States. So, I think my biggest lesson was that there isn't just one view of the world. And maybe that's part of the reason I question everything. Then my stepfather, who raised us, is Italian American. So, our family life itself was a blend of these different cultures. This is a great lesson for a journalist: that there's more than one way to interpret everything; that you want to understand the root causes, instead of jumping to conclusions.

6. I think about living a life that has meaning. We each try to build our life looking for meaning. In the age of social media, meaning is so much harder to find. But meaning isn't something someone gives you; it's every single little choice you make that builds meaning in your life. I don't think you can set out to get an award; instead, I think what you try to do is you build a life of meaning and then these things happen. Journalism gave me a sense of mission, a sense of purpose; it gave my life meaning. You live the best life you think you can, and you do that by setting goals outside of yourself. You look at impact—you don't look at gain.

7. Always. The rule of law is fragile, and when we have these repeated attacks... when we allow a political reason for filing a legal case, you weaken the entire system of the rule of law. But we will fight in court. And I appeal to the justices, to the judges, to go back to the rule of law... Did I ever think that the law would be weaponized? No. But what do you do? Do you accept it? No. I know my rights were violated. And because they were, I can speak out with certainty.

(Adapted from an interview between Karen Davila and Maria Ressa.)

V. *Read the text and answer the questions that follow.*

[A] A new study conducted by three Massachusetts Institute of Technology (MIT) scholars has found that false news spreads more rapidly on the social network Twitter[1] than real news does—and by a substantial margin. "We found that falsehood spreads significantly farther, faster, deeper, and more broadly than the truth, in all categories of information, and in many cases by a great degree," says Professor Sinan Aral, co-author of a new paper detailing the findings. Associate Professor Deb Roy, who previously served as Twitter's chief media scientist from 2013 to 2017 and who is also a co-author of the study, adds that the researchers were "somewhere between surprised and stunned" at the difference in how true and false news circulates on Twitter. Moreover, interestingly, the scholars also found that the spread of false information is essentially not due to bots (computer programs that perform automatic tasks) that are programmed to spread inaccurate stories. Instead, false news speeds faster around Twitter due to people retweeting[2] inaccurate news items.

[B] The study provides the following findings. False news stories are 70 percent more likely to be retweeted than true stories are. It also takes true stories about six times as long to reach 1,500 people as it does for false stories to reach the same number of people. When it comes to Twitter's "cascades," or unbroken chains of retweets, falsehoods reach a cascade depth of 10 about 20 times faster than facts. Moreover, falsehoods are retweeted by unique users more broadly than true statements at every depth of cascade.

[C] The origins of the study involve the 2013 Boston Marathon bombings and their fatal consequences, which received massive attention on Twitter.______________________

____

____

____

____

[D] Of the 126,000 cascades, politics comprised the biggest news category, with about 45,000, followed by urban legends (that is, fictional anecdotes that people spread as if they were true stories), business, terrorism, science, entertainment, and natural disasters. The circulation of false stories was more apparent for political news than for news in the other categories. These findings provoke a basic question: Why does false information spread more quickly than the truth on Twitter? Aral, Roy, and Vosoughi suggest the answer may reside in human psychology: People like new things. "False news is more novel, and people are more likely to share novel information," says Aral. And on social media, people can gain attention or status by being the first to share unknown, but possibly false, information. Thus, as Aral puts it, "people who circulate new information are seen as being (__X__)."

---

1 Twitter was renamed "X" in July 2023.

2 To post again, or forward, a message on your own Twitter account that has previously been posted on another Twitter user's account.

[E] All three researchers think the scale of the effect they found is highly significant and agree that it is important to think about ways to limit the spread of misinformation; they hope their results will encourage more research on the subject. Aral notes how the recognition that humans, not bots, spread false news more quickly suggests a general approach to the problem. "Now actions to change human behavior become even more important in our fight to stop the spread of false news," he says, "whereas if it were just bots, we would need a technological solution." Vosoughi, for his part, suggests that if some people are deliberately spreading false news while others are doing so without intending to, then the phenomenon is a two-part problem that may require multiple tactics in response.

[F] The three MIT scholars say it is possible that similar (see Q. 44) occur on other social media (see Q. 44), including Facebook, but they emphasize that careful (see Q. 44) are needed on that and other related (see Q. 44). Roy believes that the current findings may help create "measurements or indicators that could become established standards" (see Q. 45) social networks, advertisers, and other parties, (see Q. 45) Aral urging that "science needs to have more support, both (see Q. 45) industry and government, in order to do more studies." For now, Roy says, even Twitter users with good intentions might reflect (see Q. 45) a simple idea: "Think before you retweet."

(Adapted from a 2018 article by Peter Dizikes in *MIT News*.)

(39) *According to paragraph* [**A**], *which of the following statements is **not** true?*

1. False news spreads on Twitter more swiftly than real news, and considerably so.
2. The scholars who conducted the study did not anticipate such variations in how true and false stories traveled on Twitter.
3. On Twitter, falsehoods spread to a much larger extent than the truth.
4. People are less to blame for the spread of inaccurate news on Twitter than bots are.

(40) *Which of the following statements can be derived with certainty from paragraph* [**B**]?

1. On Twitter, only 30% of news stories are true.
2. On Twitter, falsehoods take one tenth of the time to reach a cascade depth of twenty than do facts.
3. On Twitter, true statements are less widely retweeted by individuals at each level of cascade.
4. On Twitter, true stories tend to be six times longer than false stories.

(41) *Five sentences in paragraph* [**C**] *have been rearranged alphabetically and numbered ① to ⑤ below. From the list that follows, choose the option that best reflects the logical flow of the original and mark the number on your answer sheet.*

① However, in the aftermath of the tragic events, he adds, "I realized that a good portion of what I was reading on social media was rumors; it was false news."

② So too, to determine whether stories were true or false, the team used the assessments of six fact-checking organizations, and found that their judgments were in agreement more than 95 percent of the time.

③ Subsequently, he teamed up with Aral and Roy, with the three of them setting out to objectively identify news stories as true or false, and then chart their circulation on Twitter.

④ To conduct the study, the researchers tracked roughly 126,000 cascades of news stories spreading on Twitter, which were tweeted in total over 4.5 million times by about 3 million people, from the years 2006 to 2017.

⑤ "Twitter became people's main source of news," Soroush Vosoughi, the other co-author of the new paper, says.

1. ①, ②, ③, ④, ⑤
2. ②, ④, ③, ①, ⑤
3. ③, ⑤, ②, ①, ④
4. ④, ①, ⑤, ③, ②
5. ⑤, ①, ③, ④, ②

(42) *In paragraph* [**D**], *a three-word phrase marked by the bracketed space* (X) *has been removed from the text. Which of the following phrases is most likely to have been the original?*

1. in the black 2. in the dark 3. in the know
4. in the light 5. in the red 6. in the wrong

(43) *Which of the following is* ***not*** *expressed in paragraph* [**E**]*?*

1. Not all those who are spreading false news are doing so consciously, with that aim in mind.
2. One of the researchers thinks that a specific, technology-centered method is needed when confronting this issue.
3. The authors of the study are hopeful that their findings will stimulate further investigations in this field.
4. Tackling this issue may require several approaches to be adopted.

(44) *In paragraph* [**F**], *four nouns have been removed from the first sentence. From the list below, choose the option that correctly reflects the original order that these words appeared in and mark the number on your answer sheet.*

1. platforms, questions, phenomena, studies 2. questions, studies, phenomena, platforms
3. phenomena, platforms, studies, questions 4. studies, questions, platforms, phenomena

(45) *In paragraph* [**F**], *four prepositions have been removed from the second and third sentences. From the list below, choose the option that correctly reflects the original order that these words appeared in and mark the number on your answer sheet.*

1. with, from, for, on 2. with, for, on, from 3. on, from, with, for
4. on, for, with, from 5. from, with, on, for 6. from, on, for, with
7. for, from, on, with 8. for, with, from, on

(46)—(49) *On the basis of this passage (that is, paragraphs* [**A**] *to* [**F**]*), choose which of the individuals or group marked* (1—4) *in the box below would be* ***most likely*** *to make the* *remarks* (46) — (49)*, and mark that number on your answer sheet.* ***All choices must be used.***

1. All three MIT scholars	2. Deb Roy
3. Sinan Aral	4. Soroush Vosoughi

(46) Despite having had previous experience of working in the industry, I still hadn't expected such results.

(47) It would be interesting to find out if what was observed here can similarly be witnessed elsewhere on social media, and if so, to establish whether it is taking place to a lesser or greater extent than on Twitter.

(48) I guess you could say that out of that terrible public tragedy came a personal realization, one which led to my working with the others and beginning research that would explain and make known the extent to which false information was circulating on social media.

(49) One first needs to accept the fact that people wish to acquire higher social standing and recognition through appearing to possess information not widely known, and then focus on modifying how people act.

日本史

（60分）

（解答上の注意） [(1) ┆ (2)] と表示のある問いに対して，「09」と解答する場合は，解答欄(1)の⓪と(2)の⑨にマークすること。

問題 I

次の本文を読み，空欄 [(1) ┆ (2)] から [(19) ┆ (20)] に入る最も適切な語句を語群より選び，その番号を解答用紙の所定の欄にマークしなさい。また，下線部（ア）から（ウ）に関連する設問1から設問3について，それぞれの指示に従って番号を選び，解答用紙の所定の欄にマークしなさい。

なお，各史料の原文は，適宜改めてある。A，BおよびCは，問題の作成上あえて伏字にしたものであり，同じ表記の箇所には同じ語句が入る。

鎌倉が武士による政治の中心地であった時代に著されたとされる『 [(1) ┆ (2)] 』には，次のような記述が見られる。

史料『 [(1) ┆ (2)] 』

> 年ニソヘ日ニソヘテハ，物ノ道理ヲノミ思ツヾケテ……世中モヒサシクミテ侍レバ，昔ヨリウツリマカル道理モアハレニオボエテ…… [(3) ┆ (4)] ノ乱イデキテノチノコトモ，マタ世継ガモノガタリト申モノモカキツギタル人ナシ……ヒトスヂニ世ノウツリカハリオトロヘクダルコトハリ，ヒトスヂヲ申サバヤトオモヒテ思ヒツヾクレバ……コレヲ思ツヾクル心ヲモヤスメント思テカキツケ侍也

『 [(1) ┆ (2)] 』には， [(3) ┆ (4)] の乱が起こった後「ムサ(武者)ノ世」になったと評する記述も見られる。

『 [(1) ┆ (2)] 』と同時代に著されたとされる下記の『A』には，治承4年中の出来事から文永3年中の出来事までが編年体で記されている。『A』には，ある人物と歌人や僧との交流に関して，次のような記述が見られる。

史料『A』

> 京極侍従三位〔定家卿〕，相伝の私本の [(5) ┆ (6)] 一部を将軍家に献ず。是，二条中将〔雅経〕を以て尋ね被るるに依るなり。之に就き，去んぬる七日，羽林，之を請け取り，送り進らす。今日，到着するの間，広元朝臣，御所に持参す。
>
> （中略）

> 将軍家，聊か御病悩。諸人，奔走す。但し，殊なる御事無し。是，若しくは去んぬる夜の御淵酔の余気か。爰に葉上僧正，御加持に候ずるの処，此の事を聞き，良薬と称し，本寺自り(ア)茶一盞を召し進らす。

『A』に見える『 (5) | (6) 』については，本格的な注釈書が仙覚の手によって著されたことが知られている。江戸の地に幕府を開いた人物も『A』を好んで読んだといわれる。

江戸が武士による政治の中心地であった時代の書籍やその著者等について見ると，この時代には，形式等を宋の書籍にならい，後陽成天皇までの歴史を編年体で記した通史である『 (7) | (8) 』が編纂されている。

歴史に関する書籍として，6代将軍や7代将軍の時期に政治を担った人物が著した『 (9) | (10) 』があり，『 (9) | (10) 』には次のような記述が見られる。

史料『 (9) | (10) 』

> 神皇正統記ニ， (11) | (12) ヨリ上ツカタハ一向上古也。万ノ例ヲ勘フルニモ，仁和ヨリ下ツカタヲゾ申メル。五十六代清和幼主ニテ外祖良房摂政ス。是外戚専権ノ始〈一変〉。基経外舅ノ親ニヨリテ，陽成ヲ廃シ (11) | (12) ヲ建シカバ，天下ノ権藤氏ニ帰ス。ソノノチ関白ヲ置キ或ハ置ザル代アリシカド，藤氏ノ権オノヅカラ日日盛也〈二変〉。六十三代冷泉ヨリ……後冷泉凡八代百三年ノ間ハ，外戚権ヲ専ニス〈三変〉。

他の分野にも目を向けると，江戸に私塾の (13) | (14) を開いた人物が著した『B』は，(イ)8代将軍の求めに応じて著されたものといわれる。『B』には，次のような記述が見られる。

史料『B』

> 当時ハ旅宿ノ境界ナル故，金無テハナラヌ故，米ヲウリテ金ニシテ商人ヨリ物ヲ買テ日々ヲ送ル事ナレバ，商人主ト成テ武家ハ客也。……武家皆知行所ニ住スル時ハ，米ヲ売ラズニ事スム故，商人米ヲ欲ガル事ナレバ，武家主トナリテ商人客也。サレバ諸色ノ直段ハ武家ノ心儘ニ成事也。是皆古聖人ノ広大甚深ナル智恵ヨリ出タル万古不易ノ掟也。

書籍に批判的内容・主張が記されることは珍しくない。次のような記述が見られる『 (15) | (16) 』は，社会批判を記したものの1つに数えることができる。

史料『 (15) | (16) 』

> 上無ケレバ下ヲ責メ取ル奢欲モ無シ，下無ケレバ上ニ諂ヒ巧ムコトモ無シ……各々耕シテ子ヲ育テ，子壮ンニナリ能ク耕シテ親ヲ養ヒ子ヲ育テ，一人之レヲ為レバ万万人之レヲ為テ，貪リ取ル者無ケレバ貪ラルル者モ無ク，転定モ人倫モ別ツコト無ク，転定生ズレバ人倫耕シ，此ノ外一点ノ私事無シ。

次の『C』の著者である (17) | (18) のように，書籍等で幕府の施政を難じた者が不利益を被ることがあった

ことも知られている。

史料『C』

> 当時[(19) | (20)]に厳重に石火矢の備有て，却て安房，相模の海港に其備なし。此事甚不審。細カに思へば江戸の日本橋より唐，阿蘭陀迄境なしの水路也。然ルを此に備へずして[(19) | (20)]にのミ備ルは何ぞや。

ほかにも，この時代には，『[(5) | (6)]』がたとえば契沖や賀茂真淵によって研究され，それぞれによって書籍が著されており，(ウ)当時の人々の生活や文化，芸術等を窺い知ることができる書籍等も多く残されている。

〔設問1〕

下線部（ア）に関連して，茶や茶室に関する記述として適切なものを次の［01］から［05］のなかより選び，その番号を解答欄[(21) | (22)]にマークしなさい。

［01］ 臨済宗の僧である康勝は，日本に茶をもたらし，茶の効用などを記した『喫茶養生記』を著した。

［02］ 武野紹鷗が創始した侘茶は，村田珠光に受け継がれ，堺出身の千利休が大成した。

［03］ 豊臣秀吉が催し，今井宗久や津田宗及などの茶人が参加した北野大茶湯は，身分や貧富にかかわらず多様な人々の参加も認めた。

［04］ 曹洞宗の禅院である妙喜庵の待庵は，豊臣秀吉の求めに応じて古田織部が設計に関わった茶室である。

［05］ 後醍醐天皇の弟の別邸として南北朝時代に作られた桂離宮は，茶室を巧みに取り入れた数寄屋造の建築物の代表例である。

〔設問2〕

下線部（イ）の将軍在位中に起きた出来事に関する記述として適切なものを［01］から［05］のなかより選び，その番号を解答欄[(23) | (24)]にマークしなさい。

［01］ 大名に対して1万石当たり50石を上納させ，上納量に応じて参勤交代の江戸在府期間を短縮する施策が実施された。

［02］ 東海道品川宿の名主で『民間省要』の著者である田中丘隅が町奉行に登用された。

［03］ 一定期間は収穫量を予測して定めた同じ年貢率とする検見法から，その年の収穫量に応じて年貢率を定める定免法に改められた。

［04］ 田畑永代売買の禁止令など元和元年以降の法令を集成することが命じられた。

［05］ 貧しい人々に医療を施す小石川養生所が開設され，石川島に町人や無宿人のうち希望者に対して職業訓練を行う人足寄場が設けられた。

〔設問3〕

下線部（ウ）に関連して，俳句や川柳，狂歌などに関する記述として適切なものを［01］から［05］のなかより選び，その番号を解答欄[(25) | (26)]にマークしなさい。なお，引用した各史料の原文は，適宜改めてある。

［01］ 『奥の細道』には，松尾芭蕉の「菜の花や月は東に日は西に」という作品が収められている。

［02］ 『笈の小文』には，与謝蕪村の「牡丹散て打重りぬ二三片」という作品が収められている。

[03] 『万載狂歌集』には，蜀山人こと石川雅望の「侍が来ては買ってく高楊枝」という作品が収められている。

[04] 『誹風柳多留』には，柄井川柳の「白河の清きに魚のすみかねてもとの濁りの田沼こひしき」という作品が収められている。

[05] 『おらが春』には，小林一茶の「雀の子そこのけそこのけ御馬が通る」という作品が収められている。

［語群］

01. 吾妻鏡	02. 今鏡	03. 宇多	04. 浦賀	05. 大鏡
06. 大坂	07. 懐徳堂	08. 懐風藻	09. 愚管抄	10. 熊沢蕃山
11. 稽古談	12. 経世秘策	13. 蘐園塾	14. 元亨釈書	15. 広益国産考
16. 光孝	17. 古義堂	18. 古今和歌集	19. 古事記伝	20. 古史通
21. 古史伝	22. 資治通鑑	23. 四条	24. 自然真営道	25. 下田
26. 下関	27. 拾遺愚草	28. 淳和	29. 貞観政要	30. 承久
31. 樵談治要	32. 芝蘭堂	33. 新古今和歌集	34. 新論	35. 朱雀
36. 鈴屋	37. 醍醐	38. 平忠常	39. 平将門	40. 高野長英
41. 歎異抄	42. 適々斎塾	43. 天皇記	44. 読史余論	45. 長崎
46. 仁明	47. 農政本論	48. 箱館	49. 林子平	50. 藩翰譜
51. 平治	52. 保元	53. 本多利明	54. 本朝通鑑	55. 万葉集
56. 水鏡	57. 文徳	58. 山鹿素行	59. 山県大弐	60. 横浜
61. 梁塵秘抄	62. 類聚国史	63. 類聚神祇本源	64. 和漢朗詠集	65. 渡辺崋山

問題 II

ある人物 (X) に関わりのある史料A，BおよびCと，関連する解説文を読み，設問1から4について，それぞれの指示に従って番号を選び，解答用紙 (27)(28) から (49)(50) にマークしなさい。なお，各史料の原文は，適宜改めてある。(X)，(Y) は，問題の作成上あえて伏字にしたものであり，同じ表記の箇所には同じ語句が入る。

史料A

最悪なる事態に立至ることは我 (Y) の一大瑕瑾たるべきも，(27)(28) の世論は今日迄の所未だ (Y) の変更と迄は進み居らず。……つらつら思ふに我が国内外の情勢は今や共産革命に向って急速に進行しつつありと存ず。即ち国外に於てはソ連の異常なる進出之なり。……殊に最近 (29)(30) 解散以来，赤化の危険を軽視する傾向顕著なるが，これは皮相且つ安易なる視方なり。……戦局の前途につき何等か一縷でも打開の理ありと云ふならば格別なれど，最悪の事態必至の前提の下に論ずれば，勝利の見込なき戦争を之以上継続することは全く共産党の手に乗るものと云ふべく，……一日も速に戦争終結の方途を講ずべきものなりと確信す。

＊瑕瑾（かきん） 全体としてすぐれたものの中にあって惜しむべき小さな傷。

解説文A

史料Aは，(X) が記した文書として知られ，従前の日本が赤化に無警戒であったことを指摘するとともに，それを阻止するためにも戦争の早期終結が必要であることを訴えている。(X) は (Y) の存続に関心を示している。このように近代日本の歴史上，(Y) の概念は，種々の時期や場面において争点になり注目された。ある学者の学説が物議を醸したとき，時の (31)(32) 内閣は，(Y) の概念を明らかにするとの趣旨から，この学説を否定する声明を出す。貴族院議員でもあったこの学者は，議員辞職に追い込まれることになった。

史料B

① 帝国陸海軍は，克く広東，武漢三鎮を攻略して，支那の要域を戡定したり。(33)(34) は既に地方の一政権に過きす。……日満支三国相携え，政治，経済，文化等各般に亘り互助連環の関係を樹立するを以て根幹と……期するにあり。帝国か支那に望む所は，この (35)(36) 建設の任務を分担せんことに在り。

＊戡定（かんてい） 武力で乱をしずめること。

② 日満支三国は (35)(36) の建設を共同の目的として結合し，相互に善隣友好，共同防共，経済提携の実を挙けんとするものてある……。東亜の天地には「(29)(30)」勢力の存在を許すへからさるか故に，日本は (37)(38) の精神に則り，日支防共協定の締結を以て，日支国交調整上喫緊の要件とするものてある。

③ 帝国政府は (39)(40) 攻略後尚ほ (33)(34) の反省に最後の機会を与ふるため今日に及へり。然るに (33)(34) は帝国の真意を解せす漫りに抗戦を策し，内民人塗炭の苦みを察せす，外東亜全局の和平を顧みる所なし。仍て帝国政府は爾後 (33)(34) を対手とせす……。

史料C

| (27) | (28) | の平和主義は現状維持を便利とするものゝ唱ふる事勿れ主義にして何等正義人道と関係なきものなるに拘らず，…… | (27) | (28) | 本位の平和主義にかぶれ | (41) | (42) | を天来の福音の如く渇仰するの態度あるは実に卑屈千万にして正義人道より見て蛇蝎視すべきものなり。……日本として主張せざる可らざる先決問題は経済的帝国主義の排斥と黄白人の無差別的待遇是なり。……正義人道に本く世界各国民平等生存権の確立の為にも，経済的帝国主義を排して各国をして其殖民地を開放せしめ，製造工業品の市場としても，天然資源の供給地としても，之を各国平等の使用に供し，自国にのみ独占するが如き事なからしむるを要す。

解説文C

（X）は，日本がサイレントパートナーであると揶揄されることになる国際会議に随員として参加した。史料Cは，この国際会議の開催を前にして（X）が執筆し，雑誌に掲載された論文の抜粋であるが，会議以降に構築されるであろう国際秩序を偽善と捉える考えが提示されていて興味深い。この会議で日本は，史料Cの下線部にあるような考えに即した提案をするが，(27)(28)をはじめとする参加国の賛同を得られず，成立することはなかった。

（X）は，(43)(44)の教えを受けることを希望し京都帝国大学に進学した経歴を有する。(43)(44)は，大阪朝日新聞に，「驚くべきは現時の文明国における多数人の貧乏である」と書き出す評論を連載し，貧乏廃絶のためには金持ちの奢侈を止めさせる必要があると説いていた。(43)(44)は，社会主義，さらには共産主義に傾斜していく経済学者であったが，史料Cに見える「平等生存権」「経済的帝国主義」の文言には，（X）が(43)(44)の思想に共鳴していたことが窺える。

〔設問1〕

史料A，BおよびCと，それらの解説文の空欄(27)(28)から(43)(44)に入る最も適切な語句を語群より選び，その番号を解答用紙の所定の欄にマークしなさい。

〔設問2〕

史料A，BおよびCを，年代の古いものから順に並べた場合，正しい並び順を［01］から［06］のなかより選び，その番号を解答欄(45)(46)にマークしなさい。

[01] A－B－C

[02] A－C－B

[03] B－A－C

[04] B－C－A

[05] C－A－B

[06] C－B－A

〔設問3〕

史料Bの①，②および③を，年代の古いものから順に並べた場合，正しい並び順を［01］から［06］のなかより選び，その番号を解答欄(47)(48)にマークしなさい。

[01]　①－②－③

[02]　①－③－②

[03]　②－①－③

[04]　②－③－①

[05]　③－①－②

[06]　③－②－①

〔設問4〕

史料Bは，ある戦争が勃発してから日本政府が対外的に発した声明である。この戦争の勃発からこれらの声明が発せられるまでに起きた出来事として適切なものを［01］から［05］のなかより選び，その番号を解答欄 (49) (50) にマークしなさい。

[01]　戦時を担う少年少女を教育するため，小学校が「国民学校」に改称された。

[02]　駐日米国大使トラウトマンは，戦争収束に向けた仲介工作を行うも結実しなかった。

[03]　石川達三は，小説『武漢作戦』を発表したが，発禁処分を受けた。

[04]　紀元二千六百年記念式典が，皇居前で挙行された。

[05]　戦時の物資動員計画を策定するため企画院が創設された。

［語群］

01. ABCDライン	02. 阿部信行	03. 有沢広巳	04. 英国政府	05. 英仏
06. 英米	07. 円ブロック	08. 汪兆銘政府	09. 大内兵衛	10. 岡田啓介
11. 尾崎秀実	12. 賀川豊彦	13. 河合栄治郎	14. 河上肇	15. 冀東防共自治政府
16. 国際連盟	17. 国民政府	18. コミンテルン	19. コミンフォルム	20. コメコン
21. 斎藤実	22. 鈴木貫太郎	23. 絶対国防圏	24. 大西洋憲章	25. 大東亜共栄圏
26. 第2インターナショナル		27. 大連	28. 滝川幸辰	29. 塘沽停戦協定
30. 中ソ	31. 天津	32. 東亜新秩序	33. 独伊	34. 独墺
35. 独ソ	36. 南京	37. 日独伊三国同盟	38. 日独伊防共協定	39. 日独防共協定
40. 日満議定書	41. 熱河	42. 野呂栄太郎	43. 平沼騏一郎	44. 広田弘毅
45. 不戦条約	46. 米国政府	47. 北京	48. 奉天	49. 松岡洋右
50. 満州国	51. 森戸辰男	52. 矢内原忠雄	53. 米内光政	54. 旅順
55. ロシア政府	56. 露独仏	57. ロンドン海軍軍縮条約		
58. ワシントン海軍軍縮条約		59. ワルシャワ条約機構		

問 題 Ⅲ

次の史料および解説文は，琉球・沖縄についてのものである。それぞれの史料および解説文の空欄 (51)(52)，(53)(54)，(01)(02)，(03)(04)，(65)(66) に入る最も適切な語句を語群より選び，その番号を解答用紙の所定の欄にマークしなさい。また，設問1から8について，それぞれの指示に従って番号を選び，解答用紙の所定の欄にマークしなさい。

なお，各史料の原文は，適宜改めてある。また，（X），（Y）は，問題の作成上あえて伏字にしたものであり，同じ表記の箇所には同じ語句が入る。

史料A

> (51)(52) 琉球へ渡り給ひしといふ説，原何の書に出ることをしらず。しかれども神社考に云，「(51)(52) 八丈島より鬼界に行，琉球に亘る。今に至り諸島祠を建て島神とす」といふ。寺嶋が和漢三才図絵に又云，「(51)(52) 大嶋を遁出て琉球国に到り，魑魅を駆て百姓を安くす。洲民その徳を感じて主とせり。(51)(52) 逝去のゝち，球人祠をたて，神号して舜天太神宮といふ」といへり。……抑琉球は，その国偏小にして，南北長さ四十余里，東西は狭くして，十里に過ずとなん。その都を首里といふ。この余の郡県を間切と唱，その地の領主を (53)(54) といふ。

解説文A

史料Aは，九州に追放された際にその地帯を支配して鎮西八郎を自称したとされ，伊豆大島に流罪になった (51)(52) を主人公として，日本と琉球の歴史を取り上げた読本『①』の抜粋である。

文化・文政時代に刊行された読本『①』は，葛飾北斎が挿絵を描いたこともあり，町人の間で広く読まれた。江戸時代に刊行された読本としては，大坂の国学者が著した『②』も知られている。一方，幕府は庶民の風俗を取りしまる動きを見せ，歌川国貞が挿絵を描いた合巻『③』はその対象となり，絶版とされた。

〔設問1〕

以下の［01］から［05］の文章のうち，琉球王国に関する説明として適切なものを選び，その番号を解答欄 (55)(56) にマークしなさい。

［01］沖縄本島の有力商人は十三湊を拠点として貿易を行った。
［02］三山のうち中山には，玉城城，今帰仁城などのグスク（城）が築かれた。
［03］尚巴志は首里に王府をおき，第二尚氏王朝を作り上げた。
［04］琉球王国は第一尚氏王朝と第二尚氏王朝を合わせると江戸幕府よりも長く続いた。
［05］琉球王国は朝鮮とも貿易を行い，癸亥約条を締結した。

〔設問2〕

以下の［01］から［05］の文章のうち，琉球王国に関する説明として適切なものを選び，その番号を解答欄 (57)(58) にマークしなさい。

[01] 薩摩藩の島津家久が1609年に琉球王国に出兵し，国王の尚寧を服属させたが，琉球王国と清の朝貢関係は継続した。

[02] 『おもろさうし』は，琉球王国が貿易を行うにあたって海外事情を記録した書籍であり，当時の交易の状況を伝えている。

[03] 琉球王国では，古琉球以来の伝統的な社会文化が維持され，薩摩藩による検地は行われなかった。

[04] 琉球国王は，国王の即位を感謝する謝恩使，徳川将軍の代替りを祝賀する慶賀使を江戸に送ったが，この両者が同時に送られることもあった。

[05] 日米和親条約の締結に先立って，琉球王国はアメリカとの間に修好条約を締結した。

〔設問3〕

解説文Aに関連して，①から③に入る文学作品名として適切な組み合わせを［01］から［08］より選び，その番号を解答欄 (59) (60) にマークしなさい。

	①	②	③
[01]	雨月物語	椿説弓張月	修紫田舎源氏
[02]	雨月物語	修紫田舎源氏	椿説弓張月
[03]	修紫田舎源氏	雨月物語	西域物語
[04]	修紫田舎源氏	西域物語	椿説弓張月
[05]	椿説弓張月	西域物語	雨月物語
[06]	椿説弓張月	雨月物語	修紫田舎源氏
[07]	西域物語	椿説弓張月	西域物語
[08]	西域物語	修紫田舎源氏	雨月物語

史料B

(61) (62) ：議案の趣意を簡単に説明せむ先般御諮詢ありたる選挙法改正案か成立したらむには選挙法は当然沖縄県に施行せらるゝこととなるへき筈なり然るに該案は帝国議会の (63) (64) を得ること能はさりしか故に現行法の下に於て沖縄県より議員を選出せしむるか為めに本案を提出したるなり……沖縄県にても近年府県制其の他の地方制度をも実行し今日に於ては其の事情内地と異らさるに至りたるを以て内地と同様に議員を選出せしめて支障なきものと信す

解説文B

明治初期の琉球処分により日本に編入された後も，本土と沖縄では様々な差異が存在したが，その差異の一つが選挙制度であった。史料Bは，地方制度の整備がようやく進み始めた沖縄県において衆議院議員選挙を実施するための施策についてのものである。 (61) (62) は衆議院議員選挙法の改正により (X) を導入することとともに，沖縄県において衆議院議員選挙を実施することを試みたが，史料Bにおいて言及された帝国議会においては同法の改正には至らなかった。そこで，沖縄県における衆議院議員選挙を (65) (66) により実施するための施策については枢密院に諮詢され，その結果，沖縄県から初の衆議院議員が選出された。 (X) の導入は (61) (62) が後に実現させることになる。

〔設問4〕

[(61)(62)]は，所属する政党の総裁が初めて政権を担った時に内務大臣に就任する。この時の内閣が行った施策について述べたものとして適切なものを選び，その番号を解答欄[(67)(68)]にマークしなさい。

[01]　日本社会党の結成を認めたが，その後結社禁止を命じた。

[02]　郵便制度に全国均一料金を導入した。

[03]　労働者保護を目的とする工場法を制定・公布した。

[04]　それまで軍人のみが就任していた台湾総督に，文官の田健治郎を就任させた。

[05]　社会主義思想の拡大を警戒し，治安維持法を制定・公布した。

〔設問5〕

[(61)(62)]によりこの施策が諮詢された枢密院は，一部の[(65)(66)]などについて天皇の諮問に応え，重要な国務を審議する機関である。以下の01から05の文章のうち，枢密院に関する説明として適切でないものを選び，その番号を解答欄[(69)(70)]にマークしなさい。

[01]　大日本帝国憲法第56条は，枢密顧問が天皇の諮詢に応えて重要な国務を審議することを規定した。

[02]　枢密院において重要な役割を担った伊東巳代治は，井上毅・金子堅太郎と共に大日本帝国憲法の起草に関与した。

[03]　枢密院の諮詢事項には，条約等が含まれるが，大日本帝国憲法に附属する法律は含まれなかった。

[04]　枢密院に諮詢された明治期の皇室典範は，大日本帝国憲法と異なり官報に掲載されなかった。

[05]　占領下において行われた日本国憲法の制定過程では枢密院における審査が行われたが，その席上で制定の手続きに異議を申し立てた者もいた。

史料C

> 堀切善次郎：今回の改正は，新事態の要請致します最も緊要と認められます根本的問題を骨子と致しまして，之に伴ふ已むを得ない若干の改正を行ふことに止めることを立案の方針と致しまして，選挙法の全面に亘りまして詳細なる研究を遂げますことは，之を他日に譲ることに致した次第であります，其の骨子と致して居ります点は，只今総理大臣より述べられました如く，選挙権及び被選挙権の拡張，[(Y)]……でございます，……以上が選挙法改正案の大体の内容でございますが，尚右に関連致しまして，臨時特別の措置と致しまして，二三特殊の問題を同法律案の附則で規定を致して居るのであります，……其の四は，沖縄県，千島，其の他海上交通杜絶，其の他特別の事情にある地域にして[(65)(66)]を以て指定するものは，現下の特殊の事態に鑑みまして，[(65)(66)]を以て定める迄は選挙を行はないことに致したのであります

解説文C

太平洋戦争の末期，沖縄は官民ともに甚大な被害を伴った地上戦の結果，アメリカ軍によって占領統治された。史料Cは，初めて衆議院における女性の参政権を認めることなどを定めた法改正についての議事録である。[(Y)]は，投票制度は異なるものの，1900年にも導入されたことがある。この改正の少し後から，沖縄を含めた地域における衆議院議員選挙は当面の間実施しないこととされた。

〔設問6〕

沖縄においては，沖縄守備軍司令官牛島満が1945年6月に自決したことで，組織的な戦闘が終結した。沖縄戦の終結に至るまでに生じた以下の［01］から［05］の出来事を古い順に並べた場合，3番目にくるものの番号を解答欄 (71)｜(72) にマークしなさい。

［01］ ガダルカナル島撤退

［02］ ミッドウェー海戦敗北

［03］ サイパン陥落

［04］ 硫黄島陥落

［05］ アッツ島陥落

〔設問7〕

以下の［01］から［05］の文章のうち，(65)｜(66) の形式によって行われた施策に当てはまらないものを選び，その番号を解答欄 (73)｜(74) にマークしなさい。

［01］ 1907年3月，義務教育が6年間に延長され，翌年4月から実施された。

［02］ 1927年4月，金融恐慌に対応して3週間の支払い猶予が認められた。

［03］ 1938年4月，日本発送電株式会社を設立して発電および送電の管理が行われるようになった。

［04］ 1939年10月，9月18日を基準とする公定価格が定められた。

［05］ 1946年2月，戦争協力者や国家主義者などを公職から追放することが決定された。

〔設問8〕

以下の［01］から［06］のうち，解説文B中の （X） と史料Cおよび解説文Cの中の （Y） の組み合わせとして適切なものを選び，その番号を解答欄 (75)｜(76) にマークしなさい。

［01］ X＝普通選挙制　Y＝大選挙区制

［02］ X＝大選挙区制　Y＝小選挙区制

［03］ X＝比例代表制　Y＝大選挙区制

［04］ X＝普通選挙制　Y＝小選挙区制

［05］ X＝小選挙区制　Y＝大選挙区制

［06］ X＝比例代表制　Y＝小選挙区制

［語群］

01. 按司	02. 按察使	03. 伊波普猷	04. 桂太郎	05. 加藤高明
06. 樺山資紀	07. 規則	08. 協賛	09. 郷長	10. 告諭
11. 後藤新平	12. 西園寺公望	13. 沙汰	14. 条規	15. 詔書
16. 条坊	17. 条例	18. 政令	19. 宣旨	20. 宣布
21. 先例	22. 平重盛	23. 平忠正	24. 平宗盛	25. 平頼綱
26. 勅令	27. 佃	28. 床次竹二郎	29. 内覧	30. 原敬

31. 封主	32. 輔弼	33. 源為朝	34. 源為義	35. 源義家
36. 源頼光	37. 山県有朋	38. 結	39. 翼賛	40. 連署

※受験生の便宜を考え，人名については姓と名を表記している。

問 題 Ⅳ

次の史料①から⑤は，ある首相経験者 （A） に対するインタビュー記録である。なお，各史料の原文は，適宜改めてある。 （A） から （E） には，それぞれ同じ人物名が入る。

設問1，6，8，9，11については，空欄に入る最も適切な語句を語群より選び，その番号を解答用紙の所定の欄にマークしなさい。それ以外の設問については，それぞれの指示に従って番号を選び，解答用紙の所定の欄にマークしなさい。

史料①

（私が）政治の中央における大きな舞台に登場したのは，今考えてみますと，(ア)1954年の暮に （B） さんが退陣されて第一次鳩山内閣ができてからあと，つまり1955年（昭和30年）以降のことですね。鳩山さんは総理になられると，それまでの向米一辺倒の （B） さんとの色彩をかえるために(イ)ソ連との国交回復を大きくとりあげた。

〔設問1〕

犬養健法相が指揮権を発動し，下線部（ア）の要因の一つとなった出来事として適切なものを語群より選び，その番号を解答欄 (77) (78) にマークしなさい。

〔設問2〕

次の［01］から［05］の文章のうち， （B） の政権担当時に関する説明文として適切なものを選び，その番号を解答欄 (79) (80) にマークしなさい。

［01］ 日米安全保障条約により，アメリカ軍の日本駐留が認められたが，サンフランシスコ平和条約においてもアメリカ軍の駐留を可能にする規定が盛り込まれていた。

［02］ アメリカの要請に従って，治安維持法や特別高等警察の廃止をはじめとする自由化政策が推進された。

［03］ 朝鮮戦争の勃発にともない，日本の警察力不足を補うため警察予備隊が設置され，その後自衛隊に改編されたが，旧軍関係者は所属できないこととされた。

［04］ 日本の防衛力を強化する目的で，アメリカとの間にMSA協定を締結しようとしたが国会の承認が得られず，その締結は鳩山内閣期に持ち越された。

［05］ 米軍基地に反対する住民運動が激化したため，警察法が改正され，全国の市町村に自治体警察が設置された。

〔設問3〕

下線部（イ）に関連して，日本とソ連との関係について述べた文章として適切なものを次の［01］から［05］のなかより選び，その番号を解答欄 (81) (82) にマークしなさい。

［01］ 1922年，加藤友三郎内閣は英，米，伊，ソ連等の9ヵ国の間で9ヵ国条約を結び，中国の主権尊重，中国における門戸開放，機会均等などを約した。

［02］ 1945年，日本は連合国軍に占領されたが，実質的にアメリカ軍による占領となった。ただし連合国による日本占領政策の最高機関としてワシントンに極東委員会が置かれ，ここにはソ連も参加していた。

[03]　1941年，東条英機内閣はソ連との間で日ソ中立条約を結んだが，1945年8月，ソ連は突如日本に対して宣戦を布告し，満州等を占領した。

[04]　1945年，ソ連書記長スターリンはアメリカ大統領F.ルーズベルト，イギリス首相チャーチルとともにポツダム会談を開き，米，英，ソ連の3ヵ国の名でポツダム宣言を発した。

[05]　1956年，日ソ共同宣言が調印され，同宣言において，ソ連は平和条約締結後の国後島，択捉島，歯舞群島，色丹島の日本への引き渡しに同意したものの，その後平和条約の締結に至らず，北方領土の帰属は未解決問題として残された。

史料②

（C） 内閣が誕生しましてから，（C） さんは(ウ)日米安全保障条約の改定というものを最大の政治課題として考えておられたようです。そういう展望の上に立って，これは相当，国内で騒動が起こるなと。あるいは(エ)革新政党，革新勢力，あるいは学生その他が，相当抵抗するんじゃないかというようなことが予想されるので，……安保改正にのり出す前提条件，準備段階として，警察官職務執行法の改正というものを国会に提案をされた。

〔設問4〕

次の［01］から［05］の文章のうち，下線部（ウ）に関する説明文として適切なものを選び，その番号を解答欄 (83) (84) にマークしなさい。

[01]　改定後の条約では，日本の防衛力の増強が義務づけられ，具体的には日米地位協定に基づき毎年度GNP比1％以上の防衛費支出を強いられた。

[02]　改定後の条約により，事前協議制が導入され，沖縄への核兵器持込みも事前協議の対象となったが，実際には，緊急時の核兵器の持込みを認める密約が存在したことが，近年公式に確認された。

[03]　改定前の条約では条約の有効期限が定められていなかったが，改定後の条約では，発効後10年の有効期間が経過した後は，いずれの締約国も条約の終了の意思を通告することができるとされた。

[04]　日本に対する間接侵略を抑止するため，改定後の条約には日本政府の要請で在日米軍が日本国内の内乱鎮圧に出動できるいわゆる内乱条項が新たに加わった。

[05]　改定前の条約では，在日米軍基地の設置が認められるとともに，アメリカの日本防衛義務が明文化されていた。

〔設問5〕

下線部（エ）に関連して，この改定を阻止しようとした動きの説明文として適切なものを［01］から［05］のなかより選び，その番号を解答欄 (85) (86) にマークしなさい。

[01]　安保改定をめぐる党内対立が一因となり，日本社会党から右派が脱党し，西尾末広率いる民主社会党が結成された。

[02]　社会党，共産党，連合が安保改定阻止国民会議を開催して，安保改定反対運動を展開した。

[03]　ベ平連が反戦フォーク演奏会を開催して聴衆を集め， （C） 内閣が行おうとした安保改定を阻止する運動の一翼を担った。

[04]　 （C） 内閣による安保改定を阻止するため，赤軍派の学生がよど号ハイジャック事件を起こした。

[05]　激しい反対運動を前にして， （C） 首相はアメリカのL.ジョンソン大統領の日本訪問中止を要請した。

史料③

（ (D) 内閣は）この安保騒動のあとだけに，「寛容と忍耐」話し合いの政治ということは，非常に世論に受けた。世論も安心をした。 (D) 政治は本物だな，という印象を受けたと思う。と同時に，一方において，そのころの政治があまりにも防衛だとか，軍備だとか，そういうような印象が強いですから，このさい国民の目を，本当に(オ)生活に直結した経済の方向にむけていこうということで， (D) さんの年来の主張である所得倍増計画というものを，この大旆を揚げて (D) 政治を展開しよう，と，こういうことにしたわけですね。

〔設問6〕

(D) 内閣の時期には，「大都市における人口及び産業の過度の集中を防止し，並びに地域格差の是正を図るとともに，雇用の安定を図る」（第1条）こと等を目的とする法律が制定された。その法律名として適切なものを語群より選び，その番号を解答欄 (87) (88) にマークしなさい。

〔設問7〕

下線部（オ）に関連して， (D) 内閣期の「生活」,「経済」に関する説明文として適切なものを次の［01］から［05］のなかより選び，その番号を解答欄 (89) (90) にマークしなさい。

［01］ いわゆる「3C」の一つであるカラーテレビの普及率が，白黒テレビの普及率を上回った。

［02］ 高度経済成長にともない公害が深刻な問題となり，新潟水俣病訴訟が起こされた。

［03］ 日本の貿易黒字が急増した結果，1ドル＝360円の固定相場が維持できなくなり，1ドル＝308円とするスミソニアン体制に移行した。

［04］ エネルギー源が石炭から石油へ転換していったため，炭鉱労働者を救済するために傾斜生産方式が閣議決定された。

［05］ 国際収支上の理由により輸入制限を行うことができないGATT 11条国に移行した。

史料④

(E) という人は非常に真面目な人でね。大蔵大臣をやった当時から，国の財政はなかなか容易でないと，そういうようなことから，(カ)大型間接税というものを導入せねばいかんというような考え方を持っておって，それを……総選挙の公約として国民の支持，理解を求めていこうということで，だいぶ宏池会の中でも慎重論があったんだけれども，彼は押し切って，これを選挙公約の中にとり上げた。

その結果，国民の皆さんの拒否反応にあって，選挙に非常な悪影響が出，結果は非常にまずかった。……ですから，保革伯仲といいますか，極端にいうと，無所属で当選したものを自民党に入党させて，なおかつ保革伯仲のすれすれというようなことです。当時の (93) (94) の協力を得て，かろうじて本会議等を乗り切ったというようなことで， (E) 政権は国会等においても茨の道を歩むような苦労を重ねたものなんです。

〔設問8〕

(E) にあたる人物名として適切なものを語群より選び，その番号を解答欄 (91) (92) にマークしなさい。

〔設問9〕

空欄 (93) (94) に入る政党は，自民党の金権政治に対する反発等から生まれた。その政党名として適切なものを語群より選び，その番号を解答欄 (93) (94) にマークしなさい。

〔設問10〕

次の［01］から［05］の文章のうち，下線部（カ）に関する説明文として適切なものを選び，その番号を解答欄 (95) (96) にマークしなさい。

［01］ 菅直人内閣は，消費税率の引き上げを柱とする社会保障・税一体改革を行おうとしたが，総選挙で敗北し政権を失った。

［02］ 「戦後政治の総決算」を掲げた内閣は，大型間接税導入のための法案を国会に提出したが，衆議院で自民党が単独過半数を得ていなかったために導入に失敗した。

［03］ 財政構造改革法を成立させた内閣は，消費税率を３％から５％に引き上げた。

［04］ 日米構造協議により間接税中心の税制とすることを求められた （E） 内閣は，大型間接税の導入を試みたものの，その導入に失敗した。

［05］ 小泉純一郎内閣の後を受けた第一次安倍晋三内閣は，消費税率を５％から８％へと引き上げた。

史料⑤

そこで(キ)土光さんが会長になって神に祈るような真摯な陣頭指揮で取り組んでいただいた結果「行革は天の声である」と，世論もマスコミも，挙げてこれはぜひやるべきだという空気になった。だから当時は，この行財政改革に反対するような意見はほとんど出てこなかった。反対すれば世論の袋たたきにあうというぐらいにまでに，行財政改革という気運が澎湃として巻き起こった。これは私は，大成功だったと思うんです。その敷かれたレールの上を，(ク)国鉄改革がはしり，また，電々公社改革がはしり，そして専売公社の改革が行われた。レールができたわけですから，その上を次から次へと成案を得次第，具体的な問題を政治の課題にのせていったと。こういうことですね。

〔設問11〕

下線部（キ）にあたる土光敏夫が会長となった第二次臨時行政調査会は，このインタビューの語り手である （A） が発足させた。 （A） にあたる人物名として適切なものを語群より選び，その番号を解答欄 (97) (98) にマークしなさい。

〔設問12〕

下線部（ク）に関連して，国鉄や国鉄改革についての説明文として適切なものを次の［01］から［05］のなかより選び，その番号を解答欄 (99) (100) にマークしなさい。

［01］ マイカーの普及により，1960年代半ばには，乗用車の国内旅客輸送分担率が国鉄のそれを上回った。

［02］ 日本列島改造を掲げる田中角栄が首相在任中，東京と新潟を結ぶ上越新幹線が開通した。

［03］ ケインズ主義を批判する新保守主義が国際的潮流となるなか，1985年には，国鉄，電電公社，専売公社の三公社が民営化された。

［04］ 1964年に東海道新幹線が開通したが，この年，国鉄財政は単年度で赤字に陥った。

［05］ 国鉄赤字を救済することを目的の一つとして，（A）内閣は戦後初めて赤字国債（特例国債）を発行した。

［語群］

01. 浅沼稲次郎暗殺事件	02. 宇野宗佑	03. 大平正芳	04. 海部俊樹
05. 過度経済力集中排除法	06. 公害対策基本法	07. 公明党	08. 国民生活安全緊急措置法
09. 三月事件	10. 下山事件	11. 自由党	12. 昭和電工事件
13. 新産業都市建設促進法	14. 新自由クラブ	15. 新進党	16. 新生党
17. 新党さきがけ	18. 新都市計画法	19. 鈴木善幸	20. 砂川事件
21. 造船疑獄事件	22. 大規模小売店舗法	23. 竹下登	24. 田中角栄
25. 炭鉱国管疑獄	26. 通信傍受法	27. テロ対策特別措置法	28. 中曽根康弘
29. 二・一ゼネスト	30. 日本新党	31. 農業基本法	32. 破壊活動防止法
33. 福田赳夫	34. 細川護熙	35. 三木武夫	36. 民社党
37. 民主党	38. リクルート事件	39. 労働施策総合推進法	40. ロッキード事件

※受験生の便宜を考え，人名については姓と名を表記している。

世界史

（60分）

（解答上の注意） [(1) ┊ (2)] と表示のある問いに対して，「09」と解答する場合は，解答欄(1)の⓪と(2)の⑨にマークすること。

問題 I

以下の文章の空欄 [(1) ┊ (2)] から [(9) ┊ (10)] に入る最も適切な語句を語群より選び、その番号を解答用紙の所定の欄にマークしなさい。また、下線部（ア）から（ク）に関連する設問1から8について、指示に従って番号を選び、解答用紙の所定の欄にマークしなさい。

人の移動と宗教は、政治と古くから強く結びついていた。為政者は宗教を統治に利用し、宗教は争いや侵攻の旗頭に掲げられ、人の移動は交易とともに宗教の伝播を促してきた。古代オリエントにおいて宗教は神と王権の関係を体現するものとして現れ、王権の正統性が神話と祭儀により強調された。都市には守護神を祀る神殿が建造され、王は神の委託を受けた代理人として権力を握った。アムル人が都を置いた [(1) ┊ (2)] はマルドゥクを守護神とし、法に基づく統治が進められた。エサギル神殿はアレクサンドロス大王の軍勢が攻め入った後も維持され、セレウコス朝の支配下でも祭祀が続いた。

エジプトでは多神教のもと国王は神の化身と考えられた。古王国時代にはファラオは、太陽神の化身または息子とみなされ崇められた。だが次第に神官団が影響力を増し、町の守護神である [(3) ┊ (4)] 神の名の下にヌビアなど周辺地域への軍事遠征が繰り返されるようになると、王は神官団と対立を深めて宗教改革を行った。

東西交易の中心地として栄えた(ア)<u>ササン朝ペルシアは、ペルシア人をまとめるため教義を整えゾロアスター教を国教とした</u>。灌漑施設（カナート）や大規模なダム建設により発展した農業が基盤となり、中央集権的な政治体制が整えられた。シルクロードの東端は中国、西端はローマ帝国に達し、領内では仏教、キリスト教、ユダヤ教などの信仰が認められたほか、それらを融合したマニ教が生まれた。

同様に(イ)<u>ユーラシア大陸を広く支配下に入れたのはモンゴル帝国</u>だった。大興安嶺を中心に遊牧していたテムジンは、モンゴル・トルコ系諸部族をまとめた遊牧民の共同体ウルスを形成し、軍事・行政の組織化を進めた。彼の息子たちは騎馬遊牧民の機動力を活かして勢力をさらに拡大したが、モンゴル帝国は被治者の社会内部にあまり干渉せず、さまざまな宗教の信者が自由な信仰を許された。(ウ)<u>オゴタイによる遠征を契機として王室は [(A)] サキャ派に帰依し、元と改称した中国では初めて [(B)] の布教が行われ、キプチャク=ハン国の君主は [(C)] に改宗した</u>。

ドイツでは宗教改革が、皇帝派と反皇帝派の政治対立に結びついて展開した。ローマ教皇の権威を否定したルターに対して、(エ)<u>神聖ローマ皇帝カール5世が法的保護を停止する</u>と、反皇帝派の領邦君主はルターを支持した。宗教改革は各国に広がり、フランスでも(オ)<u>王族や貴族がカトリックとカルヴァン派に分かれて戦うユグノー戦争が起きた</u>。

宗教改革の進展を受けて、カトリック教会はイエズス会などを中心にアメリカ大陸やアジアでの布教・教育活動を積極的に展開した。イエズス会の宣教師は信者の孔子崇拝や祖先祭祀を容認したため、(カ)<u>清朝は彼らを技術者として重用した</u>。ローマ教皇が彼らの布教方針を否定すると、康熙帝はイエズス会以外の布教を禁じ、1724年には雍正帝が全面的にキリスト教の布教を禁止した。アロー戦争が起き、1860年に北京条約が結ばれると布教は再開されたが、儒教的価値を重んじる郷紳らはこれに反発し、［(5)(6)］が起きた。また同時に列強諸国の間で中国分割の動きが始まったことから、西洋人に対する民衆の間での排外感情が高まった。

第二次世界大戦後、疲弊した(キ)列強諸国の下から植民地が相次いで独立を遂げた。南アジアではガンディーやネルーら国民会議派が全インドの独立を求めたのに対して、ジンナー率いる全インド=ムスリム連盟はイスラーム教徒の国としてパキスタンの建国を求めた。その分離・独立に際しては、独立をめぐる会議が何度も開かれたラホールとシク教徒総本山の寺院がある［(7)(8)］のほぼ中間地点に国境線が引かれ、混乱から多数の死傷者と約1500万人の難民が出た。

21世紀に入るとイスラーム過激派によるテロが続発し、国際的な脅威となった。2001年9月11日に起きた同時多発テロ事件では、世界貿易センターのほか国防総省本庁舎などにハイジャックされた旅客機が激突し、3000人以上の死者と行方不明者を出した。アメリカ合衆国は、犯行組織とみられた［(9)(10)］率いる(ク)アル=カーイダが拠点を置くアフガニスタンを攻撃し、この組織を保護するターリバーン政権を崩壊させた。アフガニスタンでは、国際支援にもとづく復興が進められたが、貧富の格差が広がるなか政治腐敗が横行し、2021年の米軍撤退を契機に、イスラーム教の厳格な実践を国民に求めるターリバーンが再び政権を奪取した。

［設問1］

下線部（ア）に関連する次の（a）から（e）の各記述のうち、誤っているものの組み合わせを［01］から［10］より選び、その番号を［(11)(12)］にマークしなさい。

（a）ローマ帝国が金貨を流通させたのに対して、ササン朝は銀貨を用いたため、西アジアを中心に銀経済圏が成立した。

（b）遊牧民エフタルは中央アジアで勢力を拡張した。ササン朝はエフタルの侵攻に苦しんだが、ホスロー1世がトルコ系遊牧民の突厥と組んでこれを滅ぼした。

（c）ゾロアスター教の教義を整備するため、伝承を当時のペルシア語に翻訳して経典の『アヴェスター』が編纂された。また、ゾロアスター教は中国にも伝わり、祆教と呼ばれた。

（d）シャープール1世は、東はグプタ朝からインダス川西岸の領土を奪い、西ではローマ軍を破り皇帝ウァレリアヌスを捕虜として領土を拡大した。

（e）ササン朝美術はインド文化やヘレニズム文明の影響を受けて発展し、ガラス器や織物などの作品や技術が東西に広く伝えられた。日本では法隆寺に、獅子狩文錦や漆胡瓶などが所蔵されている。

［01］（a）と（b）　［02］（a）と（c）　［03］（a）と（d）　［04］（a）と（e）
［05］（b）と（c）　［06］（b）と（d）　［07］（b）と（e）　［08］（c）と（d）
［09］（c）と（e）　［10］（d）と（e）

［設問2］

下線部（イ）に関連する次の（a）から（e）の各記述のうち、誤っているものの組み合わせを［01］から［10］より選び、その番号を［(13)(14)］にマークしなさい。

（a）オゴタイの息子バトゥは現在のウクライナを含む草原地帯を制圧した後、リーグニッツの戦いでポーランドとドイツの諸侯連合軍を破った。

（b）トルコ系騎馬遊牧民のナイマンは、ウイグル文字を用い、キリスト教の一派を奉じた。西遼を征服したが、チンギス=ハンの軍に討たれた。

（c）トゥルイの息子モンケは南宋を攻め、モンケの弟のフラグはバグダードを占領してアッバース朝を滅ぼし、タブリーズを首都にイル=ハン国を建てた。

（d）モンゴル帝国には陸路・海路を利用して外交使節や商人が行き交い、ローマ教皇はプラノ=カルピニを、フランス王ルイ9世はルブルックを使節として大都に派遣した。

（e）フビライが大都に都を置いた後、西アジア出身の色目人の影響でイスラーム教が広まった。郭守敬はイスラームの天文学に学んで授時暦を作り、これに倣って日本では安井算哲（渋川春海）が貞享暦を作った。

[01]（a）と（b）　[02]（a）と（c）　[03]（a）と（d）　[04]（a）と（e）
[05]（b）と（c）　[06]（b）と（d）　[07]（b）と（e）　[08]（c）と（d）
[09]（c）と（e）　[10]（d）と（e）

[設問3]

下線部（ウ）の空欄（A）（B）（C）に当てはまる語句の組み合わせを下記の選択肢から選び、その番号を (15) (16) にマークしなさい。

[01]（A）キリスト教　（B）チベット仏教　（C）イスラーム教
[02]（A）キリスト教　（B）マニ教　（C）チベット仏教
[03]（A）キリスト教　（B）カトリック　（C）チベット仏教
[04]（A）チベット仏教　（B）カトリック　（C）イスラーム教
[05]（A）チベット仏教　（B）マニ教　（C）カトリック
[06]（A）チベット仏教　（B）カトリック　（C）仏教
[07]（A）イスラーム教　（B）チベット仏教　（C）カトリック
[08]（A）イスラーム教　（B）チベット仏教　（C）仏教
[09]（A）イスラーム教　（B）マニ教　（C）チベット仏教

[設問4]

下線部（エ）に関連して、カール5世ないしは神聖ローマ帝国についての記述として誤っているものを下から選び、その番号を (17) (18) にマークしなさい。

[01] ザクセン選帝侯フリードリヒの居城に保護されたルターがドイツ語に訳した新約聖書は、12年の間に20万部以上が発行された。

[02] ルター派の領邦では修道院の廃止や教会儀式の改革が進み、領邦教会制が成立して君主の支配権が強化された。

[03] フランドル出身のスペイン王カルロス1世は、フランス王フランソワ1世をおさえて神聖ローマ皇帝となり、両者の対立からイタリア戦争が始まった。

[04] 神聖ローマ帝国と距離を置くことを望む北欧のスウェーデンやデンマークなどもまた、世俗権力を容認するルター派を支持した。

[05] オスマン帝国のスレイマン1世は、モハーチの戦いで勝ちハンガリーを属国とし、プレヴェザの海戦でスペイン、ヴェネツィアなどの連合艦隊を破った。

[設問5]

下線部（オ）に関連して、ヨーロッパ諸国での宗教改革についての記述として正しいものを下から選び、その番号を (19) (20) にマークしなさい。

[01] ルターはエルフルト大学在学中に修道院に入り、後にヴィッテンベルク大学の神学教授となり、『キリスト教綱

要』を著した。

[02]　エドワード6世は一般祈禱書を制定して英国国教会の教義を整えた。その姉メアリ2世はカトリックに復帰してフェリペ2世と結婚し、新教徒を弾圧したため「血まみれのメアリ」と呼ばれた。

[03]　1572年パリで新旧両教徒の融和を目的に王室の婚礼が行われたが、祝賀は騒乱に発展し集まった新教徒が旧教徒を多数殺害した。母とともに虐殺を扇動したことを苦にしたシャルル8世は、事件の2年後に死んだ。

[04]　アンリ3世が暗殺されヴァロワ朝が断絶した後、ユグノーの指導者アンリ4世はブルボン朝を開き、自らカトリックに改宗した。

[05]　スコットランドではカルヴァンに学んだノックスが教えを広め、スコットランド国教会を発足させた。だがステュアート朝を開きイングランド王を兼ねたチャールズ1世は、王権神授説を唱えてカルヴァン派を弾圧した。

[設問6]

下線部（カ）に関連して、明代末から清代にかけて中国に宣教師が伝えた技術についての説明として、誤っているものの組み合わせを［01］から［10］より選び、その番号を (21) (22) にマークしなさい。

（a）　円明園は雍正帝・乾隆帝の時代、北京郊外にバロック様式と中国様式を組み合わせて造営されたが、英仏軍に略奪・破壊された。

（b）　ドイツ人の湯若望は作成した時憲暦が清で採用され、欽天監監正に任じられた。

（c）　イタリア人の白進は遠近法や陰影法などの絵画技法を紹介した。

（d）　ベルギー人の銭大昕は大砲鋳造などの技術を伝えた。

（e）　イタリア人の利瑪竇は万暦帝治下の北京に滞在し、地球球体説にもとづいた中国最初の世界地図を作成した。

[01]（a）と（b）　[02]（a）と（c）　[03]（a）と（d）　[04]（a）と（e）
[05]（b）と（c）　[06]（b）と（d）　[07]（b）と（e）　[08]（c）と（d）
[09]（c）と（e）　[10]（d）と（e）

[設問7]

下線部（キ）に関連して、植民地支配などから独立した国々を独立の早い年代から順に並べて5番目に当たるものの番号を (23) (24) にマークしなさい。

[01]　パキスタン
[02]　シンガポール
[03]　ラオス
[04]　マラヤ連邦
[05]　バングラデシュ
[06]　ビルマ
[07]　フィリピン

[設問8]

下線部（ク）に関連して、同時多発テロ事件をめぐる動きについての説明として、誤っているものの組み合わせを［01］から［10］より選び、その番号を (25) (26) にマークしなさい。

（a）　アフガニスタンの統治をめぐり、2001年にボン会議が開かれ、2004年に新憲法が制定されて大統領選挙が実施された。

（b）　アメリカ合衆国大統領は事件を受けて対テロ戦争を開始し、国連安保理決議を経てイラクに対し攻撃を開始した。

(c) パシュトゥー語で神学生を意味するターリバーンは、ソ連によるアフガニスタン侵攻後の混乱の中で組織され、1996年に政権を握った。

(d) イラン・イラク・北朝鮮が、「悪の枢軸」として非難された。

(e) アメリカ合衆国が展開した対テロ戦争の論理は、「文明の衝突」を唱えたミルトン・フリードマンなど新自由主義者の思想家らの影響を受けていた。

[01] (a)と(b)	[02] (a)と(c)	[03] (a)と(d)	[04] (a)と(e)
[05] (b)と(c)	[06] (b)と(d)	[07] (b)と(e)	[08] (c)と(d)
[09] (c)と(e)	[10] (d)と(e)		

〔語群〕

01. アーグラー	02. アトン	03. アフラ=マズダ	04. アムリトサル
05. アモン	06. アラファト	07. アーリマン	08. アル=バグダーディー
09. 安徽の捻軍の反乱	10. ウル	11. オシリス	12. 仇教運動
13. クテシフォン	14. クリルタイ	15. 甲午農民戦争	16. サダム=フセイン
17. サーリーフ	18. ジャイプル	19. シャロン	20. 太平天国の乱
21. ダマスクス	22. デリー	23. ニネヴェ	24. ハイレ=セラシエ
25. バビロン	26. 白蓮教徒の乱	27. ビン=ラーディン	28. ホメイニ
29. ラー	30. ラーワルピンディー		

問題 II

以下の文章の空欄 (27)(28) から (39)(40) に入る最も適切な語句を語群より選び、その番号を解答用紙の所定の欄にマークしなさい。また、下線部(ア)から(オ)に関連する設問1から5について、指示に従って番号を選び、解答用紙の所定の欄にマークしなさい。

なお、以下の文章および設問において世界遺産の名称は《》で囲って記した。

世界遺産条約に基づき「世界遺産リスト」に登録されている、顕著な普遍的価値を有するものが世界遺産である。この世界遺産条約は、1972年のユネスコ(国連教育科学文化機関)総会で採択された。

世界遺産リストにおける初めての登録は、1978年の12件であった。その中には、ダーウィンが『種の起源』の着想を得た諸島も含まれる。同諸島と同じ国の《キトの市街》もまた最初に登録された世界遺産の一つである。のちにキトとなる地域は15世紀に (27)(28) の支配下に入った。その後、16世紀には他国の侵略を受けて廃墟になったものの、侵略した国によって建てられた教会堂や修道院が現存している。ほかにも、《 (29)(30) の歴史地区》も最初に登録された世界遺産の一つである。 (29)(30) にはカジミェシュ大王によって大学が設立された。

約1,200件ある世界遺産のうち、さらにいくつかについて確認してみよう。たとえば、《古代都市(ア)テーベとその墓地遺跡》と同じ国にある《アブー・メナー》は地下水位上昇により崩壊が危ぶまれており、「危機にさらされている世界遺産リスト」(危機遺産リスト)にも登録されている。このリストに登録されている世界遺産の一つに、(イ)オセアニアのソロモン諸島《東レンネル》がある。

かつて世界遺産であったものの、顕著な普遍的価値が損なわれたと判断され世界遺産リストから抹消された例もある。その一つが《(31)(32)のエルベ渓谷》である。この渓谷が属する都市(31)(32)はザクセン地方にあり、1945年2月の無差別爆撃によって壊滅的な被害を受けたが復興を遂げ、渓谷は2004年に世界遺産に登録されていた。しかし、新たな橋の建築により2009年に登録が抹消された。登録抹消の事例としては、ほかにも、かつて大西洋三角貿易の拠点となり(ウ)イギリスの奴隷貿易の廃止後に内陸の都市と蒸気機関車で結ばれて発展した同国の海商都市があげられる。

アフリカ東海岸の《(33)(34)島》も奴隷を扱う貿易の拠点であった。この世界遺産がある国(33)(34)が独立したのは1975年であった。これは、旧宗主国の独裁体制が崩れ民主化が成し遂げられた翌年のことである。

ところで、世界遺産は原則として遺産保有国による申請を要するが、《イェルサレムの旧市街とその城壁群》は第3次(エ)中東戦争以前まで東イェルサレムを統治下においていた(35)(36)が代理申請し、登録された。この世界遺産もまた危機遺産リストに登録されている。なお、(35)(36)はイギリスの委任統治領であったが、1946年に王国として独立した国である。

これとは別に、複数の国が協力して登録し保護する世界遺産もあり、中には《ル・コルビュジエの建築作品―近代建築運動への顕著な貢献―》のように国をまたぐケースもある。この世界遺産の一部を成す日本の「国立西洋美術館本館」前には、ロダンの代表作の一つ「(37)(38)の市民」が展示されている。複数の国にまたがる世界遺産には、《ベルギーとフランスの鐘楼群》もある。この鐘楼群にはハンザ同盟の在外四大商館の一つも置かれたフランドル地方の港湾都市(39)(40)の鐘楼も含まれる。

このように世界遺産は、どの国が何を登録しようとするかという点において政治的な側面を有している。また、世界遺産のように一国だけでは対応できないことがらの対応については(オ)どのような条約を国際社会が採択するか、各国が条約に署名し批准するかどうか、条約に対応して国内法をどう整備するかなど法的な側面も大きい。

［設問1］

下線部（ア）に関連して、テーベに関する王国についての記述として、下に示した［01］から［05］の出来事を古い順に正しく並べたとき、3番目になる記述の番号を(41)(42)にマークしなさい。

［01］ アッシリアがテーベに侵入しテーベは陥落した。

［02］ 王国の中心がメンフィスからテーベに移った。

［03］ クシュ王国が都をテーベにおいた。

［04］ クシュ王国が都をメロエにおいた。

［05］ ヒクソスが侵入し馬と戦車がもたらされた。

［設問2］

下線部（イ）に関連して、オセアニアの世界遺産に関する記述として誤っているものを下から選び、その番号を(43)(44)にマークしなさい。

［01］ 《ウィランドラ湖群地域》で1968年に発見された人骨は、およそ20万年前に火葬された新人（ホモ=サピエンス=サピエンス）のものであった。

［02］ 《グレート・バリア・リーフ》と現在呼ばれるオーストラリア東海岸にクックはたどり着いたが、彼の探検はイギリス王立協会の依頼によるものであった。

［03］ 《タスマニア原生地域》がある島に到達したタスマンはオランダ東インド会社によって派遣され、バタヴィアから南太平洋を探検した。

[04] 《ビキニ環礁核実験場》では、アメリカ合衆国による原水爆実験が繰り返し行われ、1954年には第五福竜丸も被ばくした。

[設問3]

下線部（ウ）に関連して、イギリスの奴隷貿易および奴隷制の廃止についての記述として、正しいものを下から選び、その番号を (45)(46) にマークしなさい。ただし、記述のうち「奴隷解放法」とは、イギリス植民地領における奴隷制廃止を決定した法のことである。

[01] 奴隷解放法制定と同時に、他国の奴隷制プランテーションとの交易も停止した。
[02] 奴隷解放法はヴィクトリア女王の統治下で制定された。
[03] 奴隷貿易禁止法の制定にはウィルバーフォースらの運動が大きな影響を与えた。
[04] 奴隷貿易禁止法の制定を受け、その翌年に奴隷解放法が制定された。

[設問4]

下線部（エ）に関連して、数次にわたる中東戦争についての記述（a）から（d）を古いものから順に並べたとき、その順番として正しいものを下の [01] から [09] より選び、その番号を (47)(48) にマークしなさい。

（a） イスラエルがエジプトなどアラブ諸国と争ったが短期間で収束し、この戦争は六日間戦争とも呼ばれる。
（b） イスラエルが国連総会による分割決議の1.5倍の広さでパレスチナに領土を得た。
（c） イスラエルなど3国がエジプトに対し侵攻したが、米ソ両国が撤退を求めた。
（d） エジプトとシリアがイスラエルを攻撃し、失地回復を狙った。

[01] （a）→（b）→（c）→（d）
[02] （a）→（b）→（d）→（c）
[03] （b）→（a）→（c）→（d）
[04] （b）→（c）→（a）→（d）
[05] （b）→（c）→（d）→（a）
[06] （c）→（b）→（a）→（d）
[07] （c）→（d）→（b）→（a）
[08] （d）→（a）→（c）→（b）
[09] （d）→（b）→（c）→（a）

[設問5]

下線部（オ）に関連して、条約の採択・署名・批准についての記述として、正しいものを下から選び、その番号を (49)(50) にマークしなさい。

[01] 1985年にオゾン層の保護のためのオタワ条約が採択され、2年後には関連してモントリオール議定書が採択された。
[02] 1987年に中距離核戦力全廃条約が国連で採択され、米ソ両国が批准した。
[03] 1995年に設立された世界貿易機関は、1947年に採択された「関税と貿易に関する一般協定」を受け継いだものである。
[04] 1996年の包括的核実験禁止条約は、インドやパキスタンが署名しないまま発効した。

〔語群〕

01. アヴィニョン	02. アザンクール	03. アステカ王国	04. アンゴラ
05. イスラエル	06. イラク	07. インカ帝国	08. エジプト
09. オクスフォード	10. オスマン帝国	11. オルレアン	12. カレー
13. ガン	14. キエフ	15. クラクフ	16. クレシー
17. ケニア	18. ゲルニカ	19. コヴェントリー	20. コモロ
21. シリア	22. タンザニア	23. ダンツィヒ	24. ドレスデン
25. ノヴゴロド	26. パリ	27. ハンブルク	28. プラハ
29. ブリュージュ	30. ペスト	31. ベルゲン	32. ベルリン
33. ボルドー	34. ボローニャ	35. マダガスカル	36. マヤ文明
37. ミュンヘン	38. ムガル帝国	39. モザンビーク	40. モーリシャス
41. ヨルダン	42. リューベック	43. レバノン	44. ワルシャワ

問題 Ⅲ

以下の文章の空欄 (51)(52) から (55)(56) に入る最も適切な語句を語群より選び、その番号を解答用紙の所定の欄にマークしなさい。また、下線部（ア）から（ク）に関連する設問1から8について、指示に従って番号を選び、解答用紙の所定の欄にマークしなさい。

綿花の最古の栽培地には諸説あり、インドはその有力な地域の一つである。「世界の一体化」以後、インド産綿織物はヨーロッパでキャラコ（カリカットに由来）、日本では江戸時代に桟留縞（その頃 (51)(52) の一部であったサントメに由来）・べんがら縞（ベンガルに由来）などの呼称で流行した。(ア)イギリス東インド会社が現地政権の許可を得て商館を設け、綿織物を本国へ大量に送ったため、インドは大量の銀の流通によって繁栄した。

現代において綿花の産出世界一は中国であり、その生産の多くを担うのは(イ)新疆地方である。(ウ)マルコ=ポーロは『世界の記述（東方見聞録）』において、綿花の栽培を行うオアシス都市について報告している。中国歴代王朝では、綿花栽培は殊に(エ)明代の農業で重視され、綿製品は19世紀に至るまで、巨大な国内市場向けに供給される一方、欧米にもその一部が輸出された。18世紀半ば、貿易は一港に限られ、外国人商人やその家族は (53)(54) に居住させられるなどの厳格な管理体制が敷かれた。

イギリスは、綿製品の「輸入代替」を試み、(55)(56) 年頃にはインドとイギリスの綿布輸出額を逆転させた。また現地の動乱に乗じて、古来より高級綿製品の産地であった(オ)ベンガル地方の支配を固め、在来綿業を抑圧した。一方、イギリス製綿製品は、大量生産を実現したが、中国との貿易では、茶による輸入超過を補うほどには売れなかった。そのため、イギリスは代わりにインド産アヘンを輸出し、清の政治・経済・社会に打撃を与えた。

エジプトでは、(カ)ムハンマド=アリーが、カイロで偶然見つかった強い繊維の綿花の栽培を強化し、殖産興業政策の一つとして、国外への輸送・販売を徹底して管理した。

綿産業の歴史は、異文化の流入による新たな生活様式の創生に寄与した。他方で、綿の大量生産は莫大な労働力と土地を必要とし続けており、(キ)強制労働、(ク)環境破壊などの問題が深刻になっている。

［設問1］

下線部（ア）に関連して、17世紀のインドの状況を説明する記述として正しいものを下から選び、その番号を (57) (58) にマークしなさい。

［01］ ムガル帝国第6代皇帝アウラングゼーブがコーチンまで支配を拡大した。

［02］ イスラーム教徒の王のもとでマイソール王国が成立した。

［03］ ナーナクが新宗教を興し、ヒンドゥー教とイスラーム教の融合を説いた。

［04］ イランの細密画を取り入れたムガル宮廷の貴族的絵画に、ヒンドゥー教的要素の混じったラージプート絵画が描かれた。

［設問2］

下線部（イ）に関連した以下の記述を読んで、(59) (60) および (61) (62) に入る最も適切な語句を語群から選び、その番号を解答用紙の所定の欄にマークしなさい。

乾隆帝は、(59) (60) 山脈をはさんだ北のジュンガルと、南のタリム盆地に広がるウイグル人の地を征服し、これら東トルキスタン地域を「新疆」と名付けた。同地では (61) (62) と呼ばれる現地の有力者を通じて、その土地の習慣や宗教を尊重する間接統治が行われた。

［設問3］

下線部（ウ）に関連して、以下のように記述されているタリム盆地南のオアシス都市を語群から選び、その番号を (63) (64) にマークしなさい。

「住民はすべてイスラーム教徒である。（…）あらゆる物資が豊富であるが、とりわけ木綿はアサ・アマ・穀物とならんで産額が大きい。またブドウ園・農圃・花園も多く見かける。」

［設問4］

下線部（エ）に関する記述として誤っているものを下から選び、その番号を (65) (66) にマークしなさい。

［01］ 換金作物として綿が盛んに栽培され、人々の衣類が麻から木綿に変化した。

［02］ 徐光啓『農政全書』では、商品作物の栽培方法を詳細に解説するとともに、ヨーロッパに関する情報が紹介されている。

［03］ 宋応星『天工開物』は、糸繰機による製糸方法と機織り機による織布方法を説明している。

［04］ 李時珍『本草綱目』は、中国では失われたが、中華民国の時代に日本から逆輸入された。

［設問5］

下線部（オ）に関連した以下の記述を読んで、(67) (68) および (69) (70) に入る最も適切な語句を語群から選び、その番号を解答用紙の所定の欄にマークしなさい。

同地方ではフランスも (67) (68) に商館を設けており、両国のヨーロッパでの覇権争いがこの地方に飛び火した。フランスはベンガル太守に与して戦ったが、(69) (70) 率いるイギリスに敗れた。

［設問６］

下線部（カ）に関連した以下の記述を読んで、 (71) (72) に入る最も適切な語句を語群から選び、その番号を解答用紙の所定の欄にマークしなさい。

この人物はオスマン帝国のエジプト総督であるが、帝国に対し、ギリシア独立戦争の際の出兵の代償として (71) (72) の領有権を要求した。これを拒否されたことから、エジプト＝トルコ戦争に発展した。

［設問７］

下線部（キ）に関する記述として誤っているものを下から選び、その番号を (73) (74) にマークしなさい。

［01］ オランダ領東インドがジャワ島を中心に実施した強制栽培制度は、村落に商品作物の栽培を割り当て、一方的な価格で買い上げるものであった。

［02］ ベルギー国王はコンゴを私有地としたが、収奪的統治が国際社会の批判を招き、ベルリン会議（ベルリン＝コンゴ会議）によって同地はベルギー政府の統治下に移った。

［03］ イギリスによるマレー半島における錫の採掘のために、多くのアジア系移民が単純労働者として働いた。

［04］ 16世紀以降、東部ドイツでは領主が直営地を拡大し、農民を土地にしばりつけて穀物生産高を増加させ、商工業化した西欧の需要に対応した。

［設問８］

下線部（ク）に関連した以下の記述を読んで、 (75) (76) に入る最も適切な語句を語群から選び、その番号を解答用紙の所定の欄にマークしなさい。

効率よい実綿の収穫のためには葉を落とす薬剤が使われることがある。類似の薬剤は、かつて南ベトナムにおいて、米軍によって戦争に使用された。南ベトナム解放民族戦線が結成された翌年、 (75) (76) がアメリカ合衆国大統領に就任し、南ベトナムへの本格的な軍事援助を開始した。その薬剤は (75) (76) の了承のもと、森林を失わせ、農業を困難にするために散布された。

〔語群〕

01. アイゼンハワー	02. アッサム	03. 厦門	04. 陰山
05. ウェリントン	06. カガン	07. カシミール	08. カシュガル
09. カラコルム	10. キプロス	11. クチャ	12. クライヴ
13. クンルン	14. ケネディ	15. 公行（コホン）	16. 黄埔
17. シャンデルナゴル	18. ジョンソン	19. シリア	20. スーダン
21. 汕頭	22. ダマン	23. チュニジア	24. ディウ
25. デュプレクス	26. 天山	27. ニクソン	28. ネルソン
29. バウリング	30. パミール	31. パンジャーブ	32. ヒジャーズ
33. フォード	34. ブハラ	35. ベグ	36. ペナン
37. ホータン	38. 香港	39. ポンディシェリ	40. ボンベイ
41. マカオ	42. マドラス	43. ラクナウ	44. ラサ
45. ロロ	46. 1820	47. 1830	48. 1840
49. 1850	50. 1860		

問題 Ⅳ

以下の史料AからHは、いずれも同一人物の別々の書簡の一部を抜き出したものである。設問1から12について、指示に従って番号を選び、解答用紙の所定の欄にマークしなさい。

史料の表記は一部改めたところがある。史料の並ぶ順番は年代に従っていない。宛先はまちまちである。それぞれの史料は、したためられた時期の最新の出来事にふれている。本文中のXとYは人物を示しているが、問題作成の都合上あえて伏せたものであり、同じ表記の箇所には同じ語句が入る。

史料A～H：鈴木博訳

史料A

華中の共産党の軍隊はすでに上海、南京に極めて近い地区に到達している。(…) 中国共産党は、ソ連による継続的な援助がなければ、満州を占領してこれほど脅威になることができなかったにちがいない。私は、(…) 貴方に早急に軍事援助を増加するとともに、アメリカの政策に関する断固たる声明を発表し、わが国の政府が奮闘に従事する目的を支持するよう要求する。

［設問1］

史料Aの宛先は当時のアメリカ合衆国大統領である。(a) から (e) の記述のうち、この大統領の時代の出来事として適切でないものの組み合わせを［01］から［10］より選び、その番号を (77)(78) にマークしなさい。

(a) バグダード条約機構発足
(b) 東南アジア条約機構発足
(c) 米比相互防衛条約調印
(d) 米州機構発足
(e) サンフランシスコ平和条約調印

［01］(a) と (b)　［02］(a) と (c)　［03］(a) と (d)　［04］(a) と (e)
［05］(b) と (c)　［06］(b) と (d)　［07］(b) と (e)　［08］(c) と (d)
［09］(c) と (e)　［10］(d) と (e)

史料B

昨日のX先生からの電報に「誰が我々の良き友か、誰が我々の敵か、我々の胸中では十二分に明らかである」とあり、また、「友邦の政府及び政党が、代表のボロディーンを広東に派遣して援助した熱意と誠意」に感謝し、「吾等が諸同志とじっくり協議すること」を委嘱している。あの日、貴方は「モンゴル人は中国人を恐れている」と言ったが、モンゴル人の恐れているのは現在の北京政府の軍閥であって、決して民族主義を主張している国民党ではないことを知るべきである。

［設問2］

史料Bに関連する以下の記述を読み、(79)(80) に入る最も適切な語句を語群から選び、その番号を所定の解答欄にマークしなさい。

「友邦」との連携は、「扶助工農」の方針等と共に、書簡Bの書かれた翌年、(79)(80) に於いて開催された党大会で決定された。

［設問3］

史料Bの「友邦」に関連する［01］から［05］の出来事を古い年代から順に並べたとき、最後になるものの番号を | (81) | (82) | にマークしなさい。

［01］　コミンテルン設立

［02］　チェカ設置

［03］　シベリアから英仏米軍が撤退

［04］　イギリスと国交を樹立

［05］　第二次カラハン宣言発出

史料C

Xの三民主義が今日では国を救う唯一の主義であり、(…) 中国を統一する思想は三民主義を中心にするしかないことを理解すべきである。(…) 北伐は完成したけれども、革命は実のところまだ成功していない。

［設問4］

史料Cの述べる「三民主義」を確立し提唱した人物に関する記述として、適切でないものを下から選び、その番号を | (83) | (84) | にマークしなさい。

［01］　協力者に犬養毅がいる。

［02］　協力者に宮崎滔天がいる。

［03］　ハワイでキリスト教の洗礼を受けた。

［04］　戊戌の政変で日本に亡命した。

［05］　協力者に梅屋庄吉がいる。

史料D

明日は君の五十九歳の誕生日で、明年は花甲の年である。君が公務で忙しいので、互いに会うことができないが、いつも心に思い続けている。最近、湖上で、陸象山と朱熹両先生の学術の異同について、とりわけ「無極にして太極」の説に対する相異なる意見について研究しているが、まだ結論を得ることができない。(…) 両者が、当時、人の性を尽くすことを重んずるとともに、物の性を尽くすことを研究したとすれば、我が国は五百年前に今日の科学を発明し、(…) 大陸の同胞はこの空前の大災禍に出会わず、吾人は自ずから先哲の不十分な点を補っていたに違いない。

［設問5］

史料Dの宛先（受取人）は、書簡の差出人の長男で、のちに父同様、総統の職に就いた人物である。この史料に関連する（a）から（f）の記述について、適切でないものの組み合わせを［01］から［15］より選び、その番号を | (85) | (86) | にマークしなさい。

（a）　書簡の受取人が総統であった時代に民主進歩党が結成された。

（b）　書簡の差出人が総統であった時代に戒厳令が解除された。

（c）　書簡の受取人の跡を継いで総統の座に就いたのは内省人の李登輝である。

（d）　陸象山は王陽明の思想に影響を与えた。

（e）　朱熹の学問は明代末に官学の地位から追われた。

（f）　朱熹は金への主戦論を唱えた。

[01] (a)と(b)	[02] (a)と(c)	[03] (a)と(d)	[04] (a)と(e)
[05] (a)と(f)	[06] (b)と(c)	[07] (b)と(d)	[08] (b)と(e)
[09] (b)と(f)	[10] (c)と(d)	[11] (c)と(e)	[12] (c)と(f)
[13] (d)と(e)	[14] (d)と(f)	[15] (e)と(f)	

史料E

世界大戦はすでに矢が弦につがえられたので発射せざるをえません。今回のヨーロッパ大戦の開戦が一日延びれば、Yの外交力は一日弱まり、その範囲が一歩拡大すれば、我が党の外交関係は一歩勝利します。Yの親西排東外交が失敗したこの時期に、我が党が勢いに乗じて急進しなければ、時機は二度と到来せず、後悔してもまにあいません。

［設問6］

史料EのYに関連する記述として、適切でないものを下から選び、その番号を解答欄 (87) (88) にマークしなさい。

[01] 第三革命を失敗に終わらせた。
[02] 国会で臨時大総統に選出された。
[03] 北洋大臣を務めた。
[04] 壬午軍乱を鎮圧した。
[05] 変法派を弾圧した。

［設問7］

史料Eに関連する以下の記述を読み、 (89) (90) に入る最も適切な語句を語群から選び、その番号を所定の解答欄にマークしなさい。

「世界大戦」の講和会議の内容を不服とし、北京大学の学生たちが火付け役となって、 (89) (90) が起こった。

史料F

駐東京大使館丁参事官の電報によれば、「十二月三日の秘密報告によると、関東軍と支那駐屯軍は、満州占領の経費五億余円を華北に補償させ、不良分子を買収して自分たちのために利用し、軍事当局を誘惑、脅迫して独立を宣言させて、華北を経済的に支配しようとしており、協同防共は付随的な目的にすぎない」

［設問8］

史料Fに関連する以下の記述を読み、 (91) (92) に入る最も適切な語句を語群から選び、その番号を所定の解答欄にマークしなさい。

日本が「不良分子」を「買収」して華北に作らせたと述べられている防共政権の本拠地は、河北省東部の (91) (92) に置かれた。

史料G

倭寇の降伏、世界の永久平和の局面は実現を期すことができるし、凡そ国際、国内の各種の重要問題は早急に解決すべきである。特に先生に、一日も早く陪都にお越しいただき、共同で協議するよう要請する。

［設問９］

史料Ｇは「倭寇の降伏」を目前に控えて延安の「先生」に送られた。「先生」についての記述として、適切でないものを下から選び、その番号を (93)(94) にマークしなさい。

［01］ 人民公社を編成し、農工業の急激な発展を図った。
［02］ 井崗山に革命運動の根拠地を築いた。
［03］ 中華ソヴィエト共和国臨時政府の主席となった。
［04］ 中華革命党を結成した。
［05］ 江西省から陝西省・甘粛省まで、自軍を大移動させた。

［設問10］

史料Ｇに関連する以下の記述を読み、(95)(96) に入る最も適切な語句を語群から選び、その番号を所定の解答欄にマークしなさい。

「倭寇」を屈服させるべく、書簡の送り主は、連合国の首脳たちが集まった (95)(96) 会談に、本人自ら出席した。

史料Ｈ

日本軍の侵略についてはすでに国際連盟に提起したので、現在は我が国は上下一致して紀律を厳守し、手順を確定し、日人に口実を与えてはならない。

［設問11］

書簡Ｈの述べる「提起」のあとの出来事を古い年代から順に並べたものとして、最も適切なものを下から選び、その番号を (97)(98) にマークしなさい。

［01］ 日本が国際連盟を脱退 → 西安事件 → 満州帝国誕生 → 第二次国共合作
［02］ 八・一宣言 → 西安事件 → 満州帝国誕生 → 日本が国際連盟を脱退
［03］ 日本が国際連盟を脱退 → 満州帝国誕生 → 八・一宣言 → 第一次国共合作
［04］ 満州帝国誕生 → 日本が国際連盟を脱退 → 第二次国共合作 → 西安事件
［05］ 日本が国際連盟を脱退 → 満州帝国誕生 → 八・一宣言 → 西安事件

［設問12］

史料ＡからＨを古い年代から順に並べたものとして、最も適切なものを下から選び、その番号を (99)(100) にマークしなさい。

［01］ Ｂ → Ｃ → Ｆ → Ｇ → Ｈ → Ｅ → Ａ → Ｄ
［02］ Ｂ → Ｅ → Ｃ → Ｆ → Ｇ → Ｈ → Ｄ → Ａ
［03］ Ｂ → Ｅ → Ｈ → Ｃ → Ｇ → Ｄ → Ｆ → Ａ
［04］ Ｂ → Ｆ → Ｃ → Ｇ → Ｅ → Ｄ → Ｈ → Ａ

[05]　C → B → F → E → H → D → A → G
[06]　C → B → H → F → E → D → G → A
[07]　C → E → B → F → G → H → D → A
[08]　C → H → B → E → G → A → D → F
[09]　E → B → C → H → F → G → A → D
[10]　E → C → B → F → H → A → G → D
[11]　E → C → H → B → F → G → A → D
[12]　E → H → B → C → G → F → D → A
[13]　H → B → C → E → G → F → A → D
[14]　H → C → B → E → F → G → D → A
[15]　H → E → B → C → F → G → A → D
[16]　H → E → C → B → D → G → F → A

〔語群〕

01. カイロ	02. 九・一八事変	03. 牛荘	04. 五・一五事件
05. 広州	06. 五月革命	07. 五・三〇運動	08. 五・四運動
09. コペンハーゲン	10. 済南	11. サントドミンゴ	12. 上海
13. 重慶	14. 西安	15. 石門	16. 太原
17. 大西洋憲章	18. 通州	19. テヘラン	20. 天安門事件
21. 天津	22. ドンズー運動	23. ニュルンベルク	24. 武漢
25. ポツダム	26. ホノルル	27. ヤルタ	

一九七三年）。

注：原文には、今日では差別的で不適切とみられる語句や表現がいくつかあるが、原著者が考える登場人物の性格をあらわしているとみられるため、そのままとしてある。また、試験問題として使用するために、文章を一部省略・変更している。

を続けられるでしょう。

バーク：おそらく私はそれへの批判を続けるでしょう。統治の方法としての民主制は、私の目には理想的なものとは映りません。髪結い人や脂蝋燭商人が国家の圧政を受けることは許されませんが、しかし逆にこれらの連中が個人的にせよ集団的にせよ、国家を統治することが万一許されるならば、国家それ自体が抑圧されましょう。

ウルストンクラフト：バークさん、とうとうあなたはご自分の偏見を告白されました。私の、そして今日のフランス国民の信念によれば、髪結い人や脂蝋燭商人も侯爵や公爵と同じく、いや、おそらく彼らよりも立派な統治者たりうるのです。

バーク：なるほど同じように立派かもしれないが、しかしそれだけ賢明な統治者ではありえません。選挙人や立法者にとって必要なのはまさしくこの種の英知なのです。

ペイン：あなたが金持ちは知恵を持つと信じる根拠は何ですか？

ウルストンクラフト：彼らは富を有していますが、富と英知とはまったく異なったものです。

バーク：富は閑暇をあがなうものであり、閑暇は人を反省に導きます。あなたは聖書のなかの次の巧みな表現をご存じでしょう。「学者の英知は暇から生まれる。鋤を取るもの……牡牛を追って熱心に労働するものが如何にして賢くなるであろうか？」

ペイン：ところで、私はべつに髪結い人や脂蝋燭商人であったことはありませんが、十三歳で早くも学校を退いてコルセット製造人の徒弟になった身ですから、あなたから見れば私もこれと同類だと思われるでしょうね……。

バーク：あなたはもはやコルセット製造人ではありません、ペインさん。あなたは私と同じジャーナリストです。したがって、その身分上国家の役に立ちうべくもない徒輩ではなくて、ご自分の才能により善と悪の双方を共に果たしうる能力を例外的に備えている人物です。あなたは善と悪の両方を行われました。しかし最近では、悪だけを残したと私は断言してよいでしょう。

ウルストンクラフト：バークさん、あなたは、富者は英知を持つと主張されます。なるほど彼らは、しばしば彼ら自身の利益のための立法において、その才を発揮することを私も認めます。しかし、フランスの上流階級は、このことひとつさえ果たしたとは、ほとんど言えないでしょう。彼らは自己の近視眼と愚行によって、自分自身の身の破滅を招いたのです。われわれはあなたの言われる髪結い人や脂蝋燭商人のなかに、むしろいっそう多くの英知と、そして疑いもなくいっそうの常識を見出しうるというのが私の信念です。

バーク：確かに貧乏人は、抑圧がどのように身にこたえるかを知っているでしょう。しかし彼らには、それを癒す術を知るほどの英知はありません。そのうえ財産を持たないために、彼らには当然、責任感というものがないのです。

ペイン：バークさん、実際あなたはたとえ民衆を軽蔑していないとしても、やはり彼らを信用してはいないのですね。

バーク：ペインさん、私は民衆を恭しく、そしてほとんど妄信的とも言える畏敬で見上げているとあなたに確言しますが、しかし私が心にもないことを彼らに言ったりするならば、私は彼らに十分な敬意を払ったことにはならぬと信じます。ひとつのことは私には確実です。それは民主主義においては、国民の多数派が最も残虐な抑圧を少数派に対して加えうるという事実です。そして、この種の抑圧は、ただ一人の統治者から懸念されうるいかなる抑圧にもましてはなはだしい害悪なのです。この種の大衆的な迫害においては、個々の被害者は他に比べるもののないほど惨めな状態に陥ります。残忍な君主のもとでは、彼らは人類の和らいだ共感の情を得て自らの傷の痛みを癒しうるのに反し、多数派の圧政に虐げられる人間は、一切の外的な慰めを奪われます。彼らは人類から見放され、人間という彼ら自身と同じ種族の謀議によって圧殺されるのです。

あなた：　Ⅱ

出典：モーリス・クランストン著、山下重一ほか訳『政治的対話篇』（みすず書房、

事を考察した人々にとっては、人権宣言はそれ自体で同時に人間義務の宣言だという事実が容易に洞察されるでしょう。私の権利に属するものは同時にとりもなおさず他の人々の権利でもあるわけですから、自己一個の権利を享受するばかりでなく、万人の権利を広く保障し擁護することが私の義務となるのです。

バーク：お嬢さん、道徳的高貴さですって！あなたはフランス革命を引き起こして、さらにそれを維持するために、あらゆる種類の圧政と残虐が行われたことを、つまり詐欺、ペテン、暴力、強奪、放火、殺人、没収、紙幣の強制流通等々の事実を知ったうえで、なお「道徳的高貴さ」と言われるのですか？

ウルストンクラフト：その通りです。われわれがフランス革命の道徳的高貴さを認めうるのは、他ならぬこの種の理由によってなのです。

ウルストンクラフト：もしフランスで暴力が振るわれたとすれば、それは特権階級が自らの特権を放棄することを拒否したためなのです。

ペイン：バークさん、私には今になってあなたがフランス革命を憎む理由がわかりました。もしもそれが悪名高い圧政を破壊することに限定されていたら、おそらくあなたは沈黙を守ったでしょう。それがもっと先へ進んだからこそ、あなたは驚愕したのです。ただそれは、あなたの考えにとって先に進みすぎたというにすぎません。フランス革命は社会的腐敗と正面から取り組み、悪に報いるに徳をもってしました。それは位階制度と特権という古い社会秩序に代わるに、社会正義と友情と自由と平等の新しい考えをもってしたのです。

バーク：ペインさん、確かにフランスに起こったさまざまな革命には、礼節の革命までが含まれているに違いありません。一七八九年十月六日の朝のこと、フランス国王と王妃は混乱と驚愕と不安と流血の一日が過ぎた後に――身辺の安全の公式な保障のもとに床につきました。王妃が最初に護衛兵の悲鳴で眠りから覚めたのですが、この護衛兵士はたちまち打ち倒されました。血に渇いた残虐な無法者と殺人者の一団が王妃の部屋に闖入しました。彼女とその夫とその子供たる嬰児たちは、この世で最も壮麗なこの宮殿（今では殺人の血で汚された）を後にして、最も下賤な女どもが発するぞっとするような叫び声と気違いじみた踊りのなかを捕虜として十二マイルの道のりを引っ張りまわされて、今では王族にとってのバスチーユとなり変わったパリで最も古い宮殿のひとつに押し込められました。歴史はこの事実を記録にとどめるでしょう。

――中略――

ウルストンクラフト：バークさん、あなたは人間の営みにおいてはある程度の悪が必ずや不可欠であると言われましたが、それなのにあなたは何故にフランスで実現されたさまざまな善のなかに偶然生じたにすぎぬこの種の悪にそれほど立腹されるのですか？

ペイン：どんな革命においても暴力は程度の差こそあれ、使用されねばなりません。それは正常な政治の一部分です。

あなた： I

――中略――

ウルストンクラフト：ルイ十六世治下のフランスは、最も重い病気で苦しんでいました。

バーク：お嬢さん、そして今フランスは、人民による圧政のもとで、それよりもはるかにひどい病気で苦しんでいます。

ペイン：あなたが何故にフランスの民主制度を憎悪されるのかが私には今わかりました。バークさん、あなたは一般民衆を軽蔑されるのですね。

バーク：ペインさん、私が議論において必ずしもあなたに同意できないとしても、その点は大目に見てください。あなたによれば私は、暴徒の狂信と不敬心を悲しむゆえに一般民衆を軽蔑していることとなります。また、あなたは私のことをフランスの民主制度を憎悪するものと言われますが、実際には、そこには憎悪すべき民主制度そのものが存在しないのです。われわれがフランスのなかに見るものは民主制、いや無政府ですらありません。それは動揺つねなき不安定な民衆の支持を得ながら次々にすぐ交代していく短命の圧政の継起でしかありません。

ウルストンクラフト：バークさん、正直に言ってください。たとえフランスの体制が民主的であることに納得したところで、あなたはそれへの反対バーク：あなたがそう主張されるならば、お嬢さん、あなたは理性に対して目を閉ざしておられる。もしもわれわれが自由を目的とするというのならば、われわれはそれがどんな種類の自由であるかを問題にせねばなりません。私はすべての種類の自由が祝福されるべきだと信じることはできません。独房から脱走した狂人に、彼が明るい自由な天地を得たことを真面目に祝福することが私にできるでしょうか？牢獄を破って脱走した殺人犯に、彼の自然権の回復を祝福せよと私に言われるのですか？

ウルストンクラフト：バークさん、あなたは現在下院で演説しているのではないのですよ。本来、普通には理性的とは言えない少数の例外的人間の束縛の問題を修辞学的に提出されても、それは人間の自由に関するわれわれの問題の理解を広めることにはなりません。

バーク：しかしお嬢さん、むしろあなたのほうで先に抽象的に自由の問題を取り上げて、われわれが現に直面する特定の自由の状態の具体的知識を抜きにして、それをわれわれは愛せねばならぬと説かれたのですよ。私は、あなた一人がそうだと言っているのではなく、フランス革命の理論家や弁護者すべてを指して言っているのです。私もフランスにおけるどんな紳士にも劣らず、雄々しい道徳的な統制ある自由を愛する人間だと公言してはばかりません。おそらく公人としての自分の全生活を通じて、私はこの種の自由への愛をある程度立証してきたつもりです。しかし私は、一切の具体的関係をはぎ取られてまったく孤立した状態にある形而上学的観念に属する対象に関しては、これを取り出して称賛もしくは非難したりすることができません。

ペイン：それならば自由というものは一般に善であるという事実を、あなたは認めないのですね？

バーク：一般的に言うならば――こういう言い方が何らかの意味をもちうる範囲内で――私は自由が善であることを認めます。同時に、統治もまた一般的に言って善なるものです。しかしそうは言っても、もちろんペインさん、あなたは私が統治のすべての現実の形態を善なるものと確信しているなどとは本気で考えたりしないでしょう。それと同じように、一切の自由の現実形式がすべて善いというように、あなたが私に信じ込ませることはできません。私はある人間が何か幸福をつかんだことを祝福する前に、まずその人が本当にそのような幸福を手に入れたのかどうか、ある程度まで確信を得なければなりません。だから私としては、フランスにおける新しい自由について祝福を述べることを当分差し控えて、いったいその自由が統治と、公共的権力と、軍隊内の規律や服従と、効果的な歳入と、道徳ないし宗教と、社会的安定および所有権と、平和および秩序や公序良俗と、どのように結合しているかについて知っていなければならないでしょう。これらはみなそれぞれ結構なものばかりです。それゆえ、これらを抜きにした自由なるものは、たとえその自由が続いている間も大した恩恵を生み出すはずがなく、いやそれはしょせん最初から長続きする基盤を持たないのです。

ウルストンクラフト：フランス人が自由を口にするとき、それは決して冷たい思弁的抽象物を意味するものではありません。彼らが求める自由とは、各個人が社会契約によって結合しているすべての他人の自由と両立しうる限りでの、一定の社会的・宗教的な自由にほかなりません。

バーク：ああ、ウルストンクラフトさん、それではすでにあなたは、あなたが言われる自由なるものにさまざまな限定を、いやきわめて大幅な限定を設けておられる。社会における他人の欲望によって制限される自由なるものは、絶対的で譲るべからざる自由とは大違いのものです。

ペイン：人間には絶対的で譲るべからざる自由の権利があるなどとウルストンクラフトさんが言っているわけではありませんし、フランス革命に味方する人でそんなことを言った人はいないと私は信じます。彼らが主張したことは、ロックが言ったこととまったく同様に、人間には自由を要求する絶対的で譲るべからざる権利があり、しかしてその場合の自由なるものは状況に応じて他人の権利によって限定される、ということです。国民議会に人権宣言が上程されたとき、議員のなかには、もし人権宣言が公布されるならば、同時に人間の義務宣言なるものも公布されてしかるべきだと言った人々もありました。しかし十分に物

論述力

（九〇分）

❖法学部の論述力試験について

この試験では、広い意味での社会科学・人文科学の領域から読解資料が与えられ、問いに対して論述形式の解答が求められる。試験時間は九〇分、字数は一、〇〇〇字以内とする。その目的は受験生の理解、構成、発想、表現などの能力を評価することにある。そこでは、読解資料をどの程度理解しているか（理解力）、理解に基づく自己の所見をどのように論理的に構成するか（構成力）、論述の中にどのように個性的・独創的発想が盛り込まれているか（発想力）、表現がどの程度正確かつ豊かであるか（表現力）が評価の対象となる。

〔問題〕

以下に掲げるのは、ある政治思想史家が書いた架空の鼎談の一部である。フランス革命をめぐり、一七九〇年のある日、エドマンド・バーク、トマス・ペイン、およびメアリ・ウルストンクラフトの三人が語り合っている。よく知られているように、バークのフランス革命に対する態度は、鋭く批判的であった。一方、ペインはこの革命に対して強い共感を抱いていた。フェミニズム思想の先駆者として知られるウルストンクラフトもまた、ペインと同様の立場に立っていた。もしこの議論にあなたが加わっていると仮定して、ⅠおよびⅡの箇所においていかなる発言をするか、それぞれ五〇〇字以内で述べなさい。Ⅰにおいては、革命が正常な政治の一部であるとするペインの見解に与しても、それに反対してもかまわない。ただし、Ⅱにおいては、Ⅰで述べたのと同じ立場に立って、民主主義においては国民の多数派が最も残虐な抑圧を少数派に対して加えうる、というバークの見解に賛同するかあるいは反論を加えなさい。

ペイン：旧体制はあまりに腐敗しすぎて改革が不可能であったがゆえにこそ、破壊されねばならなかったのです。

——中略——

ウルストンクラフト：イギリス革命もフランス革命も同じひとつの至上目的を持っています。それは自由です。もしバークさん、あなたがこの点を否認するならば、それは故意に歴史に目をつぶることです。

· memo ·

////////////////////// · memo · //////////////////////

· memo ·

/////////////////// · **memo** · ///////////////////

////////////////// ・memo・ //////////////////

2023年度

問題編

■一般選抜

問題編

▶試験科目・配点

教　科	科　　目	配　点
外国語	コミュニケーション英語Ⅰ・Ⅱ・Ⅲ，英語表現Ⅰ・Ⅱ	200点
地　歴	日本史B，世界史Bのうち1科目選択	100点
論述力	資料を与えて，理解，構成，発想，表現の能力を問う	100点

▶備　考

「論述力」は「外国語」および「地理歴史」の合計点，および「地理歴史」の得点，いずれもが一定の得点に達した受験生について採点する。合否の決定は，3科目の合計点で行う。

英語

(80分)

I. *Questions* (1)—(10) *below contain ten pairs of words. In each case, choose a word from the list* (0—9) *in the box below them to insert into the underlined space in order to create two single words, and mark the appropriate number on your answer sheet. For example, in the case of the pair "candle ________ house," the word "light" can be inserted to form "candlelight" and "lighthouse."* ***All choices must be used.***

(1) battle ________ work

(2) court ________ hold

(3) fairy ________ lady

(4) foot ________ book

(5) fore ________ date

(6) home ________ robe

(7) law ________ case

(8) letter ________ line

(9) ship ________ stick

(10) war ________ well

0. fare
1. ground
2. head
3. house
4. land
5. man
6. note
7. suit
8. ward
9. yard

Ⅱ. *Read the text below and answer the questions that follow.*

Having **inveigled**(11) his way into the old lady's home and confidence, John took advantage of her going into the kitchen to put the kettle on, to explore what lay behind the mysterious-looking door to his right. The first thing that John noticed as he descended the steps leading into the cellar was the **stench**(12). As he inhaled, his nostrils were immediately assaulted by the stale air of a room that had clearly remained long undisturbed by any intruder, at least, any human one. John halted briefly, waiting for his eyes to become accustomed to the light, or, more accurately, the **paucity**(13) of it. Meanwhile, the room's **dank**(14) atmosphere made itself felt on every patch of his skin that was exposed to it: his hands, his face, and the back of his neck. Utilizing four of the five senses granted to humanity by Mother Nature, each one now highly accustomed to his surroundings, he began **rummaging**(15) vigorously through the heaps of junk that stretched out before him. Stumbling over the **detritus**(16) of a childhood long since forgotten, pushing his way past dolls with missing limbs, a rocking horse minus its saddle, roller-skates absent their wheels, and a host of other broken toys, he **descried**(17) in the far corner of the cellar an antique, **tarnished**(18) lamp. Pausing momentarily, he surveyed the world around him one more time, before picking up the item. Pulling up a nearby toy chest to sit on, he took out his handkerchief and began **burnishing**(19) the mysterious brass vessel. John stood **aghast**(20) as an abrupt flash escaped the lamp, almost immediately followed by a plume of blue smoke slowly coiling up and out of its spout.

If you looked up the basic forms of the underlined words (11)—(20) *in a dictionary, you would find the following definitions* (0 — 9). *In each case, decide which definition matches the underlined word and mark that number on your answer sheet.*

0. having lost purity or luster, faded; to appear less bright, dull, or of a different color
1. suddenly filled with feelings of shock and worry; struck with terror, horror, or amazement
2. to acquire by ingenuity; to win over by flattery
3. to notice, discover, or catch sight of someone or something
4. to search thoroughly but unsystematically or untidily
5. to make shiny or smooth, especially by friction
6. the condition of having very little or not enough of something
7. an accumulation of rubbish or waste material of any kind left over from something
8. unpleasantly moist; disagreeably wet and cold
9. a stink; a strong and unpleasant smell

Ⅲ. *In the dialogue that follows, words have been removed and replaced by spaces numbered* (21)—(30). *From the boxed lists* [A] *and* [B] *below, choose the most appropriate phrase to fill in each of the* ***underlined bracketed numbers*** *and the* ***boxed bracketed numbers****, respectively.* ***All choices must be used; the choices should be made to produce the most natural conversation overall.***

[Situation: high school students Hiro and Yuri strike up a conversation after class.]

Hiro: What do you think about the government having lowered the age of adulthood to 18?

Yuri: Well, it only came into effect a year ago, so it is a bit too early to tell really. Why?

Hiro: ＿(21)＿ it adds to our burdens without giving us any real benefits in return.

Yuri: Really, how so?

Hiro: Well, [(26)] vote at 18 for more than 5 years now, so what extra does lowering the age of adulthood give us? I mean, we still can't legally drink or smoke.

Yuri: But we can now have a credit card, sign a lease to rent an apartment, take out a loan for a car, or enter into a contract for a smartphone or a course of English lessons.

Hiro: You mean [(27)] get ourselves into debt!

Yuri: Well, ＿(22)＿ like being independent and not having to ask my parents' permission for those sorts of things. I find it kind of liberating.

Hiro: You should be careful, Yuri! Some of those contracts are very disadvantageous, and once signed [(28)].

Yuri: Yeah, I know, but I'm very careful and always read all the terms and conditions. Anyway, I figure I'm earning my own money now doing part-time work, so shouldn't I be free to spend it on what I want without having to consult my parents all the time?

Hiro: Okay, you have a point, but while we may have more freedom now, at the same time, [(29)].

Yuri: How so?

Hiro: How about the fact that now we are eligible to serve as lay judges in court cases?

Yuri: Yes, ___(23)___ that the prospect of being a lay judge on a serious criminal case worries me.

Hiro: Did you also know that if 18 or 19-year-olds commit crimes like robbery, [(30)], and that now, thanks to recent revisions made to the Juvenile Act, once formally charged, their names and faces could be reported in the media?

Yuri: Well, perhaps it is about time. I mean, if you are old enough to vote, and, ___(24)___, marry, then you should be held responsible publicly for your actions. In any case, at 18 you should be able to tell right from wrong, shouldn't you?

Hiro: Right from wrong, perhaps; legal from illegal, not necessarily.

Yuri: Well, ___(25)___ it will be a problem for me.

Hiro: It's up to you, but I can't help feeling you are being a bit naive there, Yuri.

[A] *To fill in each of the* ***underlined*** *bracketed numbers, that is* ___(21)___ — ___(25)___, *choose the most appropriate phrase from the list below:*

1. I'd add
2. I don't think
3. I for one
4. I can't help thinking that
5. I won't deny

[B] *To fill in each of the* ***boxed*** *bracketed numbers, that is* [(26)] — [(30)], *choose the most appropriate phrase from the list below:*

1. they can be tried in criminal courts
2. we've got an awful lot more responsibility too
3. we're now free to
4. they can be extremely hard to get out of
5. we've already been able to

Ⅳ. *The sequence of remarks below, numbered* (31) — (38), *are those made by an interviewer talking to actor Ben Kingsley. The actor's responses that follow have been rearranged and numbered* (0 — 7). *Choose the number of the response that most appropriately follows each remark to produce the most natural conversation overall, and mark that on your answer sheet.* ***All numbers must be used.***

著作権の都合上，省略。

Ben Kingsley : "I love the now, it is all we have", The Talks

著作権の都合上，省略。

(Adapted from an interview with Ben Kingsley.)

V. *Read the text and answer the accompanying questions* (39) — (49).

[A] When Chinese internet companies begin internationalization, they typically first look towards their backyard, Asia, home to over half the world's population. Many Asian countries share broad similarities with China, with mobile-first users who skipped the 1990's and 2000's Web 1.0 and 2.0 desktop internet eras. In general, Asian countries exhibit highly active social media use and strong demand for online entertainment, characteristics that appeared promising for TikTok's expansion. TikTok saw it necessary to tailor their approach to each country, utilizing localized promotion channels and native-language influencer ecosystems. Some markets would be easier than others, yet one of them stood out as being the toughest nut to crack — Japan.

[B] TikTok's first offices outside China were hidden deep among the bustling streets, endless stores, and vibrant nightlife of Shibuya Ward, Tokyo, a mecca for Japan's fashion-conscious youth. "I'm sorry it's a little small here," an embarrassed employee apologized to a visiting journalist. On the sixth floor, within a shared office space, lay the local operations staff for TikTok Japan. The earliest team had fewer than five people, yet the room was so small they were unable to all work inside at the same time. Stacks of materials piled up underneath the desks. Cut out in white paper and pasted onto the wall was the following message of encouragement from the management to the staff: "__Q. 40__"

[C] (See Q. 41) ____

____

____

____

[D] Another challenge was Japan's tight labor pool. Talented young Japanese held a strong preference to work in large corporations or state agencies. An unknown new entry from China, like TikTok, would find it almost impossible to recruit top-level local talent. Given this, TikTok resorted to hiring Chinese staff with a deep knowledge and understanding of Japanese society. Several had previously worked in Japan for other Chinese tech brands, including WeChat Pay and Shenzhen-based drone manufacturer DJI. Lastly, the Japanese had a reputation for being cautious of internet products from rival East Asian economies. A prominent example was Japan's dominant messaging app, Line, which did its absolute best to obscure the Korean roots of its parent company Naver.

[E] The Tokyo team put much effort into identifying and approaching suitable online influencers for the new platform. This group could create high-quality content, and build awareness, in addition to a part of their existing follower base converting over to the new platform. There were two kinds of influencers: celebrity stars and specialist <u>KOLs</u>. Celebrities had broader audiences, usually measuring in the millions, while <u>KOLs</u> in narrow fields of specialization, such as cooking or dance, possessed smaller but loyal and engaged follower bases. The big problem was the gatekeepers — talent management agencies that controlled access to celebrities and the best <u>KOLs</u>. For TikTok, these organizations were an impenetrable fortress; no one knew TikTok, which meant no agency would take them seriously.

[F] At last, a breakthrough came with female celebrity Kinoshita Yukina. (X), they immediately contacted her representative office. Kinoshita enjoyed using TikTok very much and was open to collaboration, but her agency expressed strong reservations. "It took around six or seven rounds of discussions to seal the deal finally. The star studios in Japan are particularly prudent, so we need to talk to them time and again to familiarize them with our product and show our sincerity for cooperation," explained the then director of TikTok Japan. Having painstakingly secured their first star, the road to convincing others became less bumpy. Kyary Pamyu Pamyu, a singer with 5 million Twitter followers, girl-band "E-girls" and famous YouTube blogger "Fischer's" were some of the earliest big names to endorse TikTok officially.

[G] Additionally, the operations team ran promotional accounts on other platforms. TikTok Japan's Twitter account was registered in May 2017, making it probably the very first TikTok promotional account. Videos posted reveal a similar content style to early Douyin (the original Chinese version of TikTok); that is, dance and lip-sync for young people. However, a key reason why TikTok was able to do surprisingly well in Japan was a lack of similar products in the market. Both local short video competitors such as MixChannel and the famous Silicon Valley offerings of Facebook, Snapchat, and YouTube failed to offer anything similar.

[H] To address a widespread cultural aversion (see Q. 47) individualism, the operations team emphasized challenges that allowed people to participate together (see Q. 47) groups and filters that could be used to make faces less recognizable, reducing self-consciousness and allaying concerns (see Q. 47) physical appearance. Much operational expertise had been built up (see Q. 47) Douyin that could be transferred (see Q. 47) to TikTok Japan. This included a proven back catalog of highly engaging challenges that would generate online buzz, luring in more local stars and celebrities.

[I] As mentioned, TikTok's early staff were Chinese with detailed local knowledge, but soon it switched to hiring locals exclusively. As the platform's reputation grew bit by bit, hiring became more manageable, and gradually, decision-making power was transferred away from Beijing to the Japanese branch. Later, TikTok's Chinese parent company, ByteDance, became more confident and began offline promotion with adverts for TikTok filling the Tokyo Metro. Meanwhile, to get around a ban on product placement on Japanese TV networks, the team cleverly worked out that it was easier to feed producers interesting, report-worthy stories. Television reporting on TikTok anecdotes began to grow, becoming "almost a daily occurrence" by early June 2018, according to TikTok Japan staff.

(Adapted from Matthew Brennan's *Attention Factory.*)

(39) *Which of the following ideas is expressed in paragraph* [**A**]*?*

1. China's internationalization only extends as far as its own backyard, Asia.
2. Certain internet tendencies common to Asian nations suggested TikTok could succeed there.
3. Many people in China and other Asian countries don't know how to use desktop computers.
4. The market for nuts in Japan is hard to enter, but well worth the effort if successful.
5. TikTok basically employs the same overall business plan in all Asian countries.

(40) *In paragraph* [**B**], *choose which of the following messages was most likely to have been pasted on the wall in white paper:*

1. Have work, hard fun, make history!
2. Hard work, make fun, have history!
3. Work hard, have fun, make history!
4. Working hard, making fun, having history!
5. Hard working, making fun, having history!

(41) *The sentences in paragraph* [**C**] *have been rearranged and numbered* ① *to* ⑤ *below. From the list below, choose the option that best reflects the logical flow of the original and mark the number on your answer sheet.*

① The problem was, the Japanese are known to be self-conscious and value privacy.
② TikTok expected users to not only show their faces but film themselves.
③ "If something can be accepted by the Japanese, then basically Southeast Asian users and other countries across Asia can all accept it," explained a veteran Chinese software executive.
④ Exceedingly few Chinese internet services thrived in the inhospitable Japanese environment, making the market somewhat of a test case.
⑤ Many prefer to remain anonymous online and are reluctant to use their real names or show their faces on publicly accessible social media accounts such as Twitter or Instagram.

1. ①, ②, ③, ④, ⑤
2. ②, ⑤, ①, ③, ④
3. ③, ⑤, ④, ①, ②
4. ④, ③, ①, ⑤, ②
5. ⑤, ④, ③, ②, ①

(42) *Which of the following ideas is **not** expressed in paragraph* [**D**]*?*

1. TikTok would be viewed as an obscure and unfamiliar employer by Japanese job-seekers.
2. Line took pains not to make public its foreign origin.
3. The Japanese are thought to be wary of web services and goods made by foreign competitors in the region.
4. There are few talented young workers in Japan because of the country's low birthrate.
5. There were other Chinese tech companies offering employment in Japan before TikTok arrived.

(43) *In paragraph* [**E**], *given the context, KOLs is most likely to mean which of the following:*

1. Knock Out Lifestyles
2. Key Opinion Leaders
3. Knights Of Laptops
4. Knowledgeable Outside Locals
5. Korean Online Legends

(44)—(45) *In paragraph* [**F**], *ten words marked by the bracketed space* (X) *have been removed from the text and rearranged below in alphabetical order. Determine the original order and mark the numbers of the **fourth** and **eighth** words as the answers to questions* (44) *and* (45), *respectively, on your answer sheet.* ***(The first letter of the initial word of the sentence has been changed from a capital letter to a small one.)***

0. a	1. become	2. discovered	3. had	4. once
5. operations	6. she	7. team	8. the	9. user

(46) *In paragraph* [**G**], *which of the following points is made?*

1. Japanese consumers prefer Asian social media companies over U.S. ones for stylistic reasons.
2. In Japan, MixChannel is more popular than Twitter, Facebook or YouTube.
3. TikTok Japan advertised itself via other social media companies, while enjoying very little direct competition.
4. Twitter and TikTok Japan enjoy a mutually beneficial relationship, with each company advertising on the other's platform.
5. Japan's MixChannel was ultimately too local and too small to compete with Chinese and U.S. tech giants.

(47) *In paragraph* [**H**], *five words have been removed. From the list below, choose the option that correctly reflects the original order that these words appeared in and mark the number on your answer sheet.*

1. about, to, over, from, in
2. from, over, to, in, about
3. in, from, about, to, over
4. over, about, in, to, from
5. to, in, about, from, over

(48) *Which of the following sentences best summarizes paragraph* [**I**]*?*

1. Because it became an independent company staffed only by Japanese workers, TikTok Japan became really popular among local people, featuring on TV news shows and dramas, and even in Japanese movies.
2. Once it was allowed to make all its own decisions, TikTok Japan employed only Japanese people and advertised with Japanese TV and train companies, often placing adverts in trains and in commercial breaks between television news shows.
3. After it had gained confidence by employing more Japanese staff, and had improved its reputation by advertising with Japanese TV companies and on the Tokyo Metro, TikTok Japan broke away from its parent company ByteDance.
4. As time went on, TikTok Japan changed to employing only Japanese staff, became more highly regarded, was given more say in how it ran its affairs, and used both direct and indirect marketing strategies to promote itself.
5. When TikTok Japan started advertising on the Tokyo Metro and featuring its product in Japanese TV dramas, and was given greater freedom to make decisions by Beijing, many young Japanese job-seekers suddenly started wanting to work for the company.

(49) *Which of the following is the most appropriate title for the text?*

1. TikTok: Its pathway to success in Japan
2. TikTok: Time is running out for Facebook and Twitter in Asia
3. TikTok: The social media boom in Asia
4. TikTok: The clock is ticking for U.S. tech giants
5. TikTok: How Chinese tech overcame Japanese people's shyness

日本史

（60分）

（解答上の注意）［(1)｜(2)］と表示のある問いに対して，「09」と解答する場合は，解答欄(1)の⓪と(2)の⑨にマークすること。

問題 I

次の本文を読み，空欄［（1）｜（2）］から［（15）｜（16）］に入る最も適切な語句を語群より選び，その番号を解答用紙の所定の欄にマークしなさい。また，下線部（ア）から（オ）に関連した設問1から5について，それぞれの指示に従って番号を選び，解答用紙の［（17）｜（18）］から［（25）｜（26）］にマークしなさい。

なお，AからDの人物や書物について直接に問う設問はないが，問題の都合上，伏せてある。引用した史料の原文は適宜改めている。

災害や飢饉等は，有史以来，しばしば日本列島を襲い，日本社会にさまざまな影響を与えた。

天皇であった人物Aは，飢饉・疫病等の社会不安から，(ア)<u>［史料1］</u>を発して全国に寺を作らせ，さらに［史料2］を発した。(イ)<u>［史料2］に基づいて造立された大仏</u>は，人物Aがその子である人物Bに譲位して太上天皇となった時代に完成した。

［史料1］

宜しく天下諸国をして各敬(つつし)みて七重塔一区を造り，幷せて金光明最勝王経・妙法蓮華経各一部を写さしむべし。朕又別に金字の金光明最勝王経を写し，塔毎に各一部を置かしめむと擬(ぎ)す。冀(こいねが)ふ所は聖法の盛なること，天地とともに永く流(つた)へ，擁護の恩幽明に被らしめて恒に満たむことを。……又国毎の僧寺には封五十戸，水田十町を施し，尼寺には水田十町。僧寺には必ず廿僧有らしめ，其の寺の名を金光明四天王護国之寺と為し，尼寺には一十尼ありて，其の寺の名を法華滅罪之寺と為し，両寺相共に宜しく教戒を受(さず)くべし。

［史料2］

粤(ここ)に天平十五年歳次癸未十月十五日を以て，菩薩の大願を発して，［（1）｜（2）］の金銅像一軀を造り奉る。国銅を尽して象を鎔(とか)し，大山を削りて以て堂を構へ，広く法界に及ぼして朕が知識と為し，遂に同じく利益を蒙らしめ，共に菩提を致さしめむ。夫れ天下の富を有(たも)つ者は朕なり。天下の勢を有つ者も朕なり。此の富勢を以て，この尊像を造る。

＊　＊　＊

書物Cは，1180年前後の災害等に関する記述を含む。このうち［（3）｜（4）］の大飢饉について，書物Cは，［史料3］のように描く。

［史料３］

築地(ついじ)の面(つら)，路(みち)の頭(ほとり)に飢ゑ死ぬるものの類ひ数も知らず，取り捨つる業も知らねば，臭き香世界にみちみちて，変り行く形・有様，目もあてられぬ事多かり

この［（３）｜（４）］の大飢饉は，当時の社会情勢に大きな影響を与えた。たとえば，源平の争乱においては，西国を基盤としていた平氏にとって不利に働いたとされるのである。

［（５）｜（６）］の大飢饉は，御成敗式目の制定に繋がった。［（５）｜（６）］の大飢饉が起こって訴訟が頻発し，時の幕府にとって，裁判の基準を設ける必要が生じたのである。

江戸時代にも，日本列島は飢饉に見舞われている。江戸時代最初の大飢饉とされる［（７）｜（８）］の大飢饉は，西日本の干ばつと東日本の長雨・冷害によってもたらされ，5～10万人の餓死者を出したといわれる。

この［（７）｜（８）］の大飢饉の経験は，当時の幕府をして本百姓の経営維持を重視する政策へ転換するに至らしめた。1643年に発せられ［史料４］のように定められていた［（９）｜（10）］は，この一環ともいわれる。

［史料４］

一，　身上能き百姓は田地を買取り，弥宜く成り，身体成らざる者は田畠を沽却せしめ，猶々身上成るべからざる……

＊　＊　＊

俗に「火事と喧嘩は江戸の華」というが，江戸の町はしばしば大火に見舞われた。

(ウ)<u>振袖火事の異名でも知られる大火</u>では，江戸城や市街に甚大な被害が生じた。

この大火について，ラフカディオ・ハーンは，着る者が次々と死んでゆく振袖を寺の小僧が焼いたところ，その振袖が舞い上がって寺に火が付き，そこから江戸の町全体が焼け崩れたとする伝説を書き残している。

また，1772年の大火では，類焼が江戸の約３分の１に及んだ。目黒行人坂の大円寺から出火したもので，その原因は放火ともいわれる。

＊　＊　＊

大地震もしばしば日本列島を襲った。

安政の大地震は，(エ)<u>1850年代</u>に各地で生じた一連の地震を指す。これらのうち，安政東海地震は遠州灘沖で，安政南海地震は土佐沖で生じた。前者では，2000～3000人が死亡し，家屋約３万戸が焼失したとされる。また，後者では，数千人が死亡したとされる。

同じく安政の大地震に含まれる江戸地震は，荒川河口付近を震源としていたと推測される。地震・火事による死者が町方で約4300人，武家方で約2600人にのぼったといわれる。水戸学の中心人物であった［（11）｜（12）］も，この地震で圧死した。

(オ)<u>関東大震災</u>は，東京・横浜などに大規模な損害を与え，約10万人の死者と４万人以上の行方不明者を出したといわれる。社会不安が高まる中で，朝鮮人が暴動を起こしたとの流言を信じた者らの手で，多数の朝鮮人らが殺害された。

近年では，阪神・淡路大震災や東日本大震災も生じた。

阪神・淡路大震災では約6400人が犠牲となった。同年に生じた地下鉄サリン事件も相俟って社会不安が広がり，政治に対する国民の目はさらに厳しいものになったとの評価もある。阪神・淡路大震災発生当時の［（13）｜（14）］内閣は，1996年１月に退陣することとなった。

東日本大震災では地震や津波により約１万8000人が犠牲となり，また，東京電力福島第一原子力発電所事故によって

数多の人々が極めて長い期間の避難生活を強いられることとなった。東日本大震災発生当時の［(15)｜(16)］内閣の退陣を受けて成立した内閣Dは，東日本大震災復興基本法に基づいて復興庁を設置した。

〔設問1〕

下線部（ア）の［史料1］が発せられた世紀に関する［01］から［05］の記述のうち，適切でないものを選び，その番号を解答欄［(17)｜(18)］にマークしなさい。

［01］ 筑前守であった山上憶良が，貧窮問答歌を詠じた。
［02］ 九州の筑紫観世音寺に戒壇が設けられた。
［03］ 人物Aは，都を平城京から，恭仁京，難波宮，紫香楽宮，長岡京へと，逐次移した。
［04］ 武蔵国から銅が献上され，貨幣が発行された。
［05］ 出羽国が置かれ，秋田城が築かれた。

〔設問2〕

下線部（イ）の大仏が置かれた寺院は，1180年に焼失した。この焼失や寺院の再建に関する［01］から［05］の記述のうち，適切でないものを選び，その番号を解答欄［(19)｜(20)］にマークしなさい。

［01］ この大仏が置かれた寺院を焼いたのは，平重衡である。
［02］ 慶派は，この大仏が置かれた寺院の再建に従事した。
［03］ この大仏の焼失を契機とする仏教革新の運動に際し，法然や一遍らの穏健派は，戒律の護持を提起した。
［04］ 重源は，後白河法皇の命によりこの寺院の再建に際し寄付集めの責任者を務めた。
［05］ この寺院の再建に際し採用された建築様式は，大仏様と呼ばれる。

〔設問3〕

下線部（ウ）に関する［01］から［05］の記述のうち，適切でないものを選び，その番号を解答欄［(21)｜(22)］にマークしなさい。

［01］ 「むさしあぶみ」や「江戸火事図巻」は，この大火の様子を描いた作品である。
［02］ この大火をきっかけとして，車長持が禁止された。
［03］ この大火によって焼失した江戸城天守はこれ以降再建されなかったが，このことは保科正之の主張による。
［04］ この大火により，10万人以上が死亡した。
［05］ この大火当時の将軍は，町奉行に命じ，「いろは」47組とも呼ばれる組織を置くなど，江戸の消防体制を強化させた。

〔設問4〕

下線部（エ）に関する［01］から［05］の記述のうち，適切でないものを選び，その番号を解答欄［(23)｜(24)］にマークしなさい。

［01］ 安政東海地震の際，下田に滞在していたプチャーチンの乗艦が大破・沈没した。
［02］ 清国がイギリス・フランスと天津条約を結んだ。

[03]　日米修好通商条約は，外交官のみならず，一般外国人にも国内旅行を許すなどの条項を含んでいた。

[04]　幕府は江戸に蕃書調所を設けた。

[05]　一橋派の橋本左内や尊攘派の吉田松陰が処刑され，梅田雲浜が獄中で病死した。

〔設問 5〕

下線部（オ）に関する [01] から [05] の記述のうち，適切でないものを選び，その番号を解答欄 (25) (26) にマークしなさい。

[01]　関東大震災の混乱に際し，平沢計七ら10名の労働運動家が甘粕正彦らにより殺害された。

[02]　加藤友三郎内閣の頃から政府は普通選挙制の導入を検討していたが，関東大震災の影響もあって，普通選挙制の導入は，いったん立ち消えとなった。

[03]　関東大震災からの復興事業のため置かれた帝都復興院の総裁に，後藤新平が就任した。

[04]　政府は，被災者を債務者とする手形を，日本銀行に再割引させた。

[05]　震災による首都壊滅を，デモクラシーに浮かれた天罰であるとする主張も出現した。

［語群］

01. 会沢安	02. 飛鳥大仏	03. 麻生太郎	04. 円空仏
05. 小渕恵三	06. 寛永	07. 寛喜	08. 寛政異学の禁
09. 菅直人	10. 小泉純一郎	11. 作付制限令	12. 地方知行制
13. 正嘉	14. 上知令	15. 丈六仏	16. 帯刀禁止令
17. 地租改正	18. 田畑永代売買の禁止令		19. 田畑勝手作りの禁
20. 天保	21. 天明	22. 如意輪観音	23. 野田佳彦
24. 橋本龍太郎	25. 八幡大菩薩	26. 鳩山由紀夫	27. 伴信友
28. 平田篤胤	29. 藤田東湖	30. 藤田幽谷	31. 不動明王
32. 分地制限令	33. 細川護熙	34. 磨崖仏	35. 村山富市
36. 森喜朗	37. 養和	38. 盧舎那仏	

問 題 II

次の本文を読み，空欄［(27)｜(28)］から［(33)｜(34)］に入る最も適切な語句を語群より選び，その番号を解答用紙の所定の欄にマークしなさい。また，下線部（ア）から（ク）に関連した設問1から8について，それぞれの指示に従って番号を選び，解答用紙の［(35)｜(36)］から［(49)｜(50)］にマークしなさい。

安政の五カ国条約の締結により，日本は大規模な貿易市場に組み込まれ，国内経済・産業は新たな局面を迎えた。列強との貿易が開始されると，生糸や綿織物が大量に取り引きされはじめたことで，(ア)繊維業は大きな影響を受けた。1866年には(イ)改税約書が調印され，列強と日本の関係において不平等性が拡大した。

列強のアジア進出が拡大するなかで，政府は，それらに比する国力をつけるため，近代産業の育成・発展を目指して(ウ)殖産興業政策を推し進めた。政府は多くの官営事業を展開し，そのなかで欧米の先進的技術の導入や国内の従来技術の改良を行い，産業の近代化をはかった。官営事業の例として，［(27)｜(28)］鉱山がある。この鉱山は，1884年に，のちに財閥に発展した藤田に払い下げられた。こうした鉱業のみならず，近代化政策は工業や農業，(エ)運輸業，通信業など様々な分野に及んだ。

産業の近代化が進む一方で，国内経済は難局を迎えることもあった。(オ)1870年代の末ごろからは激しいインフレーションが生じ，これに対処するため，大蔵卿の松方正義は一連の政策を進めた。この過程でインフレーションは脱したが，直後に深刻なデフレーションに陥った。

1880年代の後半に入ると，鉄道業や紡績業を中心に株式会社の設立が相次いだ。この時期には機械技術を大規模に導入する例も多くみられ，産業革命が進展した。しかし，この会社設立のブームは，1890年に起こった恐慌により一旦途絶えた。

日清戦争後，政府は清国から得た巨額の賠償金をもとに戦後経営を進めた。三国干渉の結果をうけて書かれた論説「嘗胆臥薪」が，［(29)｜(30)］を社長兼主筆として創刊された新聞で発表されると，国民の間で反露感情が高まった。こうした状況を背景に，政府は多額の賠償金を軍備拡張に使用した。賠償金は産業振興にも使用されて経済は一時好況になるなど，(カ)日清戦争後，そして日露戦争後も経済・産業において様々な状況変化があった。

1914年に第一次世界大戦が勃発すると，それまでの貿易・財政状況が一変して(キ)大戦景気とよばれる好況へと転じた。大戦中にドイツからの薬品や染料，肥料の輸入が途絶えたことでそれらの国内生産の必要性が生じると，化学工業が発展した。それとともに，日本の科学技術の発展を求める気運が高まった。1919年にある大学に付置された［(31)｜(32)］は，本多光太郎が初代所長となり，数多くの業績をあげた。このほか，国際的にも優れた業績をあげる(ク)日本出身の科学者が多くみられるようになった。

第一次世界大戦の前後には，コンツェルンへと発展する会社や団体も設立され始めた。財界からの寄付金や国庫補助，皇室下賜金を得て1917年に設立された［(33)｜(34)］もその一つである。［(33)｜(34)］を母体とするコンツェルンは，大河内正敏が1927年に設立した会社を持株会社として形成され，様々な事業を展開した。

〔設問1〕

下線部（ア）に関して，日本の繊維産業史上の出来事の記述として適切でないものを［01］から［05］のなかより選び，その番号を解答欄［(35)｜(36)］にマークしなさい。

［01］　綿糸輸出税の廃止が一因となって綿糸の輸出が増え，日清戦争後，その輸出高が輸入高を超えた。

［02］　第一次世界大戦の開始後に綿布輸出額は綿糸輸出額を上回った。

[03]　政府が奨励した2000錘紡績は一貫して好調で大きな利益を出し，その後の大工場の設立・発展に大きく寄与した。

[04]　ガラ紡は，人力式から水車式に改良されると愛知県を中心に普及したが，機械制大紡績工場の増加に伴い衰退した。

[05]　1880年代に起こったフランスのリヨン生糸取引所での生糸価格の大暴落によって，フランス向け生糸を生産していた埼玉県秩父地方の産業は打撃を受けた。

〔設問2〕

下線部（イ）について述べた次の文を読み，空欄（a）から（c）に入る語句として適切なものの組み合わせを以下の［01］から［08］のなかより選び，その番号を解答欄 (37)(38) にマークしなさい。

列強は （a） 開港が認められなかった代償として，幕府に改税約書を調印させた。それ以前は （b） のように輸入関税率35％の品目もあったが，この調印により輸入関税は一律5％の （c） 方式に改められた。

[01]（a）大坂　（b）米　（c）従価税

[02]（a）大坂　（b）米　（c）従量税

[03]（a）大坂　（b）醸造酒　（c）従価税

[04]（a）大坂　（b）醸造酒　（c）従量税

[05]（a）兵庫　（b）米　（c）従価税

[06]（a）兵庫　（b）米　（c）従量税

[07]（a）兵庫　（b）醸造酒　（c）従価税

[08]（a）兵庫　（b）醸造酒　（c）従量税

〔設問3〕

下線部（ウ）に関する次の5つの出来事を年代の古いものから順に並べた場合に，3番目になるものを［01］から［05］のなかより選び，その番号を解答欄 (39)(40) にマークしなさい。

[01]　品川硝子製造所が官営として創業された。

[02]　開拓使庁が札幌に移された。

[03]　官営の郵便制度が発足した。

[04]　屯田兵条例が制定された。

[05]　日本が万国郵便連合条約に加盟した。

〔設問4〕

下線部（エ）に関して，日本の運輸産業史上の出来事の記述として適切でないものを［01］から［05］のなかより選び，その番号を解答欄 (41)(42) にマークしなさい。

[01]　華族の金禄公債を資金にして設立された日本鉄道会社が，上野・青森間に鉄道を開通させた。

[02]　西園寺公望内閣のもとで鉄道国有法が制定され，民営鉄道会社17社が買収・国有化された。

[03]　海運業の保護・奨励を目的とした航海奨励法が制定されたのち，日本郵船会社はアメリカやオーストラリアとともに，インドのボンベイへの航路を開いた。

[04] 南満州鉄道株式会社は本社を大連に置き，鉄道や煙台鉱山の経営を行った。

[05] 川崎造船所は第一次世界大戦勃発の一報が入ると，鉄鋼の買い占めを始め，貨物船の大量生産に取り掛かった。

〔設問 5〕

下線部（オ）に関する記述として適切でないものを［01］から［05］のなかより選び，その番号を解答欄 (43) (44) にマークしなさい。

[01] 工場払下げ概則が廃止された後，官営事業の払い下げが本格的に進んだ。

[02] 国立銀行条例に基づいて設立された民間の銀行による不換紙幣の発行が，インフレーションの一因となった。

[03] 日本銀行が設立された翌年の条例改正によって，国立銀行は普通銀行に転換されることになった。

[04] 新税の設置や酒造税・煙草税の増徴が行われた。

[05] 貨幣法に基づき，銀本位制が確立された。

〔設問 6〕

下線部（カ）に関する次の 5 つの出来事を年代の古いものから順に並べた場合に，3 番目になるものを［01］から［05］のなかより選び，その番号を解答欄 (45) (46) にマークしなさい。

[01] 台湾銀行が設立された。

[02] 第 2 次伊藤博文内閣の時に締結された日英通商航海条約が，満期を迎えた。

[03] 東洋拓殖株式会社が設立された。

[04] 日露講和条約が締結され，沿海州・カムチャツカ半島沿岸における日本の漁業権が認められた。

[05] 日清通商航海条約が締結された。

〔設問 7〕

下線部（キ）に関して，大戦景気のはじまりから戦後恐慌のはじまりまでの出来事について述べた［01］から［05］のなかより，適切でないものを選び，その番号を解答欄 (47) (48) にマークしなさい。

[01] 猪苗代水力発電所と東京の田端変電所を結ぶ長距離送電が可能になった。

[02] ヴェルサイユ条約が締結された年，東京卸売物価指数は前年を下回った。

[03] ヴェルサイユ条約が締結された年，貿易は輸入超過となった。

[04] チェコスロヴァキア軍の救出を名目としたシベリア出兵の決定は，全国的な米騒動につながった。

[05] 鉄鋼業では民間会社の設立が相次ぎ，鉄成金が多数現れた。

〔設問 8〕

下線部（ク）に関して，科学者の主要な業績について述べた［01］から［05］のなかより，適切でないものを選び，その番号を解答欄 (49) (50) にマークしなさい。

[01] 石川千代松は動物学の基礎を築いた。

[02] 藤沢利喜太郎は地磁気の測定を行った。

[03] 鈴木梅太郎は脚気の研究からオリザニンの抽出に成功した。

[04]　高峰譲吉はアドレナリンの抽出に成功した。

[05]　秦佐八郎はサルバルサンを創製した。

[語群]

01. 阿仁	02. 荒畑寒村	03. 生野	04. 石川三四郎
05. 院内	06. 大阪紡績会社	07. 釜石	08. 北里研究所
09. 陸羯南	10. 黒岩涙香	11. 航空研究所	12. 幸徳秋水
13. 小坂	14. 佐渡	15. 地震研究所	16. 住友合資会社
17. 高島	18. 高山樗牛	19. 田口卯吉	20. 鉄鋼研究所
21. 伝染病研究所	22. 徳富蘇峰	23. 日本産業会社	24. 日本曹達
25. 日本窒素肥料会社	26. 日立製作所	27. 福地源一郎	28. 三池
29. 三井合名会社	30. 三菱合資会社	31. 三宅雪嶺	32. 森興業
33. 安田保善社	34. 理化学研究所	35. 理化学興業	

問題 Ⅲ

以下の［史料1］と［史料2］は，ともに『日本政記』の一部を引用したものである。史料を読んで，空欄［(51)｜(52)］と［(53)｜(54)］に入る最も適切な語句を語群より選び，その番号を解答用紙の所定の欄にマークしなさい。

また史料にある下線部（ア）から（オ）および空欄［（a）］から［（f）］に関する設問1から11に答えなさい。

なお，空欄［（X）］，［（Y）］は，それぞれ同一の人物を指し，［（Z）］には同一の言葉が入る。これらについて直接に問う設問はないが，問題の都合上，空欄としている。

史料の並びは，必ずしも年代順とは限らない。引用した史料の原文は適宜改めている。

［史料1］

［(51)｜(52)］元年辛酉春正月朔，日，食するあり。(中略)

〔論賛〕［（X）］の貶せらるるや，世は専ら［（Y）］を咎め，讒臣(ざんしん)（注1）を称するに，必ず以て称首となす。［（a）］，以て然らずとなす。曰く，外戚，政を専にせしより，これに類するもの多し。独り［（Y）］のみならざるなり。これより前，良房の安倍安仁を斥け，［（b）］の藤原保則を用ひざるが如き，これより後，(ア)<u>師尹の源高明を除き</u>，［（c）］の中書王を忌むが如き，皆これなり。その意に曰く，台司(だいし)（注2）は独り我が家のみなさん。彼れ何する者ぞと。(後略)

秋八月，左大臣［（Y）］・大外記大蔵善行，［（d）］を上(たてまつ)る。［（d）］は［（X）］定むる所多きに居るも，その貶せらるるを以て，名を列するを得ず。(中略)

三年癸亥春二月，前右大臣兼右大将大宰権帥［（X）］薨(こう)ず（注3）。(中略)

四年（中略）三月，(イ)<u>法皇</u>，室を仁和寺に造り，御室と称す。

五年（中略）初め，平城朝に万葉集あり。(ウ)<u>嵯峨，唐詩を好む</u>に及び，和歌幾(ほとん)ど廃(すた)る。帝，廃るるを興すに志あり。

勅してこれを撰せしむ。(中略)

八年戊辰冬，これより先，［（Y）］及び大蔵善行に勅して，［(51)｜(52)］格を撰せしむ。ここに至りて成り，上る。勅してこれを頒行せしむ。

［史料2］

大宝元年辛丑春正月朔，天皇，太極殿に御し，百官の朝賀を受く。(中略)

二年壬寅春，新律・度量を頒つ。従三位大伴安麻呂・正四位下［(53)｜(54)］等に勅して，朝政に参議せしむ。六月，［(53)｜(54)］を以て遣唐執節使となす。(中略)

三年癸卯春正月朔，朝を廃す(注4)。使を遣はし，諸国司の治状を巡察し，冤枉を申理して，［（Z）］官に奏し，以て式部に属し，令に依りて論定し，当に罰すべき者は，刑部に属せしむ。(中略)

〔論賛〕［（a）］曰く，国朝，初め大臣あり。尋いで大連を置き，並びに軍国の政を聞かしむ。蓋しその権を分ちて，偏重なからしむるなり。(中略) それ［（Z）］大臣の名は，大友・［（e）］に見ゆるも，前後になき所なり。蓋し以て国儲を定むるの漸(注5)となすのみ。常置す可きの官に非ざるなり。(中略) (エ)実にその官に任ずるは，則ち左右大臣あり，仍りてこれを分つなり。而してその下に弁官あり，納言あり，外記ありて，事を判じ，体統相属し，管轄して上す。而して天子臨決す。人主の勢を尊びて，権柄の下に移るを防ぐ所以なり。(中略) 孝謙の僧［（f）］に於けるが如きは，論ぜずして可なり。文徳に至り，以て藤原良房に授く。その後帝戚たる者，往往にしてその任を猥にし，これに居りて疑はず。然る後，祖宗の制一変す。再変して武門，政を干すに至り，(オ)主将にしてこの官に係る者あり。

(注1) 事実を曲げて告げ口をして，君主におもねる臣下のこと。

(注2) 中央の役所の高官のこと。

(注3)「薨ず」とは，亡くなること。なお，原文では「太宰権帥」と記されている。

(注4) 前年に太上天皇が亡くなったため，喪に服し，朝賀を廃したことを意味する。

(注5)「国儲を定むるの漸」とは，皇位の跡継ぎを定めるための準備のことである。

〔設問1〕

空欄［（a）］は，［史料1］［史料2］の執筆者である。『日本政記』をはじめ，『日本外史』などの作品を著した空欄［（a）］の人物の名前を語群より選び，その番号を解答欄［(55)｜(56)］にマークしなさい。

〔設問2〕

空欄［（b）］は，空欄［（Y）］の父である。空欄［（b）］の人物の名前を語群より選び，その番号を解答欄［(57)｜(58)］にマークしなさい。

〔設問3〕

下線部（ア）の出来事に関する以下の記述のうち，適切でないものはどれか。[01] から [05] のなかより選び，その番号を解答欄［(59)｜(60)］にマークしなさい。

[01] 源高明は，為平親王擁立の陰謀があると疑われた。

[02]　この出来事の後，藤原氏北家から摂政や関白が多数輩出されるようになった。

[03]　この出来事は，冷泉天皇の死後に起こった。

[04]　源経基の子である満仲が密告をした。

[05]　左大臣の源高明は，醍醐天皇の皇子であった。

〔設問 4〕

空欄［（c）］は，摂政の地位をめぐって，自らの弟とも争った。弟の子は，後に 4 人の娘を中宮（皇后）や皇太子妃とし，約30年にわたって朝廷で権勢をふるったことで知られる。空欄［（c）］の人物の名前を語群より選び，その番号を解答欄［(61)｜(62)］にマークしなさい。

〔設問 5〕

空欄［（d）］は，六国史の一つである作品の書名が入る。空欄［（d）］にあてはまる書物の正式な名称を語群より選び，その番号を解答欄［(63)｜(64)］にマークしなさい。

〔設問 6〕

下線部（イ）の人物が関わった出来事は何か。語群より選び，その番号を解答欄［(65)｜(66)］にマークしなさい。

〔設問 7〕

下線部（ウ）に関連して，唐に影響を受けた時代の文化に関する以下の記述のうち，適切でないものはどれか。[01] から [05] のなかより選び，その番号を解答欄［(67)｜(68)］にマークしなさい。

[01]　『文華秀麗集』におさめられた漢詩のなかには，嵯峨天皇が詠んだ作品もある。

[02]　『文鏡秘府論』は，空海による漢詩文作成についての書である。

[03]　大学では，次第に歴史・文章を学ぶ紀伝道がさかんになった。

[04]　小野岑守らが編纂した『懐風藻』は，最古の勅撰漢詩集である。

[05]　大学別曹として，藤原氏の勧学院や，橘氏の学館院が設けられた。

〔設問 8〕

空欄［（e）］は，天武天皇の皇子である。［（e）］の子は，吉備内親王を妻とした。この［（e）］の子が自殺に追い込まれた出来事は何か。語群より選び，その番号を解答欄［(69)｜(70)］にマークしなさい。

〔設問 9〕

下線部（エ）に関連して，当時の国家体制の仕組みに関する以下の記述のうち，適切でないものはどれか。[01] から [05] のなかより選び，その番号を解答欄［(71)｜(72)］にマークしなさい。

[01]　上級官人には，位階や官職に応じて供人としての資人が与えられた。

[02]　少納言と参議はのちにできたもので，ともに令外官である。

[03]　弾正台は，風俗取締りや官吏の監察をつかさどる官として設置された。

［04］ 謀反や不義を含む八虐は，重い罪とされた。

［05］ 衛士や防人は，庸ならびに雑傜などの課役は免除された。

〔設問10〕

空欄（f）が政争に敗れて追放された場所はどこか。語群より選び，その番号を解答欄（73）（74）にマークしなさい。

〔設問11〕

下線部（オ）に関連して，はじめて「主将」が「この官」である（Z）大臣に就く直前の出来事に関する記述として，最も適切なものはどれか。［01］から［05］のなかより選び，その番号を解答欄（75）（76）にマークしなさい。

［01］ 蓮華王院が造営された。

［02］ 観応の擾乱が勃発した。

［03］ 天慶の乱が鎮圧された。

［04］ 後白河法皇が亡くなった。

［05］ 延久の荘園整理令が出された。

［語群］

01. 阿衡の紛議	02. 新井白石	03. 粟田真人	04. 出雲国風土記	05. 一条兼良
06. 乙巳の変	07. 犬上御田鍬	08. 宇佐八幡宮	09. 恵美押勝の乱	10. 延喜
11. 応永の外寇	12. 大隅国	13. 隠岐	14. 刑部親王	15. 北畠親房
16. 清原夏野	17. 薬子の変	18. 薬師恵日	19. 光孝天皇	20. 弘仁
21. 最澄	22. 下野薬師寺	23. 貞観	24. 承和の変	25. 続日本紀
26. 続日本後紀	27. 壬申の乱	28. 清和天皇	29. 多賀城	30. 大宰府
31. 橘奈良麻呂の変	32. 橘諸兄	33. 天平	34. 刀伊の入寇	35. 長屋王の変
36. 日本後紀	37. 日本三代実録	38. 日本書紀	39. 日本文徳天皇実録	40. 藤原緒嗣
41. 藤原兼家	42. 藤原兼通	43. 藤原伊周	44. 藤原実頼	45. 藤原佐理
46. 藤原広嗣の乱	47. 藤原冬嗣	48. 藤原基経	49. 藤原頼通	50. 保元の乱
51. 南淵請安	52. 明徳の乱	53. 山県大弐	54. 養老	55. 頼山陽
56. 令集解	57. 和漢朗詠集	58. 和気清麻呂		

問題Ⅳ

次の本文を読み，空欄 (77)(78) から (87)(88) に入る最も適切な語句を語群より選び，その番号を解答用紙の所定の欄にマークしなさい。また，下線部（ア）から（カ）に関連した設問１から６について，それぞれの指示に従って番号を選び，解答用紙の (89)(90) から (99)(100) にマークしなさい。

古代日本における婚姻関係の解消形態は，当事者の合意，互いの親族への傷害や暴言を行った場合の強制離婚，夫の消息不明，および，夫の一方的意思による離婚の４種類があった。これらのうち後三者は戸令に定めがある。戸令は相続を含む家族関係を定めたが，(ア)民衆の行政的把握を目的とした戸は実際の家族そのものではなかった。直系家族を中心に実際の生活単位たる小家族に近い (77)(78) が設けられたのは８世紀前半のことである。

８世紀半ばに詠まれた「教喩史生尾張少咋歌一首并短歌」は，国司として越中に赴任した大伴家持が，戸令28七出条の「七出」,「三不去」を引いて，夫の一方的意思による離婚（棄妻）の要件は法律で定まっているのに，都の本妻を顧みず，遊行女婦と浮気する部下を咎める歌である。

天皇を頂点として，その下で公家，武家，寺社といった (79)(80) が国政機能を分担したと評される時代に編纂された法典にも家族法や訴訟手続に関する規定が置かれ，武家政治の下で，(イ)これまでとは異なるルールがいくつか定められた。(ウ)裁判制度の整備も進められ，訴訟担当機関が新設されるとともに，合議によって裁判を行い判決を下す新体制が築かれた。ただ，所領安堵の訴訟が頻発するようになると，(81)(82) の形で出された判決文が出る最終段階まで至らずに，訴訟の途中で両当事者間の合意が成立し訴訟終了となる場合もあった。こうした当事者間の合意・取決めによる紛争解決は (83)(84) と呼ばれ，幕府の勧めもあって土地の境界をめぐる紛争で多用された。

徳川時代に入り制定された法典でも，武家についての家族関係に関する規定が置かれた。親族関係については，「国主・城主・壱万石以上并近習物頭ハ」と身分を限定するものの，「私不可結婚姻事」としてこれを統制した。庶民の間でも，家長の許しのない恋愛・結婚は認められず，離婚についても，舅・姑に従わないことや子がないことなど「七去」と呼ばれる妻を離婚できる７つの事由が決まっていた。この「七去」は，女性の美徳たる「三従の教」（家では父に，結婚すれば夫，夫と死別してからは子に従う）とともに，当時の良妻賢母教育の礎となった。このような教えの下で，女性が一方的に離縁されることもあり，庶民の離婚は，夫が書面を作成し，妻に渡すことで成立し，慰謝料や財産分与，子との関係については妻から (85)(86) と呼ばれる書面を交付することがあった。

相続関係に目を向けると，一代限りの厳格な主従関係から代々続く固定的主従関係へと次第に変質していく様を見て取ることができる。家光が死去した年に起きた事件を契機に，跡継ぎがなくても改易せずに済むよう制度変更がなされた。代がかわり，次の将軍は，主人の死後も新しい主人である跡継ぎに引き続き奉公することを義務づけた。これらの制度変更や義務は，文武忠孝を励し，礼儀によって秩序をまもることを求めた武家諸法度の (87)(88) 令で明文化された。制度変更としては「五拾以上十七以下の輩，末期に及び養子致すと雖も，吟味の上之を立つべし」，義務としては「殉死の儀，弥制禁せしむる事」とそれぞれ定められた。

身分別に箱詰めされたような時代を経て近代化へと向かうなかで制定された民法（明治民法）では，性別・世代の区別に立脚した階層制を家庭生活の根幹とした。これに対して，この民法施行と同時期に初版が刊行された福澤諭吉の『福翁百話』は，一夫一婦の夫婦のあり方に敬意を求めて男女同権を強く訴えた。これにより家風が優美高尚となり，(エ)この家風・家族団欒を教師として子どもも自然と品格を維持すると説かれている。

明治民法に見られた夫婦間の不平等は，のちに判例で重要な論点となっていった。戦後の民法でも不平等の一部は解消されず，今日の改正論にも影響を及ぼしている。そのようななか，(オ)2018年の改正で配偶者居住権が創設されたことにより，夫の死亡後，残された妻も賃料の負担なく夫所有の自宅に住み続けることができるようになった。

紛争解決手続に目を向けると，1922年10月1日施行の借地借家調停法以来，2022年10月で日本の調停制度は発足100周年を迎えた。その間，(カ)1924年には小作調停法が，1926年には労働争議調停法が成立し公布された。家事調停の始まりは，1939年施行の人事調停法による調停で，当時から女性の申立てが多く，女性の権利保護に大きく貢献した。離婚調停をIT化する改正家事事件手続法が2022年5月に成立したが，これに先行して2021年末から家事調停でのウェブ会議試行がスタートしている。離婚調停は近年，年間2万件前後が成立しており，IT化により離婚調停の全過程をウェブ会議で行うことができれば，相手方からDV被害を受けている場合や，単身で育児をしており仕事を休みにくい場合などでも利用がしやすくなる。

〔設問1〕

下線部（ア）に関して，大宝令と養老令の違いについての［01］から［05］の記述のうち，適切でないものを選び，その番号を解答欄 (89) (90) にマークしなさい。

［01］ 大宝令では女性の戸新設を認めなかったが，養老令では女性を戸主とする戸新設が認められ，女性も調について中男の4分の1を負担した。

［02］ 大宝令の時代には田地は相続対象ではなかったが，養老令の時代には田地も相続対象となった。

［03］ 大宝令では嫡子が優先的に相続する規定であったが，養老令では庶子も含めて均分に近い形へと修正された。

［04］ 大宝令の下では原則として女子は相続できなかったが，養老令の下では女子も庶子の半分を相続することができた。

［05］ 被相続人の妻が持参した奴婢の取扱いについて，大宝令では妻方に返還されたが，養老令では妻家所得の返還規定が削除された。

〔設問2〕

下線部（イ）に関して，この法典の規定内容についての［a］から［e］の記述のうち，適切でないものの組み合わせを，［01］から［10］のなかより選び，その番号を解答欄 (91) (92) にマークしなさい。

［a］ 子がない場合，女性でも所領を養子に譲ることができる。

［b］ 奴婢の子については，すべてその母親に属する。

［c］ 父母が所領を子に譲り幕府から証明書をもらっていても，父母の判断で譲った所領を再び子から取り返すことができる。

［d］ 現在の持ち主が，その土地の事実的支配を20カ年以上継続している場合，その土地の所有権は変更できない。

［e］ 先祖から受け継いだ土地は長子相続制の下で男子により単独相続されたため，女性が財産の分配にあずかったり地頭になることはなかった。

［01］［a］と［b］	［02］［a］と［c］	［03］［a］と［d］	［04］［a］と［e］
［05］［b］と［c］	［06］［b］と［d］	［07］［b］と［e］	［08］［c］と［d］
［09］［c］と［e］	［10］［d］と［e］		

〔設問3〕

下線部（ウ）に関して，当時の訴訟制度についての［01］から［05］の記述のうち，適切なものを選び，その番号を

解答欄 (93) (94) にマークしなさい。

[01]　訴人から幕府に訴えがあると，問注所で訴状が受理され引付に回されたのち，訴えられた論人に対して陳状の提出が命じられた。

[02]　三問三答とは，当事者双方の書面または口頭による応酬に関するルールであり，細部の審理を尽くすべく，少なくとも3度の訴状および陳状のやり取りを経なければならなかった。

[03]　当事者主義の原則の下，引付奉行人への書面の送達は両当事者が自身で行い，判決文は両当事者に交付された。

[04]　引付は一番から三番の3つに編成され，引付衆から選ばれた頭人の下，数名の評定衆が加わって判決原案が作成された。

[05]　訴訟当事者の身分と所在を基準に訴訟担当機関が分類され，民事訴訟全般に関し，鎌倉中については問注所が，東国については奥州探題設置まで六波羅探題が，西国および九州については鎮西探題設置まで守護がそれぞれ管轄した。

〔設問4〕

下線部（エ）に関して，福澤諭吉は，育児と家庭に関する思想を多く展開し，子どもや女性を対象読者層とした書物を多数執筆した。今日，子どもが親しみ，Mangaとして国際語ともなった「漫画」という言葉が浸透するきっかけも，福澤が，(95) (96) を高給で雇って，自らが創刊した新聞の政治風刺を描かせたのが始まりで，のちに子どもや女性向けの漫画も掲載して広範に読者を獲得していったことによる。

(95) (96) に入る人名として適切なものを語群より選び，その番号を解答欄 (95) (96) にマークしなさい。

〔設問5〕

下線部（オ）に関して，配偶者居住権は，明治時代にお雇い外国人が起草した法典にもその原型となる規定があったが，民法典論争を経て削除された経緯がある。西洋を範とする法典の編纂およびその内容に関する［a］から［e］の記述のうち，適切なものの組み合わせを，[01] から [10] のなかより選び，その番号を解答欄 (97) (98) にマークしなさい。

［a］　罪刑法定主義はドイツ系の新刑法典に改められた際に初めて明文化され，法治国家としての体裁が整った。

［b］　明治民法は「家」を重視して，先祖伝来の土地については，戸主個人の私有財産とは区別した。

［c］　治外法権を撤廃し，日本に居住する外国人にも適用すべく，法典の内容を諸外国の水準にすることが急がれたため，憲法公布・施行後ただちに刑法と治罪法が公布・施行された。

［d］　1890年に公布された商法は日本の商慣習に合わないなどと批判され，商法修正案が帝国議会にかけられた後，成立し公布された。

［e］　戸主は，同じ戸にある家族に対して婚姻・縁組同意権を有したが，戸主権とは別個に夫権と親権が規定され，「男カ満三十年女カ満二五年」に達しない間に婚姻を望むときは，戸主の同意とともに親の同意も得る必要があった。

[01]　［a］と［b］　[02]　［a］と［c］　[03]　［a］と［d］　[04]　［a］と［e］
[05]　［b］と［c］　[06]　［b］と［d］　[07]　［b］と［e］　[08]　［c］と［d］
[09]　［c］と［e］　[10]　［d］と［e］

〔設問 6〕

下線部（カ）に関して，小作争議・労働争議および社会運動についての［01］から［05］の記述のうち，適切なものを選び，その番号を解答欄 （99）（100） にマークしなさい。

［01］ 約 3 万5000人が参加した川崎造船所・三菱造船所の大争議は，社会民衆党が指導した出来事である。

［02］ 婦人参政権獲得期成同盟会は，平塚らいてう，市川房枝，奥むめおらを中心に設立された赤瀾会を母体とするもので，治安警察法 5 条の改正を実現し，女性も政治演説会に参加できるようになった。

［03］ 友愛会は，第一次世界大戦後の労働争議の増加にともなって，労働者階級の友愛に基づく団結と階級闘争主義を掲げて設立された。

［04］ 神戸に生まれ，神戸神学校を卒業した賀川豊彦は，農民運動家として小作調停法の成立を訴えて活動するとともに，労働運動を指導した。

［05］ 日本農民組合も日本労働総同盟も，やがて分裂する運命を辿った。日本労働総同盟は議会主義をとる右派と共産主義をとる左派に分裂し，右派は日本労働組合評議会を結成した。

〔語群〕

01. 一門	02. 一家	03. 暇状	04. 巌本善治	05. 巌谷小波
06. 大田文	07. 大番	08. 返り一札	09. 仮名垣魯文	10. 寛永
11. 官戸	12. 寛文	13. 起請文	14. 北沢楽天	15. 几帳
16. 享保	17. 下戸	18. 下知状	19. 元和	20. 権門
21. 高家	22. 郷司	23. 在家	24. 雑戸	25. 去状
26. 三公	27. 渋江抽斎	28. 折中	29. 滝田樗陰	30. 中分
31. 天和	32. 封戸	33. 宝永	34. 房戸	35. 政所下文
36. 三行半	37. 召文	38. 寄合	39. 頼朝下文	40. 離縁状
41. 陵戸	42. 和与	43. 和離		

世界史

（60 分）

（解答上の注意）［(1)｜(2)］と表示のある問いに対して，「09」と解答する場合は，解答欄(1)の⓪と(2)の⑨にマークすること。

問 題 I

以下の文章の空欄［(1)｜(2)］から［(7)｜(8)］に入る最も適切な語句を語群より選び、その番号を解答用紙の所定の欄にマークしなさい。また、下線部（ア）から（ケ）に関連する設問1から9について、指示に従って番号を選び、解答用紙の所定の欄にマークしなさい。

第二次世界大戦が終わった後、アメリカ合衆国を中心とする西側の自由主義陣営とソ連を中心とする東側の社会主義陣営の対立が深まり、(ア)「冷戦」とよばれる状況が明確になった。社会主義陣営に属する東欧諸国は、ソ連を模した［(1)｜(2)］に基づく政治経済体制を確立していった。他方で、自由主義陣営においては、社会主義勢力の拡大を阻止するため、(イ)アメリカ合衆国がヨーロッパ諸国への経済援助計画を表明した。このマーシャル=プランによる援助資金を受け入れるために、西欧諸国は1948年に［(3)｜(4)］を設立した。東西対立は、ヨーロッパにとどまらず、世界各地に広がった。その象徴的な出来事としては、1950年に始まった(ウ)朝鮮戦争を挙げることができる。

(エ)1950年代半ばには、西側の北大西洋条約機構に対し東側のワルシャワ条約機構が対峙する構図ができた一方、東西対立は緩和の方向に向かった。その背景には、1953年のスターリンの死後、ソ連の外交政策が「雪どけ」と呼ばれる平和共存路線へ転換し始めたことがある。1955年にスイスで米・英・仏・ソの首脳が集まって会談した後、ソ連は西ドイツと国交を結んだ。1959年には、ソ連のフルシチョフ共産党第一書記がアメリカ合衆国を訪問し、キャンプ=デーヴィッドで米ソ首脳会談を行った。他方で、ソ連の路線変更を受けて、(オ)東欧諸国がソ連からの自立と自由化を試みたが、ソ連の東欧諸国への統制は緩まなかった。

米ソ関係は、1960年の［(5)｜(6)］によりいったん緊張関係に戻ったものの、1962年のキューバ危機を克服すると、(カ)再び緊張緩和の方向に向かった。(キ)ヨーロッパでの緊張緩和も進展した。西ドイツのブラント政権は、ソ連や東欧諸国との関係改善をはかる東方外交を展開した。また、ソ連が提案していた(ク)全欧安全保障協力会議が1975年に開催され、ヨーロッパ諸国、(ケ)アメリカ合衆国およびカナダの首脳が参加して、［(7)｜(8)］宣言を採択した。

［設問1］

下線部（ア）に関連して、冷戦の開始前後に関する記述として誤っているものを下から選び、その番号を［(9)｜(10)］にマークしなさい。

［01］ イギリスでは、1945年に労働党のアトリーが首相になった。

［02］ イタリアでは、1945年以降キリスト教民主党が政権を担当した。

［03］ ドイツ連邦共和国では、1949年に社会民主党のアデナウアーが首相になった。

[04]　ドイツ民主共和国は、1949年に社会主義統一党を中心に樹立された。

［設問2］

下線部（イ）に関連して、20世紀半ばの同国に関する記述として誤っているものを下から選び、その番号を (11) (12) にマークしなさい。

[01]　アイゼンハワー大統領は、退任に際して「軍産複合体」について警告した。

[02]　連邦最高裁判所は、1954年のブラウン判決により公立学校での人種隔離を違憲とした。

[03]　共和党上院議員マッカーシーらは、共産主義者や左翼運動を攻撃する、いわゆる「赤狩り」を行った。

[04]　1947年の国家安全保障法により、国家安全保障会議、国防総省などが設立された。

［設問3］

下線部（ウ）に関連して、朝鮮戦争中に起きた（a）から（c）の出来事を古い順に正しく並べたものを［01］から［06］より選び、その番号を (13) (14) にマークしなさい。

（a）　国際連合軍が仁川に上陸した。
（b）　朝鮮民主主義人民共和国軍が釜山近郊にせまった。
（c）　中国が人民義勇軍を派遣した。

[01]　（a）→（b）→（c）
[02]　（a）→（c）→（b）
[03]　（b）→（a）→（c）
[04]　（b）→（c）→（a）
[05]　（c）→（a）→（b）
[06]　（c）→（b）→（a）

［設問4］

下線部（エ）に関連して、同時期の日本に関する（a）から（c）の出来事を古い順に正しく並べたものを［01］から［06］より選び、その番号を (15) (16) にマークしなさい。

（a）　日本の国際連合加盟
（b）　日ソ共同宣言の調印
（c）　自由民主党の結成

[01]　（a）→（b）→（c）
[02]　（a）→（c）→（b）
[03]　（b）→（a）→（c）
[04]　（b）→（c）→（a）
[05]　（c）→（a）→（b）
[06]　（c）→（b）→（a）

［設問5］

下線部（オ）に関連して、東欧諸国に関する記述として誤っているものを下から選び、その番号を (17) (18) にマークしなさい。

［01］ ポーランドでは、1956年にソ連軍がポズナニでの反政府・反ソ暴動を鎮圧した後、ゴムウカの指導のもとで一定の自由化を進めた。

［02］ 東ドイツは、1961年に西ベルリンへの移動を防ぐために東西ベルリンの境界に壁を築いた。

［03］ ルーマニアは、1964年にソ連と距離をおく自主外交路線をとった。

［04］ 1968年の「プラハの春」に対するワルシャワ条約機構軍の介入を正当化した方針は、ブレジネフ=ドクトリンと呼ばれるようになった。

［設問6］

下線部（カ）に関連して、安全保障に関する米ソの交渉についての記述として誤っているものを下から選び、その番号を (19) (20) にマークしなさい。

［01］ 1963年、アメリカ合衆国とソ連は、両国首脳間で直接通話できる回線を設ける直通通信（ホットライン）協定を結んだ。

［02］ 米ソ間の第1次戦略兵器制限交渉の結果、1972年に核兵器現状凍結協定と弾道弾迎撃ミサイル制限条約が結ばれた。

［03］ 1973年には、米ソ間で核戦争防止協定が結ばれた。

［04］ 米ソ間の第2次戦略兵器制限交渉は、1979年のソ連によるアフガニスタン侵攻のため、調印に至らなかった。

［設問7］

下線部（キ）に関連して、1970年代におけるヨーロッパでの緊張緩和に関する記述として誤っているものを下から選び、その番号を (21) (22) にマークしなさい。

［01］ 西ドイツは、1970年にソ連との間で武力不行使条約を結んだ。

［02］ 西ドイツは、1970年にチェコスロヴァキアとの間でオーデル=ナイセ線を国境と認める国交正常化条約を結んだ。

［03］ 米・英・仏・ソは、1972年にベルリンの現状維持を認める協定を結んだ。

［04］ 東西両ドイツは、1972年に相互承認を行い、翌年ともに国際連合に加盟した。

［設問8］

下線部（ク）に関連して、ヨーロッパ諸国のうち1961年にソ連と断交していた (23) (24) は同会議に参加しなかった。 (23) (24) に入る最も適切な語句を語群から選び、その番号を解答用紙の所定の欄にマークしなさい。

［設問9］

下線部（ケ）に関連して、1970年前後におけるアメリカ合衆国とアジアに関する記述として誤っているものを下から選び、その番号を (25) (26) にマークしなさい。

［01］ アメリカ合衆国のニクソン大統領は、同国によるアジアでの軍事介入を縮小する外交方針を1969年に発表した。

［02］ アメリカ合衆国のキッシンジャー大統領補佐官は1971年に訪中し、米中和解の足がかりをつくった。

［03］ 1972年のニクソン訪中は、その後の中国の国連代表権交替をもたらした。

［04］ 米中関係の改善を受けて、1972年の田中角栄首相の訪中では、日中共同声明が調印された。

〔語群〕

01. アルバニア	02. ウィーン	03. オスロ	04. 革新主義
05. 経済協力開発機構	06. 五月危機	07. 国際通貨基金	08. 国際復興開発銀行
09. コペンハーゲン	10. 社会民主主義	11. ジュネーヴ	12. 新絶対主義
13. 人民民主主義	14. スイス	15. スエズ戦争	16. ストックホルム
17. スプートニク=ショック	18. 大陸間弾道ミサイル開発		19. チェコスロヴァキア
20. 偵察機撃墜事件	21. ハンガリー	22. パン=スラヴ主義	23. ブルガリア
24. ヘルシンキ	25. ベルリン封鎖	26. ユーゴスラヴィア	27. ヨーロッパ経済共同体
28. ヨーロッパ経済協力機構	29. ヨーロッパ中央銀行	30. 連邦主義	

問題 II

以下の文章の空欄 (27)(28) から (31)(32) に入る最も適切な語句を語群より選び、その番号を解答用紙の所定の欄にマークしなさい。また、下線部（ア）から（コ）に関連する設問1から10について、指示に従って番号を選び、解答用紙の所定の欄にマークしなさい。

格差、不平等、差別は、古代から存在する重要な課題である。(ア)多くの人々を支配する統治機構の出現や身分制度の形成などにより、様々な上下関係が生まれた。たとえば紀元前1500年頃には、インドと西アジアを結ぶ交通の要衝である (27)(28) を通って、アーリヤ人が中央アジアからインドに進入した。アーリヤ人が先住民と交わって社会が形成される過程で、ヴァルナ制と呼ばれる身分的上下観念が生まれた。

ギリシアでは紀元前8世紀頃に、ポリスと呼ばれる都市国家が多く作られた。ポリスの主な住民は市民と奴隷であり、市民は貴族と平民に区別された。貴族は、広い農地と多くの奴隷をもち、ポリスの官職を独占した。そして平民も貴族と同様に先祖から受け継いだ所有地である (29)(30) を保持し、奴隷を使って農業に従事していた。対照的に奴隷は、人間としての人格が否定され売買の対象となった。

やがて、平民は同じ市民として貴族との政治的平等を達成し、(イ)国政への直接参加による民主政が実現した。その背景には、平民の(ウ)戦争への参加が大きく関わっている。とはいえ(エ)古代ギリシアの民主政治は、常にうまく機能していたわけではない。様々な要因から、ポリスにおける民主政治は混乱し、紀元前4世紀にはポリス間での対立・抗争が繰り返された。紀元前4世紀後半には、アテネ・テーベを中心とするギリシア連合軍がマケドニア王国に敗れ、多くのポリスがマケドニア王国に服属することとなった。

ギリシアだけでなくイタリア半島のローマでも都市国家が生まれた。(オ)ローマで採用された共和政は、アテネの民主政とは異なる。また、(カ)ローマの指導者は、領土の獲得を目指し、イタリア半島内外の他地域を征服していった。南イタリアにある (31)(32) を占領することで、ローマはイタリア半島の統一を達成し、(キ)やがて地中海全域を支配する帝国となった。

(ク)ユダヤ教から発したキリスト教は、ローマが支配地域を拡大する中で誕生した。キリスト教は、貧富の格差や身分の違いを超えて、神の愛が全ての人々に及ぶと説き、多くの信者を獲得していった。キリスト教がローマ帝国で普及していく中、(ケ)その正統教義をめぐる論争が生じた。最終的には三位一体説を中核とする教義が正統なものとされ、他の考えは異端として排斥された。ローマ帝政末期には、(コ)教父と呼ばれるキリスト教思想家たちが正統教義の確立に努め、神学の発展に貢献した。

［設問1］

下線部（ア）に関連して、世界史に登場した様々な上下関係についての記述として正しいものを下から選び、その番号を (33) (34) にマークしなさい。

[01] インドの身分制度を表す「カースト」という語は、イタリア語の家柄・血統を意味する「カスタ」に由来する。
[02] 中国では漢の武帝が、九品中正制度を用いて官吏の登用を行ったが、有力な豪族の子弟が選ばれるのが慣例となった。
[03] 中世西ヨーロッパの荘園制における農奴は、移動の自由がなく、結婚税や死亡税を領主におさめる義務を負うなど、様々な自由が制限された。
[04] 中世ヨーロッパでは、手工業者たちが同職ギルドを作り、親方と職人はその組合員になった。

［設問2］

下線部（イ）に関連して、アテネの直接民主政を支える仕組みについての記述として正しいものを下から選び、その番号を (35) (36) にマークしなさい。

[01] 全体集会である民会は、18歳以上であれば参加・発言でき、多数決で国家の政策が決定された。
[02] クレイステネスが創設した500人評議会は、民会を補佐し、日常の行政を担当した。
[03] 民衆裁判所では、選挙で選ばれた陪審員たちが投票により判決をくだした。
[04] 一般市民は、裁判を通して役人の不正を告発することはできたが、政治家の不正を告発することはできなかった。

［設問3］

下線部（ウ）に関連して、紀元前5世紀にギリシアのポリスは、領土拡大を目指すアケメネス朝ペルシアの侵攻を受けた。以下の（a）から（c）の出来事を古い順に正しく並べたものを [01] から [06] より選び、その番号を (37) (38) にマークしなさい。

（a） テルモピレーの戦い　　（b） プラタイアの戦い　　（c） マラトンの戦い

[01] （a）→（b）→（c）
[02] （a）→（c）→（b）
[03] （b）→（a）→（c）
[04] （b）→（c）→（a）
[05] （c）→（a）→（b）
[06] （c）→（b）→（a）

［設問4］

下線部（エ）に関連して、この時代の建築では調和と均整の美しさが追究された。ゼウス神殿に代表される、列柱の上部に複雑な装飾が施された建築様式を、[(39)｜(40)]式と呼ぶ。[(39)｜(40)]に入る最も適切な語句を語群より選び、その番号を解答用紙の所定の欄にマークしなさい。

［設問 5］

下線部（オ）に関連して、ローマ共和政に関する記述として正しいものを下から選び、その番号を[(41)｜(42)]にマークしなさい。

［01］ リキニウス・セクスティウス法によって、二人のコンスルが平民から選ばれることが定められた。

［02］ ホルテンシウス法で、平民会で決まったことが、元老院の認可を経ずにローマの国法となることが公に定められた。

［03］ 護民官は、元老院の決定を拒否できたが、コンスルの決定には従わなければならなかった。

［04］ ディクタトルは、非常時に設置され、一年の任期に限られたが一人で全権を掌握できた。

［設問 6］

下線部（カ）に関連して、ローマによる他地域の征服や統治に関する記述として誤っているものを下から選び、その番号を[(43)｜(44)]にマークしなさい。

［01］ ローマに征服された諸都市の中には、ローマとの間でそれぞれ内容の異なる権利・義務を定めた同盟関係に組み込まれたものがあった。

［02］ ローマは重要な征服地域に市民を入植させ、植民市を建設した。

［03］ イタリア半島の統一後、ローマはコルシカ島征服を皮切りに、属州と呼ばれる征服地を獲得していった。

［04］ 度重なる海外遠征で農民層が没落したことを受け、グラックス兄弟は、護民官となって自作農の再興に尽力した。

［設問 7］

下線部（キ）に関連して、中国の漢王朝の時代に[(45)｜(46)]という人物が大秦に派遣されたことが、『後漢書』に記されている。大秦はローマを指すとされる。[(45)｜(46)]に入る最も適切な語句を語群より選び、その番号を解答用紙の所定の欄にマークしなさい。

［設問 8］

下線部（ク）に関連して、キリスト教とユダヤ教に関する記述として正しいものを下から選び、その番号を[(47)｜(48)]にマークしなさい。

［01］ ヘブライ人は、ダレイオス１世のユダ王国征服にともなってバビロンに連れ去られるなどの苦難を経る中で、選民思想を発達させていった。

［02］ ダヴィデ王の子であるソロモン王は、イェルサレムに神ヤハウェの神殿を建設した。

［03］ 救世主を意味するキリストとメシアという言葉は、キリストがヘブライ語、メシアがギリシア語に由来する。

［04］ ユリアヌス帝はキリスト教以外の宗教を禁じた。

［設問 9］

下線部（ケ）に関連して、キリスト教では、三位一体説の正統教義化への反発から[(49)｜(50)]教会が成立し、そこからエチオピア教会がわかれた。［(49)｜(50)］に入る最も適切な語句を語群より選び、その番号を解答用紙の所定の欄にマークしなさい。

〔設問10〕

下線部（コ）に関連して、キリスト教思想家として知られ、『教会史』を著したローマ帝政末期の人物は［(51)｜(52)］である。［(51)｜(52)］に入る最も適切な語句を語群より選び、その番号を解答用紙の所定の欄にマークしなさい。

〔語群〕

01. アウグスティヌス	02. アクティウム	03. アクロポリス	04. アゴラ
05. アルメニア	06. イオニア	07. エウセビオス	08. エピクテトス
09. オストラコン	10. カイバル峠	11. カルタゴ	12. 甘英
13. クチャ	14. グプタ	15. クレーロス	16. ケルン
17. コプト	18. コリント	19. コンスタンティノープル	20. 蔡倫
21. サールナート	22. シリア	23. タレントゥム	24. 張角
25. 張衡	26. ドーリア	27. ネアポリス	28. パータリプトラ
29. バビロン	30. バロック	31. 班固	32. 班超
33. ファランクス	34. フェイディアス	35. プトレマイオス	36. プリニウス
37. ヘイロータイ	38. ベネヴェントゥム	39. ペルセポリス	40. ポセイドニア
41. リウィウス	42. ローマ		

問題 Ⅲ

以下のAからGは、一般に「革命」といわれる政治社会変動に関連した資料である。宣言や布告、新憲法、演説などが含まれており、適宜省略がなされている。また、文中の［　ア　］から［　オ　］には国名が入る。これらの資料に関連する設問1から9について、指示に従って番号を選び、解答用紙の所定の欄にマークしなさい。

［資料A］［　ア　］共和国暫定憲法

7月14日に［　ア　］軍が始めた人民的運動は、人民の協力と支援のもとに、人民の主権を目指し、市民の権利を守り、維持するとともに、それを妨げるような動きを阻止しようと努めている。

最終的に打倒されることになったこの国の前体制は、政治的腐敗に甘んじ、多数の意思や人民の利益に反して国を支配した者たちが権力を握っており、その統治の目的は彼ら自身の利益を満たし、植民地主義の利益を守り、その目的を実現することであったので、(…) 君主制の終焉と［　ア　］共和国設立が実現した。

［資料B］大統領就任演説

私は人民の意思によって大統領になった。(…) 二か月前、このマイダンに、［　イ　］中の広場や通りに数百万の人々が出た。(…) 勝利者は、全ての［　イ　］市民である。我々は公正な選挙を勝ち取り、12月26日に我々は運命と行き違うことはなかった。(…) 私は、全［　イ　］の大統領である。ドンバスや沿ドニエプルの鉱山、黒海の港湾、ガリツィアの通商路が稼働することに責任がある。(…) ヨーロッパへの一歩一歩――これは、数百万の［　イ　］人にとっての新しい可能性である。

［資料C］［　ウ　］＝イスラーム共和国憲法

第一条　［　ウ　］政体はイスラーム共和制である。(…)

第五七条　［　ウ　］＝イスラーム共和国の統治権は立法、行政、司法の三権からなり、それらはイマームの監督下に置かれ、(…) 三権の相互関係は大統領が決定する。

［資料D］土地に関する布告

一、地主的土地所有は、あらゆる買取金なしに、ただちに廃止される。(…)

三、今後に全人民に属することになる没収財産を、いささかでも損傷すること̇は、革命裁判所によって処罰されるべき重大な犯罪と宣言される。(…)

四、偉大なる土地改革を実現するための指針として、憲法制定会議が最終的に解決するまでのあいだ、(…) 農民要望書が、どこでも用いられなければならない。

［資料E］［　ウ　］農村協同組合大会における国王の演説

今ここで、私は国王としての責任において、そして［　ウ　］国民の権利と尊厳を守ると誓った誓約を順守するべく、善神と悪神の闘いの最中にあってどっちつかずの傍観者であることはできないのである。(…) 私が［　ウ　］の国王として、そしてまた、三軍の長として、国民投票にかけ、その確認のために、媒介なしの直接的な形で、［　ウ　］国民の肯定的判断を期待する諸原則とは、以下の通りである。

一、(…) 土地改革を以て、地主・小作体制を廃止すること

二、［　ウ　］全土にわたる森林の国有化法案の承認

［資料F］　**エミリアノ＝サパタ「アヤラ計画」**

圧倒的多数の［　エ　］の村落と市民が、自分の足が踏みしめる以上の土地を所有しておらず、そのために自分の社会的条件を改善することがまったくできず、産業や耕作に従事することもできない。それは、土地と山林と水利がごく少数の者の手に独り占めされているからである。この理由にかんがみ、これらの土地と山林と水利を大量に所有する地主から、その独占物の三分の一を、前払いで補償したうえで収用する。

［資料G］　**権力の移譲とプロレタリア独裁の目的に関する［　オ　］社会党と革命統治評議会の宣言**

［　オ　］のプロレタリアは、今日から自らの手にすべての権力を掌握する。（…）パリ講和会議は（…）国土のほぼすべてを軍事占領（…）することを決定した。（…）このような状況において［　オ　］革命を自らの手で救済するためには、一つの手段しか残されていない。それはプロレタリア独裁と労働者・貧農による支配である。

プロレタリア独裁にとって決定的な基本条件は、プロレタリアの完全なる統一である。まさにこれゆえに、歴史的必然が命じるところにより、［　オ　］社会民主党と［　オ　］共産党は完全な合同を宣言する。

（…）ロシアのソヴィエト政府に対して理念的、精神的に完全に共通であることを宣言し、ロシアのプロレタリアに軍事同盟を提案する。

資料A・資料C・資料E：歴史学研究会編『世界史史料 11』
資料D・資料F・資料G：歴史学研究会編『世界史史料 10』

［設問1］

資料Aは、アラブ民族主義を背景に、軍のクーデタで王政が廃止された際に発表された［　ア　］の暫定憲法であり、これを機に中東の軍事同盟は中央条約機構と改称した。［　ア　］に関する記述として、誤っているものを下から選び、その番号を［(53)(54)］にマークしなさい。

［01］　隣国の革命が波及することを恐れ、1980年に戦争に訴えた。
［02］　1979年から2003年まで支配したこの国の独裁政権は、イスラーム教シーア派によって支えられていた。
［03］　隣国を占領した結果、国際連合で撤退要求が決議され、アメリカ合衆国を中心とした多国籍軍による軍事攻撃を受けた。
［04］　この国の独裁政権が戦争で倒されたのち、日本は自衛隊を派遣し、復興を支援した。

［設問2］

資料Bに関連した以下の記述を読んで、［(55)(56)］および［(57)(58)］に入る最も適切な語句を語群より選び、その番号を解答用紙の所定の欄にマークしなさい。

この［　イ　］の［(55)(56)］革命に前後して、他の国でも類似した政治変動が生じた。たとえば、キルギスの［(57)(58)］革命が知られている。

［設問3］

資料Cに関連した以下の記述を読んで、［(59)(60)］および［(61)(62)］に入る最も適切な語句を語群より選び、その番号を解答用紙の所定の欄にマークしなさい。

この憲法に見られるように、［　ウ　］はイスラームの教えに立脚する国家建設を標榜した。近年では、様々な国で、イスラームの理念を厳格に順守すべきと主張する勢力が、政治的影響力を拡大する現象がみられる。中東・北アフリカ諸国では［(59)(60)］での独裁体制崩壊を皮切りに、「アラブの春」と呼ばれる政治変動が生じたが、その後イスラーム宗教政党が躍進した国が多い。また、内戦が生じた［(61)(62)］は、隣国から進出してきたイスラム国（IS）を自称する過激派組織によって、一部の地域を支配された。

［設問4］

資料Dの革命に関連する記述として、正しいものを下から選び、その番号を (63)(64) にマークしなさい。

［01］ この革命によって成立した新政権は、資料Dの布告と同日に採択された別の布告で秘密外交を批判したうえで、過去の政権が諸外国と結んでいた密約を暴露した。

［02］ この革命によって成立した新政権は、ジェノヴァ会議に正式参加して、フランスとラパロ条約を結んだ。

［03］ この革命を主導した政党の指導者は、亡命先のスイスからの帰国時に、交戦中のドイツを迂回することを余儀なくされた。

［04］ この革命後生じた内戦時には、穀物徴発のために集団農場建設が大規模に行われた。

［設問5］

資料Eの国［　ウ　］に関連した以下の記述のうち、正しいものを下から選び、その番号を (65)(66) にマークしなさい。

［01］ この国は、第二次世界大戦中、連合国側の一員としてドイツと戦い、イギリス軍とソ連軍の駐留も認めた。

［02］ 第二次世界大戦後もアメリカ合衆国系企業に石油を独占管理される状況などをめぐり、民族主義者が反発を強め、この国の首相は1951年に石油国有化を実行した。

［03］ 石油国有化を実施した政権が倒れたのち、この国は、アメリカ合衆国系資本の後押しも受け、アメリカ合衆国に軍事基地を提供した。

［04］ この国とアメリカ合衆国は、この国の化学兵器開発をめぐって緊張関係にあったが、2015年にいったん妥協が成立した。

［設問6］

資料Fに関連した以下の記述を読んで、(67)(68) に入る最も適切な語句を語群より選び、その番号を解答用紙の所定の欄にマークしなさい。

この計画は、当時長期独裁政権を敷いていた大統領が追放されたのち、農民指導者のサパタが打ち出したものである。その他の革命指導者としてはビリャが有名であり、ビリャ派は、対立する (67)(68) 政権を承認した隣国に対して、国境侵犯事件を起こした。

［設問7］

資料Gに関連して、この革命の指導者は (69)(70) である。また、この革命によって成立した政権は、隣国に倒された。その後、(71)(72) を指導者とした独裁体制が成立した。(69)(70) および (71)(72) に入る最も適切な語句を語群より選び、その番号を解答用紙の所定の欄にマークしなさい。

［設問8］

［　ア　］から［　オ　］に入る国名として正しい組み合わせを次から選び、番号を (73)(74) にマークしなさい。

	ア	イ	ウ	エ	オ
[01]	イラク	ウクライナ	イラン	メキシコ	ハンガリー
[02]	イラク	グルジア（ジョージア）	イラン	メキシコ	ドイツ
[03]	イラン	セルビア	アフガニスタン	スペイン	ハンガリー
[04]	イラン	グルジア（ジョージア）	アフガニスタン	スペイン	ポーランド
[05]	エジプト	ウクライナ	パキスタン	メキシコ	ドイツ
[06]	エジプト	セルビア	パキスタン	スペイン	ポーランド

［設問9］

資料のAからGを、それぞれに関連する「革命」が生じた時期の古い順に並べたものを［01］から［06］より選び、その番号を解答用紙の (75)(76) にマークしなさい。

[01]　D → F → G → E → A → B → C
[02]　D → G → F → A → C → E → B
[03]　D → G → F → A → E → C → B
[04]　F → D → G → E → A → B → C
[05]　F → D → G → A → E → C → B
[06]　F → D → G → E → A → C → B

〔語群〕

01. アサーニャ　02. アラブ首長国連邦　03. イエメン　04. オマーン
05. オリーブ　06. オレンジ　07. カーネーション　08. カランサ
09. カルデナス　10. カール=リープクネヒト　11. 黄色　12. 銀色
13. クウェート　14. クン=ベラ　15. サウジアラビア王国　16. サラザール
17. シケイロス　18. シリア　19. ソマリア　20. チュニジア
21. チューリップ　22. ディアス　23. ティトー　24. ナジ=イムレ
25. バラ　26. バーレーン　27. ピウスツキ　28. ヒトラー
29. ひまわり　30. ビロード　31. ヒンデンブルク　32. フアレス
33. フランコ　34. ブルドーザー　35. ホルティ　36. マデロ
37. ユリ　38. ヨルダン　39. 緑色　40. ルワンダ
41. レバノン　42. ローザ=ルクセンブルク

問題 Ⅳ

以下の文章の空欄 (77)(78) から (83)(84) に入る最も適切な語句を語群より選び、その番号を解答用紙の所定の欄にマークしなさい。また、下線部（ア）から（ク）に関連する設問 1 から 8 について、指示に従って番号を選び、解答用紙の所定の欄にマークしなさい。

アルメニア人の歴史は古代にさかのぼり、小カフカス山脈の南、黒海の南東に位置するアルメニア高地を中心に展開してきた。この地では(ア)前 2 世紀頃にアルタシェス朝が始まり、その中心都市アルタシャトは、黒海沿岸の港とインドや中央アジア、中国を結ぶ交易の主要交通路上にあった。隊商にとって最適な条件が揃ったこの都市は繁栄するが、好立地ゆえに周辺の勢力による争奪の的となっていく。

アルタシェス朝は、前 1 世紀頃にはローマからの侵略をたびたび受けていたが、前55年にパルティアからの侵攻を受け、以降断続的に争いが続いた結果、紀元10年頃までに王朝は滅びる。しかし、ローマとパルティアの間で和約が成り、66年、ローマ皇帝 (77)(78) によって戴冠されたトルダトがアルシャク朝を開く。

アルシャク朝は 3 世紀に滅び、387年、ローマとササン朝ペルシアの間でアルメニアの分割支配が決定した。7 世紀半ばにアラブ人が勢力を拡げ、アルメニアはカリフの支配に入り、とくに 8 世紀になって重税を負った。

9 世紀後半、(イ)アッバース朝のカリフがアルメニアの(ウ)アミールであるアショトにアルメニア王の称号を与えると、ビザンツ帝国の (79)(80) 朝初代皇帝バシレイオス 1 世もこれを承認した。これによりアラブの枷から解かれ、バグラト朝が栄える。この王朝は11世紀のビザンツ帝国による占領とセルジューク朝の侵入によって滅びるが、12世紀にザカリアン家がアルメニアを復興した。しかしこの王朝も、フラグの侵入によって途絶える。

その後、15世紀にアルメニアはオスマン帝国とサファヴィー朝ペルシアの支配下におかれた。オスマン帝国は一部の非ムスリムをズィンミーとして保護する政策をとり、アルメニア人も (81)(82) と呼ばれる共同体において自治を認められていた。

ときの支配国によってしばしば(エ)迫害され、居住地から強制的に移住させられてきたアルメニア人にとって、通商にたずさわることは活路のひとつであった。(オ)多言語を操り交渉力に長けたかれらは、とりわけ近代以降、黒海や地中海、インド、東南アジアでの交易に欠かせない存在となっていく。

18世紀後半、ロシアはオスマン帝国と争いながら(カ)南下政策を進め、1783年カフカスに隣接する (83)(84) を併合したのち、さらにカフカスの侵略を続ける。1878年のサン=ステファノ条約はアルメニア人の地位改善を条項に含み、オスマン帝国によるアルメニア人への迫害を広く知らしめたが、ベルリン条約によってこの条項は反故同然となり、後年のアルメニア人虐殺を招くことになった。さらに、(キ)オスマン帝国分割をめぐる列強各国の思惑が絡まり、セーヴル条約で一度承認されたアルメニアの独立は頓挫した。(ク)最終的に独立を果たしたのは1991年のことである。

［設問 1］

下線部（ア）に関連して、同じ前 2 世紀頃における世界史上の出来事についての記述として誤っているものを下から選び、その番号を (85)(86) にマークしなさい。

［01］ 朝鮮半島では、斉に仕えていた衛満が衛氏朝鮮を建てた。

［02］ バクトリアからギリシア人が西北インドに進入し、ヘレニズム文化をもたらした。

［03］ 漢の武帝が遠征を企て、西方に敦煌郡など 4 郡を、南方には南海郡など 9 郡をおいた。

［04］ ラティフンディアが広まっていたシチリア島では、2 次にわたり奴隷による大規模な反乱が起こった。

［設問2］

下線部（イ）に関連して、アッバース朝の下、年代記の構成により『預言者たちと諸王の歴史』をまとめたのは［(87)｜(88)］である。［(87)｜(88)］に入る最も適切な語句を語群より選び、その番号を解答用紙の所定の欄にマークしなさい。

［設問3］

下線部（ウ）に関連して、イスラーム世界のアミールについての記述として誤っているものを下から選び、その番号を［(89)｜(90)］にマークしなさい。

［01］ 正統カリフ時代には、エジプトなどの征服地にアンダルスと呼ばれる軍営都市が築かれ、アミールが軍政をしいた。

［02］ コルドバを首都に興された後ウマイヤ朝では、当初君主はアミールの称号を用いたが、後にカリフの称号が用いられるようになった。

［03］ ブワイフ朝の君主は、バグダードの攻略後、大アミールとしてアッバース朝のカリフをその保護下においた。

［04］ セルジューク朝を興したトゥグリル=ベクは、バグダード入城後、大アミールでなくスルタンの称号を得たが、これは元々カリフへの敬称であった。

［設問4］

下線部（エ）に関連して、世界史上でとられた異教徒に対する政策についての記述として、誤っているものを下から選び、その番号を［(91)｜(92)］にマークしなさい。

［01］ ウマイヤ朝はマワーリーに対して平等な扱いをしたため、それ以外の人々は不満を強めた。

［02］ オスマン帝国は、バルカン半島においてキリスト教徒の子弟を強制的に徴用し、イスラーム教に改宗させた。

［03］ 14世紀のポーランドでは、カジミェシュ（カシミール）大王が離散ユダヤ人を受け入れた。

［04］ 16世紀後半、ゴイセンと呼ばれる人々はフェリペ2世による異端審問の導入に反発して暴動を起こした。

［設問5］

下線部（オ）に関連して、アルメニア人の「ある種非凡な商人気質」について、かれらは「ほとんど旧大陸全部を横断する道程を股にかけ、自分たちが出会うあらゆる国民の許で友好的な待遇を受けるこつを心得て」いる、と述べたのは、『永遠平和のために』（1795年）を著した［(93)｜(94)］である。［(93)｜(94)］に入る最も適切な語句を語群より選び、その番号を解答用紙の所定の欄にマークしなさい。

［設問6］

下線部（カ）に関連して、南下政策をめぐる出来事についての記述として、誤っているものを下から選び、その番号を［(95)｜(96)］にマークしなさい。

［01］ 1840年のロンドン会議により、オスマン帝国とイギリスの間に結ばれた不平等通商条約がエジプトに適用されるようになった。

［02］ 1848年、モラヴィアでスラヴ民族会議が開かれた。

［03］ イェルサレムの聖地管理権問題から発したロシアとオスマン帝国の戦争で、フランスやサルデーニャはオスマン帝国側についた。

[04] 1856年のパリ条約によりロシアがベッサラビアから撤退し、モルダヴィアとワラキアが自治を認められた。

［設問7］

下線部（キ）に関連して、それと同時期にさまざまな地域で民族運動が生じていた。この動きについて、下に示した（a）から（f）の出来事を古い順に正しく並べたものを［01］から［09］より選び、その番号を (97) (98) にマークしなさい。

（a） ベンガル分割令の撤回

（b） フィリピン革命

（c） タバコ=ボイコット運動

（d） チベット独立の布告

（e） 維新会の結成

（f） ウラービー運動

[01] （b）→（c）→（f）→（a）→（d）→（e）

[02] （b）→（c）→（f）→（d）→（e）→（a）

[03] （b）→（f）→（c）→（a）→（e）→（d）

[04] （c）→（b）→（f）→（a）→（d）→（e）

[05] （c）→（b）→（f）→（e）→（d）→（a）

[06] （c）→（f）→（b）→（a）→（e）→（d）

[07] （f）→（b）→（c）→（d）→（a）→（e）

[08] （f）→（c）→（b）→（e）→（a）→（d）

[09] （f）→（c）→（b）→（e）→（d）→（a）

［設問8］

下線部（ク）に関連して、ソ連の解体に伴い1991年に独立したアルメニアは、旧ソ連諸国が同年結成した独立国家共同体に加盟した。旧ソ連諸国のうち、 (99) (100) は独立国家共同体の発足時には参加しなかったものの、国内の紛争を受けて、1993年に加盟した。 (99) (100) に入る最も適切な語句を語群より選び、その番号を解答用紙の所定の欄にマークしなさい。

〔語群〕

01. アストラハン=ハン国	02. アゼルバイジャン	03. アター	04. アンティゴノス
05. アントニウス	06. イブン=ハルドゥーン	07. ヴォルテール	08. オクタウィアヌス
09. カザフスタン	10. ガザーリー	11. カラカラ	12. カラハン
13. カント	14. キプチャク=ハン国	15. クリム=ハン国	16. グルジア（ジョージア）
17. ゲットー	18. コーカンド=ハン国	19. サトラップ	20. タバリー
21. ダランベール	22. ティマール	23. テオドシウス	24. トラヤヌス
25. ネロ	26. ヒヴァ=ハン国	27. ヒューム	28. フィルドゥシー
29. ブハラ=ハン国	30. ヘラクレイオス	31. ベラルーシ	32. ポンペイウス

33. マケドニア 34. マームーン 35. ミッレト 36. ミナレット
37. モンテスキュー 38. ユスティニアヌス 39. ラシード=アッディーン 40. リトアニア
41. ルソー

企業組織の中では、取締役会や執行役などの経営陣という核が制御し、予算や人事などの資源の配分を決定している。本来であれば、その人が社会に与えた価値に対して対価が与えられるべきだろう。だが社員からみれば、会社の利益さえ上がり上司からの覚えがめでたければよく、社会全体の福利には関心がなくなる。強いモラルか、外部からの強力な監視と制裁がなければ、モラルハザードが起きて、社会的には害としかいえない行動に対しても対価は支払われる。

貨幣は経済システムにおける血液のようなものである。血液が流れることによって財が循環し、新たに財が形成されていく。だが、資本は蓄積されやすい。お金をもっている人のところにはお金がますます集まりやすくなる。資本を生み出すのは末端の人々の力のはずなのに、気がつけば人々は資本に制御され、資本蓄積が自己目的化する。貨幣という水の流れは、ときに蓄積された資本の暴力的なパワーへと変容する。資本は貨幣（currency）という水流におけるよどみのようなものであるが、人はいつしか、そのよどみが水流から成り立っていることを忘れ、資本のなすがままになってしまう。

次に政治に目を向けてみれば、次のようなことがわかる。近代政治では国民国家概念の成立とともに、国境が厳密になり、国民のメンバーシップが明確になってきた。民主主義制度においては、国家は参政権や社会保障のために、国民のメンバーシップを把握する必要がある。そして、国の中の利益を最大化し、そのためであれば他国の領土を侵略することもしばしばであった。国境や国民という膜の内側と外側で、敵と味方を明確に区別するようになる。

民主主義において国家の執行権力は、基本的には、その国民（より正確にいえば人民）の意志によって支えられているはずである。しかし複雑な権力構造は、国民の意志どおりに執行されることをしばしば拒んできた。議会は異なる社会階級や階層の利害が対立する場となる。執行権力をもたずしては国民からの委任も維持できなくなるため、政党や派閥の間での権力闘争が自己目的化してしまう。

権力は、ひとりひとりの意志の委任から成立しているはずである。そうした流れが複雑な権力構造の中で断ち切られ、独自の論理で動きはじめる。権力もまた、水流のよどみのようなものであるが、またしても人々は、よどみが委任という水流から成立していることを忘れてしまうのだ。そして、その制御がうまい権力者が政治を制御することになる。

以上のような、経済と政治の歴史で反復されている問題系は、換言すれば、社会システムにおける膜と核の問題だといってもよい。インターネットやコンピュータという新しい情報技術を用いて、この問題にわずかなりとも変容を迫っていくことはできないだろうか。

鈴木健『なめらかな社会とその敵』（二〇一三年、勁草書房）。試験問題として使用するために、文章を一部省略・変更している。

防止するために、誰かに責任を押し付ける必要性が生じてしまう。

ある個人が責任を引き受けようとしたり、あるいは人に責任をとらせようとすると、すべての問題は責任をもつ人がどう選択するかという点にかかってくる。そして選択がその人の自由意志で行われないとそもそも責任を問えないので、現実がどうであれ自由意志という幻想が生まれることになる。過剰に要請される自由意志が引き起こすのは、責任を問われたときのことを逆算する思考と、それによる逆説的な選択の狭さである。このようにして責任を押し付けること、引き受けることは、自己と他者の間に境界を引き、自由なき自由意志の感覚を生み出してゆく。

認知コストや対策コストの問題から、私たちは複雑な世界を複雑なまま観ることができず、国境や責任や自由意志を生み出してしまう。逆にいえば、認知能力や対策能力が脳や技術の進化によって上がるにしたがって、単純化の必要性は薄れ、少しずつ世界を複雑なまま扱うことができるようになってくる。人類の文明の歴史とは、いわばそうした複雑化の歴史である。

インターネットやコンピュータの登場は、この認知能力や対策能力を桁違いに増大させる生命史的な機会を提供している。これらの情報技術を使って、この複雑な世界を複雑なまま生きることができるような社会をデザインし、その具体的手法のいくつかを提案することが本書の目的である。

アラン・ケイ（計算機科学）の言葉を借りるならば、「未来を予言する最良の方法は、未来を発明すること」なのである。しかし、そのためには、「敵と味方を区別する」戦争を人類史からなくすことがいかに困難か、その理由をリアリストの立場から冷徹に分析する必要がある。理想主義者の解決策がいずれも敗北してきたのは、歴史が証明してきたことである。大草原で空を見上げたり、宇宙から国境のない地球を見下ろしたときに、あるいはロックスターのライブに熱狂しながら、人々のマインドさえ変えれば簡単に実現できそうだと思えることが、現実には一度も達成されたことはないのだ。

インターネットとコンピュータが社会に登場してきたのは、ごくごく最近のことである。厳密にいえば、インターネットが発明されたのは一九六九年、コンピュータが発明されたのは一九三六年だが、多くの人々が利用するようになったのは一九九五年以降のことにすぎない。社会的に登場してからわずかな時間しか経っていない。その意義づけの作業は、過去に対しても未来に対しても、まだはじまったばかりである。

インターネットは、はたして新たな概念を構築し、力強い思想を生み出すことができるのだろうか。本書はその試みのひとつである。

（中略）

本書が挑戦するのは、膜と核という二つの社会現象がインターネットによって打ち破られるのか、もし可能だとして一体どのような方法で可能なのかという問題である。インターネットがもつオープンな特性は、資源の囲い込みを嫌い、あらゆるものをシェアしていこうとする。だが現実社会はまだまだ資源の囲い込みに満ちあふれている。これを【膜】の現象と呼ぼう。また、インターネットの自律分散性は、中央集権的な制御を排除する。だが現実社会では、中央集権的な組織に満ちあふれている。これを【核】の現象と呼ぼう。この膜と核の二つが、水の流れのようによどみがない権力や貨幣を実体化させ、静的で、どうしようもなく横暴なものへと変質させてしまう。

たとえば近代の経済システムは、私的所有を認め、資本が資源や労働力を組織化し、企業という膜の中にそれらを囲い込むことによって成立している。ブランドや知識など資本化されにくいものでさえ、複式簿記の財務諸表の中では居場所が与えられている。企業という膜の外側と内側でいえば、それらの財産は、内側からのみ利用可能である。同業他社との間では熾烈な競争が行われ、それらの有効な資源を社会全体で利用することを阻害することもある（ただし、資本主義の本質はむしろ膜を打ち破り、全体として資源利用の効率性を向上させる）。

論述力

（九〇分）

❖法学部の論述力試験について

この試験では、広い意味での社会科学・人文科学の領域から読解資料が与えられ、問いに対して論述形式の解答が求められる。試験時間は九〇分、字数は一、〇〇〇字以内とする。その目的は受験生の理解、構成、発想、表現などの能力を評価することにある。そこでは、読解資料をどの程度理解しているか（理解力）、理解に基づく自己の所見をどのように論理的に構成するか（構成力）、論述の中にどのように個性的・独創的発想が盛り込まれているか（発想力）、表現がどの程度正確かつ豊かであるか（表現力）が評価の対象となる。

〔問題〕

次の文章は、鈴木健『なめらかな社会とその敵』からの抜粋である。この文章の内容を「膜」と「核」という概念を用いて四〇〇字程度で要約せよ。また、その上で、「膜」と「核」がもたらす現代政治上の弊害を新しい情報技術によって克服しようとする場合、どのような解決策があり得るかを、その限界も含めて、述べよ。

複雑な世界を複雑なまま受け入れることは、あまりにも難しい。それは人間には認知限界があるからである。もし人間がありとあらゆる膨大な情報を無制限に処理できるのであれば、複雑な世界を複雑なまま扱うことができるかもしれない。だが、脳という有限のリソースを使っている以上、認知能力には限界がある。複雑なままでは理解できず、理解できないと対応もできない。理解して対応して胸をなでおろすためには、世界を単純なものとしてみなすのは避けようがない。意識とはそもそもそうした目的のための装置であり、そうやって認知コストを下げているのである。

責任を誰かに帰すること、すなわち帰責性も同じ理由から要請されている。たとえば交通事故が起きたときに、その原因を遡っていけば、道路の設計の問題なのかもしれないし、運転手の問題かもしれない。運転手が意識をそらす理由が歩行者にあったかもしれない。その歩行者がそこにいた理由も別にあるだろう。複雑な世界を複雑なままとらえようとすると、責任を一カ所に押し付けることなど到底不可能になってしまう。それでも社会をまわすために、事故を

2022年度

問題編

■一般選抜

問題編

▶試験科目・配点

教 科	科 目	配 点
外国語	コミュニケーション英語Ⅰ・Ⅱ・Ⅲ，英語表現Ⅰ・Ⅱ	200点
地 歴	日本史B，世界史Bのうち1科目選択	100点
論述力	資料を与えて，理解，構成，発想，表現の能力を問う	100点

▶備 考

「論述力」は「外国語」および「地理歴史」の合計点，および「地理歴史」の得点，いずれもが一定の得点に達した受験生について採点する。合否の決定は，3科目の合計点で行う。

英語

（80分）

I. *Questions (1)—(10) below contain ten words. In each case, choose a word from the list in the box below them to add to the end of that word to create another word. For example, to the word "bar" one can add the word "king" to form "barking".*

(1) but

(2) err

(3) hat

(4) leg

(5) now

(6) or

(7) plea

(8) ran

(9) start

(10) wit

0. and
1. bit
2. end
3. her
4. here
5. king
6. led
7. red
8. sure
9. ton

II. *Read the text below and answer the questions that follow.*

Having been **divested**(11) of her rightful **patrimony**(12). Sophia was **incandescent**(13) with rage. All of life's cruelties and injustices appeared to come together in this betrayal of expectations. Who, she wondered, had **maligned**(14) her so viciously and so perfectly as to have ensured that she had been cut out of the will? And what was their motive? Who among her relatives had she slighted so significantly and yet so unintentionally that they would have felt moved to do this to her? She **ransacked**(15) her memory desperately seeking to discover the answer. Did it lie in some comment, **nonchalantly**(16) uttered but profoundly received? Of course, none of that mattered for the time being; rather, now, despite finding herself suddenly without even the most **vestigial**(17) hope of future financial security, she determined it **behoved**(18) her to exhibit nothing outwardly of her feeling of **acrimony**(19) toward her relatives. Inwardly, however, she determined to identify who had done this to her, and vowed to exact upon them a **delectably**(20) sweet revenge.

If you looked up the basic forms of the underlined words (11)—(20) *in a dictionary, you would find the following definitions* (0—9). *In each case, decide which definition matches the underlined word and mark that number on your answer sheet.*

0. harsh or biting sharpness, especially of words, manner, or feelings

1. highly pleasing; delightful

2. remaining as the last small part of something that existed before

3. in a casual way that shows a relaxed lack of concern or interest

4. to be necessary, proper, fit, advantageous for

5. strikingly bright, radiant; glowing, or luminous with intense heat

6. to deprive or dispossess, especially of property, authority or title

7. anything, including an estate, inherited or derived from one's father

8. to utter injuriously misleading or false reports about; speak evil of

9. to look through thoroughly in often a rough way

Ⅲ. *In the dialogue that follows, words have been removed and replaced by spaces numbered* (21)—(30). *From the boxed lists* [A] *and* [B] *below, choose the most appropriate phrase to fill in each of the numbered* **bracketed spaces** *and numbered* **boxes. Each choice can only be used once.**

[Situation: Simon and Lucy are leaving the cinema, having just watched the latest Hollywood release.]

Simon: So then, what did you think of the movie?

Lucy: ___(21)___, I'm still trying to make up my mind about it. How about you?

Simon: Well, you know me, ___(22)___ of superhero movies.

Lucy: Yes, I know, but why is that? Is it a "guy thing," do you think?

Simon: ___(23)___. But I know plenty of girls who are into them too.

Lucy: Really? That surprises me.

Simon: In my case, I think it is because, as a child, I was raised on a diet of action movies, [(26)].

Lucy: Ah, but [(27)]. I mean, growing up as a little girl, the movies I saw were mostly about mermaids, princesses, fairies and ponies.

Simon: I see. But getting back to the movie we just watched, there were some powerful, female lead characters in it, so it wasn't all just big muscle-bound guys fighting each other.

Lucy: Oh sure, that's why I said I couldn't make up my mind. ___(24)___ the female characters were just the same as the male ones: big, strong, athletic and unemotional. They hardly spoke except to make ironic comments.

Simon: ___(25)___. You're saying that female characters can only be heroes by taking on typically masculine characteristics.

Lucy: Exactly! The female characters seemed to be in a constant competition to be [(28)].

Simon: So what would you like to see in a movie instead then?

Lucy: Well, couldn't we see, just for once, women superheroes or, heaven forbid, male ones, whose value lies precisely [(29)]?

Simon: Well, I'm not sure how appealing those male characters would be to guys of my generation, but certainly it might contribute to raising the next generation of boys to be able to express their emotions [(30)].

[A] *To fill in each of the* **spaces** (21)—(25), choose the most appropriate phrase from the list below:

1. I guess my concern is that
2. Let me get this straight
3. I must confess
4. Could well be
5. I can't get enough

[B] *To fill in each of the* ***boxes*** (26) — (30), choose the most appropriate phrase from the list below:

1. more traditionally masculine than the male characters
2. in ways other than physical violence and cruel insults
3. more than just because I am a guy
4. in having typically feminine qualities
5. perhaps you were fed those kinds of movies because you were a boy

Ⅳ. *The sequence of questions below, numbered* (31) — (38), *are those made by a journalist in an interview with the Icelandic musician Björk. The singer-songwriter's responses that follow have been rearranged and numbered* (0 — 7). *Choose the number of the response that most appropriately follows each remark, and mark that number on your answer sheet.* **All numbers must be used.**

著作権の都合上，省略。

著作権の都合上，省略。

(Adapted, with some editing, from an interview between Emma Robertson and Björk.)

V. *Read the text and answer the accompanying questions* (39) — (48).

[A] If you're like most people in the U.S., you think that advertising has no influence. This is what advertisers want you to believe. But, if that were true, why would companies spend over $200 billion a year on advertising? Why would they be willing to spend over $250,000 to produce an average television commercial and another $250,000 to air it? If they want to broadcast their commercial during the annual American football championship final, the Super Bowl, they will gladly spend over a million dollars to produce it and over one and a half million to air it. After all, they might have the kind of success that a famous underwear company did during the 1999 Super Bowl. When they paraded undergarment-wearing models across TV screens for a mere thirty seconds, one million people turned away from the game to log on to the Website promoted in the advertisement. No influence?

[B] Advertising agency, Arnold Communications of Boston, kicked off an ad campaign for a financial services group during the 1999 Super Bowl that represented eleven months of planning and twelve thousand "man-hours" of work. Thirty hours of footage were edited into a thirty-second spot. An employee flew to Los Angeles with the ad in a lead-lined bag, like a diplomat carrying state secrets or a courier with crown jewels. Why? Because the Super Bowl is one of the few sure sources of big audiences — especially male audiences, the most precious commodity for advertisers. Indeed, the Super Bowl is more about advertising than football: The four hours it takes include only about twelve minutes of actually moving the ball.

[C] The movie award ceremony, the Oscars, known as the Super Bowl for women, is able to command one million dollars for a thirty-second spot because it can deliver over 60 percent of the nation's women to advertisers. Make no mistake: The primary purpose of the mass media is to sell audiences to advertisers. We are the product. Although people are much more sophisticated about advertising now than even a few years ago, most are still shocked to learn this.

[D] Magazines, newspapers, and radio and television programs round us up, rather like cattle, and producers and publishers then sell us to advertisers, usually through ads placed in advertising and industry publications. "The people you want, we've got all wrapped up for you," declares *The Chicago Tribune* in an ad placed in *Advertising Age*, the major publication of the advertising industry, which (X).

[E] (See Q. 44)

[F] Newspapers are more in the business of selling audiences than in the business of giving people news, especially as more and more newspapers are owned by fewer and fewer chains. They exist primarily to support local advertisers, such as car dealers, real-estate agents, and department store owners. A full-page ad in *The New York Times* says, "A funny thing happens when people put down a newspaper. They start spending money." The ad continues, "Nothing puts people in the mood to buy like newspaper. In fact, most people consider it almost the first step before any spending spree." It concludes, "Newspaper, it's the best way to close a sale." It is especially worrying to realize that our newspapers, even the illustrious *New York Times*, are traders at heart.

[G] Once we begin to count, we see that magazines are essentially catalogs of goods, with less than half of their pages devoted to editorial content (and much of that in the service of the advertisers). Perhaps we are not surprised that magazines are only envelopes. Admittedly, many of us had higher hopes for cable television and the Internet. However, these new technologies have mostly become sophisticated targeting devices. "___(46)___," says an ad for an Internet news and information service that features a man roped into his office chair.

(Adapted, with some editing, from Jean Kilbourne's book *Can't Buy My Love.*)

(39) *Which of the following statements can be derived from paragraph* [**A**]?

1. People are right to think that advertising does not influence them.
2. People think that advertising does not influence them.
3. Advertising is more effective if it is associated with sport.
4. Advertising is more effective if it is associated with underclothing.

(40) *Which of the following statements can be derived from paragraph* [**B**]?

1. Advertising campaigns are largely planned by men.
2. A Super Bowl game contains 12 minutes of commercials.
3. Advertisers are keener to attract women than men with their commercials.
4. Men are more likely to be used when transporting precious items.
5. Men are more likely to watch American football games than women.

(41) *As applied to television shows, what does the expression "we are the product" in paragraph* [**C**] *mean?*

1. Their audiences are offered for sale to advertising companies.
2. They are produced to reflect the opinions of their audiences.
3. They are produced to make their audiences all think alike.
4. Their audiences are themselves part of an advertising campaign.

(42)—(43) *The final words of paragraph* [**D**], *marked by the bracketed space* (__X__), *have been removed from the text and are rearranged below in alphabetical order. Determine the original order and mark the numbers of the* ***first*** *and* ***fifth*** *words as the answers to questions* (42) *and* (43), *respectively, on your answer sheet.*

1. according	2. boxed	3. income	4. level	5. people
6. pictures	7. several	8. to		

(44) *The sentences in paragraph* [**E**] *have been rearranged and numbered ① to ⑧. From the list below, choose the option that best reflects the logical flow of the original and write this on your answer sheet.*

① Advertising supports more than 60 percent of magazine and newspaper production, and almost 100 percent of the electronic media.

② Although we like to think of advertising as unimportant, it is in fact the most important aspect of the mass media.

③ And the CEO of Westinghouse Electric, owner of Columbia Broadcasting System, said, "We're here to serve advertisers.

④ As one American Broadcasting Company executive said, "The network is paying affiliates to carry network commercials, not programs.

⑤ It *is* the point.

⑥ Over $40 billion a year in ad revenue is generated for television and radio, and over $30 billion for magazines and newspapers.

⑦ That's our reason for being."

⑧ What we are is a distribution system for companies like Procter & Gamble."

1. ⑥, ④, ②, ⑦, ⑧, ①, ③, ⑤
2. ⑧, ③, ⑤, ⑥, ①, ②, ④, ⑦
3. ②, ⑤, ①, ⑥, ④, ⑧, ③, ⑦
4. ①, ②, ④, ⑦, ③, ⑧, ⑥, ⑤

(45) *In paragraph* [**F**], *which of the following best restates what the writer considers to be "especially worrying"?*

1. Even respected newspapers are mainly interested in sales.
2. Even respected newspapers are mainly interested in real estate and department stores.
3. Even respected newspapers must rely on illustrations.
4. Even respected newspapers must run funny advertisements.

(46) *In paragraph* [**G**], *a quotation, marked* ___(46)___, *has been removed. Choose from below the option that could best be put into the space.*

1. Now you can target your audience as a market captive.
2. Now you can market your target as an audience captive.
3. Now you can turn your captive market into a target audience.
4. Now you can turn your target market into a captive audience.

(47) Taking the text as a whole (that is, paragraphs [**A**] to [**G**]), which of the following points does the author **not** make:

1. Companies will typically spend over half-a-million dollars to make and distribute a television commercial.
2. More than half of U.S. women watch the Oscars.
3. Newspapers and magazines rely significantly on advertising revenue in order to survive.
4. The media are in the business of selling potential customers to advertisers.
5. A lot of the money spent on advertising is wasted because it fails to reach the desired audience.
6. Newspapers prioritize selling their readers to advertisers over selling news to their readers.

(48) *Which of the following is the most appropriate title for the text?*

1. Capture the Audience: How to Make Attractive Ads

2. A Hidden Relationship: Advertising and the Media
3. Bowls and Films: the Success of TV Commercials
4. Advertising Locally, Thinking Globally
5. Where's the News?: the Decline of the Newspaper Industry

日本史

（60 分）

（解答上の注意）［(1)｜(2)］と表示のある問いに対して，「09」と解答する場合は，解答欄(1)の⓪と(2)の⑨にマークすること。

問題 I

次の本文を読み，空欄［(1)｜(2)］から［(9)｜(10)］に入る最も適切な語句を語群より選び，その番号を解答用紙の所定の欄にマークしなさい。また，下線部（ア）から（ク）に関連した設問1から8について，それぞれの指示に従って番号を選び，解答用紙の［(11)｜(12)］から［(25)｜(26)］にマークしなさい。なお，引用した史料の原文は適宜改めている。

近年，「クール・ジャパン」と称して，日本文化が海外に向けて発信され，フランスでも日本の漫画・アニメなどを中心とした評価が進んでいる。しかし日本の文物を受容する日本趣味の動きは，19世紀から20世紀初頭にも見られ，フランスでは「ジャポニスム」と呼ばれた。幕末，(ア)日本人がフランスに最初に渡ったのは1862年の文久遣欧使節である。この時随行した，大坂の適塾で蘭学を学び，1860年には万延遣米使節に加わり，アメリカにも赴いたこともある［(1)｜(2)］は，パリでフランス政府から派遣された通訳レオン・ド・ロニーと親交を結んだ。この人物の記した『西航記』の一節に「仏蘭西の人『ロニ』なる者あり。支那語を学び又よく日本語を言ふ。時に旅館に来り談話時を移す。(……)『ロニ』云，去年魯西亜の軍艦対馬に至り已に其全島を取れりと聞けり，信なりやと」とある。これはロシア軍艦による対馬占拠事件のことであるが，当時のイギリス公使であった［(3)｜(4)］の介入によって解決した。こうしたことは，海外で日本への関心が高まりつつあったことを示す一例である。

(イ)欧米と日本との交易は，安政の五カ国条約によってすでに始まっていたが，フランスで浮世絵，扇子，団扇，屏風などの日本の文物が受容され，それが流行するようになるには，1867年のパリ万国博覧会まで待たねばならなかった。日本の文物がもたらされるようになると，これらを積極的に作品のなかに取り入れたのが印象派であり，浮世絵はモネやゴーギャン，ゴッホなどに大きな影響を与えた。また自然主義作家のエドモン・ド・ゴンクールは評論『歌麿』や『北斎』を書き，画家ロートレックはポスター作品に浮世絵の要素を取り入れるなどした。特に浮世絵を好んだゴッホは，(ウ)大川にかかる大橋で，激しい夕立に人々が慌てている様子を生き生きと描いた浮世絵や梅屋敷の梅を描いた浮世絵を油絵で模写した。一方，(エ)東京大学で哲学・政治学・経済学などを講じ，後の文化財保護行政につながる調査を行った御雇外国人の［(5)｜(6)］が，伝統美術も高く評価したことで，フランスでも浮世絵偏重の評価から，浮世絵以外の美術作品が少しずつ評価されるようになっていった。

こうした日本評価を受けて，1900年に開かれたパリ万国博覧会の際，明治政府は海外向けにフランス語による『日本美術史』を刊行し，日本美術の紹介に努めた。この本の特徴の1つは，大和絵に対しては軟弱なものとして低い評価しか与えなかった点にある。しかし，それでも大和絵のうち，(オ)藤原信頼が当時の武士勢力と結んで挙兵した合戦を描いた絵巻物や，(カ)平安京の朝堂院の正門の放火事件を題材にした絵巻物などは例外的に高い評価が与えられていた。

現在では評価の高い(キ)室町期の水墨画も当時のフランスでは，低い評価だった。浮世絵と異なり，画題に中国の風景が多く，また写実的な描写ではなかったためである。しかし水墨画が西洋の遠近法などと異なる基準で描かれていることが理解されると，評価は次第に変化していった。こうした変化に伴い，水墨画に大和絵の手法を取り入れ，江戸時代には幕府の御用絵師の家柄となった［（7）（8）］派の始祖も，中国からの影響が見られるものの，「象徴的な詩情に満たされている」などと水墨画を大成した雪舟と並んで積極的に評価されるようになった。

1900年のパリ万国博覧会の頃には，絵画などの芸術作品だけでなく，日本の芝居も受容されるようになり，川上音二郎一座や花子一座のパリ公演が人気となった。(ク)彫刻家のロダンは花子をモデルにした作品を多数，作成している。

こうした19世紀から20世紀初頭にかけての日本ブームが21世紀のフランスに再来することになったが，その特徴は大衆文化の漫画をも芸術作品として高く評価していることである。この漫画の起源をフランス人は，証金剛院別当から天台座主になった［（9）（10）］が描いたとされる絵に求めている。この証金剛院は，白河上皇が移り住んだ平安京南郊の離宮内にあった。

〔設問1〕

下線部（ア）に関して，この時期に起こった出来事を述べた［01］から［05］の記述のなかより，適切でないものを選び，その番号を解答欄［（11）（12）］にマークしなさい。

［01］　会津藩・薩摩藩によって朝廷より追放された7名の公卿は，長州藩に向けて脱出した。

［02］　老中首座安藤信正は，幕府の公武合体政策に反発した水戸浪士らによって，江戸城坂下門外で暗殺された。

［03］　薩摩藩の島津久光一行が江戸からの帰途，薩摩藩士が横浜近郊の生麦でイギリス人3名を殺傷する事件を起こした。

［04］　長州藩は，下関の海峡を通過しようとしたアメリカ商船ペンブローク号を海岸の砲台及び帆走軍艦から砲撃し，損傷を加えた。

［05］　中山忠光を擁した吉村虎（寅）太郎らが兵を挙げ，大和国五条の代官所を襲撃した。

〔設問2〕

下線部（イ）に関して，当時，ヨーロッパで微粒子病が蔓延したために日本からの輸出量が増えたものを語群のなかより選び，その番号を解答欄［（13）（14）］にマークしなさい。

〔設問3〕

下線部（ウ）で述べられている浮世絵が含まれている名所図を語群のなかより選び，その番号を解答欄［（15）（16）］にマークしなさい。

〔設問4〕

下線部（エ）に関して，［（5）（6）］は，斑鳩寺とも呼ばれる寺院の東院にある八角堂の秘仏を初めて調査し，高く評価したことでも知られる。この八角堂の名称は，時の天皇の摂政を務めたといわれる人物の伝説に由来するが，この人物が行ったこととされているものを述べた［01］から［05］の記述のなかより，適切でないものを選び，その番号を解答欄［（17）（18）］にマークしなさい。

［01］　この人物は，渡来僧の恵慈から仏教を学び，『法華経』『勝鬘経』『維摩経』の三経典を註釈した書を撰したと伝えられている。

[02]　この人物は，深く仏教に帰依し，斑鳩寺とも呼ばれる寺院を建立した際，金銅像の釈迦三尊像を鞍作鳥につくらせ，金堂の須弥壇中央に安置させた。

[03]　この人物は，蘇我馬子とともに『天皇記』『国記』などの史書を編纂したが，蘇我氏滅亡の際，一部を除いて焼失した。

[04]　この人物は，徳，仁，礼，信，義，智の位階を制定し，それぞれ冠の色で区別するようにした。

[05]　この人物は，穴穂部間人皇女の住んでいた宮跡に尼寺を創建した。現在，同寺にはこの人物が往生した天寿国の有様を描いた刺繡帳の断片が残されている。

〔設問 5〕

下線部（オ）の絵巻物の合戦を描いた軍記物の一節を［01］から［05］のなかより選び，その番号を解答欄 [(19) | (20)] にマークしなさい。

[01]　二位殿仰せられけるは，「殿原，聞玉へ。(……) 尼は若(わかく)より物をきぶく申者にて候ぞ。京方に付て鎌倉を責(せめ)ん共，鎌倉方に付て京方を責んとも，有(あり)のまゝに仰せられよ，殿原」とこそ，宣玉(のたま)ひけれ。

[02]　二位殿は，(……) 神璽をわきにはさみ，宝剣を腰にさし，主上をいだきたてまって，(……) ふなばたへあゆみ出でられけり。(……)「浪のしたにも都のさぶらふぞ」となぐさめたてまって，ちいろの底へぞ入給ふ。

[03]　義朝は，相随(あいしたがひ)し兵共，方々へおち行て小勢になりて，叡山西坂本を過て，小原の方へぞ落行ける。八瀬と云所を過んとする所に，西塔法師百四五十人，道をきりふさぎ，逆門木(さかもぎ)引て待かけたり。

[04]　義家・義綱等，虎のごとくに視，鷹のごとくに揚る。将を斬り旗を抜く。貞任等，遂に以て敗北す。官軍，勝に乗じて北(に)ぐるを追ふ。

[05]　軍(いくさ)は寅刻に始て，辰剋に破(やぶれ)にけり。義朝，清盛已下の兵，新院の御所焼払ふ。東山の方へぞ追懸進(おつかけまゐら)する。

〔設問 6〕

下線部（カ）に関して，当時，摂政であった人物が，この放火事件に対応するために行ったこととして適切なものを［01］から［05］のなかより選び，その番号を解答欄 [(21) | (22)] にマークしなさい。

[01]　この放火事件を機に，橘広相の非を宇多天皇に認めさせた。

[02]　伴健岑，橘逸勢らを謀反を企てたとして流罪にした。

[03]　娘婿の斉世親王を即位させるための陰謀だとして，菅原道真を太宰権帥に左遷した。

[04]　源信の失脚を謀って事件を起こしたとして伴善男，紀豊城，紀夏井らを流罪にした。

[05]　左大臣の源高明が陰謀を企てたとして，太宰権帥に左遷した。

〔設問 7〕

下線部（キ）に関して，室町幕府 4 代将軍の命で，現在国宝に指定されている有名な禅機画を描いた画僧は，日本の水墨画を開拓した先駆者の 1 人である。この画僧が所属していた寺院を語群のなかより選び，その番号を解答欄 [(23) | (24)] にマークしなさい。

〔設問 8〕

下線部（ク）に関して，日本銀行を設立した元老の三男で，ロダンや印象派の作品を蒐集し，そのコレクションが第二次世界大戦後，国立西洋美術館の主体になったことでも知られる人物を語群のなかより選び，その番号を解答欄 (25)(26) にマークしなさい。

［語群］

01. アーネスト＝サトウ	02. 岩倉具視	03. 叡尊	04. 江戸八景
05. 江戸名所図会	06. 円珍	07. 大村益次郎	08. 大山柏
09. オールコック	10. 海産物	11. 覚猷	12. 勝海舟
13. 桂広太郎	14. 狩野	15. クラーク	16. 黒田清輝
17. 高弁	18. コンドル	19. 西園寺不二男	20. 雑穀
21. 蚕卵紙	22. 慈円	23. 四条	24. 渋沢栄一
25. 相国寺	26. 諸国名橋奇覧	27. 住吉	28. 醍醐寺
29. 大徳寺	30. 茶	31. 東海道五十三次	32. 土佐
33. 菜種油	34. 忍性	35. 仁和寺	36. パークス
37. ハリス	38. ヒュースケン	39. フェノロサ	40. 福澤諭吉
41. 福地源一郎	42. ベルツ	43. ボアソナード	44. 松方幸次郎
45. 円山	46. 妙心寺	47. 名所江戸百景	48. 綿糸
49. モース	50. 山県伊三郎	51. 龍安寺	52. 琳
53. 六十余州名所図会	54. ロッシュ		

問題 II

次の本文を読み，空欄 (27)(28) から (37)(38) に入る最も適切な語句を語群より選び，その番号を解答用紙の所定の欄にマークしなさい。また，下線部（ア）から（キ）に関連した設問１から７について，それぞれの指示に従って番号を選び，解答用紙の (39)(40) から (51)(52) にマークしなさい。

サトシ・ナカモトの名でビットコインの論文が公表された同年，米国投資銀行が経営破綻した。この経営破綻を契機に世界的に株価が暴落した (27)(28) の最中，ビットコインシステムが稼働を開始した。暗号資産の登場は，通貨・金融の意義や国家の役割について再考する契機となる。近世までの日本の貨幣・金融に関連する事象を振り返ってみよう。

日本における貨幣鋳造の始まりとして，飛鳥池遺跡から出土した富本銭，(ア)平城京遷都前の時期における和同開珎の鋳造が確認されている。いずれの鋳造時期も都の造営が計画されていた時期であり，背景に財源調達の必要性があったと指摘されている。それ以後，(29)(30) 天皇の時代に発行された乾元大宝に至るまで皇朝十二銭が鋳造されたが，貨幣の流通は京・畿内やその周辺地域に限られていた。皇朝十二銭発行以降，日本国内では政権による貨幣鋳造は行われない時代が続く。もっとも，(イ)日宋貿易により宋銭が輸入され，通貨として流通し，政権の重要な財源となっていった。鎌倉幕府滅亡後の時期に，大覚寺統の (31)(32) 天皇が，貨幣鋳造・紙幣発行を計画した。これによって，財源調達を図り，商業の発展を促進しようとしたものの，実現に至らず，室町時代には，明銭が大量に輸入される状況となる。

一方で，モノを貸して利息をとる金融は，種籾が貸し出され，利稲をつけて蔵に戻されるという (33)(34) に遡ると言われている。当初，農民の生活維持を目的として行われていたが，律令国家において，公的なものと私的なものとに分かれ，前者は租税化していった。鎌倉時代になると，裕福な酒屋は金融業である土倉も兼ね，いわゆる高利貸が行われるようになる。また，相互扶助の意味合いをもつ庶民金融として (35)(36) も行われた。室町時代には，酒屋・土倉に対する営業税である酒屋役・土倉役が幕府の重要な財源となるほど，金融業は発展をとげる。鎌倉・室町時代は，こうした貨幣経済の発展および当時の政治状況を背景に，しばしば(ウ)一揆が起こり，これを受けて，徳政令が実施されていった。(エ)債務破棄や質の返還などが「仁徳のある政治」として求められた背景には，ある契機によってすべてを一新（復活）させることが正しいという当時の社会観念の作用を指摘できる。

戦国時代，戦国大名は経済力を充実させるため，座を廃止するなどし，商品流通が円滑化した。各地で金山・銀山の採掘が進み，豊臣秀吉により天正大判が鋳造された。政権による国内鋳造貨幣は，皇朝十二銭以来初であった。江戸時代には貨幣が現実の取引で機能するようになり，通貨制度が確立していく。徳川家康の下で発行された慶長金銀は全国に通用する貨幣として，天下統一を象徴するものとも評し得る。江戸幕府は，金座・銀座・銭座を設け，(オ)幕府の管理下で金・銀・銭の三貨が鋳造・発行され，両替商の登場によって貨幣の流通が促進された。

江戸幕府はしばしば貨幣改鋳を行った。最初の元禄改鋳は，(37)(38) の意見を容れて，慶長金銀の質を落とし，差益で財政を埋めようとしたものであるが，物価高騰により人々の生活を圧迫する結果となった。財政難に直面していた幕府は，その解決を１つの重要な動機として，諸施策を試みていく。将軍吉宗による幕政改革では，金銭貸借をめぐる紛争について当事者間で解決させる相対済し令が出され，また，上げ米などの諸施策により財政再建が目指された。その後，(カ)将軍家治の時代，民間における経済活動の活発化を狙う策など諸施策が試みられた。しかし，天明の大飢饉が始まり，家治の死後，多くの施策は中止となった。全国で打ちこわしが行われるなか，将軍家斉の時代の幕政改革では，人々の窮乏救済策が打ち出され，幕政の引き締めが試みられたものの，厳しい倹約への反発も強かった。天保の大飢饉，大塩の乱など不穏な状態に動揺する幕藩体制の再建のため，将軍家慶の時代にも幕政改革が断行されるが，厳しい統制や不景気への不満が募り，改革は２年余で頓挫する。幕府の力は衰退し，(キ)幕末を迎えることになる。

〔設問1〕

下線部（ア）から長岡京遷都までの間における政権下の財政・経済活動に関わる事項として，下記（a）から（e）の各記述のうち，適切でないものの組み合わせを［01］から［09］のなかより選び，その番号を解答欄 (39) (40) にマークしなさい。

（a） 陸奥で金，周防・長門で銅など鉱物資源の採掘が政権主導で行われた。

（b） 銭貨流通の促進を目的として，蓄銭量に応じて位階を授けることを定めた蓄銭叙位令が出された。従六位以下は10貫，初位以下は5貫の銭を蓄え，政府へ納入した場合に位を1階進めるという内容であった。

（c） 三善清行が意見封事十二箇条を上奏した。そこには，財政の窮乏状況や地方政治の実態が記されていた。

（d） 民衆は戸主を代表とする戸籍に登録され，戸を単位に口分田が配給され，租の負担を課せられていたが，違法な土地所有が増えたため，荘園整理令が出された。

（e） 税の増収を狙った百万町歩の開墾計画が立てられ，三世一身法が施行された。これにより，新たに灌漑施設を設けて開田した者は3世までその田を保有することが認められた。

［01］（a）と（b）　［02］（a）と（c）　［03］（a）と（d）
［04］（a）と（e）　［05］（b）と（c）　［06］（b）と（d）
［07］（b）と（e）　［08］（c）と（d）　［09］（c）と（e）

〔設問2〕

下線部（イ）に関して，宋との貿易は平安期・鎌倉期に行われたが，下記（a）から（e）の各記述のうち，この時期の日本と大陸に関する記述として適切でないものの組み合わせを，［01］から［09］のなかより選び，その番号を解答欄 (41) (42) にマークしなさい。

（a） 平氏では，清盛が日宋貿易に着目し，清盛以後，積極的に貿易が推進された。これを受け，重盛が，音戸の瀬戸の開削を行い，摂津大輪田泊を修築した。

（b） 日宋貿易において，日本からは金・刀剣・漆器などが輸出され，宋からは宋銭のほか，書籍，香料などが輸入された。

（c） 鎌倉時代，日本は南宋と正式な国交を結ばなかったが，貿易のほか，僧侶の往来があり，蘭溪道隆は，北条時頼に招かれ，建長寺を開いた。

（d） フビライ＝ハンが南宋と戦端を開いたあと，南宋の精鋭部隊三別抄が抗戦を続け，日本に援軍と兵糧を求めたが，日本は応じなかった。

（e） 貿易商人として日本と大陸を往来していた陳和卿は，東大寺大仏の再建に助力した。

［01］（a）と（b）　［02］（a）と（c）　［03］（a）と（d）
［04］（a）と（e）　［05］（b）と（c）　［06］（b）と（d）
［07］（b）と（e）　［08］（c）と（d）　［09］（c）と（e）

〔設問3〕

下線部（ウ）に関する下記（a）から（e）の各記述のうち，適切なものの組み合わせを，［01］から［09］のなかより選び，その番号を解答欄 (43) (44) にマークしなさい。

（a） 山城の国一揆は，畠山政長・義就両軍の退陣という要求を掲げていた。

（b） 嘉吉の徳政一揆は，将軍義教の代始めに，近江坂本の馬借たちが徳政を求め蜂起したものである。

（c） 柳生の徳政碑文は，嘉吉の徳政一揆の成果を記したものとされている。

（d） 正長の徳政一揆では，京都の土倉・酒屋などが襲われ，幕府は要求を入れて徳政令を発布した。

（e） 播磨の土一揆は，守護赤松満祐の配下軍兵の国外退去という要求を掲げていた。

[01]（a）と（b）　[02]（a）と（c）　[03]（a）と（d）
[04]（a）と（e）　[05]（b）と（c）　[06]（b）と（d）
[07]（b）と（e）　[08]（c）と（d）　[09]（c）と（e）

〔設問 4〕

下線部（エ）に関して，日本における債務者救済施策についての下記（a）から（e）の各記述のうち，適切でないものの組み合わせを［01］から［09］のなかより選び，その番号を解答欄 (45) (46) にマークしなさい。

（a） 永仁の徳政令は，困窮する御家人救済のため，北条長時が発したものであり，所領の売買や質入れの禁止などを定めたものであった。

（b） 1789年に出された棄捐令は，旗本・御家人救済のため，札差に1784年以前の貸金を放棄させ，その後のものは低利年賦による返済とするものであった。

（c） 1454年に出された分一徳政令において，債務者には，分一銭を幕府に納入することを条件に，債務の破棄が認められた。

（d） 関東大震災後の1927年に，山本権兵衛内閣は，債務の一時支払停止を認める支払猶予令（モラトリアム）を発した。

（e） 1722年に出された質流し禁令は，田畑の質流れ禁止と請け返し事項を定めたものであったが，質地騒動が起き，撤回された。

[01]（a）と（b）　[02]（a）と（c）　[03]（a）と（d）
[04]（a）と（e）　[05]（b）と（c）　[06]（b）と（d）
[07]（b）と（e）　[08]（c）と（d）　[09]（c）と（e）

〔設問 5〕

下線部（オ）に関して，下記（a）から（e）の各記述のうち，適切でないものの組み合わせを［01］から［09］のなかより選び，その番号を解答欄 (47) (48) にマークしなさい。

（a） 重さを測って価値を決めて使用される秤量貨幣の代表は，銀貨であった。

（b） 永楽通宝は，一文銭であり，この鋳造・発行によって悪貨が整理された。

（c） 関東では主に金貨，関西では主に銀貨で商売が行われた。為替・貸付の業務なども行う本両替が金銀交換を行い，江戸の金遣い，大坂の銀遣いと呼ばれた。

（d） 幕府が三貨の換算率を公定したものの，実際の強制力はなく，貨幣の純度や需給関係などによって相場が変動した。

（e） 徳川家康は，金座を設置し，淀屋辰五郎に管轄させ小判を鋳造させた。以後，淀屋の世襲となる。

[01]（a）と（b）　[02]（a）と（c）　[03]（a）と（d）
[04]（a）と（e）　[05]（b）と（c）　[06]（b）と（d）
[07]（b）と（e）　[08]（c）と（d）　[09]（c）と（e）

〔設問6〕

下線部（カ）の時代に行われた施策として，下記（a）から（e）のうち，適切でないものの組み合わせを［01］から［09］のなかより選び，その番号を (49) (50) にマークしなさい。

（a）南鐐二朱銀など定量の計数銀貨が鋳造された。
（b）物価高騰の原因は商品流通の独占にあると判断され，株仲間の解散が命じられた。
（c）印旛沼・手賀沼の大規模な干拓工事が始められるなど，新田開発が積極的に試みられた。
（d）ロシアとの交易や蝦夷地開発の可能性を調査するため，蝦夷地に調査団が派遣された。
（e）豪商10名からなる勘定所御用達が置かれ，米価調整等が図られた。

[01]（a）と（b）　[02]（a）と（c）　[03]（a）と（d）
[04]（a）と（e）　[05]（b）と（c）　[06]（b）と（d）
[07]（b）と（e）　[08]（c）と（d）　[09]（c）と（e）

〔設問7〕

下線部（キ）の時期における通商や日本の経済情勢の説明として，下記（a）から（e）の各記述のなかより，適切でないものの組み合わせを［01］から［09］のなかより選び，その番号を解答欄 (51) (52) にマークしなさい。

（a）日露和親条約では，箱館・浦賀・長崎の3港の開港が定められ，国境については，択捉島以南を日本領，得撫島以北をロシア領とすることなどが定められた。
（b）アメリカは日本の開国を実現させたが，南北戦争のため，日本の貿易相手国としては，イギリスが主流を占めた。
（c）物価上昇により困窮した農民は，負担の軽減を求め，地租改正反対の一揆を起こした。
（d）輸出向け商品が在郷商人によって開港地へと持ち込まれるようになり，幕府は貿易統制のため問屋を経て輸出するよう五品江戸廻送令を出したが，効果はあがらなかった。
（e）金貨の海外流出を防ぐため万延貨幣改鋳が行われた。その結果，貨幣の実質価値が低下し，物価上昇となって，民衆の生活を圧迫した。

[01]（a）と（b）　[02]（a）と（c）　[03]（a）と（d）
[04]（a）と（e）　[05]（b）と（c）　[06]（b）と（d）
[07]（b）と（e）　[08]（c）と（d）　[09]（c）と（e）

［語群］

01. 新井白石	02. 荻生徂徠	03. 荻原重秀	04. 借上	05. ギリシア危機
06. 金融ビッグバン	07. 光孝	08. 光厳	09. 庚申講	10. 光明
11. 後白河	12. 後醍醐	13. 後深草	14. 歳役	15. 七分積金
16. 出挙	17. 朱雀	18. 石油危機	19. 醍醐	20. 賃租

21. 富突	22. ドル危機	23. 賛	24. 幣帛	25. 保科正之
26. 無尽	27. 村上	28. 柳沢吉保	29. リーマン＝ショック	30. 冷泉

問題 Ⅲ

次の本文を読み，空欄 (53)(54) から (57)(58) に入る最も適切な語句を語群より選び，その番号を解答用紙の所定の欄にマークしなさい。また，下線部（ア）から（ケ）に関連した設問1から9について，それぞれの指示に従って番号を選び，解答用紙の (59)(60) から (75)(76) にマークしなさい。

現代の図書館は「図書，記録その他必要な資料を収集し，整理し，保存して，一般公衆の利用に供し，その教養，調査研究，レクリエーション等に資することを目的とする施設」（図書館法第2条第1項）とされ，わたしたちの生活文化を支える基盤となっている。その歴史の一端を紐解いてみよう。

書籍や文書を国家が管理する仕組みは，律令体制の下ではじめて，組織的な位置づけが明確にされた。(ア)図書寮が中務省の下級機関として置かれ，図書を所蔵・管理するほか，写本の作成，墨・筆・紙の製作にもあたったという。その一方で，有力貴族のなかには蒐集した図書を公開し，貴族や僧侶らに閲覧させる者もあった。その者の長逝を伝える『続日本紀』天応元年6月24日条には，「その旧宅を捨てて阿閦寺（あしゅくじ）とす。寺の内の一隅に，特に外典の院を置き，名けて (53)(54) と曰ふ。如し好学の徒有りて就（ゆ）きて閲（けみ）せむと欲ふ者には恣に聴（ゆる）せり。」とある。

平安京に都が遷り，律令体制の衰退にともなって図書寮が機能不全に陥ると，上流階級の個人所蔵がそれを代替するようになった。たとえば，『玉葉』には，「(イ)内より玄宗皇帝の絵六巻を賜はり預る。一見せしめんためなり。」（治承3年9月4日条），「今旦玄宗皇帝の絵を返上す（……）。」（治承3年9月6日条）とあり，また，「未の刻，(ウ)大外記頼業来たり，帝王略論一部五巻を持ち来たる。借り召すに依りてなり。」（治承4年8月4日条），「申の刻大外記頼業来たる。（……）先日借り進らする所の帝王略論五巻返し給ひ了んぬ。」（治承4年11月29日条）とある。ここには蔵書の貸し借りがされていた様子を垣間見ることができよう。

(エ)鎌倉の地に本格的な武家政権が開かれた時代も，初期のころは，京都から下向した貴族らが図書の蒐集・保存の担い手であった。たとえば，問注所の初代執事は，私邸に名越文庫を設けたという。その後，武士のなかにも多数の図書を所蔵する者があらわれるようになった。武家の手による図書館として著名なものは，金沢文庫であろう。室町中期に (55)(56) の禅僧を庠主に迎えて再興したとされる足利学校は豊富な蔵書を誇る文庫を備え，それもまた中世を代表する図書館であった。

長く続いた戦乱の世が終わり，江戸に幕府が開かれると，江戸城内には初代将軍の私蔵図書を収める富士見亭文庫が置かれた。3代将軍は，書物奉行を任じてその管理にあたらせ，文庫を城内の紅葉山に移転させた。また，(オ)多くの藩が藩校を開き，藩校には，教育・研究の用に供する文庫が付設された。この時代は，(カ)寺子屋などの初等教育機関が整備されるにともなって識字率が向上し，印刷技術の確立によって書籍の流通量が増え，庶民が図書に触れる機会が増えた時代でもあった。

王政復古の大号令を発し，明治新政府は，旧来の諸制度を汚習と呼んで改め，西欧風の近代国家を目指した。それまでの文庫も例外ではなかった。政府は，湯島聖堂内に書籍館を開設した。また，公立・私立の書籍館が全国各地に開かれた。(キ)教育令が公布・施行され，書籍館は文部卿の監督下に置かれた。

その一方で，急激な社会の変化にさらされた民衆は，新聞から情報を得ようとした。購読料が高額で庶民が気軽に読めるものではなかったため，新聞縦覧所が都市部を中心に広まったという。しかし，民撰議院設立の建白書が『日新真事誌』に掲載され，新聞各紙に支持されたことに対して，(ク)政府による取り締まりが強化された結果，新聞縦覧所は次第に衰退していった。

日露戦争に勝利し，列強に並ぶ地位を得たものの，多額の戦費を要したために国家財政は危機的状況に陥った。国家から人心が離れ，個人の意思や生活を重視する風潮が広まることに危機感を抱いた政府は，国家主義的な国民道徳を説くとともに，(57)(58)運動を推進した。その一環として，社会教育を重視する観点から，全国各地には小規模な図書館が次々に設置された。明治から大正に時代が移っても，民衆の間には自由主義的な風潮がみなぎっていた。政府は，社会教育に一層の力を入れるため，臨時教育会議を内閣直属の諮問機関として発足させた。(ケ)臨時教育会議が図書館の拡充を答申すると，公共図書館の数は急速に増加した。

戦時下の昭和前期は，図書館にとって受難の時代であった。第二次世界大戦後，GHQによる占領政策の重要な要素として，公共図書館の振興を図ることが取り上げられた。日本の民主化のためには，賢明な主権者を養成することが必要不可欠だったのである。公共図書館は，閉架制かつ有料だった戦前の不自由さから脱却し，開架制の，無料で自由に利用できる施設へと生まれ変わった。

〔設問1〕

下線部（ア）に関して，律令制の統治機構について説明する以下の記述のうち，適切でないものはどれか。[01] から [05] のなかより選び，その番号を解答欄 (59)(60) にマークしなさい。

[01]　中務省は，天皇への近侍や詔勅の起草などを所掌とした。その下級機関の１つに，天文の観測や暦の作成などをつかさどる陰陽寮が属した。

[02]　式部省は，文官の人事や論功，儀礼・儀式のことなどを所掌とした。その下級機関の１つに，官吏養成に関する教育などをつかさどる大学寮が属した。

[03]　治部省は，氏族の身分や官人の継嗣・婚姻のほか，祥瑞，喪葬，僧尼のことなどを所掌とした。その下級機関の１つに，宮廷の音楽・舞踊などをつかさどる雅楽寮が属した。

[04]　大蔵省は，戸籍・計帳や田図・田籍の管理のほか，鋳銭，度量衡のことなどを所掌とした。その下級機関の１つに，調・庸その他の貢納分の計算，予算の編成などをつかさどる主計寮が属した。

[05]　宮内省は，宮中の事務などを所掌とした。その下級機関の１つに，薬剤，治療，薬園などをつかさどる典薬寮が属した。

〔設問2〕

下線部（イ）に見えるように，『玉葉』の著者は，「玄宗皇帝の絵六巻」（白居易『長恨歌』をモチーフに制作された絵巻のこと）を誰かから借り受けている。貸した人物を語群より選び，その番号を解答欄 (61)(62) にマークしなさい。

〔設問3〕

下線部（ウ）の大外記とは，詔書の作成などにあたった外記のうち上位の者を指し，下位の者は少外記と呼ばれ，令制に規定された官司であった。同様に令制に規定された官司であるものを語群より選び，その番号を解答欄 (63)(64) にマークしなさい。

〔設問4〕

下線部（エ）に関して，鎌倉末期に成立したとみられる『沙汰未練書』は，鎌倉幕府における裁判の手続きや文書例のほか，幕府諸制度に関する用語解説を載せたものである。以下の記述のうち，『沙汰未練書』に書かれた用語解説として適切でないものはどれか。[01] から [05] のなかより選び，その番号を解答欄 (65)(66) にマークしなさい。なお，問題作成用に適宜，読み下してある。

[01]　地頭トハ，右大将家以来，代々将軍家に奉公し，御恩を蒙る人の事なり。

[02]　御家人トハ，往昔以来，開発領主として，武家の御下文を賜はる人の事なり。

[03]　非御家人トハ，其の身は侍たりと雖も，当役勤仕の地を知行せざる人の事なり。

[04]　新恩トハ，承久兵乱の時，没収の地を以て，所領等を充給はる事なり。

[05]　六波羅トハ，洛中の警固幷びに西国の成敗の御事なり。

〔設問5〕

下線部（オ）のとおり，多くの藩が教育に力を入れるようになり，藩校で学んだ者のなかから，後に明治新政府の要職に就く者があらわれた。藩校と創立者，その藩校で学び，後に政官界で活躍した人物について説明する以下の記述のうち，適切でないものはどれか。[01] から [05] のなかより選び，その番号を解答欄 (67)(68) にマークしなさい。

[01]　いわゆる学校令を制定し，学校体系を整備した森有礼は，薩摩藩主島津重豪が創立した造士館に学んだ。

[02]　大日本帝国憲法の起草にあたった伊東巳代治は，福岡藩主黒田斉隆が創立した修猷館に学んだ。

[03]　学制の頒布に尽力した大木喬任は，佐賀藩主鍋島治茂が創立した弘道館に学んだ。

[04]　欧化政策をとって条約改正に臨んだ井上馨は，長州藩主毛利吉元が創立した明倫館に学んだ。

[05]　教育勅語の起草にかかわった井上毅は，熊本藩主細川重賢が創立した時習館に学んだ。

〔設問6〕

下線部（カ）の寺子屋について説明する以下の記述のうち，適切でないものはどれか。[01] から [05] のなかより選び，その番号を解答欄 (69)(70) にマークしなさい。

[01]　寺子屋の経営には，町人や僧侶，武士，医者などがあたった。

[02]　寺子屋は江戸，大坂などの都市部だけでなく，全国の農山漁村にまで広くつくられた。

[03]　寺子屋には男子だけでなく女子も通ったが，男女共学の寺子屋は見られなかった。

[04]　女性が寺子屋の師匠になる例も見られた。

[05]　南北朝期から室町初期のころにつくられたとされる『庭訓往来』は，寺子屋の教育にも広く用いられた。

〔設問7〕

下線部（キ）に関して，明治期の初等教育法制について説明する以下の記述のうち，適切でないものはどれか。[01] から [05] のなかより選び，その番号を解答欄 (71)(72) にマークしなさい。

[01]　明治5年に制定された学制は，学区ごとに小学校を置くことを定め，その費用を原則として国費から支出することとし，地元住民に負担を求めることはしなかった。

［02］ 明治12年に制定された教育令は，６歳より14歳に至る８年を学齢とし，その間の少なくとも16か月を児童が普通教育を受けなければならない期間とした。

［03］ 教育令は明治13年に改正され，私立小学校の設置については，府知事・県令の認可が必要とされた。

［04］ 小学校の教育に用いられる教科書について，明治19年に制定された小学校令は，検定制度をはじめて採用した。

［05］ 明治23年に制定された小学校令は，尋常小学校の修業年限を３年または４年としたが，明治33年の改正により，４年に統一された。

〔設問８〕

下線部（ク）のとおり，新聞に対する統制を強めた法令の１つに，新聞紙条例があった。明治８年に制定された当時の新聞紙条例の内容について説明する以下の記述のうち，適切でないものはどれか。［01］から［05］のなかより選び，その番号を解答欄 (73) (74) にマークしなさい。

［01］ 新聞を発行しようとする者は，内務省の許可を得なければならなかった。

［02］ 日本人でない者が新聞の編集人になるときは，国内に居住することが条件とされた。

［03］ 記事には，原則として，その筆者の姓名と住所を明記することが求められた。

［04］ 政府変壊，国家転覆を論じる記事を載せ，騒乱を扇動しようとした者を処罰の対象とした。

［05］ 上書・建白書を掲載するときは，官庁の許可を得なければならなかった。

〔設問９〕

下線部（ケ）に関して，臨時教育会議の答申は多岐にわたったが，その特筆すべき成果の１つとして，大学令を制定し，高等教育を拡張したことが挙げられる。大正７年に制定された当時の大学令の内容について説明する以下の記述のうち，適切でないものはどれか。［01］から［05］のなかより選び，その番号を解答欄 (75) (76) にマークしなさい。

［01］ 大学の目的は，国家に須要(しゅよう)な学術の理論および応用を教授し，蘊奥(うんのう)を攻究することにあるものとされた。

［02］ 大学は，法学，医学，工学，文学，理学，農学，経済学および商学のなかから，かならず複数の学部を置くこととなった。

［03］ 公立大学は，特別の必要がある場合には，北海道および府県に限って設立することが認められた。

［04］ 公立大学または私立大学を設立し，または廃止するときは，文部大臣の認可を受けなければならなかった。

［05］ 大学は，特別の必要がある場合には，修業年限を３年または２年とする予科を置くことができた。

［語群］

01. 愛国	02. 按察使	03. 芸亭	04. 衛門府	05. 円覚寺
06. 大江広元	07. 学館院	08. 勘解由使	09. 紙屋院	10. 経蔵
11. 啓蒙主義	12. 建長寺	13. 弘文院	14. 国民精神総動員	15. 国家改造
16. 後鳥羽天皇	17. 近衛府	18. 参議	19. 寿福寺	20. 書院
21. 奨学院	22. 浄智寺	23. 称名寺	24. 浄妙寺	25. 書屋
26. 新体制	27. 施薬院使	28. 大同団結	29. 高倉天皇	30. 地方改良

31. 中納言　32. 鎮守府　33. 内大臣　34. 南禅寺　35. 二条天皇
36. 藤原忠通　37. 藤原道家　38. 藤原通憲　39. 文殿　40. 源頼朝

問 題 IV

以下の史料1から8は，いずれも同一人物がしたためた書簡AからHの一部を抜き出したものである。史料の並びは書かれた順番に従っていない。宛先はみな違う。それぞれの書簡は，したためられた時期の差し迫った事柄にふれている。なお，引用した書簡の原文は，適宜改めてある。

設問1～4，7，11に関しては，それぞれの指示に従って番号を選び，所定の解答欄にマークしなさい。設問5，6，8～10，12に関しては，空欄に入る最も適切な語句を語群から選び，その番号を所定の解答欄にマークしなさい。

［史料1］—— 書簡Aからの抜粋

首相閣下病軀国政の重責を担ふ，労苦御察し申すと雖，昨今内外の政情誠ニ寒心ニ堪えず，(……)，殊ニ蘇が最も重点を置く，国交再開，大使交換ニ何等の用意なくして応ずとせバ，無条件ニ国家国民を赤禍ニ開放暴露するものニして，対等互譲の交渉ニ非らず，無条件降伏ニ外ならず，(……)

〔設問1〕

史料1にある「首相閣下」が所属した政党・組織の変遷の大筋として，適切なものはどれか。[01] から [05] のなかより選び，その番号を解答欄 (77) (78) にマークしなさい。

[01] 立憲民政党 → 翼賛政治会 → 日本自由党 → 日本民主党 → 自由民主党
[02] 立憲政友会 → 翼賛政治会 → 日本自由党 → 日本民主党 → 自由民主党
[03] 政友本党 → 立憲民政党 → 翼賛政治会 → 日本自由党 → 日本民主党 → 自由民主党
[04] 立憲民政党 → 翼賛政治会 → 日本民主党 → 日本自由党 → 自由民主党
[05] 立憲政友会 → 翼賛政治会 → 日本進歩党 → 日本民主党 → 自由民主党

［史料2］—— 書簡Bからの抜粋

此際の低姿勢ハ国民をして内閣弱体なるが故と思ハしめ却而人気ニ障ハり内閣之将来ニ影響せしむべく，寧ろ飽迄も政策本位，国家本位ニて勇壮邁進相成度，(……)，右顧左眄は事を為す所以ニ非らずと奉存候，(……)

〔設問2〕

史料2にある「内閣」の国民への「低姿勢」を示す以下の記述のうち，適切でないものはどれか。[01] から [05] のなかより選び，その番号を解答欄 (79) (80) にマークしなさい。

[01] 「寛容と忍耐」をスローガンとした。

［02］　首相自らがテレビCMに出演し，「私はウソは申しません」が流行語になった。

［03］　公害問題に対応し，国民の健康と安全を守るため，環境庁を創設した。

［04］　国民生活の向上を重視し，国民ひとり当たりの所得を10年以内に倍増させる政策を掲げた。

［05］　大都市圏と地方の経済格差を是正すべく，新産業都市建設促進法を制定した。

〔設問 3〕

史料 2 にある「内閣」の時代の出来事を示す記述として，適切なものはどれか。［01］から［05］のなかより選び，その番号を解答欄 (81)｜(82) にマークしなさい。

［01］　国内旅客輸送分担率で乗用車が国鉄を上回った。

［02］　日本が部分的核実験禁（停）止条約に調印した。

［03］　日中覚書貿易が開始された。

［04］　沖縄の日本復帰が実現した。

［05］　工業生産が戦前の水準（1934～36年の平均水準）の 2 倍に達した。

［史料 3］―― 書簡Cからの抜粋

全学連，総評，社会党等，騒動ニ関係指嗾せる一味を一勢ニ収監取調ニ着手せらるべきニ非ざる乎，(……)，他面アイク大統領来朝之際の警戒ニハ万全を期せられ，(……)，又警戒部隊ハ唯ニ警察隊のみならず自衛隊，消防を動員し，デモを為す気配のもの一切，要所要所ニ阻止して通路ニ近けぬまでニ御手配希望仕り候，(……)

〔設問 4〕

史料 3 の書簡の宛先は当時の首相である。その首相の経歴として，適切でないものはどれか。［01］から［05］のなかより選び，その番号を解答欄 (83)｜(84) にマークしなさい。

［01］　商工省の官僚

［02］　A級戦犯被疑者とされるものの不起訴

［03］　昭和電工事件（昭電疑獄）に連座

［04］　東條英機内閣の閣僚

［05］　公職追放の対象者

〔設問 5〕

史料 3 の書簡がしたためられた時点での日本社会党の中央執行委員長で，同年のうちに暗殺された人物は (85)｜(86) である。

［史料4］―― 書簡Dからの抜粋
欧洲西部戦線ニ於テモ昨今独軍ノ反撃奏効米英軍ハ意外ノ難関ニ遭遇シツツアリ（……），対支提案ヲ考按スルニ（一）日支事変発生以前ノ事態ニ復帰ス，（二）我新支那政策ノラインニテ日支干係ヲ調整ス，但シ南京政府ノ存続ヲ固執セズ（……）

〔設問6〕

史料4にある「南京政府」の初代首班は［(87)｜(88)］である。

［史料5］―― 書簡Eからの抜粋
政界の現状を見るに政権争奪に堕し，政党政治，民主政治に対する国民の信頼を傷つけつつあり，（……），また小生の進退が政権に恋々たるが如き疑いを内外に抱かしむるにおいてはわが民主政治の基礎たる自由党のため甚だ面白からず，（……）

〔設問7〕

史料5の書簡のしたためられた年に，当時首相であった「小生の進退」は極まり，同年，ついに辞任に至った。この年の出来事として適切でないものはどれか。［01］から［05］のなかより選び，その番号を解答欄［(89)｜(90)］にマークしなさい。

［01］　公安調査庁が設立された。

［02］　防衛庁が設立された。

［03］　自治体警察が廃止された。

［04］　公立学校教員の政治活動が禁止された。

［05］　映画『ゴジラ』が封切られた。

［史料6］―― 書簡Fからの抜粋
中旬より中国筋九州及四国を巡回仕一昨日帰磯，各地，自由党への気分宜敷，（……），一月早々保守新党結集の準備ニ取懸り〔国会〕休会明位ニ旗上出来可申歟，幣原〔喜重郎〕派以外之民主党，社会党右派，其他の小会派をも抱擁之見込ニ有之，（……）

〔設問8〕

史料6にある「保守新党」の名は［(91)｜(92)］である。

［史料7］── 書簡Gからの抜粋
先年桑港（サンフランシスコ）講和記念ニ御書き被下候額，恰かも皇太子殿下御成年ニ相当り献上之手続仕候事ハ当時申上候と存候，近々殿下御成婚と拝聞仕，先年の分とツイに相成候様，老先生ニ改めて御書きを願ひ献上致してハ存候，（……）

〔設問9〕

史料7にある「老先生」とは，日本美術院再興のときの中心人物の1人で，『風神雷神』や『日食』を代表作とする［(93)｜(94)］である。

［史料8］── 書簡Hからの抜粋
外務省内外ニハ不安の空気ニ充ち，外交機能停止之状との事ニ有之，日独軍事協定の内容ハ不存候得共，独の勝利を予想しての事なれハ，其特使特派の事実こそ彼自身勝敗ニ確信動揺之証左と不可見歟，既ニ其対英上陸も今年中ハ覚束なきが如く，来年ニ持越し長期戦となれハ独の不利申迄も無之，（……）

〔設問10〕

史料8は当時の首相に宛てた書簡である。その内閣の外務大臣は［(95)｜(96)］である。

〔設問11〕

書簡AからHを書かれた順に古い方から新しい方へ並べた場合，5番目に当たるものはどれか。その番号を解答欄［(97)｜(98)］にマークしなさい。

［01］　書簡A
［02］　書簡B
［03］　書簡C
［04］　書簡D
［05］　書簡E
［06］　書簡F
［07］　書簡G
［08］　書簡H

〔設問12〕

書簡の差出人は［(99)｜(100)］である。

〔語群〕

01. 愛新覚羅溥儀	02. 浅沼稲次郎	03. 芦田均	04. 池田勇人	05. 石橋湛山
06. 市川房枝	07. 王克敏	08. 汪兆銘	09. 大平正芳	10. 片山哲
11. 鏑木清方	12. 岸信介	13. 国民協同党	14. 近衛文麿	15. 小林古径

16. 佐藤栄作	17. 重光葵	18. 幣原喜重郎	19. 自由民主党	20. 蔣介石
21. 鈴木茂三郎	22. 孫文	23. 張学良	24. 東郷茂徳	25. 徳田球一
26. 日本自由党	27. 日本進歩党	28. 日本民主党	29. 鳩山一郎	30. 速水御舟
31. 東山魁夷	32. 広田弘毅	33. 前田青邨	34. 牧野伸顕	35. 松岡洋右
36. 宮本顕治	37. 民主自由党	38. 毛沢東	39. 安田靫彦	40. 横山大観
41. 吉田茂	42. 立憲改進党			

世界史

（60分）

（解答上の注意） [(1) | (2)] と表示のある問いに対して，「09」と解答する場合は，解答欄(1)の⓪と(2)の⑨にマークすること。

問 題 I

以下の文章の空欄 [(1) | (2)] から [(7) | (8)] に入る最も適切な語句を語群より選び、その番号を解答用紙の所定の欄にマークしなさい。また、下線部（ア）から（ケ）に関連する設問1から9について、指示に従って番号を選び、解答用紙の所定の欄にマークしなさい。

いわゆる「大航海時代」の先陣を切ったのはポルトガルだった。ポルトガルは15世紀初めには(ア)アフリカ西岸の探検に乗り出しており、1488年にはポルトガル王 [(1) | (2)] の治世下、バルトロメウ＝ディアスが喜望峰に到達した。1498年にはヴァスコ＝ダ＝ガマが喜望峰回りでインド西岸に到達し、(イ)ポルトガルはインド航路を開拓した。

一方、1492年にコロンブスはスペイン女王の支援によって西インド諸島に到達した。その後、スペインはアメリカ大陸への進出を本格化した。1521年にはコルテスの率いる軍隊によってアステカ王国が滅ぼされた。1533年にはピサロによって皇帝 [(3) | (4)] が殺害され、インカ帝国は滅んだ。アメリカ大陸では、(ウ)スペイン王が植民者に統治を委託する制度が採用され、先住民は農園や鉱山で働かされた。その後、この統治形態は機能しなくなった。

16世紀半ばに(エ)ポトシ銀山の発見などにより、アメリカ大陸で(オ)銀の生産量が大幅に増加すると、大量の銀がヨーロッパに流入し、ヨーロッパの経済・社会に大きな影響をもたらした。銀の流通量の増大は東アジア、東南アジアでも生じた。中国は14世紀後半から(カ)海禁政策をとっていたが、1530年代に日本銀の生産量が飛躍的に増加すると、日本銀と中国の生糸などとの密貿易が活発化した。16世紀後半からは、アメリカ大陸とフィリピンの間をガレオン船で結ぶ貿易が行われるようになり、大量の銀が中国に流入し、中国での商品流通を促した。16世紀の(キ)東アジアや東南アジアでの経済活動の活発化は、海禁政策に動揺をもたらした。

16世紀のヨーロッパは宗教改革の時代でもあった。ドイツや北欧ではルターの教えが、フランス、ネーデルラント、イギリスではカルヴァンの教えが広まっていった。この動きに対抗して、カトリック教会は体勢を立て直す必要に迫られた。こうした中、(ク)イエズス会が1534年に結成され、海外での宣教活動を行った。

16世紀半ば、スペインの支配下にあったネーデルラントでは、スペインのカトリック化政策の強化に対する反乱がおこった。1579年にネーデルラントの北部7州が [(5) | (6)] 同盟を結び、1581年には独立を宣言した。1609年には、スペインとの間で休戦が成立する。しかし、この戦いの過程で、商業都市として栄えていた [(7) | (8)] が1585年にスペインに占領された。この結果、多数の織物業者や商人が亡命した。17世紀になると、(ケ)オランダは東インド会社を設立して海外へ進出していく。

［設問1］

下線部（ア）に関連して、次の文章の［（9）｜（10）］に入る最も適切な語句を語群より選び、その番号を解答用紙の所定の欄にマークしなさい。

「航海王子」エンリケはアフリカ西岸航路の開拓を推進した。この探検の目的は、金などの入手の他に、当時存在すると信じられていたキリスト教王［（9）｜（10）］の王国と連絡をとることにもあった。

［設問2］

下線部（イ）に関連して、ポルトガルの海外進出として（a）から（c）の出来事が下に示されている。（a）から（c）の出来事を古い順に正しく並べたものを［01］から［06］より選び、その番号を［（11）｜（12）］にマークしなさい。

（a）セイロン島占領　　（b）マスカット占領　　（c）マラッカ占領

［01］（a）→（b）→（c）
［02］（a）→（c）→（b）
［03］（b）→（a）→（c）
［04］（b）→（c）→（a）
［05］（c）→（a）→（b）
［06］（c）→（b）→（a）

［設問3］

下線部（ウ）に関連して、16世紀から17世紀前半までのスペインの植民地経営に関する記述として誤っているものを下から選び、その番号を［（13）｜（14）］にマークしなさい。

［01］スペインによる植民者への統治の委託は、先住民のキリスト教化と保護を植民者に義務として課すものだった。
［02］聖職者の中には、ラス＝カサスのように先住民の権利擁護を訴える者がいたが、スペインは先住民の奴隷化を禁止しなかった。
［03］スペインがアシエントを通じて黒人奴隷を調達するようになった背景には、トルデシリャス条約の存在がある。
［04］17世紀には、債務を負った農民を主な労働力として用いる大農園制度が広まっていった。

［設問4］

下線部（エ）に関連して、ポトシ銀山のあった場所は現在のどの国に属するか。その国名を語群より選び、その番号を［（15）｜（16）］にマークしなさい。

［設問5］

下線部（オ）に関連して、銀に関する記述として誤っているものを下から選び、その番号を［（17）｜（18）］にマークしなさい。

［01］元は、銀を通貨の要とし、その補助として交鈔とよばれる紙幣を流通させた。
［02］石見銀山では灰吹き法という精錬技術が導入されたことで、銀の生産量が飛躍的に増加した。

［03］ ニュルンベルクを本拠地とするフッガー家は、ティロル地方の銀山の開発などにより財をなした。

［04］ 19世紀後半の東アジアや東南アジアでは、貿易の決済のため、メキシコドルを原型とする銀貨が広く流通した。

［設問6］

下線部（カ）に関連して、15世紀の明の対外政策に関する記述として誤っているものを下から選び、その番号を (19)(20) にマークしなさい。

［01］ ベトナムの黎朝は明の撃退に成功し、明に朝貢しなかった。

［02］ 明は、内陸部のモンゴルや女真との貿易も朝貢関係に限定した。

［03］ 尚巴志の建国した琉球王国は、明の海禁・朝貢体制の下で中継貿易を行った。

［04］ 永楽帝は鄭和に命じて南海大遠征を行わせ、諸国に朝貢を促した。

［設問7］

下線部（キ）に関連して、明代の東アジア、東南アジアの情勢に関する記述として誤っているものを下から選び、その番号を (21)(22) にマークしなさい。

［01］ アルタン=ハンの保護の下で、長城の外側に中国風の城郭都市が建設された。

［02］ オイラト軍が西安近郊の要塞で明の皇帝英宗を捕虜にする事件が起きた。

［03］ 倭寇には多くの中国出身者が加わっていたが、王直はその一人で、五島列島などを拠点に活動した。

［04］ 張居正は検地や一条鞭法の施行を推進し、財政再建を進めようとした。

［設問8］

下線部（ク）に関連して、イエズス会に関する記述として誤っているものを下から選び、その番号を (23)(24) にマークしなさい。

［01］ アダム=シャールは、徐光啓とともに『崇禎暦書』の作成に従事した。

［02］ レジスは『皇輿全覧図』の作成に従事した。

［03］ 中国における宣教活動では、孔子・祖先崇拝を認めるなど中国の伝統文化に配慮した活動を行った。

［04］ ザビエルは、日本での宣教活動後に立ち寄ったインドのゴアで病死した。

［設問9］

下線部（ケ）に関連して、オランダ東インド会社に関する記述として誤っているものを下から選び、その番号を (25)(26) にマークしなさい。

［01］ 長崎の出島に置かれたオランダ東インド会社の商館を介して、ヨーロッパへ輸出されたものに有田焼がある。

［02］ オランダ東インド会社は、喜望峰以東の植民地経営と交易の独占を国から特許された会社で、軍隊の保持など国家に準じる権限を政府から認められていた。

［03］ オランダ東インド会社では、航海費用を出資者から募り、利益を出資者に還元するという資金調達方法が用いられた。

［04］ 17世紀前半からオランダ東インド会社は台湾を東アジア交易の拠点としていたが、スペインとの争いに敗れ、台湾から撤退した。

〔語群〕

01. アウィツォトル
02. アーサー
03. アタワルパ
04. アドワ
05. アフォンソ4世
06. アムステルダム
07. アントウェルペン
08. エクアドル
09. カデシュ
10. カルマル
11. カルロス1世
12. キュリロス
13. コロンビア
14. サモリ=トゥーレ
15. シュマルカルデン
16. ジョアン2世
17. チリ
18. ドゥアルテ1世
19. ハーグ
20. パチャクテク
21. パナマ
22. ハンザ
23. フェリペ2世
24. フェルナンド
25. ブガンダ
26. ブラジル
27. プルシャプラ
28. ブルッヘ
29. プレスター=ジョン
30. ペルー
31. ホラント
32. ボリビア
33. マンサ=ムーサ
34. ムワタリ
35. メキシコ
36. モノモタパ
37. ユトレヒト
38. ロッテルダム

問 題 Ⅱ

以下の文章の空欄［(27)｜(28)］から［(35)｜(36)］に入る最も適切な語句を語群より選び、その番号を解答用紙の所定の欄にマークしなさい。また、下線部（ア）から（ク）に関連する設問1から8について、指示に従って番号を選び、解答用紙の所定の欄にマークしなさい。なお、同じ番号の空欄には同じ語句が入る。

その起源をアケメネス朝ペルシアにまで遡ることができるペルシア語は、行政や文学の領域で広く用いられ、イラン高原とその周辺地域における共通語の役割を果たし、いわゆる「ペルシア語文化圏」を形成してきた。以下では、この文化圏をめぐる歴史を概観していく。

アッバース朝の成立には、イラン東北部［(27)｜(28)］地方の人々が大きな役割を果たし、イラン系のマワーリーがワズィールをはじめとする政府の要職に登用された。その後、(ア)トルコ系・モンゴル系のイスラーム諸王朝の下でもペルシア語文化が隆盛し、独自の(イ)イラン=イスラーム文化を生み出した。

15世紀半ば、カスピ海西部の［(29)｜(30)］を拠点としていたサファヴィー教団は、［(31)｜(32)］と呼ばれるトルコ系遊牧民に多くの信徒を獲得していた。ティムール朝の衰退に伴って、教主イスマーイール1世は彼らを率いて挙兵し、1501年にサファヴィー朝ペルシアを建国した。

かくして、サファヴィー朝はイラン高原の支配権を確立したが、西方のイラク方面ではオスマン帝国という大国を前に、その進撃が阻止されることになる。1514年、オスマン帝国とサファヴィー朝の両軍はチャルディラーンにおいて激突し、［(31)｜(32)］を主力とする騎馬軍団が、大量の鉄砲で武装した(ウ)イェニチェリに大敗を喫した。この出来事は、ペルシア語文化圏における(エ)トルコ系マムルークの時代の終焉につながるものであった。

16世紀末に即位した(オ)アッバース1世は中央集権制を整え、イスファハーンに遷都して商工業を育成し、遊牧国家からの脱却を図った。1622年には、ホルムズ島を征服してポルトガル人を追放し、対岸に(カ)港市バンダレ=アッバースを開いて海上交易に力を注いだ。

18世紀に入るとサファヴィー朝は衰退し、アフガニスタンから進攻してきたアフガン人によって1722年に首都イスファハーンを攻略され、事実上滅亡した。以後イラン高原では、トルコ系遊牧民が［(33)｜(34)］朝を、アフガン人が［(35)｜(36)］朝を興した。

18世紀末、トルコ系騎馬遊牧民がテヘランを首都としてカージャール朝ペルシアを打ち立て、イラン全土を支配したが、(キ)カフカスの領有を求めて南下するロシアと2度にわたって軍事衝突し、敗北した。1828年に締結されたトルコマンチャーイ条約は、ロシアとの関係でイランの領土を初めて国境線で画したものであり、その後の列強によるイランへの干渉の始まりであるのと同時に、(ク)国民国家イランへの出発点と言うべきものであった。

［設問1］

下線部（ア）に関連して、十字軍国家の最北に位置し、セルジューク朝の勢力と対峙したのは［(37)｜(38)］伯領である。［(37)｜(38)］に入る最も適切な語句を語群より選び、その番号を解答用紙の所定の欄にマークしなさい。

［設問2］

下線部（イ）に関連して、後に『四行詩集』で知られることとなるウマル=ハイヤームは、ワズィールであった［(39)｜(40)］の下で、ジャラーリー暦の制定に参加した。［(39)｜(40)］に入る最も適切な語句を語群より選び、その番号を解答用紙の所定の欄にマークしなさい。

［設問3］

下線部（ウ）に関連して、イェニチェリに代わる西洋式の新軍団として「ニザーム=ジェディット」を創設した人物は［(41)｜(42)］である。［(41)｜(42)］に入る最も適切な語句を語群より選び、その番号を解答用紙の所定の欄にマークしなさい。

［設問4］

下線部（エ）に関連して、以下の表の（a）から（c）には、左側のイスラーム諸王朝から自立を果たしたトルコ系マムルークの各王朝の名称が入る。（a）から（c）の組み合わせとして、最も適切なものはどれか。下の［01］から［10］より選び、その番号を［(43)｜(44)］にマークしなさい。

イスラーム王朝	トルコ系マムルーク王朝
アッバース朝	（a）
サーマーン朝	（b）
セルジューク朝	（c）

[01]（a）ガズナ朝　（b）トゥールーン朝　（c）ホラズム朝
[02]（a）ガズナ朝　（b）ブワイフ朝　（c）トゥールーン朝
[03]（a）ガズナ朝　（b）ホラズム朝　（c）トゥールーン朝
[04]（a）トゥールーン朝　（b）ガズナ朝　（c）ブワイフ朝
[05]（a）トゥールーン朝　（b）ガズナ朝　（c）ホラズム朝
[06]（a）ブワイフ朝　（b）ガズナ朝　（c）トゥールーン朝
[07]（a）ブワイフ朝　（b）トゥールーン朝　（c）ガズナ朝
[08]（a）ホラズム朝　（b）トゥールーン朝　（c）ガズナ朝
[09]（a）ホラズム朝　（b）トゥールーン朝　（c）ブワイフ朝
[10]（a）ホラズム朝　（b）ブワイフ朝　（c）トゥールーン朝

［設問 5］

下線部（オ）に関連して、アッバース 1 世など、サファヴィー朝の歴代君主はムガル帝国と温和な関係を維持していたことで知られるが、17世紀後半にデカン高原で王国を興し、このムガル帝国に抵抗した人物は［(45)　(46)］である。［(45)　(46)］に入る最も適切な語句を語群より選び、その番号を解答用紙の所定の欄にマークしなさい。

［設問 6］

下線部（カ）に関連して、こうした国際商業活動を担ったのが［(47)　(48)］商人であり、アッバース 1 世はイスファハーンに彼らの居住区（ジョルファー）を設けて保護を与えた。［(47)　(48)］に入る最も適切な語句を語群より選び、その番号を解答用紙の所定の欄にマークしなさい。

［設問 7］

下線部（キ）に関連して、この地方におけるムスリム諸民族の激しい抵抗運動を目の当たりにし、1896年から1904年にかけて『ハジ＝ムラート』を執筆した文学者は［(49)　(50)］である。［(49)　(50)］に入る最も適切な語句を語群より選び、その番号を解答用紙の所定の欄にマークしなさい。

［設問 8］

下線部（ク）に関連して、2009年に革命30周年を迎えたイランは、この年大統領に再選された保守派の［(51)　(52)］の下で、アメリカ合衆国の中東政策への反発を強めた。［(51)　(52)］に入る最も適切な語句を語群より選び、その番号を解答用紙の所定の欄にマークしなさい。

〔語群〕

01. アゼルバイジャン　02. アッコン　03. アナトリア　04. アフシャール
05. アブデュルメジト 1 世　06. アブデュルレシト＝イブラヒム　07. アブド＝アッラフマーン 3 世
08. アフマディネジャド　09. アブールアッバス　10. アルメニア　11. アワド
12. アンティオキア　13. イドリース　14. ウズベキスタン　15. エデッサ
16. オスマン＝ベイ　17. カザフスタン　18. ガッサーン＝カナファーニー
19. カプクル　20. カーリミー　21. キジルバシュ　22. グルジア
23. ザイヤーン　24. サーブリーン　25. サヌーシー　26. シヴァージー
27. ジャディード　28. ジャハーンギール　29. ズィンミー　30. ストリンドベリ
31. セイエド＝アリー＝モハンマド　32. セファルディム　33. セリム 3 世
34. ソグド　35. タゴール　36. タジキスタン　37. ダマスクス
38. タリム　39. ティフリス　40. ドゥッラーニー　41. トゥルゲーネフ
42. ドストエフスキー　43. トリポリ　44. トルクメニスタン　45. トルストイ
46. ニザーム＝アルムルク　47. ハイダル＝アリー　48. バイバルス　49. ハーキム
50. ハザール　51. パシュトゥーン　52. ハヌマーン　53. ハフス
54. パミール　55. バラタ＝ナティヤム　56. ヒジャーズ　57. ファキーフ
58. プーシキン　59. フスタート　60. ボーディセーナ　61. ホラーサーン
62. マジマジ　63. マフディー　64. マフムード＝ダルウィーシュ
65. マフムト 2 世　66. マリーン　67. ムハンマド＝アフマド
68. メフメト 2 世　69. ユダヤ　70. ラシード＝アッディーン

問題 Ⅲ

以下の文章の空欄［(53)｜(54)］から［(59)｜(60)］に入る最も適切な語句を語群より選び、その番号を解答用紙の所定の欄にマークしなさい。また、下線部（ア）から（キ）、及び空欄［　A　］から［　D　］に関連する設問1から8に答えなさい。なお、同じ番号・記号の空欄には同じ語句が入る。

難民問題を冷戦期と冷戦終結後に分けて考察してみよう。

(ア)冷戦期には二つのメカニズムで難民が生み出されたと考えられる。一つは東西両陣営の対立に基づくものである。(イ)アメリカ合衆国とソ連は他国で生じた内部対立に対してしばしば自らの陣営に有利になるよう介入した。こうして(ウ)内戦が国際化を通じて深刻さを増し、難民の発生につながる例が少なくなかった。

もう一つは東西各陣営の維持に関わるものである。それぞれの陣営ではアメリカ合衆国とソ連を頂点として、陣営内の結束を乱す動きには制裁が加えられた。例えば、ナジ=イムレ首相がソ連圏からの離脱の動きを示した［(53)｜(54)］にはソ連軍が出動し、後に首相は処刑され、多数の人々が国外へと逃れた。冷戦期にはそれぞれの陣営において各国が民族的な利害よりも陣営の結束を優先することが求められ、各陣営は民族主義を封じ込める容器の役割を果たしていたのである。

冷戦構造の崩壊はこの容器が壊れたことを意味し、民族間紛争や分離独立闘争が表面化した。旧ユーゴスラヴィア連邦はその顕著な例である。同連邦は［　A　］、［　B　］、［　C　］、［(55)｜(56)］、［(57)｜(58)］、マケドニアの6共和国から成り立っていた。複雑な民族問題をかかえて不安定な状況にあったこの地域は、第二次世界大戦中は枢軸国によって分割占領され、パルチザン闘争が続いた。(エ)同連邦の初代最高指導者は、(オ)この闘争を指揮し、英雄視された人物であった。

同連邦の解体は、［　B　］と［　C　］が連邦から離脱した1991年から始まった。翌年には［(55)｜(56)］が独立を宣言する一方、［　A　］と［(57)｜(58)］は新ユーゴスラヴィア連邦を結成した。［(55)｜(56)］ではそれまで共存してきた［　A　］系、［　B　］系、ムスリム系の人々との間で武力衝突が激化した。また、［　D　］自治州内では多数を占める［(59)｜(60)］系住民が［　A　］系勢力に対抗して分離独立闘争を展開し、2008年に［　D　］共和国の独立が宣言された。この一連の過程で多数の難民が生じたのである。

1991年から2000年に国連難民高等弁務官を務めた人物の以下の回想（緒方貞子『紛争と難民　緒方貞子の回想』（集英社、2006年））は示唆に富む。

“(カ)私が難民とともに過ごした10年は、人道危機が絶え間なく起きた時期であった。UNHCRは世界の全大陸で、まるで消防隊のように火消しとして働いた。戦争の性格が変貌したため、歴史的、民族的、分裂主義的な緊張関係や変化に起因する国内紛争と、はなはだしい人権蹂躙から逃れる難民が生じた。(キ)われわれがどんなに懸命に難民を保護し、苦しみを和らげても、人道活動だけで難民問題を解決に導くことはできなかった。求められたのは、国際および地域の主要国が人道・政治・治安活動など、広範な利害を収斂させることであった。包括的な戦略的裏付けがなければ、戦時の緊急事態を食い止めることはできず、平和をもたらす解決策も見いだしようがなかった。”

［設問1］

下線部（ア）の初期に生じた（a）から（d）の出来事を古い順に正しく並べたものを［01］から［18］より選び、その番号を［(61)｜(62)］にマークしなさい。

（a）経済相互援助会議（コメコン）の結成　（b）コミンフォルムの結成
（c）大韓民国の成立　（d）中華人民共和国の成立

[01] (a) → (b) → (c) → (d)	[10] (b) → (c) → (d) → (a)
[02] (a) → (b) → (d) → (c)	[11] (b) → (d) → (a) → (c)
[03] (a) → (c) → (b) → (d)	[12] (b) → (d) → (c) → (a)
[04] (a) → (c) → (d) → (b)	[13] (c) → (a) → (b) → (d)
[05] (a) → (d) → (b) → (c)	[14] (c) → (a) → (d) → (b)
[06] (a) → (d) → (c) → (b)	[15] (c) → (b) → (a) → (d)
[07] (b) → (a) → (c) → (d)	[16] (c) → (b) → (d) → (a)
[08] (b) → (a) → (d) → (c)	[17] (c) → (d) → (a) → (b)
[09] (b) → (c) → (a) → (d)	[18] (c) → (d) → (b) → (a)

[設問2]

下線部（イ）の例といえるラテンアメリカ諸国の事例に関する記述として誤っているものを下から選び、その番号を (63) (64) にマークしなさい。

[01] グアテマラでは1951年に成立した左翼政権による農地改革で、アメリカ合衆国系フルーツ会社の所有地も国有化された。

[02] ニカラグアで1979年に左翼政権が成立すると、アメリカ合衆国のカーター政権は反体制派組織コントラを支援した。

[03] グレナダで1979年に左翼政権が成立すると、アメリカ合衆国は1983年に軍事侵攻した。

[04] エルサルバドルの内戦は、国連の仲介が奏功し、1990年代に和平合意によって終結した。

[設問3]

下線部（ウ）の例といえるコンゴ動乱（1960年に独立したコンゴにおける内戦）に関する記述として誤っているものを下から選び、その番号を (65) (66) にマークしなさい。

[01] ベルギーからの独立に伴い、中央集権派と地方分権派の対立が激化した。

[02] 鉱物資源を有するカタンガ州が分離独立を要求した。

[03] コンゴ動乱に対してアフリカ統一機構は不介入の立場をとった。

[04] コンゴ動乱終結後、首相にルムンバが就任した。

[設問4]

下線部（エ）の人物が行ったこととして、第1回非同盟諸国首脳会議の開催がある。この会議に関する記述として誤っているものを下から選び、その番号を (67) (68) にマークしなさい。

[01] この会議の提唱者には、他にインドのネルー首相とエジプトのナセル大統領がいる。

[02] この会議は植民地独立の承認と核兵器禁止を訴えた。

[03] 中華人民共和国はこの会議に代表を派遣しなかった。

[04] 非同盟諸国首脳会議はその後も継続的に開かれたが、冷戦終結以降は開催されていない。

［設問５］

下線部（オ）のように外国の支配に抵抗した例は他にもあり、ベトナム民主共和国の独立を宣言した人物もその一人である。この人物のベトナム民主共和国大統領在任中の出来事を次の（ａ）から（ｄ）より過不足なく選んだものを［01］から［15］より選び、その番号を (69)｜(70) にマークしなさい。

（ａ）中越戦争　（ｂ）ディエンビエンフーの戦い
（ｃ）トンキン湾事件　（ｄ）ベトナム共和国の終焉

［01］（ａ）	［02］（ａ）（ｂ）	［03］（ａ）（ｂ）（ｃ）
［04］（ａ）（ｂ）（ｃ）（ｄ）	［05］（ａ）（ｂ）（ｄ）	［06］（ａ）（ｃ）
［07］（ａ）（ｃ）（ｄ）	［08］（ａ）（ｄ）	［09］（ｂ）
［10］（ｂ）（ｃ）	［11］（ｂ）（ｃ）（ｄ）	［12］（ｂ）（ｄ）
［13］（ｃ）	［14］（ｃ）（ｄ）	［15］（ｄ）

［設問６］

下線部（カ）に関して、緒方貞子氏が国連難民高等弁務官を務めていた10年間に起こった出来事を次の（ａ）から（ｄ）より過不足なく選んだものを［01］から［15］より選び、その番号を (71)｜(72) にマークしなさい。

（ａ）エリトリアがエチオピアから独立した。
（ｂ）南スーダン共和国がスーダンから独立した。
（ｃ）リベリアでは内戦終結に貢献したサーリーフが大統領に選ばれた。
（ｄ）ルワンダへの国連ルワンダ支援団の派遣が決定された。

［01］（ａ）	［02］（ａ）（ｂ）	［03］（ａ）（ｂ）（ｃ）
［04］（ａ）（ｂ）（ｃ）（ｄ）	［05］（ａ）（ｂ）（ｄ）	［06］（ａ）（ｃ）
［07］（ａ）（ｃ）（ｄ）	［08］（ａ）（ｄ）	［09］（ｂ）
［10］（ｂ）（ｃ）	［11］（ｂ）（ｃ）（ｄ）	［12］（ｂ）（ｄ）
［13］（ｃ）	［14］（ｃ）（ｄ）	［15］（ｄ）

［設問７］

下線部（キ）に関して、緒方貞子氏はアフガニスタン難民の問題を「私が難民高等弁務官としてやり残した仕事のなかで最も大きな仕事の一部」としている。アフガニスタンではソ連の軍事侵攻後に大規模な難民流出が起きた。侵攻時にソ連の最高指導者であった人物の在任期間中の出来事を次の（ａ）から（ｄ）より過不足なく選んだものを［01］から［15］より選び、その番号を (73)｜(74) にマークしなさい。

（ａ）核拡散防止条約が締結された。
（ｂ）ソ連が中華人民共和国との技術協定を破棄した。
（ｃ）ソ連と中華人民共和国との間で、国境をめぐりダマンスキー島事件が起きた。
（ｄ）部分的核実験禁止条約が締結された。

[01]　(a)	[02]　(a)(b)	[03]　(a)(b)(c)
[04]　(a)(b)(c)(d)	[05]　(a)(b)(d)	[06]　(a)(c)
[07]　(a)(c)(d)	[08]　(a)(d)	[09]　(b)
[10]　(b)(c)	[11]　(b)(c)(d)	[12]　(b)(d)
[13]　(c)	[14]　(c)(d)	[15]　(d)

［設問８］

文章中の［　Ａ　］から［　Ｄ　］は現存する国家の名称でもあるが、それぞれの国は現在のバルカン半島を表す地図上の①から⑧のどれに対応するか。正しい組み合わせを［01］から［16］より選び、その番号を (75)(76) にマークしなさい。

[01]　A＝①　B＝②　C＝③　D＝④
[02]　A＝①　B＝③　C＝②　D＝④
[03]　A＝②　B＝④　C＝①　D＝③
[04]　A＝②　B＝⑤　C＝④　D＝③
[05]　A＝③　B＝⑤　C＝④　D＝⑥
[06]　A＝③　B＝④　C＝②　D＝⑤
[07]　A＝④　B＝②　C＝①　D＝⑥
[08]　A＝④　B＝⑧　C＝③　D＝⑤
[09]　A＝⑤　B＝①　C＝⑦　D＝⑧
[10]　A＝⑤　B＝⑥　C＝⑧　D＝⑦
[11]　A＝⑥　B＝①　C＝⑦　D＝⑧
[12]　A＝⑥　B＝③　C＝⑧　D＝⑦
[13]　A＝⑦　B＝⑥　C＝⑤　D＝②
[14]　A＝⑦　B＝⑧　C＝⑥　D＝①
[15]　A＝⑧　B＝⑦　C＝⑤　D＝②
[16]　A＝⑧　B＝⑦　C＝⑥　D＝①

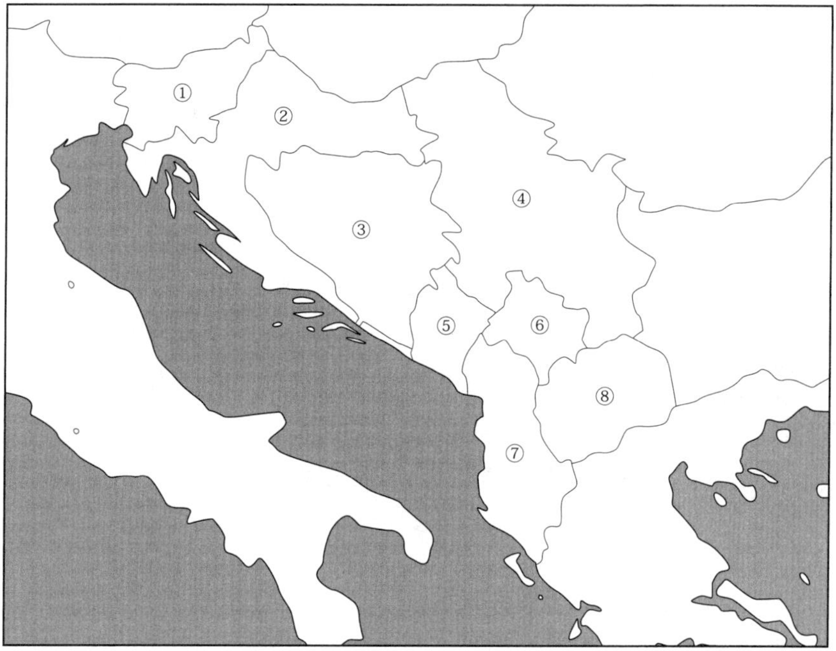

〔語群〕

01. アルバニア	02. ヴォイヴォディナ	03. クロアティア	04. コソヴォ
05. ザグレブ	06. サライェヴォ	07. スコピエ	08. スロヴェニア
09. セルビア	10. チェコスロヴァキア	11. ハンガリー	12. ブルガリア
13. ベオグラード	14. ボスニア=ヘルツェゴヴィナ	15. ポーランド	16. モンテネグロ
17. リュブリャナ	18. ルーマニア		

問 題 Ⅳ

以下の文章の空欄［(77)｜(78)］から［(83)｜(84)］に入る最も適切な語句を語群より選び、その番号を解答用紙の所定の欄にマークしなさい。また、下線部（ア）から（ク）に関連する設問1から8について、指示に従って番号を選び、解答用紙の所定の欄にマークしなさい。なお、同じ番号の空欄には同じ語句が入る。

今日の科学と技術を支える近代的な観察と実験の手続きは、(ア)17世紀ヨーロッパで始まった科学革命にその源を遡ることができる。これによって確立された、合理主義にもとづく思想や学問は、人々の自然観を大きく変化させた。こうして刷新された自然観は、現在に至るまで我々の世界の捉え方の礎となっている。

科学革命が自然観に与えた最大の変化は、目的論から機械論への転換であろう。科学革命以前の目的論的な自然観とは、(イ)古代ギリシアのアリストテレスが体系化した哲学にあらわれているような、すべての事物にはそれぞれ固有の目的があるという考え方である。アリストテレスの思想は(ウ)後にイスラーム教やキリスト教の神学に取り込まれ、神があらかじめ世界の法則を定めている、という形で目的論が展開された。

一方の機械論的な自然観とは、自然を数学的に記述可能な法則に従って動く一種の自動機械とみなす考え方である。例えば大陸合理論を打ち立てた［(77)｜(78)］は、すべてを疑う立場から出発し、理性を司る精神を身体とは別個の特別な存在と考えたが、身体については徹底して機械と捉えた。気体の圧力と体積の関係を明らかにし、近代化学の父とされる［(79)｜(80)］は、世界を一つの巨大な機械仕掛けの時計に喩えた。科学革命を代表する人物である(エ)イギリスの科学者ニュートンは、「万有引力の法則」によりドイツ人［(81)｜(82)］の導出した(オ)惑星の運行に関する法則に理論的説明を与え、これ以降の科学者を機械論的自然観へと強く方向づけた。

19世紀には、ダーウィンの『種の起源』の発表によって、機械論的な自然観が生物学にも及ぶことになる。「自然淘汰」の概念により(カ)進化論から目的論が排除されたのだ。ダーウィン以前の進化論者は、生物は生存に有利な特性の獲得を目指して変化していく、といったように目的論的に進化のメカニズムを考えていた。一方、自然淘汰による進化とは、次のようなものである。①生物は同一種であっても生まれてくる個体間には多少の性質の違いがある。②生存や繁殖に(キ)必要な資源には限りがあり、必然的に個体間の競争が生じる。③この生存競争において少しでも有利な特性を持つ個体は、より多くの子孫を残す可能性が高まる。④この結果、長期間の世代交代を経て、競争に有利な特性を持つ個体は集団の中で数を増し、種全体が従来とは異なる性質を持つように変化していく。要するに、自然淘汰による進化とは、ランダムで無方向に生じたある特性が、環境にいわば“たまたま”適合したことをきっかけに機械的に進んでいくものであり、自然そのものが優れたものを“目指す”わけではない。

ダーウィンの進化論は社会にも大きなインパクトをもたらした。一方では(ク)聖書の記述に反するものとして激しい反発を生み、他方で「適者生存」を唱え進化論を社会に適用した［(83)｜(84)］の思想が優生学と結びついた。［(83)｜(84)］の思想は中国語を介してアジアにも紹介された。今日でも進化論を盾に優生思想を正当化しようとする言説を目にすることは珍しくない。しかし、そこに見られる“より優れたものを目指す自然の理”という発想は、科学的には既に否定された目的論的進化論のそれである。

［設問1］

下線部（ア）に関連して、17世紀ヨーロッパは相次ぐ飢饉と疫病、戦争や内乱による混乱の中にあり「危機の時代」とも称される。[01] から [07] に示す17世紀に始まった戦争や内乱を、勃発年の順に並び替えたときに、4番目にあたるものはどれか。その番号を［(85)｜(86)］にマークしなさい。

[01]　イギリス革命

［02］ オランダ侵略戦争（オランダ戦争）

［03］ 三十年戦争

［04］ 第３次イギリス=オランダ戦争

［05］ ファルツ戦争

［06］ フロンドの乱

［07］ 南ネーデルラント継承戦争

［設問２］

下線部（イ）に関連して、古代ギリシアおよびヘレニズムの自然哲学者・思想家についての記述として正しいものを下から選び、その番号を （87）（88） にマークしなさい。

［01］ アリスタルコスは地動説を唱え、地球の自転と公転を主張した。

［02］ イオニアの自然哲学者ヘラクレイトスは、万物の根源は水であると主張した。

［03］ アルキメデスの発明した大型投石器は、ペロポネソス戦争に投入された。

［04］ レスボス島出身の医師ヒッポクラテスは「医学の父」と称される。

［設問３］

下線部（ウ）に関連して、古代ギリシアの影響を受けたイスラームの学問とその周辺の状況についての記述として誤っているものを下から選び、その番号を （89）（90） にマークしなさい。

［01］ 天文学や代数学に関する書物を著したフワーリズミーの名は「アルゴリズム」の語源となった。

［02］ フィルドゥシーは、シチリアの君主に仕え、世界地図を作成した。

［03］ スンナ派のウラマーであったガザーリーは、ギリシア哲学の用語と方法論を学び、神秘主義を理論化した。

［04］ ハールーン=アッラシードは、ギリシア語の文献をアラビア語に翻訳する機関をバグダードに創設した。

［設問４］

下線部（エ）に関連して、イギリスでは科学技術の発展を目的として王立協会が設立された。これに関連する記述として誤っているものを下から選び、その番号を （91）（92） にマークしなさい。

［01］ 王立協会の会長をつとめたニュートンは、トーリー派の庶民院議員であったこともある。

［02］ クックは王立協会から要請を受けてオセアニアを探検した。

［03］ フランスやプロイセンでも、科学技術の発展を目的として科学アカデミーが設立された。

［04］ 王立協会の前身となる組織は1660年に結成された。

［設問５］

下線部（オ）に関連して、16世紀に地動説を主張し、宗教裁判によって処刑された人物の名前を語群より選び、その番号を （93）（94） にマークしなさい。

［設問６］

下線部（カ）に関連して、人類の起源にかかわる学術上の発見についての記述として誤っているものを下から選び、

その番号を (95) (96) にマークしなさい。

［01］ アルジェリアのタッシリ・ナジェールでは牛などが描かれた壁画が見つかっている。

［02］ 新人の化石としては、イタリアのグリマルディ人や、中国の周口店上洞人が見つかっている。

［03］ 1992年に発見されたラミダス猿人の化石には、「トゥーマイ（生命の希望）」という名前が付けられた。

［04］ タンザニアのオルドヴァイ渓谷ではアウストラロピテクスの化石骨が見つかっている。

［設問7］

下線部（キ）に関連して、ダーウィンは、自身の進化論の中核を成すこのアイデアについて、人口増加に対して十分な食糧を増産することの困難を説いた書物から着想を得たと自伝などに記している。18世紀末に初版のこの書物の著者の名前を語群より選び、その番号を (97) (98) にマークしなさい。

［設問8］

下線部（ク）に関連して、キリスト教の天地創造観を踏まえた種の不変説を背景に、神の意志による生物の設計を明らかにすることを目指し『自然の体系』(1735年）を著した人物の名前を語群より選び、その番号を (99) (100) にマークしなさい。

〔語群〕

01. エラトステネス	02. ガリレイ（ガリレオ=ガリレイ）		03. キェルケゴール
04. ケネー	05. ケプラー	06. コペルニクス	07. コント
08. サン=シモン	09. ジェンナー	10. ジョルダーノ=ブルーノ	
11. ジョン=ステュアート=ミル		12. スピノザ	13. スペンサー
14. ダランベール	15. デカルト	16. ニーチェ	17. ハイゼンベルク
18. ハーヴェー	19. パスカル	20. ヒューム	21. フィヒテ
22. プトレマイオス	23. フランシス=ベーコン	24. フレミング	25. ヘルムホルツ
26. ホイヘンス	27. ボイル	28. マルサス	29. ライプニッツ
30. ラヴォワジエ	31. ラッセル	32. ラプラース	33. ランケ
34. リカード	35. リスト	36. リービヒ	37. リンネ

後の勝利にほかならないと信ずる者は、戦争のために平和を利用し、他人の正義を自己の不正のために利用するだろう。

［中略］

もう一度はじめに帰っていえば、戦争は悪であり、不幸なのである。それは病気や貧困が悪である意味において悪なのである。しかしもしそうだとすれば、病気や貧困と同じように処理する道があるわけである。という意味は、われわれは病気や貧困を罪悪や不正であるとして、法律論や道徳論をもち出すようなことは、今日もはやしていないのである。この不幸と悪を取りのぞくために、われわれは罪人を探すよりも、薬や治療法を求め、施設をととのえ経済政策を研究するだろう。戦争の不幸についても同じことで、それの原因となるものを研究し、これを防ぐための積極的な方策をたてなければならぬ。そうすると、法的秩序というようなものも、罪人をつくるための組織ではなくて、戦争を防ぐための規定となり、問題も法廷から行政、あるいは立法の場にうつされることになるだろう。

本来の政治というのは、司法よりも立法にあるわけで、これは平和で幸福な社会というようなものを目ざして、その必要条件を法的に規定し、法的秩序を築いていく仕事なのである。議会は、告発したり、裁判したりする場所ではなくて、建議し、立案し、提案する場所なのである。そしてそれが政治の本領なのである。そしてここにおいて、法というものは人間の幸福、社会の善に奉仕する地位を得、正義と善との結合が、法廷弁論とは逆の積極的な意味をもつことになるのではないか。われわれは政治が、このような政治の本来性を回復することに協力しなければならない。それが恐らく世界平和への最も有効な努力になるだろう。

田中美知太郎『直言、そして考察—今日の政治的関心』（講談社、昭和四六年）所収。試験問題として使用するために、文章を一部省略・変更している。本文の初出は、「道徳問題としての戦争と平和」（『中央公論』、昭和四一年一月号）である。著者は、「悪」の事例として、貧困と病気を比喩として提示している。今日の価値観からすれば付合しないという考えもあるだろうが、論旨の展開を生かす観点からも原文のままにしている。

異すべき大事業が、その栄光を失ってしまうことのないように」これを書き留めておくという、かれの『歴史』も書かれえなかったはずである。

〔中略〕

「もしアテナイ人が迫り来る危険に恐れをなして、自分の国をすてて逃げ出すか、あるいはすて去らずに、自国にとどまるにしても、ペルシア王クセルクセスに降参するとしたら、海上においてペルシア王に敵対しようとする国は一つもなかっただろう。〔中略〕しかし現実には、アテナイがギリシアを救ったのであると言っても、真相を間違えたことにはならないだろう。なぜなら、事態はかれらアテナイ人の向背によって、どちらへでも傾く形勢になっていたからである。しかしかれらはギリシアが自由の国として残るほうを選んだのであり、まだペルシアの勢力下に入っていない残余のギリシア人すべてを奮起させ、神明の加護によって、ペルシア王を撃退したのは、まさにかれらだったのである。」

〔中略〕

トロイア戦争にしてもペルシア戦争にしても、戦争は不幸なことであり、悪である。これを避けるためには、アテナイは水と土をペルシア王に献じて、すぐに降参すればよかったかも知れない。しかしかれらはギリシアの自由を死守することを選んだのである。それはかれらの罪であろうか。戦争は悪であり、不幸である。これはかれらの認識でもあった。しかしかれらは侵略者と戦い、自由のために戦うことを不正であり、罪であるとは信じなかったであろう。むしろその戦争を正義であると信じたであろう。つまり戦争において、善悪の区別と正邪の区別とは一致せず、むしろ分裂しなければならないのである。

〔中略〕

われわれは、戦争が悪であるというところから出発した。それは病気や貧困が悪と言われる意味において悪なのである。しかし戦争が悪であるということは、それだけでは道徳や倫理の問題とはならないのである。われわれが苦を避けて、快を求めるように、われわれは戦争をきらう。これは自然の傾向である。しかしそれが直ちに正邪の問題になるわけではない。わたしたちは戦後の「あまったれ民主主義」のなかで、戦争はいやだ、戦争に巻き込まれたくないというような悲鳴をあげれば、それが正義の叫びとなり、誰もがわれわれを救うために馳せつけて来なければならないと、簡単に考えてしまう傾向にある。

しかし正邪を空名にすぎないとする立場の人たちは、われわれの悲鳴を聞いても、これを全く無視するか、あるいは意地悪くこれをからかって、そのなかへ原子爆弾でも投げこみたくなる誘惑にかられるかも知れない。われわれが無事でいるのは、かれらがそういう気まぐれを起こさないためか、あるいはもっと別の計算や深慮遠謀があるためか、あるいはひょっとして正邪の考えが独立の拘束力をもっているためであろうと考えなければならなくなる。そしてこの最後の場合において、はじめて道徳が意味をもってくる。それは正邪を空名とのみ考える一元説の立場がゆらいだ結果なのである。しかしその道徳は、かれらの意識、かれらの思考のうちにあることであって、悲鳴をあげるわれわれが道徳の立場にあることを意味するものではない。それは乳を求めて泣く赤児が、たまたま侵入して来た強盗を道徳の世界に引き入れるにしても、赤児自身が道徳的行為をしているのではないというのと同じであろう。われわれは戦争を罪悪とし、平和を主張しようと思うなら、われわれ自身がはっきりとした正邪の意識をもち、まず自分自身を道徳の立場におかなければならない。

しかしながら、すでに見られたように、われわれの道徳論は他を非難し、他に罪をなすりつけるためのもの、法廷弁論の手段たるにとどまるのであって、それ以上は道徳について何も知ろうとは思わないものなのである。それは肝心の自分自身を抜きにした道徳論なのである。そしてこのようなことが可能なのは、心の奥底において道徳は無であり、単なる美名であると信じられているからなのであろう。正義はただ利用されるためにある。〔中略〕正義を無視して、ただ利益だけを追求するというようなことがすぐに見破られてしまうような者は、きわめて幼稚な愚かしい悪漢である。不正の極は、むしろ正義の仮面の下に不正を行なうことであると、プラトンは規定した。正義とは戦いにおける最ところが、このように戦争を、それがもたらす不幸や悪から区別して考えることが可能になると、戦争と悪という、この二つのものの間に、また別の関係を考える可能性も出てくるわけである。つまり戦争の結果が、いつも必ず悪でなければならないかどうかということも疑問になりうるわけだ。つまり戦争にも他の面があるということである。具体的に言えば、勝利者にとっては、戦争は栄光であり、利得であるという一面があるとも考えられるだろう。また部分的には、戦争は堂々たる行進や勇敢な行為、あるいは敵陣をおとしいれて、勝どきをあげるよろこびなどとともに、思い浮かべられることもあるだろう。戦争が損失と悲惨と苦痛のみであるというのは、正確な考えではないかもしれない。

〔中略〕

戦争は勝利者に栄光と利得をもたらし、一般参加者にもおもしろい体験をさせる一面があるにしても、それは他の多くの人びとに悲しみと不幸をもたらし、多数の人を殺し、また傷つけるのであるから、断じて容認することはできないと、怒りをこめてわたしたちは答えることになるだろう。われわれのこの感情から言えば、戦争がこれらの不幸を含み、これらの不幸の原因となるかぎり、他にどのような面があろうとも、これを罪悪として告発しなければならないのである。

そしてこれはなにがなんでもという形の絶対主張なのであるから、もうこれ以上は議論の余地がないということになりそうである。しかしながら、もしわれわれがこれらの問題について、単なる感情論を固執するのではなくて、もっとよく考えられた思想をもちたいというのであれば、戦争を告発し断罪することの主張を、われわれは思想法廷にうつして、そこで反対の弁論とも対質させなければならないだろう。

〔中略〕

若干の現象を指摘すると、例えば、ベトナム——あるいは他のどこかでもいいのであるが、そこ——に「平和を！」というようなことを言いさえすれば、他にどんな悪事をはたらいていても、わたしたちはだれでもひとかどの道徳家になれるし、なにか高尚な気持ちになることもできるのであって、それは念仏をとなえることが、あらゆる罪からわれわれを救うのにも似ていると言えるかもしれない。しかもわれわれの場合は、自分自身の罪の意識におののくというようなことは無用なのであって、ただ他を告発し、断罪すればいいのだから、なんとも気楽な話だと言わなければならない。しかしただ怒りをこめて、他を非難すれば、だれでも道徳的に高揚された気分になることができるというのは、いったいどういう道徳なのであろうか。

多くの場合、道徳は自分だけのアリバイ証明と自己弁護、そしてただ他を非難するための手段として利用されるにすぎないのである。そしてもっとも多く他を断罪する者が、最大の道徳家ということになりかねないのである。逆に法廷弁論の派手な演出によって、悪徳弁護士にすぎないような者が、正義を代表するかのように見られることもあるだろう。たしかに、道徳と法律とは大部分において重なるところがあると言わなければならない。しかしすべての道徳論が法廷弁論に還元されてしまうものではないだろう。わたしたちの道徳意識は、このような狭さから解放され、このような低さを脱しなければならない。わが国の政治論も、多くは法廷弁論の域を脱しないものばかりであるが、われわれは機会あるごとに、その考え不足を指摘し批判して、政治論や道徳論の本来性を回復するよう努力しなければならないのではないか。

〔中略〕

ヘロドトスの『歴史』に、アテナイがイオニアの叛乱を助けるために二十隻の船を派遣したということが記されているが、それについて、「しかしこれらの船がギリシア人にとっても、またペルシア方の人たちにとっても、もろもろの不幸（悪）のはじめとなったのである」という短い言葉がつけ加えられている。〔中略〕ペルシア戦争へと発展し、ギリシアとペルシアの両方に多数の死傷者を出すことになったのである。〔中略〕しかしこれによってヘロドトスは、ペルシア戦争を罪悪であるとして否定したわけではない。もし否定していたのなら、この戦争で「ギリシア人やギリシア人以外の人たちによって行われた驚

論述力

（九〇分）

❖法学部の論述力試験について

この試験では、広い意味での社会科学・人文科学の領域から読解資料が与えられ、問いに対して論述形式の解答が求められる。試験時間は九〇分、字数は一、〇〇〇字以内とする。その目的は受験生の理解、構成、発想、表現などの能力を評価することにある。そこでは、読解資料をどの程度理解しているか（理解力）、理解に基づく自己の所見をどのように論理的に構成するか（構成力）、論述の中にどのように個性的・独創的発想が盛り込まれているか（発想力）、表現がどの程度正確かつ豊かであるか（表現力）が評価の対象となる。

〔問題〕

次の文章は、「戦争と平和」の問題について論じている。著者の議論を四〇〇字程度に要約した上で、著者の立論に連関して考察を深めてください。なお、論述に際しては、論旨を補強するために、あるいは思考を深めるために的確と考えられる具体的事例への言及を行ってください。

今日の日本人を表むき支配している道徳的な思想としては、戦争を悪とする考えがまず第一にあげられるだろう。これは当り前のことで、いまさら問題にするまでもないとも考えられる。しかしながら、この思想は見かけほど単純ではない。戦争が悪であるというのは、病気や貧乏、失敗、あるいは死が悪であると言われるのと、ほぼ同じであろう。苦痛や苦労、悲惨、損失と喪失、破壊など、われわれが不幸と呼ぶところのものが、それに結びついて考えられるからである。

〔中略〕

しかしながら、戦争が害悪であり、不幸であるということと、戦争について加害者と被害者を区別し、罪を定めることは、まったく別のことである。戦争が不幸であり、悪であるということは、比較的単純なことであると言える。そしてその不幸をもたらすものとして、戦争を罪悪とすることも、また比較的単純だと言えるかもしれない。しかしこの二つの考え、この二つの言い方はすでに同じではない。前者は戦争を直接その悲惨と破壊、損失と苦痛のままに捉えているわけであるが、後者は戦争をそのような不幸をもたらす原因として、因果に分けて考えているからである。

////////////////// · memo · //////////////////

2021年度

問題編

■一般選抜

問題編

▶試験科目・配点

教　科	科　　　目	配　点
外国語	「コミュニケーション英語Ⅰ・Ⅱ・Ⅲ，英語表現Ⅰ・Ⅱ」，ドイツ語（省略），フランス語（省略）のうち１科目選択	200点
地　歴	日本史B，世界史Bのうち１科目選択	100点
論述力	資料を与えて，理解，構成，発想，表現の能力を問う	100点

▶備　考

「論述力」は「外国語」および「地理歴史」の合計点，および「地理歴史」の得点，いずれもが一定の得点に達した受験生について採点する。

合否の決定は，３科目の合計点で行う。

英語

(80 分)

I. *For each group of four words (1)—(10) in the box below, choose the number of the word (0—9) which can be put in front of all four words in that group to make a new word, and mark that number on your mark sheet.* ***Note that each number can only be used once.***

E.g. the word "sea" can be added to each of the group of four words "gull," "food," "shore" and "sick" to make "seagull," "seafood," "seashore," and "seasick."

Word Groups

(1)	time	style	line	long
(2)	cast	board	haul	flow
(3)	line	stand	take	go
(4)	proof	tight	colour	fall
(5)	step	ball	print	path
(6)	ground	group	time	house
(7)	warn	head	bear	tell
(8)	look	strip	let	law
(9)	fill	line	slide	lord
(10)	mark	code	box	script

0. foot

1. fore

2. land

3. life

4. out

5. over

6. play

7. post

8. under

9. water

Ⅱ. *Read the text and answer the questions that follow.*

Crossing the road by the bombed-out public house on the corner and pondering the mystery which dominates **vistas**(11) framed by a ruined door, I felt for some reason glad the place had not yet been rebuilt. A direct hit had **excised**(12) even the ground floor, so that the basement was revealed as a sunken garden, or site of archaeological excavation long abandoned, where great sprays of willow herb flowered through cracked paving stones; only a few broken milk bottles and a laceless boot recalling contemporary life. In the midst of this site, five or six fractured steps had withstood the explosion and formed a projecting island of masonry on the summit of which rose the door. Walls on both sides were shrunk away, but along its **lintel**(13) could still be distinguished the word "Ladies". Beyond, on the far side of the twin pillars and crossbar, nothing whatever remained of that promised retreat, the **threshold**(14) falling steeply to an abyss of **rubble**(15); a triumphal arch erected laboriously by dwarfs, or the gateway to some unknown, forbidden domain, the **lair**(16) of magicians.

Then, all at once, as if such luxurious fantasy were not already enough, there came from this unexplored country the **dulcet**(17) voice of the blonde woman on crutches, that **itinerant**(18) prima donna of the highways whose voice I had not heard since the day, years before, when Moreland had talked of getting married; when we had bought the bottle labelled Tawny Wine which even Moreland had been later unwilling to drink. Now once more above the roar of traffic that same note swelled on the **grimy**(19) air, contriving a transformation scene to recast those **purlieus**(20) into the vision of an oriental dreamland, artificial, if you like, but still quite alluring under the shifting clouds of a cheerless sky.

If you looked up the basic forms of the underlined words (11)—(20) *in a dictionary, you would find the following definitions* (0—9). *In each case, decide which definition matches the underlined word and mark that number on your answer sheet.*

0. a secret retreat or base; a place of concealment for wild animals
1. to remove or cut away with precision
2. relating to dirt or soot; unpleasant
3. traveling from place to place
4. a horizontal beam spanning and usually carrying the load above an opening
5. an outlying or adjacent district
6. a distant view through or along an avenue or opening
7. pleasing or agreeable to the eye, ear, or feelings
8. the piece of timber or stone which lies below the bottom of a door, and has to be crossed in entering a house
9. waste or rough fragments of stone, brick, concrete, etc.

出典追記：Casanova's Chinese Restaurant by Anthony Powell, Penguin Books

Ⅲ. *In the dialogue that follows, words have been removed and replaced by spaces numbered* (21)—(28). *From the boxed lists* [A] *and* [B] *below, choose the most appropriate word to fill each of the numbered spaces.*

Donald: Look who is early at work today!

Amy: Well, I'm no longer quite the night ___(21)___ that I used to be.

Donald: That's good! As they say, the early ___(22)___ catches the worm.

Amy: You said it! I haven't seen you for a while. How have you been?

Donald: I've actually been as busy as a ___(23)___. I've started taking an online course in veterinary medicine.

Amy: Why?

Donald: Haven't I told you? I'm getting sick and tired of this job, so I'm quitting and pursuing my dream.

Amy: Seriously?

Donald: Please don't tell anybody else just yet. I don't want to let the ___(24)___ out of the bag too soon.

Amy: It will be a pity if you leave. I've actually just overheard our boss say that he was thinking of putting you in charge of an upcoming project.

Donald: When and where did you hear that? Even so, I'm leaving. I feel like a ___(25)___ out of water in this office.

Amy: If that's what you think, I won't try to dissuade you.

Donald: Actually, I have a hunch that you will be the one to oversee the project.

Amy: Why do you think that?

Donald: You know, one customer after another comes to you like a ___(26)___ to a flame.

Amy: I don't know about that.

Donald: It's true, you are so sociable. I, on the other hand, have always been more of a lone ___(27)___. That's why I can't stand our boss. He is so nosy!

Amy: I think you've got a ___(28)___ in your bonnet about the boss. Mike is not that bad.

Donald: Well, you may be right, but people are just too complicated in my opinion! Animals are so much easier to communicate with. They don't lie or hide their true feelings!

Amy: You can say that again!

[A] *Spaces* (21)—(24)

1. bat 2. bee 3. bird 4. cat 5. dog 6. fish 7. mouse 8. owl 9. snake

[B] *Spaces* (25)—(28)

1. beaver 2. bee 3. cat 4. fish 5. fox 6. horse 7. moth 8. whale 9. wolf

Ⅳ. *The sequence of remarks below, numbered* (29)—(38), *are those made by a journalist in an interview with a hip-hop artist. The interviewee's responses that follow have been rearranged and numbered* 0—9. *Choose the number of the response that most appropriately follows each remark, and mark that number on your answer sheet. All numbers must be used.*

著作権の都合上，省略。

(Adapted from the recorded speeches of and an interview with Akala)

V. *Read the text and answer the questions.*

[A] In 1946, poor children in the UK were on average 2 kgs lighter than rich children at the age of eleven. Today, they are 2 kgs heavier, according to an analysis in *The Lancet Public Health*. Then and now, poorer people struggle to eat sufficient nutritious food. However, today they eat an excess of cheap, sugary, salty, highly-processed junk. This diet has led to an obesity epidemic that has become the commonest cause of preventable disease and premature death, and is now causing a crisis in the health service. Nearly a third of UK children aged 2 to 15 are overweight or obese, and younger generations are becoming obese earlier and staying obese for longer.

[B] The strategy for the last 40 years has been "to encourage individuals to make healthy choices" while giving them the wrong information and allowing the food industry to act without control. However, blaming the food industry is too simplistic. Encouraged by the pharmaceutical industry, doctors have for decades focused intensively on lowering cholesterol to reduce heart disease risk by cutting out a certain type of fats, called saturated fats, in the diet and prescribing a class of drugs called statins. This in turn encouraged the food industry to aggressively market zero or low-fat foods that claimed to be "heart healthy" but were anything but, being crammed with sugar. This blind repetition of the message, "low cholesterol and statins for all," has made millions for food and pharmaceutical firms but has assisted the massive rise in obesity and Type 2 diabetes. The solution is not new and better drugs, but better food.

[C] The trouble is that it's hard to live the Mediterranean dream in, for example, Gateshead, a city in the northeast of England. A wide variety of seasonal fruit, vegetables, beans, nuts, seeds, extra-virgin olive oil, sustainable fish and organic meat may not always be easy to get hold of. Preparing the meals from these raw ingredients takes time and skill. Wastage is higher because fresh food spoils more quickly; and the ingredients cost far more than, say, large packs of frozen chicken nuggets, burgers, chips and pizza. Even if you could persuade your children to fill in a rainbow chart on the fridge to ensure they've eaten their daily seven different coloured fruits and vegetables, the chances are they'd be social outcasts at school.

[D] According to an excellent report on the social causes of health by the Health Foundation, (X) we need from healthy food than unhealthy food. It is not only harder to buy healthy foods in financially deprived areas, but there is also a higher proportion of fast food businesses. Just 1.2 percent of advertising spent each year goes on vegetables, compared with the 22 percent spent on confectionery, cakes, biscuits and ice cream.

[E] While ministers "consider" curbs on advertising, pack sizes, ingredients and two-for-one deals on unhealthy food, poorer children are eating themselves to ill health and premature death. A baby girl born in a wealthy area of London is expected to live 17.8 more years in good health than a baby girl born in the poorer northern city of Manchester, and to live almost a decade longer. Much of this difference relates to diet.

[F] Gateshead Council is at least doing its best. It has used local planning policy to ensure that any application for a hot food takeaway will be declined if it is in an area where more than 10 percent of children in Year 6 are obese; if it is within 400 meters of secondary schools and other community amenities; or if the number of hot food takeaways in the area is equal to or greater than the UK national average. Schools and hospitals should also ban highly processed food and sugar drinks from their premises. Too many hospitals give in to the processed food industry, and some have even had fast food outlets on site. It is still not uncommon for someone to have a lifesaving operation to clear a fat-blocked heart artery only to be served a burger and chips afterwards.

[G] But the overriding message of the global obesity epidemic is that "encouraging healthier choices" hasn't worked. Politicians have to get organised and ___(50)___ laws for healthier food, particularly in areas where it may not be top priority. If you have no job, no house, no self-esteem and no future, you're unlikely to ___(51)___ down to a high-class supermarket for some oily fish and a basket of seasonal berries.

[H] The government's childhood obesity plan has at least committed to the reformulation of nine categories of popular, mass market foods, to ___(52)___ their sugar content. If you can't ___(53)___ the people, you have to ___(54)___ the food. It is time for the state to ___(55)___, and the food industry to ___(56)___.

(39) *What is the main point made by the author in paragraph* [**A**]*?*

1. Poor children in the UK used to be underweight and healthy but now they are overweight and healthy.
2. Poor children in the UK used to be underweight and healthy but now they are overweight and unhealthy.
3. Poor children in the UK used to be underweight and unhealthy but now they are overweight and unhealthy.
4. Poor children in the UK used to be underweight and unhealthy but now they are overweight and healthy.

(40) *Which of the following assertions is NOT being made in paragraph* [**B**]*?*

出典追記：Private Eye Medicine Balls 1469 March 30, 2018 by Philip Hammond

1. The food industry is partly to blame for obesity in the UK.
2. Doctors are partly to blame for obesity in the UK.
3. The pharmaceutical industry is partly to blame for obesity in the UK.
4. Individual choices are partly to blame for obesity in the UK.

(41) *Which of the following ideas can be found in paragraph* [**B**]*?*

1. Sugary food is a cause of heart disease.
2. Those with low cholesterol take statins.
3. Saturated fats do not cause heart disease.
4. Low-fat foods contain statins.

(42) *Given the context in which it appears in paragraph* [**B**], *which of the following is most likely to be the definition of "Type 2 diabetes"?*

1. A medical condition in which there is not enough fat in the patient's bloodstream.
2. A medical condition in which fat builds up in the patient's bloodstream.
3. A medical condition in which there is not enough sugar in the patient's bloodstream.
4. A medical condition in which sugar, or glucose, levels build up in the patient's bloodstream.

(43) *Given the context of paragraph* [**C**], *which of the following best expresses what the writer means by "it's hard to live the Mediterranean dream in... Gateshead"?*

1. It is hard to live in the Mediterranean and the northeast of England at the same time.
2. It is hard for people from the northeast of England to dream about living in the Mediterranean.
3. It is hard for those from the Mediterranean to dream about living in the northeast of England.
4. It is hard for people in the northeast of England to follow a Mediterranean diet.

(44) *In paragraph* [**C**], *which of the following reasons is NOT given to explain why eating healthy food is difficult?*

1. Healthy food can go bad quicker.
2. Healthy food can be more expensive.
3. Eating healthy food can be a waste of time.
4. Eating healthy food can be socially unacceptable.

(45)—(46) *A portion of paragraph* [**D**] *marked by the bracketed space* (X) *has been removed from the text. Rearrange the words below* (0—9) *so as to recreate the original order of the portion removed. Mark the numbers of the* ***third*** *and* ***eighth*** *words as the answers to questions* (45) *and* (46), *respectively, on your answer sheet.*

0. energy	1. expensive	2. get	3. is	4. it
5. more	6. the	7. three	8. times	9. to

(47) *Why does the writer put the word "consider" in inverted commas in paragraph* [**E**]*?*

1. S/he wants to stress that this is not a time for consideration but for action.
2. S/he wants to imply that ministers have no consideration.
3. S/he wants to stress that this is a matter that needs consideration.
4. S/he wants to imply that ministers are not very considerate.

(48) *According to paragraph* [**F**], *which of the following will Gateshead Council NOT take into consideration before allowing fast food sellers to start a new business?*

1. how many overweight children there are locally
2. the distance to educational establishments
3. the percentage of obese children in each school year
4. the number of similar existing businesses

(49) *Which of the following sentences best summarises the content of paragraph* [**F**]*?*

1. Although hospitals have taken steps to reduce childhood obesity, local governments could do more.
2. Although local governments have taken steps to reduce childhood obesity, hospitals could do more.
3. Local governments and hospitals are taking steps to reduce childhood obesity.
4. Local governments and hospitals are too closely linked to fast food restaurants.

(50)—(56) *In paragraphs* [**G**]—[**H**] *verbs have been removed in seven places. From the list below* (1—6) *choose the verb that should be inserted to replace each of the underlined numbers and write the corresponding number on your answer sheet.* ***Note that one of the choices must be used twice.***

1. act　2. comply　3. change　4. pass　5. reduce　6. run

(57) *Which of the following is most likely to have been the original title of this article?*

1. Fat about the Land　2. Fat of the Land
3. Fat up the Land　4. Fat down the Land

日本史

（60分）

（解答上の注意）［(1)｜(2)］と表示のある問いに対して，「09」と解答する場合は，解答欄(1)の⓪と(2)の⑨にマークすること。

問題 I

次の本文を読み，空欄［(1)｜(2)］から［(13)｜(14)］に入る最も適切な語句を語群より選び，その番号を解答用紙の所定の欄にマークしなさい。また，下線部（ア）から（カ）に関連した設問1から6について，それぞれの指示に従って番号を選び，解答用紙の［(15)｜(16)］から［(25)｜(26)］にマークしなさい。

かつて作家・堀田善衛は，東京大空襲の中にあって，「火の光に映じて，あまねく紅なる中に，風に堪へず，吹き切られたる焔，飛ぶが如くして一二町を越えつゝ移りゆく。その中の人，現し心あらむや」という(ア)『方丈記』の一節が閃くようにして脳裏に浮かんで来たと書いた。

また，脚本家・山田太一は，それぞれ傷を抱えた老人男性・中年女性・青年の風変わりな交流を描く，現代を舞台とした物語に，心の痛みに寄り添って共に歩く存在として「市聖」とも呼ばれた10世紀の(イ)人物Aを登場させた。

このように文学には，異なる時代，異なる状況に置かれた者が抱く，相通ずる思いを表現する力がある。

以下では，様々な時代の日本の文学を振り返ってみよう。

＊　＊　＊

11世紀頃成立し赤染衛門の作ともされる歴史物語は，［(1)｜(2)］天皇より［(3)｜(4)］天皇までの約200年を対象とするが，(ウ)人物Bに対する批判的な視点に乏しいとされる。

これに対し，同じく歴史物語に分類されるものであっても，(エ)四鏡のうち世継物語とも呼ばれる物語は，人物Bらに対する批判的な記述を含んでいることでも知られる。

＊　＊　＊

江戸時代中期には，身近な政治や社会の出来事が文学の題材とされるようになり，広く民衆がこれを楽しんだ。

寝惚先生などの戯号で洒落本や黄表紙を書いたことでも知られる(オ)人物Cは，朱楽菅江とともに万載狂歌集を編んだ。

この時期，洒落本や黄表紙がさかんに売り出された。耕書堂を開いた人物Dは，黄表紙や洒落本のみならず錦絵なども版元として刊行した。しかし，1790年の(カ)出版統制令により，洒落本や黄表紙の作者らが風俗を乱すものとして弾圧されたほか，人物Dは家財半減の処分を受けた。

＊　＊　＊

日本の近代文学は，戯作文学や政治小説から始まったとされる。

前者の代表的なものとしては仮名垣魯文による『安愚楽鍋』や『西洋料理通』が，後者の代表的なものとしては矢野竜溪による『［(5)｜(6)］』，末広鉄腸による『［(7)｜(8)］』がある。

＊　＊　＊

『あめりか物語』は，［(9)｜(10)］による短編集であり，シアトル，シカゴ，セントルイス，ニューヨーク等の都市を描く。

この『あめりか物語』について，［(11)｜(12)］は，「私を力づけた」，「未だ此の書の作者の如く自然主義に反對の態度を鮮明にした者はなかつた」，「自分の藝術上の血族の一人が早くも此處に現れたやうな氣がした」，「誰よりも先に此の人に認めて貰ひたいと思ひ，或はさう云ふ日が來るであらうかと，夢のやうな空想に耽つたりした」と記している。

『［(13)｜(14)］』は，第二次世界大戦中，［(11)｜(12)］がいったんは軍の圧力で発表停止となりつつも大阪の旧家の生活を書き続けたものである。

〔設問 1〕

下線部（ア）の『方丈記』が成立した世紀に関して，誤っているものを［01］から［05］のなかより選び，その番号を解答欄［(15)｜(16)］にマークしなさい。

［01］北条時頼は，鎌倉における対抗勢力であった三浦泰村一族を一掃した。

［02］源実朝が源頼家の遺児公暁に暗殺された。

［03］永仁の徳政令が発され，御家人所領の売買と質入れが禁止された。

［04］承久の乱の結果，後鳥羽上皇は土佐へ，土御門上皇は隠岐へ，順徳上皇は佐渡へ配流された。

［05］北条義時が和田義盛を倒して侍所別当の地位を奪った。

〔設問 2〕

下線部（イ）の人物Ａに関して，誤っているものを［01］から［05］のなかより選び，その番号を解答欄［(17)｜(18)］にマークしなさい。

［01］六波羅蜜寺には，康勝による人物Ａの木像が置かれている。

［02］人物Ａは，諸国を遍歴して井戸を掘ったり架橋したりするなどした。

［03］人物Ａは，阿弥陀信仰を広めた。

［04］人物Ａは，『日本往生極楽記』を著し，念仏をすすめた。

［05］人物Ａに次いで，源信が『往生要集』を著して念仏往生の教えを説いた。

〔設問 3〕

下線部（ウ）の人物Ｂに関して，誤っているものを［01］から［05］のなかより選び，その番号を解答欄［(19)｜(20)］にマークしなさい。

［01］人物Ｂは，その甥である伊周と地位を巡って争った。

［02］『小右記』は，人物Ｂが「此の世をば我が世とぞ思ふ望月のかけたることも無しと思へば」という和歌を詠じたとする。

［03］人物Ｂは，法成寺を造営したことや関白に就任したことから，御堂関白と呼ばれた。

［04］人物Ｂは，４人の娘を皇后や皇太子妃とし，外孫を天皇として即位させた。

［05］人物Ｂが暦の余白等に一日の記事を書いた日記は，ユネスコの「世界の記憶」として登録された。

〔設問 4〕

下線部（エ）に関して，四鏡と呼ばれる各物語を，① 成立した年代順に並べた場合と，② 各物語が対象とする時代を年代順に並べた場合，それぞれ3番目に来るものの組み合わせとして正しいものはどれか。[01] から [16] のなかより選び，その番号を解答欄 (21) (22) にマークしなさい。

[01]　① 今鏡 － ② 今鏡
[02]　① 今鏡 － ② 大鏡
[03]　① 今鏡 － ② 増鏡
[04]　① 今鏡 － ② 水鏡
[05]　① 大鏡 － ② 今鏡
[06]　① 大鏡 － ② 大鏡
[07]　① 大鏡 － ② 増鏡
[08]　① 大鏡 － ② 水鏡
[09]　① 増鏡 － ② 今鏡
[10]　① 増鏡 － ② 大鏡
[11]　① 増鏡 － ② 増鏡
[12]　① 増鏡 － ② 水鏡
[13]　① 水鏡 － ② 今鏡
[14]　① 水鏡 － ② 大鏡
[15]　① 水鏡 － ② 増鏡
[16]　① 水鏡 － ② 水鏡

〔設問5〕

下線部（オ）の人物Cが生きた時代に関して，誤っているものを [01] から [05] のなかより選び，その番号を解答欄 (23) (24) にマークしなさい。

[01]　高田屋嘉兵衛の乗った船が拿捕され，嘉兵衛はカムチャツカに連行された。
[02]　浅間山噴火や冷害によって大飢饉が起こり，奥羽地方を中心に多くの餓死者・病死者が出た。
[03]　江戸で尊王論を説いた兵学者・山県大弐が処刑された。
[04]　間宮林蔵が樺太と大陸の間に海峡があることを確認した。
[05]　諸国の藩が藩士や子弟の教育のため藩校を設立し，佐竹義和は日新館を設立した。

〔設問6〕

下線部（カ）の出版統制令を含む，この時期の一連の幕政改革に関して，誤っているものを [01] から [05] のなかより選び，その番号を解答欄 (25) (26) にマークしなさい。

[01]　この改革を主導した人物は，後に，『花月草紙』と題する随筆を著した。
[02]　この改革を主導した人物の伝記である『楽翁公伝』は，渋沢栄一の手になるものである。
[03]　『宇下人言』は，この改革前後の時期の諸階層について武陽隠士が記した随筆である。
[04]　この改革において発令された物価引き下げ令は，天保の改革でも発令された。
[05]　1801年に刊行された『孝義録』は，民衆教化策として生き方の模範を示した。

[語群]

01. 有島武郎	02. 或る女	03. 生きてゐる兵隊	04. 伊沢修二	05. 石川雅望
06. 陰獣	07. 宇多	08. 腕くらべ	09. 女の一生	10. 佳人之奇遇

11. 仮面の告白	12. 菊池寛	13. 経国美談	14. 恋川春町	15. 光孝
16. 後三条	17. 斎藤茂吉	18. 細雪	19. 山東京伝	20. 志賀直哉
21. 刺青	22. 白河	23. 人肉質入裁判	24. 西洋事情	25. 雪中梅
26. 谷崎潤一郎	27. 痴人の愛	28. 津田梅子	29. 土	30. 当世書生気質
31. 東洋の理想	32. ドグラ・マグラ	33. 鳥居清長	34. 頓智協会雑誌	35. 内部生命論
36. 永井荷風	37. 新島襄	38. 二条	39. 蒲団	40. ふらんす物語
41. 文明論之概略	42. 朋誠堂喜三二	43. 濹東綺譚	44. 堀河	45. 舞姫
46. 村上	47. 夜明け前	48. 陽成	49. 冷泉	50. 六条

問題 II

次の本文を読み，空欄［(27)(28)］から［(39)(40)］に入る最も適切な語句を語群より選び，その番号を解答用紙の所定の欄にマークしなさい。また，下線部（ア）から（オ）に関連した設問1から5について，それぞれの指示に従って番号を選び，解答用紙の［(41)(42)］から［(49)(50)］にマークしなさい。

日本において，中央集権的な国家体制は，(ア)土地制度・租税制度・地方行政制度・官僚制度・軍事制度を柱とする律令体制の構築とともに形成された。持統天皇は，飛鳥浄御原令の施行，庚寅年籍の作成，藤原京への遷都などを通じて律令国家の基礎を固めた。他方，集権的な国家体制の形成にともない，天皇の統治を補佐する中央地方の官僚ポストから女性は排除されていった。女性の役割は，後宮の職員として天皇の日常生活に奉仕することに限定された。ただし，後宮に仕える者の中には，810年に平城太上天皇と結託し嵯峨天皇に敵対した藤原薬子のように，［(27)(28)］として政治を左右する者も現れた。また，国母は時に絶大なる政治力を有し，一条天皇の国母藤原詮子や後一条天皇・後朱雀天皇の国母［(29)(30)］は，藤原氏による摂関政治に影響力を行使した。また，院政期には，后や独身内親王が女院となり天皇家を支えることも多かった。鎌倉幕府の下に武家法として定められた御成敗式目は，女性の財産や養子などについて公家法とは異なる規定を含んでおり，幕府から補任される地頭には女性もいた。しかし，武家政権になっても，政所，侍所，問注所といった支配機構のポストの多くが男性に独占される状況は公家政権と変わらず，(イ)建武式目には，「権貴ならびに女性・禅律僧の口入を止めらるべき事」と記された。

国政への女性の参加が制限されるのと並行して，女性は鑑賞の対象として位置付けられるようになった。13世紀末に成立したとされる「［(31)(32)］」は，地方武士らの日常生活や武芸の訓練の様子を具体的に描いた作品として知られるが，主人公である兄弟およびその妻の美醜を対照的に描いたものとして，今日ジェンダーの観点から分析されることも多い。また，1419年に起こった(ウ)応永の外寇に関わる交渉のために来日した宋希璟や，1563年に来日し，『日本史』を執筆した宣教師［(33)(34)］らの目には，日本の女性は性に開放的であるように映った。江戸時代には，儒学に基づく女訓書が広く普及した。『女大学』は，14世紀に九州探題として活躍した［(35)(36)］の制詞になぞらえて作られた女訓書とともに，良妻賢母たるべき女性の行動規範を記したものであり，女子教育の場で使用された。

女性の政治参加は，明治維新以降の近代国家形成の過程においても，遅々として進まなかった。明治前期には国会開設運動，自由民権運動が広がりを見せたが，こうした中で，演題「函入娘」で知られた［(37)(38)］による批判の矛先は，男女の能力の違いや社会的地位の優劣を前提として展開される男性民権家の主張にも向けられた。さらに政府による民権運動弾圧も，次第に政治領域からの女性排除を制度化していった。1890年の集会及政社法は，女性の政談集会，政治結社への参加を禁ずるものであった。(エ)第一次世界大戦に続く時期は，職業婦人の増加を背景に，雑誌『婦人公論』上で母性保護論争が展開された。ここでは，平塚らいてうが，国庫による妊娠・出産に対する補助を求めたのに対し，明星派の［(39)｜(40)］は，女性が国家に依存することなく経済的に自立することの必要を説いた。この時期には女性の選挙権獲得を求める運動も活発化したが，議員によって提出された婦人公民権案は，1930年に衆議院で可決されたものの，(オ)貴族院では審議未了となった。女性の参政権は，第二次世界大戦後，1945年12月の衆議院議員選挙法の改正により初めて認められ，翌年4月に実施された総選挙では，39名の女性議員が誕生した。

〔設問1〕

下線部（ア）に関して，日本の土地制度についての次の（a）から（f）の各記述のうち，誤っているものの組み合わせを［01］から［15］のなかより選び，その番号を解答欄［(41)｜(42)］にマークしなさい。

（a） 班田収授法の下，6歳以上の良民男性には2段（約24a），6歳以上の良民女性にはその3分の2，私有の奴婢の男女には良民男女のそれぞれ3分の1が口分田として与えられ，死者の口分田は6年ごとに収公された。

（b） 9世紀，調・庸の未進によって国家財政の維持が困難になると，政府は天皇家の勅旨田，大宰府管内の公営田，畿内諸国の官田，諸官庁の諸司田などを設置し，土地からの収納物で補塡しようとした。

（c） 914年に三善清行が朱雀天皇に提出した意見封事十二箇条からは，延喜の荘園整理令後もなお，政府が財政の窮乏と地方の混乱に直面していたことが窺える。

（d） 鳥羽院の寵姫八条院に伝えられた荘園は，鎌倉時代末期には亀山天皇から発した皇統である大覚寺統に継承された。これに対して後白河上皇が寄進した長講堂領は持明院統に継承された。

（e） 江戸幕府の直轄領には，港湾都市の堺，宗教都市の奈良・山田など主要都市が含まれた。幕府はまた，佐渡の相川，但馬の生野，石見の院内などの重要鉱山も直轄下においた。

（f） GHQの勧告を受けて実施された第二次農地改革に際しては，各市町村ごとに地主3・自作農2・小作農5の割合で選ばれた農地委員会が組織された。

[01]（a）と（b）	[02]（a）と（c）	[03]（a）と（d）	[04]（a）と（e）
[05]（a）と（f）	[06]（b）と（c）	[07]（b）と（d）	[08]（b）と（e）
[09]（b）と（f）	[10]（c）と（d）	[11]（c）と（e）	[12]（c）と（f）
[13]（d）と（e）	[14]（d）と（f）	[15]（e）と（f）	

〔設問2〕

下線部（イ）に関して，後醍醐天皇は徹底した天皇中心の執政を実現しようと，すべての土地の所有者を天皇の側近が発する文書で確認する方式をとったが，それまでの武家社会の慣習を無視したやり方は，武士の不満を引き起こした。このような建武の新政時期の建武政府の混乱と動揺する世情を鋭く風刺した「二条河原落書」の一節を下記に抜粋した。空欄［(43)｜(44)］に入る最も適切な語句を語群より選び，その番号を所定の欄にマークしなさい。

「二条河原落書」

此比都ニハヤル物。夜討，強盗，謀［(43)｜(44)］。召人，早馬，虚騒動。生頸，還俗，自由出家。俄大名，迷者，安堵，恩賞，虚軍。本領ハナルヽ訴訟人。文書入タル細葛。追従，讒人，禅律僧。下克上スル成出者。器用ノ堪否沙汰モナク。モルヽ人ナキ決断所。

〔設問3〕

下線部（ウ）に関して，15世紀の東アジア地域の貿易についての次の（a）から（f）の各記述のうち，誤っているものの組み合わせを［01］から［15］のなかより選び，その番号を解答欄［(45)｜(46)］にマークしなさい。

（a） 明が海禁政策をとったため，足利義満は1401年，僧の祖阿や堺商人の肥富らを派遣し，明の皇帝から「日本国王源道義」宛の返書と明の暦を与えられた。

（b） 日明貿易の勘合船は寧波に入港して査証を受け，首都北京まで赴いて交易に当たったが，関税はなく滞在費も明が負担した。明からもたらされた洪武通宝・永楽通宝は渡来銭として日本国内に広く流通した。

（c） 倭寇の禁止に積極的であった対馬の宗貞茂が死去し，倭寇の活動が活発になったため，朝鮮は，倭寇の本拠地と考えていた対馬を約200艘の軍船で攻め，15日間に渡って占拠した。

（d） 1443年に朝鮮と対馬の宗貞盛との間に結ばれた癸亥約条により，朝鮮の対日貿易の港は，富山浦（釜山）・乃而浦（薺浦）・塩浦（蔚山）に限定され，この3港と首都の漢城に倭館が置かれた。

（e） 中山王の尚巴志は，1429年に琉球王国を建てて首里に都を置いた。明の海禁政策により，琉球王国の那覇の港は，東南アジア地域，日本，朝鮮などを結ぶ中継貿易により栄えた。

（f） 1457年のコシャマインの蜂起の舞台となった函館市の勝山館付近からは，14世紀末から15世紀初めに埋められた30万枚を超える中国銭が発掘された。

[01]（a）と（b）　[02]（a）と（c）　[03]（a）と（d）　[04]（a）と（e）
[05]（a）と（f）　[06]（b）と（c）　[07]（b）と（d）　[08]（b）と（e）
[09]（b）と（f）　[10]（c）と（d）　[11]（c）と（e）　[12]（c）と（f）
[13]（d）と（e）　[14]（d）と（f）　[15]（e）と（f）

〔設問4〕

下線部（エ）に関して，第一次世界大戦とそれに続く時期に起こった次の8つの出来事を古いものから年代順に並べた場合，5番目にあたるものはどれか。その番号を[01]から[08]のなかより選び，解答欄 (47) (48) にマークしなさい。

[01]「山東省に関する条約」,「南満州及東部内蒙古に関する条約」が成立した。
[02] 国際連盟が成立した。
[03] コミンテルンが結成された。
[04] 石井・ランシング協定が結ばれた。
[05] 尼港事件が発生した。
[06] 第二次大隈重信内閣が総辞職した。
[07] 第一次山本権兵衛内閣が総辞職した。
[08] 第四次日露協約が結ばれた。

〔設問5〕

下線部（オ）に関する以下の記述のうち，誤っているものはどれか。[01]から[05]のなかより選び，その番号を解答欄 (49) (50) にマークしなさい。

[01] 大日本帝国憲法の公布と同日に，議院法・衆議院議員選挙法・貴族院令が公布された。
[02] 1884年には，将来の貴族院設置にそなえ，その人材を補強するべく華族令が公布された。それにより，藩閥官僚，軍人，実業家などにも，華族として公・侯・伯・子・男の5爵位のいずれかが与えられ，板垣退助には伯爵の爵位が与えられた。
[03] 貴族院の議員のうち，天皇が任命する勅任議員は，勅選議員と各府県につき1名の多額納税者議員とから構成された。

［04］ 貴族院令と同日に公布された衆議院議員選挙法において，選挙権は，満25歳以上の男子で直接国税15円以上の納税者に与えられたが，有権者は全人口の３％にとどまった。

［05］ 議会は，対等の権限をもつ貴族院と衆議院から構成されたが，予算先議権は衆議院に与えられた。ただし，予算案が不成立の場合，政府は前年度の予算をそのまま新年度の予算とすることができた。

［語群］

01. アントーニオ＝ガルバン	02. 市川房枝	03. 一条兼良	04. 今川了俊
05. ヴァリニャーニ	06. 男衾三郎絵巻	07. 貝原益軒	08. 景山英子
09. 春日権現験記	10. ガスパル＝ヴィレラ	11. カッテンディーケ	12. 管野スガ
13. 岸田俊子	14. 北畠親房	15. 楠瀬喜多	16. 蔵人
17. 桂庵玄樹	18. 計帳	19. 妍子	20. 佐々木導誉
21. 参議	22. 信貴山縁起絵巻	23. 彰子	24. 尚侍
25. 大納言	26. 只野真葛	27. 定子	28. 永井繁子
29. 法度	30. 伴大納言絵巻	31. 評定	32. 松尾多勢子
33. 宮子	34. 明子	35. 山川菊栄	36. ヤン＝ヨーステン
37. 与謝野晶子	38. 洛中洛外図巻	39. 令外官	40. 令旨
41. 綸旨	42. ルイス＝フロイス		

問題 Ⅲ

次の本文を読み，空欄［(51)｜(52)］から［(61)｜(62)］に入る最も適切な語句を語群より選び，その番号を解答用紙の所定の欄にマークしなさい。また，下線部（ア）～（キ）に関連した設問１から７について，それぞれの指示に従って番号を選び，解答用紙の［(63)｜(64)］から［(75)｜(76)］にマークしなさい。

日本人は無宗教である，と考える人が多い。しかしそれは本当だろうか。歴史を振り返ると，日本の政治は仏教や神道と深い結びつきがあった。また宗教とは縁遠いと思いがちな現代の生活でも，親族が亡くなれば多くの家では檀家として属する寺から僧侶を呼び読経を依頼することになる。このように人々がいずれかの寺院に帰属し，葬儀を通じた寺院と信徒の家との半永続的な関係を保証させるしくみを(ア)寺請制度といい，17世紀に定着した。これは当時の(イ)キリスト教の取締りとも関連しており，禁制の宗教の信徒でないことを証明するための登録帳簿が村や町ごとに作られた。つまり近世に政治的に決められた制度が，現在に至る宗教的慣行の基礎を成していることになる。

仏教は南北朝から隋・唐の時代に特に大きな勢力をもち，日本に伝来して以来，国家権力と深くかかわってきた。奈良時代には仏教によって国家の安泰をはかるという鎮護国家の思想があった。インドや中国で生まれた仏教理論の研究が進められ，聖武天皇が［(51)｜(52)］で出した大仏造立の詔による廬舎那仏の造立や，国分寺と国分尼寺の建立が進められた。一方で，庶民の間で仏教は，現世利益を求める手段ともされた。中国での慣行の影響を受けて仏教が在来の祖先信仰と結びつき，また仏と神は本来同一であるとする神仏習合の思想がおこった。(ウ)神社の境内に神宮寺を建てたり，寺院の境内に鎮守の神様を祀ったりする風習は，８～９世紀頃に広まった。現代の日本人の生活習慣の中で，初詣と墓参りがどちらも日常化し，神仏の両方に祈りをささげる宗教観は，この時期から既に始まっていたと考えられる。

神仏習合は寺社の側でも進み，鎌倉時代，伊勢神道では仏は神の権化とされた。また権力者による仏教の保護は，政権が武士に移ってからも続いた。足利尊氏は夢窓疎石の教えに帰依し，（53）（54）を厚く保護した。(エ)足利義満は自ら僧籍に入り道義の法名を得たほか，南宋の制度を真似て五山・十刹の官寺の制度を整えた。義堂周信や絶海中津ら五山の禅僧は，政治・外交の顧問ともなった。中世の日本に，政教分離の思想はなかったといえる。

日本の信仰体系の中で，仏教と神道の分離が図られたのは明治維新である。明治政府は1868年に（55）（56）の再興を布告するとともに，祭政一致と神仏分離令を方針として打ち出した。これを契機として各地で寺や仏像を破壊したり，経典を焼いたりする運動が起きた。また明治政府は近代化を進める一方で政教分離の方向には進まず，神道を重視し，天皇を中心に祭政を一元化しようとした。幕末維新で天皇側に立って戦死した者を祀る場所として，1869年に（57）（58）が作られた。同様に天皇に忠誠をつくした人物を祀る神社としては，神戸の湊川神社が挙げられる。『日本書紀』が伝える神武天皇即位の日は，太陽暦に換算されて紀元節として祝われるようになり，(オ)1889年には大日本帝国憲法が紀元節に発布された。この日は太平洋戦争後，建国記念日として国民の祝日とされて現在に至る。

これに対して，儒学や仏教の影響を受ける以前の思想に立ち戻る主張もあった。たとえば江戸時代には，国学者の（59）（60）は，古代を理想として記紀神話を研究し，『古事記伝』を記した。その影響を受けた平田篤胤は『古史伝』を書き，日本古来の純粋な信仰を尊ぶ復古神道を唱えた。その私塾は，全国に４千人の門人を擁し，幕末・維新の尊王思想に大きな影響を与えたといわれる。明治政府はドイツやフランスに学んで制度の近代化改革を進めたが，そうした欧化政策を批判する声もあった。三宅雪嶺は政教社を結成して雑誌『（61）（62）』を発行し，日本的な伝統や美意識を強調する国粋主義を唱えた。民友社をつくった徳富蘇峰も政府の欧化政策を批判したが，こちらはむしろ一般国民の生活向上を求める平民的欧化主義の必要を説くものであった。

明治後半に入り諸外国との戦争が続くと，出征した兵士の死を弔う場所として神社の存在意義が増した。戦没者は神として祀られるようになり，天皇や陸海軍部隊が参拝して合祀祭を行った。1937年には文部省が『国体の本義』という冊子を作成して，全国の学校に配布し，(カ)学校教育では現人神である天皇を中心にその絶対化を試みる皇国史観が教えられた。1940年には「紀元2600年」の祝典がおこなわれた。

太平洋戦争に敗れた日本では，(キ)GHQの指導のもと改革が行われ，陸海軍の解体と同時に，神道を国家から分離するための神道指令が発令され，戦時下の動員に利用された国家神道は廃止された。占領を円滑に進めるため天皇制は維持されたが，日本国憲法で天皇は政治的実権をもたない象徴天皇となり，政教分離が定められた。

〔設問１〕

下線部（ア）に関して，当時の宗教と制度の説明として最も適切なものを［01］から［05］のなかより選び，その番号を解答欄（63）（64）にマークしなさい。

［01］皇子や武士も檀那寺の檀家となったが，神職は除外された。

［02］幕府が禁じた宗教である日蓮宗不受不施派は，幕府権力に対する宗教の優越を唱え，祖師の日親は家光に教えを改めるよう指示されても従わなかった。

［03］宗派をこえて仏教寺院の僧侶全体を統制するため，幕府は1665年，諸宗寺院法度を出した。

［04］17世紀半ばに明僧の隠元隆琦が伝えた黄檗宗は，長崎に万福寺を開いた。

［05］修験道，陰陽道が広まり，修験者も本末制度によって編成され，陰陽師は公家の飛鳥井家によって組織された。

〔設問２〕

下線部（イ）に関して，キリスト教の取締りおよび他国との関わりをめぐる歴史の中で起きた次の５つの出来事を，古いものから年代順に並べた場合，３番目にあたるものはどれか。その番号を［01］から［05］のなかより選び，解答欄（65）（66）にマークしなさい。

［01］モリソン号事件

［02］ノルマントン号事件

［03］　大津事件

［04］　蛮社の獄

［05］　フェートン号事件

〔設問3〕

下線部（ウ）に関して，この時代に作られた美術作品の説明として，最も適切なものを［01］から［05］のなかより選び，その番号を解答欄 (67) (68) にマークしなさい。

［01］　神像とは神を僧の姿であらわすもので，東大寺法華堂執金剛神像，薬師寺僧形八幡神像，神功皇后像などが挙げられる。

［02］　この時代に作られた代表的な彫刻としては，法華寺十一面観音像，神護寺薬師如来像，西大寺十二天像がある。

［03］　薬師寺僧形八幡神像，東大寺法華堂執金剛神像，神護寺薬師如来像は，一本の木から一体の仏像を掘り起こす一木造の作品である。

［04］　園城寺不動明王像は円珍が感得した像を画工に描かせたものといわれ，高野山の黄不動，青蓮院の青不動に対して，赤不動と言われる。

［05］　東大寺法華堂不空羂索観音像は羂索で多くの人々を救うとされる法華堂の本尊で，日光菩薩，月光菩薩を脇侍とする乾漆像である。

〔設問4〕

下線部（エ）の京都五山に含まれる寺として，適切なものの組み合わせを［01］から［07］のなかより選び，その番号を解答欄 (69) (70) にマークしなさい。

［01］　仁和寺・天龍寺・東福寺・相国寺・浄妙寺

［02］　興福寺・建仁寺・浄妙寺・万寿寺・天龍寺

［03］　相国寺・建仁寺・東福寺・万寿寺・天龍寺

［04］　東福寺・仁和寺・興福寺・南禅寺・寿福寺

［05］　南禅寺・興福寺・浄妙寺・仁和寺・相国寺

［06］　相国寺・東福寺・天龍寺・寿福寺・南禅寺

［07］　万寿寺・南禅寺・寿福寺・天龍寺・建仁寺

〔設問5〕

下線部（オ）に関して，この当時の政治的な動きとして最も適切なものを［01］から［05］のなかより選び，その番号を解答欄 (71) (72) にマークしなさい。

［01］　憲法発布の際の首相は黒田清隆であり，第一回衆議院議員選挙では民党が過半数を占めたが，この結果を受けて黒田首相は特定の政党の意向に左右されない「超然主義」で議会に臨む方針を表明した。

［02］　板垣退助を党首とする自由党は，士族や豪農，地主などを支持基盤とするイギリス流の立憲政治を目指した。これに対して大隈重信を党首とする立憲改進党は，都市の有識者や実業家を支持基盤とするフランス流の立憲政治を目指した。

［03］　自由民権運動の理論的指導者であった中江兆民は，ルソーの『社会契約論』に解説を付した『民権自由論』を発表した。

［04］　愛国公党を結成した板垣退助・後藤象二郎らが政府に提出した民撰議院設立の建白書は，左院に提出されるとともに日刊新聞『日新真事誌』に発表され，反響を呼んだ。

［05］　大日本帝国憲法で枢密院が新設され，天皇の諮問機関として位置づけられた。

〔設問 6〕

下線部（カ）に関して，この当時の言論弾圧の動きとして最も適切なものを［01］から［05］のなかより選び，その番号を解答欄 (73) (74) にマークしなさい。

［01］ 天皇主権説を唱える憲法学者の上杉慎吉や穂積陳重らと対立した美濃部達吉は，天皇機関説を唱え，反国体的であるとして貴族院で排撃された。

［02］ 満州・朝鮮史研究に続いて日本の古代史の文献学的批判を行った，慶應義塾大学の津田左右吉教授が，天皇への不敬に当たるとして『古代研究』のほか 3 冊の著書を発禁処分とされ，治安維持法違反で起訴された。

［03］ 京都帝国大学の滝川幸辰教授による『刑法読本』の内容を問題視して，当時の文部大臣鳩山一郎が休職処分を迫ったが，法学部教授会は全員辞表を提出して学生とともに抗議したため処分を免れた。

［04］『国家の理想』を著した東京帝国大学の矢内原忠雄教授は，軍部や右翼勢力から攻撃を受けて辞職したが，戦後，復職して東京大学総長となった。

［05］ 東京帝国大学の河合栄治郎教授は『時局と自由主義』『帝国主義下の台湾』『ファシズム批判』など 4 著書が発禁処分となり，翌年には休職処分を受けた。

〔設問 7〕

下線部（キ）に関して，GHQが行った改革に関する記述として誤っているものを［01］から［05］のなかより選び，その番号を解答欄 (75) (76) にマークしなさい。

［01］ 軍国主義教育や国家主義的教育を禁止し，これらに抵触するとみなした約11万人を教職から追放した。

［02］ 授業の停止が命じられたのは地理・公民・国史の 3 科目であり，1948年にはこれに代わり社会科が設けられた。

［03］ 1945年に治安維持法や特別高等警察が廃止され，共産党員など政治犯の即時釈放を求める人権指令が出された。

［04］ 財閥は軍国主義の経済的地盤とみなされ，三井・三菱・住友・安田をはじめ15財閥の解体と資産凍結が指令された。

［05］ 超国家主義者，戦争犯罪人，職業軍人，大政翼賛会の有力者ら政財界や言論界など各界の指導者21万人が公職追放を受けた。

［語群］

01. 大津宮	02. 緒方洪庵	03. 荷田春満	04. 賀茂真淵	05. 教部省
06. 宮内省	07. 宮内庁	08. 恭仁宮	09. 国民之友	10. 護国神社
11. 紫香楽宮	12. 招魂社	13. 浄土宗	14. 神祇官	15. 神祇省
16. 真言宗	17. 杉田玄白	18. 曹洞宗	19. 太陽	20. 千鳥ヶ淵戦没者墓苑
21. 中央公論	22. 忠魂碑	23. 天台宗	24. 長岡京	25. 中務省
26. 難波宮	27. 日蓮宗	28. 日本	29. 日本人	30. 塙保己一
31. 藤原京	32. 平城京	33. 本居宣長	34. 靖国神社	35. 臨済宗

問題 Ⅳ

以下の史料１から４は，それぞれ外交文書ＡからＤの一部を抜き出したものである。史料１，２中にある空欄と設問１，２，５，８にある空欄に入る最も適切な語句を語群より選び，その番号を所定の解答欄にマークしなさい。また，その外交文書に関連する設問３，４，６，７，９に関しては，それぞれの指示に従って番号を選び，所定の解答欄にマークしなさい。漢数字が入ると思われる場合には，それを算用数字でマークしなさい。

［史料１］―― 外交文書Ａから抜粋

第三条　日本国は，北緯 (77)(78) 度以南の南西諸島（琉球諸島及び大東諸島を含む。），(79)(80) の南の南方諸島（小笠原群島，西之島及び火山列島を含む。）並びに沖の鳥島及び南鳥島を合衆国を唯一の施政権者とする信託統治制度の下におくこととする国際連合に対する合衆国のいかなる提案にも同意する。

〔設問１〕

外交文書Ａに関して日本は48か国と調印し，翌年独立国家としての主権を回復したが，この外交文書Ａを調印した会議には出席せず，その後1954年に日本と平和条約を結んだ国は (81)(82) である。

〔設問２〕

外交文書Ａに関しては，戦前に人民戦線事件で検挙されたこともある (83)(84) らが全面講和を主張し，アメリカを中心とする西側陣営との講和を急ぐ当時の首相と対立した。

〔設問３〕

外交文書Ａを調印するにあたって日本の首席全権を務めた政治家が首相として在任中に起こった次の７つの出来事に関して，古いものから年代順に並べた場合，４番目にあたるものはどれか。［01］から［07］のなかより選び，その番号を解答欄 (85)(86) にマークしなさい。

［01］　第五福龍丸の被爆

［02］　血のメーデー事件の発生

［03］　二・一ゼネストの中止

［04］　日本社会党の分裂

［05］　日本労働組合総評議会の結成

［06］　破壊活動防止法の成立

［07］　松川事件の発生

［史料２］―― 外交文書Ｂから抜粋

９（・・・略・・・）ソヴィエト社会主義共和国連邦は，日本国の要請にこたえかつ日本国の利益を考慮して，歯舞群島及び (87)(88) を日本国に引き渡すことに同意する。ただし，これらの諸島は，日本国とソヴィエト社会主義共和国連邦との間の平和条約が締結された後に現実に引き渡されるものとする。

〔設問 4〕

外交文書Bに関連する以下の記述のうち，誤っているものはどれか。[01] から [05] のなかより選び，その番号を解答欄 (89) (90) にマークしなさい。

[01] 1933年に国際連盟からの脱退を通告した日本は，外交文書Bの調印後国際連合に加盟し，23年ぶりの国際社会への復帰を果たした。

[02] 外交文書Bを調印した日本の首相の在任中に，教育委員を各地方自治体の首長による任命制から公選とする新教育委員会法が公布された。

[03] 外交文書Bを調印した日本の首相の在任中に，石原慎太郎による『太陽の季節』が発表された。

[04] 外交文書Bを調印した日本の首相の在任中に，日本民主党と自由党によるいわゆる保守合同によって，自由民主党が結成されたが，その二代目の総裁となりその後国会において首相に選出されたのは石橋湛山である。

[05] 外交文書Bを調印した日本の首相は，憲法改正を唱えて憲法調査会を設置し，再軍備を推進するために国防会議を発足させた。

〔設問 5〕

外交文書Bを調印したソ連側の首相は，(91) (92) である。

[史料 3] —— 外交文書Cから抜粋
第三条　大韓民国政府は，国際連合総会決議第一九五号（Ⅲ）に明らかに示されているとおりの朝鮮にある唯一の合法的な政府であることが確認される。

〔設問 6〕

外交文書Cに関連する以下の記述のうち，誤っているものはどれか。[01] から [05] のなかより選び，その番号を解答欄 (93) (94) にマークしなさい。

[01] 外交文書Cを締結した当時の大韓民国の大統領は，1963年に民主共和党から立候補し当選した朴正熙である。

[02] 外交文書Cに付随する協定として，漁業，請求権・経済協力，在日韓国人の法的地位，文化協力の 4 つが調印された。

[03] 外交文書Cは1952年以来，7 次に渡る会談の末，日韓両国との間で成立した合意の成果である。

[04] 外交文書Cにおいてはさらに，韓国の漢城に総督府を設置することになった第 2 次日韓協約など，1910年の韓国併合以前に締結された条約および協定の無効が確認された。

[05] 外交文書Cに付随して締結された協定により，1952年に設定された李承晩ラインは撤廃された。

〔設問 7〕

外交文書Cを締結した当時の日本の首相が在任中に起こった次の 7 つの出来事に関して，古いものから年代順に並べた場合，4 番目にあたるものはどれか。[01] から [07] のなかより選び，その番号を解答欄 (95) (96) にマークしなさい。

[01] 大阪での日本万国博覧会の開催

[02] 環境庁の発足

[03] 日本原子力発電東海発電所の営業運転開始

［04］ 日本最初の人工衛星「おおすみ」のうちあげ

［05］ 非核三原則の表明

［06］ 文化庁の設置

［07］ 水俣病の熊本地裁への提訴

［史料４］―― 外交文書Ｄから抜粋
（・・・略・・・）日本側は，過去において日本国が戦争を通じて中国国民に重大な損害を与えたことについての責任を痛感し，深く反省する。また，日本側は，中華人民共和国政府が提起した「復交三原則」を十分理解する立場に立って国交正常化の実現をはかるという見解を再確認する。（・・・略・・・）

〔設問８〕

外交文書Ｄを調印した中国側の首相は［(97)｜(98)］である。

〔設問９〕

外交文書Ｄにある日本と中国との間の戦争に関連する以下の記述のうち，最も適切なものはどれか。［01］から［05］のなかより選び，その番号を解答欄［(99)｜(100)］にマークしなさい。

［01］ 満州事変を終息させることを目的とした塘沽停戦協定では，河北省東北部の冀東地区からの中国軍と日本軍双方の撤退と，そこに非武装地帯を設定することなどが取り交わされた。

［02］ 日中の全面戦争に発展した盧溝橋事件は，広田弘毅内閣のもとで起こった。

［03］ 石原莞爾ら一部の関東軍将校の計画で北京郊外で起こった柳条湖事件をきっかけに満州事変が始まった。

［04］ 第１次上海事変を契機として，中国において第２次国共合作が成立した。

［05］ 日本では日中戦争開始後，国家総動員法，電力国家管理法，国民徴用令といった戦時体制に向けた各種法令が，近衛文麿内閣のもとで成立した。

［語群］

01. 安倍能成	02. 奄美大島	03. 硫黄島	04. インド	05. ウィッテ
06. 択捉島	07. 大内兵衛	08. 大塚久雄	09. カラハン	10. 川島武宜
11. 口之島	12. 国後島	13. クロポトキン	14. ゴローニン	15. 色丹島
16. 周恩来	17. シュムシュ島	18. 蔣介石	19. スターリン	20. 孀婦岩
21. チェコスロバキア	22. 千島列島	23. 中華民国	24. 鄧小平	25. 南原繁
26. 八丈島	27. ビルマ	28. ブルガーニン	29. フルシチョフ	30. ポーランド
31. 丸山真男	32. 毛沢東	33. モロトフ	34. ユーゴスラビア	35. 与論島
36. 劉少奇	37. 廖承志			

世界史

（60 分）

（解答上の注意）［(1)｜(2)］と表示のある問いに対して，「09」と解答する場合は，解答欄(1)の⓪と(2)の⑨にマークすること。

問題 I

以下の文章の空欄［（1）｜（2）］から［（9）｜（10）］に入る最も適切な語句を語群より選び、その番号を解答用紙の所定の欄にマークしなさい。また、下線部（ア）から（ケ）に関連する設問 1 から 8 について、指示に従って番号を選び、解答用紙の所定の欄にマークしなさい。

感染症の大流行は、社会・国家・世界を揺さぶり、人類の歴史を大きく変える契機となってきた。

ユーラシア大陸を東西に繰り返し往来し、各時代、各地域で多大な影響を及ぼした感染症の 1 つにペストがある。ヨーロッパで記録に残る最古の流行は、(ア)ユスティニアヌス大帝の統治下にあるビザンツ帝国で生じた。彼自身ペストに罹患し、回復はしたものの、その影響でガリアやイギリスへの侵攻計画は廃棄され、彼のローマ帝国再興への野望は頓挫させられた。(イ)中国でも、これと同根と目されるペストの流行がビザンツでの流行から約70年後に生じて、社会の混乱に拍車がかかり、時の王朝の滅亡へとつながった。

14世紀に生じたヨーロッパ史最大のペストの流行の背景には、モンゴル帝国の版図拡大がある。モンゴル軍は、破竹の勢いでヨーロッパに到達し、また1258年には皇帝［（1）｜（2）］の命で西アジアに遠征してバグダードを陥落させた。こうした軍隊の東西移動や、それに続く東西交易の活発化が、のちにペストをヨーロッパにもたらすこととなった。14世紀のペストの流行は(ウ)1334年に中国で生じていたが、中央アジアから西へ伝播し、1347年に(エ)シチリア島に上陸すると、(オ)またたく間にヨーロッパ全土に広がった。さらに、ペストは地中海商業網にそってイスラーム世界にも広がった。エジプトを支配し紅海と地中海を結ぶ交易をおさえて繁栄していた［（3）｜（4）］は、14世紀後半のペストの流行が一因となり衰退へ向かった。

中世ヨーロッパを襲ったペストの流行は、人々の心理にもさまざまな影響をもたらした。例えば、利那的な欲望の追求や浪費に身を委ねる動きである。『［（5）｜（6）］』に表された社交・機知・ユーモア・エロスには、ペストの恐怖からの心理的逃亡を見てとることができる。また、ペスト禍を神からの試練と考え、懺悔して神に頼る心も醸成された。しかし、教会にはペスト禍を抑える力はなく、次第に教会に対する幻滅の感情が芽生えた。(カ)こうした教会の威信や権威の失墜と個人的な宗教的情熱の高まりは、のちの宗教改革の底流となった。さらにペストは、災禍の犯人を仕立て上げて迫害する心理をも生み出した。その代表例がユダヤ人に対するものである。ユダヤ人の一部は東欧に逃れ、［（7）｜（8）］とよばれる離散ユダヤ人の礎となった。

アメリカ大陸の歴史で特筆されるべき感染症としては、天然痘がある。「旧大陸」からもたらされた天然痘により、免疫力のない「新大陸」の先住民は次々と死んでいった。(キ)アステカ王国やインカ帝国がスペインに征服された最大の要因は、馬や鉄製兵器をもたなかったことというよりも、天然痘の流行による兵力の喪失であったといわれている。また、フレンチ=インディアン戦争において、イギリス軍が親切心を装って天然痘ウイルスをすり込んだ毛布を先住民に支給し感染させたのは、人類史上初の生物兵器の使用例ともいわれている。この戦争に勝利を収めたイギリスは、ミシシッピ以東のルイジアナやカナダ、(ク)フロリダの譲渡を受け、北アメリカにおける支配権を確立した。

スペイン風邪は、(ケ)第一次世界大戦中に生じたインフルエンザの世界的大流行の俗称であり、世界総人口の3分の1が感染し、死者数は5000万人に及ぶとも推計されている。各国の兵士が送り込まれたヨーロッパ戦線で流行がはじまり、一気に世界中に広まった。シュリーフェン=プランが挫折した［(9)｜(10)］の地で1918年7月にドイツ軍が連合軍を前にふたたび敗走したのは、インフルエンザの蔓延で兵力が維持できなかったからだともされる。

これまで幾度となく繰り返されてきた感染症との闘いに、人類はどう挑み、乗り越えていくのか、これからも試練は延々と続いていくに違いない。

［設問1］

下線部（ア）に関連して、ユスティニアヌス大帝が行ったことの記述として誤っているものを下から選び、その番号を［(11)｜(12)］にマークしなさい。

[01] ササン朝のホスロー1世との戦いにたびたび勝利し、多額の賠償金を得た。
[02] 将軍ベルサリオスを派遣してヴァンダル王国を征服させた。
[03] 古代ローマの勅法集・学説集・法学論に自身の新法を加えた『ローマ法大全』を集成した。
[04] 大ドームを特徴とするビザンツ様式のハギア=ソフィア聖堂を再建した。
[05] 異教文化の根絶のため、アテネのアカデメイアを閉鎖し、学者を追放した。

［設問2］

下線部（イ）と（ウ）に関連して、それぞれの時代における中国の王朝の記述として正しいものを下から選び、その番号を［(13)｜(14)］にマークしなさい。

[01] どちらの王朝も、江南に位置する国を滅ぼして中国の南北統一支配を達成した。
[02] それぞれの王朝の首都は、名称は異なるものの、同じ場所に置かれていた。
[03] どちらの王朝も、一時的であれ、朝鮮半島にあった国を支配下におさめていた。
[04] 官吏の登用については、どちらの王朝でも儒学の知見をはかる能力試験の結果が重視されていた。
[05] どちらの王朝も、最後の皇帝が次に中国を支配した王朝の軍に殺されて終焉した。

［設問3］

下線部（エ）に関連して、シチリア島の歴史についての以下の記述のうち誤っているものすべてを選んだ場合、もっとも適切な組み合わせを[01]から[18]より選び、その番号を［(15)｜(16)］にマークしなさい。

（a） 第3次ポエニ戦争で将軍ハンニバルが率いるカルタゴに勝利したローマは、その後シチリア島をはじめての属州とした。
（b） 6世紀には、イタリア半島を席巻したランゴバルド王国が、東ゴート王国をしりぞけてシチリア島に進出し、支配を始めた。
（c） 12世紀には、ルッジェーロ2世が、シチリア島と南イタリアとを占拠していたイスラーム勢力を圧倒してノルマン朝のシチリア王国を成立させた。
（d） 13世紀には、シチリア王国からナポリ王国が分離し、以後、シチリア王国はイベリア半島にあるアラゴン王国の王家が支配をするようになった。
（e） ナポレオン戦争後のウィーン体制のもと、スペイン=ブルボン家によってシチリア王国とナポリ王国が統合され、両シチリア王国を称した。
（f） サルディーニャ王国の首相カヴールの命を受けたガリバルディは、シチリア島を占領した後、両シチリア王国の首都ナポリを奪取し、これら占領地をサルディーニャ王に献上した。

[01]（a）（b）　[02]（a）（b）（c）　[03]（a）（b）（f）
[04]（a）（c）　[05]（a）（c）（d）　[06]（a）（e）（f）

[07] (a)(f)	[08] (b)(c)	[09] (b)(c)(d)
[10] (b)(d)(e)	[11] (b)(e)(f)	[12] (b)(f)
[13] (c)(d)(e)	[14] (c)(e)	[15] (d)(c)
[16] (d)(e)(f)	[17] (d)(f)	[18] (e)(f)

※設問３については，選択肢に不備があったため全員に加点したと大学から発表があった。

［設問４］

下線部（オ）に関連して、ペストの流行を背景として生じた中世末のヨーロッパ社会の変容をあらわした記述として誤っているものを下から選び、その番号を (17) (18) にマークしなさい。

[01] 領主は、荘園での労働力を確保するため、賃金を上げたり、農奴的束縛からの解放をするなど、農民の待遇向上を図った。

[02] イギリスでは、労働者の不足に起因する賃金上昇を抑えるため、国王が賃金をペスト流行以前の水準に固定することなどを勅令で定めたが、奏功しなかった。

[03] フランスでは、領主が封建的束縛を再び強化する動きを示したのに対し、これに反発した農民がジャックリーの乱をおこして勝利し、身分的自由を獲得した。

[04] プロイセンでは、領主が自由農民を農奴化し、賦役労働により輸出用穀物を生産する農場領主制がみられるようになった。

[05] 窮乏した中小領主のなかには国王や大諸侯に領地を接収されるものも多く、やがて諸侯の力をおさえた国王は権力を強化させ、中央集権的な体制を整えていった。

［設問５］

下線部（カ）に関連して、宗教改革についての記述として誤っているものを下から選び、その番号を (19) (20) にマークしなさい。

[01] エラスムスは、聖書研究に力を注ぎ、ルターにも大きな影響を与えたが、教会の分裂を引き起こすルターの宗教改革に対しては批判的な態度をとった。

[02] ミュンツァーは、当初はルターを信奉していたが、その後、下層階級の要求を抑圧し諸侯に妥協しているとして、ルターの姿勢を批判するようになった。

[03] ツヴィングリは、信仰と聖書こそが重要であると説きカトリックを批判した点ではルターと変わらなかったが、教会儀式をめぐる見解の相違から、両者の協力関係は築かれなかった。

[04] カルヴァンは、神の救いは信じる者すべてに与えられるとしたルターとは異なり、神は救われる者とそうでない者をあらかじめ区別すると説いた。

[05] ヘンリ８世は、ルターの教説に影響を受けてカトリックを批判するようになり、自身の離婚・再婚を認めないローマ教皇から破門されたのを機に、カトリックから離脱した。

［設問６］

下線部（キ）に関連して、スペイン商人はマニラとの間を結んで銀や絹製品などの貿易を行ったが、その際にラテンアメリカ側で拠点とした太平洋岸の港はどこか。語群から選び、その番号を (21) (22) にマークしなさい。

［設問７］

下線部（ク）に関連して、フロリダを領有する国の変遷を正しく表したものを下から選び、その番号を (23) (24) にマークしなさい。

[01]　スペイン → フランス → イギリス → アメリカ合衆国

[02]　スペイン → イギリス → スペイン → アメリカ合衆国

[03]　スペイン → イギリス → フランス → アメリカ合衆国

[04]　フランス → スペイン → イギリス → アメリカ合衆国

[05]　フランス → イギリス → フランス → アメリカ合衆国

[06]　フランス → イギリス → スペイン → アメリカ合衆国

［設問 8］

下線部（ケ）に関連して、第一次世界大戦中の（a）から（f）の出来事を古い順に正しく並べたものを［01］から［08］より選び、その番号を (25) (26) にマークしなさい。

（a）バルフォア宣言　（b）ロシア「平和に関する布告」の採択

（c）無制限潜水艦作戦の宣言　（d）ブレスト=リトフスク条約の成立

（e）日本のシベリア出兵　（f）ウィルソン「十四ヵ条」の発表

[01]　（a）→（b）→（c）→（d）→（f）→（e）

[02]　（a）→（c）→（b）→（d）→（e）→（f）

[03]　（a）→（c）→（f）→（e）→（b）→（d）

[04]　（c）→（a）→（b）→（e）→（f）→（d）

[05]　（c）→（a）→（b）→（f）→（d）→（e）

[06]　（c）→（a）→（b）→（e）→（d）→（f）

[07]　（c）→（a）→（f）→（b）→（d）→（e）

[08]　（c）→（b）→（f）→（a）→（e）→（d）

〔語群〕

01. アイユーブ朝	02. アカプルコ	03. アシュケナジム	04. イシューブ
05. イープル	06. イル=ハン国	07. ヴェルダン	08. エーヌ
09. オゴタイ	10. オスマン帝国	11. カラカス	12. カンタベリ物語
13. キト	14. 愚神礼賛	15. グユク	16. クリムチャク
17. ゲットー	18. サントドミンゴ	19. サンフランシスコ	20. セファルディム
21. ソンム	22. タンネンベルク	23. ティムール朝	24. デカメロン
25. テノチティトラン	26. ドン=キホーテ	27. バトゥ	28. ファーティマ朝
29. フビライ	30. フラグ	31. ベラクルス	32. マムルーク朝
33. マルヌ	34. ミズヒラム	35. モンケ	36. ユートピア

問 題 Ⅱ

以下の文章の下線部（ア）から（シ）に関連する設問1から12について、指示に従って番号を選び、解答用紙の所定の欄にマークしなさい。

歴史について考えるとき、どのように時代を区分するのかという問題は、極めて重要である。今日多くの人は、キリストの生誕をもって紀元前と紀元後に世界史を区切ることを当然の習慣として受け入れている。しかしキリスト教徒以外の人も含む、人類すべての歴史について考えるためには、もっと違った時代区分があってもよいのではないか。(ア)先史時代から(イ)歴史時代へと続く人類史の全体をとらえるために、どのような時代区分を設けることができるだろうか。

ドイツの哲学者ヤスパースは、人間の精神のあり方を劇的に変える思想が生み出された(ウ)紀元前［ A ］年から紀元前［ B ］年を(エ)「軸の時代」と称した。この時代に考え抜かれ、創造された思想が、今日に至るまでの人類の歩みを支えてきたというのである。中国では、周王朝の弱体化によって春秋・戦国時代が始まり、孔子、墨子、荘子、荀子などの諸子百家とよばれる多彩な思想家が現れた。インドでは、ガンジス川流域の小国家群の発展を背景として、ガウタマ＝シッダールタの(オ)仏教やヴァルダマーナのジャイナ教が生まれた。(カ)ギリシアでは、ホメロスの叙事詩をはじめとする数多くの文学作品やヘロドトスやトゥキディデスの歴史書などが登場し、ソクラテス、プラトン、(キ)アリストテレスらの哲学者が活躍した。ユダヤ人が(ク)バビロン捕囚を経てユダヤ教の教義を大きく発展させたのもこの時代である。

この時代は後世に様々な遺産を残した。例えば、中国において(ケ)諸子百家の思想は、その後の政治のみならず(コ)社会や文化にも大きな影響を与えてきた。また仏教は(サ)アジアに広く伝播し、各地で独自の発展を遂げた。ギリシアの文化がローマに引き継がれ、西洋文明の発展の礎となったことや、ユダヤ教の教典がのちにキリスト教やイスラーム教に受け継がれていったことは誰もがよく知るところである。

ヤスパースは、「軸の時代」こそが、人類史におけるもっとも重要な転換期であると考えた。彼の設定した時代区分には批判もあるが、ギリシアやユダヤの思想のみならず、中国やインドの思想にまで射程を拡大しながら、人類史のもっとも重要な切れ目がどこにあるのかを考え直そうとした彼の問題意識は、傾聴に値する。(シ)環境問題や難民問題の深刻化など地球規模の課題に直面する現代のわれわれは、今また、人類史における巨大な転換期にさしかかっている。新たな時代を創出する思想を見いだす努力が重ねられていくべきだろう。

［設問1］

下線部（ア）に関連して、約700万年前から600万年前のものと推定される猿人の頭骨化石が、2001年にアフリカのチャドで発見された。この猿人の名称を語群から選び、その番号を (27)(28) にマークしなさい。

［設問2］

下線部（イ）に関連して、歴史時代を研究する手がかりとなる文字資料についての説明として誤っているものを下から選び、その番号を (29)(30) にマークしなさい。

［01］ ナポレオンのエジプト遠征隊が発見したロゼッタ＝ストーンには、ヒエログリフ、デモティック、ギリシア文字が用いられていた。

［02］ マウリヤ朝のアショーカ王が岩壁や石柱に刻ませた詔勅には、古代インドの文字だけでなく、ギリシア文字、アラム文字が用いられたものもある。

［03］ インダス文明の遺跡から発見されている象形文字は、ドラヴィダ系の言語と推定されてはいるが、依然として解読されていない。

［04］ 漢代には、石に刻まれた篆書に加えて、木簡や竹簡に書きやすいように字画が整理された隷書も広く用いられるようになった。

［05］ アッバース朝第2代カリフのマンスールは、「知恵の館」においてギリシア語の文献をアラビア語に翻訳する事

業を推進した。

［設問 3］

下線部（ウ）に関連して、文中の空欄［ A ］と［ B ］に入るもっとも適切な数字の組み合わせを下から選び、その番号を (31) (32) にマークしなさい。

[01] A＝500 B＝100
[02] A＝600 B＝100
[03] A＝700 B＝200
[04] A＝800 B＝200
[05] A＝900 B＝300

［設問 4］

下線部（エ）に関連して、この時代に起きた以下の世界史上の出来事（a）から（f）を、古い順に正しく並べたものを［01］から［08］より選び、その番号を (33) (34) にマークしなさい。

（a） ソロンの改革が行われる。
（b） 韓、魏、趙が周王から諸侯と認められる。
（c） アレクサンドロス大王がバビロンで急死する。
（d） チャンドラグプタがマウリヤ朝を創立する。
（e） 陳勝・呉広の乱が始まる。
（f） 第 2 次ポエニ戦争が終わる。

[01] （a）→（b）→（c）→（d）→（e）→（f）
[02] （a）→（b）→（c）→（d）→（f）→（e）
[03] （a）→（b）→（d）→（c）→（e）→（f）
[04] （a）→（b）→（d）→（c）→（f）→（e）
[05] （b）→（a）→（c）→（d）→（e）→（f）
[06] （b）→（a）→（c）→（d）→（f）→（e）
[07] （b）→（a）→（d）→（c）→（e）→（f）
[08] （b）→（a）→（d）→（c）→（f）→（e）

［設問 5］

下線部（オ）に関連して、仏教が生まれた時代のインドにおいて十六大国とよばれた国家群のうち、コーサラを征服しガンジス川流域の統一を成し遂げた国家を語群から選び、その番号を (35) (36) にマークしなさい。

［設問 6］

下線部（カ）に関連して、ギリシア世界が先進的なエジプト文化を吸収する上で大きな役割を果たしたことで知られる、ナイル川デルタ地帯のギリシア人植民市を語群から選び、その番号を (37) (38) にマークしなさい。

［設問 7］

下線部（キ）の人物に関する説明として誤っているものを下から選び、その番号を (39) (40) にマークしなさい。

[01] アリストテレスは、のちにマケドニア王となるアレクサンドロスの家庭教師を務め、彼に大きな影響を与えた。
[02] アリストテレスの哲学を取り込んで発達した中世のスコラ学においては、実在論と唯名論の立場の間で単子（モナド）に関する論争が繰り広げられた。
[03] アリストテレスの哲学から影響を受けてイスラム哲学を大成させたイブン=シーナーは医学者でもあった。

[04]　イブン=ルシュドはアリストテレスの著作に対する注釈書を執筆し、これらの多くは13世紀にラテン語に翻訳された。

[05]　性善説や仁義を唱えた諸子百家のひとりである孟子は、アリストテレスと存命期間が重なる同時代人である。

［設問８］

下線部（ク）に関連して、バビロン捕囚後のユダヤ人に関わる説明として誤っているものを下から選び、その番号を (41) (42) にマークしなさい。

[01]　キュロス２世の勅命によって、ユダヤ人はパレスチナに帰還することを認められた。

[02]　ダレイオス１世の時代、ユダヤ人は弾圧を受け信仰を禁じられたが、『旧約聖書』の核となる文書の整備が進められるなどユダヤ教の教義は大きく発展した。

[03]　セレウコス朝のアンティオコス４世は、ユダヤ人にギリシアの文化と宗教を受け入れることを求め、イェルサレムの神殿にゼウスの像を安置した。

[04]　紀元前１世紀、東方支配をすすめるポンペイウスの率いるローマ軍はイェルサレムを攻め落とし、これによってユダヤ人はローマの支配下に入った。

[05]　１世紀後半と２世紀前半に、パレスチナのユダヤ人はローマの支配に反乱を企てたが、鎮圧された。

［設問９］

下線部（ケ）に関連して、中国の歴代王朝と諸子百家の思想の関わりについての説明として誤っているものを下から選び、その番号を (43) (44) にマークしなさい。

[01]　縦横家の蘇秦は、諸国に秦との連衡を説いて成功をおさめたが、秦を去って魏に仕えた。

[02]　前漢の高祖は、法家思想にもとづく秦の法律や制度を継承しながらも、老子の「無為の治」の考え方も取り入れて王朝支配の安定化を目指した。

[03]　董仲舒は、陰陽五行説を取り込んだ災異説や天人相関論を打ち出すことによって、儒教を王朝支配を正当化する思想へと整備していった。

[04]　唐の玄宗は、道教の熱心な支持者であり、自ら『老子注』を執筆した。

[05]　清朝末期に欧米の思想が流入して政治制度の近代化が課題になると、儒教経典の理解を問う科挙は時代にあわないと考えられるようになり、廃止された。

［設問10］

下線部（コ）に関連して、夫やその父母に仕える儒教的な妻のあり方を示した『女誡』の著者であり、『漢書』を完成させた歴史家でもある人物を語群から選び、その番号を (45) (46) にマークしなさい。

［設問11］

下線部（サ）に関連して、日本から唐に留学し『入唐求法巡礼行記』を残した天台宗の僧侶を語群から選び、その番号を (47) (48) にマークしなさい。

［設問12］

下線部（シ）に関連して、地球環境問題に関わる説明として誤っているものを下から選び、その番号を (49) (50) にマークしなさい。

[01]　1972年にストックホルムで開催された国連人間環境会議では人間環境宣言が採択され、これをうけて、同年の国連総会で国連環境計画が設置された。

[02]　1992年にリオデジャネイロで開催された「環境と開発に関する国連会議」では、リオ宣言が採択され、持続可能な開発を目指すことがうたわれた。

[03]　1997年に京都で開催された気候変動枠組み条約の第３回締約国会議では、京都議定書が採択されたが、アメリカ合衆国はこれを批准しなかった。

［04］ 2009年にコペンハーゲンで開催された気候変動枠組み条約の第15回締約国会議では、京都議定書にかわる議定書の採択が目指されたが、実現できなかった。

［05］ 2015年にパリで開催された気候変動枠組み条約の第21回締約国会議では、21世紀後半に温室効果ガスの排出量を2000年比で実質半減させる目標が採択された。

〔語群〕

01. アウストラロピテクス	02. ウガリト	03. 円仁	04. キュレネ
05. 空海	06. クシャーナ	07. グリマルディ人	08. クロマニョン人
09. 恵果	10. 最澄	11. サータヴァーハナ	12. サヘラントロプス
13. 智顗	14. 張衡	15. 褚遂良	16. チョーラ
17. 陳寿	18. ナウクラティス	19. ニカイア	20. ネアポリス
21. ネアンデルタール人	22. 班固	23. 班昭	24. 班超
25. パーンディヤ	26. 班彪	27. ホモ=エレクトゥス	28. ホモ=ハビリス
29. マガダ	30. マッサリア	31. ラミダス猿人	32. 劉向

問題 Ⅲ

以下の文章の空欄 (51)(52) から (57)(58) に入る最も適切な語句を語群より選び、その番号を解答用紙の所定の欄にマークしなさい。また、下線部（ア）から（ク）に関連する設問1から8について、指示に従って番号を選び、解答用紙の所定の欄にマークしなさい。

1960年は「アフリカの年」とよばれる。なぜなら、この年にアフリカで17の国が一斉に(ア)植民地宗主国からの独立を果たしたからである。それ以降も多くの国の独立が続き、現在(イ)国際連合に加盟する約190ヵ国のうちの約50がアフリカに位置する。もっとも、これらの国が(ウ)主権国家として独立するまでには、歴史上多くの苦難があった。

15世紀のアフリカでは、ニジェール川流域のソンガイ王国やベニン王国、(51)(52) 川流域のモノモタパ王国、大陸北部のエチオピア帝国などが繁栄していた。しかし、16世紀頃から本格化するヨーロッパ諸国による(エ)奴隷貿易のため、アフリカ土着の政治・社会・経済は大きな打撃を受けた。奴隷貿易が廃止されるまでに約1千万人が主に南北アメリカに商品として輸出され、アフリカのなかでも奴隷貿易で人口が多く失われた地域では、一層の低開発状態が現在まで続いている。

一方で、奴隷貿易は欧米諸国に大きな富をもたらした。16世紀からポルトガル、オランダ、フランス、イギリスなどの商人は、スペインと貿易請負契約を結んでスペイン領アメリカに奴隷を送り、巨万の富を築いた。18世紀からはイギリスが奴隷貿易をほぼ独占し、それにより得た富で(オ)綿工業や重工業を繁栄させた。当時の啓蒙思想家のなかには、黒人に対する差別的な見解を示し、奴隷貿易を間接的に正当化する者もいた。例えばモンテスキューは『法の精神』において、黒人が身体、知性の上で劣っていると記している。これに対し、小説『カンディード』を著した啓蒙思想家 (53)(54) のように、奴隷制に対し批判的見解を示す者もいた。

19世紀に入ると、奴隷貿易の禁止および奴隷制の廃止が漸進的に実現した。しかしそれに代わってこんどは(カ)ヨーロッパ諸国によるアフリカの植民地化が行われ、鉱物資源や農産物が収奪された。1884年から85年にかけてドイツの宰相ビスマルクのよびかけで開かれたベルリン会議では、アフリカに関しては最初に占領した国がその地域を領有できるという「先占権」が承認され、これ以降、植民地獲得競争が激化した。さらに(キ)19世紀後半には、列強はアフリカだけでなく世界各地に進出した。

列強による植民地支配開始と同時に、それに抵抗する動きがアフリカ各地で起こった。エジプトのウラービーの反乱、ドイツ領東アフリカでのマジマジ蜂起などである。スーダンではムハンマド=アフマドが率いるマフディー派が武装闘争を行い、一時期は［(55)｜(56)］の制圧に成功した。反乱の多くは鎮圧されたが、アフリカ系住民の地位向上をめざす運動は次第に世界に広がり、1919年にはパン=アフリカニズムの第1回会議（コングレス）が［(57)｜(58)］らによって組織されパリで開かれた。パン=アフリカニズムの精神は(ク)アフリカ統一機構の設立につながり、現在のアフリカ連合に引き継がれている。

［設問1］

下線部（ア）に関連して、1958年にセク=トゥーレに率いられてフランスから独立した国はどこか。国名を語群から選び、その番号を［(59)｜(60)］にマークしなさい。

［設問2］

下線部（イ）の国際連合に関連する記述として誤っているものを下から選び、その番号を［(61)｜(62)］にマークしなさい。

[01]　集団安全保障の原理は国際連盟において採用され、その理念は国際連合に引き継がれた。

[02]　国際連合憲章の原型となった理念は、1942年の連合国共同宣言、1943年のモスクワ宣言にとり入れられ、サンフランシスコ会議において憲章として採択された。

[03]　インドやフィリピンは国際連合発足時には独立していなかったが、第二次世界大戦後の独立が宗主国との間で約束されていたので、先行して国際連合への加盟が認められた。

[04]　国際連合発足時に、アメリカ合衆国、イギリス、ソヴィエト連邦、中華人民共和国、フランスが安全保障理事会の常任理事国となった。

[05]　国際連合は、国際連盟における委任統治制度の対象となっていた地域のほとんどを信託統治制度のもとで引き継いだが、パレスチナは信託統治領とはならなかった。

［設問3］

下線部（ウ）に関連して、主権国家を構成単位とする国際体制原理の成立契機となったといわれるのが、30年戦争が終わった際に結ばれたウェストファリア条約である。30年戦争とウェストファリア条約に関する記述として正しいものを下から選び、その番号を［(63)｜(64)］にマークしなさい。

[01]　30年戦争のきっかけの反乱が起こったベーメンは、現在のドイツに位置する。

[02]　傭兵隊長のヴァレンシュタインは、新教同盟と契約し、旧教徒側を敵にして戦った。

[03]　30年戦争の舞台となったドイツの諸領邦の多くが疲弊したが、オスナブルックを首都とするプロイセン王国は戦争の影響をあまり受けなかったため、その後台頭した。

[04]　ウェストファリア条約によりネーデルラント北部はオランダとして独立が認められたが、南部はスペイン領ネーデルラントのままであった。

[05]　ウェストファリア条約ののち、スウェーデンは、グスタフ=アドルフ王の治世のもとで「バルト帝国」とよばれるほどの大国となった。

［設問4］

下線部（エ）に関連して、イギリスの奴隷貿易反対勢力は、18世紀後半に、黒人奴隷のうち自由の身となった者をアフリカに入植させた。その土地の現在の国名を語群から選び、その番号を［(65)｜(66)］にマークしなさい。

［設問5］

下線部（オ）に関連して、イギリスにおける奴隷貿易港の東に位置し、綿工業で栄えた都市の名前を語群から選び、その番号を［(67)｜(68)］にマークしなさい。

［設問 6］

下線部（カ）に関連して、アフリカの植民地化についての記述として正しいものを下から選び、その番号を (69) (70) にマークしなさい。

[01] ポルトガルは、15世紀の大航海時代からアフリカ進出を始め、バルトロメウ=ディアスの遠征により現在のアンゴラやモザンビークに拠点を築いた。

[02] アフリカを探検したスタンリーは巨大な滝を「発見」し、それをヴィクトリア滝と名づけた。

[03] ケープ植民地の首相であったセシル=ローズは、トランスヴァール共和国、オレンジ自由国の南側にローデシアを建国した。

[04] イタリアはエチオピアに侵攻したが、イギリスの支援を受けたエチオピア軍はアドワの戦いでイタリアに勝利して独立を維持した。

[05] ドイツは、19世紀後半にカメルーン、ドイツ領東アフリカ、ドイツ領南西アフリカ、トーゴを獲得した。

［設問 7］

下線部（キ）に関連して、アジアやオセアニア等での列強による植民地化についての記述として正しいものを下から選び、その番号を (71) (72) にマークしなさい。

[01] ロシアは、ヒヴァ=ハン国に次いでブハラ=ハン国を保護国化したのち、1876年にコーカンド=ハン国を併合した。

[02] イギリスは、3度にわたる戦争ののち1885年にコンバウン朝を滅ぼし、ラングーンに政庁を置いた。

[03] フランスは、1862年にアンナンを直轄植民地とし、その後、コーチシナ、トンキンを保護国化して清仏戦争に勝利し、フランス領インドシナ連邦を成立させた。

[04] アメリカ合衆国は、1898年におこった米西戦争の勝利により、キューバ、グアム、ハワイ、フィリピン、プエルトリコをスペインから獲得した。

[05] オランダは、ジャワ島に17世紀から進出したが、1912年にスラウェシ島北端でのアチェ戦争に勝利し、現在のインドネシアにほぼ相当するオランダ領東インド植民地を完成させた。

［設問 8］

下線部（ク）に関連して、（a）から（e）の国際機構が設立された年の順に並べたものを [01] から [12] より選び、その番号を (73) (74) にマークしなさい。

（a） アフリカ統一機構
（b） アラブ連盟
（c） 石油輸出国機構
（d） 東南アジア諸国連合
（e） ヨーロッパ経済協力機構

[01] （b）→（e）→（a）→（c）→（d）
[02] （b）→（e）→（a）→（d）→（c）
[03] （b）→（e）→（c）→（a）→（d）
[04] （b）→（e）→（c）→（d）→（a）
[05] （b）→（e）→（d）→（a）→（c）
[06] （b）→（e）→（d）→（c）→（a）
[07] （e）→（b）→（a）→（c）→（d）
[08] （e）→（b）→（a）→（d）→（c）
[09] （e）→（b）→（c）→（a）→（d）
[10] （e）→（b）→（c）→（d）→（a）
[11] （e）→（b）→（d）→（a）→（c）
[12] （e）→（b）→（d）→（c）→（a）

〔語群〕

01. アガディール　02. アドワ　03. ウィルバーフォース　04. ヴォルテール
05. ウッドロー=ウィルソン　06. エリトリア　07. エンクルマ　08. カーボベルデ

09. ガボン	10. ギニア	11. グラスゴー	12. コルネイユ
13. コンゴ	14. ザンベジ	15. シエラレオネ	16. スウィフト
17. セネガル	18. デフォー	19. デュボイス	20. トリポリ
21. ナイル	22. ニジェール	23. バーミンガム	24. ハルツーム
25. ブリストル	26. ベナン	27. マダガスカル	28. マリ
29. マンチェスター	30. モーリタニア	31. モンロビア	32. ラシーヌ
33. リバプール	34. リビア	35. ロイド=ジョージ	

問題 Ⅳ

以下の文章の空欄［(75)｜(76)］から［(93)｜(94)］に入る最も適切な語句を語群より選び、その番号を解答用紙の所定の欄にマークしなさい。また、下線部（ア）から（ウ）に関連する設問1から3について、指示に従って番号を選び、解答用紙の所定の欄にマークしなさい。

19世紀には、列強による世界進出とも相まって、本土からは離れ、他国とは陸続きで接する「飛び地」が数多く出現した。飛び地の形成は、あからさまな武力行使の結果であることもあれば、租借地の設定や、領土の買収によることもあった。世界各地に多数の植民地が存在していた時代は終わり、今や飛び地は稀なものとなりつつある。しかし、現代においてもなお、飛び地は時に深刻な問題を引き起こしている。

例えば、近年、香港では反政府デモが激化している。20世紀末に中国に返還されるまで、(ア)<u>香港はイギリスの飛び地であったのだが</u>、このことが香港の状況を複雑なものにしている。問題の起源は、列強が中国にいくつかの租借地や租界を設けたことにある。イギリスは、［(75)｜(76)］が創設した北洋艦隊の基地が置かれていた威海衛も清から租借した。租借とは条約によって他国の領土を借用することであるが、租借期間が99年と長期に設定されることも多く、租借した国が租借地の立法権・行政権・司法権を行使することもあり、事実上の領土割譲といえる。とはいえ、清も他国に租界を設定していた。一例を挙げれば、朝鮮戦争時の1950年9月に国連軍が上陸作戦を成功させたことで知られる現大韓民国の［(77)｜(78)］に、清は租界を設置した。

飛び地に関して頻繁に生じる問題の1つは、陸続きで隣接する国が返還要求を行い、緊張が生じることである。香港返還後もなお、イギリスがユーラシア大陸に領有し続けている飛び地があるが、その返還を求めている国もまた別の大陸に飛び地を領有しており、［(79)｜(80)］から返還を要求されている。また、緊張が武力衝突にいたることもある。イギリス同様、ポルトガルも世界各地に飛び地を有していたが、その1つであったゴアは、1961年にインドが武力を行使し、併合している。同じくポルトガルの飛び地であった［(81)｜(82)］は、1975年に独立宣言を発したものの、直後に隣接する国の軍事侵攻を受けて併合され、21世紀に入ってから独立を達成した。

ゴアや香港はヨーロッパの海洋国が交易の拠点などとするために占領あるいは租借したものであるが、大規模な戦争の結果として飛び地が形成された場合もある。第一次世界大戦後、ドイツから内陸国ポーランドに海への出口が割譲されたために、［(83)｜(84)］はドイツの飛び地となり、現在、その一部はロシアの飛び地カリーニングラードとなっている。トルコのトラキア地方も、本土と海で隔てられていることからすれば飛び地ということができ、(イ)<u>トルコ系王朝がヨーロッパ諸国との戦争に勝利して獲得した地</u>がその起源となっている。

アメリカ大陸に目を向けると、(ウ)<u>ロシアの飛び地であったアラスカは、買収されてアメリカ合衆国の飛び地となった</u>。パナマ運河地帯も、この地に総督を置いて統治したアメリカ合衆国の飛び地であったが、この飛び地によってパナマの国土もほぼ中央部で東西に分断されていた。アメリカ合衆国は、アメリカ大陸西海岸に面した初めての領土として［(85)｜(86)］を併合して以降、アラスカ、ハワイ、フィリピンと、領土を着々と獲得し、太平洋での影響力を強めようとしていた。それだけに、パナマ運河は太平洋への出口として重要だったのである。

香港やパナマ運河地帯は隣接する国へ返還されることにより飛び地ではなくなったが、独立や離脱により飛び地状態が解消される場合もある。西パキスタン政府の施策に不満を募らせた東パキスタンは、隣接する国の首相 (87) (88) の支援を受け、独立した。アラブ連合共和国では、クーデタが発生した (89) (90) の離脱により、飛び地状態は解消している。

20世紀末になって新たに成立した飛び地もある。1993年のオスロ合意により成立したパレスチナ暫定自治区の領土は、イスラエルを挟んで2ヵ所に隔てられており、事実上の首都が存在するヨルダン川西岸地区が本土、ガザ地区が飛び地といえる。2007年、ガザ地区は急進派の (91) (92) によって制圧され、穏健派が統治するヨルダン川西岸地区と対立状態に陥り、イスラエルとの緊張も高まった。

2017年、中国の「一帯一路」構想において重要な位置にある国 (93) (94) は、南部にあるハンバントタ港を99年間の期限で中国企業に貸し出すこととした。1954年に5ヵ国首脳が集まり、アジア=アフリカ会議の開催を提唱した会議が開かれたこの国の最大の都市や首都は西部にあり、南部は開発が遅れていたのである。このようにして、新たな飛び地がこれからも生まれていくのかもしれない。

［設問1］

下線部（ア）に関連して、現在の香港の領域に、イギリスが清の領土と陸続きで接する形で初めて飛び地を獲得したのは何年か。下から選び、その番号を (95) (96) にマークしなさい。

［01］ 南京条約が締結された1842年
［02］ 虎門寨追加条約が締結された1843年
［03］ 天津条約が締結された1858年
［04］ 北京条約が締結された1860年
［05］ 新界租借条約が締結された1898年

［設問2］

下線部（イ）に関連して、トルコ系王朝のヨーロッパ進出についての記述として正しいものを下から選び、その番号を (97) (98) にマークしなさい。

［01］ イェルサレムを占領していたセルジューク朝がボスフォラス海峡を越えてヨーロッパにも領土を獲得したため、それを脅威に感じたビザンツ皇帝は教皇ウルバヌス2世に助けを求めた。

［02］ 1453年、ビザンツ帝国の首都コンスタンティノープルが陥落し、オスマン帝国に占領されたが、これがオスマン帝国にとって最初のヨーロッパ内の領土となった。

［03］ セリム2世は、対ハプスブルク同盟を結んだフランスの商人に領内での居住と通商の自由を認める特権を与えたが、その後この特権はイギリス、オランダの商人にも認められた。

［04］ 1571年、セリム3世治下のオスマン帝国は、スペイン、ヴェネツィア、ローマ教皇の同盟軍にレパント沖の海戦で敗れ、地中海での制海権を著しく後退させた。

［05］ イェニチェリは、チャルディラーンでの大会戦でサファヴィー朝の歩兵軍を圧倒したオスマン帝国の騎兵常備軍であり、ヨーロッパ諸国にとっても脅威であった。

［設問3］

下線部（ウ）に関連して、アメリカ合衆国がアラスカを買収した1860年代の出来事についての記述として正しいものを下から選び、その番号を (99) (100) にマークしなさい。

［01］ 北アメリカでは、カナダ連邦がイギリスの自治領となり、白人植民者が多い植民地を自治領化して間接的に支配を行うイギリスの支配形態の先駆けとなった。

[02]　ロシアでは、トルストイが自らも体験したクリミア戦争の戦場と19世紀半ばの貴族の生活を描く歴史小説『戦争と平和』を執筆した。

[03]　オーストリア皇帝がハンガリー皇帝も兼ねるオーストリア=ハンガリー帝国が成立した。これは共通の政府や議会を持たず、外交、財政、軍事は完全に分けられた二重帝国であった。

[04]　日本では、明治天皇が即位し、同じ年に明治政府が成立した。2回目のパリ万博もこの年に開かれ、岩倉具視を正使とした使節団や渋沢栄一らが視察した。

[05]　ポーランド独立運動を支援する組合活動家らがパリで第1インターナショナルを結成したものの、結成当初からマルクスとプルードンが対立し、数年で解散した。

〔語群〕

01. アリゾナ	02. アル=カーイダ	03. アルゼンチン	04. アルバニア	05. アンゴラ
06. イラク	07. イラン	08. 仁川	09. インディラ=ガンディー	
10. インドネシア	11. 元山	12. ウルグアイ	13. エジプト	14. エチオピア
15. 袁世凱	16. オレゴン	17. カリフォルニア	18. ギアナ	19. 北マケドニア
20. 左宗棠	21. ザール	22. シュレスヴィヒ・ホルシュタイン		23. シリア
24. シンガポール	25. スーダン	26. スリランカ	27. セルビア	28. 宋教仁
29. 曾国藩	30. タイ	31. ターリバーン	32. ダンツィヒ	33. 済州島
34. 張之洞	35. 大邱	36. 大田	37. ナラシンハ=ラーオ	
38. ネヴァダ	39. ネルー	40. バース党	41. ハマース	42. 板門店
43. 東ティモール	44. 東プロイセン	45. ファタハ	46. ブット	47. ブラジル
48. ブルネイ	49. マカオ	50. マレーシア	51. ミャンマー	52. モザンビーク
53. モロッコ	54. ユタ	55. ヨルダン	56. ラインラント	
57. ラジブ=ガンディー		58. 李鴻章	59. ルール	60. レバノン

く大義名分をもつてその抹殺を正当化した時代は他になかつた。それは一時の便法ではなく、永遠の真理として肯定されようとしてゐる。いや、現代はその一匹の失はれることすらみとめようとはしない。社会はその框（かまち）のそとに一匹の残余すらもつはずのないものとして規定せられる。個人は社会的なものをとほして以外に、それ自身の価値を、それ自身の世界をもつことを許されない。社会は個人をその残余としてみとめず、矛盾対立するものとして拒否するのである。だが、矛盾対立するものはなぜ存在してはいけないのか。いや、そのことよりも、個人はこのみづからの危機に際会してなぜ抗議しないのか。

（中略）

ひとびとはあらゆる個人的価値の底にエゴイズムを見、それゆゑに個人は社会のまへに羞恥する。が、現実を見るがいい――社会正義といふ観念の流行にもかかはらず、現実は醜悪な自我の赤裸々な闘争の場となつてゐるではないか、いや、なほ悪いことに、あらゆる社会正義の裏口からエゴイズムがそつとひとしれずしのびこんでゐる。当然である――いかに抑圧しようとしてもけつして消滅しきれぬ自我であり、それゆゑに大通りの通行禁止にあつてみれば、裏口にまはるよりほかに手はなかつたといふわけである。ぼくがもつともおそれるのはそのことにほかならない。社会正義の名によりひとびとが蛇蝎（だかつ）のごとく忌み恨んだエゴイズムとは、かくして社会正義それ自身の専横のもちきたらした当然の帰結にほかならぬのである。現代のオプティミズムは政治意識と社会意識とを強調してゐるが――それはそのかぎりにおいて正当な主張であるとしても――このさいひとびとの脳裡にある図式は、いささかの私心も野望もなき個人といふものの集合のうへに成りたつてゐる。たしかにかれらの世界観は知性の科学によつて空想的ユートピアに堕することをまぬかれてはゐよう。が、個人の秘密を看過したことにおいて、個人が小宇宙であるといふ古めかしい箴言を一片の反故として葬りさつたことにおいて、さらに社会意識といふものによつて個人を完全に包摂しうると考へたことにおいて、まさに空想的、観念的なユートピアの域をいでぬものであらう。

（中略）

ふたたび誤解をさけるためにことわつておくが、ぼくは文学者が政治意識をもたなくてはならぬとかなんとか、さういふ場でものをいつてゐるのではない。政治と文化との一致、社会と個人との融合といふことがぼくたちの理想であること――そのことはあたかも水を得るために水素と酸素との化合を必要とするといふことほど、すでに懐疑の余地のない厳然たる事実である。問題はその方法である。その理想を招来するための政治や文学の在りかた、社会や個人の在りかたが問題なのである。ぼくは両者の完全な一致を夢見るがゆゑに、その截然たる区別を主張する。乖離でもなく、相互否定でもない。両者がそれぞれ他の存在と方法とを是認し尊重してのうへで、それぞれの場にゐることをねがふのである。それをぼくはただ文学者として、文学の立場からいつたにすぎず、また今日のさかんな政治季節を考慮にいれていつたのにすぎない。

（中略）

政治のその目的達成をまへにして――そしてぼくはそれがますます九十九匹のためにその善意を働かさんことを祈つてやまず、ぼくの日常生活においてもその夢をわすれたくないものであるが――それがさうであればあるほど、ぼくたちは見うしなはれたる一匹のゆくへをたづねて歩かねばならぬであらう。いや、その一匹はどこにでもゐる――永遠に支配されることしか知らぬ民衆がそれである。さらにもつと身近に――あらゆる人間の心のうちに。そしてみづからがその一匹であり、みづからのうちにその一匹を所有するもののみが、文学者の名にあたひするのである。

福田恒存「一匹と九十九匹と――ひとつの反時代的考察」『福田恒存全集』第一巻（文藝春秋、一九八七年）。試験問題として使用するために、文章を一部省略・変更し、漢字を新字体に改めた。

に相違ない。かれはそこに政治の力を信ずるとともにその限界をも見てゐた。なぜならかれの眼は執拗に「ひとりの罪人」のうへに注がれてゐたからにほかならぬ。九十九匹を救へても、残りの一匹においてその無力を暴露するならば、政治とはいつたいなにものであるか――イエスはさう反問してゐる。かれの比喩をとほして、ぼくはぼく自身のおもひのどこにあるか、やうやくにしてその所在をたしかめえたのである。ぼくもまた「九十九匹を野におき、失せたるもの」にかかづらはざるをえない人間のひとりである。もし文学も――いや、文学にしてなほこの失せたる一匹を無視するとしたならば、その一匹はいつたいなにによつて救はれようか。

善き政治はおのれの限界を意識して、失せたる一匹の救ひを文学に期待する。が、悪しき政治は文学を動員しておのれにつかへしめ、文学者にもまた一匹の無視を強要する。しかもこの犠牲は大多数と進歩との名分のもとにおこなはれるのである。くりかへしていふが、ぼくは文学の名において政治の罪悪を摘発しようとするものではない。ぼくは政治の限界を承知のうへでその意図をみとめる。現実が政治を必要としてゐるのである。が、それはあくまで必要とする範囲内で必要としてゐるにすぎない。革命を意図する政治はそのかぎりにおいて正しい。また国民を戦争にかりやる政治も、ときにそのかぎりにおいて正しい。しかし善き政治であれ悪しき政治であれ、それが政治である以上、そこにはかならず失せたる一匹が残存する。文学者たるものはおのれ自身のうちにこの一匹の失意と疑惑と苦痛と迷ひとを体感してゐなければならない。

この一匹の救ひにかれは一切か無かを賭けてゐるのである。なぜなら政治の見のがした一匹を救ひとることができたならば、かれはすべてを救ふことができるのである。ここに「ひとりの罪人」はかれにとつてたんなるひとりではない。かれはこのひとりをとほして全人間をみつめてゐる。善き文学と悪しき文学との別は、この一匹をどこに見いだすかによつてきまるのである。一流の文学はつねにそれを九十九匹のそとに見てきた。が、二流の文学はこの一匹をたづねて九十九匹のあひだをうろついてゐる。なるほど政治の頽廃期においては、その悪しき政治によつて救はれるのは十匹か二十匹の少数にすぎない。それゆゑに迷へる最後の一匹もまた残余の八十匹か九十匹のうちにまぎれてゐる。ひとびとは悪しき政治に見すてられた九十匹に目くらみ、真に迷へる一匹の所在を見うしなふ。これをよく識別しうるものはすぐれた精神のみである。なぜなら、かれは自分自身のうちにその一匹の所在を感じてゐるがゆゑに、これを他のもののうちに見うしなふはずがない。

（中略）

ぼくの知りうるかぎり、ぼくたちの文学の薄弱さは、失せたる一匹を自己のうちの最後のぎりぎりのところで見てゐなかつた――いや、そこまで純粋におひこまれることを知らなかつた国民の悲しさであつた。しかもぼくたちの作家のひとりびとりはそれぞれ自己の最後の地点でたたかつてゐたのである。その意味において近代日本の文学は世界のどこに出しても恥しくない一流の作家の手によつてなつた。が、かれらの下降しえた自己のうちの最後の地点は、彼等に関するかぎり最後のものでありながら、なほよく人間性の底をついてはゐなかつた。なぜであるか――いふまでもない、悪しき政治がそれ自身の負ふべき負荷を文学に負はせてゐたからである。政治が十匹の責任しか負ひえぬとすれば、文学は残りの九十匹を背負ひこまねばならず、しかもぼくたちの先達はこれを最後の一匹としてあつかはざるをえなかつた。その一匹が不純なものたらざるをえず、この意味においてぼくたちの近代はそのほとんどことごとくを抹殺しても惜しくはない五流の文学しかもちえなかつたのである。

（中略）

ぼくがいままで述べてきた文学と政治との対立の底には、じつは個人と社会との対立がひそんでゐるのである。ここでもひとびとはものごとを一元的に考へたがり、個人の側にか社会の側にか軍配をあげようとこころみてきた。そして現代の風潮は、その左翼と右翼とのいづれを問はず、社会の名において個人を抹殺しようともくろんでゐる。ゆゑに個人の名において社会に抗議するものは、反動か時代錯誤のレッテルをはられる。ここにぼくの反時代的考察がなりたつ。が、それは反時代的、反語的ではあつても、けつして反動ではありえない。もし反動といふことばのそのやうな使ひかたが許されるならば、むしろそれは反対の立場にかぶせられるべきものであらう。ぼくは相手を否定せんと企ててゐるのではなく、ただおのれの扼殺される危険を感じてゐるのにすぎない。

失せたる一匹の無視せられることはなにも現代にかぎつたことではない。が、それはつねにやむをえざる悪としてみとめられてきたのであつて、今日のごと

論述力

（九〇分）

❖法学部の論述力試験について

この試験では、広い意味での社会科学・人文科学の領域から読解資料が与えられ、問いに対して論述形式の解答が求められる。試験時間は九〇分、字数は一、〇〇〇字以内とする。その目的は受験生の理解、構成、発想、表現などの能力を評価することにある。そこでは、読解資料をどの程度理解しているか（理解力）、理解に基づく自己の所見をどのように論理的に構成するか（構成力）、論述の中にどのように個性的・独創的発想が盛り込まれているか（発想力）、表現がどの程度正確かつ豊かであるか（表現力）が評価の対象となる。

〔問題〕

次の文章は、評論家・福田恒存が一九四七年に発表した「一匹と九十九匹と」と題する作品からの抜粋である。著者の議論を四〇〇字程度に要約した上で、個人と社会の緊張と対立について、あなたの考えを具体的に論じなさい。

ぼくはぼく自身の内部において政治と文学とを截然と区別するやうにつとめてきた。その十年あまりのあひだ、かうしたぼくの心をつねに領してゐたひとつのことばがある。「なんぢらのうちたれか、百匹の羊をもたんに、もしその一匹を失はば、九十九匹を野におき、失せたるものを見いだすまではたづねざらんや。」（ルカ伝第十五章）はじめてこのイエスのことばにぶつかつたとき、ぼくはその比喩の意味を正当に解釈しえずして、しかもその深さを直観した。もちろん正統派の解釈は蕩児の帰宅と同様に、一度も罪を犯したことのないものよりも罪を犯してふたたび神のもとにもどつてきたものに、より大きな愛情をもつて対するクリスト者の態度を説いたものとしてゐる。たしかにルカ伝第十五章はなほそのあとにかう綴つてゐる――「つひに見いださば、喜びてこれをおのが肩にかけ、家に帰りてその友と隣人とを呼びあつめていはん、『われとともに喜べ、失せたるわが羊を見いだせり』われなんぢらに告ぐ、かくのごとく、悔い改むるひとりの罪人のためには、悔い改めの必要なき九十九人の正しきものにもまさりて天に喜びあるべし。」

が、天の存在を信じることのできぬぼくはこの比喩をぼくなりに現代ふうに解釈してゐたのである。このことばこそ政治と文学との差異をおそらく人類最初に感取した精神のそれであると、ぼくはさうおもひこんでしまつたのだ。かれは政治の意図が「九十九人の正しきもの」のうへにあることを知つてゐたの

2020年度

問題編

■一般入試

問題編

▶試験科目・配点

教　科	科　　　　　　目	配　点
外国語	「コミュニケーション英語Ⅰ・Ⅱ・Ⅲ，英語表現Ⅰ・Ⅱ」，ドイツ語（省略），フランス語（省略）のうち１科目選択	200点
地　歴	日本史Ｂ，世界史Ｂのうち１科目選択	100点
論述力	資料を与えて，理解，構成，発想，表現の能力を問う	100点

▶備　考

「論述力」は「外国語」および「地理歴史」の合計点，および「地理歴史」の得点，いずれもが一定の得点に達した受験生について採点する。合否の決定は，３科目の合計点で行う。

英語

（80分）

I. *Study the following descriptions* 1 — 5.

1. These two words, though spelled the same and pronounced the same, can have distinctly different meanings.

2. These two words, though spelled the same, can be pronounced differently to have distinctly different meanings.

3. These two words, though they are spelled differently and have distinctly different meanings, are pronounced the same.

4. These two words are spelled differently, pronounced differently and have different meanings.

5. These two words are spelled the same, always pronounced the same and can only have the same meaning. In other words, in this case the same word is simply written twice.

Now select which description matches each of the following pairs of words (1)—(10) *and mark the appropriate number on your answer sheet.*

(1)　close　close

(2)　power　pour

(3)　wound　wound

(4)　career　carrier

(5)　severe　severe

(6)　peer　pier

(7)　seal　seal

(8)　dew　due

(9)　mine　mine

(10)　feint　faint

II. *Read the text below and answer the questions that follow.*

The conviction which unites traditionalist opponents of feminism is that men and women should occupy separate spheres. There are different versions of this **tenet**(11); opinions differ about what the nature of the sphere should be, about how much neutral space should **appertain**(12) to neither sphere, and about the extent to which **obtruding**(13) upon the other sex's sphere should be tolerated. Still, through all the variations of detail, the underlying theme remains constant. All traditionalists hold that men and women should at least to some extent have different functions in society, and that each sex should avoid the character and behavior which is the proper **preserve**(14) of the other.

Almost as constant is the argument given in defence of such a separation. The sexes should act and be treated in different ways, it is said, for the **incontrovertible**(15) reason that they are different. In the words of one silver-tongued defender of the separate spheres, "Each has what the other has not; each completes the other." Present-day opponents of feminism may have **divagated**(16) somewhat from the extremity of this view, but their position remains in essence the same. It is still widely regarded as obvious that the sexes are different, and that therefore as a matter of course any well-judging society must have different expectations of them and treat them in different ways.

Sentiments such as these are frequently expressed in such a way as to make the whole idea sound very nice and considerate: a **sapient**(17) division of labour for the good of all, with each individual being encouraged to contribute whatever is most suitable for them to give. But in spite of the **saccharine**(18) gloss of "equal but different" so often given to the account of the separate spheres, to the feminist it seems that the arrangement is nothing like one of equality. Scratch the **veneer**(19) even slightly, and all the differences of role between the sexes seem to depend on women's being less strong, less rational, less creative, and less just about everything else worthwhile than men, and these alleged failings have traditionally been the excuse for excluding women from everything men have been inclined to keep for themselves. Through all the **circumlocution**(20) there still comes the view of Aristotle, who attempted no such tactful suggestion of equality in difference when he said that female was female in virtue of a certain lack of qualities, and that of Thomas Aquinas, who thought a female was a defective male.

From Applied Ethics: Critical Concepts in Philosophy V6 by Ruth F. Chadwick, Doris Schroeder, Taylor & Francis

If you looked up the basic forms of the underlined words (11)—(20) *in a dictionary, you would find the following definitions* 0—9. *In each case, decide which definition matches the underlined word and mark that number on your answer sheet.*

0. a place or activity that is considered to belong to a particular person or group
1. to belong or be connected as a rightful part or attribute
2. to force or impose oneself or one's ideas without permission
3. impossible to deny or disprove
4. a superficial or deceptively attractive appearance
5. highly indirect speech
6. too sweet or too polite
7. to wander or stray from a course or subject
8. wise, intelligent
9. a principle of belief generally held to be true

Ⅲ. *In the dialogue that follows, words have been removed and replaced by spaces numbered* (21)—(28). *From the boxed lists* [A] *and* [B] *below, choose the most appropriate word to fill each of the numbered spaces.*

John: My man, Scott! What on ___(21)___ are you doing here in the middle of the night?

Scott: Well, I was burning the midnight ___(22)___ to prepare for an exam tomorrow.

John: Buddy, take it easy! It's almost 3:30 am!

Scott: I know. They say becoming a doctor is more of a marathon than a sprint. Perhaps, I should get some rest, but I'm so hungry!

John: So that's what brings you here. I see. Have you ever tried frozen yogurt at this place?

Scott: No. Never had a chance. Is it any good?

John: Are you kidding me? It's the best!

Scott: Well, I'm not really a big fan of yogurt.

John: Still, you've got to give this one a try. You won't regret it!

Scott: OK. I'm now tempted. Did you come here for that?

John: Yeah, of course! I also wanted to make a photocopy of this handout, so I'm killing two birds with one ___(23)___.

Scott: Forgive my ignorance, but it is just *frozen* yogurt, isn't it? Why would it be any different from regular yogurt?

John: Come on, man! It's more like ice cream!

Scott: If you like ice cream, why don't you just buy an ice cream?

John: Don't you know that frozen yogurt has much less fat than ice cream, so you don't have to worry about putting on ___(24)___ even if you eat it at this late hour?

Scott: I see. But what about those toppings? Aren't they made of granola and chocolate?

John: OK, you make a good point there, but I would still argue that frozen yogurt is way better than ice cream because it's full of probiotics.

Scott: Aha. Have you ever thought that when yogurt is frozen, the probiotics may not really work in your stomach?

John: You are impossible!

Scott: Well, I am simply asking questions that come naturally to mind.

John: If your theory holds ___(25)___, then all my efforts at getting healthy for the past few years might have been in vain.

Scott: Well, I could be wrong.

John: What are *you* buying anyway, Mr. Would-Be Doctor?

Scott: Well, since you asked, I'm here to get myself some chocolate chip cookies and soda.

John: I cannot believe I'm hearing this! You are going to be a doctor, right?

Scott: Mind you, I'm not trying to be a "doctor" doctor. I'm trying to get a Ph.D. in linguistics, researching in semantics.

John: What is that?

Scott: A branch of linguistics that deals with meanings.

John: Oh, you are perfectly cut out for that.

Scott: Do you reckon?

John: For sure. That's definitely not my cup of ＿(26)＿, though.

Scott: I do want to eat something, though. They say hunger is the best ＿(27)＿, so let's try your favorite.

John: You mean frozen yogurt? I'm glad you are changing your mind. Here we go! Enjoy!

Scott: Oh, no! I've dropped the cup. What do I do?

John: It's no use crying over spilt ＿(28)＿, or yogurt in this case. Let's just get another one.

[A] *Spaces* (21)—(24)

1. arrow 2. hour 3. earth 4. fat 5. hell 6. oil 7. stone 8. weight

[B] *Spaces* (25)—(28)

1. jam 2. milk 3. sauce 4. soup 5. tea 6. tears 7. water 8. wine

IV. *The sequence of remarks below, numbered* (29) — (37), *are those made by a journalist in an interview with an actor. The interviewee's responses that follow have been rearranged and numbered* 0 — 8. *Choose the number of the response that most appropriately follows each remark, and mark that number on your answer sheet. All numbers must be used.*

Trevor Smith interviews the actor, Omar Abiola.

Interviewer's remarks

(29) First of all, congratulations on winning the International Film Award for best leading actor, Omar.

(30) Did it surprise you when *Under a Blue Moon* was nominated in six categories?

(31) And why was that?

(32) Still this *is* the film that you felt you had to be in.

(33) The director of the film, Mary Mboma, also told me that she had a hard time persuading you to join the project.

(34) And it did happen, didn't it? Steve N'Dour was jailed.

(35) Was the incident really the final push for you?

(36) All the same, the film presents diverse viewpoints.

(37) I am sure your message has reached not only those who think that they are different, but also those who are afraid of new and unfamiliar ideas.

Interviewee's responses

0. As a matter of fact, I didn't want to join the creative team at first. I still remember how I felt when I first read this novel by Steve N'Dour. I couldn't read through it as just a work of fiction or somebody else's story. Everything he depicted in the book was about me, the young Omar. If you cannot distance yourself from a narrative, it's very difficult to make the story into other forms of art.

1. If you are talking about my starring in the film, who knows? Meeting him might have persuaded me not to join the project. But as for fighting for freedom and human rights, it was more than a push. It was a real wake-up call. When I heard the sad news, I phoned Mary and told her I was ready to do anything.

2. Sadly, that's true. Before deciding how to respond to Mary's proposal, I really wanted to meet Steve to talk about his book. I thought it would give me the opportunity to decide whether or not to be in the film. But it was too late. He was put behind bars and died of pneumonia a week later.

3. We are old friends. She has long known of my own struggle over my sexual identity and she predicted how I would first react when she brought up the idea. We discussed the theme of the book and why the author had to write it despite the risk of imprisonment.

4. Well, the film does not really fit the formula for a popular hit. The cast is all black, and the story mainly unfolds in a small African village—no superheroes or heroines, or intriguing love stories—and, most of all, it deals with the LGBT issues in a conservative African society. On top of that, the original novel was written by a little-known young African author who is no longer with us.

5. Thank you very much, Trevor. I still need some time to let it sink in.

6. We do hope so. And that is exactly what Steve would have wished.

7. Neither the book nor the film declares who is wrong or right. It also shows some understanding of those who rejected the main character. They were just afraid of ideas and thoughts unfamiliar to them. As long as you are a member of a small community, you are bound by its customs. It needs great courage first to realize that you are different, second, to persuade yourself it is OK to be different and, third, to make others accept who you are. Every step is huge.

8. In some ways. We were pretty confident that the film *would* capture many hearts once it reached a wide audience, with its great scenario, marvelous cinematography and, if I may say so, the quality of the acting. Still, we didn't expect it would hit screens worldwide.

V. *Read the text and answer the questions that follow.*

[A] The uniqueness of a work of art is inseparable from its being part of the fabric of tradition. This tradition itself is thoroughly alive and extremely changeable. An ancient statue of Venus, for example, stood in a different traditional context with the Greeks, who made it an object of worship, than with the priests of the Middle Ages, who viewed it as a frightening idol. They both, however, had to face up to its uniqueness, that is, its aura. We know that the earliest art works originated in the service of a ritual—first the magical, then the religious kind. It is significant that the existence of the work of art with reference to its aura was never entirely separated from its ritual function. In other words, the unique value of the "authentic" work of art has its basis in ritual.

[B] This ritualistic basis, however remote, is still recognizable even in the most irreligious forms of the cult of beauty. However this secular cult of beauty, developed during the Renaissance and prevailing for three centuries, clearly showed how art's ritualistic basis was declining. With the discovery of the first truly revolutionary means of reproduction, photography, simultaneously with the rise of socialism, art sensed the approaching crisis which has become evident a century later. At the time, art reacted with the doctrine of "art for art's sake." This gave rise to the idea of "pure" art, which not only denied any social function of art but also any categorizing by subject matter.

[C] An analysis of art in the age of mechanical reproduction leads us to an all-important insight: for the first time in world history, mechanical reproduction frees the work of art from its dependence on ritual. From a photographic negative, for example, one can make any number of prints; to ask for the "authentic" print makes no sense. But the instant the standard of authenticity ceases to be applicable to artistic production, the total function of art is reversed. Instead of being based on ritual, it begins to be based on another practice: politics.

[D] Works of art are received and valued on different levels. Two opposite types stand out; with one, the accent is on the cult value; with the other, on the exhibition value of the work. Artistic production begins with ceremonial objects destined to serve in a cult. One may assume that what mattered was their existence, not their being on view. The deer portrayed by the man of the Stone Age on the walls of his cave was an instrument of magic. He did expose it to his fellow men, but in the main it was meant for the spirits. Today the cult value would seem to demand that the work of art remain hidden. Certain statues of gods are accessible only to the priest in the temple; certain sculptures on medieval cathedrals are invisible to the spectator on ground level. When these various art practices are freed from ritual, the opportunities for exhibition of their products are increased. It is easier to exhibit a portrait bust that can be sent here and there than to exhibit the statue of a god that has its fixed place in the interior of a temple. The same holds for the painting as against the mosaic or fresco that preceded it.

[E] With the different methods of technical reproduction of a work of art, its fitness for exhibition increased to such an extent that the shift between its two extremes turned into a transformation of its nature. This is comparable to the situation of the work of art in prehistoric times when, by the absolute emphasis on its cult value, it was, first and foremost, an instrument of magic. Only later did it come to be recognized as a work of art. In the same way today, by the absolute emphasis on its exhibition value, the work of art becomes a creation with entirely new functions. Among these functions, the one we are conscious of, the artistic function, later may be recognized as incidental. This much is certain: today photography and movies are the most useful examples of this new function.

[F] In photography, exhibition value begins to displace cult value all along the line. But cult value does not give way without resistance. It retires into an ultimate position of defence: the human countenance. It is no accident that the portrait was the main focus of early photography. The cult of remembrance of loved ones, absent or dead, offers a last refuge for the cult value of the picture. For the last time the aura arises from the early photographs in the expression of a human face. This is what constitutes their unique and melancholy beauty. But as man withdraws from the photographic image, the exhibition value for the first time shows its superiority to the ritual value.

[G] Today, the nineteenth-century dispute as to the artistic value of painting versus photography seems confused. This does not diminish its importance, however; if anything, it underlines that importance. The dispute was in fact the symptom of a historical transformation, the universal impact of which was not realized by either side of the dispute. When the age of mechanical reproduction separated art from its basis in cult, the idea that it was independent from everything else disappeared forever. Earlier much futile thought had been devoted to the question of whether photography is an art. The primary question—whether the very (___X___)—was not raised.

(Adapted from Walter Benjamin, "The Work of Art in the Age of Mechanical Reproduction")

(38) *Which of the following ideas can **not** be found in paragraph* [**A**]*?*

1. Tradition can be compared to cloth.
2. Magic and religion belong to different periods of history.
3. Works of art were part of a ceremony in earlier periods.
4. Art works must be a mixture of the beautiful and the fearful.

(39) *Which of the following ideas can be found in paragraph* [**B**]*?*

1. The ritualistic element of art remains always unchanged.
2. A ritualistic element of art can be found even when the art work is not religious.
3. The ritualistic element of art remained unchanged until the invention of photography.
4. Many socialist ideas can be compared to the technique of photography.

(40) *In paragraph* [**B**] *we find the phrase*, "the idea of 'pure' art, which not only denied any social function of art but also any categorizing by subject matter." *Which of the following best restates the meaning of that phrase?*

1. The idea that art is of some use to society, but only if it is about something specific.
2. The idea that art is of some use to society, but only if the artist thinks it is.
3. The idea that art is of no use to society and does not have to be about anything in particular.
4. The idea that only art can really be of use to society in any category.

(41) *Which of the following best summarizes the content of paragraph* [**C**]*?*

1. Once art was mechanically reproduced, its role was completely changed.
2. Once photographs were invented, there was no need for works of art.
3. Photography completely changed the rituals of politics.
4. Art became free from ritual, but only in a negative way.

(42) *Which of the following best expresses the role of animal paintings in caves as explained in paragraph* [**D**]*?*

1. Their function was mainly supernatural, although they could be viewed by humans.
2. They were mainly to be viewed by humans, although they could have a supernatural function.
3. They could be viewed by humans, but only by using magical instruments.
4. They could be viewed by the spirits using magical instruments.

(43) *In paragraph* [**D**] *which of the following is given as a reason why statues and frescoes are different from busts and paintings?*

1. They must remain hidden from anyone but their owners.
2. They tend to show scenes of action such as hunting.
3. They have a different spiritual value.
4. They are difficult to transport.

(44) *The two extremes referred to at the beginning of paragraph* [**E**] *are those of:*

1. cult value and size

2. cult value and exhibition
3. exhibition and ceremony
4. ceremony and cult value

(45) *In paragraph* [**E**] *why does the writer say that modern mechanically reproduced art can be compared to the art of prehistoric times?*

1. In both cases the artistic element was of primary importance.
2. In both cases the artistic element was of secondary importance.
3. In both cases the artist was more important than the art work.
4. In both cases the art work was more important than the artist.

(46) *In paragraph* [**F**] *what does the phrase on the first line* "all along the line" *mean?*

1. in a narrow sense
2. in every museum
3. in every aspect
4. in every ordinary home

(47) *According to paragraph* [**F**] *why was the human face the last resort of cult value?*

1. Remembering loved ones always has an element of ritual.
2. The human face is always surrounded by an aura.
3. The human face is more resistant than other body parts.
4. The expression in the human face is the hardest to capture.

(48)—(49) *A portion of paragraph* [**G**] *marked by the bracketed space* (___X___) *has been removed from the text. Rearrange the words below* (0—9) *so as to recreate the original order of the portion removed.* ***Note that the word "of" must be used twice.*** *Mark the numbers of the* ***third*** *and* ***eighth*** *words as the answers to questions* (48) *and* (49), *respectively, on your answer sheet.*

0. art	1. entire	2. invention	3. had	4. nature
5. not	6. of	7. photography	8. the	9. transformed

日本史

（60分）

（解答上の注意） [(1) ¦ (2)] と表示のある問いに対して，「09」と解答する場合は，解答欄(1)の⓪と(2)の⑨にマークすること。

問題 I

次の本文を読み，空欄 [(1) ¦ (2)] から [(19) ¦ (20)] に入る最も適切な語句を語群より選び，その番号を解答用紙の所定の欄にマークしなさい。また，下線部（ア）から（オ）に関連した設問1から3について，それぞれの指示に従って番号を選び，解答用紙の所定の欄にマークしなさい。

権力を維持することは難しい。有力者の支持を得るほど体制は安定するが，力を付けた彼らがやがてライバルとして権力の座を狙ってくるかもしれない。それを恐れて粛清すると，トラブルが起きたときに自分を守ってくれる有力者がいなくなる。

例えば鎌倉幕府は，権力者が地位を守るためにライバルを次々と排除したことによって，最終的に弱体化したと考えられる。そもそも源頼朝と血縁関係にある将軍家自体が，(ア)源平の争乱における勝利に貢献した一門の武将である源義経や [(1) ¦ (2)] を粛清したこともあり，三代で絶えてしまった。第二代将軍を伊豆に幽閉し謀殺することで権力を確立した北条時政は，有力御家人であった [(3) ¦ (4)] を排除したが，高まった反感の責任を取らされる形で，息子である北条義時に伊豆へと流されてしまった。政権を掌握した義時は，ライバルであった侍所の別当を一族ごと排除してその権力を確立し，やがて執権と呼ばれる地位を築いた。これまでの過程はまさに粛清に次ぐ粛清ということができる。

そののちに執権となった北条泰時の下では，補佐として連署が置かれ，有力御家人たちを含めた評定衆による合議が行われるようになるなど，有力者の支持を得て政治を安定させる動きが一旦はみられる。北条時頼も新たに引付衆を設けているが，この間にも宝治合戦において [(5) ¦ (6)] とその一族が滅ぼされている。また，(イ)蒙古襲来の後には御内人との争いから [(7) ¦ (8)] らが排除され，さらにその際の中心人物であった平頼綱すら滅ぼされることによって強力な専制権力が樹立されるに至った。だが結果的には相次ぐ粛清により，北条氏と緊密に結び付いていた有力御家人である足利氏ですら，後醍醐天皇による倒幕計画に与することになった。

そう考えるならば，室町幕府において宥和政策が基調となったことも理解できる。幕府を開いた足利尊氏は，まず [(9) ¦ (10)] との二頭政治を展開し，権力の独占を避けた。続いて [(9) ¦ (10)] と高師直の勢力争いに巻き込まれた際には，南朝との和議（正平の一統）まで試みているし，争いの過程で繰り返し尊氏に敵対した山名氏などの有力守護たちも，そのほとんどが赦免されている。

だが逆に，肥大した守護たちの統制という課題が，室町幕府にはのしかかることになった。(ウ)足利義満は，美濃・尾張・伊勢の守護を兼ねていた [(11) ¦ (12)] を討伐したり，西国11か国の守護を兼ね「六分一殿」とも称された [(13) ¦ (14)] を打倒したりするなどの努力を続けている。しかし，さらなる権力の強化を狙って反抗的な鎌倉公方 [(15) ¦ (16)] の討伐に成功するなどの成果を挙げた足利義教は，恐怖に怯えた有力守護の一人によって暗殺されるに至った。結果的に，弱体化した室町幕府は将軍家と二つの管領家それぞれの相続争いの収拾に失敗し，(エ)足かけ11年に及び京都を二分した内乱の結果として崩壊していくのである。

これらと比較したとき，当初は有力な外様大名に厳しい姿勢で臨んでいた徳川幕府が，のちに安定策へと転換したことは，注目に値する。幕政初期，いずれも豊臣政権の打倒に貢献した小早川秀秋は死後に家が無嗣断絶とされ，(17)(18)は広島城の無断修築が武家諸法度に反するとして改易された。これらは権力にとって脅威となる潜在的なライバルを除去しようとしたものと考えることもできる。だが(オ)17世紀の半ば以降，異様な風体をした(19)(20)の横行や由比正雪の乱の発生など，増加した浪人が社会のリスクとなるに及んで，末期養子の禁止が緩和されるなど有力者の立場を保証することで安全が追求されるようになった。

〔設問 1〕

次の［01］から［05］の文章は，それぞれ下線部（ア）から（オ）の時期の宗教に関する記述である。そのうち説明として最も適切なものを選び，その番号を解答用紙の解答欄(21)(22)にマークしなさい。

［01］下線部（ア）：寺院に所属しない聖や上人と呼ばれた布教者により，浄土真宗が全国に普及した。

［02］下線部（イ）：法華経を正しい教えと考えた日蓮は，真言宗などの旧仏教，禅宗などの新仏教を厳しく批判したが，律宗を批判することはなかった。

［03］下線部（ウ）：武家社会に禅宗が広く受け入れられ，庭園の様式など文化的影響も広がったが，僧侶たちが政治に関与することはなかった。

［04］下線部（エ）：一向宗の蓮如は，加賀・越前国境に開いた道場を拠点として北陸・東海への布教を進めた。

［05］下線部（オ）：キリスト教が禁圧される一方で仏教は優遇され，特定の宗派が禁止されるようなことはなかった。

〔設問 2〕

次の［01］から［05］の文章は，それぞれ下線部（ア）から（オ）の時期の文化に関する記述である。そのうち説明として最も適切なものを選び，その番号を解答用紙の解答欄(23)(24)にマークしなさい。

［01］下線部（ア）：武家の出身である鴨長明や西行により，現世のむなしさを禅の修行で克服しようとする思想が示された。

［02］下線部（イ）：京では懐古的な有職故実の学が栄える一方，関東では和漢の書籍を集めた金沢文庫が設けられるなど，武士たちの文化的な自立が志向された。

［03］下線部（ウ）：延暦寺の保護を受けた金春座の観阿弥・世阿弥により芸術性の高い猿楽能が完成された。

［04］下線部（エ）：内乱を避けて地方に逃れた桂庵玄樹により，15世紀末に足利学校が再興された。

［05］下線部（オ）：経済の繁栄した江戸に生まれた井原西鶴は，武家の出身でありながら『世間胸算用』のように経済活動を肯定する文学を生み出した。

〔設問 3〕

次の［01］から［05］の文章のうち，下線部（エ）の内乱についての説明として最も適切なものを選び，その番号を解答用紙の解答欄(25)(26)にマークしなさい。

［01］将軍足利義政の実子である足利義視を，当初は管領細川勝元が支持していた。

［02］山名宗全は，日野富子との関係から将軍足利義政の実子足利義尚を支持し続けた。

［03］三管領のうち，細川氏と畠山氏それぞれの後継者争いがこの内乱には関係していた。

［04］将軍足利義政の養子である足利義視は，当初は西軍，のちに東軍に属した。

［05］管領細川勝元は，将軍足利義政の実子である足利義尚を擁し，西軍の畠山義就と争った。

［語群］

01. 赤松則村	02. 悪党	03. 足利直冬	04. 足利直義	05. 足利持氏
06. 足利基氏	07. 安達泰盛	08. 大内義弘	09. 梶原景時	10. 加藤清正
11. 加藤忠広	12. かぶき者	13. 九条頼嗣	14. 楠木正行	15. 黒田長政
16. 小西行長	17. 佐々木導誉	18. 斯波義敏	19. 島津義弘	20. 堂衆
21. 富樫政親	22. 土岐康行	23. 新田義貞	24. バサラ	25. 畠山重忠
26. 畠山政長	27. 比企能員	28. 平賀朝雅	29. 福島正則	30. 本多正純
31. 三浦按針	32. 三浦梧楼	33. 三浦泰村	34. 三浦義澄	35. 源高明
36. 源範頼	37. 源義家	38. 源義平	39. 源頼政	40. 無宿人
41. モボ	42. 山名氏清	43. 和田義盛		

問題 II

次の本文を読み，空欄［(27)｜(28)］から［(37)｜(38)］に入る最も適切な語句を語群より選び，その番号を解答用紙の所定の欄にマークしなさい。また，下線部（ア）から（キ）に関連した設問1から7に答えなさい。

東アジアの伝統的な国際秩序は，中国を中心とした冊封体制のもとにあったといわれてきた。ところが，古代から近世に至る日本・中国・朝鮮半島諸国の関係を俯瞰すると，異なる歴史像がみえてくる。

『漢書』地理志によれば，前漢時代，倭人は楽浪郡に使者を定期的に派遣していた。『後漢書』東夷伝や「魏志」倭人伝における記述からも，倭の王たちが中国皇帝に使者を遣わし貢物を捧げることによって，称号や金印などを授けられていたことがわかる。5世紀から6世紀にかけて，倭の五王たちも再三にわたり中国に朝貢した。478年，高句麗との戦いに際して中国南朝の宋に支援を要請した倭王武は，［(27)｜(28)］の称号を与えられている。また，武烈から欽明に至る5代の天皇の下で大連を務めた［(29)｜(30)］が，百済からの求めに応じ加耶西部の任那四県を割譲したことが遠因となって，540年に失脚するなど，その背景には朝鮮半島諸国との関係があったことがうかがわれる。

607年に派遣された遣隋使が持参した国書に「日出づる処の天子，書を日没する処の天子に致す」と記されていたように，聖徳太子らによって国家体制の刷新が進められる頃になると，倭の五王の時代とは異なり，中国皇帝に臣従しない姿勢も示されている。当時倭国には，自らを周辺諸国よりも優れた国であると位置付ける日本的な「中華思想」も生まれていた。『日本書紀』は，［(31)｜(32)］に対して高句麗・百済・新羅からの使者が服属を示す貢物を献上する儀式を行っていた際に蘇我入鹿の暗殺が起きたと伝えているが，この使者の存在や服属が事実だったかは疑わしい。

それでも，隋のあとに成立した唐には，その先進的な制度や文化を学ぶべく(ア)遣唐使が派遣され，それにともなって唐に渡った留学生や学問僧たちは，帰国後に律令国家としての日本を形成する上で大きな貢献をした。9世紀後半以降に，唐の国力が著しく衰退してくると，(イ)遣唐使の派遣は中止されることになった。それ以降，朝廷や鎌倉幕府は宋や元と国交を結ばない方針を貫いたものの，平氏政権は日宋貿易に力を入れ，その後も宋銭が数多く流通するなど経済的結び付きは維持された。蒙古襲来のあとでさえ，民間の交易や僧侶の往来が絶えることはなかった。

15世紀初頭にはあらためて中国との国交を樹立し，(ウ)日明貿易を始めたが，朝貢という形式を屈辱的だと考えた将軍［(33)｜(34)］によって一時中止されるなどのトラブルも発生した。高麗を滅ぼし1392年に成立した朝鮮との間でも，(エ)15世紀から16世紀にかけて様々な摩擦が生じている。倭寇討伐のために朝鮮が対馬へ出兵したことは，幕府や朝廷に衝撃を与えた。この問題への対応として日本に派遣された宋希璟が，その際の見聞を書き残したのが，『［(35)｜(36)］』である。その一方で，倭寇は密貿易商として東アジア地域の交易の一翼も担っていた。鉄砲を伝えたとされるポルトガル人は，倭寇の頭目の一人である (37) (38) の船に乗って種子島に着いたものとみられる。

全国統一後に(オ)豊臣秀吉が朝鮮出兵を挙行した理由については諸説あるが，一説には，明を征服して日本を中心とした国際秩序を構築することを目指していたといわれる。1592年には15万を上回る軍勢が送り込まれ，緒戦は破竹の勢いで朝鮮半島北部にまで攻め込んだが，やがて朝鮮側が態勢を立て直し反転攻勢に出るとともに，明から援軍が派遣されたこともあり戦局は膠着状態に陥った。その後，和平交渉が不調に終わったことを受けて，1597年には再度派兵がなされたが，1598年の秀吉の死にともない撤退を余儀なくされた。撤兵を経て，朝鮮との講和は成立したものの，明との講和は不調に終わり，その後も(カ)江戸時代を通じて(キ)清との国交が結ばれることはなかった。

〔設問 1〕

下線部（ア）に関して，遣唐使についての次の（a）から（e）の各記述のうち，適切でないものの組み合わせを［01］から［10］より選び，その番号を解答欄 (39) (40) にマークしなさい。

（a） 白村江の戦いを経て，第一回遣唐使の派遣が実現した。
（b） 894年，菅原道真は遣唐大使に任命された。
（c） 大伴古麻呂は鑑真をともなって帰国した。
（d） 藤原仲麻呂は唐からの帰途で暴風雨に遭い，帰国を果たせなかった。
（e） 阿倍仲麻呂は唐からの帰途で暴風雨に遭い，帰国を果たせなかった。

［01］（a）と（b）　［02］（a）と（c）　［03］（a）と（d）　［04］（a）と（e）
［05］（b）と（c）　［06］（b）と（d）　［07］（b）と（e）　［08］（c）と（d）
［09］（c）と（e）　［10］（d）と（e）

〔設問 2〕

下線部（イ）に関して，遣唐使派遣の開始から中止に至るまでの期間における出来事の順番として最も適切なものを［01］から［12］の中より選び，その番号を解答欄 (41) (42) にマークしなさい。

（a） 安史の乱が起こった。
（b） 大仏開眼供養会が行われた。
（c） 第一回遣渤海使が派遣された。
（d） 最澄・空海が渡唐した。

［01］（a）→（b）→（c）→（d）
［02］（a）→（b）→（d）→（c）
［03］（a）→（d）→（c）→（b）
［04］（b）→（a）→（d）→（c）
［05］（b）→（c）→（a）→（d）
［06］（b）→（c）→（d）→（a）
［07］（c）→（b）→（a）→（d）
［08］（c）→（d）→（a）→（b）
［09］（c）→（d）→（b）→（a）
［10］（d）→（a）→（b）→（c）

[11]　(d) → (a) → (c) → (b)

[12]　(d) → (c) → (a) → (b)

〔設問3〕

下線部（ウ）に関して，日本と明の関係についての次の［01］から［05］の文章のうち，適切でないものを選び，その番号を解答欄 (43) (44) にマークしなさい。

[01]　明は懐良親王を日本国王に冊封し，倭寇の鎮圧を求めた。

[02]　公式の貿易以外に，遣明船に同乗した商人たちによる取引も行われていた。

[03]　輸入された織物や書画が，北山文化や東山文化に大きな影響を与えた。

[04]　倭寇が寧波の乱を起こしたことにより，勘合貿易は断絶した。

[05]　大内氏は16世紀半ばの滅亡に至るまで勘合貿易を独占し，大きな利益を上げた。

〔設問4〕

下線部（エ）に関して，15世紀から16世紀にかけて日本と朝鮮の間で起こった出来事の順番として最も適切なものを［01］から［12］より選び，その番号を解答欄 (45) (46) にマークしなさい。

(a)　朝鮮の三浦に住む日本人居留民が反乱を起こした。

(b)　朝鮮は宗氏からの歳遣船を年間25隻に制限した。

(c)　朝鮮が倭寇の根拠地とみなした対馬を軍船およそ200隻で襲撃した。

(d)　朝鮮は宗氏からの歳遣船を年間50隻に制限した。

[01]　(a) → (b) → (c) → (d)

[02]　(a) → (b) → (d) → (c)

[03]　(a) → (d) → (c) → (b)

[04]　(b) → (a) → (d) → (c)

[05]　(b) → (c) → (a) → (d)

[06]　(b) → (c) → (d) → (a)

[07]　(c) → (b) → (a) → (d)

[08]　(c) → (d) → (a) → (b)

[09]　(c) → (d) → (b) → (a)

[10]　(d) → (a) → (b) → (c)

[11]　(d) → (a) → (c) → (b)

[12]　(d) → (c) → (a) → (b)

〔設問5〕

下線部（オ）に関して，豊臣秀吉による朝鮮出兵についての説明として最も適切な文の番号を［01］から［05］より選び，解答欄 (47) (48) にマークしなさい。

[01]　朝鮮と明への出兵に備えて，秀吉は筑前に名護屋城を築いた。

[02]　「てつはう」を擁した日本側の軍勢は，仁川から進撃して漢城を陥落させた。

[03]　文禄の役ののち，和平交渉のため明から楊方亨が来日し，秀吉を日本国王に封ずるとの国書をもたらした。

[04]　秀吉が講和条件とした，天皇を明の皇女と結婚させることや，朝鮮全土を割譲することが受け入れられなかったため，和平交渉は頓挫した。

[05]　李舜臣率いる朝鮮水軍の反撃により，日本軍の補給路は完全に途絶した。

〔設問6〕

下線部（カ）に関して，いわゆる鎖国についての説明として最も適切な文の番号を［01］から［05］より選び，解答欄 (49) (50) にマークしなさい。

［01］ 北海道の和人地でアイヌとの交易を行っていた商場も廃止され，すべての貿易は長崎に集中された。

［02］ オランダとの取引が続けられた背景としては，宗教的な理由に加え，江戸で幕府と直接の貿易を行っていたことが挙げられる。

［03］ ポルトガル船の来航は島原の乱以前に禁止されていたが，ポルトガル人の子孫はその後も引き続き日本に住むことが許された。

［04］ オランダ商館が長崎に移されたのち，中国船の来航も長崎に限られたため，中蘭両国とは商館を通じた貿易のみが行われた。

［05］ 鎖国という言葉は，江戸幕府の対外政策に関するドイツ人の記述をもとにして，19世紀になって用いられた訳語である。

〔設問7〕

下線部（キ）に関して，江戸時代における中国との関係についての次の（a）から（e）の各記述のうち，適切でないものの組み合わせを［01］から［10］より選び，その番号を解答欄 (51) (52) にマークしなさい。

（a） 中国との国交は結ばれなかったが，貿易は維持された。

（b） 徳川家康は清との国交回復を図ったが実現に至らなかった。

（c） 山鹿素行は著書の中で，日本こそが「中華」であると主張した。

（d） 長崎ではオランダ商館移設に先がけて唐人屋敷が設けられた。

（e） 清は鄭成功らの勢力を削ぐため，日本への商船の渡航を一時期禁止した。

［01］（a）と（b）　［02］（a）と（c）　［03］（a）と（d）　［04］（a）と（e）
［05］（b）と（c）　［06］（b）と（d）　［07］（b）と（e）　［08］（c）と（d）
［09］（c）と（e）　［10］（d）と（e）

〔語群〕

01. 足利義昭　02. 足利義詮　03. 足利義輝　04. 足利義持　05. 安東大将軍
06. アントーニオ＝ガルバン　07. 王直　08. 大伴金村　09. 姜沆
10. 肥富　11. 皇極天皇　12. 孝謙天皇　13. 光明皇后　14. 実悟記拾遺
15. 持統天皇　16. 尚豊　17. 聖武天皇　18. 親魏倭王　19. 推古天皇
20. 征夷大将軍　21. 善隣国宝記　22. 祖阿　23. 蘇我稲目　24. 蘇我馬子
25. 日本遠征記　26. 日本及日本人　27. 日本国王　28. 日本三代実録　29. 物部尾輿
30. 物部守屋　31. 老松堂日本行録

問題 Ⅲ

以下の史料および解説文を読んで，空欄［(53)｜(54)］から［(69)｜(70)］に入る最も適切な語句を語群より選び，その番号を解答用紙の所定の欄にマークしなさい。また，史料にある下線部（ア）および空欄［（a）］から［（c）］に関する設問1から3に答えなさい。同じ記号の空欄には同じ語句が入る。引用した史料の原文は適宜改めている。

［史料X］

程なく大地震にて，御蔵の金，御［(53)｜(54)］に入り，其金民間にひろごり（注1）民間に金多くなる故，人弥（いよいよ）奢（おごり）て商人弥利を得，一人の身一軒の家にても，物入の品多くなり（中略）御城下のはしはしに家居の立続きたる事，又(ア)田舎の末々まで商人一面に行渡たる事，それがし覚へても専（もっぱら）［（a）］已後の事也。

然ば（注2）(イ)当時金銀半分より内にへりて［（b）］の昔に返れども，世界の奢，風俗の常と成たる所は，［（b）］の時分とは遥に別也。（中略）

諸色（しょしき）の高直（こうじき）（注3）に成たるは，全く［（a）］の時に金銀に歩を入れて，金銀の位悪敷なる故に，高直に成たるにも非ず。又金銀の員数ふゑたる故に，高直に成たるにも非ず。元来旅宿の境界に制度なき故，世界の商人盛に成より事起て，種々の事を取まぜて，次第次第に物の直段高く成たる上に，［（a）］に金銀ふゑたるより，人の奢益々盛になり，田舎までも商人行渡り，諸色を用ゆる人ますます多くなる故，ますます高直に成たる也。

（注1）ひろがり，の意。

（注2）「然るを」と記す稿本も存在する。

（注3）値段が高いこと。「直」は値のこと。

［史料Y］

此封事（ふうじ）（注4）御覧の後仰下（おおせくだ）されし事，ふたゝび三たびののち，「所レ申（もうすところ）そのことわりあり。されど，これ国家の大計也。よくよく御思惟（しい）有べし」と仰下されしに，やがて今の法皇（注5）の皇子秀の宮とか申す御事，親王宣旨あるべき由を申させ給ひたりけり。其後また，前代に皇女御釐降（りこう）の事をも仰定られき。これらの事ども，我此国に生れて，皇恩に報ひまゐらせし所の一事也。

（注4）密封して直接君主に差し出す意見書のこと。

（注5）東山天皇を指すと考えられる。ただし，東山天皇は［史料Y］が執筆された頃，既に崩御している。

［史料Z］

対馬侯は小国を領して，僅二万餘石の禄なるが，朝鮮の人参，其外諸の貨物（しろもの）を，甚（はなはだ）賤く買入れ，一国にて占（しめ）て，甚貴く売出す故に，二十万石の諸侯に比して猶餘裕（よゆう）あり。（中略）石州の津和野侯は，四万石餘の禄なるが，［（c）］を造（つくり）出して，是を占て売る故に，十五万石の禄に比す。（中略）薩摩は本より大国なれども，琉球の貨物を占て売出す故に，其富有（ふゆう）海内に勝れたり。中華の貨物も，琉球に伝て，薩摩に来り，薩摩より此方の諸国に流布すること多し。

［解説文］

［史料X］は，江戸時代，［(55)｜(56)］に仕えた経験を有する人物が記した文章の一節である。ここには，商品経済の発展や人口の急激な膨張により，巨大都市化が進む江戸の様子が描かれている。当時の江戸では，大名の屋敷をはじめ，旗本・御家人の屋敷が集中し，多くの武家が居住するとともに，町人地には町人が密集して暮らし，［(57)｜(58)］と呼ばれる，店舗を持たない零細行商人も登場した。

［史料Y］は，［史料X］にある下線部（イ）の出来事に深く関わった人物が記した文章の一節である。この人物は，将軍徳川家宣に行った講義をもとにした『 (59) (60) 』の著者としても知られる。それまで宮家は，桂（一時京極と改称），有栖川， (61) (62) の二家に限られており，天皇の子弟の多くは，出家して門跡寺院に入っていた。［史料Y］では，この史料を記した人物による封事を一つのきっかけに，徳川幕府が費用を献じ，新たに宮家が立てられたことが述べられている。のちに後桃園天皇が急死した際，この宮家を継ぐ (63) (64) 親王の子が天皇に即位した。

［史料Z］は，服部南郭らとともに，［史料X］を記した人物に学び， (65) (66) 学派に属する人物が記した文章の一節である。［史料Z］に記されるように，当時，対馬を介して朝鮮と，薩摩を通じて琉球と，それぞれ交易が進められた。対馬藩に仕えて外交を担当し，『交隣提醒』を執筆した人物は，［史料Y］を記した人物と同じく， (67) (68) のもとで学んだ経験を持つ。薩摩藩のある藩主は， (69) (70) 館を設立して学業の振興に尽力するとともに，隠居後も藩政に携わり，調所広郷を登用した。調所はその後，琉球貿易を通じて藩財政の再建を図った。

〔設問1〕

［史料X］の下線部（ア）に関連して，この時代の農村にかかわる説明として適切でないものを次の［01］から［05］の中より選び，その番号を解答欄 (71) (72) にマークしなさい。

［01］ 都市・町と村の区別は存在したが，商品経済の発展とともに，農村部でも商人が活動するようになり，村方でありながら町として機能する在郷町が形成された。

［02］ 田植えや稲刈り，屋根葺などに際して，お互いの労働や暮らしを支える結・もやいと呼ばれる共同作業が行われ，秩序を乱す農民は村八分などの制裁を受けた。

［03］ 本途物成は米納が原則で，その年の作柄を調べて年貢の率を決める検見（取）法と，豊凶にかかわりなく一定の期間は同じ課税を続ける定免法があった。

［04］ 農作業の効率化をもたらした道具に，金網の上に稲などの穀類を流し穀粒の大きさを選別する千石簁や，杵の一端を足で踏んで穀粒から籾殻を取る踏車があった。

［05］ 全国市場の確立にともない，村々も次第に商品流通に巻き込まれ，一般の百姓たちが桑・油菜・野菜・たばこなどを商品作物として生産し貨幣を得る機会が増えた。

〔設問2〕

［史料X］の空欄 (a) および (b) に入る語句の組み合わせとして最も適切なものを次の［01］から［09］の中より選び，その番号を解答欄 (73) (74) にマークしなさい。

［01］（a）正徳 －（b）元禄	［02］（a）天正 －（b）慶長	［03］（a）享保 －（b）正徳
［04］（a）天正 －（b）元文	［05］（a）慶長 －（b）享保	［06］（a）元文 －（b）正徳
［07］（a）元禄 －（b）慶長	［08］（a）享保 －（b）天正	［09］（a）元禄 －（b）元文

〔設問3〕

［史料Z］の空欄 (c) は，石州の津和野の名産品 (75) (76) を指す。これは土佐や駿河でも量産された。空欄 (75) (76) に入る最も適切な語句を語群から選び，その番号を所定の欄にマークしなさい。

［語群］

01. 飛鳥井	02. 池田光政	03. 伊藤仁斎	04. 賀茂真淵	05. 木下順庵
06. 崎門	07. 京	08. 銀	09. 九条	10. 熊沢蕃山

11. 群書類従	12. 経世秘策	13. 古義	14. 古事記伝	15. 近衛
16. 古文辞	17. 御用取次	18. 寺社奉行	19. 時習	20. 漆器
21. 車借	22. 集成	23. 修猷	24. 城代	25. 醤油
26. 典仁	27. 造士	28. 代官	29. 鷹司	30. 谷時中
31. 熾仁	32. 土御門	33. 恒貞	34. 手代	35. 徳川家継
36. 徳川光圀	37. 読史余論	38. 十組問屋	39. 直仁	40. 中江藤樹
41. 南	42. 林鵞峰	43. 林鳳岡	44. 半紙	45. 武家事紀
46. 伏見	47. 普請	48. 保科正之	49. 棒手振	50. 本朝通鑑
51. 前田綱紀	52. 間部詮房	53. 明徳	54. 明倫	55. 目見得
56. 木綿	57. 護良	58. 柳沢吉保	59. 陽明	

問 題 Ⅳ

次の本文を読み，空欄 (77)(78) から (87)(88) に入る最も適切な語句を語群より選び，その番号を解答用紙の所定の欄にマークしなさい。また，本文中の下線部（ア）から（カ）に関連した設問1から6に答えなさい。なお，本文中の［企業A］・［財閥B］・［財閥C］および［企業D］は，問題作成の都合上あえて固有の名称を伏せたものであり，同じ表記の箇所には同じ語句が入る。

農業政策と農業技術の発展は作物の生産量に影響を与えるのみならず，農家・農村を起点とした社会形成を通じて，国家のありようにも大きく影響する。ここでは明治以降の農業に関連する事象を扱う。

初期の明治政府がとった農業政策は，欧米の進んだ農業技術の移植を通じて農業経営体の商業化・大規模化を発展させようとする，「大農論」に基づいたものであったといえる。(ア)明治6年に設置された内務省は明治14年に農商務省が設置されるまで勧農政策を所管し，その管轄下に様々な機関を開設して古来の日本農業からの脱却を図った。しかし，耕地が細分化されていて小農（中小自作農や小作人）が多かった日本で，欧米の農法を普及させるのは難しかった。

地租改正によって導入された地価算定方式が小農にとって過酷なものであったことからも，明治政府は積極的に小農を保護する方針ではなかったと考えられる。当初，地価は土地売買の実勢価格を採用する案があったが，調査が困難だったため，(イ)『地方官心得書』に掲載された検査例を用いて，収穫高から地価を算出する案も試みられた。しかし，この案にも様々な問題点があり，高い地価を押し付けて税収を確保する「押付反米」方式に行き着いたことが，地租改正反対一揆を誘発する一因となった。

(ウ)民法典論争を経て明治31年に施行された民法（新民法）において，明治23年に公布されたものの施行が延期された民法（旧民法）で認められていた小作人の耕作権や小作料の減免請求権が制限されたこともあり，小作人の暮らしは一層厳しくなっていった。この当時の貧農の暮らしぶりについては，『アララギ』の創刊にも関与した (77)(78) の長編小説『土』で克明に描かれている。また，(エ)山本茂実のルポルタージュ作品には，現金収入を得るために出稼ぎに行く女工の苦難が描かれている。

このような状況下で，第二次山県内閣では地租増徴が決められた。しかし，そこに至る議論の中で，第一次伊藤内閣で欧化政策に反対して農商務大臣を辞職した経歴を持つ (79)(80) は中小自作農の保護を訴え，増徴に反対した。これに加え，明治中期からは農商務官僚によって中小自作農保護を掲げる「小農論」が議論され始め，(オ)農村を活性化しようとする政策が実行に移されることになった。しかし，地主の有利な立場は変わらず，(カ)大正時代以降，大規模な小作争議が頻発するようになった。

小作争議の一因として生産経費の増大も挙げることができる。明治後期以降は金肥の使用量の増加，その後の化学肥料の使用にともなって反収（単位面積あたりの収穫量）は増加していったが，肥料代の負担増加が小作人の生活を苦しめた。1913年にドイツでアンモニアを工業的に大量生産できる方法が開発されたことをきっかけに，これを原料とする化学肥料が世界的に普及し，農業の生産性は大幅に向上した。日本でも化学肥料を生産する企業が大きな利益を上げ，新興財閥へと成長していった。アンモニアに含まれる元素に由来する社名を持つ［企業A］を中心とした［財閥B］は，アンモニア生産に必要となる莫大な電力を賄うため，| (81) | (82) |において赴戦江をはじめとする複数の河川に巨費を投じて水力発電所を建設した。そして近接する興南には大規模化学コンビナートを建設して，東洋一の生産量を誇ったが，敗戦によってこれら一切の施設を失うこととなった。

新興財閥は戦後にGHQの方針で解体されるが，それらの財閥に所属していた化学肥料関連企業は戦後日本史にも登場する。| (83) | (84) |が興した［財閥C］に所属していた［企業D］は，先述の［企業A］の後継企業とともに，高度経済成長期に有機水銀による深刻な環境汚染を引き起こし，公害訴訟の被告となった。また，［企業D］は| (85) | (86) |内閣の総辞職につながった疑獄事件でも知られている。この事件は化学肥料生産が傾斜生産方式で優遇されることになった際に，| (87) | (88) |から多額の融資を引き出すために起こった贈収賄事件である。このような事情を考えると，食糧不足解消のための反収増加や復員と農地改革による耕地面積の拡大に対応するための農業政策がこの事件の背景にあったと捉えることもできよう。

〔設問 1〕

下記の（a）から（d）の中より下線部（ア）で行われた事業の説明として適切なものを 2 つ選び，その組み合わせを［01］から［06］の中より選んで解答欄| (89) | (90) |にマークしなさい。

（a）　札幌農学校を開校してアメリカ式大規模農場制度の移植を図った。

（b）　駒場農学校を開校して外国人講師を招き，近代的農学教育を行った。

（c）　薩摩藩邸跡地に三田育種場を開いて輸入種苗や農具，家畜の研究と普及を図った。

（d）　西ヶ原に農事試験場を設立したのに続き，全国に支場を設けて技術改良を指導した。

［01］（a）と（b）　　［02］（a）と（c）　　［03］（a）と（d）

［04］（b）と（c）　　［05］（b）と（d）　　［06］（c）と（d）

〔設問 2〕

下線部（イ）の検査例に基づく収益配分図を以下に示す。なお，第一則は自作地を，第二則は小作地を対象としたものである。この検査例と当時の情勢を踏まえつつ，下記の（a）から（d）の中より適切なものを 2 つ選び，その組み合わせを［01］から［06］の中より選んで解答欄| (91) | (92) |にマークしなさい。

第一則（自作地）

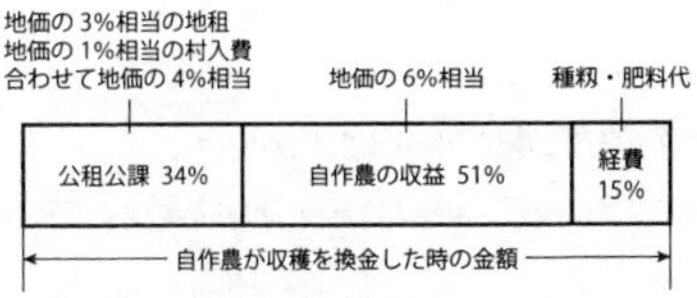

第二則（小作地）

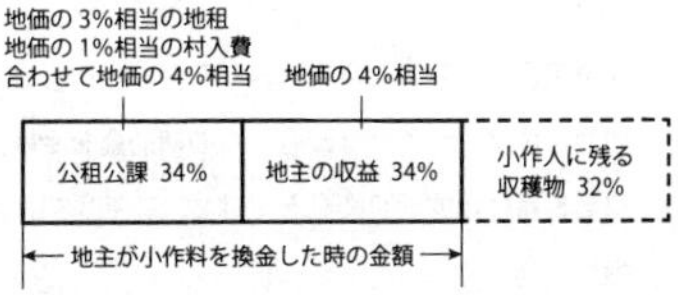

（a）　西南戦争の戦費を賄うため，太政官札が大量に発行されてインフレが起こり，地租負担が相対的に軽くなったの

で，自作・小作を問わず農民はこの恩恵を受けた。

（b）　松方デフレの際には地租の負担が相対的に重くなったので，自作農の中には地租が払えず，小作人に転落するものが出た。

（c）　小作人の可処分所得（生活費に使える純益）は，その土地から得られる収穫物のわずか32％相当でしかない。

（d）　地価の決定後に反収が増えると収穫量に占める地租の比率は下がるが，小作料の比率は下がらない。

[01]　（a）と（b）　　[02]　（a）と（c）　　[03]　（a）と（d）
[04]　（b）と（c）　　[05]　（b）と（d）　　[06]　（c）と（d）

〔設問3〕

下線部（ウ）に関連する下記の（a）から（d）の中より適切なものを2つ選び，その組み合わせを［01］から［06］の中より選んで解答欄 (93) (94) にマークしなさい。

（a）　明治23年に公布された商法も，明治25年の第三議会で旧民法とともに施行延期が決議された。

（b）　領事裁判権撤廃のためには法典の編纂が必要であったため，小村寿太郎は外務大臣として民法の施行を急がせた。

（c）　民党は「政費節減・民力休養」を掲げて地租軽減を訴えたが，小作の権利強化につながる旧民法には反対する議員も多くいた。

（d）　穂積陳重は『法学新報』に「民法出デヽ忠孝亡ブ」を発表して，旧民法を批判した。

[01]　（a）と（b）　　[02]　（a）と（c）　　[03]　（a）と（d）
[04]　（b）と（c）　　[05]　（b）と（d）　　[06]　（c）と（d）

〔設問4〕

下線部（エ）に示した作品では，経済的に厳しい豪雪地帯の農村から，少女たちが徒歩で県境の峠を越えて，器械製糸の興隆によって日本で最大の生糸産地となっていた隣県へ女工として働きに出る様子が描かれている。この作品のタイトルにもなった峠はどこにあるか。作品内で女工の出発地がある県名と目的地である生糸生産が盛んだった県名の組み合わせを，［01］から［08］の中より選んで解答欄 (95) (96) にマークしなさい。なお，県名の組み合わせは［出発地→目的地］の形式で示されている。

[01]　新潟県 → 群馬県　　[02]　新潟県 → 長野県　　[03]　長野県 → 群馬県
[04]　長野県 → 山梨県　　[05]　富山県 → 長野県　　[06]　富山県 → 岐阜県
[07]　岐阜県 → 長野県　　[08]　岐阜県 → 愛知県

〔設問5〕

下線部（オ）に関連する明治期の政策の説明として適切なものを下記の（a）から（d）の中より2つ選び，その組み合わせを［01］から［06］の中より選んで解答欄 (97) (98) にマークしなさい。

（a）　産業組合法に基づく産業組合は農村の信用事業・経済事業の強化を図った。

（b）　農会法に基づく農会は政府からの補助金を受け，農業の改良・発達と農民の福利厚生を目指した。

（c）　農商務省は地方改良運動を主導し，報徳思想に基づいて地方産業の振興を積極的に進め，財政基盤の立て直しを目指した。

（d）　政府は農山漁村経済更生運動を開始し，産業組合の拡充などを通じて農民を結束させ，自力更生を図らせた。

[01]（a）と（b）　[02]（a）と（c）　[03]（a）と（d）

[04]（b）と（c）　[05]（b）と（d）　[06]（c）と（d）

〔設問6〕

下記の表は下線部（カ）の小作争議の変化について，農林省の資料を基に作成したものである。示されている数値は1年あたりに換算したものを使用している。この表と当時の情勢を踏まえつつ，下記の（a）から（d）の中より適切なものを2つ選び，その組み合わせを［01］から［06］の中より選んで解答欄 (99)(100) にマークしなさい。なお，表中の要求Xおよび要求Yは問題作成の都合上あえて伏せてある。

期間（4年ごと）	争議件数（件）	地主参加人数（人）		小作人参加人数（人）		小作人が掲げた要求の割合（%）		
		全体	一件あたり	全体	一件あたり	要求X	要求Y	その他
大正11〜	1808	30253	16.7	126455	69.9	91.7	3.1	5.2
大正15〜	2276	26705	11.7	99883	43.9	70.6	21.7	7.7
昭和5〜	3328	17236	5.2	62318	18.7	41.6	46.3	12.1
昭和9〜	6406	26533	4.1	93657	14.6	32.7	50.4	16.9
昭和13〜	3667	11651	3.2	37406	10.2	29.5	46.3	24.2

（a）大正期の小作争議は日本農民組合の結成と時を同じくして増加した。この際に多かった要求Xは多くの農民に共有され，団体交渉で取り扱いやすいものだったので，争議1件あたりの参加人数が多い。

（b）期間後半は要求Xが減って要求Yが増加した。この過程で1件あたりの参加人数が，地主・小作とも激減していることから，要求Yは団体交渉の形式を取りながらも実質的には直接契約関係にある地主と小作の個人間の問題を巡って争われたと推定できる。

（c）昭和9年以降の期間になると，要求Xを掲げた争議件数は大正期の3分の1程度になった。このことから大正期から昭和初期の争議の過程で要求Xが一定程度の成果を上げたと判断できる。

（d）世界恐慌後の農村の疲弊に対して同情的な隊付の青年将校たちは，統制派を支持して国家改造運動と結びつき，二・二六事件を引き起こした。彼らは徴兵された農村出身兵を直接指揮していたので，要求Yを掲げなければならない農村の窮状をよく理解し，憤っていた。

[01]（a）と（b）　[02]（a）と（c）　[03]（a）と（d）

[04]（b）と（c）　[05]（b）と（d）　[06]（c）と（d）

［語群］

01. 鮎川義介　02. 浅野総一郎　03. 芦田均　04. 伊藤左千夫　05. 井上馨
06. 大河内正敏　07. 片山哲　08. ガリオア資金　09. 吉林省　10. 国木田独歩
11. 国際通貨基金　12. 黒龍江省　13. 小林多喜二　14. 幣原喜重郎　15. 品川弥二郎
16. 渋沢栄一　17. 食糧管理特別会計　18. 台湾　19. 高浜虚子　20. 田口卯吉
21. 谷干城　22. 田山花袋　23. 朝鮮南部　24. 朝鮮北部　25. 徳田秋声
26. 長塚節　27. 中野友礼　28. 日本開発銀行　29. 日本銀行　30. 乃木希典
31. 野口遵　32. 鳩山一郎　33. 東久邇宮稔彦　34. 復興金融公庫　35. 古河市兵衛
36. 奉天省　37. 陸奥宗光　38. 森矗昶　39. 柳田国男　40. 横浜正金銀行
41. 吉田茂

世界史

（60分）

（解答上の注意）　(1) ┆ (2)　と表示のある問いに対して，「09」と解答する場合は，解答欄(1)の⓪と(2)の⑨にマークすること。

問題 I

以下の文章の空欄 (1) ┆ (2) から (9) ┆ (10) に入る最も適切な語句を語群より選び、その番号を解答用紙の所定の欄にマークしなさい。また、下線部（ア）から（カ）に関連する設問1から6、および文章全体に関連する設問7について、指示に従って番号を選び、解答用紙の所定の欄にマークしなさい。なお、以下の文章中の宗教Aから宗教Eは、それぞれ特定の宗教を指す。

宗教は、時として権力と結びつきつつ、また時として権力や文化の影響圏の境界を越えて、広大な地域にまで信仰を浸透させていく力を有している。そしてまたその影響力は、時として特定の時代を超え、長期にわたって継続していく。

たとえば、後に中国で祆教と称される宗教Aは、3世紀、イラン高原に建国された王朝の初代の王、 (1) ┆ (2) 1世によって正式に国教と定められたものであった。

マウリヤ朝の最盛期であった前3世紀に第3代の王が帰依し、統治の理念とした宗教Bは、後2世紀にカニシカ王がインダス川流域の (3) ┆ (4) を首都と定めた王朝においても影響力を維持し、アジア諸地域の一般の人びとへと影響圏をひろげていくことになる。

さらに4世紀以降、グプタ朝においては、宗教Bとともに、(ア)<u>バラモン教</u>を基礎として展開した宗教Cが社会的に定着した存在となり、(イ)<u>二つの宗教の影響は美術や文化においても顕著なものとなる。</u>6世紀以降、グプタ朝が衰退するにつれ、この王朝の支配が弱まった地域では、宗教Bの勢力も徐々に衰えていく。そうした地域の支配者の多くは、当時、宗教Cを信仰したが、(ウ)<u>7世紀にヴァルダナ朝を興した王</u>は、宗教Bを排斥しようとはしなかった。この王が統治した時代、旅行記『大唐西域記』の著者となる人物が中国から訪れ宗教Bを学び、この王の厚遇をうけた。

7世紀、メディナに形成されたウンマを足掛かりとして勢力を伸ばした宗教Dは、教派間の対立をはらみつつも、カリフの (5) ┆ (6) によって新都とされ(エ)<u>762年から円城が造営されたバグダード</u>や、ダマスクス、カイロ、コルドバ、マラケシュなどの都市を中心として影響圏を拡大していった。宗教Dを信奉する勢力の影響は、インドやサハラ砂漠以南のアフリカにもおよび、インドではデリーを首都として、宗教Dを支持する(オ)<u>いくつかの王朝</u>が成立した。また、アフリカの諸王国のなかで、チャド湖周辺地域を領有した (7) ┆ (8) 王国では、王の改宗を経て、宗教Dの影響力が強まった。

4世紀から5世紀にかけての、(カ)<u>教義の正統性をめぐる議論</u>を経て、宗教Eは、そこで正統と定められた教義を根本として、ひろく世界に影響をおよぼしていくことになる。そして、正統教義に反するとされた教派は、異端とみなされた。異端とされたある一派は、後に中国に伝わり景教と称された。13世紀になると、この一派は、フビライの弟、 (9) ┆ (10) が初代君主であった国において一時保護される。しかし、同じ国の第7代の君主は、宗教Dへと改宗し、これを国教とするにいたった。

［設問 1］

下線部（ア）のバラモン教は、ヴァルナにもとづく宗教的制度と深く結びついていた。インドにおいて　(11)　(12)　年代に施行された憲法は、この宗教的制度に由来する差別を法的に禁止した。　(11)　(12)　に入る最も適切な数字を以下から選び、その番号を解答用紙の所定の欄にマークしなさい。

［01］ 1910　［02］ 1920　［03］ 1930　［04］ 1940
［05］ 1950　［06］ 1960　［07］ 1970　［08］ 1980

［設問 2］

下線部（イ）に関連して、宗教Bに関わる薄い衣をまとった立像の生産地として知られ、また、宗教Cに関わる世界維持の神の化身クリシュナの生誕地とされるのは、　(13)　(14)　である。　(13)　(14)　に入る最も適切な語句を語群から選び、その番号を解答用紙の所定の欄にマークしなさい。

［設問 3］

下線部（ウ）の王は、　(15)　(16)　を都と定めた。　(15)　(16)　に入る最も適切な語句を語群から選び、その番号を解答用紙の所定の欄にマークしなさい。

［設問 4］

下線部（エ）のバグダードを都とした王朝では、官僚組織が次第に整備され、　(17)　(18)　とよばれる職位につく者が、カリフにつぐ権限をもつようになる。　(17)　(18)　に入る最も適切な語句を語群から選び、その番号を解答用紙の所定の欄にマークしなさい。

［設問 5］

下線部（オ）のいくつかの王朝のうち、13世紀から14世紀にかけて統治をおこない、税制改革や軍事改革を実施した王朝は、　(19)　(20)　朝である。　(19)　(20)　に入る最も適切な語句を語群から選び、その番号を解答用紙の所定の欄にマークしなさい。

［設問 6］

下線部（カ）に関連して、　(21)　(22)　公会議での教義をめぐる決定に反発したシリアの一派は、これをきっかけに、シリア教会として独自の発展をとげていった。　(21)　(22)　に入る最も適切な語句を語群から選び、その番号を解答用紙の所定の欄にマークしなさい。

［設問 7］

文章中の宗教Aから宗教Eについて、【ア】特定の教祖によって開かれたものではない宗教、【イ】一神教ではない宗教、の組み合わせとして最も適切なものを以下［01］から［15］より選び、その番号を　(23)　(24)　にマークしなさい。

[01]　【ア】宗教A－【イ】宗教A
[02]　【ア】宗教A－【イ】宗教B
[03]　【ア】宗教A－【イ】宗教C
[04]　【ア】宗教B－【イ】宗教B
[05]　【ア】宗教B－【イ】宗教C
[06]　【ア】宗教B－【イ】宗教D
[07]　【ア】宗教C－【イ】宗教C
[08]　【ア】宗教C－【イ】宗教D
[09]　【ア】宗教C－【イ】宗教E
[10]　【ア】宗教D－【イ】宗教D
[11]　【ア】宗教D－【イ】宗教E
[12]　【ア】宗教D－【イ】宗教A
[13]　【ア】宗教E－【イ】宗教E
[14]　【ア】宗教E－【イ】宗教A
[15]　【ア】宗教E－【イ】宗教B

〔語群〕

01. アクスム　02. アジャンター　03. アブー＝バクル　04. アミール
05. アリクブケ　06. アルダシール　07. イマーム　08. ウァレリアヌス
09. ウマル　10. ウラマー　11. エフェソス　12. エローラ
13. オゴタイ　14. ガーナ　15. カナウジ　16. カネム＝ボルヌー
17. カルケドン　18. クシナガラ　19. クシュ　20. クテシフォン
21. ゴール　22. コンスタンツ　23. サイイド　24. サールナート
25. サレー　26. シャープール　27. チャンドラグプタ　28. トゥグルク
29. ナーランダー　30. ニケーア　31. パガン　32. バクトラ
33. パータリプトラ　34. バトゥ　35. ハルジー　36. ハールーン＝アッラシード
37. ブッダガヤ　38. フラグ　39. プルシャプラ　40. ベニン
41. ホスロー　42. マトゥラー　43. マリ　44. マワーリー
45. マンスール　46. ミラノ　47. ムアーウィヤ　48. モンケ
49. ロディー　50. ワズィール

問題 II

以下の文章の空欄 (25) (26) から (35) (36) に入る最も適切な人名を語群より選び、その番号を解答用紙の所定の欄にマークしなさい。また、下線部（ア）から（キ）に関連する設問1から7について、指示に従って番号を選び、解答用紙の所定の欄にマークしなさい。

アメリカ合衆国とラテンアメリカ諸国では、独立前の宗主国が異なることもあって、地域的に隣接しながらもそれぞれ独自の文化や社会が発展した。しかし、19世紀以降、新世界の盟主を自認するアメリカ合衆国がラテンアメリカ地域への関与を強めていった。

(ア)ラテンアメリカ地域では、紀元前から高度な文明が発達した。しかし、15世紀からの大航海時代にヨーロッパ諸国による進出が始まると、16世紀にかけてポルトガルとスペインに領有されるようになっていった。(イ)白人の支配の下で、先住民や奴隷貿易で輸入されてきた黒人が、鉱山やプランテーションでの過酷な労働を強いられた。

(ウ)アメリカ合衆国が18世紀後半にイギリスから独立して以降、ラテンアメリカ地域には相次いで独立国が誕生した。メキシコは1821年に独立したが、それに先だって蜂起を主導したカトリック聖職者の (25) (26) は独立運動の象徴とされる。アメリカ合衆国のモンロー大統領は、新大陸の庇護者の立場からヨーロッパに対して相互不干渉を訴えた。しかし、アメリカ合衆国の南北戦争に際しては、フランスがイギリスとスペインと共にメキシコに干渉を試み、一時 (27) (28) をその皇帝にすえた。

国内の西漸運動が一段落したアメリカ合衆国は、西欧の列強の帝国主義的進出に対抗して、ラテンアメリカ地域への政治経済的関与を強めていった。キューバの独立運動をきっかけに1898年にスペインとの間で戦争を戦い、その結果(エ)初めて植民地を手に入れることとなった。またパナマと1903年に条約を結んで、かつて (29) (30) が試みて失敗した運河建設に着手し、1914年に開通させた。

第二次世界大戦後、アメリカ合衆国はラテンアメリカ諸国と(オ)米州共同防衛条約を締結し、その後米州機構を発足させて、域内の共産化を防ぐ役割を持たせた。しかし、キューバでは親米の (31) (32) 政権がカストロらに倒された。これ以降対米関係は悪化し、(カ)アメリカ合衆国はキューバとの断交を決定して、在キューバ大使館を閉鎖した。その後カストロは社会主義化を宣言し、キューバはラテンアメリカ地域の革命勢力の拠点となった。

1960年代以降、(キ)ラテンアメリカ地域では困難に直面しつつも民主化と経済発展に向けた努力が続き、文化面では『百年の孤独』等の作品で知られる (33) (34) が1982年にノーベル文学賞を獲得した。しかし、21世紀に入っても (35) (36) 大統領による独裁的支配が継続したベネズエラのように、政治や経済が不安定な地域も少なからず残っている。

［設問1］

下線部（ア）に関連して、誤っているものを下から選び、その番号を (37) (38) にマークしなさい。

[01] アステカ王国、インカ帝国、マヤ文明の版図を東西に並べると、インカ帝国が最も東側でアステカ王国が最も西側となる。

[02] アンデス地方では、リャマやアルパカが家畜化され、牽引や食肉のために活用された。

[03] 今日世界で広く食用とされているカカオ、カボチャ、キャッサバ、ピーマンは、いずれもアメリカ大陸原産の作物である。

[04] ラテンアメリカ地域の諸文明では天文学や数学が発達し、天体観測器のアストロラーベが発明された。

［設問2］

下線部（イ）に関連して、誤っているものを下から選び、その番号を (39) (40) にマークしなさい。

[01]　スペイン領植民地の白人の間でも序列があり、ペニンスラールはクリオーリョよりも上に位置づけられていた。

[02]　白人と先住民の間の混血はメスティーソと呼ばれ、植民初期には白人男性と先住民女性の間の混血が多かった。

[03]　ヨーロッパでペストが大流行した17世紀には、スペイン領植民地でも伝染病や過酷な労働のため先住民人口が激減し、ラス＝カサスは先住民の権利擁護を国王に直訴した。

[04]　ラテンアメリカ地域で採掘された銀はメキシコで貨幣に鋳造されて輸出され、以後19世紀にかけて欧米やアジアで広くこれを原型とする銀貨が流通した。

［設問3］

下線部（ウ）に関連して、アメリカ合衆国の独立に関する以下の記述のうち、誤っているものを選びその番号を (41) (42) にマークしなさい。

[01]　1783年のパリ条約によって、アメリカ合衆国はイギリスからミシシッピ川以東のルイジアナを獲得したが、当時その西岸はスペイン領であった。

[02]　1812年からのアメリカ＝イギリス戦争では国民意識が強まり、現在の国歌「星条旗」も作られた。

[03]　アメリカ合衆国の国名は、独立した13邦の間で結ばれたアメリカ連合規約で採用されたものである。

[04]　独立戦争時には、フランスとスペインが植民地側について参戦し、ロシア皇帝の提唱でオランダやプロイセン等の参加する武装中立同盟が結ばれた。

［設問4］

下線部（エ）に関連して、アメリカがそこで獲得したフィリピンについて誤っているものを下から選び、その番号を (43) (44) にマークしなさい。

[01]　アメリカ合衆国はフィリピンを獲得後、フィリピン委員会を設置して統治したが、1907年に議会を開設するなど、フィリピン人への統治権の委譲を進めていった。

[02]　アメリカ合衆国は、フランクリン＝ローズヴェルト政権期にフィリピンに対して独立を約束し、第二次世界大戦後の1946年にそれが実現した。

[03]　スペインはフィリピンへの進出後、住民にカトリックへの改宗を強要した。

[04]　ホセ＝リサール率いるカティプーナン党による武力革命は、アメリカ＝スペイン戦争にも助けられて1899年にルソン島全島の解放につながった。

［設問5］

下線部（オ）に関連して、冷戦期に西側で成立した以下の４つの軍事同盟について、その略称を成立順に正しく並べたものを以下［01］から［12］より選び、その番号を (45) (46) にマークしなさい。［ANZUS：太平洋安全保障条約、CENTO：中央条約機構、NATO：北大西洋条約機構、SEATO：東南アジア条約機構］

[01]　ANZUS → CENTO → NATO → SEATO

[02]　ANZUS → NATO → CENTO → SEATO

[03]　ANZUS → NATO → SEATO → CENTO

[04]　CENTO → ANZUS → SEATO → NATO

[05]　CENTO → NATO → SEATO → ANZUS

[06]　CENTO → SEATO → NATO → ANZUS

[07]　NATO → ANZUS → SEATO → CENTO

[08]　NATO → CENTO → SEATO → ANZUS

[09]　NATO → SEATO → ANZUS → CENTO

[10]　SEATO → ANZUS → CENTO → NATO

[11]　SEATO → CENTO → ANZUS → NATO

[12]　SEATO → NATO → ANZUS → CENTO

［設問6］

下線部（カ）に関連して、これを実施したアメリカ合衆国大統領の任期中の出来事を下から選び、その番号を (47) (48) にマークしなさい。

［01］ アメリカ合衆国・イギリス・ソ連の間で、部分的核実験禁止条約が調印された。

［02］ アメリカ合衆国南部で、人種隔離制度に反対するバス乗車ボイコット運動が始まった。

［03］ 国家安全保障法が制定され、諜報機関として中央情報局が設置された。

［04］ 大統領が、ラテンアメリカ諸国との協力を深めるため「進歩のための同盟」を提案した。

［設問7］

下線部（キ）に関連して、誤っているものを下から選び、その番号を （49）（50） にマークしなさい。

［01］ アメリカ合衆国は、ヨーロッパ統合の動きをみて、1988年にメキシコと自由貿易協定を結び、後にカナダを加えて、1994年に北米自由貿易協定を発足させた。

［02］ ブラジルやメキシコは、先進国の資本や技術を取り込んで工業化を進めたことで、アジア諸国と並ぶ新興工業経済地域（NIES）の一部として注目されるようになった。

［03］ ラテンアメリカ諸国の中でも、ブラジル等の4カ国はアメリカ合衆国との貿易自由化よりも地域統合を優先し、1995年に南米南部共同市場を発足させた。

［04］ ラテンアメリカ地域のカトリック教会では、貧富の格差や人権の抑圧状況を受けて、社会変革に積極的に関与すべきだとする「解放の神学」が広まった。

〔語群〕

01. アサーニャ	02. アジェンデ	03. アフマディネジャド	04. イダルゴ
05. ヴァルガス	06. オスマン	07. カウディーリョ	08. カランサ
09. ガルシア＝マルケス	10. カルデナス	11. ゲバラ	12. サン＝ドマング
13. サン＝マルティン	14. シモン＝ボリバル	15. スタンリー	16. チャベス
17. ディアス	18. デュボイス	19. トーマス＝マン	20. パステルナーク
21. バティスタ	22. ピアリ	23. ピノチェト	24. フアレス
25. フジモリ	26. ペサーニャ	27. ペロン	28. ボルソナロ
29. マクシミリアン	30. マルコス	31. マルセル＝デュシャン	32. マルビナス
33. モラエス	34. レセップス	35. ローズ	36. ロスチャイルド
37. ロックフェラー	38. ロマン＝ロラン		

問題 III

以下の文章の空欄 (51) (52) から (63) (64) に入る最も適切な語句を語群より選び、その番号を解答用紙の所定の欄にマークしなさい。また、下線部に関連する設問1から4については最も適切な語句を語群より選び、設問5については最も適切な選択肢を選んで、それぞれの番号を解答用紙の所定の欄にマークしなさい。

『海洋自由論』においてグロティウスは、(ア)自然法を根拠に海洋の自由を主張し、アジア海域におけるオランダの交易拡大を擁護したが、当該海域においては紀元前より東西海洋交易ルートが機能していた。いわゆる「海の道」である。かくして、オランダのようなヨーロッパ勢力は、遅参者にすぎなかった。

モンスーン航海術の確立によりインド洋から南シナ海にかけて交易が活発化すると、5世紀から7世紀のインド南端部では (51) (52) 朝（前3世紀頃～後14世紀）や (53) (54) 朝（3～9世紀）が繁栄した。イラワディ川流域ではインドとの交流を通じて (55) (56) とよばれる人々の都市国家群が栄え、内陸ルートでインドの産物が扶南まで運ばれた。その中継地点にあたるチャオプラヤ川の中・下流域では、モン人の港市国家群が連合して (57) (58) の成立をみた。

7世紀以降、マレー半島横断ルートに代わりマラッカ海峡ルートが主流になると、(59) (60) 文化と呼ばれる漁撈文化をもとに形成されていた林邑が、南シナ海交易を主導した。マラッカ海峡では、パレンバンを中心にマレー人の港市国家連合が現れる。他方、ジャワ島のマレー人勢力が自立し、マレー半島をも支配したのがシャイレンドラ朝であるが、これは9世紀半ばに(イ)古マタラム朝によってジャワ島から排除されている。その後、マレー半島とスマトラ島の港市国家は (61) (62) という連合を形成して交易の安定を図った。

いわゆる第1次大交易時代における南シナ海の覇権は、(61) (62) と(ウ)シンガサリ朝の間で争われる。マムルーク朝がシリア・エジプト・紅海の交易ネットワークを掌握すると、ムスリム商人はインド洋から南シナ海へといっそう盛んに進出し、(エ)東南アジア島嶼部のイスラーム化を促進した。続く第2次大交易時代に勢力を拡大した港市国家マラッカは、(63) (64) とよばれる港務長官を置き、東西海洋交易の中継港としての地位を確立したが、ポルトガルの侵攻により姿を消す。17世紀には、オランダとイギリスがポルトガル海洋帝国に挑戦して香辛料交易の独占を試みたが、(オ)マラッカ海峡のシンガポール側出口をおさえる【A】、同じくマラッカ海峡のインド洋側出口をおさえる北スマトラの【B】、西ジャワでスンダ海峡をおさえる【C】、南スラウェシの【D】といったイスラーム港市国家が立ちはだかり、独占的な海洋交易ルートの構築には至らなかった。

［設問1］

下線部（ア）に関連して、ストア派の影響の下、自然法思想を典型的な形で示した最初の法思想家とも目される、ローマ共和政末期を代表する文人は (65) (66) である。(65) (66) に入る最も適切な語句を語群より選び、その番号を解答用紙の所定の欄にマークしなさい。

［設問2］

下線部（イ）に関連して、古マタラム朝が、ジャワ島中部に建造したヒンドゥー教寺院は (67) (68) である。(67) (68) に入る最も適切な語句を語群より選び、その番号を解答用紙の所定の欄にマークしなさい。

［設問3］

下線部（ウ）に関連して、ジャワ島東部の穀倉地帯を基盤とする王権で、シンガサリ朝に打倒されたのは (69) (70) 朝である。(69) (70) に入る最も適切な語句を語群より選び、その番号を解答用紙の所定の欄にマークしなさい。

［設問4］

下線部（エ）に関連して、『東方見聞録』や『三大陸周遊記』にも記述のある、スマトラ島北端の港市国家は (71)(72) である。(71)(72) に入る最も適切な語句を語群より選び、その番号を解答用紙の所定の欄にマークしなさい。

［設問5］

下線部（オ）に関連して、空欄【A】から【D】に入る港市国家の名称として、最も適切な組み合わせはどれか。以下［01］から［10］より選び、その番号を (73)(74) にマークしなさい。

	【A】	【B】	【C】	【D】
[01]	アチェ	ジョホール	バンテン	マカッサル
[02]	アチェ	マカッサル	ブルネイ	ジョホール
[03]	ジョホール	アチェ	バンテン	マカッサル
[04]	ジョホール	マカッサル	アチェ	バンテン
[05]	ディリ	アチェ	マカッサル	ジョホール
[06]	ディリ	バンテン	アチェ	マカッサル
[07]	バンテン	ジョホール	ブルネイ	ディリ
[08]	バンテン	ディリ	アチェ	ブルネイ
[09]	マカッサル	ジョホール	ブルネイ	バンテン
[10]	マカッサル	バンテン	ディリ	ジョホール

〔語群〕

01. アヌラダプラ
02. アーヤーン
03. イシャナプラ
04. ヴァイシュラヴァナ
05. ヴィジャヤ
06. ウルピアヌス
07. エピクテトス
08. カーディー
09. キケロ
10. クアンナム
11. クダ
12. クディリ
13. クトゥブ＝ミナール
14. サーフィン
15. サムドゥラ＝パサイ
16. サヤ＝サン
17. サラスヴァティー
18. サーンチー
19. ジャーヴァカ
20. シャーバンダル
21. ジャンビ
22. シンハラ
23. 新マタラム
24. 水真臘
25. ズィンミー
26. スラバヤ
27. セネカ
28. タフティバヒー
29. タンロン
30. チェーラ
31. チャールキヤ
32. チョーラ
33. 丁零
34. ドヴァーラヴァティー
35. ドゥッラーニー
36. トリボニアヌス
37. ドンソン
38. ナンダ
39. ニザーム
40. パタニ
41. パッラヴァ
42. ハルマンディル
43. パーンディヤ
44. ピュー
45. ファキーフ
46. フーナ
47. プラティシュターナ
48. ボロブドゥール
49. マジャパヒト
50. 羅越
51. ラーシュトラクータ
52. ランサン
53. 陸真臘
54. ロロジョングラン
55. ワット＝アルン

問題 Ⅳ

以下の文章の空欄 (75)(76) から (87)(88) に入る最も適切な語句を語群より選び、その番号を解答用紙の所定の欄にマークしなさい。また、下線部（ア）から（カ）に関連する設問1から6について、指示に従って番号を選び、解答用紙の所定の欄にマークしなさい。

19世紀から20世紀初頭にかけての東アジアでは、ヨーロッパ諸国や日本の進出によって、清朝を中心とする国際秩序が崩れ、(ア)これらの国々による清朝領土内での勢力拡張も進んだ。これに対して、日清戦争の敗北後には (75)(76) の注釈を重視する公羊学派の知識人らが、政治改革を試みるが失敗に終わった。また、華北の農村では、反キリスト教の動きが広まり、清朝によって (77)(78) として公認された宗教的武術集団が北京や天津に入り外国人を攻撃した。この集団は西太后に支持されたが、アメリカ合衆国・イギリス・オーストリア＝ハンガリー・ドイツ・日本・フランス・ロシアおよび (79)(80) の８ヵ国連合軍によって鎮圧された。

同じ頃、華僑のネットワークとその巨額の資金援助を利用して、新しい政治運動が起きつつあった。例えば、ハワイで革命組織を結成した孫文は、1905年に東京で宋教仁らの (81)(82) 会などの革命組織と共に中国同盟会を結成した。他方、清朝も立憲君主制への移行を目指し、(イ)光緒新政とよばれる改革に着手していた。しかし、1911年に清朝が幹線鉄道の国有化と外国からの借款による鉄道建設の方針を表明したことで、各地で反対運動が起こり、(83)(84) では総督の趙爾豊による弾圧を受けたため暴動が勃発する。これをきっかけに、武昌で軍隊が蜂起し、多くの省が清朝からの独立を宣言することになり、翌年には中華民国が成立した。

第一次世界大戦が始まると、東アジアでの欧米列強の勢力は弱まったが、代わって日本が、1915年に(ウ)袁世凱に対して二十一ヵ条の要求を提出するなど、中国における権益の拡大を図った。また、ロシア革命が起きると、1921年にコミンテルンの支援を受けて(エ)中国共産党が結成された。国民党を結成した孫文も、1924年には「連ソ・容共・扶助工農」を掲げ、ソ連から軍事支援を得ることで、革命軍の組織化に乗り出した。1926年には、蔣介石率いる国民革命軍が北伐を開始するが、日本の田中義一内閣が北伐に干渉したため、1928年に (85)(86) で軍事衝突が生じた。

同年、国民党が主導する国民政府のもとで中国の統一が完成した。しかし、1932年に日本の関東軍が中国東北部に満洲国を建設したことで、国民政府の統治領域は限定的なものとなった。1935年に関東軍は (87)(88) 防共自治政府を組織し、華北への軍事行動を強めた。日中戦争が始まると、中国は第二次国共合作のもと抗日民族統一戦線を結成し、アメリカ合衆国・イギリス・ソ連の支援を受けて(オ)２回にわたり首都を移しながら抗戦を続けた。

第二次世界大戦後、国民党と共産党は内戦を繰り広げ、共産党が勝利した。1949年10月に毛沢東を主席として中華人民共和国が建国され、一方、蔣介石は台湾へ逃れ、中華民国を存続させた。両者は(カ)冷戦の世界化の過程で、東西それぞれの陣営に組み込まれることになった。

［設問１］

下線部（ア）に関連して、ヨーロッパ諸国による中国進出に関わる次の（ａ）から（ｄ）の出来事を古い順に正しく並べたものを以下［01］から［12］より選び、その番号を (89)(90) にマークしなさい。

（ａ）　九竜半島南部がイギリスに割譲された。
（ｂ）　ドイツが膠州湾を租借した。
（ｃ）　マカオがポルトガルに割譲された。
（ｄ）　ロシアが大連・旅順を租借した。

[01]　(a) → (b) → (d) → (c)
[02]　(a) → (c) → (b) → (d)
[03]　(a) → (d) → (c) → (b)
[04]　(b) → (a) → (d) → (c)
[05]　(b) → (c) → (a) → (d)
[06]　(b) → (d) → (c) → (a)
[07]　(c) → (a) → (b) → (d)
[08]　(c) → (b) → (d) → (a)
[09]　(c) → (d) → (a) → (b)
[10]　(d) → (a) → (b) → (c)
[11]　(d) → (b) → (c) → (a)
[12]　(d) → (c) → (a) → (b)

［設問2］

下線部（イ）に関連して、誤っているものを下から選び、その番号を (91)(92) にマークしなさい。

[01]　科挙が廃止され、海外での学位取得者などにも官位取得の道が開かれた。
[02]　外交を担当する総理各国事務衙門が設置された。
[03]　西洋式軍隊（新軍）の整備が進んだ。
[04]　国会開設が約束され、地方議会の準備が推進された。

［設問3］

下線部（ウ）に関連して、袁世凱や、彼の死後に中国各地で自立し「軍閥」と呼ばれた人物についての記述として、誤っているものを下から選び、その番号を (93)(94) にマークしなさい。

[01]　段祺瑞は直隷派、呉佩孚は安徽派の軍閥である。
[02]　閻錫山は、蔣介石による北伐時に国民政府を支持した。
[03]　袁世凱が帝政復活を宣言すると、それに反対する第三革命が起きた。
[04]　張作霖が関東軍によって爆殺されたのは、列車で北京から中国東北部へ戻る途中であった。

［設問4］

下線部（エ）に関連して、この党の初代総書記が指導する文化運動に参加した人物について、誤っているものを下から選び、その番号を (95)(96) にマークしなさい。

[01]　李大釗は北京大学でマルクス主義を研究した。
[02]　魯迅は医学を志し日本に留学したが、文学に転向し『狂人日記』を発表した。
[03]　陳独秀は『青年雑誌』を発刊した。
[04]　胡適はフランスに留学し、写実主義を学び白話文学を提唱した。

［設問5］

下線部（オ）に関連して、国民政府の最初の臨時首都となった都市の名称を語群から選び、その番号を (97)(98) にマークしなさい。

［設問6］

下線部（カ）に関連して、以下の西側諸国が中華人民共和国を正式に承認した順に正しく並べたものを下から選び、その番号を (99)(100) にマークしなさい。

[01]　アメリカ合衆国 → イギリス → フランス
[02]　アメリカ合衆国 → フランス → イギリス
[03]　イギリス → アメリカ合衆国 → フランス
[04]　イギリス → フランス → アメリカ合衆国

[05] フランス → アメリカ合衆国 → イギリス

[06] フランス → イギリス → アメリカ合衆国

〔語群〕

01. 維新	02. イタリア	03. 易経	04. オランダ	05. 華興
06. 広東	07. 冀東	08. 広州	09. 江西	10. 興中
11. 光復	12. 湖南	13. 湖北	14. 済南	15. 山西
16. 詩経	17. 四川	18. 上海	19. 春秋	20. 上帝
21. 書経	22. 徐州	23. 常勝軍	24. 瑞金	25. スペイン
26. 西安	27. 陝西	28. 団練	29. 長沙	30. 直隷
31. 鄭州	32. 南京	33. 熱河	34. 八旗	35. 武漢
36. ベルギー	37. 北洋軍	38. ポルトガル	39. 礼記	40. 緑営

う職務を忠実に果たさねばならない立場に置かれていたからであります。

近代化の物質的側面である工業化を進めるには、一層の開化啓蒙が必要でありました。ところが、そうした啓蒙教育は、一方で、工業化の推進を援けると同時に、他方で、知らず知らずの間に、物の世界と心の世界の微妙なバランスを内側から崩してまいりました。これは、避けがたいことであったでしょう。この精神の世界にうがたれた亀裂が拡がるにつれて、安逸な物質主義や、それへの反動としての熱狂的な精神主義が噴き出してきました。自己を統合的に制御する働きが不在であるため、むき出しのエゴ、すなわち、自己本位が前面にあふれ出て、一応の統合を保っていた伝統的社会の仕組みを急速に崩してゆきました。無論、積極的に評価される面が、なかったわけではありません。工業化の進展に伴って、確かに国富は増大し、国民生活も向上いたしました。それと並んで、民主的諸制度も設けられ、それなりに機能しはじめたことも確かであります。

しかしながら、野放図な自己本位を統御する新しいアイデンティティーを、つまり、自分が何であるかということを、明確に位置づけることができず、社会はいつしか、潜在的な狂気に冒され易い体質へと変化してゆかざるを得ませんでした。例えていえば、人格の成長にとって、ある種の不安定を伴う自我の発達が必要であるように、近代化という社会変革は、このような不安定化という代価を支払わねばならなかったのであります。

個人の場合の利己主義や自己中心主義が、他人の存在や尊厳を無視したり軽視したりする反社会的行動につながるのと同様に、社会的な自己中心主義や人種的な民族中心主義は、傍若無人さや、悪い意味での唯我独尊に陥り勝ちであります。それはしばしば、侵略的拡張主義、閉鎖的排外主義、狂信的国粋主義、あるいは極端な民族差別主義などの形をとって現われます。

アイデンティティーが崩されてしまい、それに替わる新たな自己を描き出せない状態にありますと、このような社会は大きな危険に身をさらすことになります。なぜなら、そこには露骨なエゴが我もの顔に歩き回る余地がでてくるからであります。戦争や、さまざまな政治的暴力、自然破壊、けばけばしい贅沢と隣り合わせの悲惨な貧困、人倫の頽廃、美的感覚の麻痺、こうしたものは、すべからく自己本位が際限もなく肥大し、それを統御するものを欠いた社会の病弊と申せましょう。

（中略）

さらに重要な点として、アジア自体の内部で、芽ばえてきた近代化というものに対する新たな認識を、私は指摘したいと存じます。アジアの多くの国は、普遍的と思われた西欧の技術体系を自らの国のなかに植えつけようとして、工業化のつらい試練に耐えてまいりました。ところが、工業化の途は、決して画一的なものではありません。各国各文化のあり方に従って、独自の途があるということが、だんだんわかってきたのであります。

工業化による開発・発展というものが、とりもなおさず民族の自我そのものの発展にほかならないのであります。帰するところ、近代化とは、それぞれの地域、それぞれの国、そして、それぞれの文化のなかで、いわば、独自の「顔」をもった固有名詞で語られるべき社会変革と自己変革の努力であったということであります。

そうであるとすれば、近代化は、いわゆる「普遍性」といった単一の物差しで測られるべきものではありません。なぜなら、近代化は、各国・各文化のなかで、それを担う人々の自己実現の過程そのものであるからであります。このような独自性と多様性に思いをいたすならば、私どもは、必然的に自分たちとは異った他の人々の存在を認め、その尊厳を重んじ、共存を図ってゆくことが、いかに大切であるかを知るはずであります。今日、アジアの内外における国際的な相互依存の度合いは、ますます高まっておりますが、そうしたなかでは、このような認識が一層重要なものとなりましょう。

以上は、一九八三年十一月に行われた国際シンポジウムにおける基調講演の一部である。石川忠雄『私の夢　私の軌跡』（慶應義塾大学出版会、一九九三年）。試験問題として使用するために、文章を一部省略・変更した。

（中略）

近代以降におけるアジアと西欧との接触は、それまでの他の諸文明との出逢いとは、ある意味で、決定的ともいえる違いをもっておりました。近代西欧の包括的な世界観の背後には、それまで夢想だにされなかった独自の技術体系と、それを運営するための社会組織ならびにイデオロギーがあったということです。いい換えれば、圧倒的な力をもって立ち現われてきた西欧の世界観、とりわけ、そのまばゆいばかりの科学技術体系が、アジア人の眼には、「普遍性」をもつものとして映ったということであります。

近代アジアの西欧との接触が、単なる異質な文化との出逢いとしてだけでなく、普遍性をもち、その上、優越している者との出逢いとして意識されたことの意味は、非常に大きかったといえます。というのは、そのときから、アジアによるアジアの位置づけは、普遍的と思われた、外からの基準によって与えられることになったからであります。これまでの伝統的で、しかも内側の基準に基づく自己の位置づけは、弊履のごとく捨てられたのであります。そして、捨てられたものに取って替った新しい世界観は、一元的文明の進歩という考え方や、さまざまな発展段階説にみられるように、陰に陽に、西欧中心主義的なものでありました。

ひとたび西欧が、普遍性をもつ優越者として、アジア人の眼に映じたとき、西欧は、もはや単なる外部の者ではなく、客観的にものを測ることのできる観察者へと変質いたしました。そして、そうした西欧の基準からすれば、当時のアジアが「文明進歩に遅れたアジア」、「眠れるアジア」あるいは「アジア的停滞」、と形容されるようなものとして捉えられたとしても、不思議ではありません。近代西欧の眼からみた、そうしたアジア観は、その後、アジア人自身のアジア観に大きな影響を及ぼしてゆくことになります。

実際、こうした西欧の眼は、アジア人自身の見方のなかに、次第に取り込まれてゆきました。それは、あたかも、自分の姿を客観的にみるには鏡さえ使えばよく、しかも、その鏡にゆがみがないと信じていたようなものであります。もとより、自分の姿について、他人の見方や意見に耳をかすということと、それを客観的な真理として受け容れるということとは、本来、全く別の事柄であります。

しかし、こうした西欧の見方を受け容れざるを得なかったという、まさにこの点に、アジア人の歴史的な危機意識は、かかわっていたのであります。そして、そこから、内側からと外側からの眼をつなぎ合わせた複眼的な見方が生まれ、同時に、自らを変革し、近代化を推し進める具体的な取り組みを促す原動力も生まれてまいりました。いうなれば、この危機感が、人々をあえて自己変革を伴う近代化の途へ駆り立てていったわけであります。

（中略）

産業革命を経た西欧列強の圧倒的な力に直面し、彼らの技術体系に普遍性があるとアジアの人々が認めたとき、それを取り入れることは、否応ないものとみなされました。それだけでなく、そうした技術体系を産み出し、支えている社会制度やイデオロギーそのものをも導入しようといたしました。アジアは、自らの在り方を「遅れ」とみなし、改めるべきものと考えたわけであります。

アジアが西欧に普遍性を認め、それを受け容れようとしたことは、（中略）工業化という物質面の変革と並んで、精神面の変革をも余儀なくされたということであります。それは、アジアがそれまで培ってきた伝統的な宇宙観や人間観に替わる、新たな精神の拠りどころを求めてゆかざるを得なくなったということでもありました。ところが、新たな均衡がみつからぬうちに、古い調和が急激にくつがえされ、自己の全面的崩壊につながることが、少なくはありませんでした。否定さるべき伝統が、根強ければ強いほど、この崩壊は苦痛と不安、さらには悔恨をも伴うものとさえなったのであります。

この工業化と新しい自己の模索という嵐のなかで、しばらくの安息を得るため設けられたものが、物質の世界と精神の世界との分離という折衷的な考え方でありました。近代化が工業化ではあっても、かならずしも西欧化ではないとするならば、頭のなかで物の世界を心の世界から切り離すことによって、打ち寄せる西欧化の波を、崩れんとする自己の水際で押しとどめる可能性も残されていたといえます。いい換えれば、互いに無関係に存在する「ふたつの世界」に同時に生き得ると信ずることで、人々は、一時の安堵を見いだそうとしたといえるでしょう。

しかし、この折衷的な姿勢は、大衆はいざ知らず、欧米の人々と直接接触せざるを得ない知的エリートにとっては、厳しい精神的緊張を強いることになりました。なぜならば、彼らは「ふたつの世界に同時に住む」という考え方によっては、真の自己の回復は不可能なことを悟りつつも、なお、開化啓蒙とい

論述力

（九〇分）

❖法学部の論述力試験について

この試験では，広い意味での社会科学・人文科学の領域から読解資料が与えられ，問いに対して論述形式の解答が求められる。試験時間は九〇分，字数は一，〇〇〇字以内とする。その目的は受験生の理解，構成，発想，表現などの能力を評価することにある。そこでは，読解資料をどの程度理解しているか（理解力），理解に基づく自己の所見をどのように論理的に構成するか（構成力），論述の中にどのように個性的・独創的発想が盛り込まれているか（発想力），表現がどの程度正確かつ豊かであるか（表現力）が評価の対象となる。

〔問題〕

次の文章は，アジアとその近代化について記されたものである。著者の議論を四〇〇字程度に要約した上で，あなたの考えを具体的に論じなさい。

アジアとは，一体何でありましょう。この問いに答えることは，決して容易ではありません。アジアが意味するところのものは何かを考えようといたしますと，すぐにも気づきますことは，アジアというものに対する，すべてを含んだ定義は，実は存在しないということであります。もちろん，特定の狙いをもった，それなりの定義は数多くございます。おそらく，もっともよく行われるのは，地理的あるいは文化的定義でありましょう。しかし，そのいずれもが，ここでの議論の目的には適しません。近代化ということを論じようとすると，そこでのアジアとは，極めて曖昧な，つかみにくい観念になってしまいます。なぜなら，この場合のアジアとは，もはや地理的もしくは空間的な概念ではなく，一定の歴史的認識をいかに言い表すか，という問題になってくるからであります。

（中略）

私が指摘したいことは，近代化に伴うダイナミックな歴史の過程を本当に理解し，そして，アジアの人々をして，あえて未踏の社会変革へと駆り立てた，その危機意識を，本当に理解しようとするならば，アジア人が，いかに自分自身と自分の置かれた状況とを認識し，定義したかを，正確に把握しなくてはならないということなのであります。踏み込んでいえば，内側からと，外側からのアジア観が，単に並び立っていたのではなく，内と外のアジア観は，微妙にもつれ合い，その結果，アジア人自身のアジア観は，ふたつの見方の重なった，一種の複眼的展望ともいうべきもののなかで，形づくられていったのではないかと，思われるのであります。

/////////////////// ·memo· //////////////////

//////////////////// · memo · ////////////////////

· memo ·

教学社 刊行一覧

2025年版 大学赤本シリーズ

374大学556点
全都道府県を網羅

国公立大学(都道府県順)

全国の書店で取り扱っています。店頭にない場合は，お取り寄せができます。

1 北海道大学(文系−前期日程)
2 北海道大学(理系−前期日程) 医
3 北海道大学(後期日程)
4 旭川医科大学(医学部〈医学科〉) 医
5 小樽商科大学
6 帯広畜産大学
7 北海道教育大学
8 室蘭工業大学／北見工業大学
9 釧路公立大学
10 公立千歳科学技術大学
11 公立はこだて未来大学 総推
12 札幌医科大学(医学部) 医
13 弘前大学 医
14 岩手大学
15 岩手県立大学・盛岡短期大学部・宮古短期大学部
16 東北大学(文系−前期日程)
17 東北大学(理系−前期日程) 医
18 東北大学(後期日程)
19 宮城教育大学
20 宮城大学
21 秋田大学 医
22 秋田県立大学
23 国際教養大学 総推
24 山形大学 医
25 福島大学
26 会津大学
27 福島県立医科大学(医・保健科学部) 医
28 茨城大学(文系)
29 茨城大学(理系)
30 筑波大学(推薦入試) 医 総推
31 筑波大学(文系−前期日程)
32 筑波大学(理系−前期日程) 医
33 筑波大学(後期日程)
34 宇都宮大学
35 群馬大学 医
36 群馬県立女子大学
37 高崎経済大学
38 前橋工科大学
39 埼玉大学(文系)
40 埼玉大学(理系)
41 千葉大学(文系−前期日程)
42 千葉大学(理系−前期日程) 医
43 千葉大学(後期日程) 医
44 東京大学(文科) DL
45 東京大学(理科) DL 医
46 お茶の水女子大学
47 電気通信大学
48 東京外国語大学 DL
49 東京海洋大学
50 東京科学大学(旧 東京工業大学)
51 東京科学大学(旧 東京医科歯科大学) 医
52 東京学芸大学
53 東京藝術大学
54 東京農工大学
55 一橋大学(前期日程)
56 一橋大学(後期日程)
57 東京都立大学(文系)
58 東京都立大学(理系)
59 横浜国立大学(文系)
60 横浜国立大学(理系)
61 横浜市立大学(国際教養・国際商・理・データサイエンス・医〈看護〉学部)
62 横浜市立大学(医学部〈医学科〉) 医
63 新潟大学(人文・教育〈文系〉・法・経済科・医〈看護〉・創生学部)
64 新潟大学(教育〈理系〉・理・医〈看護を除く〉・歯・工・農学部) 医
65 新潟県立大学
66 富山大学(文系)
67 富山大学(理系) 医
68 富山県立大学
69 金沢大学(文系)
70 金沢大学(理系) 医
71 福井大学(教育・医〈看護〉・工・国際地域学部)
72 福井大学(医学部〈医学科〉) 医
73 福井県立大学
74 山梨大学(教育・医〈看護〉・工・生命環境学部)
75 山梨大学(医学部〈医学科〉) 医
76 都留文科大学
77 信州大学(文系−前期日程)
78 信州大学(理系−前期日程) 医
79 信州大学(後期日程)
80 公立諏訪東京理科大学 総推
81 岐阜大学(前期日程) 医
82 岐阜大学(後期日程)
83 岐阜薬科大学
84 静岡大学(前期日程)
85 静岡大学(後期日程)
86 浜松医科大学(医学部〈医学科〉) 医
87 静岡県立大学
88 静岡文化芸術大学
89 名古屋大学(文系)
90 名古屋大学(理系) 医
91 愛知教育大学
92 名古屋工業大学
93 愛知県立大学
94 名古屋市立大学(経済・人文社会・芸術工・看護・総合生命理・データサイエンス学部)
95 名古屋市立大学(医学部〈医学科〉) 医
96 名古屋市立大学(薬学部)
97 三重大学(人文・教育・医〈看護〉学部)
98 三重大学(医〈医〉・工・生物資源学部) 医
99 滋賀大学
100 滋賀医科大学(医学部〈医学科〉) 医
101 滋賀県立大学
102 京都大学(文系)
103 京都大学(理系) 医
104 京都教育大学
105 京都工芸繊維大学
106 京都府立大学
107 京都府立医科大学(医学部〈医学科〉) 医
108 大阪大学(文系) DL
109 大阪大学(理系) 医
110 大阪教育大学
111 大阪公立大学(現代システム科学域〈文系〉・文・法・経済・商・看護・生活科〈居住環境・人間福祉〉学部−前期日程)
112 大阪公立大学(現代システム科学域〈理系〉・理・工・農・獣医・医・生活科〈食栄養〉学部−前期日程) 医
113 大阪公立大学(中期日程)
114 大阪公立大学(後期日程)
115 神戸大学(文系−前期日程)
116 神戸大学(理系−前期日程) 医
117 神戸大学(後期日程)
118 神戸市外国語大学 DL
119 兵庫県立大学(国際商経・社会情報科・看護学部)
120 兵庫県立大学(工・理・環境人間学部)
121 奈良教育大学／奈良県立大学
122 奈良女子大学
123 奈良県立医科大学(医学部〈医学科〉) 医
124 和歌山大学
125 和歌山県立医科大学(医・薬学部) 医
126 鳥取大学 医
127 公立鳥取環境大学
128 島根大学 医
129 岡山大学(文系)
130 岡山大学(理系) 医
131 岡山県立大学
132 広島大学(文系−前期日程)
133 広島大学(理系−前期日程) 医
134 広島大学(後期日程)
135 尾道市立大学 総推
136 県立広島大学
137 広島市立大学
138 福山市立大学 総推
139 山口大学(人文・教育〈文系〉・経済・医〈看護〉・国際総合科学部)
140 山口大学(教育〈理系〉・理・医〈看護を除く〉・工・農・共同獣医学部) 医
141 山陽小野田市立山口東京理科大学 総推
142 下関市立大学／山口県立大学
143 周南公立大学 新 総推
144 徳島大学 医
145 香川大学 医
146 愛媛大学 医
147 高知大学 医
148 高知工科大学
149 九州大学(文系−前期日程)
150 九州大学(理系−前期日程) 医
151 九州大学(後期日程)
152 九州工業大学
153 福岡教育大学
154 北九州市立大学
155 九州歯科大学
156 福岡県立大学／福岡女子大学
157 佐賀大学 医
158 長崎大学(多文化社会・教育〈文系〉・経済・医〈保健〉・環境科〈文系〉学部)
159 長崎大学(教育〈理系〉・医〈医〉・歯・薬・情報データ科・工・環境科〈理系〉・水産学部) 医
160 長崎県立大学 総推
161 熊本大学(文・教育・法・医〈看護〉学部・情報融合学環〈文系型〉)
162 熊本大学(理・医〈看護を除く〉・薬・工学部・情報融合学環〈理系型〉) 医
163 熊本県立大学
164 大分大学(教育・経済・医〈看護〉・理工・福祉健康科学部)
165 大分大学(医学部〈医・先進医療科学科〉) 医
166 宮崎大学(教育・医〈看護〉・工・農・地域資源創成学部)
167 宮崎大学(医学部〈医学科〉) 医
168 鹿児島大学(文系)
169 鹿児島大学(理系) 医
170 琉球大学 医

2025年版　大学赤本シリーズ

国公立大学 その他

171 〔国公立大〕医学部医学科 総合型選抜・学校推薦型選抜※ 医 総推
172 看護・医療系大学〈国公立 東日本〉※
173 看護・医療系大学〈国公立 中日本〉※
174 看護・医療系大学〈国公立 西日本〉※
175 海上保安大学校／気象大学校
176 航空保安大学校
177 国立看護大学校
178 防衛大学校 総推
179 防衛医科大学校（医学科） 医
180 防衛医科大学校（看護学科）

※No.171～174の収載大学は赤本ウェブサイト（http://akahon.net/）でご確認ください。

私立大学①

北海道の大学（50音順）

201 札幌大学
202 札幌学院大学
203 北星学園大学
204 北海学園大学
205 北海道医療大学
206 北海道科学大学
207 北海道武蔵女子大学・短期大学
208 酪農学園大学（獣医学群〈獣医学類〉）

東北の大学（50音順）

209 岩手医科大学（医・歯・薬学部） 医
210 仙台大学 総推
211 東北医科薬科大学（医・薬学部） 医
212 東北学院大学
213 東北工業大学
214 東北福祉大学
215 宮城学院女子大学 総推

関東の大学（50音順）

あ行（関東の大学）

216 青山学院大学（法・国際政治経済学部－個別学部日程）
217 青山学院大学（経済学部－個別学部日程）
218 青山学院大学（経営学部－個別学部日程）
219 青山学院大学（文・教育人間科学部－個別学部日程）
220 青山学院大学（総合文化政策・社会情報・地球社会共生・コミュニティ人間科学部－個別学部日程）
221 青山学院大学（理工学部－個別学部日程）
222 青山学院大学（全学部日程）
223 麻布大学（獣医、生命・環境科学部）
224 亜細亜大学
226 桜美林大学
227 大妻女子大学・短期大学部

か行（関東の大学）

228 学習院大学（法学部－コア試験）
229 学習院大学（経済学部－コア試験）
230 学習院大学（文学部－コア試験）
231 学習院大学（国際社会科学部－コア試験）
232 学習院大学（理学部－コア試験）
233 学習院女子大学
234 神奈川大学（給費生試験）
235 神奈川大学（一般入試）
236 神奈川工科大学
237 鎌倉女子大学・短期大学部
238 川村学園女子大学
239 神田外語大学
240 関東学院大学
241 北里大学（理学部）
242 北里大学（医学部） 医
243 北里大学（薬学部）
244 北里大学（看護・医療衛生学部）
245 北里大学（未来工・獣医・海洋生命科学部）
246 共立女子大学・短期大学
247 杏林大学（医学部） 医
248 杏林大学（保健学部）
249 群馬医療福祉大学・短期大学部
250 群馬パース大学 総推
251 慶應義塾大学（法学部）
252 慶應義塾大学（経済学部）
253 慶應義塾大学（商学部）
254 慶應義塾大学（文学部） 総推
255 慶應義塾大学（総合政策学部）
256 慶應義塾大学（環境情報学部）
257 慶應義塾大学（理工学部）
258 慶應義塾大学（医学部） 医
259 慶應義塾大学（薬学部）
260 慶應義塾大学（看護医療学部）
261 工学院大学
262 國學院大學
263 国際医療福祉大学 医
264 国際基督教大学
265 国士舘大学
266 駒澤大学（一般選抜T方式・S方式）
267 駒澤大学（全学部統一日程選抜）

さ行（関東の大学）

268 埼玉医科大学（医学部） 医
269 相模女子大学・短期大学部
270 産業能率大学
271 自治医科大学（医学部） 医
272 自治医科大学（看護学部）／東京慈恵会医科大学（医学部〈看護学科〉）
273 実践女子大学 総推
274 芝浦工業大学（前期日程）
275 芝浦工業大学（全学統一日程・後期日程）
276 十文字学園女子大学
277 淑徳大学
278 順天堂大学（医学部） 医
279 順天堂大学（スポーツ健康科・医療看護・保健看護・国際教養・保健医療・医療科・健康データサイエンス・薬学部） 総推
280 上智大学（神・文・総合人間科学部）
281 上智大学（法・経済学部）
282 上智大学（外国語・総合グローバル学部）
283 上智大学（理工学部）
284 上智大学（TEAPスコア利用方式）
285 湘南工科大学
286 昭和大学（医学部） 医
287 昭和大学（歯・薬・保健医療学部）
288 昭和女子大学
289 昭和薬科大学
290 女子栄養大学・短期大学部 総推
291 白百合女子大学
292 成蹊大学（法学部－A方式）
293 成蹊大学（経済・経営学部－A方式）
294 成蹊大学（文学部－A方式）
295 成蹊大学（理工学部－A方式）
296 成蹊大学（E方式・G方式・P方式）
297 成城大学（経済・社会イノベーション学部－A方式）
298 成城大学（文芸・法学部－A方式）
299 成城大学（S方式〈全学部統一選抜〉）
300 聖心女子大学
301 清泉女子大学
303 聖マリアンナ医科大学 医
304 聖路加国際大学（看護学部）
305 専修大学（スカラシップ・全国入試）
306 専修大学（前期入試〈学部個別入試〉）
307 専修大学（前期入試〈全学部入試・スカラシップ入試〉）

た行（関東の大学）

308 大正大学
309 大東文化大学
310 高崎健康福祉大学
311 拓殖大学
312 玉川大学
313 多摩美術大学
314 千葉工業大学
315 中央大学（法学部－学部別選抜）
316 中央大学（経済学部－学部別選抜）
317 中央大学（商学部－学部別選抜）
318 中央大学（文学部－学部別選抜）
319 中央大学（総合政策学部－学部別選抜）
320 中央大学（国際経営・国際情報学部－学部別選抜）
321 中央大学（理工学部－学部別選抜）
322 中央大学（5学部共通選抜）
323 中央学院大学
324 津田塾大学
325 帝京大学（薬・経済・法・文・外国語・教育・理工・医療技術・福岡医療技術学部）
326 帝京大学（医学部） 医
327 帝京科学大学 総推
328 帝京平成大学 総推
329 東海大学（医〈医〉学部を除く－一般選抜）
330 東海大学（文系・理系学部統一選抜）
331 東海大学（医学部〈医学科〉） 医
332 東京医科大学（医学部〈医学科〉） 医
333 東京家政大学・短期大学部 総推
334 東京経済大学
335 東京工科大学
336 東京工芸大学
337 東京国際大学
338 東京歯科大学
339 東京慈恵会医科大学（医学部〈医学科〉） 医
340 東京情報大学
341 東京女子大学
342 東京女子医科大学（医学部） 医
343 東京電機大学
344 東京都市大学
345 東京農業大学
346 東京薬科大学（薬学部） 総推
347 東京薬科大学（生命科学部） 総推
348 東京理科大学（理学部〈第一部〉－B方式）
349 東京理科大学（創域理工学部－B方式・S方式）
350 東京理科大学（工学部－B方式）
351 東京理科大学（先進工学部－B方式）
352 東京理科大学（薬学部－B方式）
353 東京理科大学（経営学部－B方式）
354 東京理科大学（C方式、グローバル方式、理学部〈第二部〉－B方式）
355 東邦大学（医学部） 医
356 東邦大学（薬学部）

私立大学②

大学赤本シリーズ

別冊問題編

2025